W0346588

LE MANUEL DES MÉDIAS

Direction artistique, couverture,
illustrations des parties & maquette
par Vincent Cabaret

Éditions Panthéon-Assas
12 place du Panthéon
75231 Paris Cedex 05
ISBN : 978-2-37651-078-9
© Éditions Panthéon-Assas, 2025

https://www.assas-universite.fr/fr/recherche/editions-pantheon-assas

epa@assas-universite.fr

LE MANUEL DES MÉDIAS

Sous la direction
de Valérie Devillard et Cécile Méadel

INTRODUCTION À L'ÉTUDE DES MÉDIAS

Valérie Devillard et Cécile Méadel

L'étude des médias s'est imposée aux États-Unis comme un champ scientifique pluridisciplinaire bien qu'autonome. Depuis plus de 70 ans, fait rare, celui-ci demeure ainsi solidement ancré dans le paysage académique. En France, les médias relèvent d'abord, mais non exclusivement, des sciences de l'information et de la communication avec des institutions académiques qui se structurent progressivement (revues spécialisées, postes universitaires et une section dédiée au Conseil national des universités, parmi les cinq « pluridisciplinaires »). Dans ce champ académique, en évolution constante et aux frontières floues, l'étude des médias reste largement interdisciplinaire, mobilisant la sociologie, l'anthropologie, l'histoire, la psychologie sociale, la linguistique, les sciences juridiques et économiques et les sciences politiques, sans pour autant favoriser nécessairement les échanges théoriques ou méthodologiques entre ces disciplines (Bourdon & Méadel, 1992; Mattelart & Mattelart, 2015).

Cette introduction se propose de revenir sur les travaux de recherche s'étant donné les médias comme objet, dans une présentation abrégée que les chapitres de l'ouvrage permettront d'analyser de manière plus approfondie.

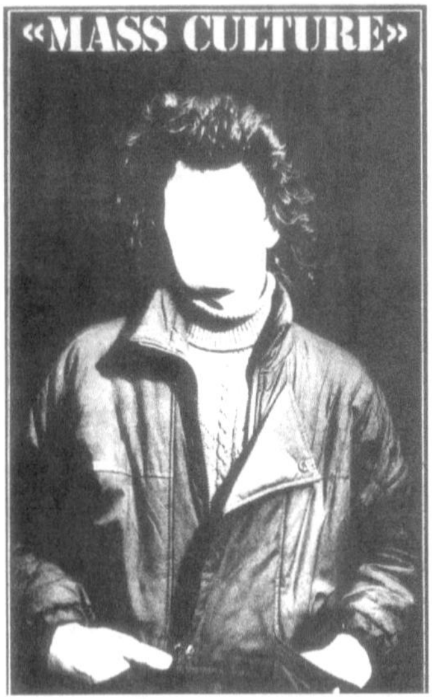

Alexandre Faldine,
« La culture de masse », 1987.

En s'inscrivant dans le champ des études de médias, ou *media studies*, notre ouvrage est confronté à la controverse, plus européenne et française qu'américaine, portant sur le périmètre scientifique et académique que recouvrent les « *studies* ». On peut ainsi questionner les fondements fragiles de cette approche qui n'a pas de traduction totalement reconnue et partagée en France. Cela n'est pas spécifique des médias, car de nouveaux espaces académiques sont apparus (*sciences and technology studies*, *gender studies*, *post-colonial studies*, etc.) qui pluralisent leur champ; ils sont définis autour de terrains d'études plus que par une méthode ou des problèmes théoriques; cela suscite des controverses sur leur autonomie et leur légitimité scientifiques. Une des premières charges critiques fortes a été menée par Pierre Bourdieu et Jean-Claude Passeron (1963) qui dénoncent le découpage du réel en problèmes sociaux issus du débat social et politique plutôt qu'en objets sociologiques théoriquement construits. Sans nécessairement trancher le débat, soulignons que les *studies*, y compris sur les médias, apparaissent souvent pour se saisir d'objets et de problèmes que les approches académiques traditionnelles peinent à traiter, voire proprement ignorent, et qu'elles ont ouvert de nouvelles interrogations structurantes pour les sciences humaines et sociales.

Définitions

À quoi s'intéressent nos *media studies*? Le premier néologisme apparu provient des États-Unis, qui juxtaposent le mot anglais de masse (qui renvoie à la taille des publics) au mot latin de moyens. Le terme « média », emprunté du latin *medium* (milieu, intermédiaire), désigne étymologiquement ce qui se situe entre deux éléments, ce qui sert d'intermédiaire ou de moyen de transmission. Cette notion de *mass media*, qui insistait sur l'ampleur des audiences et des publics touchés tant dans leur consommation quotidienne que dans leur pratique d'une démocratie représentative dont les bases électorales se sont élargies (McQuail, 2010), n'est plus guère utilisée aujourd'hui, remplacée par le seul terme de média.

Cet ouvrage fait le choix de se pencher sur les médias de masse, soit la presse, la radio, la télévision et le web, ces dispositifs sociotechniques de communication destinés à des collectifs dont la diffusion a été permise et facilitée par des innovations techniques. Il s'intéresse tout autant aux premiers médias (de la rumeur au télégraphe en passant par l'invention de la presse) qu'aux derniers réseaux socio-numériques, aussi bien aux médias traditionnels qu'aux médias alternatifs des contre-publics. Les médias ne peuvent être réduits à leur seul dispositif technique; ils sont en même temps des instruments de pouvoir, de loisir et d'évasion, de culture, supports d'utopies sociales et politiques, institutions et marchés... Le numérique les a fortement transformés et les a fait vaciller, mais non disparaître. Le web et tout particulièrement les réseaux sociaux s'en nourrissent en recyclant leurs contenus tout en les transformant profondément en retour.

Une longue tradition de travaux sur les médias

Les études sur les médias plongent leurs racines dans les débuts des sciences sociales, particulièrement dans le champ de la psychologie sociale naissante, à la charnière des deux siècles.

Gabriel Tarde, un des inspirateurs de la sociologie française du tournant du XXe siècle, identifie dans son ouvrage *L'opinion et la foule*[1] (1989[2]) le rôle central de la presse dans la formation de l'opinion publique; il conceptualise la notion de public comme une forme de sociabilité spécifiquement moderne, distincte de la foule physique observée par Gustave Le Bon[3]. Tarde est aussi précurseur dans sa conception du public; il montre que le public se construit par la conscience de son propre caractère collectif et le fait de savoir que le même contenu est lu, voire discuté, par d'autres; d'où, explique-t-il, l'intérêt partagé pour l'actualité proposée par la grande presse parce qu'elle fixe les objets qui pourront être collectivement débattus. Le modèle conversationnel dont est issu cette théorie explique que le publiciste (nom qui désigne alors ceux qui publient, livres ou articles) est autant influencé par ses lecteurs qu'il les influence; son approche inspirera *the two steps flow of communication* de Paul Lazarsfeld.

Une autre tradition de recherche, celle-là américaine, n'est pas moins importante dans les héritages légués aux *media studies*. Elle se développe dans les années 1920-1930 dans les cercles réformistes à Chicago et apporte une contribution décisive à l'émergence d'une sociologie de la communication, posant les bases d'une approche interactionniste[4] des phénomènes médiatiques, à forte dimension empirique. Imprégnées de la philosophie allemande et des prémices de la sociologie d'un Tönnies et d'un Simmel, l'École de Chicago avec Robert E. Park et plus tard Herbert Blumer multi-

1 Publié en 1901, composé d'un recueil de trois articles parus de 1893 à 1899.

2 Les dates indiquées dans le texte sont celles de la publication dans la version qu'ont consultée les auteurs des chapitres; on trouvera dans la bibliographie finale entre crochets la date de première publication.

3 *Psychologie des foules*, 1895.

4 L'interactionnisme est un courant sociologique lié à la tradition de l'École de Chicago : basé sur l'enquête de terrain, il met les interactions sociales au cœur de l'analyse des rapports sociaux, interactions qui ne découlent pas seulement des propriétés sociales des individus, mais également des échanges et de la répartition des rôles propres à un collectif. Erving Goffmann (1973) s'en inspirera pour développer l'interactionnisme symbolique.

plient les travaux de recherche : pour le premier, sur les aires urbaines; pour le second, sur les effets du cinéma; leurs approches fournissent des modèles comportementaux avant d'apporter un cadre conceptuel à l'analyse des problèmes publics (forgés par les publics concernés et engagés dans la cité).

Les années 1930-1940 marquent un tournant décisif dans l'histoire des études des médias avec l'émergence de deux grandes traditions de recherche qui polarisent le champ pendant plusieurs décennies : la recherche administrative américaine d'un côté autour de Paul Lazarsfeld, et la théorie critique de l'École de Francfort de l'autre avec, comme figure emblématique, Theodor W. Adorno.

Adorno, à son arrivée aux États-Unis en 1938, est invité à travailler sur les émissions musicales au *Radio Research Project* dirigé par Paul Lazarsfeld. Loin d'adhérer à un schéma mécanique qui modélise de manière standardisée les effets produits par la musique sur les audiences, il analyse l'expérience de l'auditeur comme celle d'une « régression de l'écoute » de la musique à la radio : le divorce est dès lors consommé entre les études empirico-fonctionnalistes à la recherche des « effets » sur les audiences d'un côté, et l'approche critique et spéculative soulignant, de l'autre côté, les formes que revêt l'aliénation, pour les consommateurs des produits des industries de la culture (Voirol, 2011).

Les chercheurs réunis autour de Paul Lazarsfeld s'intéressent en particulier à l'influence des médias sur les comportements politiques (*Radio and the Printed Page* en 1940; *The People's Choice* en 1944) en s'appuyant sur des enquêtes par questionnaires et des traitements statistiques, en particulier pour répondre aux questions : quel est le rôle des médias dans la société? Anticipent-ils, reflètent-ils ou font-ils l'opinion publique? Sempiternelle question de leur influence politique, maintes fois rebattue. Pour le courant empirico-fonctionnaliste américain, l'influence des médias est toute relative et résulte d'un double processus, à savoir la sélectivité (produisant des effets limités), ainsi que les relais conservateurs filtrant les opinions, modelant les modes de vie de la communauté de voisinage, familiale et amicale (engendrant des effets indirects). Rapidement, l'idée d'une influence directe et puissante sur les comportements (portée par le modèle de la seringue hypodermique, proche du réflexe pavlovien) est mise en cause au profit d'une communication médiée (*two-step flow of communication*) et de la mise en évidence du rôle central des leaders d'opinion, qui sont dotés d'une certaine autorité à travers les relations interpersonnelles dans les sphères professionnelles, amicales ou familiales.

Ce schéma fonctionnaliste est battu en brèche par le courant critique. L'approche marxiste (non orthodoxe) des industries culturelles et médiatiques, tout particulièrement de leurs productions marchandisées, dénonce les mécanismes de domination du système capitaliste[5]. Ses ramifications sont multiples et complexes, et imprègnent durablement l'étude des pratiques sociales et culturelles en étant à l'origine d'un nouveau modèle, le modèle texte-lecteur qui, définitivement, place en arrière-plan les apports néo-fonctionnalistes de l'École de Columbia.

L'acte de naissance à proprement parler des *Cultural Studies* date de la fondation du centre d'études doctorales de Birmingham[6] et se donne pour projet d'étudier les « formes, les pratiques et les institutions culturelles et leurs rapports avec la société et le changement social ». Ces études culturalistes se situent essentiellement à la convergence de trois héritages : l'héritage critique (les pratiques sociales et culturelles étant étudiées de fait dans un contexte d'industrialisation de la

Reportage photographique sur le fonctionnement de l'agence Safara (Service des agences françaises d'actualités et de reportages associés) illustrant la recherche de clichés intempestifs, vers 1938-1939. Gallica.bnf.fr / BnF.

culture); le legs de la sémiologie structuraliste de Roland Barthes (avec les lectures idéologiques, celle dominante est tapie et traquée dans les discours de presse, les programmes de télévision consacrés à l'information ou à la fiction); enfin, l'apport essentiel du concept-clé d'hégémonie culturelle forgé par le philosophe Antonio Gramsci, mort en 1937 dans les prisons italiennes fascistes[7]. Les *Cultural Studies*, autour de Richard Hoggart (1970), Raymond Williams (2009) et Stuart Hall (1980), déplacent ainsi la focale et s'intéressent aux publics populaires et à leur appropriation des contenus médiatiques; ils montrent que, loin d'être manipulés de manière univoque par ceux-ci, ils peuvent en faire des lectures oppositionnelles ou subverties, négociées, quand bien même leur adhésion sans réserve aux messages dominants (hégémoniques) est courante.

Cette approche des *Cultural Studies* conduit à appréhender les groupes sociaux minorés, opprimés voire dominés, à travers les prismes de la classe sociale, du genre et de l'origine ethnique. Elle développe surtout une attention particulière à la participation forte des publics rassemblés en communautés interprétatives de fans, formant tout autant des expériences collectives et alternatives que collecte et analyse le sociologue américain Henry Jenkins (1988, 2013) à travers des pratiques médiatiques des productions grand public (*Matrix*, *Star Wars*, *Harry Potter*, etc.).

On peut d'ailleurs noter, après ce très rapide tour d'horizon de ces quelques penseurs des *media studies*, que l'un des principaux sociologues de la seconde moitié du XXe siècle, Pierre Bourdieu, n'a publié qu'un seul écrit portant spécifiquement sur la fabrique

5 Mattelart & Mattelart, 1986; Miège, 1996 et 1997.

6 Au Centre of Contemporary Cultural Studies.

7 Ses *Cahiers de prison* sont publiés en Italie à la fin des années 1940 et traduits en français en 1996.

de l'information télévisuelle, avec son ouvrage *Sur la télévision* (1996). Mince opuscule programmatique, il connaît un grand succès de librairie (véritable bestseller aux multiples éditions et traductions). Auprès des universitaires, sa fortune critique s'avère divisée : pour les uns, positions axiologiques non dénuées de lieux communs sur les médias et le journalisme, par un auteur qui ne leur a pas accordé les solides enquêtes de terrain de ses autres recherches ; ou juste regard critique d'un sociologue dévoilant les logiques économiques trop négligées du champ politico-médiatique pour les autres.

Le retour du refoulé : le pouvoir des publics

L'étude des publics des médias prend le pas, dans les années 1980-1990, sur l'analyse des systèmes de production de l'information, de la propagande et de la fiction. Les publics sont abordés par le biais de leur réception des messages médiatiques et se fondent sur un postulat formalisé dans les années 1970 par une équipe américaine de l'université de Columbia, fille de Lazarsfeld (Katz, Blumler & Gurevitch, 1974). Les audiences ne sont pas passives, mais actives dans leur sélection et leurs interprétations des contenus médiatiques ; les individus mobilisent ainsi les médias, entre autres, pour se divertir, s'informer, renforcer leur identité personnelle, établir des relations sociales, transmettre des valeurs, échapper à la réalité quotidienne... (McQuail, 1987).

La multiplicité et la pertinence des travaux de l'École de Birmingham[8] et leur diffusion dans le champ de l'étude des médias en France consacrent cette nouvelle conception des lecteurs, téléspectateurs, auditeurs des médias qui n'obéissent pas strictement au pouvoir prescriptif des messages des institutions médiatiques et culturelles.

Michel de Certeau (1980) enfonce le clou en réalisant une microsociologie des « arts de faire » par l'observation des actions de « braconnage » des consommateurs. Les lecteurs par exemple agissent de manière indisciplinée, sautant des pages, commençant par la fin, interprétant autrement un personnage, projetant un sens particulier à une citation... La réception apparaît ainsi, elle aussi, comme un acte de production, un acte rusé, silencieux, quasi invisible. Une telle approche permet de restituer à ces pratiques sociales leur pouvoir créatif, leur richesse et leur diversité. Certeau montre qu'il n'y a pas une manière stéréotypée de faire usage des produits culturels, mais une multiplicité des façons de faire. Ce qu'il appelle leurs tactiques est désormais désigné en sociologie sous le vocable *agency*. Le terme, souvent traduit en français par « puissance d'agir », désigne la capacité des individus à agir de manière autonome et à modifier leur environnement, ce qui leur permet de se définir et de définir le monde de conserve par leurs actions. Pour Certeau, les études qui tirent des conclusions sur l'opinion du public à partir des contenus de la presse ou des émissions télévisées « sautent indûment la distance que celui-ci met entre lui et ses divertissements ». Elles oublient que le récepteur peut être, parfois successivement, dans une position d'intérêt ou d'ennui ou d'amusement. Pour Certeau, comme maintenant pour la quasi-totalité des travaux académiques, il faut abandonner l'idée de passivité ou d'inertie du public car celui-ci vagabonde, et opère des choix hétéroclites dans une logique de bricolage.

Michel de Certeau restitue aussi la place des intermédiaires dans la consommation de contenus. Il insiste sur la place des colporteurs, maîtres d'école, responsables de cabinet de lecture, publicistes, mais on pourrait aujourd'hui poursuivre la liste avec les webmaîtres, designers, bloggeurs, fansubers, prosumers, etc. Tous ont la capacité de mettre en circulation des idées et des contenus, et ils peuvent aussi le faire de manière hétérodoxe, en empruntant des chemins imprévus, non balisés par les canons professionnels, les consignes des autorités, les prescriptions techniques, économiques, politiques ou sociales. Ainsi, bien avant que la notion d'*empowerment* ne soit diffusée, les analyses de Michel de Certeau (1983, 1990) restituent donc aux individus leurs capacités d'agir et leur rend leur autonomie face aux prescriptions techniques et politiques.

La révision habermassienne des espaces publics pluriels

Jürgen Habermas, héritier de l'École de Francfort, fait lui-même un retour critique en 1992 sur sa thèse *L'espace public : archéologie de la publicité comme dimension constitutive de la société bourgeoise* (1993). Cet ajout à son ouvrage interroge de manière très critique sa propre conception du public. Dans sa théorie de la sphère publique bourgeoise, sorte de chronique de sa disparition sous les coups de l'industrialisation de la culture et de sa massification, le public bourgeois aux XVIIIe et XIXe siècles dispose de conditions matérielles favorables au développement de la culture lettrée. Son acquisition est considérée comme nécessaire pour l'exercice du jugement intellectuel et esthétique, c'est-à-dire pour créer un espace de discussion raisonnée qui s'appuie sur la circulation de l'imprimé, la lecture privée, l'échange à distance. Habermas partage les approches critiques d'une partie de son modèle : comme Oscar Negt (2007), il reconnaît que le processus de politisation contre l'absolutisme monarchique n'est pas exclusivement le fait des sociétés bourgeoises européennes. Ainsi, le public « oppositionnel », nombreux et populaire, trouve des espaces où il prend la parole et s'invite sur la scène publique avec des formes d'expression différentes, non canoniques. Il agit de manière autonome en développant des pratiques délibératives propres et des formes d'auto-organisation (par exemple, les conseils ouvriers de la révolution allemande de 1919), sabordant ainsi les mécanismes de maintien au pouvoir des élites politiques (la délégation, la représentation et enfin l'institutionnalisation). Le public peut être potentiellement majoritaire, mais aussi s'incarner dans une

8 David Morley par exemple et sa thèse sur la réception de l'émission populaire d'actualités *The Nationwide* (1980) entre 1975 et 1979 sur BBC1.

9 Voir le n° 48 d'*Hermès*, « Racines oubliées des sciences de la communication », 2007.

classe, un genre, une ethnie, considéré comme minoritaire. Ainsi Habermas en prend acte en considérant que « l'exclusion des couches inférieures, mobilisées culturellement et politiquement, provoque déjà une pluralisation de la sphère publique dans sa phase de formation. À côté de la sphère publique hégémonique, et entrelacée à elle, une sphère publique plébéienne se forme. » (Habermas, 1992 ; 165) Nancy Fraser (1992) dépasse encore le modèle habermassien de la sphère publique post-bourgeoise et analyse l'existence de publics subalternes constitués de groupes minoritaires formant des arènes de discussion parallèles et subordonnées à la sphère publique dominante. Ces publics constituent une force contestataire et d'émancipation en ce sens qu'ils possèdent pour double caractéristique d'être des espaces sociaux clos sur eux-mêmes et d'être des sphères d'expérimentation de nouvelles formes d'expression publique. Elle prend pour exemple de contre-public subalterne le mouvement féministe nord-américain au XIXe siècle : il a été une sphère de production et de diffusion de contre-discours et a fait émerger de manière inédite la question féministe dans le débat public.

Dans *Condition de l'homme moderne* (2002), Hannah Arendt propose une conception originale du domaine public qui se distingue de celle d'Habermas. La philosophe souligne l'importance de l'apparence et de la reconnaissance mutuelle des acteurs dans des assemblées (politiques) visibles par tous, non seulement dans une logique de discussion rationnelle, mais aussi dans une logique performative de révélation de soi et de reconnaissance par les autres. Cet apport constitue une alternative pour comprendre aujourd'hui les nouvelles formes de participation politique et médiatique, notamment à travers les médias sociaux où la mise en visibilité et la performance individuelle jouent un rôle central (Voirol, 2005).

De quelques auteurs français oubliés

En France, les fondateurs institutionnels de la discipline, peu connus à l'étranger et aujourd'hui oubliés[9], ont apporté des contributions significatives à ce domaine : Roland Escarpit, Jean Meyriat et Abraham Moles (Boure, 2002).

Roland Escarpit, universitaire, écrivain et journaliste, fut l'un des pionniers en France des études sur les médias et la communication, créant en 1967 un département de formation à la communication et au journalisme à l'université de Bordeaux. Son approche, développée notamment dans son ouvrage *La Sociologie de la littérature* (1958), met l'accent sur l'importance de l'intermédiation dans la production de contenu, en particulier dans la fonction éditoriale, et insiste sur l'importance de la matérialité des supports (Bosser & Noël, 2022). Il analyse les médias comme des phénomènes sociaux et culturels complexes, où les logiques éditoriales, économiques et de réception se combinent pour former une culture de masse diversifiée.

Abraham Moles, dernière grande figure de la recherche strasbourgeoise des années 1960-1980, commence sa carrière de jeune ingénieur au Centre d'études de la radio-télévision de la RTF et développe une théorie originale qui articule sciences humaines et sciences exactes. Chercheur pluridisciplinaire, il apporte des concepts fondamentaux comme celui de la « micropsychologie » des médias, en étudiant les processus perceptifs et cognitifs mobilisés dans la réception des messages médiatiques. Dans son ouvrage emblématique, *Sociodynamique de la culture* (1967), il montre comment les médias modifient profondément les relations culturelles et sociales en créant des flux continus d'informations qui influencent les comportements individuels et collectifs.

Jean Meyriat est une autre figure de l'institutionnalisation des sciences de l'information en France et un acteur clé de l'organisation disciplinaire. Il intègre à ce champ disciplinaire la bibliothéconomie et les travaux sur la documentation, et développe une approche rigoureuse de la circulation et de la gestion de l'information, insistant sur l'importance de la documentation en tant que système structurant les échanges de savoirs dans une société de plus en plus médiatisée (1981).

Ces trois auteurs, aujourd'hui moins présents dans les débats académiques, ont pourtant contribué à façonner l'approche française des médias et de la communication, dans une perspective interdisciplinaire où se rencontrent théorie sociale, documentation et sciences cognitives.

Pensées fondatrices autour de la revue *Communications*

Robert Escarpit, évoqué plus haut, contribue à la création de *Communications*, revue pionnière qui devient un haut lieu de réflexion sur la communication et les médias, avec une approche alors hétérodoxe en termes de culture de masse; elle est portée par trois auteurs, qui sont déjà présents dans son premier numéro en 1961[10]: Georges Friedmann introduit la culture de masse et les changements vertigineux de la société qu'elle implique, Edgar Morin évoque les effets de « l'industrialisation culturelle » sur les esprits et Roland Barthes explique en quoi la photographie est un « message continu », connoté d'une manière spécifique.

Sociologue du travail réputé, Georges Friedmann propose une première analyse sociologique de la radio-télévision en 1956, dans la revue *Cahiers d'études de la radio-télévision* dans l'orbite du Club d'essai de Jean Tardieu; l'article lui permet d'introduire de manière très extensive les travaux menés alors dans les universités américaines sur la radio et la télévision, en se demandant ce que ces médias font à leurs publics et ce qu'ils font de leur public. Dès lors, il ouvre ses objets de recherche aux *mass media* : il crée[11] en 1960 le Centre d'études des communications de masse (CECMAS) à l'École pratique des hautes études, sur la presse, l'audiovisuel, le

10 *Communications*, n° 1, 1961, disponible en ligne sur Persée.

11 Il se fait leur introducteur en France, invitant par exemple en 1963 Paul Lazarsfeld à un colloque à Royaumont sur le thème « Les intellectuels et la culture de masse » (dont rend compte la revue *Communications*, 1965, 5).

cinéma et la publicité, puis la revue *Communications*, dans laquelle il consacre plusieurs articles à la télévision et aux rapports de l'école avec les médias.

Roland Barthes se penche sur les médias, d'abord dans une approche sémiologique, c'est-à-dire qui s'intéresse à un objet en tant qu'il est porteur d'un signifiant qu'il s'agit de restituer pour lui donner du sens. Son ouvrage célèbre *Mythologies* (1957) propose des analyses des objets de la culture populaire, dont on retient souvent des publicités, des affaires très médiatisées comme les affaires Dominici ou Minon Drouet, les photographies d'Harcourt ou de *Paris Match*, des retransmissions sportives (du catch ou du cyclisme); son approche sert de modèle à de nombreux travaux sur les images et représentations médiatiques pour montrer comment elles sont porteuses de sens partagé. Edgar Morin s'intéresse, lui aussi, au phénomène de la culture de masse, dans une approche qui n'est pas définie par son public populaire et qui, si elle reprend de l'École de Francfort l'analyse des industries culturelles, n'est cependant pas dénonciatrice; pour lui, les industries culturelles produisent sous une double contrainte : le conformisme standardisé des produits, qui s'inscrit dans les succès passés, et la création nécessaire au renouvellement pour ne pas lasser. Il veut montrer que les médias, et d'abord le cinéma (1956 et 1957), contribuent à la construction de l'imaginaire contemporain, soit un ensemble de représentations collectives diffusées par les moyens de communication de masse, qui gardent la trace de leur processus de production et sont en reconfiguration permanente conformément à ce qu'il appelle « l'esprit du temps ».

Des comètes : McLuhan, Marcuse, Baudrillard

Une des caractéristiques notables des *media studies* réside dans l'apparition de figures d'intellectuels et de penseurs qui, sans se spécialiser sur ce terrain, proposent des analyses des médias à forte résonance médiatique, mais, à la différence des auteurs cités autour de la revue *Communications*, sans reprises ou legs notables revendiqués par les auteurs des générations suivantes.

Le plus célèbre est sans nul doute le canadien Marshall McLuhan avec son livre à l'écho mondial, *Pour comprendre les média* (1968). À contrepied des approches contemporaines, il y proclame que « le média est le message », c'est-à-dire que le contenu et la forme du message sont secondaires par rapport au support lui-même et aux possibilités du média. Les moyens d'information agiraient de manière neutre par rapport au contenu, mais ils détermineraient nos façons de penser, d'agir et de sentir. Il soutient encore que la seconde moitié du XXe siècle est marquée par la constitution d'un « village global » avec une prédominance des médias qu'il appelle froids (*cool*) : la télévision, l'électricité, l'informatique. L'expression fera florès dans le débat public et le transforme, pour les acteurs du numérique, en « prophète qui aurait annoncé le développement d'internet », en, « *Holy Father of the Wired Revolution* » (« Saint Père de la révolution numérique »), tandis que les chercheurs, eux, contestent ses approches intuitives, peu solidement argumentées et nullement étayées empiriquement.

Autre étoile filante dans le sillage cette fois de l'École de Francfort, Herbert Marcuse (1968) dont la traîne a été moins lumineuse, possède des points de convergence nombreux avec la philosophie de la communication de Jürgen Habermas. Le capitalisme avancé engendre une société unidimensionnelle où tout acte de rébellion et de révolte n'échappe pas au « système » d'une société de consommation aliénante. Les techniques de communication et les médias constituent les instruments de manipulation des consciences aliénées et participent à la soumission aux intérêts privés et marchands de la société de consommation. Cette pensée radicale fait jouer aux médias un rôle central dans l'éveil de désirs illusoires ou artificiels et sont les instruments de la domination exercée sur les masses.

Jean Baudrillard connaît un fort écho international avec la parution du *Système des objets* en 1968, puis avec *La Société de consommation* en 1970. Inspiré par les situationnistes et en particulier par Guy Debord et sa *Société du spectacle* (1967), il soutient que les objets ne répondent plus à des besoins fonctionnels mais deviennent des signes dans un système de communication généralisé. Les individus sont plongés dans une ère où les représentations médiatiques ne renvoient plus à une réalité extérieure, mais constituent leur propre réalité : ainsi, les productions médiatiques donneraient à voir le réel à travers des simulations ; d'où l'expression maintes fois reprise de « société du simulacre ». Ces approches sont critiquées pour leur caractère spéculatif, voire pour leur radicalité digne d'un pataphysicien. Si les évènements sont bien rendus présents par les médias (ou les réseaux sociaux aujourd'hui), pour autant, ce ne sont pas les seuls canaux par lesquels sont connus et interprétés faits et évènements.

Un manuel en étude des médias à la recherche de son modèle

Le projet de ce manuel des médias est original en français. Certes, il a existé avant lui des manuels sur les études des médias. Ainsi Jean Cazeneuve publie-t-il, dès le début des années 1960, une *Sociologie de la radio-télévision* (1963) qui, en 128 pages, veut à la fois étudier les « interactions entre la société et les collectivités dont elle est composée » et analyser les « grandes techniques de communication », le mot « interaction » signalant qu'il ne s'agit pas seulement de se pencher sur l'action de la radio-télévision,

Les séries très populaires, comme ici la version américaine de *The Office*, font l'objet de nombreux travaux, en particulier l'analyse des publics regroupés sous le nom de *Fan Studies*. Oscar montre ici son intérêt pour la série à travers un produit dérivé, IFP, juin 2025 à Lisbonne.

mais d'intégrer le public pour peu actif qu'il soit alors considéré. Il est des principaux importateurs des auteurs américains (McLuhan, Riesman, Packard, Marcuse, etc.), alors peu connus en France. Dix ans plus tard, le politiste Francis Balle et le sociologue Jean-Gustave Padioleau proposent *Sociologie de l'information* (1972). *Textes fondamentaux*, qui rassemble des textes sur les médias rédigés par différents auteurs, quelques-uns américains (Lasswell, Parsons, Lerner...) mais, pour l'essentiel, français. Daniel Bougnoux édite, sur le même modèle, un florilège de *Textes essentiels* (1993) en science de l'information et de la communication, qui cherche les racines pertinentes de la réflexion sur ce domaine aussi bien chez Baudrillard, Barthes ou Watzlawick que chez Platon, Lacan ou Girard. Plus centré sur les médias, le politologue et spécialiste des sondages, Roland Cayrol, rédige en 1973 un ouvrage didactique, *La Presse écrite et audio-visuelle*. Francis Balle[12], directeur de l'IFP, publie d'abord *Institutions et publics des moyens d'information* (1973), puis un manuel appelé à une longue postérité à partir de 1980, *Médias et sociétés* : très complet et consacré à l'ensemble des moyens de communication, l'ouvrage publie, en 2025, sa dix-neuvième édition[13].

Le manuel des médias ici présenté reprend certains aspects de ses prédécesseurs. Il est par exemple le résultat d'une histoire collective forte puisque, comme l'ouvrage de Balle et Padioleau (1972), il fait la part belle aux auteurs de l'Institut français de Presse (IFP) et de son laboratoire de recherche, le Centre d'analyse et de recherche interdisciplinaires sur les médias (Carism); cette continuité n'est pas étonnante puisque l'IFP est le premier centre académique français ayant pris pour objets de recherche, à partir de 1937, la presse puis bientôt les médias (Legavre & Rieffel, 2024). Notre ouvrage n'est cependant pas rédigé uniquement par des chercheurs actuels et passés du Carism, et s'ouvre à des auteurs importants sur ces travaux, comme Anne-Claude Ambroise-Rendu, Claire Blandin, Marlène Coulomb-Gully, Evelyne Cohen, Daniel Dayan, Suzanne de Cheveigné, Christian Delporte, Pascal Froissart, Thierry Lefebvre, Michael Palmer, pour ne citer que les plus chevronnés. Nous avions également prévu, hélas trop tardivement, une contribution de Dominique Pasquier dont les travaux ont durablement marqué notre domaine et c'est ici l'occasion de la saluer.

Notre manuel porte sur les médias et non sur l'ensemble des moyens de communication de masse, ou sur le large domaine couvert par les sciences de l'information et de la communication, ce qui est aussi une spécificité du Carism. L'ouvrage se veut

12 Francis Balle a rédigé l'entrée « *mass media* » du dictionnaire consacré à la sociologie en 3 volumes dirigé par Jean Cazeneuve et David Victoroff en 1972.

13 On aurait aussi pu signaler sur le sujet en français *Les médias*, le Que-sais-je de F. Balle, l'*Introduction aux médias* de J. Bourdon (1997). L'ouvrage *Sociologie de la communication et des médias*, d'E. Maigret (2003), porte, lui, sur les grands courants sociologiques de la communication.

également original parce qu'il est issu d'un travail collectif avec près de soixante-dix auteurs, ce qui n'est pas le cas ordinaire des manuels. Mais aussi parce qu'il se place sur le front avancé de la recherche, d'où la place laissée aux recherches en cours, de doctorants comme de chercheurs confirmés ; d'où des approches théoriques différentes voire divergentes, d'où des choix éditoriaux qui nous ont conduites à des sélections partielles et sans doute partiales puisque à la différence de la plupart des manuels, nous ne visions pas l'exhaustivité. Ce manuel fait donc le pari de la richesse, plus que celui de l'unité, car il vise à proposer des approches plurielles et multiples des médias, en montrant l'ampleur des questions que soulèvent leurs analyses et les différentes méthodes pour les traiter.

Il offre une couverture avec des présentations générales, des résultats d'enquête, des états de l'art, des coups de flash sur une recherche, des ouvertures... Il a vocation à aborder les aspects à la fois sociologiques, politiques (nationales et transnationales), historiques, économiques, sémiotiques... C'est dire qu'il est un travail en cours appelé à s'enrichir et à se compléter dans des éditions que nous espérons prochaines !

Certaines questions évoluent très vite et devront être mises à jour ou complétées, d'autres sont plus stables sur la longue durée ; s'observent ainsi des transformations accélérées des techniques, des évolutions rapides de certains usages, et des compétences et spécialités dans les métiers de l'information et de la communication. Aux côtés de ces mutations rapides, coexistent les évolutions plus lentes des écosystèmes : avec par exemple une plus grande pérennité des modèles économiques dans la presse écrite et dans l'audiovisuel, malgré des ruptures parfois brutales des chaînes de fabrication et de production. Enfin, les pratiques culturelles et les représentations sociales qui leur sont attachées se caractérisent par leur permanence et leur pérennité.

Du coup, ce manuel a une ambition large : éclairer les étudiants mais aussi le public curieux sur les médias à l'heure des conflits, de la montée de l'illibéralisme (Rosanvallon, 2020), de la désinformation. À l'heure aussi où les travaux de recherche mettent principalement l'accent sur le numérique et les réseaux sociaux, en laissant de côté le rôle central que jouent les médias dans la circulation des informations, sur tous les supports. Certes ces informations circulent souvent sur une forme a-sourcée, et parfois transformée, mais la presse, la radio, la télévision en sont bien à l'origine.

Nous avons enfin fait le choix d'un livre largement illustré, en particulier avec des images de Gallica de la Bibliothèque nationale de France et avec quelques-unes en provenance de l'Institut national de l'audiovisuel. Vincent Cabaret, graphiste du collectif montréalais Cargo, a réalisé une maquette en adéquation avec le propos du livre avec des images créées *ad hoc* mais aussi des choix judicieux et topiques en matière de typographie, cet instrument central des médias (et pas seulement les médias écrits).

Le texte est divisé en sept séquences, chacune étant partie prenante d'une perspective et d'une approche disciplinaires (principalement historique, sociologique, économique, *gender studies*, sémiologique...), d'un objet de recherche en pleine expansion (mobilisations informationnelles par exemple), ou d'une question débattue et controversée (mobilité, inclusivité, discriminations et antisémitisme, etc.).

Partie 1

D'une histoire l'autre*

*Typographie : Dead History par P. Scott Makela, 1990
La Dead History est une des premières typographies considérées comme post-modernes car elle concilie, dans un format hybride, des caractères avec et sans empattement (soit la typographie sérif et la typographie linéale). Elle abolit ainsi les rapports hiérarchiques entre anciens et modernes, entre culture classique et culture populaire. Publiée par la fonderie Emigre, créée en 1984 par Rudy VanderLans et Zuzana Licko, dessinateurs de caractères et graphistes, Dead History est l'une des vingt-trois fontes numériques acquises par la collection Architecture et Design du MoMA de New York en 2011.

Illustration : Alphabet Sémaphorique, 2025 © Vincent Cabaret

Comment analyser *fake news* et rumeurs

Pascal Froissart

La rumeur, les *fake news*, l'infox ou la désinformation font partie des riches objets d'étude des sciences de l'information et de la communication. Rappelons l'exemple canonique de l'histoire étudiée à Orléans par Edgar Morin (1969) où des jeunes femmes de bonne famille sont enlevées par des inconnus, au fond de quelques magasins de lingerie, pour alimenter les lupanars du Moyen-Orient. On n'a jamais trouvé de traces d'enlèvement, ni de preuves minimales, mais justement! Il y a tout ce qu'il faut pour nourrir la noria médiatique : les doutes, les allégations et les hypothèses se répandent de journaux régionaux en quotidiens nationaux, de studios de radio en plateaux de télévision... Le phénomène de rumeur vient de rencontrer son public savant.

Quelques années plus tard, en 1987, Jean-Noël Kapferer écrit un livre où il égrène mille cas de rumeurs, drôles, tristes, politiques, folkloriques, sexuelles... ou commerciales, comme cette fameuse affaire des additifs alimentaires qu'il a étudiée à la demande du Syndicat national des producteurs d'additifs. L'affaire date des années 1970 (et on en trouve encore trace aujourd'hui sur les réseaux sociaux, c'est dire qu'elle n'est pas près de mourir!); elle tient en une feuille volante à l'entête d'un hôpital réputé, celui de Villejuif avec une longue liste de codes d'additifs alimentaires (E311, E312, E313...) : 187 sont qualifiés de toxiques et 27 de suspects. Affolement de la profession, qui demande immédiatement à tordre le cou à la rumeur. Que ressort-il de l'étude de Kapferer? Que le principal vecteur de la rumeur est... les journaux! Allons bon, on croyait que la rumeur était le « plus vieux média du monde » comme l'indiquait le sous-titre trompeur de l'ouvrage, et l'on s'aperçoit qu'elle n'est qu'un sous-produit de l'industrie médiatique, à la confluence du journalisme paupérisé et dérégulé et des stratégies marketing.

Plus tard, en 1999, un ouvrage de la collection « Que sais-je », qui propose un fructueux rapprochement avec la question du folklore contemporain, insiste sur la centralité de la question médiatique mais ajoute comme vecteurs de transmission les productions littéraires. Pour preuve, l'histoire du « fils trucidé » : un jeune homme, apparemment très riche, revient de voyage et est assassiné puis volé par ses parents qui ne l'avaient pas reconnu; on retrouve ce motif narratif « depuis le XVIIe siècle dans la littérature de colportage, dans la chronique des faits divers et jusque dans des œuvres théâtrales contemporaines comme *Le Malentendu* (1944) d'Albert Camus ». L'objet rumeur est donc au centre des questionnements des *Media Studies*.

La rumeur, la légende contemporaine, le marketing viral sont des objets dont la proximité au monde médiatique confine à l'identité : on ne peut parler de l'un sans l'autre. Et pourtant l'angle mort n'est pas toujours débusqué, si bien que des ouvrages entiers consacrés au sujet font l'impasse sur le rôle des médias dans la diffusion et continuent de distiller une *doxa* paradoxale sur la circulation informelle, la diffusion massive, la propagation virale.

Rumeur ? Viralité ? La construction de l'objet

Justement. C'est le premier enseignement, inspiré par l'histoire des idées, que l'on peut tirer de la lecture de la littérature spécialisée sur les phénomènes viraux en sciences sociales : les spécialistes se succèdent, se répètent et se contredisent ; les théories s'accumulent sans se répondre ; les spécialistes autoproclamés se vendent et ne parviennent pas à faire école. Les concepts de *fake news*, infox ou fausses nouvelles finissent par se ressembler sur le seul diagnostic qu'ils projettent sur la société, anomique, malade, dangereuse. Mais rien ne dit jamais qu'il y ait autre chose qu'un diagnostic singulier derrière l'utilisation des concepts en question.

L'image évoque un fameux canular médiatisé connu sous le nom de *Great Moon Hoax* qui décrit les soi-disant découvertes de la lune vue par le téléscope de l'astronome anglais Sir John Herschel. Il fut publié avec grand succès en août 1835 dans le *New York Sun*, que l'on désignerait aujourd'hui comme tabloïd, dont la diffusion massive était souvent liée à des rumeurs et fausses nouvelles. Ici le canular illustré : *Une diligence vers la lune*, Leopoldo Galluzzo, *Altre scoverte fatte nella luna dal Sigr. Herschel*, Naples, 1836.

Or les concepts sont historiques, naissent et meurent, et la question de la contagion, de la viralité, ou de la rumeur n'a pas toujours existé, ni en sciences de la nature, ni *a fortiori* dans leur version métaphorisée en sciences de la culture. Ainsi la question de la contagion est-elle nouvelle, le XVIIIe siècle faisant charnière, liée tout à la fois au progrès scientifique en matière de diffusion des maladies et aux évolutions de la pensée du monde social. La question de la viralité dépend elle aussi de l'avancée des sciences et des techniques, puisqu'il faut attendre les années 1940 pour qu'enfin des preuves visuelles puissent soutenir l'existence de ces animalcules si particuliers, ni vivants ni morts, éléments fondamentaux de l'évolution et acteurs des épidémies les plus foudroyantes.

L'idée de rumeur a ainsi beaucoup évolué, fortement liée à l'émergence conjointe à la fin du XIXe siècle des sciences sociales et des médias de masse, pour trouver dans les travaux de L. William Stern en 1902 ses premiers soubassements théoriques (Froissart, 2010). L'histoire des concepts, proche de l'histoire des idées, se fait nécessairement sur fond d'interrogation des changements de dénomination – rumeur, fausse nouvelle, *fake news*, canular, désinformation, infox – intéressants viatiques pour étudier la question de la circulation et de la trivialité des concepts et leur réception au cours du temps (Monnier, 2018).

Au-delà de la question de la définition, où sont les chausse-trappes quand on s'intéresse aux phénomènes viraux en communication ? Il y en a trois importantes à éviter : la fascination pour le vrai, l'obnubilation du sens, et l'angoisse du contrôle.

Croire en une vérité immanente

La fascination pour le vrai est en effet un véritable danger quand on cherche à comprendre les phénomènes viraux. Qu'une rumeur surgisse, et aussitôt un régiment de *fact-checkers*, de spécialistes de la première heure ou d'ultracrépidariens (« mot de l'année 2021 chez les internautes » selon la presse belge [Colinet, 2021]) se précipitent pour « dire le vrai » : non, ce n'est pas vrai puisque que cela contredit les connaissances communes (pour certains, les tours du World Trade Center à New York ne peuvent pas s'effondrer aussi vite); non, ce n'est pas vrai parce que cela s'est passé autrement (les deux tours ont été sabotées de l'intérieur); non, ce n'est pas vrai parce que ce dont on parle n'a pas existé (non, les deux tours n'ont pas été percutées par des avions)... Cette litanie de « non » rappelle la blague dont aimait à se servir Sigmund Freud pour parler de logique, de sens et de contresens : « A. a emprunté à B. un chaudron de cuivre lorsqu'il le rend, B. se plaint de ce que le chaudron a un grand trou qui le met hors d'usage. Voici la défense de A. : "*Primo*, je n'ai jamais emprunté de chaudron à B.; *secundo*, le chaudron avait un trou lorsque je l'ai emprunté à B.; *tertio*, j'ai rendu le chaudron intact." » (Freud, 1905, 99) On dirait qu'à vouloir avoir raison, on finit par payer le prix de la cohérence.

Cela ne signifie pas qu'il faut cesser de chercher le vrai; au contraire, il faut le faire avec constance et abnégation. Les sociétés modernes y engagent des moyens importants : armée de savants pour traquer la vérité scientifique, palanquée de policiers et de juristes pour faire éclater la vérité judiciaire, armada de prêtres pour répandre la vérité religieuse... Les médias aussi s'y adonnent et diffusent à tour de bras des nouvelles journalistiques, des films documentaires, voire certaines œuvres de fiction (dont témoigne le bandeau « librement inspiré de faits réels » à l'orée de quelques films ou livres)...

S'il faut le faire en sciences de l'information et de la communication, c'est en s'intéressant davantage à la circulation qu'à la véracité. Ainsi, si l'on peut s'étonner que le faux circule mieux que le vrai dans les réseaux sociaux (Vosoughi *et al.*, 2018), il est plus intéressant encore de s'étonner de l'étonnement. Personne n'ignore qu'une nouvelle inattendue recueille davantage d'attention qu'une nouvelle attendue (faut-il parler des chiens et des facteurs? Un facteur qui se fait mordre par un chien, ça arrive tous les jours et ça ne fait pas la Une des journaux; un chien mordu par un facteur, ça n'arrive jamais, mais si ça devait être le cas, tout le monde serait aussitôt au courant !). Quoi d'étonnant par conséquent à ce que les objets viraux suivent la même loi dans les médias, que l'on nomme parfois « effet de singularité » : la rareté attire l'attention, pour le vrai comme pour le faux.

Notre attachement à l'idée que les médias « disent le vrai » doit elle-même être historicisée : le XIXe siècle par exemple voyait cohabiter d'authentiques nouvelles et des récits sensationnels au doux nom de canards. La frontière entre faits et fiction était poreuse, le journalisme était centré davantage sur l'effet de récit que sur la rigueur factuelle attendue aujourd'hui. Le journaliste Alphonse Karr n'hésita pas ainsi à faire circuler la fausse nouvelle de sa mort pour faire de la publicité à son journal; le lendemain, il paraissait sur les boulevards en répondant à ses amis ébahis : « Oui, j'étais mort, mais cela va mieux. » (Sauget, 2021). Dans les années 1815, une colonie de peuplement en Amérique, nommée le Champ d'asile, devint la coqueluche d'une certaine presse,

Selon *The Great Moon Hoax*, la lune était peuplée de girafes-licornes, de castors bipèdes, d'hommes-chauve-souris… Leopoldo Galluzzo, *Altre scoverte fatte nella luna dal Sigr. Herschel*, Naples, 1836.

française comme américaine, qui la compara à un jardin d'Éden, alors que la réalité ressemblait à une poignée d'anciens soldats de Napoléon arrivés dans un trou perdu du Texas (Blaufarb, 2009). En 1835, le quotidien new-yorkais *The Sun* publia une série de six articles où il décrivait en détail la découverte d'animaux sur la lune, des bisons, des chèvres à une corne, des zèbres minuscules, des licornes, des castors bipèdes sans queue, des humanoïdes dotés d'ailes de chauve-souris… (Goodman, 2008) Dans tous les cas, le sensationnalisme a pour effet une immédiate augmentation des ventes : c'est bien le but recherché.

Donner sens à l'évènement malgré lui

La deuxième chausse-trappe qui guette l'imprudent amateur de viralité médiatique est l'obnubilation de la signification : doit-on chercher du sens à l'emballement médiatique ou la poussée épidémique ? L'évènement existe-t-il par le truchement d'un décompte des occurrences, d'un effet de diffusion pure, ou est-il l'indicateur d'un symptôme ? Doit-on répondre à la question hautement populaire « De quoi cette rumeur est-elle le nom » ?

La tentation est forte de jouer aux oracles depuis que le sociologue Gabriel Tarde (1989) claironne : « l'opinion est au public, dans les temps modernes, ce que l'âme est au corps ». À l'entendre, il suffit de trouver une « clé des songes », un dictionnaire des symboles sociaux, pour parvenir à déchiffrer enfin la pensée sociale grâce à l'analyse des rumeurs et autres bruits sociaux…

Le psychanalyste Carl G. Jung a été étrangement fidèle au principe de Tarde : en 1910, il publie un article sur la signification cachée des rumeurs où il fait de la rumeur l'équivalent social d'une parole individuelle lors d'une analyse. En conséquence, il « psychanalyse » un collège de jeunes filles après que le récit d'un rêve plus ou moins érotique, raconté d'une amie à l'autre, soit parvenu aux oreilles du maître. Le médecin suisse en tire une expertise en forme de jugement de non-lieu, où il écarte d'emblée l'hypothèse que ce pût être un appel au secours quelconque et où il se concentre sur la question de la naissance du désir. Ce type de socio-psychanalyse n'a pas prospéré autant qu'elle l'aurait pu, mais elle a mis en émoi nombre d'analystes des récits vrais et faux. À sa suite, on a expliqué la croyance selon laquelle les égouts de New York ou Paris abritent des crocodiles grâce à des références… scatologiques, eu égard à la nature des matières qui transitent en ces lieux (Carroll, 1984). Ailleurs, on a cru mieux comprendre l'histoire d'un fou sanguinaire reconnaissable à sa main artificielle en forme de crochet grâce à des arguments autour de la terreur phallique et des fantasmes de vengeance sans culpabilité (Dundes, 1971)...

Prisma par Dukas Presseagentur GmbH
Alamy Banque d'image /
Photographe : Schultz Reinhard.

Il est légitime de se demander en quoi un évènement trouve sa signification dans le temps ou dans l'espace; ce n'est en effet pas la même chose de parler de rumeur de famine au XVIIIᵉ ou au XXᵉ siècle, en France, en Somalie ou ailleurs... Mais le discours rumoral n'a pas de signification en soi, dans une immanence cachée, que l'analyse devrait révéler. La somme des paroles d'acteurs isolés n'est pas fongible dans une immense parole collective. À croire le contraire, on n'arrive qu'à l'imposition d'un sens, souvent empreint d'autorité, parfois aléatoire, et toujours révélateur de la situation de l'énonciateur davantage que de l'énonciation.

Freak Control

La troisième chausse-trappe à éviter quand on se lance dans l'étude des mécanismes viraux est l'obnubilation du contrôle : à force de concevoir la viralité comme un phénomène négatif et nuisible, à force de lui accoler des caractéristiques effrayantes, on en vient à chercher tous les moyens de l'éradiquer. On finit par n'y voir qu'une pathologie sociale, et la métaphore sociobiologique n'est jamais loin : chargés d'établir un diagnostic sur l'affaire d'Orléans, les sociologues de l'équipe d'Edgar Morin utilisent ainsi des termes médicaux, comme si la rumeur émanait d'un corps social à désinfecter ou réséquer : « incubation », « métastases », « germes », « anticorps », « stress » (Morin, 1969). La lutte contre le faux est importante, mais pas à n'importe quel prix ou n'importe comment.

Affiche de propagande américaine, s.d.
(Seconde Guerre mondiale).

La lutte institutionnelle contre les phénomènes viraux est relativement nouvelle, après que le discours sur la viralité sociale s'est stabilisé dans l'entre-deux-guerres. Il faut attendre l'œuvre paradoxale d'un quotidien de la côte Est américaine, le *Boston Herald*, qui lance en 1942 une rubrique de lutte contre ce qu'on nommerait aujourd'hui infox ou *fake news*, et qu'il nomme alors « Clinique des rumeurs » (*Rumor Clinic*, voir Knapp, 1944). En reprenant la rhétorique du vrai–faux (*rumor–fact*), les journalistes alignent les allégations racistes, les affirmations antisémites, les insinuations démagogiques, les accusations antibritanniques, et leur opposent des discours de vérité émanant de sources officielles, souvent proches de l'armée (on est en pleine guerre) ou d'organismes officiels. On pourrait gloser sur le type de journalisme qui est ainsi mis en place, mais l'essentiel est ailleurs : la *Clinique des rumeurs* paraît chaque semaine pendant près de deux ans (de mars 1942 à décembre 1943), touchant des centaines de milliers de lecteurs, et faisant accepter l'idée que l'on peut se battre contre les rumeurs par voie de presse.

Affiche anglaise de la Seconde Guerre mondiale dénonçant les conversations et rumeurs.

Mieux, à l'automne 1942, une campagne promotionnelle explose, qui touche des millions d'Américains (Froissart, 2024) : d'abord un article de 4 pages dans le populaire *Reader's Digest*; puis un article illustré de 5 pages dans le magazine *Life*; puis un passage d'une minute dans le très suivi *The March of Time*, film documentaire projeté dans tous les cinémas des États-Unis; et même 5 *comic strips* de Superman (*The Villainy of the Voice*) diffusés dans tous les quotidiens du pays ou presque. Et, à chaque fois, dans une forme non dissimulée d'autocongratulation, les journalistes louent la démarche du *Boston Herald* et donnent corps et légitimité à une pensée dite des médias forts où les acteurs médiatiques sont considérés comme des agents suffisants du changement d'opinion dans les sociétés modernes (Maigret, 2022).

La Guerre des ondes de Orson Welles, octobre 1938.

Enfin, dernier coup de pouce, un ouvrage savant sort en 1947, intitulé *La Science des rumeurs* (*The Psychology of Rumor*), sous la plume d'un professeur de l'Université Harvard, Gordon W. Allport (1947). Aussitôt acclamé et reproduit dans les manuels des facultés de psychologie et de sociologie du monde entier, l'ouvrage évoque les Cliniques des rumeurs et fait leur bilan, positif évidemment, seul moyen de « combattre les rumeurs imprévisibles et insidieuses qui divisent sournoisement et qui tendent les relations sociales. » Le livre sort quelques années après *L'invasion des Martiens* (*The Invasion from Mars*, 1940), ouvrage qui se concentre sur la seule population des gens qui se sont émus à l'écoute d'une adaptation radiophonique d'un roman de science-fiction; la panique radiophonique d'un côté, la rumeur de l'autre, tout semble concorder pour croire à la toute-puissance des médias sur les audiences. Il faudra attendre quelques années pour que des théoriciens comme Elihu Katz, Paul Lazarsfeld, voire Stuart Hall montrent l'importance des audiences et des cadres interprétatifs.

Cette *Clinique des rumeurs* aurait pu rester dans les strates archéologiques de la Seconde Guerre mondiale, mais des structures étrangement ressemblantes réapparaissent dans les années 1960, au moment où les États-Unis sont confrontés à de violentes confrontations interraciales. Des Centres de contrôle de la rumeur (*Rumor Control Centers*, parfois appelés « *Fact Factory* », Knopf, 1975) apparaissent. La technologie téléphonique

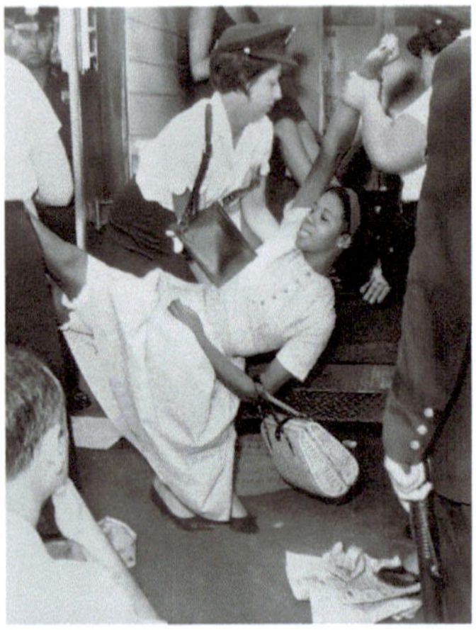

Pour lutter contre les rumeurs, qui alimenteraient les émeutes raciales dans le cadre des luttes pour les droits civiques, le gouvernement américain crée dans une centaine de villes, à la fin des années 1960, des « *rumor control centers* » qui doivent éclairer la population sur les fausses nouvelles. Manisfestation de 1963 à New York, *World Telegram & Sun*.

est mise à contribution : tout citoyen inquiet après avoir entendu une information tendancieuse peut appeler le central téléphonique désigné sous ce nom sibyllin, et se fait confirmer ou infirmer la « rumeur ». En 1970, il existe tout de même 97 centres de ce type aux États-Unis; en 1984, aux Jeux olympiques de Los Angeles, un RCC sera encore en activité. Bien que l'efficacité de ces presque cent centres soit jugée à peu près nulle (la communauté la plus fragile, celle des Noirs américains, renâcle à utiliser ce service jugé trop proche des structures de pouvoir des Américains blancs), les Centres de contrôle de la rumeur sont encensés par les élites politiques et les médias, qui y voient une réelle alternative à l'anarchie et au chaos informationnel lié aux émeutes.

Faut-il voir dans l'émergence des sites Web de vérification médiatique ou de *fact-checking*, au tournant du millénaire, une énième résurgence des centres de contrôle de la rumeur? Dans l'intention, peut-être; dans la réalité, c'est tout le contraire. La vérification des années 1990 et 2000 (snopes.com, 1995; hoaxbuster.com, 2000; FactCheck.org, 2003; Politifact.org, 2007; Désintox, 2008, etc.) émane en effet d'initiatives privées, certes soutenues par des institutions importantes (des écoles, des journaux) mais non étatiques. Par là, aujourd'hui, la volonté de contrôler la diffusion des rumeurs ressemble bien davantage à l'aventure de la *Clinique des rumeurs* du *Boston Herald* que, par exemple, aux lois problématiques tentant de lutter contre la propagation des « infox ». Certains pays ont inventé un seuil de 500 relais pour qu'un micromessage sur les réseaux sociaux change de nature et passe de message anodin à délictuel... Ce genre de dispositifs, judiciaires et éminemment politiques, échappe en effet à l'analyse médiatique!

Pour conclure, je n'ai donné ici qu'une version historicisée et restreinte à des objets connus de l'actualité. J'ai mis en avant trois tendances naturelles dans l'étude de la viralité médiatique, obnubilation du vrai, du sens et du contrôle, pour mieux ouvrir la discussion sur la circulation du faux et du vrai, entre contraintes et libertés, sur la construction d'une vérité collective qui ne soit liée ni aux seuls rapports de force, ni à l'idée d'une immanence du réel, et sur la complexité qu'il y a à arbitrer entre liberté d'expression, protection des populations, et danger de nuire à autrui. C'est dire que la recherche sur la circulation des contenus médiatiques n'en est encore qu'à ses balbutiements.

Le blasphème et sa médiatisation

Fabrice d'Almeida

La liberté d'expression s'est tôt heurtée à la croyance religieuse. Dès l'Antiquité, la remise en cause d'un dogme ou d'une divinité tutélaire était considérée comme un affront grave pouvant entraîner exécution ou bannissement. Ainsi le philosophe Socrate en 399 av. J.-C. fait-il l'objet d'un procès en impiété pour avoir imaginé une nouvelle notion pour exprimer le rapport entre le monde profane et le monde divin : le *daimon*. Condamné à mort, le philosophe dut boire le poison et périt en refusant de renoncer à sa philosophie dont le cœur est la défense de la vérité. Au début de notre ère, les chrétiens sont persécutés, car ils rejettent les cultes païens. Mais bientôt, leur église est tolérée, puis devient la religion officielle de l'empire avec la conversion de Constantin.

« Le blasphème », attribué à A. Dürer. Illustration dans le livre *La Nef des fous* de Sébastien Brant (Bâle, 1494) qui connut un succès très important, avec de multiples rééditions et traductions.

Dès lors, les évêques jouent de leurs prérogatives pour excommunier quiconque critique leur magistère. L'excommunication met hors de la société celui qui en est frappé. Tout au long du Moyen Âge, l'Église s'applique à assurer le monopole de sa parole sur le monde chrétien. Les dissidences et les hérésies, comme celle des cathares ou des hussites, sont combattues par la guerre et les massacres. Bientôt, des tribunaux spécialisés dans la lutte contre les déviances sont créés. De là naît l'Inquisition au XIIIe siècle. Ses membres sont chargés de poursuivre les mécréants, les mauvais croyants. En Espagne, cette institution directement rattachée aux Rois catholiques poursuit les musulmans convertis restés sur place et les Juifs. Plusieurs milliers de personnes sont brûlées pour hérésie et les livres déviants font l'objet d'autodafés (*auto de fé* en latin), c'est-à-dire qu'ils sont brûlés en place publique en guise d'acte de foi.

Dans la France de l'Ancien Régime, malgré les crises iconoclastes du XVIe siècle, liées au développement du protestantisme, les objets religieux ont un caractère sacré. Les profaner ou les insulter est un blasphème : une remise en cause de la foi et des dogmes. Ceux

« Bête à sept Têtes et à dix Cornes. Blasphême, Dieu et les Saints » par Jean-Louis Delignon, 1755-1804.

qui s'y livrent et s'affichent libres penseurs risquent la mort. Ainsi en va-t-il du chevalier de la Barre, dernier condamné à mort pour « impiété, blasphème, sacrilège », en 1766. Il est accusé de deux offenses : la première consiste en des entailles au couteau sur un crucifix et la seconde en une souillure d'une image du Christ. Cette affaire mobilise l'opinion publique. Le philosophe Voltaire prend fait et cause pour le chevalier de la Barre et rédige des textes pour prouver son innocence. Surtout, il dénonce la disproportion entre l'accusation et la sanction. Il y voit une preuve de l'obscurantisme de la société. Avec l'affaire Calas, un protestant exécuté après avoir été accusé à tort d'avoir tué son fils, cette affaire est pour Voltaire l'occasion de plaider la tolérance dans son ouvrage précisément intitulé *Traité sur la tolérance* (1763).

Dans le monde musulman, la question du respect des croyances n'est pas moins soumise à des peines lourdes. Dès le VIIIe siècle, les atteintes au prophète ou à ses disciples entraînent la peine de mort. La naissance du chiisme derrière Ali provoque des guerres sanglantes et des massacres de masse. Le gouverneur d'Irak, Al Hajjaj, n'hésite pas à faire décapiter des savants proches du prophète pour avoir suivi cette pente. Ainsi en va-t-il de Sa'id bin Jubair, un juriste, poète et philosophe originaire de Koufa. Les magistrats et les fonctionnaires font selon les époques une application plus ou moins rigoureuse de ces règles dont le but est de briser schisme et hérésie.

L'entrée dans les sociétés civiques après les grandes Révolutions des XVIIe et XVIIIe siècles ouvre la voie à une conception de la vie publique incluant la liberté d'expression. Toutefois, le blasphème prend parfois l'allure d'une lutte contre la pornographie et pour le respect des bonnes mœurs, de la pudeur. *A contrario*, les athées et libres penseurs qui convergent au XIXe siècle dans la défense de la République affichent une volonté de défendre le blasphème pour réduire la place des Églises dans la vie publique. Les injures et les expressions péjoratives liées à la religion se développent dans ce milieu. La loi du 29 juillet 1881 ne condamne pas spécifiquement le blasphème, mais le laisse au contraire prospérer. Mieux, en 1905, le parlement adopte une loi réprimant l'incitation au conflit religieux, manière de stopper la mobilisation catholique contre la séparation des Églises et de l'État.

Depuis, le blasphème semblait avoir disparu du monde contemporain. Les sociétés islamiques, en partie influencées par la modernité occidentale et l'athéisme communiste, y étaient moins sensibles. Seules exceptions : les manifestations et un attentat catholiques contre le film de Martin Scorsese *La Dernière tentation du Christ*, en 1988, qui semblaient anachroniques. Cet équilibre est remis en cause par la montée en puissance du fondamentalisme wahhabite et chiite. L'ayatollah Khomeiny, en Iran, en lançant une *fatwa* contre l'écrivain Salman Rushdie, légitime la traque et le meurtre d'auteurs jouant avec les textes et les principes fondamentaux de l'Islam. Les caricatures de Mahomet au Danemark et en France suscitent des réactions violentes dans des groupes sunnites. L'attentat contre le journal satirique *Charlie Hebdo*, le 7 janvier 2015, en résulte. Sept ans plus tôt, une plainte tentait de faire condamner le journal pour incitation à la haine raciale, sans succès. Ce procès avait été considéré comme une tentative de faire revivre le blasphème, en France, pays pourtant phare dans la défense de la liberté d'expression. En Russie, le président Vladimir Poutine lance des poursuites contre les *Pussy Riots*, un collectif musical féminin, pour avoir détourné la religion contre lui. Aujourd'hui, les attaques, critiques ou humoristiques, contre les religions sont donc l'enjeu d'un combat international. Les assassinats des professeurs Samuel Paty et Dominique Bernard prouvent qu'encore aujourd'hui on peut mourir pour avoir voulu défendre le droit au blasphème.

L'abbé Chabot, en rupture avec son évêque au début du XXe siècle, ouvre un bistrot et règle ses comptes avec l'Église à travers des cartes postales satiriques à base de photographies (voir le Musée du pays Foyen).

Journalistes et journaux, des origines au milieu du XIXe siècle

Gilles Feyel

AMSTERDAM.

Avec Privilege de Nos Seigneurs les Etats de Hollande et de West-Frise.

Du Vendredi 16. Janvier 1733.

RUSSIE. De Moscou le 14. Decembre.

POLOGNE. De Varsovie le 19. Decembre.

DANNEMARC. De Coppenhague le 6. Janvier.

La *Gazette d'Amsterdam* et ses rubriques, en 1733.

Gazette, journal, magazine ou revue : ces textes journalistiques, quelle que soit l'époque à laquelle ils ont été émis, sont engagés dans un présent, une actualité pour lui donner du sens auprès d'un public, en fonction d'un système de valeurs plus ou moins commun à ce dernier et aux gazetiers, puis aux journalistes. Dès l'origine, ces espaces papier sont construits de manière à ordonner l'information, mais aussi à faciliter sa lecture, d'où la constitution d'un « système rubrical » dans lequel la succession des rubriques, leurs effets de mise en page et de mise en forme sont consubstantiels au contenu proposé à la lecture, un système échafaudé selon un contrat tacitement passé avec les lecteurs et qui donne sa physionomie propre à chaque organe de presse. Et cela dès avant la grande presse d'information qui, dans les années 1890-1914, diversifie contenus et rubriques, donne la priorité à la nouvelle sur l'éditorial, au reportage sur le commentaire.

Aux origines

La *rubrique* entre en journalisme dès le temps des gazettes du XVIIe siècle, comme l'atteste en 1812 la quatrième édition du *Dictionnaire universel* de Pierre-Claude-Victor Boiste : « Titre, date qui indique le lieu d'où une information est venue[1]. » Ce que confirme le roman de Balzac *Albert Savarus* (1842) : « Elle lui tendit un numéro de gazette qu'elle avait dans la poche de son tablier, en lui indiquant l'article suivant sous la rubrique Florence, au 25 mai[2]. » Forgé à partir des manuscrits médiévaux où les titres des chapitres étaient habituellement écrits à l'encre rouge (du latin *rubrica*, de *ruber* [rouge]), le terme est donc applicable à la *Gazette* lancée à Paris par le « gazetier » Théophraste Renaudot en 1631, comme aux autres : depuis 1605, ces gazettes se sont multipliées en Europe et sont faites d'un ensemble de nouvelles venues d'un peu partout, les plus anciennes, plus éloignées, précédant les plus récentes. Ces mentions de provenance et date coiffant chaque

[1] Boiste P.-C.-V. (1823), *Dictionnaire universel de la langue française*, Paris, Verdière.

[2] Balzac H. de (1842), *Albert Savarus*, Paris, Éditions autrement, rééd. 1994.

nouvelle sont d'autant mieux des *rubriques* qu'elles sont valorisées par l'italique. La *rubrique* n'est point la nouvelle, mais seulement le titre qui la coiffe.

À côté des gazettes naissent les premiers journaux, savants ou littéraires (*Journal des Savants* en 1665, *Mercure galant* en 1672). Pour qualifier le rédacteur du *Journal des Savants*, apparaît dès 1666, dans l'ardeur vengeresse d'un auteur blessé par une critique, le terme péjoratif de *journaliste*, relayé par Pierre Bayle en 1684 pour se désigner lui-même comme auteur des *Nouvelles de la république des lettres* (Amsterdam). Le terme finit par caractériser les rédacteurs des nombreuses petites feuilles littéraires qui accompagnent à partir de 1750 la multiplication des ouvrages de librairie. Forgé en 1705, le mot *journalisme* stigmatise leur écriture trop critique après 1780 et jusqu'à la fin de l'Empire.

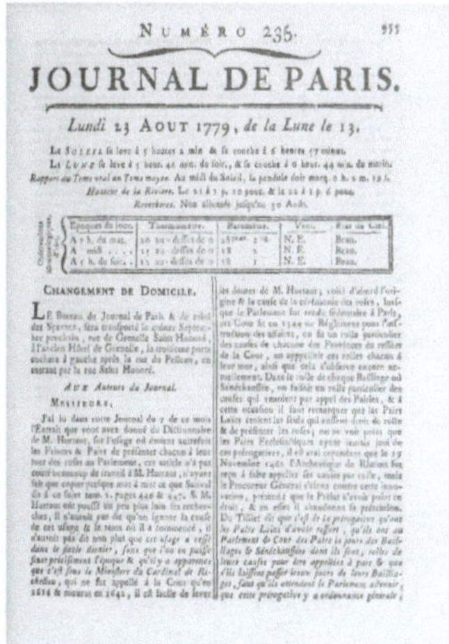
NUMÉRO 235.

JOURNAL DE PARIS.

Lundi 23 Aout 1779, de la Lune le 13.

CHANGEMENT DE DOMICILE.

Le *Journal de Paris* en 1779.

À la veille de la Révolution, les journaux politiques, la presse d'annonces, et enfin le *Journal de Paris*, premier quotidien lancé en 1777, tous rédigés eux aussi par des *journalistes*, concurrencent si vivement les anciennes gazettes que le *journaliste* supplante le *gazetier*. Leur contenu est si diversifié qu'il faut soigneusement le rubriquer. Imprimé dans le petit format de quatre pages *in-4°* sur demi-feuille (deux colonnes, 17,5 x 24,5 cm), le premier quotidien présente d'abord les heures du lever ou du coucher du soleil et de la lune, la hauteur de la rivière (la Seine), l'horaire d'éclairage des réverbères, des observations météorologiques, puis en quatrième page, d'autres rubriques de service : cours financiers, décès parisiens. Outre l'annonce des spectacles et de quelques livres, le journal présente surtout des informations de vie quotidienne (textes administratifs, variétés et anecdotes), un courrier de lecteurs, une riche partie littéraire.

Les quatre formats des journaux, 1789-1814.

La multiplication des quotidiens d'opinion

Les dix années de la Révolution voient exploser le nombre des journaux, souvent quotidiens. Outre les petits formats, l'*in-folio* apparaît dès 1789, avec la *Gazette nationale, ou Le Moniteur universel* (4 pages, 29 x 49 cm); sur trois colonnes, facilitant la lecture, son « système rubrical » présente un contenu varié : informations internationales (la première place de cette rubrique rappelle le contenu des anciennes gazettes), nationales (avec le compte rendu des débats de l'Assemblée nationale), nouveautés littéraires, spectacles, etc. Des filets horizontaux séparent désormais ces « rubriques-contenants », qui peuvent afficher d'un numéro sur l'autre des titres internes (les rubriques-titres). Les petits formats sont rédigés par des journalistes d'opinion, dont l'écriture est libérée par l'article XI de la *Déclaration des droits*, cependant que *Le Moniteur universel*, plus coûteux de rédaction et d'impression, se doit « d'être circonspect pour ne point être inquiété, ni courir les risques de perdre ses fonds et ses avances ».

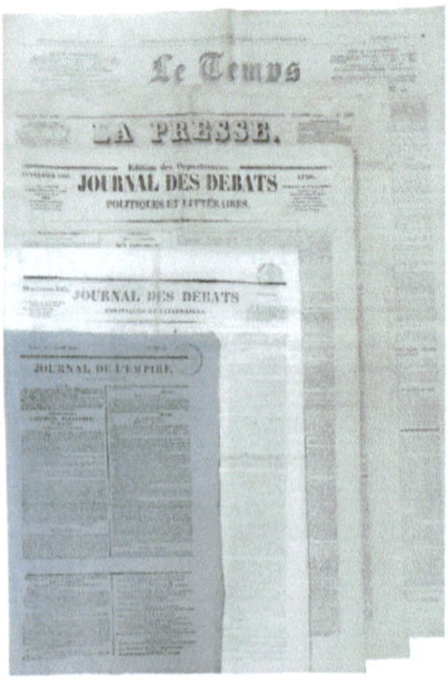

Les quotidiens parisiens et leurs formats successifs : 1799-1800, 1827-1828, 1837, 1845, 1878.

À l'automne 1797, la création du timbre fiscal sur le papier-journal conduit les quotidiens parisiens à adopter au cours de l'été 1799 un format intermédiaire (23 x 35 cm) entre l'*in-4°* et l'*in-folio*, permettant d'insérer en bas de page un « Feuilleton » littéraire, comme au *Journal des Débats* en janvier 1800. Un moment contraints et réduits en nombre par l'Empire, les grands journaux se multiplient de nouveau à partir de la fin des années 1810. *Le Journal des Débats*, *Le Constitutionnel*, *La Gazette de France*, *La Quotidienne*, *Le National*, puis *La Presse*, *Le Siècle* et quelques autres titres ne cessent d'augmenter leur format, pour répondre à de nouvelles brimades financières en accueillant la publicité en 1828, puis parvenir en 1845 à l'*in-folio* de 43 x 56 cm.

Tous ces quotidiens présentent trois contenus rédactionnels. Leurs deux premières pages sont consacrées aux actualités politiques. Après les nouvelles étrangères, vient le *Premier-Paris*, cet ancêtre des éditoriaux d'aujourd'hui, censé présenter la position politique de toute la rédaction, favorable ou non au gouvernement. Lui succède une série d'articles présentant la vie gouvernementale et le compte rendu détaillé des débats des deux Chambres du Parlement. Cette polémique politique est ensuite équilibrée par une plus petite actualité insérée à la suite, en 2e et 3e pages, pour distraire et reposer les lecteurs : outre quelques affaires judiciaires, le récit de ce qu'on finit par appeler les faits divers, terme apparu au *Constitutionnel* à l'automne 1833, et rubrique permanente à partir de 1835-1836 autant au *National* qu'à *La Presse*, n'occupant alors qu'un peu plus de 3 % de la surface rédactionnelle en 1836, mais 5 % au *Journal des Débats* ou au *Siècle* dix ans plus tard, en attendant son expansion dans la grande presse d'information à la fin du XIXe siècle. Les quotidiens proposent ensuite, en 3e ou 4e page, avant les rubriques de service et la publicité, une rubrique « Variétés », troisième élément rédactionnel juxtaposant petites pièces de littérature, petites études historiques ou scientifiques.

Sous toutes ces rubriques, et depuis 1799-1800, le « Feuilleton » est nettement individualisé, en rez-de-chaussée, séparé du reste du journal par un long filet horizontal. Ainsi pouvait-on le découper pour le conserver seul. D'abord mélange d'articles littéraires ou scientifiques, critiques de théâtre ou d'art, bulletins de mode et annonces bibliographiques, le « Feuilleton » est débarrassé en 1828 d'une partie de son contenu au profit des « Variétés », rubrique mieux organisée autour d'articles critiques et de comptes rendus, d'un journalisme hérité de la presse littéraire du XVIIIe siècle. Au début des années 1830 apparaissent des récits de voyage, contes, autres petites pièces littéraires. Après 1836, le « Feuilleton » est bouleversé par l'innovation du roman découpé en tranches, publié d'abord par Émile de Girardin dans les « Variétés » de *La Presse*, à l'automne 1836. Après encore quelques romans découpés dans les « Variétés », Balzac investit le « Feuilleton » au *Siècle*, en décembre 1838, cependant que celui de *La Presse* s'ouvre en mai 1839 à un roman d'Eugène Sue. Désormais, ce dernier, Alexandre Dumas, Frédéric Soulié et bien d'autres auteurs, colonisent pour longtemps le rez-de-chaussée des journaux, chassant certains jours de la semaine son contenu habituel, à la grande fureur des journalistes critiques, méprisant cette nouvelle « littérature industrielle », au vrai un genre journalistique à part entière.

LE CONSTITUTIONNEL,
JOURNAL DU COMMERCE, POLITIQUE ET LITTÉRAIRE.

Le Constitutionnel à la fin de 1827.

Puissance de la presse, puissance des journalistes

Le combat trop personnalisé de certains journalistes de la Révolution n'hésitant pas à se découvrir pour revendiquer une magistrature de vérité et de justice, trouvant sa légitimité dans le service des citoyens et dans des normes éthiques assumées comme telles, est abandonné dès le temps du Directoire au bénéfice d'une écriture moins ardente. Le pouvoir journalistique abandonne l'individu journaliste pour investir le journal-institution, puissance collective et anonyme luttant quasiment d'égal à égal, au temps de la monarchie constitutionnelle, avec le gouvernement et son administration. À l'été 1848, alors qu'on veut imposer la signature individuelle à chaque journaliste, pensant ainsi réduire l'influence de la presse, *Le National* a ce cri : « La presse est un gouvernement de pensée à côté du gouvernement de fait; elle doit être anonyme comme l'opinion publique qu'elle représente. »

Oh ! Ah ! par exemple ! c'est fort ! Une caricature sur notre charge ! Sur la censure ! Il faut intimider ces polissons d'artistes, supprimons-la. Caricature de Granville, *Le Charivari*, 8 novembre 1835. BNF.

Les rédactions de ces grands journaux s'étoffent; en 1814, celle du *Journal des Débats* est déjà riche de quinze à dix-sept journalistes. Des rédactions suffisamment nombreuses pour que, dans sa *Monographie de la presse parisienne*, Balzac satirise en 1842 le « genre publiciste » qu'il distingue du « genre critique ». Ces « publicistes », qu'il vaudrait mieux appeler « journalistes professionnels de la politique », travaillent à côté de « journalistes professionnels du littéraire[3] ». Si tous ces gens n'ont pas encore conscience de l'identité professionnelle du journaliste, tous sont cependant des professionnels. Balzac peut bien se moquer, il n'empêche que les « variétés » qu'il distingue parmi les « publicistes » reposent sur des observations de première main : le rédacteur en chef, propriétaire-gérant ou non du journal, le « ténor » ou rédacteur des *Premiers-Paris* — souvent rédigés à plusieurs mains, puis révisés par le rédacteur en chef, ainsi qu'on l'apprend des débats qui ont entouré l'obligation des signatures imposée en 1850 —, le « faiseur d'articles de fond », le « Maître Jacques » ou rédacteur de petits articles complétant les colonnes du journal, le « camarilliste » qui rapporte les débats du Parlement et quelques autres sur lesquels Balzac a déchaîné sa fantaisie satirique.

Monographie de la presse parisienne (insérée dans le Tableau de Paris), *- C'est la grande revue - Qu'au milieu de la nuit - Sabre de bois en main - Tient Balzac décidé.* Dessin de Jules Platier, 1843. Licence CC0 Paris Musées / Maison de Balzac.

Ainsi se déploie une hiérarchie, fondée sur la dignité des tâches et l'ampleur des salaires. Au cours de ces années 1840, Girardin, occupé par ses affaires et ses fonctions politiques, invente à *La Presse* la fonction de « secrétaire de la rédaction » qu'il confie à Auguste Nefftzer en 1844. Vérifiant l'équilibre des contenus, le traitement de l'actualité par tel ou tel journaliste qu'il peut relayer en cas de défaillance de dernière minute, réécrivant à la va-vite le *Premier-Paris* de Girardin s'il est nécessaire, commandant le « Feuilleton » à tel ou tel, relisant les épreuves et s'occupant de la gestion matérielle du journal, Nefftzer est payé dans ses débuts 300 francs par mois (3600 francs par an), 400 en 1847. Il finit par devenir gérant de *La Presse* en 1850, son directeur en 1852 puis son rédacteur en chef en 1857, avant de fonder son propre journal, *Le Temps*, en 1861.

Auguste Nefftzer, premier secrétaire de rédaction au journal *La Presse* en 1844, puis journaliste et patron de presse. Gallica.bnf.fr / BnF.

On comprend que les dictionnaires de l'époque définissent le journalisme comme « l'ensemble des journaux, la puissance des journaux », mais ne faut-il pas plutôt y voir l'activité d'écriture de journalistes visant à rendre compte d'une actualité (politique ou littéraire) pour en tirer analyse ou réflexion, polémique ou non, ainsi que le suggère *La Presse* en décembre 1836 en employant cette curieuse expression de « journalisme-métier » ?

3 Balzac H. de (1842), *Les Journalistes : monographie de la presse parisienne*, Marseille, Le mot et le reste, rééd. 2012.

Ce que nous ne savons pas des lecteurs de journaux du XIXe siècle

Anne-Claude Ambroise-Rendu

L'ignorance dans laquelle se trouvent les historiens au sujet, non pas seulement des lecteurs des journaux au XIXe siècle, mais aussi, et peut-être surtout, de la manière dont ils lisaient et s'appropriaient leurs contenus, a un mérite : elle oblige à multiplier les angles de questionnement. Autrement dit, elle invite à mettre en place une grille d'interrogations concernant le processus de lecture d'une part et la réception des messages diffusés par la presse, c'est-à-dire leur compréhension, leur mémorisation, leur assimilation et leur appropriation, d'autre part. Or, ces processus varient selon la nature des articles et selon les couches de la société.

Si le problème de la rencontre entre le « monde du texte » et le « monde du lecteur » (Ricœur, 1985) semble délicat, un certain nombre de travaux ont pourtant ouvert la voie à une réflexion sur les modalités d'approche et de résolution très partielle du problème. En invitant le chercheur à s'entourer d'un certain nombre de précautions méthodologiques, ces pistes permettent de circonscrire l'espace théorique au sein duquel cette double question de la lecture et de la réception peut être pensée.

La littérature et la peinture offrent un catalogue de postures et de figures de lecteurs qui, s'il n'est pas à traiter comme matière brute renseignant sur les attitudes de lecture, peut à tout le moins nous fournir une typologie utile des représentations de la lecture de la presse forgée par les arts. Roger Chartier met en relief deux points capitaux, qui peuvent servir d'axes de réflexion : 1) « l'opération de construction de sens effectuée dans la lecture est un processus historiquement déterminé », 2) les « significations d'un texte sont dépendantes des formes à travers lesquelles il est reçu par ses lecteurs » (Chartier, 1993). Ces deux propositions en suggèrent une troisième : on peut tirer un certain nombre d'enseignements concernant la lecture et la réception des journaux à partir de leur contenu même, de leurs formes et discours.

Comprendre ce que lire veut dire

Par nature, le journal est un objet qui se feuillette. Il suscite donc une lecture bondissante bien difficile à prendre en considération dans un traitement textuel qui ne peut se faire qu'au sein d'un continuum. Tout l'impact de l'« effet de masse » (Angenot, 1988) dépend de cette pratique de la lecture, continue et complète ou discontinue et fragmentaire. En outre, il existe des décalages nombreux et variés (sociaux, culturels, géographiques et religieux) entre les différentes pratiques de lecture. Elles dépendent à la fois du lecteur et du journal. *Le Petit Journal*, par exemple, quotidien national, populaire et commercial n'est pas justiciable de la même lecture qu'un hebdomadaire cantonal, comptant quatre pages consacrées pour l'essentiel aux nouvelles locales, ni même qu'un quotidien régional plus volumineux, mais ayant lui aussi une dimension à la fois locale et régionale. On peut raisonnablement conjecturer que la feuille cantonale, journal bref, de peu de mots, est lue, grosso modo *in extenso* et peut-être même en continu, au moins en ce qui concerne la rubrique des petits évènements locaux. À l'inverse, le quotidien régional, avec ses éditions locales, est probablement lu de façon fragmentaire et différemment selon que le lecteur est un citadin ou un paysan. Les divisions éditoriales du quotidien, en chroniques locales et régionales, invitent d'ailleurs le lecteur à aller chercher dans sa rubrique ce qui intéresse son environnement immédiat.

Jouent aussi les effets de sens produits par les formes matérielles du journal, c'est-à-dire la disposition et l'allure des signes typographiques. Mais ils ne sont pas univoques. Certes, un gros titre à la Une est davantage susceptible d'attirer l'attention du lecteur et de l'acheteur potentiel. Il est donc un argument de vente particulièrement important à une époque où les gros titres des journaux sont criés dans la rue. Mais rien ne dit qu'un bref entrefilet, typographiquement écrasé dans la colonne des faits divers en très petits caractères, ne frappera pas plus le lecteur, qu'il n'y trouvera pas davantage cette matière à divertissement. En d'autres termes, l'exotisme, la dimension divertissante d'un récit sont autant de pièges qui déjouent largement les possibilités d'une évaluation sereine de la lecture de la presse.

Rare représentation d'une femme au travail (debout, en tablier) lisant un journal. « Femme lisant le journal » de Adolph Menzel, 1886. Papier, eau-forte, pointe sèche, 27,7 cm × 22,8 cm. Rijks Museum, Amsterdam.

Déduire du contenu la physionomie des lecteurs

Les travaux des linguistes et ceux des sociologues spécialistes des communications de masse permettent de formuler quelques hypothèses concernant les modalités de lecture et donc d'appréhension et d'intégration des contenus de presse. Hans Robert Jauss, qui a théorisé pour la littérature la notion d'horizon d'attente, affirme que l'existence des rapports qu'entretient un texte donné avec une série de textes antérieurs est déterminante pour comprendre sa réception. « Le texte nouveau évoque pour le lecteur [...] l'horizon des attentes et des règles du jeu avec lequel des textes antérieurs l'ont familiarisé », explique Jean Starobinski (1978). La réception s'articule autour de trois horizons d'attente successifs : le premier, général, concerne une société tout entière, H. R. Jauss le qualifie d'« horizon transsubjectif de compréhension » ; le deuxième est caractérisé par la subjectivité d'une catégorie sociale et le troisième est contenu dans la subjectivité individuelle. L'analyse formelle des textes permet de circonscrire les deux premiers horizons, leurs normes et leur système de valeur. Elle contribue ainsi à établir la conformité du texte à l'attente du public ou au contraire à repérer des écarts et des variations.

« Un enfant qui s'amuse de peu, le *Constitutionnel* lui suffit pour toute la soirée » : Honoré Daumier raille le sérieux d'un père et son jeune fils (la presse est une affaire d'hommes…). « Les Papas », Honoré Daumier, *Le Charivari*, 17 juin 1847. Gallica.bnf.fr / BnF.

La lexicographie, elle, permet de saisir quelques caractéristiques de la lecture qui obéit à la loi du moindre effort (Richaudeau, 1976). Pour être facilement lu, compris et mémorisé, un texte doit être prévisible — en évitant les énumérations, mais aussi toute originalité lexicale ou syntaxique — et si possible redondant. Tout journal qui cherche à atteindre un vaste public essaie d'éviter le particularisme et se règle sur le niveau commun qu'il attribue à ses lecteurs. « L'émission entend alors s'ajuster au fondement mythique où sont censés se rejoindre, dans une communauté affective et intellectuelle, les membres d'une société donnée. »

Même en tenant compte de la résistance des « récepteurs » face aux messages qui leur sont proposés (Balle, 1994) et des ajustements réciproques qui s'opèrent entre eux et les émetteurs, on peut donc parier et, dans une certaine mesure vérifier, que les journalistes font des efforts constants pour s'adapter à leur public. Ainsi, le lectorat du *Petit Journal* est supposé être un lectorat populaire, et donc doté d'une compétence linguistique moindre que celle du lectorat du *Figaro*, plus cultivé. L'analyse lexicologique le confirme : entre 1870 et 1914, le vocabulaire y est de plus en plus simple, les hapax[1] de plus en plus rares, les cooccurrences s'inscrivent dans un registre de plus en plus limité.

Figures de lecteurs et de lectrices

Dès les années qui précèdent la Révolution, le journal est perçu et lu comme une source d'information non seulement incontournable, mais dont l'autorité même confère à ce qu'il publie le sacrement du véridique. Alfred de Musset donne en 1831 plusieurs articles au journal *Le Temps* sous la forme de contes. Dans l'un d'eux, un paysan apprend par le journal la mort du roi, annonce si incroyable que le voisin martèle : « C'est dans le journal ![2] » La lecture du journal est le moyen de se sentir en communication avec le monde. Dès le début du siècle, il semble entrer dans les mœurs d'une très modeste bourgeoisie. En 1836, les deux amis inséparables du *Cousin Pons*, soignés par leur portière qui chaque matin leur monte le lait et le journal, ont ainsi la primeur des actualités du jour grâce

1 Un hapax est mot qui n'a qu'une seule occurrence dans un corpus donné.

2 Musset A. (21 janvier 1831), « Revue fantastique » dans *Le Temps*.

Ici, comme dans l'image suivante, c'est dans un intérieur bourgeois que plus classiquement est représentée une femme lisant le journal. « Intérieur » [Intérieur, femme lisant] de Gustave Caillebotte, 1880. Huile sur toile 65 cm x 81 cm. Collection particulière.

au rapt provisoire des journaux « du premier et du troisième étage, dont les locataires se levaient tard et à qui l'on eût dit au besoin que les journaux n'étaient pas arrivés[3] ».

Les romanciers comme les peintres montrent surtout des hommes lisant le journal : *Claude Monet lisant* d'Auguste Renoir en 1872, *Roussel lisant le journal* peint par Édouard Vuillard en 1894, un portrait du père de Paul Cézanne lisant le journal en 1866 et, pour la même année, le tableau d'Auguste Renoir, *L'Évènement*, représentant un groupe d'amis réunis autour d'un journal (Chartier, Hébrard, 2000).

C'est que l'acte de lecture est la marque d'un sexe très souvent masculin et d'une appartenance politique, sociale, culturelle. Stendhal raconte dans *Le Rouge et le Noir* comment, à Verrières, cette ville fictive de Franche-Comté, le juge de paix doit sa réhabilitation politique aux condamnations dont il accable les lecteurs libéraux du *Constitutionnel*. Être lecteur de tel ou tel titre reste, tout au long d'un XIXe siècle qui ignore les partis, le signe d'une adhésion à un courant politique. L'exilé Victor Hugo se nourrit de la presse et y suit non seulement les tribulations de « Napoléon le petit », mais aussi les péripéties de la vie intellectuelle et artistique parisienne. Ainsi peut-il écrire à ses amis et discuter leurs succès et leurs déboires. Il écrit ainsi à Paul Meurice : « Le vacarme de la mer qui cogne notre jardin ne nous empêche pas d'entendre les salons de Paris qui applaudissent votre beau et charmant livre. Nous continuons à le lire en nous disputant à qui aura le premier le journal[4]. »

Publiée sous forme de feuilleton, une large partie de la production romanesque du XIXe siècle doit sa popularité aux lecteurs des quotidiens et des hebdomadaires. La presse est aussi une source d'informations personnelles, ce dont la littérature se fait l'écho. Dans *Les 500 millions de la Bégum*, toute l'intrigue du roman est soumise à la lecture des journaux : c'est la presse qui décide le professeur Schultze à se lancer dans l'aventure. Une information décisive, recopiée par la presse allemande des journaux britanniques l'atteint, *via* la *Gazette du Nord*, à Iéna. Le professeur, homme d'habitude, lit son journal le soir dans son lit et, malgré tout son sérieux, parcourt la colonne des faits divers. Frappé par un nom, il fouille d'abord en vain ses souvenirs, puis, en se réveillant le lendemain matin, se souvient et se décide. En faisant de la lecture des journaux internationaux un des moteurs de l'intrigue, Jules Verne la présente comme un élément de cette modernité qu'il dépeint avec minutie dans ses romans.

The Boston Sunday Herald, 1895, Ethel Reed. Library of Congress.

La presse s'introduit aussi chez les illettrés. Ainsi, Tiennon Bertin, le paysan héros de *La Vie d'un simple* d'Émile Guillaumin[5], est un bon témoin de la survivance tardive de l'oralité. Ne sachant ni lire ni écrire dans les années 1890, il se fait lire le journal par son petit-fils. Il avoue son « plaisir à l'entendre, malgré qu'il y eût pas mal de choses que nous ne comprenions ni l'un ni l'autre ». Dans *Germinal* d'Émile Zola[6], Étienne, mineur en grève ébranlé par l'injustice du sort fait à ses semblables, étanche sa soif de savoir en lisant *Le Combat*, « feuille anarchiste publiée à Genève » que lui prête son ami Souvarine. Curieux, il se forme progressivement et bientôt s'abonne même au *Vengeur*, journal socialiste belge. « Et ce journal, le premier qui entrait dans le Coron, lui avait attiré, de la part des camarades, une considération extraordinaire. » Ici, le journal et sa lecture sont devenus des instruments de prise de conscience de classe et donc une arme de combat.

« Quand tout le monde pourra lire *Le Petit Journal* et *Le Figaro*, on ne lira pas autre chose, puisque le bourgeois, le monsieur riche ne lit rien de plus. La presse est une école d'abrutissement, parce qu'elle dispense de penser », gronde Gustave Flaubert qui, esprit chagrin, déplore l'effondrement général du contenu intellectuel des journaux. Il rejoint ainsi la majorité des gens de lettres qui, dès les premières décennies du XIXe siècle, dénoncent le goût déplorable d'un lectorat ignare et vicieux pour les ragots en tous genres et arguent qu'au fond la presse ne fait que « ressasser ce que la cohue en démence veut qu'on lui dise[7] », anticipant en quelque sorte sur les critiques que toute innovation en matière de média ne manque pas de susciter.

3 Balzac H. de (1959), *Le Cousin Pons* [1848], Paris, Albin Michel, 69.

4 Hugo V. (1950), *Correspondances*, t. 2, Paris, Albin Michel, 174.

5 Guillaumin É. (1974), *La Vie d'un simple*, 1904, Paris, Stock, 223.

6 Zola É. (1885), *Germinal*, rééd. 1965, Paris, Gallimard, coll. « Bibliothèque de la Pléiade », III, 1257.

7 Flaubert G. (8 septembre 1871), « Lettre à George Sand », *Correspondance*, 1869-1872, Paris, L. Conard, 1930, 282.

Naissance des agences de presse internationales

Michael Palmer

Les premières agences de presse, en Europe et aux États-Unis, émergent au cours de la première moitié du XIXe siècle dans un milieu de marchands et financiers, journalistes et propriétaires de journaux, inventeurs et exploitants du télégraphe, traducteurs de langues européennes, en lien avec des hommes politiques[1].

On reviendra ici sur la création de la première véritable agence de presse, la française Havas, en 1835, suivie des autres grandes agences internationales, qui vont donner une place centrale au *fact-based journalism* ou « journalisme des faits » (Palmer, 2014).

Bureau des traductions et *Correspondances* de Havas

À Paris, un normand âgé de près de 50 ans, Charles-Louis Havas, qui connut fortune et faillite sous la Révolution et l'Empire napoléonien et qui rencontra alors son âme damnée, Gabriel-Julien Ouvrard, financier-spéculateur, lance en 1832 un bureau de traduction transformé en 1835 en Agence, éditrice d'une *Correspondance* (Dubuc, 1958). Considérant que « les affaires de Bourse [l]'ont écrasé » faute d'informations exactes, il accomplit, en 1832, un voyage « long et difficile » pour organiser à l'étranger un réseau de correspondants qui lui envoient à Paris des extraits des principaux journaux — voire les journaux eux-mêmes. De son côté, il dépouille lui-même les journaux anglais et allemands ; sa femme, les espagnols et portugais. Ainsi alimente-t-il son Bureau de traduction des journaux étrangers créé en août 1832 tout près de la Poste centrale du Louvre, où arrive le courrier de l'étranger, et du palais Brongniart de la Bourse[2]. Il extrait de tout cela des informations pour la presse d'abord parisienne, ensuite départementale, qu'il insère dans sa *Correspondance*.

Naissent peu de temps après, en 1836, deux quotidiens à grand tirage, *La Presse* d'Émile de Girardin et *Le Siècle* d'Armand Dutacq. Havas dispose alors d'un premier réseau de correspondants en Europe. Ses bulletins sont rédigés à la main et imprimés sur une pierre lithographique avec des revues de presse et de l'information originale. Contrairement à la tendance des journaux français qui privilégient l'opinion, il s'attache à présenter des faits bruts et précis, que ses abonnés peuvent ensuite commenter selon leur ligne éditoriale. Par ailleurs, la vitesse prime : la valeur d'une information dépend de sa fraîcheur, surtout dans le domaine économique. Havas s'affirme « rapidement renseigné, renseigne rapidement ». Progressivement, il absorbe des bulletins concurrents (Feyel, 1977) et le nombre de ses abonnés augmente.

Le central téléphonique de New York en 1879, d'après une gravure de l'époque tirée du *Scientific American*, *La Nature*, n° 2978, 1er juin 1936.

Création de l'agence Havas

En 1835, il transforme son Bureau de traduction en Agence Havas : « Agence des feuilles politiques, correspondance générale ». L'agence Havas a trois catégories d'abonnés : les journaux parisiens et étrangers, les banquiers et particuliers, et les gouvernants. Outre la presse française, Havas sert les journaux étrangers avec des traductions d'articles parus à Paris. Il vend différents services aux autorités publiques, qui le soutiennent continûment. Chaque matin, par exemple, le président du Conseil reçoit un *Bulletin universel*, synthèse des informations contenues dans les journaux et les correspondances. Dans les années 1850, Havas dispose d'un quasi-monopole de l'information sur le marché français.

AGENCE HAVAS

TRADUCTIONS + FEUILLE DU MATIN

Dépêches télégraphiques de l'Agence Havas, 8 janvier 1914. Gallica. bnf.fr / BnF.

La *Correspondance Havas* est rédigée pendant les années 1850 et 1860 sur trois feuilles de grand format, autographiées sur quatre colonnes d'une écriture serrée. Elle est imprimée sur presses lithographiques. Le contenu est varié : informations du jour, textes officiels, informations étrangères, dépêches télégraphiques, revue de presse, faits divers parisiens, cours de Bourse, informations économiques. La dépêche répond aux questions essentielles, enseignées déjà par le rhétoricien Quintilien à Rome au Ier siècle : qui ?, quoi ?, où ?, quand ?, comment ?, et éventuellement, pourquoi ? L'information est datée, son origine géographique mentionnée. Parfois, la source est précisée. Par ailleurs, les informations communiquées sont anonymisées.

Havas, comme d'autres « grandes agences », emploie les techniques rapides de l'époque ; successivement — pigeons voyageurs, télégraphe optique puis électrique, téléphone, radio, satellite, etc.

1 Pour les débuts des agences, et avant qu'on ne dispose des archives des organisations (parfois, mais pas toujours, des entreprises) qui en sont propriétaires, il est parfois difficile de distinguer entre les légendes qui les entourent, et les faits établis, vérifiés.

2 Aujourd'hui encore, le siège de son successeur, AFP, se trouve à côté.

Elle se distingue des autres agences par le recours à la publicité. Suivant les préconisations d'Émile de Girardin (« c'est aux annonces de payer le journal »), Havas contrôle peu à peu la régie des colonnes publicitaires des titres parisiens et de province.

Des faits et du monopole

Cette position dominante soulève nombre de critiques, résumées par Honoré de Balzac, dans son roman *Illusions perdues*. Il relève ainsi les limites d'une approche par les faits : « M. Havas [...] vénère le fait et professe peu d'admiration pour les principes. » C'est ce que déclare aussi en 1852 un fonctionnaire : « Havas est un homme initié à toutes les affaires d'argent qui gravitent sur le concours de la publicité... Il paraît toujours être de l'avis de tout le monde » (Feyel, 1977). Pourtant, on peut noter que, pour Havas, vénérer le fait, au détriment du commentaire, s'avère un hommage au travail de l'agencier; il produit une information factuelle et neutre.

Cependant, cela se fait au prix d'une dépendance envers le gouvernement que souligne aussi Balzac : « M. le préfet demande à M. le ministre de l'Intérieur ce qui se doit penser dans son département. De là l'expédition par voie administrative d'une correspondance élaborée au Bureau de l'esprit public du ministère de l'Intérieur... M. Havas est l'administrateur secret de la correspondance des départements à raison de six mille francs par mois... Ainsi, de même qu'il n'y a qu'un seul journal à Paris, il n'y a qu'un seul journal pour les départements. M. Havas est le prête-nom du ministère...[3] »

Comme l'écrit enfin le romancier, comme « tous les journaux de Paris ont renoncé par des motifs d'économie à faire pour leur compte les dépenses auxquelles M. Havas se livre d'autant plus en grand qu'il a maintenant un monopole », « il n'y a en définitive qu'un seul journal » et « chacun teint en blanc, en vert, en rouge ou en bleu la nouvelle que lui envoie M. Havas, le Maître-Jacques de la Presse ».

Les agences anglophones, Reuters et AP

L'agence Reuters[4] est créée à Londres une quinzaine d'années après l'agence Havas, en 1851. Sa force tient à des services lancés surtout pour les financiers et les commerçants et à la position stratégique de Londres, centre névralgique des câbles sous-marins internationaux, en plein essor, de l'Empire britannique. Avant 1858, Reuters

3 Balzac H. de (25 août 1840), *Revue parisienne*, 2, 243-250.

n'a pas de clients dans la presse; *The Times* finit par s'y abonner, mais n'apprécie pas les agences qui « égalisent le journalisme ».

Enroulement du câble de Douvres à Calais dans le bateau à vapeur *Le Blazer* dans Louis Figuier, *Les Merveilles de la science ou description populaire des inventions modernes.* [2] Paris, Furne, Jouvet, 1868, 191.

À peu près à la même période naît une agence américaine, créée par le journaliste américain Alexander Jones. C'est lui qui rédige la première nouvelle transmise par télégraphe électrique (de New York à Washington) à propos du lancement d'un navire de guerre, l'*Albany*, dans un dock new-yorkais. Percevant l'importance que va jouer le télégraphe dans la transmission des nouvelles, il développe en 1847 un code destiné à en réduire le coût. À ce moment, les journaux new-yorkais redoutent que les sociétés qui exploitent les réseaux naissants du télégraphe cherchent à constituer des monopoles en ne fournissant des nouvelles qu'à ceux qui paient le plus. Or, en 1846 se déroule une guerre entre les États-Unis et le Mexique, difficile à couvrir pour la presse new-yorkaise, éloignée du front; six journaux new-yorkais, sous la houlette de Moses Yale Beach, le propriétaire du *New York Sun*, s'associent alors et créent ce qui à terme sera la New York Associated Press. Ils financent un réseau de courriers à cheval qui rapportent du front jusqu'à Montgomery dans l'Alabama; de là, une diligence apporte le récit au bureau du télégraphe le plus méridional du pays, à Richmond en Virginie, pour transmission à New York. Beach ne remboursait ses coursiers que s'ils devançaient les courriers postaux officiels de 24 heures. C'est ainsi que les journaux new-yorkais obtenaient la primeur de l'information et que naquit la grande agence américaine, Associated Press (AP).

Le partage du monde

En Europe, les trois grandes agences, Havas, Reuter[4] et l'allemande Wolff, créée à la même période, sont échaudées par la couverture difficile de la guerre de Crimée (de 1854 à 1856), et, trois ans plus tard, en 1859, elles regrettent le coût pour chacune de la couverture de la campagne pour la seconde guerre d'indépendance d'Italie. Aussi les agences décident-elles cette même année de se mettre d'accord pour se partager le monde : chacune des trois est seule habilitée à collecter l'information dans sa zone; elle y dispose des services de ses cocontractants et leur distribue sa propre collecte. Havas a comme territoires (selon le terme utilisé dans les contrats) l'Europe latine (Espagne, Portugal, Italie); Reuters, le monde anglo-saxon (dont l'Amérique du Nord et les colonies et possessions britanniques, alors en pleine expansion); Wolff, l'Europe centrale et orientale, avec la Russie. Ce partage témoigne « d'une répartition informationnelle du monde conforme aux ambitions impériales des pays » (Monarque, 2024). Collecte et distribution

4 On écrit « Reuter », pour les membres de la famille; « Reuters » pour l'agence.

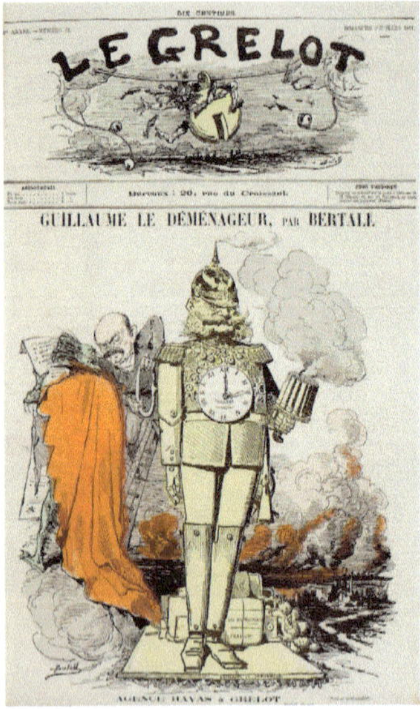

Guillaume le déménageur, par Bertall.
Agence Havas à Grelot, *Le Grelot*, 2 juillet.
Paris Musées / Musée Carnavalet.

sont pensées ensemble. Dès lors, les nombreuses agences nationales qui se créent dans la deuxième moitié du siècle adhèrent à cette alliance-cartel.

Pourtant, les oppositions entre ces entreprises concurrentes ne manquent pas. Oppositions marchandes quand Reuters — peut-être avec Havas — cherche à acheter l'agence Wolff (renommée la Continentale) en 1869, et Havas en 1872. Ses tentatives échouent, mais les contrats tiennent bon, malgré une grave crise en 1889. Oppositions politiques, avec Bismarck mécontent du rôle d'Havas et ensuite la propagande des futurs belligérants de la guerre de 1914-1918 qui pollue de plus en plus le trafic des flux des nouvelles des agences.

La neutralité affichée des agences ne fait pas toujours bon ménage avec les différentes conceptions du journalisme. Ainsi un responsable d'AP, Daniel H. Craig, offusque-t-il certains lorsqu'il déclare : « Vendre des nouvelles c'est comme vendre des oignons. » Le commerce des nouvelles et la tension entre les nouvelles, à la fois exactes et rapides, n'ont jamais fait bon ménage (Palmer, 2019).

Les grands procès et la chronique judiciaire à la Belle Époque

Anne-Claude Ambroise-Rendu

Pour la presse, l'actualité est ce qui ressortit de la rupture du cours normal et régulier des évènements : elle s'intéresse donc particulièrement au crime, à la violence, aux malversations en tous genres et partant, à la justice. Car c'est la société qui reproche son crime au criminel et il appartient aux médias de se faire l'écho de ce reproche et de la manière dont il trouve à se matérialiser par la voie judiciaire. Et la cour d'assises est un des lieux où s'exerce concrètement et magistralement le pouvoir populaire.

C'est par les chroniques judiciaires que les lecteurs de toutes catégories sociales entrent en contact avec les principes et les pratiques judiciaires. Rubrique judiciaire et gazette des tribunaux font à la fin du XIXe siècle le récit long, détaillé et circonstancié des grands procès. La justice, avec ses institutions, ses règles et ses pratiques, ouvre alors un champ nouveau à l'investigation journalistique — d'abord parce qu'elle obéit, *via* l'instruction, point par point, à une règle encore non formulée : quoi ? Qui ? Quand ? Comment ? Pourquoi ? — ensuite parce qu'elle propose des spectacles vendeurs, dramatiques et/ou édifiants, et enfin parce qu'elle est une des arènes publiques où se joue le sort d'une société démocratique. En multipliant les rubriques judiciaires, la presse contribue sans nul doute à donner au lecteur un vernis de culture judiciaire et lui suggère qu'il est non seulement le spectateur lucide du fonctionnement de l'un des rouages du pouvoir démocratique, mais aussi qu'il en est peu ou prou l'un des acteurs.

Le procès d'assises, type même du « grand procès », est le moment où s'exerce concrètement, *via* le jury populaire, le jeu démocratique. Considéré comme un temps fort de l'exercice de la justice — fort parce que seul moment public, donc accessible à tous, de la procédure judiciaire —, il est à proprement parler pittoresque, c'est-à-dire se prêtant à « la mise en image » qu'opère le journaliste. Il est aussi un rendez-vous mondain dans tous les sens du terme, moment de sociabilité, de discussions et de débats, de confusion parfois apportée par les contradictions des témoins, réverbérées et amplifiées par les récits journalistiques. Ce faisant, non seulement la presse contribue à fournir au public des informations sur l'institution judiciaire elle-même, mais elle met en œuvre des représentations de la justice à différents niveaux de son fonctionnement — récits de procès, commentaires du déroulement des audiences et des sentences, récits des exécutions publiques, articles de fond sur les principes et le fonctionnement de cette justice — qui sont autant d'éléments fournis aux citoyens lecteurs sur l'exercice du pouvoir judiciaire.

Condamnation et exécution de Jean-Baptiste Troppmann dans le supplément illustré du *Petit Journal*, 19 janvier 1870. Le journal se vante alors d'avoir « le plus fort tirage du Monde entier : cinq millions de lecteurs ».

Il faut évidemment s'interroger sur la nature de ces représentations afin de déterminer si la mise en récit de ces moments d'exercice du pouvoir public contribue à la construction d'un espace public, si elle participe à la dynamique démocratique et ce qu'elle révèle des exigences sociales concernant la justice dans une société démocratique moderne.

Le procès est un théâtre au décor majestueux et au rituel solennel, qui respecte « strictement les règles de la dramaturgie classique : personnages clairement identifiés dans leur rôle et respect des trois unités de temps, de lieu et d'action » (Lits, 2010 : 149). Dans certains titres, des chroniqueurs attitrés et célèbres mettent leur talent au service de cette dramaturgie et entretiennent une rhétorique cohérente et routinière : Albert Bataille et Henri Varenne, pour *Le Figaro*, en attendant les chroniques que Colette donnera au *Matin* et au *Journal* après la guerre.

Au spectacle

La qualité du spectacle tient d'abord à l'accusé : les femmes criminelles qui défrayent la chronique en 1880 en revolverisant leurs maris ou amants infidèles, diversement saluées par les journaux selon qu'elles sont « grande dame, femme de race et de haute naissance », dotées d'un tempérament poétique ou simples « filles » à la moralité douteuse; les enfants assassins qui, tels les valets de ferme de Jully en 1909, massacrent sauvagement une famille entière; ces coupables, rompant brutalement avec les assignations de genre ou d'âge, suscitent l'émoi et de longs développements.

L'énormité du crime contribue, bien sûr aussi, à faire de l'accusé un cas intéressant. Soit en raison des motifs du meurtre plus ou moins corrélés à la qualité des victimes, soit à cause de leur nombre : Troppmann, assassin de huit personnes, dont des enfants dont il était proche en 1869; Menesclou, violeur présumé et assassin de 20 ans d'une petite fille qu'il découpe ensuite en morceaux pour dissimuler son corps en 1880; Soleilland, violeur présumé et assassin de sa petite voisine en 1907. Tous les trois sont condamnés à mort. Il s'agit le plus souvent d'inscrire ces crimes dans une histoire longue de la criminalité sanglante. « Les ombres sinistres de tous les dépeceurs de cadavres de ces dernières années, semblent flotter dans la lourde atmosphère de la Cour d'assises », lit-on dans *Le Petit Journal* à propos de Menesclou. Mais cette histoire sert aussi à mettre en relief l'atrocité nouvelle de l'actualité, l'absence de précédent constituant la force vive de l'actualité médiatique. *Le Figaro* fait donc remarquer qu'aucun des assassins évoqués n'avait choisi « pour victimes des petites filles de quatre ans » et n'avait « dormi, toute une nuit, sur son cadavre. » Et les journaux sont souvent unanimes pour estimer que le crime jugé est une nouveauté dans les annales. « Jamais procès criminel n'a excité une semblable curiosité. C'est aussi que jamais crimes plus odieux n'avaient été commis avec une aussi effroyable barbarie ! », commente *Le Petit Journal* à propos de Troppmann ; quant au procès des enfants de Jully, il est « unique dans le mémorial du crime », tranche *Le Figaro*.

Le Petit Journal

EXÉCUTION DE TROPPMANN

Clique Dorée

Le Petit Journal raconte sur sa Une du 20 janvier 1870, dans ses moindres détails, l'exécution de Troppmann, depuis la location des chaises pour assister au supplice jusqu'au panier recueillant la tête du condamné, en passant par le fonctionnement de la guillotine. Gallica.bnf.fr / BnF.

Le procès a ses spectateurs. On compte les cartes d'entrée des places réservées, on évalue les mesures d'ordre considérables (l'ordre est maintenu par 200 sergents de ville), on évoque des heures d'attente interminables. À chaque grand procès, des célébrités se mêlent au public : « MM. Alexandre Dumas fils, Arsène Houssaye, Espeleta, le duc de Frias, le baron de Villastreuse », pour Troppmann.

« Pour assister à un drame de violence antique, le public se presse aux assises, curieux, préparé aux tressaillements tragiques. Une extraordinaire corbeille féminine entoure le prétoire : les jolies femmes de Paris venues en foule pour voir Soleilland, et des actrices, Mme Caron, Mme Piérat, Mlle Carlier, Mlle Guett, Mlle Menyem paraissent curieuses et avides d'émotion. Des artistes comme M. Guirand de Scevola s'apprêtent à retenir une saisissante expression de satyre; Rochefort prépare un article contre la démoralisation du siècle. C'est une élégante cohue, animée et gaie. On vient à la ménagerie, pour avoir le spectacle de la bête enchaînée. »

Bien sûr on commente, sans dissimuler ce que ce discours doit aux comptes rendus de théâtre.

« À présent que ce sinistre crétin est jugé, est-il permis de faire une sorte de compte rendu des débats comme nous ferions d'un drame nouveau à l'Ambigu ? [...] Il arrive un moment où les choses prennent une telle tournure que, malgré nous et à notre grand regret, nous sommes tentés de parler des procès célèbres à la place réservée ordinairement aux théâtres. La faute n'en est certainement pas à nous, il y a dans la mise en scène de la justice criminelle des abus qui troublent nos idées sur la magistrature comme il y a, dans l'attitude des invités de la première et de la deuxième catégorie, des moments où ils nous rappellent les avant-scènes plutôt que le prétoire. »

Les protagonistes du « drame »

Effroyable Tuerie

DEUX JEUNES VALETS DE FERME ASSASSINENT CINQ PERSONNES

« Deux jeunes valets de ferme assassinent cinq personnes » dans un « canard » de 1911, *Effroyable Tuerie*. Gallica.bnf.fr / BnF.

L'avocat et l'accusé se disputent le premier rôle. Encore faut-il que la personnalité de l'accusé soit saillante. Ce qui est le cas pour Vacher qui, lors de son procès en 1898, se livre à d'extravagantes mimiques, salue la cour, se met en colère et en appelle au peuple : « Ils veulent me condamner! J'ai le peuple pour moi, et ils veulent me condamner tout de même[1] ». Parfois le spectacle est décevant. Certes, Troppmann a « une tête étrange », remarque *Le Petit Journal*, et Menesclou est une « sorte d'avorton voûté et ridé, au teint terreux, aux yeux de fouine, au visage rongé par les scrofules, à l'air sournois, rageur et cruel » pour *Le Figaro*. « L'apparence physique de Troppmann offre (aussi) un contraste si frappant, si absolu avec la nature et l'importance des crimes qui lui sont reprochés, que la raison se refuse à admettre d'abord la moindre connexité entre ce petit être grêle, débile, gauche, presque timide, et le sombre héros des drames de Cernay et de Pantin. » Soleilland, lui, « timide, effacé », à « l'allure gênée, effacée, banale », est un accusé qui déconcerte tant il offre peu de prises au spectaculaire : « Dans cet être presque gracieux, nullement antipathique, on veut voir le criminel : il n'apparaît pas[2]. »

Puis il faudrait que ces individus jouent leur rôle, ce qu'ils ne font pas toujours : Menesclou « généralement impassible et qui semble indifférent[3] » parle à peine, Soleilland encore moins. La mère de la victime de Soleilland elle-même déçoit : « Mme Erbelding a déposé avec l'indignation contenue qu'on ressent à la suite, non d'une injure très grave, mortelle, mais d'un mauvais tour qui eut de mauvaises conséquences. Sa voix n'a pas eu d'éclats de colère. [...] On surprend les bâillements, présages des fours au théâtre[4]. » Heureusement pour les journaux, le spectaculaire est parfois sauvé quand on ne l'attend plus : ainsi des imprécations douloureuses de Mme Soleilland à l'annonce du verdict condamnant son mari à mort : « "Charogne! Charogne! Misérable!" hurle la voix étranglée par la colère de Mme Soleilland, tu as déshonoré notre enfant! Laissez-moi passer que je le tue. Laissez-moi le tuer![5] » avant de faire une crise de nerfs, scène qui ravit *Le Petit Journal* et indigne *Le Figaro*.

Une absence de taille dans ce défilé de personnages : les victimes. Non pas que la presse n'en ait cure, mais parce que, privées du droit de mettre en mouvement l'action publique jusqu'en 1906 et ne bénéficiant d'un droit d'accès à l'instruction et au dossier qu'à partir de 1921, elles sont de fait largement évacuées d'une procédure qui ne s'intéresse guère à elles.

« L'étiage moral d'une nation »

Pour la presse, les spectateurs du drame sont également le baromètre qui permet d'évaluer la gravité du crime et, plus largement, d'estimer le degré de santé morale du pays. Le public manifeste ses sentiments au passage du criminel et/ou à l'annonce du verdict. Une fois la sentence de Soleilland prononcée par le président de la cour, « Des bravos éclatent. Le public est satisfait », note *Le Figaro.*

Le supplément du dimanche du *Petit Journal* met à la Une des personnalités, des grands évènements, des spectacles mais aussi des faits divers et crimes, illustrés d'une manière très réaliste. 26 décembre 1897. Gallica.bnf.fr / BnF.

La presse discute parfois les décisions de la justice, se prononçant sur la manière dont le jury fonctionne : « Devant la cour d'assises, un procès pour vitriol s'est naturellement terminé par un acquittement. Le jury ne renonce pas aux bonnes traditions[6]. » Le plus souvent, c'est le jury populaire qui est jugé, pas l'institution judiciaire elle-même. Et on reproche à ce jury — ou on l'en félicite — le fait que, n'appartenant pas en propre à la sphère du judiciaire, il est humain et donc accessible aux arguments sentimentaux.

Les journaux profitent surtout de l'évènement-procès pour dénoncer le caractère scandaleux de certaines audiences : quotidien bourgeois, *Le Figaro* fustige la manière dont la foule s'est rendu « maîtresse de la Cour d'assises » et le voyeurisme dont elle fait preuve : « Le spectacle alors est vraiment ignoble. On se rue vers l'accusé, on se pousse, on se hisse pour le voir. Lui reste plié sur son banc, cachant sa figure à la foule. Le public ne peut admettre d'être ainsi privé du meilleur de son plaisir : contempler le condamné à mort. Il faut le voir, le dévisager à tout prix[7]. »

Chaque procès est donc l'occasion d'évaluer les mœurs d'une société avide de divertissement : « Il faut l'avouer, rien ne nous émeut plus [...]. Nous nous désintéressons du mal comme du bien, et chaque jour nous ne demandons que nouveaux plaisirs et émotions nouvelles. [...] Non, l'affaire Menesclou n'est pas seulement un fait divers ni un crime, c'est l'étiage de la moralité d'une nation[8]. »

Il n'est donc guère question dans ces procès de justice, encore moins de loi, jamais évoquée, mais de morale. Les journaux cherchent chez Troppmann, Menesclou, Vacher, et Soleilland, mais aussi chez les criminelles de 1880 et les enfants assassins, les traces visibles d'une émotion et d'une sensibilité qui garantiraient en quelque sorte le retour en humanité de ces « monstres ». Ce qu'ils trouvent chez les femmes accusées fait défaut chez la plupart des hommes. À l'annonce de la sentence, Menesclou « répète machinalement :

1 *La Croix*, 28/10/1898.
2 *Le Figaro*, 23/07/1907.
3 *Le Petit Journal*, 31/07/1880.
4 *Le Figaro*, 23/07/1907.
5 *Ibid.*
6 *Le Figaro*, 25/05/1890 ; 16/08/1880 ; 20/01/1890.
7 *Le Figaro*, 24/07/1907.
8 *Le Figaro*, 31/07/1880.

AFFAIRE MENESCLOU

Nos Informations

Affaire *Menesclou*,
Le Petit Parisien, 31 juillet 1880
Gallica.bnf.fr / BnF.

"À mort ? C'est pour l'avoir violée ? Ah ! ben !" Et il se laisse emmener, d'un air hébété, sans manifester aucune émotion[9] ». Même cas de figure pour le procès de Solleilland : « La lecture du greffier n'efface pas le sourire contraint d'être insensible au reproche, que [celui-ci] avait en entrant. [...]. On constate qu'il a les yeux secs », note *Le Journal* en juillet 1907. L'abondance de ces marqueurs axiologiques est la marque des comptes rendus des procès pendant toute la Belle Époque.

La Belle Époque est aussi belle pour la justice des « grands procès ». Ces hauts lieux de la mondanité le sont dans tous les sens du terme et jusque dans les récits qu'en livre la presse : certes, on y croise des célébrités et des élégantes, mais c'est aussi un lieu de partage, de discussions, de délibérations, un lieu de démocratie. Comme le théâtre, la justice est un espace ouvert au regard et à la réflexion morale et politique, un espace où se joue quelque chose de l'organisation du monde, des conflits qui le déchirent, des violences qui s'y déroulent. Spectaculaire, certes, mais qui, en proportion même de sa visibilité, le récit des grands procès est susceptible de mobiliser l'opinion, avec ou contre les professionnels de la justice.

9 *Ibid.*

L'héroïsation du reporter à la Belle Époque

Jean-Baptiste Legavre

« La Belle Époque » — ces années qui précèdent la Grande Guerre, est une période décisive pour le journalisme. Ce n'est pas seulement parce que la presse atteint des tirages inégalés, plusieurs titres dépassant le million d'exemplaires quotidiens avant la Première Guerre mondiale. C'est d'abord par les représentations que s'effectue un basculement, comme l'ont montré les historiens de l'imaginaire dont, au premier chef, Dominique Kalifa.

Alors que ces « petits reporters » (selon l'expression de l'époque) qui couraient le fait divers étaient peu considérés, mal payés, sans guère d'espoir d'ascension professionnelle, ils incarnent bientôt le journalisme d'information et participent grandement à la « requalification symbolique du métier de journaliste » (Kalifa, 1995). La littérature populaire les transfigure et les héroïse en les dotant de qualités alors que la littérature savante les dépeint comme des êtres de peu, des tâcherons souvent frustrés effectuant un travail quotidien sans envergure.

Dans le Mystère de la chambre jaune de Gaston Leroux (1907) apparaît pour la première fois le personnage de Rouletabille.

Des historiens se sont focalisés sur quelques figures de proue : Rouletabille, le reporter du *Mystère de la Chambre jaune* (Gaston Leroux), Fandor, le journaliste de la série des *Fantômas* (Pierre Souvestre & Marcel Allain), Isidore Beautrelet, l'apprenti journaliste d'*Arsène Lupin* (Maurice Leblanc)… Douze *opus* publiés entre 1880 et 1911 ont été ici retenus, soit, sans doute, l'intégralité des fictions populaires de cette période ayant pour personnage central ou quasi central un reporter. La plupart a été publiée en romans-feuilletons ou opuscules, plusieurs s'inscrivant dans des cycles (jusqu'à 32 volumes pour *Fantômas* et 8 pour *Rouletabille*). Treize figures de journalistes sont repérables[1] (Legavre, 2024).

Ces romans donnent à voir des reporters sympathiques, curieux, débrouillards, audacieux, ayant le goût de l'indépendance, le sens de l'initiative, au service du public. Au-delà de ces qualités fondamentales, ils ont cinq traits ou signes extérieurs qui les distinguent

1 Il s'agit de Barbarus, Beautrelet, Bernard, Binard, Coche, Cransac, Danglar, Fandor, Lamblin, Robert, Rouletabille, Saintonge et Va-Partout.

Couverture du premier ouvrage de « Fantômas » de Pierre Souvestre & Marcel Allain en 1911.

et qui définissent, en somme, le reporter « de papier » en action qui donne des lettres de noblesse au journalisme : jeunesse, intelligence, force physique, élégance et sensibilité. On insistera ici sur les qualités les moins étudiées.

Les romanciers populaires ont stylisé de manière convergente ce que le sociologue Erving Goffman (1973) nomme une « façade personnelle », soit une des dimensions de « l'appareillage symbolique » qui définit un individu en interaction : « La façade personnelle désigne les éléments qui, confondus avec la personne de l'acteur, le suivent partout où il va, les signes extérieurs de la fonction, les vêtements, le sexe, l'âge, la race, la taille, la physionomie, l'attitude, la façon de parler, les mimiques, les comportements gestuels, etc. » (1973 : 29).

Jeunesse

Premier trait, le plus connu : aucun des reporters n'est âgé. Va-partout n'a pas trente ans. Les autres sont plus jeunes, plusieurs encore adolescents. Rouletabille entame ses exploits à seize ans, Fandor sort à peine du collège, Beautrelet est en classe de rhétorique, Louis Robert quitte le collège avant la classe de rhétorique, etc. Les autres ont une vingtaine d'années. Dans ces romans, des termes comme « jeune homme », « gamin », « petit », « moutard », voire « bébé » sont légion.

Intelligence

Souvent pointé, le deuxième trait commun à ces reporters est leur grande intelligence : raisonnement, méthode, imagination sont autant de qualités qui leur permettent de résoudre des énigmes plus vite que la police et la justice. Comptent ici — et c'est rarement souligné — les traits distinctifs de cette « façade personnelle » qui donne à voir une intelligence inscrite dans les corps et visible à l'œil nu. Lamblin a « une physionomie [...] intelligente ». Beautrelet a les « yeux [qui] brillent d'intelligence ». Louis a « le front large, plein d'intelligence », Rouletabille a ses fameuses « bosses » sur le front et « des yeux malins ». Le nez n'est pas en reste, entre réalité et métaphore : quand il est sur une piste, ses narines palpitent...

Illustration intérieure de Gaston Leroux, *Rouletabille chez le Tsar*, Paris, Éditions Pierre Lafitte, 1921 (la première édition date de 1913). Gallica.bnf.fr / BnF.

Force physique

Le troisième trait renvoie aux capacités physiques distinctives des reporters. Leur résistance est hors du commun. Par exemple, Onésime Coche est « un reporter infatigable », Rouletabille est capable d'oublier de dormir plusieurs nuits de suite… Ces reporters, qui le plus souvent se déplacent avec un *Browning*[2] dans leur poche, n'hésitent pas à utiliser leur force proprement dite : Fandor en vient à décocher un « violent coup de poing, sur la tempe, je l'ai étendu par terre, il est tombé roide » ; Cransac « écarte à coup de poing les curieux attroupés » ; Louis Robert n'hésite pas à provoquer un duel ; Alain Bernard descend une corde longue de 420 mètres à flanc de montagne, chute de plus de 40 mètres et… s'en sort.

La force fait partie des attributs de la masculinité en construction de ces encore jeunes hommes qui jouent aussi à « faire l'homme ». Ils fument souvent (cigarette ou pipe), peuvent fréquenter les cafés ou les dîners en bande, même s'ils sont foncièrement seuls face à l'adversité.

Le livre de Gaston Leroux, sixième édition des aventures de Rouletabille, paraît en feuilleton en 1917 dans le magazine *Je sais tout*.

Élégance

Ce quatrième trait est délaissé par les analystes. C'est pourtant un indicateur décisif qui mérite d'être développé. Sauf exceptions (Saintonge a la « mise assez négligée », Isidore est vêtu d'un « pantalon trop court et d'une jaquette trop étroite »), ces jeunes journalistes soignent leurs tenues. Louis Robert « aimait la toilette », Rouletabille prend un soin quasi maniaque de ses costumes, « Va-partout » en frac noir et cravate blanche en impose quand il se rend à l'Élysée pour une fête, Michel Lamblin est « élégamment vêtu, enveloppé d'un paletot à collet de fourrure », Alain Bernard « a toujours eu un faible pour les vêtements bien coupés ».... Leur physique est tout aussi avenant (sauf celui de Rouletabille) : Louis Robert est « fin et beau », Fandor a « le corps d'un jeune homme musclé », Cransac est un « beau jeune homme, un d'Artagnan blond », Danglar a un « maintien noble et gracieux », etc.

Leur habit et leur physique avantageux sont autant de ressources qui séduisent ou impressionnent quand ils passent d'un univers social à l'autre, à la recherche d'informations, au contact rapproché de leurs sources. La figure et le nom même de Va-partout l'indique suffisamment. Onésime Coche, de son côté, est « toujours prêt à boucler sa valise et à interviewer avec le même sans-gêne, le

2 Marque de pistolet.

même sourire, l'explorateur revenu du Pôle nord ou la concierge ». Le journaliste qui initie Louis Robert au métier veut lui faire comprendre que « quand on est reporter [...], il faut parler à tout le monde, aux bourreaux comme aux évêques, aux assassins comme à leurs juges ». Ces jeunes journalistes espèrent non seulement gravir les échelons de la carrière, mais aussi s'élever socialement. L'habit est la marque d'une projection et fournit un des signes de respectabilité quand ils sont au contact des puissants.

Sensibilité

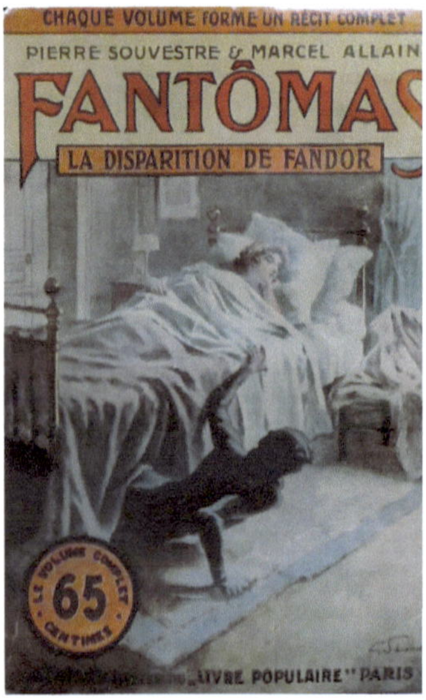

Gino Starace illustre les romans *Fantômas* de Pierre Souvestre & Marcel Allain, ici *La Disparition de Fandor*, collection « Le Livre populaire », 1912.

Cinquième et dernière dimension essentielle et, là encore, laissée de côté par les analystes : même si ces reporters aiment montrer leur force, leur sensibilité est à fleur de peau. Ces journalistes peuvent rougir (Rouletabille est « souvent rouge comme une tomate ») ou être submergés par l'émotion, pleurer, avoir peur, montrer leur anxiété, devenir soudainement pâle, avoir des frissons, trembler, allant jusqu'à perdre la parole comme Onésime Coche qui la retrouve devant l'échafaud alors qu'il devait être exécuté; ou encore Louis Robert qui pouvait être « violemment ému [...] avec des frémissements ». Cette sensibilité exacerbée peut surprendre.

La séquence historique dans laquelle ces reporters prennent place a peu à voir avec la libération des émotions. L'époque est à la disciplinarisation des affects, la maîtrise de soi, la distance avec les tiers (Elias, 1973, 1975). Il n'est cependant pas anodin de voir que les journalistes les plus héroïsés sont les plus jeunes de l'échantillon. Or, tout donne à voir ces jeunes journalistes dans un entre-deux identitaire. Ils sont souvent imberbes, peuvent se déguiser en femme sans crainte d'être reconnus, comme Fandor ou Rouletabille, ou être obligés comme Beautrelet de se vêtir d'une fausse barbe pour être admis parmi les « vrais » journalistes. Ils ont des peaux peu marquées : Isidore a une « figure rose de jeune fille ».

Plus encore, l'émotion est, par définition, susceptible de surgir dans l'activité journalistique. D'une part, les reporters doivent gérer leurs émotions, quand ils font face à des meurtres, des corps blessés, mutilés, les réactions de proches, des tiers, etc. L'exécution en place publique de condamnés à mort fait figure de *topos*. Ainsi Louis Robert tout tremblant, y assistant pour la première fois, reçoit « le baptême du sang ». D'autre part, tout reporter au travail joue sur différents registres quand il échange avec les autres — et singulièrement avec ses sources. Il se doit d'être à la fois proche et distant. Un journaliste qui serait dans la seule distance aurait peu de chance de disposer d'informations. La sensibilité est bien une ressource indispensable à la rencontre, l'écoute empathique, le partage de nouvelles à venir. La relation que Michel Lamblin noue avec un témoin essentiel est exemplaire : il gagne sa confiance progressivement, le console, lui prend la main quand il se désespère, l'aide quand il n'a plus la force de marcher. « Vous êtes bon! », lui dit sa source à la fin du roman. Et le narrateur de rappeler aussitôt en creux les devoirs du journaliste : « Pas trop d'éloge [réplique Lamblin]. L'affaire m'a grandement intéressée comme tout drame parisien ». C'est qu'un journaliste trop proche de ses sources manquerait à son devoir de distanciation...

Une nouvelle séquence s'ouvre avec les années 1920. Le journalisme privilégie désormais les récits de grands reporters, courant le monde et l'aventure, dont les plus célèbres — et à commencer par ceux d'Albert Londres — rassemblent leurs enquêtes dans des ouvrages. La littérature populaire délaisse très vite les figures de ces journalistes dépeints en héros, même si la bande dessinée, et singulièrement Tintin, en prend, autrement, le relais.

De la télégraphie sans fil à la radio, vers un média de masse

Cécile Méadel

L'invention de la radio ne suit pas une voie rectiligne qui l'amènera du bureau de l'inventeur à la maison de l'auditeur, en passant par l'usine qui fabrique le récepteur ou les stations qui font les programmes. Le processus d'innovation est bien plus tourbillonnaire comme c'est toujours et particulièrement le cas des technologies de communication (Flichy, 1991).

Les débuts de la radio sont liés à une demande : peut-on communiquer à distance sans passer par des câbles, comme ceux du téléphone ou du télégraphe électrique? À la fin du XIXe siècle, cette question intéresse à la fois les scientifiques et des acteurs industriels, alors que vient d'être démontrée la capacité des ondes électromagnétiques à transmettre des sons; on les appelle hertziennes du nom d'un de ses premiers inventeurs, le physicien Heinrich Hertz, tandis que les recherches se multiplient. Dès 1898, Eugène Ducretet envoie un message de la Tour Eiffel au Panthéon. Bientôt, un message réussit à franchir l'Atlantique.

Ces recherches sont portées à la fois par le développement des travaux scientifiques et par la demande d'un acteur puissant : les riches et puissantes compagnies de télégraphie (Bertho, 1981). En effet, ces dernières souhaiteraient pouvoir faire circuler les messages sans passer par des câbles, dont l'installation est lourde et exige d'importants investissements. Très vite les technologies hertziennes progressent : dès 1905, des signaux complexes comme la voix humaine peuvent être transmis à distance.

Bricolage et invention

L'innovation, qui porte pourtant le nom de télégraphie sans fil, TSF, ne répond cependant pas aux attentes des industriels : en effet, ces transmissions ont le grand défaut de toucher n'importe qui, ne garantissant pas le secret des correspondances puisqu'il suffit de capter la bonne longueur d'onde pour recevoir le message. Très vite, cette technique intéresse cependant un public non anticipé : les amateurs, qui sont appelés *Radio Hams* (Douglas, 2004). Portées par l'aspiration au progrès et la confiance dans la science, les innovations techniques intéressent alors bien au-delà des laboratoires et sont diffusées dans de très nombreux magazines de vulgarisation[1] ou conférences publiques. Leurs lecteurs s'intéressent dès 1906 à ce nouvel outil qui permet de transmettre du son à distance.

Le central téléphonique de New York en 1879, d'après une gravure de l'époque tirée du *Scientific American*, dans *La Nature*, n° 2978, 1er juin 1936.

Construire un tel appareil n'est en effet ni coûteux ni très complexe. La galène, un métal qui détecte les ondes « hertziennes », permet de construire des postes rudimentaires aptes à capter les ondes électromagnétiques. Et surtout, alors que l'électrification du territoire n'est encore que partielle, les postes à galène fonctionnent sans alimentation électrique puisqu'ils utilisent directement l'énergie des ondes saisies par l'antenne. Ces instruments sommaires permettent de recevoir les ondes hertziennes et donc d'entendre les sons émis. Lorsque le bricoleur est un peu plus compétent ou plus riche, il peut aussi construire ou acheter un poste à lampes.

Des amateurs en nombre se saisissent alors de ces nouveaux instruments et ils constituent un auditoire actif, passionné et avide de participer. Des clubs de sans-filistes naissent partout. L'historienne Susan Douglas (1987) note que, pour la seule ville de New York en 1912, plus d'une centaine de clubs les réunissent. Ces associations de passionnés échangent des coups de main, du matériel et des bons conseils pour construire un poste. Ils se donnent aussi des rendez-vous sur une longueur d'ondes convenue et se livrent à des expérimentations : leur objectif est de parvenir à saisir des signaux et plus la distance est grande, plus l'audition est de bonne qualité, meilleure et plus valorisée est l'expérience. Certains radio-clubs ne se contentent pas de détecter les ondes ou de former leurs membres à la construction d'un poste, ils émettent aussi des sons, souvent de la musique.

Revue Saradio-TSF, revue mensuelle de vulgarisation, juin 1934 (collection particulière).

Ces premiers usagers contribuent ainsi à forger les usages futurs et les idéaux de la TSF. Ils propagent en effet des discours utopistes sur les vertus des communications à distance qui désenclavent les campagnes éloignées, réconcilient les populations, distraient les isolés, diffusent la culture. Cette utopie de la science libératrice et

1 Par exemple *La TSF moderne*, *L'Onde hertzienne*, *L'Antenne*, *Radio-revue*, *Radio-Electricité*, *La TSF pour tous*, *La Radio*, *Le Haut-Parleur*...

La Radio du nord, août 1930 (collection particulière).

du pouvoir des échanges s'appuie sur une conception idéalisée de la communication scientifique, qui ne connaît pas de frontière… et donc pas de guerre.

La guerre comme accélérateur

La Grande Guerre s'annonce pourtant et dans une sorte de paradoxe, l'instrument qui devait réconcilier les peuples est mis au service de la guerre; tous les belligérants tant sur terre que sur mer ou par voie aérienne s'en saisissent et en équipent leurs troupes.

Le conflit mondial joue un rôle d'accélérateur dans la diffusion de la technique sans-filiste d'un triple point de vue : industriel, scientifique et social (Méadel, 2016). D'abord, le conflit conduit à multiplier la production des appareils de TSF qui passe à une échelle industrielle, pour la fabrication de postes et des équipements, lampes, émetteurs, etc. Ensuite, la guerre entraîne une course aux inventions scientifiques et techniques dans tous les domaines et dans tous les pays. En France par exemple, l'État finance les travaux pour mettre au point le poste à six lampes triodes de Lucien Levy pour l'émetteur situé sur la Tour Eiffel. Enfin, la guerre initie au maniement de la TSF des milliers de soldats. On sait par exemple que l'armée de l'air commande dix-huit mille postes alors que les premiers usages opérationnels des avions de combat datent seulement de 1911. Nombre de ces soldats deviendront aux lendemains de l'armistice des sans-filistes capables de bricoler, à partir de tube de carton, de fil de fer et de quelques autres pièces, un appareil récepteur.

La radio clou du spectacle

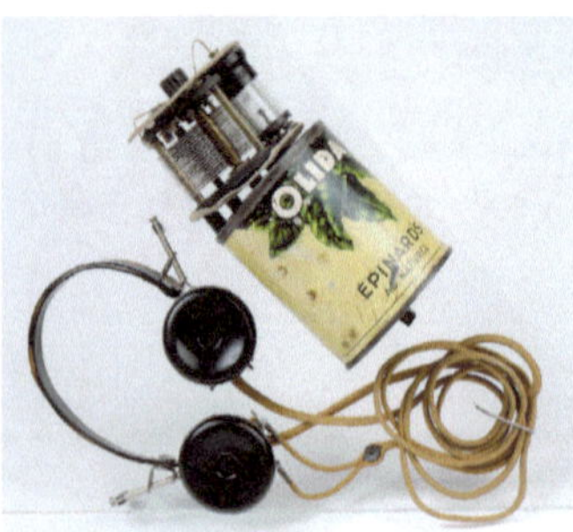
Poste à galène, France, 1940-1944. © Le Mémorial de Caen
Le poste à galène d'André Heintz était caché dans une boîte de conserve, et enfoui dans une barrique de haricots secs conservée au fond de la cave car il était interdit d'écouter la BBC.

Cette passion technophile forge aux lendemains de la guerre le développement de la TSF, que l'on commence à appeler radio, côté récepteur, comme côté émetteur. Côté récepteur, le goût du bricolage a un impact sur le marché de la radio. À côté d'une production industrielle de postes prêts à utiliser, perdure, pendant tout l'entre-deux-guerres, une fabrication de récepteurs sur mesure par des artisans ou des amateurs (Méadel, 1994). Comme l'écrivait un amateur : « pour mériter le titre de sans-filiste, il ne suffit pas de faire l'acquisition d'un poste récepteur et d'écouter des concerts. Non! Le véritable sans-filiste doit monter lui-même son poste, ce qui est à tout coup la meilleure manière de s'initier aux mystères de la science des ondes ». Les postes à galène, fabriqués par des particuliers, permettent aux ménages les plus modestes d'écouter la radio, alors que les récepteurs à lampe sont trop chers pour des budgets ouvriers. Ces appareils sommaires sont pourtant exigeants : l'écoute d'un tel poste exige de ses pratiquants un travail de mise au point, de réglage, de manipulation pour capter une longueur d'onde et échapper aux interférences.

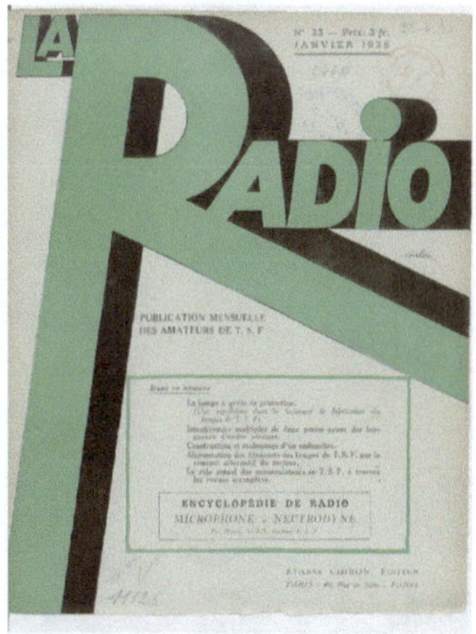

Publication mensuelle des amateurs de T.S.F. *La Radio*, 1928.

Côté émetteur, les amateurs aussi sont omniprésents. Ce sont eux qui développent les premiers programmes et qui organisent les stations. Les liaisons radio relèvent pourtant du monopole de l'État (suivant la loi sur le monopole des communications de 1837), mais elles vont faire l'objet, comme c'est aussi le cas du téléphone à ses débuts, de dérogations, plus ou moins officielles. La situation est confuse jusqu'en 1928 où les poursuites pour émissions privées sont rares. L'intérêt pour la TSF se développant, les ondes sont progressivement saturées et, en 1928, une loi limite à 28 le nombre de stations de radio autorisées sur le territoire français métropolitain. La moitié ont un statut de radios publiques, l'autre par dérogation au monopole sont privées. Pourtant la différence entre les deux est mince. Toutes les radios en ces débuts des années 1920 sont animées par des groupes d'amateurs qui créent les contenus à mettre sur les ondes.

L'invention des programmes et des auditeurs

Tout reste en effet à inventer aux lendemains de 1918; la notion d'émission n'existe pas, pas plus que celle de grille de programmes; il n'y a pas de professionnels, mais seulement des amateurs passionnés par ce nouveau média.

Que mettre sur les ondes? Ils pensent d'abord à des nouvelles diffusées par le télégraphe : le cours des denrées ou les informations météorologiques, les deux très importants dans un pays massivement agricole, mais aussi les informations boursières ou le signal horaire. Ils poursuivent aussi les voies ouvertes par les premiers sans-filistes en diffusant des concerts. Dépourvus de moyens, les amateurs qui font vivre ces premiers postes font feu de tout bois : ils sollicitent les professeurs du conservatoire et leurs élèves; ils demandent des « causeries » au professeur d'université, font interpréter des pièces de théâtre depuis leur studio...

Radio-Standard, n° 14, 15 septembre 1931, 3e salon de la TSF (collection particulière).

Au cours de ces années 1920, les programmes commencent à se mettre en place à mesure que se forgent les compétences professionnelles des « radioteurs », avec des contenus spécialement conçus pour la radio et une organisation des programmes (Méadel, 1994).

Ce que l'on appellera le « *prime time* » est alors la soirée pendant laquelle une émission est systématiquement programmée, le plus souvent de la musique, parfois du théâtre.

Lise Elina (journaliste, mais aussi comédienne dans le célèbre feuilleton « La famille Duraton ») reçoit l'actrice américaine Lilian Harvey dans un studio de Radio Cité à la fin des années 1930 (collection particulière).

La musique constitue l'élément dominant des programmes et la nouveauté de la radio est qu'elle apporte simultanément, parfois dans une même émission, des genres musicaux très divers : la « grande » musique, comme on appelle alors la musique classique, comme l'opérette, la musique militaire comme la chansonnette, et même le jazz, plutôt programmé le soir, même s'il suscite régulièrement l'hostilité de certains auditeurs.

Les informations sont également très présentes, sur le modèle des deux premiers journaux parlés, le service d'information de *Radio Paris*, produit par l'ingénieur Maurice Vinot depuis 1923, et le Radio Journal de France de Maurice Privat sur les ondes de Paris PTT. Au début, il s'agit seulement de lire à l'antenne les longues chroniques que fournissent des journalistes de la presse. Le sport va faire évoluer les informations et leur donner un caractère spécifiquement radiophonique en développant les reportages. La retransmission des épreuves sportives suppose de lourds moyens mais donne lieu à des prouesses très appréciées des auditeurs. Elle conduit aussi les reporters à inventer une rhétorique particulière pour faire parler les sportifs, capter l'évènement, le donner à vivre en direct.

Cette période de l'entre-deux-guerres est donc d'une extraordinaire fécondité pour la radio : pour les formats radiophoniques, se développent les moyens technologiques qui permettent de rendre le monde présent à travers des sons et l'organisation temporelle qui structure les contenus dans des grilles. Les métiers sont progressivement définis : metteur en onde, reporter, *speaker*, journaliste radio, etc. La grande question devient celle du rapport à l'auditeur avec une pluralité d'interrogations : quels sont les programmes qu'il apprécie ? Quand les écoute-t-il ? Comment capter son attention ? Et surtout, comment ne pas la perdre ?

Images et médias depuis 1914

Fabrice d'Almeida

Les images occupent depuis longtemps une place dans la diffusion des messages et des représentations politiques, sociales ou religieuses. Les monnaies ont ainsi fait connaître dès l'Antiquité les visages de souverains ou les symboles de cités. La statuaire et l'urbanisme ont mis en valeur des cultes. Tout change avec l'invention de l'imprimerie, au XVe siècle, en Occident. Cette dernière permet de faire circuler les images agrémentées de textes avec un regard critique sur le gouvernement ou les pratiques religieuses. S'amorce le lien entre images et information qui, à partir du XIXe siècle, devient étroit avec des gravures véhiculant les découvertes géographiques et les grands évènements dans des journaux spécialisés comme *L'Illustration*. D'autres, comme *La Caricature*, en France, ou *Punch*, en Grande-Bretagne, publient des dessins satiriques qui mobilisent l'opinion. Puis, vers 1895, commence la pénétration de la photographie dans la presse. Mieux, à partir de 1907, les premières actualités filmées sont diffusées. Ainsi les images vont-elles façonner les imaginaires et modifier le rôle des médias (d'Almeida, 1997).

L'ILLUSTRATION

Inauguration de l'exposition universelle, *L'Illustration*, 11 mai 1889, gravure de Gaston Sorbets. Gallica.bnf.fr / BnF.

Images dans la guerre

Avec la Première Guerre mondiale, les images envahissent le quotidien (d'Almeida, 2016). Les affiches politiques, les réclames et les murs peints couvrent les paysages urbains au service de la mobilisation de guerre (Gervereau, 1996 et 2001). Les cartes postales illustrées de photographies et de dessins entrent dans les foyers. Sur les écrans des salles de cinéma ou dans des lieux de projections éphémères sur le front, fictions et actualités appellent les femmes et les hommes à soutenir l'effort de guerre. La presse a de multiples titres illustrés qui montrent certaines faces du conflit, mais cachent les aspects les plus violents et les plus sales de la guerre. L'armée se rend compte de la puissance du visuel pour rendre compte des opérations. Elle voit l'image comme un complément de reportage, un moyen de propagande, mais aussi un outil pour préserver la mémoire des combattants. La création du Service photographique et du Service cinématographique des Armées en 1915 a ainsi pour vocation de maintenir le souvenir de toutes les formes d'engagement et de tous

Affiche pour un emprunt de la Défense Nationale lors de la Première Guerre mondiale. Auguste Leroux, 1871.

Deux opérateurs, de la SPA (section photographique des armées) et de la SCA (section cinématographique des armées), filment et témoignent de la représentation. Photographes Jacques Gabriel et François Agié. © Jacques Agié/ECPAD/Défense

les types de militaires qui prennent part au conflit, qu'ils viennent de métropole ou des colonies. À cela s'ajoute le cinéma aux armées, chargé de diffuser des œuvres auprès des troupes, qui favorise une unification de la vision du conflit comme de la société. Bien sûr, la censure est massive (Forcade, 2016). Elle favorise davantage encore l'homogénéisation des publics. Avec une limite toutefois : la culture du front et celle de l'arrière tendent à s'éloigner sous la violence des combats et l'horreur de la mort de masse.

Essor du cinéma

Affiche de propagande Theo Matejko, 1940 (collection particulière).

À la sortie du conflit, le cinéma devient une industrie florissante (Ferro, 1977; De Baecque, 2008; Sorlin, 2015). Encore muet jusqu'en 1928, il n'en constitue pas moins un lieu où circulent massivement deux produits qui fascinent le public. D'une part des films de fiction où s'épanouissent de grandes vedettes, des stars selon les standards hollywoodiens; et des actualités filmées qui, divertissantes au départ, deviennent toujours plus critiques : visites de souverains, changements de gouvernement, élections et même conjonctures politiques y trouvent leur place. En 1932, le président du Conseil s'exprime à l'occasion de la campagne législative sur les écrans, comme à la radio. Puis, lors de la campagne électorale de 1936, les différents leaders politiques obtiennent même un temps égal de promotion de leurs idées dans *l'Éclair journal*. Au cinéma, la publicité s'est généralisée et ses musiques et chansons entrent dans les têtes. Ses images attrayantes font rêver. En France, la société Jean Mineur prospère dans ce nouveau territoire.

Les régimes totalitaires communistes, fascistes et nazis cherchent à donner à cette prolifération visuelle la forme de leur idéal (Welch, 1994). L'image des corps musclés et puissants incarne le modèle de « l'homme nouveau » et les réalisations grandioses témoignent de la capacité créatrice de ces régimes qui jouent autant de la violence que de la séduction pour s'assurer l'obéissance et la confiance des peuples (Reichel, 1993). Révolution et modernisation deviennent aussi des mots d'ordre pour ces sociétés soumises aux utopies idéologiques.

Publicité pour une brochure anti-communiste, 1919 (collection particulière).

Les démocraties ne sont pas en reste. Avec le *New Deal* de Roosevelt, les États-Unis mettent en œuvre une politique publique d'un genre nouveau. L'État fédéral très interventionniste prend une place nouvelle dans la mise en place de grands travaux ainsi que dans la régulation de la vie économique. Même dans la lutte contre la criminalité, de jeunes agences fédérales s'illustrent : arrestation d'Al Capone; élimination de Dillinger... Autant de temps forts dont la presse se fait écho par ses photos. Fort de son sens de la communication, le président Roosevelt intervient à la radio en direct, et fait filmer ses enregistrements. Ses thèmes mobilisateurs sont relayés au cinéma et dans les affiches que les organismes publics font imprimer à des dizaines de milliers d'exemplaires.

La mécanique de l'image de propagande court pendant la Seconde Guerre mondiale et se prolonge dans la Guerre froide (Delporte, 1993). La même combinaison de caricatures, d'une esthétique de la beauté et de films grandiloquents, est mise en œuvre. Ainsi les régimes totalitaires peuvent-ils mieux masquer ceux qu'ils éliminent secrètement dans des espaces isolés. Les camps de concentration et d'extermination nazis constituent la meilleure illustration de la limite de l'image qui ne peut pas tout illustrer ni montrer de la vie dans ces mondes. Le secret rend presque inexistantes les images documentant directement le génocide. L'album de photos conservé par Lilly Jacob montre l'arrivée et la sélection à Auschwitz (d'Almeida, 2012). Mais il s'arrête aux portes de la mort. Comme les images du Goulag soviétique restent tout aussi rares, laissant dans l'inconnu les conditions de vie dramatiques des détenus. Et dans la Chine maoïste, les victimes de la famine à la fin des années 1950 sont effacées des écrans et de la presse. Pourtant, environ vingt millions de Chinois y laissent la vie.

Photo clandestine, prise par un civil allemand, des prisonniers du camp de concentration de Dachau effectuant une marche de la mort vers le sud et passant par un village sur la route de Wolfratshausen. Allemagne, entre le 26 et le 30 avril 1945. Encyclopédie multimédia de la Shoah, Mémorial de l'Holocauste.

Couronnement de la télévision

Le changement est ailleurs, dans la promotion d'un nouveau média : la télévision, qui envahit progressivement la planète, dès les années 1950 et 1960. Sur ces petits écrans sont retransmis des évènements de portée internationale, comme le couronnement de la reine Élisabeth II en 1953. C'est la première fois qu'un souverain britannique donne une telle publicité à son couronnement. Sous ces multiples formes au cinéma et à la télévision, les experts estiment que près d'un milliard de personnes ont pu voir l'évènement. Le rapport à la spiritualité change. Le 25 décembre 1948, depuis Notre-Dame de Paris, la première messe cathodique est retransmise. Bientôt, les exploits des astronautes américains et des cosmonautes soviétiques sont aussi diffusés. La course spatiale est technologique, mais aussi visuelle : chacun veut gagner la meilleure image mondiale afin d'accroître les États membres de son camp.

La télévision devient un outil d'information crucial et dominant quand, en 1980, émerge la première chaîne de télévision continue : Cable News Network (CNN). Voulue par un riche Américain, Ted Turner, sa logique change le rapport à l'actualité. Plus rapide, plus rythmée, avec une présentation des faits en direct. La France bascule dans ce rythme en 1989 à l'occasion de la révolution roumaine, présentée en direct sur la Cinq, une nouvelle chaîne de télévision (D'Almeida & Delporte, 2005). En 1996, une chaîne d'information est créée par le Qatar : Al Jazeerah. Très vite, elle adopte des standards différents de ceux des chaînes occidentales, en montrant des images crues de morts violentes et d'exécution d'otages. Elle accuse ses concurrentes d'édulcorer la vision des guerres, surtout après les attentats du 11 septembre 2001 aux États-Unis, évènement dramatique également vécu en direct.

L'information devient toujours plus présente à la télévision. La fonction éducative est en recul par rapport à ses débuts quand des programmes destinés aux enfants des écoles étaient fréquents dans les pays européens. Ses formats ont évolué et les séries télévisées constituent un moyen de fédérer des audiences importantes, sur tous les continents. Télénovelas et séries turques alimentent un marché mondial partagé entre les passions amoureuses et les enquêtes policières. Le sport s'impose également comme un divertissement nécessitant des investissements importants de la part des chaînes, dès les années 1980.

Les imaginaires sont travaillés par la publicité dont les spots présentent un monde idéalisé, en particulier dans les pays occidentaux. La vie de famille dans des maisons de style américain devient le modèle proposé à la planète entière et des séries comme *Dallas* connaissent une diffusion mondiale (Katz & Liebes, 1990). Certes, leur interprétation varie d'un pays à l'autre suivant la culture du public. Néanmoins, le modèle américain se répand grâce à ce *soft power* (Nye, 2004). La chute du mur de Berlin et la fin de l'Union soviétique lui donnent une portée universelle, consacrée par l'entrée de la République populaire de Chine dans l'Organisation mondiale du commerce (OMC). Cette dernière, *via* la radio et la télévision, tente aussi de donner à voir un mode de vie agréable dans des séries populaires. Mais il n'existe pas vraiment de rêve chinois quand le rêve américain, lui, continue de rayonner et d'attirer des candidats à l'immigration dans ce pays. La fiction, très puissante dans le cinéma, donne à Hollywood un ascendant économique. Mais d'autres pays, comme l'Inde avec Bollywood, son système de films populaires, ou la Turquie, le Brésil ou encore Israël et l'Égypte, alimentent ce marché.

Le développement des plateformes donne une chance à de nouvelles entreprises et pays de gagner une audience mondiale. Netflix constitue un modèle commercial puissant, mais le piratage ne disparaît pas pour autant des pratiques des internautes. La géopolitique des succès change. Les productions sud-coréennes, par exemple, trouvent un public mondial qui apprécie aussi sa musique populaire (la K-Pop) et ses clips.

Images numériques

Au milieu des années 2000, le déploiement des réseaux sociaux numériques permet une promotion inédite des images personnelles qui ont commencé de se répandre sur internet dès 1994. Associées à l'emprise des appareils photo et caméras des téléphones portables, elles donnent à voir une masse phénoménale d'activités sociales et de mots d'ordre partisans. Les images d'enfants ou d'animaux (chiens et chats en particulier) captivent une audience qui cherche à se distraire et assure à ces nouveaux moyens de communication une audience si forte qu'elle se détourne des médias traditionnels pour aller sur le terrain numérique. Aujourd'hui, plus de la moitié des budgets publicitaires y est consacrée. De nouveaux métiers apparaissent comme celui d'influenceur. Leur apparence compte autant que leur propos. Le style visuel conditionne la réussite autant que le parler.

La pornographie a aussi gagné à l'échelle mondiale une ouverture dont elle n'avait jamais joui auparavant. Des images en provenance de très nombreux pays sont proposées sur des plateformes qui proposent aussi parfois des images de violence, sorte de défouloir absolu. L'Europe tente de réguler ce marché. Parallèlement, depuis l'affaire Dutroux en Belgique, de grandes enquêtes de lutte contre la pédopornographie ont vu le jour et entraîné des arrestations. L'image fait donc autant que le texte l'objet de mesures de régulation. À preuve, l'action contre le terrorisme islamique afin d'interdire les images de massacres d'otages, les incitations à la haine et l'endoctrinement, depuis les crises du 11 septembre 2001 aux États-Unis et depuis la crise ouverte par Daesh en Europe (Ferragu, 2020).

L'imagerie suit aussi le rythme des grandes innovations. Les données personnelles accumulées par les plateformes permettent de mieux cibler la publicité et d'anticiper les conduites des électeurs et consommateurs. Les médias constituent plus que jamais un enjeu démocratique. La diffusion de fausses nouvelles facilitées par des robots numériques (*bots*) et l'action d'intelligences artificielles capables de produire des faux de très grande qualité (*deep fakes*) font craindre pour l'avenir la circulation massive d'images trompeuses. Un risque de déréalisation du monde existe, d'autant plus grave que des États, comme la Russie ou la Chine, n'hésitent pas à lancer des opérations d'influence reposant sur des mises en scène fallacieuses ou des détournements d'images véridiques. La guerre de l'information est devenue une guerre des images (Colon, 2023; Jeangenne-Wilmer, 2024).

L'image qui devait compléter et renforcer l'information est donc redevenue un outil majeur de propagande. Elle fait l'objet de luttes incessantes pour essayer de prendre le dessus dans le travail des imaginaires mondiaux. Elle demeure un secteur innovant où les graphistes autant que les ingénieurs ont leur mot à dire pour façonner les mentalités autant que les savants et les gens de médias.

Les Actualités Françaises : l'information au cinéma

Franck Mazuet

Concours d'automobiles fleuries à Paris en 1899, filmé par un opérateur cinématographique (voir le site Catalogue Lumière).

Société fondée en 1945, Les Actualités Françaises produisent pendant près d'un quart de siècle des journaux filmés projetés pendant les séances de cinéma. Rendez-vous hebdomadaires des Français avec l'information en images, les actualités de la firme, contrôlée par l'État, témoignent des changements profonds opérés par l'industrie de la presse filmée pour adapter ses programmes au paysage médiatique de la seconde moitié du XXe siècle. Le modèle de production mis en œuvre par les éditeurs d'actualités est appelé à répondre à l'accélération de l'accès aux informations diffusées par la télévision. Ils exploitent pour cela les avantages que le cinéma conserve sur le petit écran jusqu'au milieu des années 1960. Nouveaux relais de la communication de masse, les téléviseurs restent en effet des équipements qui souffrent de nombreux handicaps. Leur prix élevé, leurs pannes fréquentes et leur dépendance à un réseau de télédiffusion restreint ralentissent leur entrée dans les foyers français. Présents sur la totalité du territoire français, les circuits d'exploitation cinématographique permettent au contraire à la presse filmée d'être le seul média audiovisuel accessible à l'ensemble de la population. Les journaux filmés d'une dizaine de minutes présentés chaque semaine sur grand écran bénéficient en outre d'une qualité d'image supérieure à celle des téléjournaux dont les émissions souffrent d'une définition médiocre et d'un signal instable.

Si le loisir collectif associé aux actualités cinématographiques résiste bien au rituel domestique du journal télévisé, le long processus requis pour fabriquer les bobines de film et les distribuer en salle provoque le retard des journaux filmés sur l'actualité. Le support argentique sollicite, lui, des dépenses considérables, tant pour l'achat de la pellicule que pour le tirage en laboratoire. Comme leurs concurrentes, Les Actualités Françaises modernisent peu à peu leur dispositif de production afin de baisser les coûts et de réduire les délais entre la captation de l'évènement et sa retransmission au cinéma[1]. Ces efforts qui entretiennent la pertinence du cinéma d'actualités en tant que média face à l'émergence de la télévision permettent également à la firme de conserver un rôle majeur dans l'appareil de propagande du Gouvernement en France et à l'étranger.

L'écriture standardisée des actualités

Les Actualités Françaises distribuent leurs programmes dans un circuit d'exploitation de plus de huit cents cinémas répartis en métropole et dans les territoires français d'outre-mer[2]. La firme commercialise aussi ses éditions étrangères à travers un réseau international d'établissements situés en Europe de l'Ouest, au Moyen-Orient, en Afrique et en Amérique latine. Le périmètre de cette diffusion et le volume massif des copies qu'elle mobilise conduisent à la standardisation du mode de fabrication des journaux filmés à partir d'un modèle de production qui privilégie un traitement de l'information à la fois rapide et économique. Dès le tournage, le cameraman prend soin de limiter le nombre de ses prises de vues au découpage qu'il a imaginé pour la réalisation de son sujet. Le montage se conforme ensuite à l'enchaînement préétabli de ces plans, dont la grammaire cinématographique simplifiée propose une lecture des images d'actualités à la portée de tous les publics. Cette méthode qui réduit la consommation de pellicule nécessaire à la confection des journaux accélère le cycle de leur production en écourtant le temps de montage des sujets. En ce qui concerne les contenus, l'écriture normalisée qu'elle inspire facilite la compréhension d'évènements résumés sans préambule dans des sujets souvent très courts.

Le processus nécessaire au « façonnage » des journaux filmés inscrit le travail des équipes des Actualités Françaises dans un cadre industriel où la mitoyenneté des ateliers de la firme avec le laboratoire cinématographique chargé du tirage de ses films contribue à réduire la durée de leur fabrication. Les cadences de travail, la division des tâches et la répétition des opérations manuelles sur la pellicule dans le temps limité de la production hebdomadaire des journaux soulignent le caractère ouvrier du montage et de la sonorisation des sujets tels qu'ils sont accomplis par les techniciens de la société. Ce n'est qu'une fois leur travail achevé que les journalistes rédigent les commentaires des sujets sans pouvoir agir sur leur mise en images. Ce cloisonnement nuit au renouvellement de la ligne éditoriale des Actualités Françaises qui ne modifient la présentation de leur journal qu'à l'aube des années 1960. Le

1 Cinq sociétés se partagent le marché de la presse filmée en France entre 1945 et 1969. Quatre sont françaises : Les Actualités Françaises, Éclair-Journal, Gaumont Actualités et Pathé-Journal. Une est américaine : Fox Movietone.

2 Le nombre des salles où sont projetées Les Actualités Françaises varie chaque année en fonction des abonnements auxquels souscrivent les exploitants.

format magazine, qui est alors adopté par la firme, traduit le changement de stratégie de la presse filmée vis-à-vis de l'information télévisée. À la logique de concurrence qui opposait les deux médias succède une politique de complémentarité qui dispense les éditeurs de participer à une course à l'actualité où l'industrie du film est pénalisée par le système de production et de diffusion de son support physique.

Le choix de la formule magazine

La place que les sociétés d'actualités cinématographiques envisagent pour leurs productions dans le marché de l'information audiovisuelle investi par la télévision s'inspire du succès acquis par les publications hebdomadaires de la presse écrite : celles-ci fidélisent leur lectorat à l'aide d'une politique éditoriale distincte de celle des quotidiens. En choisissant la formule magazine « dont l'intérêt survit à l'évènement »[3], la presse filmée privilégie un retour sur l'actualité à partir d'un travail d'enquête attentif à l'analyse détaillée et à la contextualisation des faits présentés, tandis qu'elle abandonne le relais de l'information immédiate aux journaux télévisés. Les progrès techniques des matériels de cinéma contribuent à ce tournant rédactionnel en apportant une esthétique documentaire aux reportages. Leurs images sont filmées à l'aide de caméras 35 mm légères, ergonomiques et équipées d'objectifs à focale variable dont les premiers exemplaires sont distribués aux opérateurs des Actualités Françaises en 1964. L'usage des magnétophones portables qui se généralise au même moment favorise cette nouvelle écriture de l'actualité en introduisant la figure du témoin dans la construction des sujets grâce aux interviews enregistrées pendant les tournages.

Avec leurs rétrospectives et leurs enquêtes présentées dans des rubriques clairement identifiées, les magazines répondent aux vœux des spectateurs français qui ne se rendent pas au cinéma quotidiennement et y attendent une actualité adaptée à la fréquence de leurs visites hebdomadaires, voire mensuelles. En 1965, 70 % de la clientèle urbaine des cinémas et 80 % de leur public rural plébiscitent « l'actu » au format magazine que tous les éditeurs emploient désormais pour leurs journaux[4]. Mais le succès tardif de la formule ne suffit pas à garantir l'équilibre financier des producteurs victimes de la crise que connaît l'industrie cinématographique au cours de la décennie. L'effondrement de la fréquentation des salles et l'essor des réseaux de télédiffusion qui parviennent à imposer la télévision comme le premier média d'informations audiovisuelles national conduisent le gouvernement à orienter les activités des Actualités Françaises vers les pays étrangers où le cinéma demeure un vecteur essentiel de l'information en images. Parmi ceux-ci figurent les États africains qui viennent d'acquérir leur indépendance, des territoires où la France entend conserver son influence politique, économique et culturelle grâce aux films qu'elle y distribue.

Soft power en Afrique postcoloniale

Avec une population estimée à près de 300 millions d'habitants en 1960, l'Afrique se distingue par le potentiel de son marché cinématographique vers lequel les sociétés d'actualités occidentales se tournent alors que leur clientèle domestique décline. Affranchi des tutelles des anciennes puissances coloniales, c'est aussi un espace de libre concurrence où les éditeurs de presse filmée sont chargés de diffuser la propagande de leurs partenaires étatiques. Les producteurs européens, américains et soviétiques qui distribuent leurs journaux sur le continent tirent parti de la place marginale qu'y occupe la télévision et exploitent à leur profit l'absence de réglementation sur le cinéma dont souffrent les économies locales. Soucieux de défendre les intérêts de la France dans sa sphère d'influence africaine, les premiers gouvernements de la Ve République encouragent les firmes d'actualités nationales à renforcer leur présence sur les marchés cinématographiques des régions francophones de l'Afrique subsaharienne afin d'y promouvoir l'image d'une démocratie moderne au chevet du développement de ses anciennes colonies.

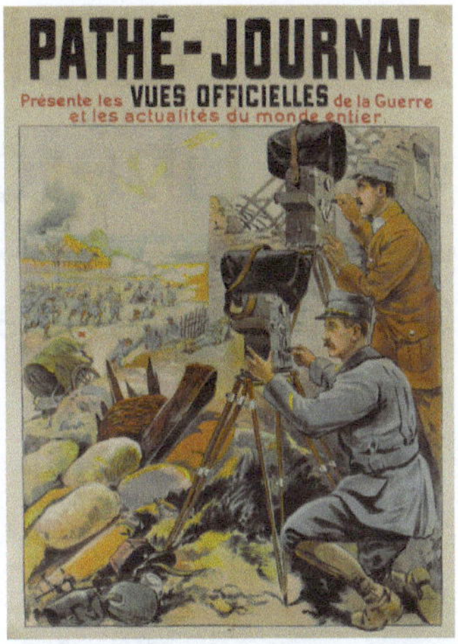

Affiche pour la compagnie Pathé qui filme la guerre, entre 1914 et 1918. Atelier Faria © Bibliothèque historique de la Ville de Paris.

Ce soutien se traduit par la création du Consortium audiovisuel international (CAI) en 1961. L'entreprise, qui bénéficie d'une réserve financière garantie par l'État, réunit les quatre firmes françaises de presse filmée sous la conduite des Actualités Françaises et de leur PDG, Roger Mercanton. L'ambition du CAI s'inscrit dans le temps long choisi par l'Élysée pour conduire sa politique culturelle en Afrique subsaharienne. Parmi les objectifs du consortium figurent l'aide technique et financière aux journaux d'actualités des nouveaux États africains, la lutte contre l'intrusion des bobines d'actualités d'origine anglaise et américaine qui sont remises gratuitement aux exploitants de ces pays et la formation professionnelle des futurs techniciens africains destinés à travailler dans le domaine de l'information filmée. Les éditeurs français participent à ces missions dans les États qui acceptent d'être les partenaires du CAI[5]. Premier dispositif de coopération cinématographique franco-africain, le consortium inaugure ainsi le parrainage de la France sur les médias audiovisuels de l'Afrique francophone postcoloniale, une politique que Paris poursuivra jusqu'à la fin du XXe siècle en accompagnant le développement des réseaux de télévision de ces nations.

L'envergure et le dynamisme du marché de la presse filmée auquel participent les Actualités Françaises traduisent le rôle médiatique que le cinéma dispute à la télévision pendant les Trente Glorieuses. Si les actualités télévisées finissent d'éclipser les nouvelles projetées sur grand écran à la fin des années 1960, elles gardent cependant la trace de l'écriture standardisée de l'information développée dans les journaux filmés. Le modèle de mise en images des reportages présentés aujourd'hui par les *news* de l'info en continu y trouve sa filiation et la grammaire cinématographique dont il s'inspire guide toujours notre regard sur l'évènement.

3 Audibert R. (3 novembre 1956), « Ce que sont les Actualités », *La Cinématographie française*, n° 1691.

4 « Les Actualités appréciées du public », *La Cinématographie française*, 6 mars 1965, n° 2104.

5 Les premiers pays partenaires du CAI sont la Côte-d'Ivoire, le Dahomey [Bénin], le Niger, le Sénégal, le Tchad, le Togo et Madagascar.

La reconstruction de la presse à la Libération

Christian Delporte

Fin août 1944 à Paris.
Archives Pierre Albert, IFP.

À la Libération, la presse connaît l'une des plus grandes révolutions de son histoire ; une révolution à la fois morale et professionnelle, économique et politique (Martin, 2005). Il s'agit, en effet, de rompre avec les journaux d'avant-guerre qui, sans vergogne, et dans leur quasi-totalité, sont tombés dans les bras de Vichy et de l'occupant. Ils ont d'autant plus facilement trahi, expliquent les journalistes issus de la Résistance, qu'ils étaient soumis depuis longtemps aux puissances d'argent et, par intérêt, avaient déjà trahi l'idéal de probité et de vérité du journalisme. Mais il s'agit tout autant de contribuer à l'avancée démocratique dans une République rénovée. La presse doit pouvoir librement participer au débat d'idées, le journaliste librement éclairer l'opinion et exercer sa mission critique à l'égard des pouvoirs. Reste à l'État républicain et au législateur de garantir une expression sans entraves en fixant des règles égales pour tous et en protégeant la presse contre le retour des intérêts financiers.

Penser la presse de la France libérée

La réflexion sur la presse de la France libérée s'engage dès 1943, dans le cadre de trois structures reflétant la diversité des journaux clandestins. D'abord, fin 1942, est créé à Lyon le Comité national des journalistes (CNJ) qui est à la presse, et avant lui, ce que le Comité national des écrivains est au livre. Marqué par Libération-Sud et le Front national[1], faisant cohabiter des communistes et des catholiques, il regroupe notamment Louis Martin-Chauffier, André Sadoul, Georges Wurmser, Pierre Limagne ou Paul Dermée. Le CNJ définit, très tôt, un modèle de presse de « service public », débarrassée de la tutelle de l'argent. Ensuite, plus connue, se distingue, à partir de juillet 1943, la Commission de la presse présidée par Alexandre Parodi, sous l'égide du comité général d'études (lié au Conseil national de la Résistance). Autour de lui : Léon Rollin, Jean

1 Front national de lutte pour la libération et l'indépendance de la France, actif de 1941 à 1944.

Guignebert, Roger Massip, Jean-Maurice Herrmann et Francisque Gay, qui jouent un rôle capital dans la préparation du projet sur l'information dans la France libérée. Enfin, en septembre 1943, est créée la Commission de la presse, qui regroupe les principaux responsables des mouvements et feuilles de la Résistance intérieure, comme Georges Altman, Robert Salmon, Pascal Pia, Émilien Amaury, Jean Texier, Pascal Copeau et, surtout, Albert Bayet qui en prend la direction et la transforme en Fédération nationale de la presse clandestine.

Le débat fondamental porte sur l'ampleur de la transition : quelle place pour les feuilles clandestines dans la France libérée? Que faire des titres et des entreprises de presse qui ont accepté le jeu de la collaboration? Le CNJ s'isole, en demandant le maintien des titres. La Commission Parodi opte pour la totale liberté de création des journaux. En revanche, la Fédération Bayet exige la confiscation pure et simple des entreprises compromises, et l'attribution de leurs moyens aux organisations résistantes, groupements de journalistes, partis, syndicats, associations qui peuvent justifier une « attitude patriotique ». Francisque Gay lui-même estime nécessaire de « faire table rase » en interdisant les titres parus durant l'occupation. Le secrétaire général à l'Information, Pierre-Henri Teitgen, tranche depuis Alger : s'il opte pour le compromis, il penche pourtant du côté de Bayet, comme l'indique la circulaire de mai 1944, adressée aux commissaires de la République et comités départementaux de la Libération, connue sous le nom de *Cahier bleu*, validée et codifiée par l'ordonnance du 22 juin 1944 (Delporte *et al.*, 2016; 123-173).

Rupture politique et journalisme d'opinion

L'ordonnance, capitale, fixe les règles de la presse nouvelle. Elle suspend tous les titres parus sous contrôle de l'occupant, dès juin 1940 en zone Nord, et deux semaines après l'invasion du 11 novembre 1942 en zone Sud; leurs biens sont mis sous séquestre. Cas unique en Europe occupée, elle aboutit à supprimer la quasi-totalité de la presse quotidienne. Et c'est l'État qui, désormais, fournit les autorisations à paraître, automatiques pour les journaux clandestins diffusés avant le 1er janvier 1944.

Si la voie est ouverte pour une épuration de la presse en profondeur, la confiscation pure et simple est écartée. L'État est bien arbitre et maître du jeu : non seulement il accepte ou refuse la demande de parution, mais il fixe les prix, la taille, la périodicité des journaux, à une époque où le papier est contingenté et où la censure demeure. De surcroît, il prend le contrôle des sources, en créant l'Agence France-Presse, alors qu'avant-guerre le secteur était aux mains d'entreprises privées comme Havas.

La rupture est nette, brutale, répondant aux aspirations des mouvements et partis de la Résistance. Elle débouche sur une épuration à la fois pénale et professionnelle et à une révolution du paysage de la presse quotidienne (Delporte, 1994). La priorité devait être donnée aux journaux clandestins pour remplacer les journaux suspendus. Mais, comme le reconnaît Pierre-Henri Teitgen devant les députés, ce ne fut possible que dans une minorité de régions et de départements. Rien d'étonnant à cela. Les journalistes chevronnés entrés dans la Résistance représentaient 6 ou 7 %, au mieux, de la profession, soit 250 à 300 individus. Seuls 40 % d'entre eux participèrent à la presse clandestine, animée, pour l'essentiel, par des résistants ignorant tout de la fabrication et de la gestion d'un journal. Faire du journalisme dans un « vrai » quotidien nécessite un « professionnalisme » dont bien peu de résistants peuvent se prévaloir. Cette situation, au début, profite aux plus décidés, aux mieux organisés, aux plus politisés aussi; et, d'abord, aux communistes. Quand on compare le tableau des quotidiens (plus de 20 000 exemplaires) de 1944 à celui de 1939 (Mottin, 1949), on observe une indéniable percée de la presse d'opinion et de la presse partisane au détriment de la presse d'information. C'est un complet renversement de tendance par rapport à l'évolution entamée depuis la fin du XIXe siècle; mais c'est aussi le choix de favoriser la presse engagée. En 1939, les quotidiens d'information représentaient environ 42 % du tirage global; en 1944, ils sont réduits à moins de 15 %. En revanche, le PCF, la SFIO (Section française de l'Internationale ouvrière) et le MRP (Mouvement républicain populaire) représentent à eux trois près des deux tiers du tirage global, si l'on additionne les tirages des partis à ceux de leurs mouvements satellites.

Paris		Province	
L'Humanité	326 000	*Ouest-France*	300 000
Ce Soir	288 000	*La Voix du Nord*	300 000
France-Soir	264 000	*Les Allobroges*	227 000
Le Populaire	275 000	*Nord-Matin*	185 000
Le Parisien libéré	222 000	*Sud-Ouest*	180 000
Libération	196 000	*Nouvelle République du C.O.*	180 000
Combat	185 000	*La Marseillaise*	180 000
Franc-Tireur	182 000	*Le Provençal*	180 000
Front national	172 000	*L'Est républicain*	150 000

Figure 1 : Les principaux tirages des quotidiens en décembre 1944.

Les limites de la rupture économique

Qu'en est-il, alors, de la « moralisation financière » de la presse? Plusieurs ordonnances s'appliquent à fournir le cadre de nouvelles règles économiques : transparence en matière de propriété du titre, interdiction des prête-noms, actions nominatives... Elles interdisent notamment la possibilité de construire un empire financier : selon le principe « un homme-un titre », une même personne ne peut être propriétaire de plus d'un quotidien; de surcroît, le directeur d'un quotidien de plus de 100 000 exemplaires ou d'un hebdomadaire de plus de 50 000 exemplaires ne peut exercer, parallèlement, une activité commerciale ou industrielle. En fait, ces ordonnances en matière de propriété sont l'objet d'un compromis entre les différents courants politiques de la Résistance, qui ne partagent pas nécessairement le même regard sur la presse nouvelle. Ainsi, l'autorisation de créer un journal est donnée, non à des mouvements ou des organisations, mais à des individus, maintenant ainsi le régime de la propriété privée. Ici, l'influence des idées gaullistes est déterminante, traduisant une méfiance certaine à l'égard des partis, voire des mouvements de Résistance. Aux yeux de la Fédération de la presse d'Albert Bayet, ces dispositions sont provisoires. Il réclame un véritable statut de l'entreprise de presse, toujours promis, jamais adopté. Bayet n'ignore pas les bases fragiles de la « presse nouvelle ».

Les journaux manquent d'hommes et plus encore de compétences, ce qui explique la modération de l'épuration professionnelle des journalistes. Sévère avec les titres, elle l'est moins avec les hommes : à peine plus de 8 % d'exclus, tous provisoires. Il faut éviter de décapiter la profession au moment où on est en train de reconstruire la presse. La commission d'épuration a même toutes les peines du monde à faire appliquer les sanctions par des directeurs de journaux issus de la Résistance.

PAVOISEZ !
l'Humanité
Vivent nos vaillants alliés anglo-soviéto-américains !
Vive la République !
Vive notre grand Paris !
Vive la France libre, indépendante et démocratique !
LUNDI 21 août 1944
LA BATAILLE DE FRANCE ET DE PARIS CONTINUE !
Les Alliés doivent être reçus dans la capitale libérée par la levée en masse de ses fils
A la population de la Région parisienne
CITOYENS, CITOYENNES,
Vivent nos vaillants alliés anglo-soviéto-américains ! Vive la République ! Vive notre grand Paris ! Vive la France libre, indépendante et démocratique !
La guerre sur tous les fronts
L'action des F.F.I.
L'HUMANITÉ toujours ferme au combat
PEUPLE DE PARIS les stocks de ravitaillement sont sous ta sauvegarde
En avant les Comités de Défense de l'Humanité !

L'Humanité, journal du parti communiste français, reparaît légalement pour la première fois après cinq années d'interruption, le 21 août 1944. Gallica.bnf.fr / BnF.

Tout l'édifice, on l'a vu, repose sur le contrôle de l'État. Or, en 1947, il met fin à l'autorisation préalable, libère les prix, livre la presse aux lois du marché et de la concurrence. L'effet de ce désengagement est immédiat. Les responsables de presse apprennent brutalement que le journal est une entreprise qui se gère. Beaucoup de titres sombrent ; et ce d'autant plus rapidement que, revenus à des temps plus ordinaires, les Français se détournent des quotidiens politiques pour la presse d'information. La parenthèse de la Libération se referme. Pour vivre, les journaux ont besoin de publicité et de capital. Les grands intérêts financiers reviennent, et le symbole en est l'acquisition par Hachette[2] de 50 % des parts de *France-Soir* contre une hausse du capital. Au sortir d'une crise qui dure cinq ans, la presse parisienne a perdu la moitié de ses titres (de 28 à 14), la presse de province 43 % : la concentration est en marche.

Et puis, la législation montre vite ses limites. Les anciens propriétaires des titres interdits font valoir leurs droits. Avec le temps, la justice se fait moins sévère : en 1950, plus de la moitié des séquestres est levée. Or, au moment où les journaux issus de la Libération cherchent de l'argent frais, celui des anciens propriétaires est souvent le bienvenu. Les exclus d'hier entrent alors dans le capital de quotidiens qui les avaient écartés (par exemple, *Le Dauphiné libéré*). Surtout, peut-être, les ordonnances de 1944 sur la propriété de presse sont souvent rendues inapplicables en l'absence de décrets d'application. La concentration reprend alors, et un entrepreneur comme Robert Hersant peut se bâtir un empire.

À la Libération, la révolution de la presse a été aussi brutale qu'éphémère. La période reste pourtant, dans l'imaginaire collectif, une référence mythique, qui joue encore aujourd'hui chez les journalistes : une sorte d'âge d'or de la presse où les journaux portaient très haut l'idéal de vérité et d'indépendance de l'information au service du public.

2 Le groupe était alors déjà propriétaire de *Elle*, *France-Dimanche*, *Record*.

La première télévision

Evelyne Cohen

En Europe, les véritables débuts de la télévision se situent après la Deuxième Guerre mondiale. Ce sont des années d'invention de la télévision et de définition des missions imparties aux médias. Les programmes diffusés sont fortement marqués par le contexte politique de la Reconstruction et de la Guerre froide. Les années 1930 ont été celles de l'expérimentation technique ; elles permettent de percevoir que la télévision peut être un outil politique et un facteur de loisirs. « La télévision est un moyen d'expression entièrement nouveau qu'il ne faut pas juger par rapport aux modes d'expression antérieurs », affirme ainsi le directeur des programmes de la RTF, Jean d'Arcy (Cazenave, 1957).

Le modèle anglais

En France, la charte du Conseil national de la Résistance (1944) prévoyait l'instauration d'un monopole d'État sur la radiodiffusion. Le contrôle de l'État sur la radiotélévision apparaît comme une garantie d'exercice des trois missions essentielles de la radio et de la télévision : « informer, éduquer, distraire ». Celles-ci ont été formulées dès 1927 en Grande-Bretagne et se sont imposées à la BBC, mais aussi à la plupart des télévisions européennes. De 1946 à 1954, la BBC bénéficie d'un monopole en matière de télévision. Le 22 mai 1952, un violent débat oppose à la Chambre des lords les partisans de la création d'une télévision commerciale et populaire à ceux qui, comme Lord Reith, son directeur, comparent la télévision commerciale à la peste. La loi de 1954 donne naissance à une structure publique, The Independant Television Authority (ITA), chargée de mettre sur pied une télévision commerciale. Celle-ci, comme la BBC, est soumise à la réglementation et au contrôle de l'organisme chargé de maintenir un haut niveau de qualité et d'impartialité des programmes. ITV bénéficie du monopole sur les revenus de la publicité télévisée en Grande-Bretagne. BBC et ITV sont, dans les faits, « deux services publics en compétition pour la même audience ».

France et Allemagne, deux modèles publics

Le modèle anglais s'impose dès lors comme une référence à l'échelle internationale, alors que d'autres sont rejetés tout particulièrement en France : ceux des États-Unis, de l'URSS et des démocraties populaires. Aux États-Unis, l'industrie télévisuelle s'est développée rapidement après 1945. Les grands réseaux qui occupaient le paysage radiophonique, NBC, CBS et ABC, se lancent dans l'aventure de la télévision sur un modèle commercial financé par la publicité. La progression du parc de récepteurs est foudroyante.

En France, les débuts de la télévision ont été lents. Depuis 1939, la RDF (Radiodiffusion française) est placée sous l'autorité du président du Conseil ou d'un secrétariat d'État délégué. Elle devient en 1949 la RTF (Radiodiffusion télévision française), une administration publique placée directement sous le contrôle de l'État sans statut propre jusqu'en 1959. Elle est financée, depuis 1935, par une redevance dont le montant est voté annuellement au Parlement.

L'Allemagne a, quant à elle, été soucieuse d'empêcher la création d'un organe de propagande centralisé. Pour cette raison, la télévision ne dépend pas du gouvernement fédéral, mais des *länder*. Toutes les stations régionales sont membres de l'ARD (première chaîne); en 1952, elles se sont engagées à diffuser un programme commun à heure fixe en laissant un créneau horaire quotidien aux programmes régionaux.

En Italie, la RAI (Radio Audizioni Italia) lance ses premiers programmes en 1952. Son capital appartient pour 75 % à l'IRI (Institut de Reconversion Industrielle) qui est entre les mains des pouvoirs publics et celui-ci nomme au Conseil d'administration treize membres sur vingt, les sept autres étant choisis par le gouvernement. Le système est donc très contrôlé par le gouvernement et la démocratie chrétienne.

Téléviseur Algol 11, 1964 dessiné par Marco Zanuso et Richard Sapper, célèbres designers italien et allemand. « Un écran incliné. Une poignée qui s'extraie pour le transporter. [...] Une coque en plastique légère et incassable, des couleurs vives et des chromes en font un objet visuellement attrayant, cachant bien tout le travail de développement nécessaire en amont pour le concevoir. Ici, la technique s'efface derrière le design. » Danielle Schirman, Documentaire Arte, Steamboat Films, 2002.

Une « communauté de télévision »

En France, le journal télévisé naît en 1949. Ses éditions présentes dans la grille des programmes deviennent rapidement un rituel qui scande les journées : on parle de la « messe du 20 heures ». Le directeur des programmes de la RTF entre 1952 et 1959, Jean d'Arcy (Cazenave, 1984), ambitionne de créer une « communauté de télévision ». Il œuvre à la mise en place de l'Eurovision.

Les contemporains ont été particulièrement sensibles à la diffusion en mondovision, le 2 juin 1953, des cérémonies du couronnement de la reine Élisabeth II qu'ils vécurent comme un évènement international grâce à la naissance de l'Eurovision. Les cérémonies sont diffusées en direct depuis le Royaume-Uni vers l'Allemagne, la France, la Belgique et les Pays-Bas. Les images sont ensuite expédiées vers les États-Unis. Pour la première fois les caméras de télévision sont autorisées à pénétrer dans l'abbaye de Westminster si bien que les téléspectateurs du monde entier ont le privilège de « voir mieux le visage de la reine Élisabeth que les privilégiés qui étaient eux-mêmes admis dans l'abbaye[1] ». Ce spectacle télévisuel constitue un moment important pour l'expansion et le développement international de la télévision qui s'avère un instrument de découverte du monde; grâce à un réseau

1 Conférence du directeur de l'information, Vital Gayman, février 1954.

Radio PTT. Nord, avril 1936. Bécassine dans le studio de la télévision à Paris, montrée à la foire commerciale de Lille (collection particulière).

d'émetteurs et de réémetteurs, elle permet de passer les frontières : on peut désormais assister en direct au couronnement de la Reine, à la coupe du monde de football en Suisse, à la bénédiction pontificale au Vatican.

Ces spectacles stimulent en France les projets en matière de télévision. En décembre 1953, le Parlement discute d'un plan d'équipement national et de son financement. Le gouvernement, les hommes politiques apprennent l'usage de la télévision et ses possibilités démocratiques. On parle alors de la télévision comme d'un « forum des Temps modernes » (Cohen & Lévy, 1999). Très rapidement, le gouvernement cherche à exercer son contrôle. Ainsi la retransmission heure par heure des élections du président de la République René Coty qui se déroulent à Versailles dans la salle du Congrès à partir du 17 décembre 1953 offre une mauvaise image de la France et le spectacle des treize tours de scrutin est finalement interrompu. Après le voyage du président du Conseil Guy Mollet en Algérie (dit « voyage des tomates »), en février 1956, son gouvernement décide de contrôler quotidiennement les informations à la radio et à la télévision.

Rôle politique

Le 8 mai 1968, des élèves architectes de l'École des beaux-arts de Paris installent, avec des plasticiens, un atelier de sérigraphie ; jusqu'au 27 juin, ils créent une centaine d'affiches dont le tirage ira jusqu'à 2000 exemplaires. Gallica.bnf.fr / BnF.

Le général de Gaulle avait été interdit d'antenne en 1947, date de la création du RPF (Cohen & Lévy, 2016). À son retour au pouvoir, en 1958, De Gaulle, méfiant à l'égard du Parlement comme de la presse, trouve dans la télévision le média idéal qui lui permet d'établir des rapports directs avec le peuple ; la télévision s'intègre après juin 1958 dans un véritable dispositif dont participent le changement de constitution, les voyages sur le terrain en France (les « voyages en province »), et en Algérie (dont la télévision rendait compte), les allocutions pathétiques à la télévision en forme d'appel au peuple, le recours au référendum et finalement l'institution de l'élection du président de la République au suffrage universel direct en 1962 (Bourdon, 2014).

À partir des années 1960, la télévision devient le média dominant, la première source d'information. Sa maîtrise est un enjeu politique et culturel. Les élections présidentielles de 1965 en France sont l'occasion d'en débattre dans un contexte de relative libéralisation. Parmi les différents moyens de propagande, on s'interroge sur le pouvoir spécifique de la télévision. Les politistes comme René Rémond démontrent alors qu'il n'y a pas de corrélation entre le nombre de téléviseurs et les résultats électoraux.

Allocution du général de Gaulle, *Le Crapouillot*, n° 61, juillet 1963. Lille (collection particulière).

L'après 1968 hésite entre la tentative de libéralisation amorcée par le Premier ministre et la réaffirmation du contrôle de l'État sur l'information. Jacques Chaban-Delmas supprime le ministère de l'Information et crée deux unités d'information autonomes (dirigées respectivement par Pierre Desgraupes, ex-gréviste de 1968, et Jacqueline Baudrier). Pourtant, Georges Pompidou affirme toujours en 1972 que la télévision est « la voix de la France » (Cohen & Roger, 2021).

Le 21 juillet 1969, 600 millions de téléspectateurs assistent, grâce à un dispositif exceptionnel de Mondovision, aux premiers pas de l'homme sur la lune. Cet « évènement-monstre » (pour reprendre une expression de l'historien Pierre Nora), qui désormais appartient à la mémoire audiovisuelle, est avant tout un évènement télévisuel, que seule la télévision permet de porter à la connaissance du monde. Cette période connaît à la fois la création de grandes émissions prestigieuses d'information (*5 Colonnes à la une*, magazine de grand reportage, 1959-1968), de débats politiques (*Liberté de l'esprit* présenté par Pierre Corval, 1958-1959; *Face à face*, 1966), des émissions satiriques (*La Boîte à sel*, 1955-1960) alors que l'exercice du contrôle et de la censure sur les contenus des programmes d'information perdure. La deuxième chaîne voit le jour en 1964. La télévision couleur apparaît le 1er septembre 1967.

Séquence transmise en direct sur les écrans du monde entier du premier pas sur la lune, 20 juillet 1969.

L'ORTF

Le statut de la télévision se transforme. Par l'ordonnance du 5 février 1959 qui ratifie le monopole de l'État, la RTF devient un établissement public à caractère industriel et commercial disposant d'une certaine autonomie de gestion. La loi du 27 juin 1964 définit les missions du service public de la radiodiffusion « en vue de satisfaire

Des salariés de l'ORTF défilent sous une banderole lors de la manifestation appelée par les syndicats CGT et CFDT à Paris le 24 mai 1968 pendant la grève générale de mai 1968. Jacques Marie / AFP.

le besoin d'information, de culture, d'éducation et de distraction du public ». L'Office, administré par un conseil d'administration, est placé sous la tutelle (et non l'autorité) du ministre de l'Information et dirigé par un Directeur Général (Cohen & Roger, 2021).

Affiche de L'atelier populaire de l'ex-école des Beaux-Arts de Paris, 1968. Gallica.bnf.fr / BnF.

La loi du 7 août 1974 fait disparaître l'ORTF qui éclate en sept sociétés : quatre sociétés de programmes, une pour la radio, Radio-France, trois pour la télévision, TF1, Antenne 2 et FR3, une société chargée de la diffusion, TDF, une société de production, la SFP, et une enfin chargée de la conservation des émissions, de l'exploitation des archives et de la recherche, l'INA. Cette réforme a des raisons économiques, mais aussi politiques : l'éclatement de l'ORTF est une réponse du pouvoir à la crise de l'ORTF en 1968 pour les syndicats. Le 6 janvier 1975, Valéry Giscard d'Estaing, s'inscrivant en faux contre les déclarations précédentes du président Pompidou, montre qu'il veut développer une autre conception de l'information quand il déclare « La radio et la télévision ne sont pas la voix de la France […] Leurs journalistes sont des journalistes comme les autres ».

Le modèle français de télévision publique contrôlé par l'État est alors remis en cause. L'audiovisuel déréglementé s'ouvre aux nouvelles technologies; il est transformé par la vague du libéralisme politique et économique des années 1980. On assiste alors à une redéfinition des contenus politiques et culturels dans un contexte marqué par l'essor du câble et du satellite, puis par le développement des chaînes privées.

Quand l'information perçait le rideau de fer

Tristan Mattelart

En octobre 2023, la journaliste Alsu Kurmasheva, travaillant pour le média étasunien Radio Free Europe/Radio Liberty, était arrêtée en Russie au motif qu'elle avait, notamment, diffusé ce que les autorités considéraient comme de fausses informations concernant l'armée russe engagée dans sa guerre contre l'Ukraine. Difficile de mieux illustrer le rôle que joue ce média sur la scène internationale aujourd'hui, dans la continuité de celui qu'il a eu pendant la Guerre froide. C'est précisément sur ce rôle qu'ont eu alors ces radios que nous voudrions revenir dans le cadre de ce texte. Il s'agit, en s'intéressant à certains des principaux radiodiffuseurs, d'identifier quelques-uns des enjeux majeurs dont a été porteuse l'internationalisation de l'information pendant cette période, avec l'ambition, aussi, de mieux éclairer le présent.

Un précieux outil de contournement des censures

Bien avant que l'actualité ne soit saturée par les discours emphatiques sur la « guerre de l'information », la diffusion à une échelle internationale des nouvelles a été identifiée comme un élément clé des affrontements idéologiques entre États. C'est ainsi qu'en mars 1946, fort de l'expérience acquise dans sa lutte contre le nazisme, le World Service de la British Broadcasting Corporation (BBC) inaugure ses émissions en russe, en ondes courtes — et ce, au moment même où Winston Churchill dénonce la mise en place d'un « rideau de fer » coupant le continent européen en deux —, bientôt suivie par la Voix de l'Amérique (VOA). La radio, par sa capacité à percer le rideau de fer, est vue comme un instrument particulièrement stratégique dans la rivalité Est-Ouest, qui met aux prises deux systèmes sociaux, politiques et économiques radicalement opposés.

En vue de renforcer leur arsenal radiophonique à destination de l'Union soviétique et des dites démocraties populaires, les États-Unis se dotent, au début des années 1950, de deux nouvelles stations, Radio Free Europe (1950) et Radio Liberation (1953, bientôt rebaptisée Radio Liberty). À la différence de la VOA, qui émet officiellement au nom du gouvernement des États-Unis et propose un point de vue américain sur le monde, ces deux radios se présentent comme des *surrogate home stations*, c'est-à-dire comme des entités ayant vocation à se substituer aux médias nationaux indépendants des pays qu'elles visent, interdits par les régimes en place : elles sont pour cela animées par des émigrés sous supervision américaine. Basées non à Washington comme la VOA, mais à Munich, et présentées comme des initiatives privées, ces deux radios — la première diffusant à destination des pays d'Europe centrale et orientale dans leurs langues, la seconde vers les différentes républiques de l'URSS — sont financées clandestinement par l'agence de renseignement états-unienne (la Central Intelligence Agency, CIA), jusqu'au tout début des années 1970. N'apparaissant pas comme une initiative gouvernementale, elles jouissent d'une plus grande marge de manœuvre concernant ce qu'elles peuvent diffuser.

Du point de vue des États dont elles dépendent, l'ensemble de ces radios occidentales sont investies de missions de politique étrangère. En fournissant, à l'est du rideau de fer, des informations que les pouvoirs locaux s'efforcent de taire, ces stations sont vues comme devant nourrir des opinions indépendantes qui sont à même de renforcer le pouvoir de la société, ce qui, est-il espéré, sera en mesure d'infléchir les politiques des pouvoirs locaux dans un sens favorable aux intérêts des promoteurs de ces stations (Mattelart, 1995).

La chaîne américaine Radio Free Europe diffuse ses émissions en direction des pays de l'est, le 12 février 1971. ORTF @INA.

Porteuses de missions diplomatiques, ces radios n'en ont pas moins contribué à diversifier, pendant des décennies, les menus médiatiques des populations des pays dits de l'Est. Elles ont plus spécifiquement constitué un précieux outil pour les opposants de ces régimes, privés d'accès à des moyens de communication leur permettant de s'adresser, à grande échelle, à leurs concitoyens. Ces stations — en particulier Radio Free Europe et Radio Liberty, en raison du statut de radios de substitution qu'elles entendaient avoir — ont de fait, en particulier à partir de la fin des années 1960, représenté un support de choix pour le relais de la parole et des publications largement clandestines des dissidents à l'Est. À l'image de la *Chronique des évènements en cours*, l'un des plus importants périodiques *samizdats* en URSS, apparu en 1968 — dont le titre, fait révélateur, est lui-même inspiré d'une émission de la BBC —, dont la rediffusion par les radios occidentales démultiplie le nombre de lecteurs en millions d'auditeurs.

Une inégale réception des deux blocs

Même s'il est très difficile de mesurer avec un tant soit peu de précision les audiences de ces radios occidentales à l'est du rideau de fer, nul doute qu'elles ont été suivies par un public non négligeable. Dans son étude de la radiodiffusion occidentale à l'Est, Jacques Semelin (1997) souligne, pour la Pologne des années 1980, la disparité des résultats selon les sources utilisées pour mesurer l'écoute de RFE, la BBC ou VOA, les trois radios les plus importantes — résultats qui, cependant, font tous état d'une appréciable audience. Entre 20 et 50 % de la population sondée par les enquêtes menées par RFE/RL; de 20 à 30 % selon celles de la BBC et de 10 à 20 % selon celles de l'Institut gouvernemental polonais d'étude de l'opinion publique et des médias.

De leur côté, les activités radiophoniques internationales de l'URSS, fortes des émissions de Radio Moscou et de Radio Paix et Progrès, se sont montrées, pendant la Guerre froide, moins à même de toucher les audiences d'Europe occidentale, bien que l'on dispose d'encore moins d'études sur le sujet. Dans son ouvrage de synthèse sur la radiodiffusion internationale, Donald R. Browne (1982 ; 235) souligne cependant, au début des années 1980, la plus grande capacité de la BBC, de la VOA ou de RFE/RL à toucher leurs publics à l'est du rideau de fer, en comparaison de celle des radios soviétiques à l'ouest de celui-ci.

Cela ne doit pas conduire à négliger le rôle de la radiodiffusion internationale soviétique pendant la Guerre froide. S'intéressant à la manière dont Radio Moscou, mais aussi les autres radiodiffuseurs internationaux des démocraties populaires, ont appuyé la lutte de l'African National Congress (ANC) contre le régime de l'Apartheid en Afrique du Sud, Nicholas J. Cull (2016, 5) souligne combien ces médias ont « pu être utiles aux mouvements de libération en Afrique australe ». Par leur capacité à relayer les « voix africaines », ces radios ont, selon lui, servi de « substituts aux médias libres » interdits en Afrique du Sud — reprenant sciemment le terme par lequel RFE a légitimé son rôle en Europe centrale et orientale.

Affiche anti-apartheid (s.d.), Norwich Anti-Apartheid Group.

En plus de son réseau de médias internationaux soviétiques bien identifiés, incluant notamment, outre les radios déjà citées, les agences Tass et Novosti, l'URSS a pu compter, pendant la Guerre froide, sur des dispositifs de « propagande noire » faisant écho à ceux qui avaient été mis en place pendant la Seconde Guerre mondiale. Un département du KGB — dédié à ce qui était caractérisé comme des « mesures actives » — était ainsi chargé de produire des fausses informations, qu'il s'efforçait de faire publier dans d'autres médias du monde, avant – une fois cette publication obtenue — de lui offrir une ample couverture, la relayant par le réseau de médias internationaux soviétiques.

La CIA n'a pas été en reste qui, en plus du financement caché déjà évoqué de RFE et RL, a, en particulier, créé une série de radios noires — faisant croire à des initiatives clandestines locales — à

L'opération de propagande de Radio Free Europe, « *Winds of Freedom* » : des ballons en caoutchouc remplis de tracts de propagande sur la Tchécoslovaquie (*Svoboda* signifie liberté) débuta en août 1951. Plus de trois cents millions de tracts, livres, journaux furent lâchés de l'autre côté du rideau de fer.

une échelle internationale, dans l'objectif d'affaiblir les régimes visés, à destination des différents pays de l'Est, entre le début des années 1950 et le début des années 1960, mais aussi, entre autres exemples, à destination de Cuba dans les années 1960 ou contre les Sandinistes au Nicaragua dans les années 1980.

Vers la mue numérique

Il est, à bien des égards, plus facile d'esquisser à grands traits les dispositifs de radiodiffusion internationale mis en place pendant la Guerre froide à l'ouest du rideau de fer, que de mesurer l'impact qu'ils ont pu avoir sur l'écroulement en chaîne des régimes fondés sur le modèle soviétique en Europe à partir de 1989. Il est certain que les radios occidentales évoquées ont, par leurs décennies d'émissions, contribué à éroder les bases idéologiques de ces régimes. De là à considérer qu'elles ont été des acteurs majeurs de cet écroulement, il n'y a qu'un pas qu'il est prudent de ne pas franchir, sauf à vouloir comme Arch Puddington (2000), en tant qu'ancien cadre de ces radios, présenter cet écroulement comme étant le fruit du « triomphe » de ces stations.

Les radios amateurs échangent des cartes comme accusé de réception d'une émission. Ici une carte QSL de Radio Free Europe à Lisbonne le 9 décembre 1954.

Paradoxalement, Radio Free Europe et Radio Liberty, alors qu'elles sont présentées par certains de leurs dirigeants comme ayant permis aux États-Unis de sortir victorieux de la Guerre froide, sont, après la fin de celle-ci, mises en danger, leur raison d'être s'étant, avec la disparition de l'URSS, croyait-on, évanouie. Et ce, d'autant plus que de nouveaux médias à capacité globale, comme les émissions de Cable News Network (CNN), prennent au même moment leur essor, ayant l'avantage de ne pas grever le budget fédéral. Dans ce contexte, le président tchèque Václav Havel, en reconnaissance du rôle joué par RFE dans l'appui du mouvement dissident de la Charte 77 qu'il avait contribué à créer, viendra à la rescousse de ces radios en les hébergeant à Prague, à partir de 1995. Progressivement, RFE/RL verra ses priorités géopolitiques se diversifier, se dotant en 1998 de deux nouveaux services, à destination de l'Iran et de l'Irak. Avant que la rivalité avec la Russie de Vladimir Poutine ne fasse, par bien des aspects, renouer ce média, mais aussi la BBC ou la VOA — ayant tous opéré entretemps leur mue numérique —, avec leurs anciennes fonctions.

La fin du monopole de la radio-télévision

Jérôme Bourdon

Le paysage mondial de la radio-télévision est aujourd'hui dominé par de grands groupes privés, puissants, et transnationaux, tels les américains News Corporation et Disney, ou le brésilien Globo. En face, les radios-télévisions publiques ont un rayonnement essentiellement national (à l'exception de la BBC britannique).

Le contraste est remarquable avec la situation qui prévalait pour l'essentiel au XXe siècle, depuis la naissance de la radiodiffusion et de la télévision avant la Deuxième Guerre mondiale, jusqu'aux années 1980. Dans la plupart des pays, la radio-télévision était un monopole public. Les radios-télévisions privées étaient présentes principalement aux États-Unis, et cohabitaient avec les radios-télévisions publiques dans le monde anglo-saxon et en Amérique latine. On considérait, généralement sans avoir besoin de le justifier, que la radio-télévision relevait des responsabilités de l'État, qui la prenait en charge soit directement, généralement sous l'autorité d'un ministère de l'Information, soit par le truchement d'entités juridiques dotées d'une relative autonomie.

Justifications du statut public

C'est surtout au moment où les intérêts privés ont exprimé leurs intérêts pour la radio-télévision, dans les années 1960 et 1970, que l'on a débattu de la justification du monopole. Partout, les politiques ont rappelé le vaste public d'une radiodiffusion réduite à ses débuts à un petit nombre de chaînes, surtout en télévision : la radio, particulièrement en diffusion locale, est toujours plus ouverte aux intérêts privés. Le pouvoir de toucher un large public, pensait-on, devait rester entre les mains de l'État.

Les missions du service public sont pour la première fois définies lors de la création de ce qui demeure la plus célèbre de ses institutions dans le monde, la BBC : British Broadcasting Corporation (à l'origine British Broadcasting Company). Dans la charte royale de 1927, plusieurs fois révisée depuis, mais toujours en vigueur, apparaît la formulation du triptyque fameux : « informer, cultiver, distraire » (*inform, educate and entertain*). L'ordre compte tout autant que les termes : on se soucie d'abord du pouvoir d'informer, puis apparaît l'éducation et/ou la culture (avec un flottement entre les deux termes dans plusieurs pays) ; et en dernier, le divertissement. Le premier directeur général de la BBC, le plus célèbre des dirigeants de l'audiovisuel public, Sir John Reith, aurait emprunté, en la retournant, la formule à David Sarnoff, l'ingénieur pionnier de la radio-télévision américaine, créateur en 1926 de NBC, le premier réseau de radiodiffusion américain (aujourd'hui encore un des quatre grands réseaux de télévision). Sarnoff expliquait que la mission de la radio-télévision était de « divertir, informer et éduquer »: aux États-Unis en effet, dès l'origine, la radio-télévision est une institution commerciale dominée par le divertissement, plus attrayant que les autres genres.

En France, la loi de 1964 rebaptise le service public de la radio-télévision, devenu ORTF (Office de Radiodiffusion-Télévision Française), et, pour la première fois, définit les missions dans l'article 4, qui dispose que l'ORTF est responsable du « service public national de la radio et de la télévision », avec pour buts de satisfaire « les besoins d'information, de culture, d'éducation et de divertissement du public ».

Cette adaptation pour la télévision française (1965) de *Dom Juan ou le festin de pierre* de Molière par le réalisateur Marcel Bluwal constitua une rupture magistrale dans l'approche du patrimoine théâtral au petit écran.

« Service public » : cette caractérisation juridique et politique de la radio-télévision est fréquemment utilisée en Europe de l'Ouest. On a suggéré qu'au sein des radios-télévisions publiques, le service public européen, avec la BBC comme archétype, constituait un modèle particulier. Ces institutions disposaient d'une relative indépendance (notamment quant à la mission d'informer), et d'un financement spécifique, la redevance sur les postes de radio et de télévision (puis seulement de télévision). Ailleurs, disait-on au moins implicitement, le monopole était d'abord justifié par le contrôle de l'information, et la radio-télévision plus directement contrôlée par l'État pour des buts politiques, qu'il s'agisse des dictatures de l'Amérique latine des années 1950-1980 ou des pays communistes, version soviétique ou chinoise.

Le contraste n'est pas absolu. Tout d'abord, le souci d'éducation et de culture nationales se retrouvait, y compris dans des régimes autoritaires. De plus, au sein de l'Europe, se rapprochaient plus de l'idéal du service public les pays du Nord, *lato sensu* : le Royaume-Uni, les Pays-Bas, la Scandinavie, mais aussi l'Allemagne. Les institutions publiques y étaient (et demeurent) plus solides, plus riches, avec une redevance plus élevée, et plus indépendantes; l'information y demeure de meilleure qualité et la production de fiction plus abondante. Au Sud, la redevance est ou était moins élevée (deux fois moins en moyenne), et très tôt menacée. En France, après un premier projet sous Pierre Bérégovoy en 1992, c'est finalement le président Macron qui acte la suppression de la redevance trente ans plus tard. Au Sud aussi, le monopole a été assoupli plus tôt, notamment pour la radio. La France a offert le cas étrange des radios « périphériques », émettant de l'extérieur du territoire national par respect (de façade) du monopole, tandis que leur public et leur marché étaient essentiellement français.

Le président Ronald Reagan s'adresse à la nation depuis le Bureau ovale au sujet de la loi de réduction d'impôts, 27 juillet 1981. Collection photographique de la Maison-Blanche.

Déréglementation et nouveaux acteurs

Dans les années 1980-1990, le monopole disparaît dans la plupart des pays, et de puissantes sociétés commerciales de radiodiffusion, aux publics nationaux, mais à l'actionnariat diversifié et multinational, s'installent dans le paysage. Cette fin du monopole est souvent baptisée « déréglementation », ou, par anglicisme, « dérégulation » : en effet, les nouveaux acteurs ont été moins régulés, avec des obligations réduites par rapport à leurs concurrents publics.

Ce bouleversement s'explique par une série de raisons emboîtées. La plus importante ne tient pas à la radiodiffusion, mais à un changement idéologique plus général (Harvey, 2005) : la montée du néo-libéralisme. Autrement dit, après le règne d'un État-providence (théorisé en économie par John Maynard Keynes), chargé de fournir des services diversifiés au-delà des missions de l'État régalien, s'est imposée la thèse d'un nécessaire retrait du public pour les activités pour lesquelles le marché était considéré comme un meilleur mécanisme de gestion. Cette idéologie domine dans le monde entier, avec des interprétations variées. Ses représentants les plus célèbres ont été Margaret Thatcher (Premier ministre britannique, 1979-1990) et Ronald Reagan (président américain, 1981-1989) tous deux grands promoteurs de la déréglementation des communications. La déréglementation est particulièrement vive dans le domaine de la radio-télévision et des communications en général. Elle commence le plus souvent par la radio. En France, des radios pirates font grand bruit dès les années 1970, deviennent des radios libres d'une remarquable diversité dans les années 1980, puis le paysage s'organise sous la houlette de radios « locales privées », en fait souvent rattachées à des réseaux nouveaux (NRJ, Skyrock) ou anciens, où l'on retrouve les ex-radios périphériques, RTL, Europe 1 et Radio Monte-Carlo (RMC).

Logotype, ORTF, 1964.

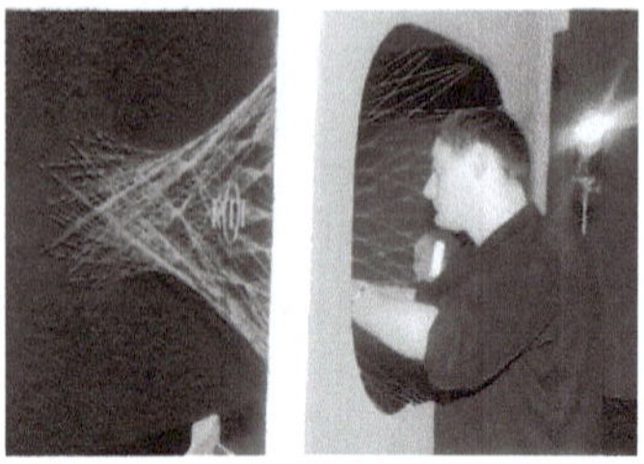
Montage du générique du logotype, ORTF, 1964.

Pourquoi cette rapidité? La vulnérabilité de la radio-télévision publique est une première raison. Depuis 1970, elle fait l'objet de multiples critiques, parfois contradictoires. Les partis d'opposition, quels qu'ils soient, se plaignent de l'indépendance très relative de l'information qui, pensent-ils, privilégie les partis au pouvoir, tandis que les partis de gouvernement estiment que « leur » radio-télévision donne trop de place à l'opposition. En France, Georges Pompidou (Président de la République, 1969-1974) croit bon de rappeler à l'ORTF, en 1970, qu'elle est « la voix de la France ». Les intérêts privés sont soucieux de pouvoir faire largement de la publicité pour les ondes, et, pour certains, de s'approprier une activité profitable et hautement visible. D'autres dénoncent un supposé élitisme culturel, et aussi une relative lourdeur de gestion. Enfin, la déréglementation de l'audiovisuel, hautement visible, est la meilleure façon de mettre en œuvre le nouvel agenda néo-libéral des gouvernements, qui dépasse les grands clivages politiques : en France, en Espagne, ce sont des gouvernements de gauche qui initient la déréglementation.

Toutefois, on ne privatise généralement pas les institutions publiques existantes, à quelques exceptions près. En France, par exemple, le gouvernement de Jacques Chirac privatise la première chaîne publique, TF1, en 1987 : elle est depuis gérée par le groupe de travaux publics Bouygues. En 1992, les deux chaînes publiques Antenne 2 (devenue France 2) et France 3 sont regroupées au sein du *holding* France Télévisions, tandis qu'est créée une chaîne culturelle à vocation européenne, Arte, bientôt suivie par une chaîne éducative nationale, France 5.

La fin du monopole est aussi liée à la montée en puissance d'une institution juridique de type nouveau, baptisée autorité de régulation. Dans le domaine de l'audiovisuel, elle est chargée de répartir, à intervalles réguliers, les fréquences entre les différents opérateurs privés et parfois aussi de superviser l'audiovisuel public. Cette autorité censée faire tampon entre le pouvoir politique et le secteur des communications a mis du temps à s'imposer, tandis que son domaine d'activité a été progressivement élargi aux télécommunications puis à certains aspects du numérique.

En France, l'Autorité de régulation de la communication audiovisuelle et numérique (Arcom), résulte de la fusion en 2022 du Conseil supérieur de l'audiovisuel (CSA, créé trente ans plus tôt) et de la Haute Autorité pour la diffusion des œuvres et la protection des droits sur internet (Hadopi, créée en 2009). Au Royaume-Uni, The Office of Communications (OFCOM, créé en 2002) reprend les missions de cinq institutions antérieures.

Vers des médias de service public

Que retenir de l'ère du monopole et du passage de la gestion étatique à la régulation de l'audiovisuel ? D'une part, en élargissant la focale jusqu'au numérique, on constate à quel point l'État national a été affaibli. Le passage de la gestion directe à la régulation de l'audiovisuel, et, dans le cas du numérique, à la gouvernance *ex post*[1], souvent avec une intervention minimale de l'État, en témoigne.

Document ORTF et Régie française de publicité dès les débuts de la publicité sur le petit écran, 1969. Archives Radio-France.

Toutefois, l'évolution récente des services publics de la radio-télévision européens suggère qu'ils conservent, ou pourraient conserver, une place originale dans ce paysage de plus en plus commercial (Bourdon *et al.*, 2020). Les radios-télévisions nord-européennes demeurent les plus dynamiques, y compris en investissant beaucoup dans le numérique. Dotées de riches archives, elles se veulent aussi des agents de la mémoire nationale. En France, l'Institut national de l'audiovisuel (INA) qui recueillit de l'ORTF, en 1974, la mission de gérer les archives de la radio-télévision, s'efforce de tenir ce rôle. Des chercheurs, considérant l'élargissement du périmètre au numérique, parlent de médias de service public (Lowe *et al.*, 2018).

Enfin, en un temps où des idéologies populistes et nationalistes trouvent des relais puissants auprès de grands patrons de groupes privés plus que jamais soucieux d'investir dans les médias, maintenir la relative indépendance des institutions publiques demeure un enjeu crucial, comme en témoigne par exemple la mainmise sur l'audiovisuel dans la Hongrie de Viktor Orban (Arnold *et al.*, 2019).

1 Indique un contrôle réalisé *a posteriori* et suppose une prise de recul, un temps long (antonyme : *ex ante*).

Radios associatives

Thierry Lefebvre

Radio Verte en 1977, avec Jean-Edern Hallier, Antoine Lefébure et Brice Lalonde. À l'occasion des élections municipales de 1977, Brice Lalonde (écologiste) annonce, en direct du plateau de TF1, la création de Radio Verte. Son véritable lancement, toujours illégal, aura lieu depuis l'appartement de l'homme de presse et écrivain Jean-Edern Hallier à Paris le 13 mai 1977 à 19 h 00 sur 92 MHz avec un émetteur de 50 W.

Avec plus de 600 radios associatives rassemblant chaque jour quelque 700 000 à 800 000 auditeurs de 13 ans et plus, la France dispose d'un secteur radiophonique non marchand très dynamique, quoique montrant des signes d'essoufflement du côté de l'audience[1].

Cette richesse est le fruit d'une longue histoire qui débute à la fin des années 1970, avec le mouvement dit des radios libres, dont on peut fixer les bornes chronologiques entre avril-mai 1977 et novembre 1981 (Lefebvre, 2008). Lancée dans la plus parfaite illégalité (la radiodiffusion étant à l'époque un monopole d'État), cette lutte sociale bascula dans la légalité après l'élection en mai 1981 de François Mitterrand à la présidence de la République, puis l'avènement d'une majorité de gauche en juin de la même année. Georges Fillioud fut nommé ministre de la Communication et, le 9 novembre 1981, la loi n° 81-994 stipula que les futures « dérogations » (c'était le terme alors adopté) au monopole d'État — « précaires et révocables » — ne pourraient être accordées qu'à des associations déclarées selon la loi du 1er juillet 1901. Le 29 juillet 1982, la loi n° 82-652 marqua la fin définitive du monopole de programmation : la publicité était toujours provisoirement interdite (jusqu'en 1984) et un fonds de péréquation fut tardivement mis en place pour subvenir aux besoins des nombreuses radios associatives officiellement autorisées (et non plus « dérogées ») à partir de décembre 1982 et durant les mois suivants (Lefebvre, 2008).

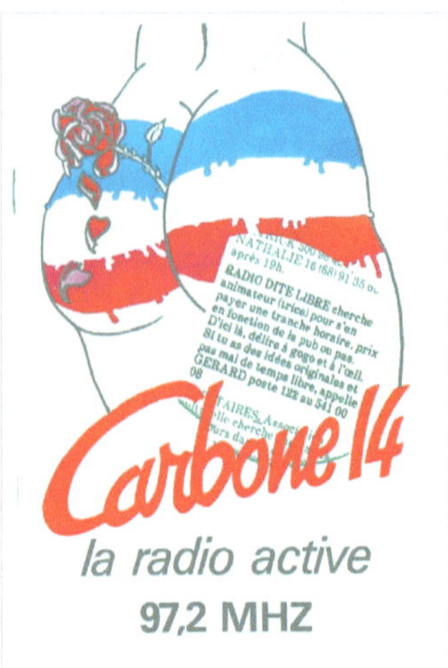

Affiche de Carbone 14 sur laquelle est reproduite la petite annonce parue en 1981 dans le journal *Libération* pour recruter des animateurs. Radio-France.

Il y a une quarantaine d'années, toutes les « radios locales privées » (comme on les appelait désormais) étaient donc associatives, et la situation actuelle garde une trace indélébile de ce *big bang* originel. Il fallut en effet attendre la loi n° 84-742 du 1er août 1984 pour que les statuts des opérateurs puissent diverger en toute légalité : des sociétés à responsabilité limitée et sociétés anonymes furent autorisées à émettre, mais la majorité des opérateurs restèrent dans le cadre associatif.

Au milieu des années 1990, le Conseil supérieur de l'audiovisuel (devenu en 2022 l'Autorité de régulation de la communication audiovisuelle et numérique) s'attacha à sanctuariser ce tiers secteur radiophonique, en instaurant la catégorie A qui regroupe, aujourd'hui encore, les services associatifs, dont les ressources commerciales, qu'il s'agisse de publicité ou de parrainage, n'excèdent pas 20 % de leur chiffre d'affaires. Ces radios sont éligibles aux subventions du Fonds de soutien à l'expression radiophonique locale (FSER) — en pratique, une dotation forfaitaire de l'État — et elles sont astreintes à diffuser un programme d'intérêt local d'au moins quatre heures entre 6 heures et 20 heures. Elles sont chargées en principe d'accomplir une mission de communication sociale de proximité — entendue comme le fait de « favoriser les échanges entre les groupes sociaux et culturels, l'expression des différents courants socioculturels, le soutien au développement local, la protection de l'environnement et la lutte contre l'exclusion » (Lefebvre & Poulain, 2021).

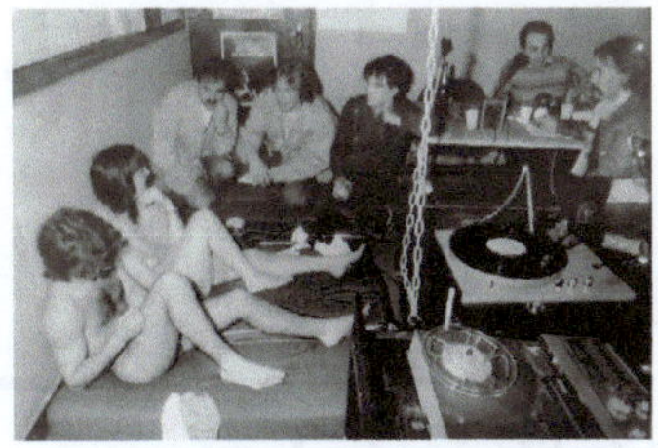

Photo prise avant le début de l'émission *Hardcore l'amour en direct* sur Radio Libre Carbone14, qui joue la carte de la transgression, Paris, 28 février 1982. Patrick Marquette/Gamma distribuée aux médias par l'AFP.

La tâche — on peut le constater — est énorme; et bien peu de stations arrivent à satisfaire toutes ces exigences, faute de moyens suffisants : les radios associatives souffrent en effet de difficultés financières récurrentes et de moyens humains, employés et bénévoles, souvent insuffisants. Les deux organisations historiques représentatives du secteur — la Confédération nationale des radios associatives (CNRA) et le Syndicat national des radios libres (SNRL) — alertent régulièrement les pouvoirs publics et l'Arcom sur la précarité de leurs associations adhérentes, qui sont par ailleurs contraintes, depuis une dizaine d'années et à l'instar de leurs concurrentes commerciales, de diffuser leurs programmes à la fois en analogique (sur la bande II des VHF, appelée à tort bande FM) et en numérique (DAB+ sur la bande III des VHF). Ce *simulcast* a un coût non négligeable, et l'absence d'échéance pour l'extinction de la FM historique s'avère particulièrement nuisible.

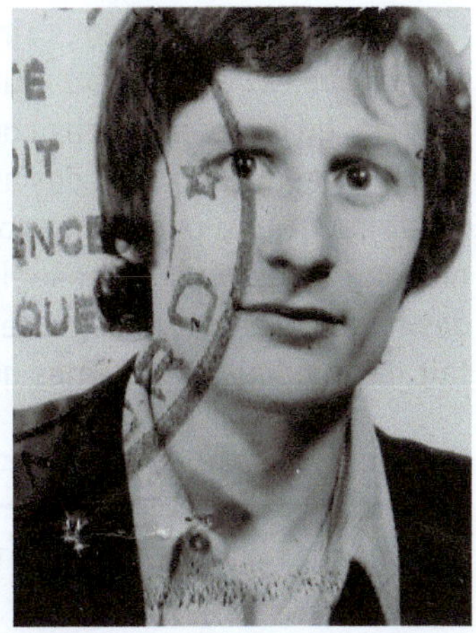

Jean Ducarroir, chargé de cours à la faculté de Villetaneuse et pionniers des radios libres (Radio 93, Radio Paris 80, etc.). Archives Katheleen Lecourt.

Ces radios de proximité offrent pourtant de formidables opportunités en termes d'apprentissage et d'éducation aux médias et à l'information (EMI)[2], très en vogue depuis quelques années dans les milieux éducatifs. Il est d'ailleurs à espérer que la séquence d'observation (de deux semaines) en milieu professionnel, récemment instituée dans les classes de seconde générale et technologique, permettra à des jeunes motivés de découvrir ce formidable outil, de s'en emparer et — qui sait ? — de lui réinsuffler le dynamisme indispensable.

1 Médiamétrie, communiqué de presse du 18 avril 2024 : « L'audience de la radio en France en janvier-mars 2024 ».

2 Voir Isabelle Féroc Dumez, « L'éducation aux médias : de démarche militante à politique publique », dans ce même ouvrage.

Persistances et héritages médiatiques

Valérie Schafer

Tous les médias ont été bouleversés par l'arrivée du numérique, et les premiers pas du Web ont pu marquer des résistances et des inquiétudes, notamment de la presse (Da Lage, 2001), face à un phénomène qui risquait de bouleverser l'écosystème en place. Que l'on pense au développement des plateformes de VOD (George *et al.*, 2023), à la naissance de *pure players* comme *Mediapart* ou *Brut* dans le champ de l'information, aux adaptations de la radio (podcasts, *streaming*, etc.), les changements ont été profonds (bien que non instantanés) en termes d'offre, d'usages, d'audience ou encore de modèle économique. Mais ce sont aussi les professionnels des médias, les temporalités, la participation, les circulations transmédiatiques qui évoluent avec le développement du numérique et l'on pourrait multiplier les exemples de ruptures et de changements qui affectent les médias, qu'ils soient vécus comme une contrainte ou une opportunité. Toutefois, ce phénomène continu depuis le milieu des années 1990 ne doit pas faire oublier aussi de profonds héritages, et notamment une persistance certaine en termes d'usages ou encore de programmation et d'organisation médiatiques. Penser la numérisation dans la continuité et le temps plus long de l'histoire des médias permet ainsi de repérer et d'analyser des persistances importantes, qui sont autant le fait des médias eux-mêmes que de leurs publics.

Des temporalités et héritages à penser sur la longue durée

Dans *Fake news & viralité avant Internet. Les lapins du Père-Lachaise et autres légendes médiatiques*, trois chercheurs, sous le pseudonyme de Roy Pinker (2020), ciblent des phénomènes numériques contemporains, à l'instar du développement et du succès mondial de certaines séries, des mèmes, des influenceurs ou des canulars, et les historicisent, notamment en s'appuyant sur de nombreux exemples tirés de la presse. Le placement de produits par Delphine de Girardin dans *La Presse* dans la première moitié du XIXe siècle, ou encore le succès des *Mystères de Paris* d'Eugène Sue et des poires représentant le roi Louis-Philippe Ier dessinées par Philipon et Daumier et devenues des sortes de proto-mème, sont ainsi discutés dans l'ouvrage.

Penser dans la longue durée des notions comme celle de réseau (et bien en amont des réseaux de diffusion radiophoniques) comme le font Massimo Rospocher et Gabriele Balbi (2021) en remontant à la Rome Antique, ou encore la notion de téléprésence et l'épistolaire, comme le propose Jérôme Bourdon (2021) en revenant à Cicéron, permet de donner de l'épaisseur temporelle aux tendances récentes. Que ce soit en termes d'infrastructures et de persistances de « routes informationnelles », de matérialités, d'instances de régulation à l'instar de l'Union internationale des télécommunications (Balbi & Fickers, 2020), ou encore d'usages, on ne peut qu'être frappé par des formes de continuité. On pourrait multiplier les exemples : la persistance de la représentation d'un combiné de téléphone sur les icônes de réseaux socio-numériques et d'interfaces utilisateurs, quand bien même le téléphone a réinventé son design; la persistance du livre imprimé en parallèle des versions numériques; les grandes infrastructures internet qui reproduisent pour certaines les circuits des câbles télégraphiques, etc. Au sein des médias eux-mêmes, la persistance est notable aussi. Certaines controverses en témoignent, comme celles sur l'anonymat ou encore la responsabilité des intermédiaires dans les contenus numériques illicites qui traversent toute l'histoire du Web. D'autres se déplacent d'un média à l'autre : avant qu'internet ne suscite initialement les résistances d'une partie de la presse, c'est le Minitel en France dans les années 1980 qui agitait une partie des professionnels craignant les pertes des revenus de la publicité (Schafer & Thierry, 2012). Certains objets incarnent aussi la transition entre analogique et numérique et sont à eux seuls des hybrides témoins des tâtonnements, mais aussi des passerelles, entre ces mondes techniques, du modem au CD-Rom.

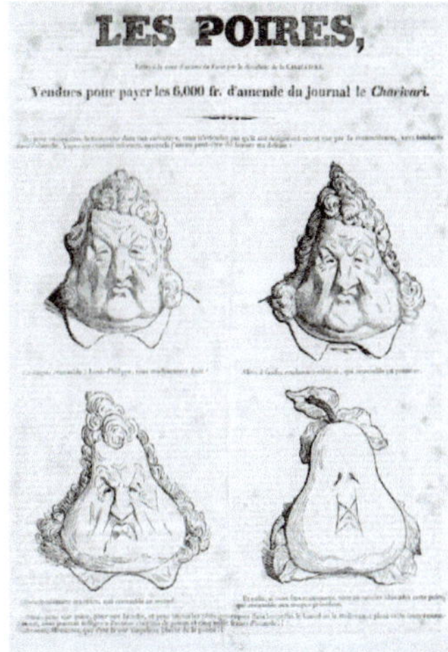

En 1831, Louis-Philippe fut représenté sous la forme d'une poire par Charles Philipon dans *La Caricature*. L'illustrateur fut condamné à six mois de prison et deux mille francs d'amende pour « outrage en la personne du roi ». Extrait d'une publicité dans *La Caricature*, 16 janvier 1834, Gallica.bnf.fr / BnF.

Continuités, hybridation, résistances, nostalgies

Penser la persistance change le regard sur les médias. Cette notion permet de nuancer la prétendue révolution numérique et son caractère disruptif brutal, de même que la transition entre l'analogique et le numérique, ou encore de mieux comprendre les phénomènes d'adaptation, d'acculturation, connus par les médias et le public. Elle permet aussi de mieux saisir et d'être attentif à la récurrence de métaphores, celle du bureau par exemple, comme des discours d'accompagnement (les « autoroutes de l'information », etc.).

L'archéologie des médias (Parikka *et al.*, 2019), mais aussi des approches insistant sur les « dépendances de sentier » (*path dependencies*, voir David, 1986, sur la question du clavier QWERTY) ou encore les études de maintenance (Russel & Vinsel, 2018), qui déplacent le regard trop souvent focalisé sur l'innovation, aident à comprendre la résistance de certains médias, la disparition d'autres (Scolari, 2013), les cycles médiatiques, industriels et technologiques, et les usages.

Caricature de Delphine de Girardin, écrivant pour le journal *La Presse*, ici dans *Le Charivari*, « Les muses de 1848 », 15 décembre 1848. Écrivaine et salonnière de renom, femme du patron de presse Émile de Girardin, elle écrivit des chroniques parisiennes publiées dans *La Presse* entre 1836 et 1848 sous le nom de plume de Charles de Launay.

La persistance convoque d'autres notions clés pour l'étude des médias, à l'instar de la nostalgie (Niemeyer, 2014), des affects, des résistances, des médiations, ou encore des enjeux d'hybridation et de co-existence. Une première typologie (Balbi *et al.*, 2023) permet notamment de distinguer des persistances techniques (cartes des réseaux de télécommunications, résistance du livre papier, etc.), des persistances organisationnelles et entrepreneuriales (les grandes instances internationales de normalisation, des firmes comme Motorola qui traversent les médias), des persistances « métaphoriques » (son du déclic d'un appareil photographique traditionnel quand on prend une photo sur son *smartphone*, image de la corbeille sur l'ordinateur, notion de chaînes sur YouTube, etc.). Dès lors, le paysage qui se dessine sous nos yeux est plus complexe, comme le montre par exemple Romain Bigay (2022) en analysant dans les services proposés par Deezer et Fip les logiques de flux et stocks radiophoniques et celles de programmation et d'agencements à l'heure du *streaming*, ou encore Quentin Mazel (2022) dans son étude sur la consommation de supports physiques (DVD, etc.) dans le contexte de la reconfiguration du marché de la vidéo. De même Jutta Röser and Jo Marie Dominiak (2023), se penchant sur les pratiques nocturnes de la télévision, mais aussi sur les usages du vinyle, dévoilent toute une palette de nuances entre persistance et réinvention des pratiques médiatiques. Loin d'être passive, la persistance est le fruit d'actions et d'efforts, et moins un impensé qu'une expression de sens, d'expérience et un outil de médiation.

Média, retour sur l'histoire d'un mot

Francis Balle

L'histoire que raconte cette première partie du manuel témoigne de plusieurs évolutions, concomitantes et distinctes : celle de l'esprit du temps, concernant le rôle sur les sociétés d'institutions dédiées à l'information et au divertissement comme TF1 ou RTL, TikTok ou BFMTV; celle des opinions dominantes sur la façon dont ces institutions ordonnent ou assujettissent la culture, nos manières de penser, les œuvres plus ou moins remarquables du genre humain; celle, enfin, du domaine des études et des recherches consacrées à ce qu'il est convenu d'appeler l'information et la communication, sans que les contours et le contenu de ces termes soient toujours clairement définis.

Le mot média est né, au cours des années 1970-1980, sous la plume des sociologues américains, fascinés par la télévision hertzienne, qui leur semblait donner une deuxième chance à Hollywood et à laquelle ils attribuaient hâtivement ou naïvement des vertus démocratiques depuis le débat télévisé Kennedy-Nixon d'octobre 1960. Amateurs de généralisations grandioses, ils parlèrent pour la première fois de *mass media* – en français, médias de masse. Étrange juxtaposition d'un pluriel du latin *medium* – milieu, intermédiaire – et de l'anglais *mass* – masse en français –, l'expression désignait alors l'ensemble des techniques permettant d'atteindre à distance une audience plus ou moins vaste avec des sons ou des images animées. Sans doute le succès des moyens audiovisuels – radio, télévision et cinéma –, un mot qui appartient seulement à langue française, sans équivalent ailleurs, n'est-il pas pour rien dans la consécration du mot média, au tournant des années 1980, alors que la télématique à la française préfigurait déjà ce que l'internet allait devenir.

Helsinki, gare centrale, fin d'été 1939, photographie de presse de Hugo Sundström.

En s'imposant, le mot média, avec en français un accent aigu sur le « e », rejoignit son étymologie : il désignait avant tout un moyen – un outil, une technique, un intermédiaire –, permettant à tout un chacun de s'exprimer et de communiquer à autrui l'expression de sa pensée, quels qu'en soient l'objet et la forme. Il visait également

La caricature, publiée durant la campagne présidentielle américaine, montre l'âne du Parti démocrate (John F. Kennedy à l'écran) et l'éléphant du Parti républicain (Richard M. Nixon) accompagnés chacun par un singe mendiant des votes. *Hartford Times*, 12 septembre 1960. Dessin Edmund S. Valtman. Library of Congress.

un usage qui lui avait été assigné au fil du temps, un certain rôle ayant fini par prévaloir ainsi que la meilleure façon de le remplir : moyen d'information, de divertissement, d'évasion ou de connaissance, support ou vecteur d'œuvres ou de chefs-d'œuvre artistiques.

Avant 1980 et l'apparition des *mass media* dans le langage courant, la France n'avait d'yeux que pour la presse dite écrite – les journaux imprimés, tel un signe de distinction – ainsi que pour l'information, pareillement sacralisée, dont ces derniers se réservaient l'apanage. Seule la presse était censée faire enfin de chacun un citoyen; avec le Parlement, elle représentait ainsi, idéalement, l'autre pilier de la démocratie. Seule elle avait donné naissance au journalisme moderne, voué à l'information, une institution à part entière : rapporter ce qui se passe dans l'actualité, l'expliquer, l'analyser, le commenter grâce aux journalistes détenteurs d'un savoir-faire et respectueux des règles de déontologie, dévoués, à ce titre, au bien commun (Balle & Padioleau, 1972; Balle, 1973).

L'essor pourtant spectaculaire de la radio et de la télévision n'avait guère entamé le magistère que les journaux, quotidiens ou hebdomadaires, exerçaient depuis plus d'un siècle sur l'information, sur la vie des idées, sur le débat démocratique. Les nouveaux venus, la radio et la télévision, malgré l'appel du 18 Juin, en dépit du rôle que les radios périphériques avaient joué dans les années 1960, notamment Europe 1, au-delà même de l'impact sur les électeurs des premiers débats télévisés, étaient pareillement relégués au rang de simples moyens de divertissement, agents d'une culture présumée de médiocre qualité. Bien plus : c'est sur le terrain de l'information que ces nouveaux arrivants avaient la prétention de se refaire une vertu, de gagner des titres de noblesse, avec les flashs et les *breaking news*, avec *Cinq Colonnes à la Une* – comme un hommage du vice à la vertu.

C'est seulement après 1980 que je me suis aventuré à intituler *Médias et sociétés*, risquant la moquerie, voire l'ironie de mes collègues juristes ou politologues, un ouvrage consacré non seulement aux médias imprimés, les livres et les journaux, mais aussi aux médias du son et de l'image, les stations de radio, le cinéma et les chaînes de télévision. Jusqu'à la 19e édition de cet ouvrage, parue fin 2024 (Balle & Joux, 2024), l'approche est délibérément plurimédia, considérant de concert tous les médias, traditionnels ou numériques, et résolument pluridisciplinaire, convoquant tour à tour l'histoire, le droit et la technologie, ainsi que plusieurs sciences humaines et sociales, notamment l'économie et la science politique.

Avant la fin de ce premier quart du XXIe siècle, les médias ont tous affronté le choc de l'internet et du numérique. Aucun n'a disparu, ils ont dû se réinventer, dopés chacun aux intelligences artificielles et aux données massives, tandis que s'estompent, parfois, parmi eux – qu'ils soient imprimés, audiovisuels ou en ligne, qu'on les qualifie de traditionnels ou de numériques –, les frontières entre le vrai et le faux, la réalité et la fiction, l'information et le divertissement ou la propagande, et que se mêlent, sur un même écran, le direct et le différé, l'écrit et l'image, étrangers l'un à l'autre depuis la nuit des temps.

Dans le langage courant, le mot média, désormais utilisé seul, désigne en réalité, comme un raccourci, n'importe quel organisme ou institution voué, au moins officiellement, à l'information de tous : CNN au même titre que *Ouest France*, LCI, RFI ou l'hebdomadaire *Le Point*. On continue pourtant à évoquer et à invoquer la liberté de la presse, comme un mantra, comme un idéal ou un signe distinctif ; non par paresse ou par négligence, mais en raison du nouvel ordre du monde, ou plutôt du nouveau désordre mondial, inauguré notamment par l'émergence ou la réémergence de nouveaux empires et par le réveil des nations. Et de s'interroger sur les attributs de cette liberté, une « hyperliberté » selon le juriste Louis Favoreu, qui rend seule possible l'exercice d'autres libertés, liberté d'agir, de penser, de s'exprimer ou de créer, de quelque façon que ce soit.

Ce n'est sans doute pas un hasard si l'on continue à évoquer la liberté de la presse comme une locution générique (*freedom of the press*) – pour liberté d'informer et d'être informé, ou encore liberté de publication, distinctive des régimes démocratiques et libéraux - comme la forme que revêt la liberté d'opinion ou d'expression, dès lors que celle-ci concerne notamment des faits et des évènements de l'actualité, par quelque média que ce soit, imprimé, audiovisuel ou en ligne, sous le contrôle *a posteriori* du juge. Tandis que, partout dans le monde, les journaux imprimés sont à la peine et que, face à des démocraties qui se veulent libérales, s'opposent toujours davantage des régimes illibéraux, n'ayant de démocratie que le nom, ou se faisant de la liberté une conception différente de celle dont se prévalent les sociétés que l'on continue, par habitude, d'appeler occidentales.

Michel Jaffrennou, plasticien, vidéaste et performer, proche du mouvement lettriste, expérimente avec l'image animée à partir de 1975, et travaille essentiellement sur les dispositifs vidéo. Il conçoit des projets pour la télévision comme son divertissement « Les totologiques », diffusé par Antenne 2 en 1981. Fonds d'archives Michel Jaffrennou, 1981. Gallica.bnf.fr / BnF.

Partie 2

Techniques et outils*

* Typographie : OCR-A, produite par l'American Type Founders en 1966 et implémentée en 1968
OCR-A a été créée pour permettre la reconnaissance optique de caractères par des machines, conformément aux normes de l'American National Standard Institute, afin d'être utilisée pour le tri du courrier. Typographie jugée trop peu lisible par l'œil humain, Adrien Frutiger propose en 1968 pour la fonderie américaine Monotype une version moins technique : l'OCR-B. Depuis, la police originelle, l'OCR-A est associée à une esthétique rétrofuturiste et elle est entrée dans la collection Architecture et Design du MoMA de New York en 2011. Dans cet ouvrage est utilisée l'OCR-A Extended, réalisée par Monotype en 2012 qui permet d'ajouter les signes diacritiques.

Illustration : Paysage binaire, 2025 © Vincent Cabaret

La télégraphie et l'internationalisation de l'information

Patrice Carré

La diffusion de la presse

Au mitan du XIXe siècle, la télégraphie électrique est une innovation majeure. Elle est la première application, à grande échelle, de l'électricité. Avec le code conçu par Samuel Morse (1837), l'électricité quitte le monde de l'observation des phénomènes et de leur reproduction expérimentale en laboratoire. Cette innovation rime avec les premiers déploiements des réseaux de chemins de fer et les commencements de la machine à vapeur. Amplification du *tempo* des échanges, élargissement des horizons, vitesse accrue de circulation des transports d'hommes et de marchandises requièrent une rotation plus rapide de l'information qu'elle soit à caractère politique, financier ou personnel. La mondialisation du réseau participe d'une considérable réduction de la dimension espace/temps et à une réelle accélération de l'histoire. Karl Marx (1968 : 118) puis Alfred D. Chandler (1988) ont analysé cette transformation radicale du paysage des échanges.

Le télégraphe est, avec le chemin de fer, l'un des vecteurs essentiels de la mise en place d'une forme nouvelle de capitalisme. Outre l'apparition de *managers* salariés, experts dans la gestion de réseaux complexes, la formation d'un nouveau marché stimule de façon considérable les débouchés d'entreprises qui, jusqu'alors, opéraient sur un plan régional ou local. La pose de câbles sous-marins et l'invention de transcripteurs plus rapides achèvent de faire du télégraphe électrique l'instrument incontournable de la transmission de l'information avant qu'à l'horizon 1900, téléscripteur, téléphone puis TSF n'offrent la possibilité d'augmenter et d'accélérer le débit et partant le volume d'informations, au prix de substantielles mobilisations capitalistiques. Les transmissions télégraphiques dans le monde passèrent ainsi de 29 millions en 1868 à 121 millions en 1880 puis à 339 millions en 1900[1].

Le déploiement des réseaux et la standardisation de la tarification (conférence télégraphique de 1865) ont également joué un rôle fondamental dans la diffusion de la presse. Maxime du Camp en témoigne : « Un simple rapprochement montrera quelle révolution l'électricité allait apporter dans la transmission des dépêches. La nouvelle de la mort de Paul Ier (12 mars 1801) mit vingt-et-un jours à parvenir à Londres, la mort de Nicolas Ier (2 mars 1855) y fut connue en quatre heures un quart »[2]. Ainsi, « l'invention de la vitesse » (Studeny, 1995) fut d'un poids considérable dans la relation télégraphe/presse.

Pose du câble anglo-irlandais en 1929, Les messages filent alors à 120 mots par minute. Photographie Lionel Voss. © Charlie Voss (son petit-fils)

La télégraphie électrique, conjuguée avec des innovations dans l'impression de la presse, fut le multiplicateur structurant d'une réelle accélération de la circulation de l'information. Parmi les premiers clients des réseaux télégraphiques figurèrent en bonne place les agences de presse, même si leur création avait précédé, de quelques années, le déploiement du réseau télégraphique. Dans la seconde moitié du XIXe siècle s'organisèrent les grandes agences d'information (Reuters, Havas, Wolff's Telegraphisches Bureau en Europe, Associated Press aux États-Unis) qui devaient progressivement devenir mondiales (Palmer, 2019). Leur succès s'ancre sur un travail essentiellement agencé autour du télégraphe.

Étant les mieux et le plus prématurément informées de ce qui se passe à l'échelle mondiale, elles acquièrent un réel pouvoir et se font craindre des gouvernements, tandis que les tirages des quotidiens ne cessent de grimper. L'utilisation du télégraphe a totalement bouleversé la presse, qui très vite en a été l'un des premiers clients (Palmer, 2014) : « Une des plus fortes dépenses des journaux américains leur est imposée par les innombrables dépêches télégraphiques qui en remplissent les colonnes » notait dès 1857 Cucheval Chavigny[3]. Non seulement l'information est désormais de l'ordre de l'immédiateté, mais encore la télégraphie électrique a-t-elle permis la circulation d'une actualité internationale plus immédiate, comme elle a reformaté ses conditions d'élaboration et de transmission, à mesure que s'est généralisé son emploi.

1 Bureau International de l'Union Télégraphique (1865-1915), Berne, décembre 1915.

2 Du Camp M. (1867) « Le Télégraphe et l'administration télégraphique » *Revue des Deux Mondes*, vol. 2, n° 5, 457-497.

3 Cucheval-Clarigny A. (1857) *Histoire de la presse en Angleterre et aux États-Unis*, Paris, Amyot [en ligne].

La transformation des pratiques journalistiques

La fiction s'est également emparée du phénomène, ici avec Jules Verne : « Le soir même, à mesure que les paroles s'échappaient des lèvres de l'orateur, elles couraient sur les fils télégraphiques à travers les États de l'Union, avec une vitesse de 248 447 miles à la seconde. On peut donc dire avec une certitude absolue, qu'au même instant, les États-Unis d'Amérique, dix fois grands comme la France, poussèrent un seul hurrah, et que vingt-cinq millions de cœurs, gonflés d'orgueil, battirent de la même pulsation. Le lendemain, quinze cents journaux quotidiens, bimensuels ou mensuels, s'emparèrent de la question...[1] ».

Grâce à la télégraphie électrique longue distance apparaît un nouveau type de personnage dans le récit littéraire : le reporter appelé, de Rouletabille à Tintin, à jouer un rôle important dans la littérature populaire (du polar à la BD). Il participe à l'extension et à une nouvelle saisie de l'espace public tout comme le style télégraphique et la dépêche ont contribué à une nouvelle écriture et une nouvelle lecture du monde, symbolisant aux yeux des contemporains la survenue d'une communication agile, affranchie des distances. La technique façonne la manière d'écrire avec un produit échangé ou émis au sein du réseau institutionnel des agences d'information dans un contexte politique plus ou moins libéral et stable, adossé au réseau télégraphique. Comme le souligne Lisa Bolz (2019), ces textes courts font intervenir des mécanismes invisibles et complexes qui en font des objets originaux à la confluence des conditions techniques, économiques et politiques. Mais, outre la vitesse et l'exactitude, apparaît une nouvelle exigence de la modernité : la clarté, la concision. Il faut dire dorénavant beaucoup en quelques mots. Le message obéit désormais aux lois du rendement! L'information, dès les années 1860, contribue à une nouvelle mondialisation de l'économie capitaliste.

La vitesse de transmission de l'information provoque une véritable concurrence, une chasse à la nouvelle, au scoop. Le correspondant est obligé d'utiliser toutes les possibilités du télégraphe. Ainsi, dans *Michel Strogoff*[2], le correspondant de presse Harry Blount câble la *Bible* à son journal, pour occuper la ligne télégraphique et souffler le ***scoop*** de l'invasion de la Sibérie par le Khan Feofar à son rival Alcide Jolivet... Les agences de presse se partagent le monde au moment où, avec la pose des grands câbles télégraphiques sous-marins, les grandes puissances font de même (Griset, 1991, 1996).

Au tournant du siècle, la terre et le fond des océans sont parcourus d'un réseau de câbles. Ils permettent, dit Stefan Zweig : « que la pensée à peine élaborée, le mot écrit d'une encre encore humide pouvaient déjà, à la seconde même, être reçus, lus, compris à des milliers de milles de distance, et que le courant invisible qui oscillait entre les deux pôles de la minuscule pile voltaïque pouvait s'étendre à toute la surface de la terre, d'une extrémité à l'autre[3] ».

Maxime du Camp, visitant le bureau central des télégraphes à Paris, s'y « figure assez bien le milieu d'une toile d'araignée[4] ». Une immense toile d'araignée qui commence à couvrir le monde entier. Un Web avant la lettre et qui, déjà, inquiète.

Raccourcissement des distances, accélération de l'information

Avec la télégraphie électrique les dimensions du globe ne sont plus les mêmes, l'échelle de la planète s'est réduite. Au cours des années 1870, la lecture du journal se répand et touche des milieux qui, jusque-là, n'y avaient pas accès. Avec l'envol des tirages et l'élargissement du public, on assiste à l'apparition d'un nouveau mode de lecture. À la lecture collective s'est substituée la lecture individuelle. Par ailleurs, le journal – comme l'école – contribue à l'instauration de nouveaux cadres de référence. Il apporte, lui aussi, une touche nouvelle à la connaissance de l'espace national, puis à l'environnement mondial. En forgeant une information universelle, il dresse une carte neuve des représentations et contribue à un renouveau des imaginaires sociaux, des émotions et des sensibilités. Il donne également une épaisseur au temps. Rythmé jusque-là par le retour des saisons et les histoires individuelles, le temps se teinte maintenant d'universel. Les nouvelles quotidiennes venues d'ailleurs ponctuent désormais les conversations et les échanges. Comme l'écrit justement Marc Martin (1997, 78), il superpose « aux mémoires individuelles une mémoire sociale plus riche ».

Télégraphe de jour et de nuit présenté au ministre par un officier de la marine, et adopté pour le service des signaux de côte, 1802-1803. Gallica.bnf.fr / BnF

Il semble que l'on assiste à la mise en place d'un nouveau régime de sensibilités. Imperceptiblement à l'horizon des années 1860/1870 et à l'orée du XXe siècle, nos modes de dire, de voir et de sentir se transforment lentement. Chemins de fer et télégraphe, en facilitant le transport de produits jusque-là inconnus, de nouveaux objets de consommation et d'informations jusque-là inaccessibles participent à l'élaboration de nouveaux cadres mentaux. Ils épaulent une lente uniformisation du territoire et un renouvellement des sensibilités à laquelle la diffusion de la presse contribue profondément. Pendant longtemps, la cloche du village avait rythmé le temps de la campagne ou les activités de la bourgade (Corbin, 1994) : ce sont désormais les médias qui, de plus en plus, assument ce rôle.

La massification de la diffusion de l'information inaugure une profonde mutation anthropologique et de nouvelles formes de temporalité. Nerveuse, l'information a désormais la fougue de l'éclair. Vite et loin, l'exigence s'en dessine rapidement et déjà se profile *L'Homme pressé* de Paul Morand. Au *tempo* du jour et de la nuit succède le temps contrôlé, le temps maîtrisé. Au temps qui ne comptait pas, au temps poreux, ouvert à l'imprévu, à l'inattendu, se substitue un temps compté, calculé et soumis à l'efficacité de la production...

1 Verne J. (1865) *De la Terre à la Lune, Trajet direct en 97 heures 20 minutes*, paru initialement en feuilleton dans le *Journal des Débats* entre septembre et octobre.

2 Verne J. (1876) *Michel Strogoff*, Paris, Hetzel.

3 Zweig S. [1989], *Les Très riches heures de l'humanité* [1927], Paris, Le livre de poche.

4 Du Camp M. (1883) *Paris, ses organes, ses fonctions, sa vie dans la seconde moitié du XIXe siècle*, Paris, Hachette, tome 1.

Les archives des médias en ligne

Valérie Schafer

Tweet du 13 décembre 2022 sur le compte @Inafr_officiel, dédié au marché de Noël [En ligne].

Les archives des médias sont régulièrement sollicitées, réutilisées, voire détournées en ligne. Il peut s'agir de célébrer l'anniversaire d'un évènement, qui voit la reprise d'images iconiques sur les réseaux socio-numériques, de commenter l'actualité, et ce parfois à des fins polémiques (Compagno & Mercier, 2021), ou encore de réaliser des mèmes. Leurs usages dépassent donc celui de sources pour la recherche et les archives des médias suscitent également l'intérêt du grand public. L'Institut national de l'audiovisuel (INA) a ainsi engagé une active politique de diffusion d'extraits de ses archives audiovisuelles sur son compte Twitter ouvert en 2008, qui fait écho à l'actualité, à un évènement précis, ou encore à ce qu'on appelle les « marronniers » – par exemple, la rentrée scolaire ou les préparatifs de Noël – et ce en s'appuyant sur des parallèles ou au contraire des décalages temporels. La popularité de cette communication en ligne dépasse largement les experts des médias, jouant sur la surprise, l'humour, les discontinuités ou encore la nostalgie.

Les archives des médias font par ailleurs l'objet d'une mise en ligne dans le cadre de politiques institutionnelles qui cherchent à tirer parti des possibilités offertes par le numérique depuis les années 2000 (et avec des prémisses dans les années 1990). Ainsi dès 2005, la Bibliothèque nationale de France (BnF) annonce un plan de numérisation de la presse quotidienne nationale, avec océrisation[1] de ses contenus (Bermès, 2020, 50). Elle fait ensuite de Gallica (en ligne) une de ses plateformes phare, au fil notamment des plans numériques qu'elle adopte, à l'instar de Numérique Horizon 2015, qui développe les descriptions de fonds, des entrées géographiques, ou encore mise sur de nouveaux dispositifs de médiation *via* les réseaux socio-numériques.

1 L'océrisation désigne la reconnaissance optique de caractères (OCR), soit la technique par laquelle tout texte peut être identifié comme tel dans une image numérisée.

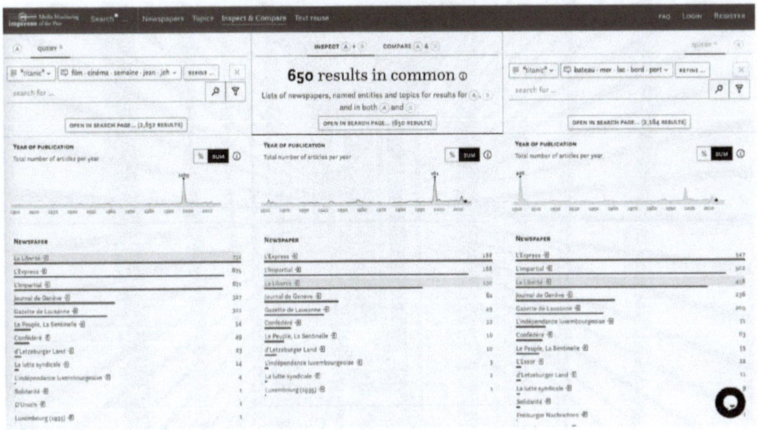

L'outil « Inspect & Compare » d'Impresso et ses filtres basés sur la modélisation de sujets. À gauche, une requête pour *Titanic* filtrant les articles liés au film, à droite la même requête pour les articles liés à la navigation et, au centre, les articles à l'intersection de ces deux requêtes. [En ligne]

De multiples acteurs et approches

Il convient de noter la variété des acteurs impliqués dans la préservation, mais aussi la mise à disposition d'archives médiatiques en ligne. Elle s'étend du niveau local au niveau international. Ainsi le ministère de la Culture et ses acteurs institutionnels en France, par exemple la Direction des affaires régionales culturelles Grand Est, soutient la numérisation par le biais de subventions, dans le cadre du Programme national de numérisation et de valorisation des contenus culturels. Cela a permis à des services d'Archives départementales de mettre des journaux numérisés en ligne (le *Petit Ardennais*, ou encore *L'Est Éclair* et *Libération Champagne*). À une échelle différente, Internet Archive, fondation étasunienne créée en 1996, couvre un vaste spectre médiatique de contenus numérisés (dont des magazines), mais aussi nativement numériques (jeux vidéo, logiciels, CD-Roms, etc.).

Des collections prennent parfois pour point d'entrée un médium spécifique ou des contenus spécialisés (par exemple des initiatives amateures ou de recherches dédiées au Minitel). Certaines sources médiatiques sont incluses dans des collections spécialisées, à l'instar des collections dédiées aux archives LGBTQ+ ou à un évènement comme le 11 septembre (En ligne). D'autres visent un périmètre large, dans le cadre par exemple du dépôt légal en France. Ainsi l'INA a enrichi ses collections audiovisuelles de la préservation de sites Web, de contenus liés aux plateformes vidéo type Dailymotion et YouTube, ou encore à Twitter. Des différences sont également tangibles selon que le contenu est numérisé ou nativement numérique, accessible directement sur le Web ou dans des espaces dédiés des bibliothèques de recherche, mais les collections institutionnelles ont en commun de chercher à enrichir les archives.

Des archives « augmentées »

La mise à disposition des archives des médias passe par des processus d'éditorialisation complexes. De l'enrichissement de ces documents (métadonnées, outils de fouille, etc.) dépendent aussi les usages qui en sont faits. Institutions patrimoniales et mondes de la recherche proposent des interfaces tirant pleinement parti des capacités du numérique, mais aussi une approche par les

Un *Data center* (ou centre de données informatiques) rassemble les équipements électroniques susceptibles de créer un environnement sécurisé pour le stockage de données numériques et leur traitement. Ici à Cape Town en Afrique du sud, Wavebreakmedia / Alamy

données, dont témoignent notamment des initiatives nées dans l'univers académique à l'instar de Médias 19 ou encore de la plateforme Impresso pour la presse numérisée.

Certains espaces de diffusion sont payants, comme madelen, plateforme VOD de l'INA, qui se positionne sur une offre culturelle plus que de recherche; d'autres proposent un accès gratuit, mais aussi des abonnements pour bénéficier de contenus enrichis, comme RetroNews : la version pour les abonnés propose des contenus éditoriaux exclusifs (longs formats, documentations sur l'histoire de la presse), ainsi que des fonctionnalités avancées et des outils de recherche experts. Si la recherchabilité, les facilités offertes à l'usager varient d'un espace à un autre, ces archives des médias sont soumises à de multiples éditorialisations et médiations pour en accompagner la consultation : « Il y a ainsi une réflexion de fond pour concevoir le meilleur accompagnement, selon que l'on va parler à des initiés au sein du grand public, à des initiés du monde académique, ou à un grand public pas ou peu initié » (Alquier, 2022, 240).

Minitel

Josiane Jouët

Une avance technologique

Souvent réduit aux messageries roses, le Minitel a une portée beaucoup plus vaste. Prouesse technologique au début des années 1980, il a préfiguré le Web en étant la première base de données au monde accessible au public. Lancé dans le cadre d'une politique publique, le plan télématique (une contraction de télécommunications et informatique) visait à promouvoir la croissance économique et la modernisation de la société française (Marchand, 1987). Progressivement, outre l'annuaire électronique, de nombreux services ont été offerts : renseignements administratifs, presse, services de transaction (banque, réservation de voyages, etc.) atteignant, dans les années 1990, le chiffre de 25 000 avec un pic de 20 millions d'usagers (Cariou & Gaulon-Brain, 2012[1]).

Le réseau Télétel se caractérisait par sa lenteur et le Minitel, fourni gratuitement, était un terminal informatique basique composé d'un clavier abécédaire et d'un écran sur lequel s'affichait une matrice texte de quarante colonnes. Sans dispositif de stockage, ce terminal demeurait donc rudimentaire au regard d'un ordinateur. Centralisé, le réseau Télétel ne permettait pas aux terminaux de communiquer entre eux, mais uniquement *via* des serveurs et, de plus, il n'était pas compatible à l'international.

Très rentable, le modèle économique était sans publicité et reposait sur un coût élevé d'accès aux services, indexé sur différents paliers et sur la durée de connexion. Fondés sur le principe du kiosque, les bénéfices étaient répartis entre la Direction générale des télécommunications, les sociétés d'ingénierie informatique et les éditeurs de service parmi lesquels certains éditeurs de presse qui en ont tiré de grands profits financiers.

Dispositif Télétel expérimenté à Vélizy en 1980 par la DGT (direction générale des télécommunications, ministère en charge des postes) avant le lancement du Minitel.

Interface Minitel.

1 Cariou C. & Gaulon-Brain M., « Du Minitel à l'internet. Pendant deux décennies le minitel fut un emblème du high-tech français avant d'être emporté par l'internet », *La Revue des Médias* / INA, 29 mars 2012.

Les messageries roses

Les médias, au début de la télématique, étaient réticents envers cette technologie perçue comme une source de concurrence potentielle et ils se contentaient d'afficher des pages vitrines de quelques actualités. Seule la presse imprimée était d'ailleurs concernée car la radio et la télévision étaient alors analogiques, la numérisation de l'image et du son ayant été plus tardive que celle du texte (Balle, 2024).

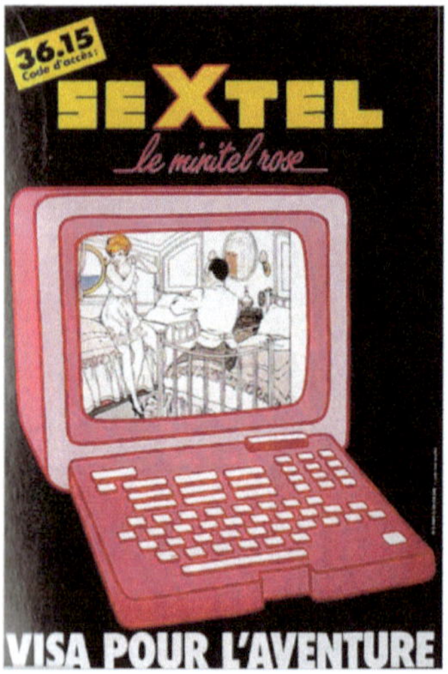

Service Minitel « rose », Sextel.

Ironie de l'histoire, l'engouement pour le Minitel est né du lancement des grandes messageries conviviales par des groupes de presse (*Libération*, *Le Parisien*, *le Nouvel Observateur*...) qui hébergeaient à des fins lucratives des messageries dites roses, comme Aline, Cum, Ulla. Assimilées à un carnaval électronique, les messageries du Minitel ont inauguré un protocole de communication en direct, par le truchement d'un clavier et d'un écran, qui se déroulait sur le mode de l'anonymat. Le Minitel a institué de nouveaux codes langagiers, prélude aux textos d'aujourd'hui, car les messages, en raison du coût de la connexion, étaient brefs et truffés d'abréviations. En l'absence d'image, le jeu avec les mots faisait tout le sel des messageries (Jouët, 1993). Les forums y affichaient une kyrielle de pseudonymes qui donnaient la tonalité de la présence en ligne et ils fédéraient des centaines de participant·e·s qui remplissaient ou non une CV (carte de visite), soit une anticipation des profils sur les réseaux sociaux numériques. Outre les forums de discussion sur lesquels l'on pouvait écrire et répondre à tou·te·s, les minitélistes pouvaient entrer en relation privée par l'intermédiaire des BAL (boîtes aux lettres) avec des individus de leur choix à l'instar des messageries privées des réseaux sociaux. De plus, l'objectif était souvent de rencontrer physiquement des personnes inconnues, en vue de relations amoureuses ou non, préfigurant ainsi les sites de rencontre sur internet.

La concurrence d'internet

Initialement, la France bénéficiait ainsi d'une avance technologique (Schafer & Thierry, 2012; Mailland & Driscoll, 2017) alors qu'internet n'a connu son plein essor qu'à partir de l'avènement du Web, le réseau des réseaux, à la fin des années 1990. Dès lors, la croissance fulgurante d'internet s'explique par sa décentralisation, la simplicité de son accès *via* un ordinateur pouvant être à la fois émetteur et récepteur d'information, la rapidité de la connexion

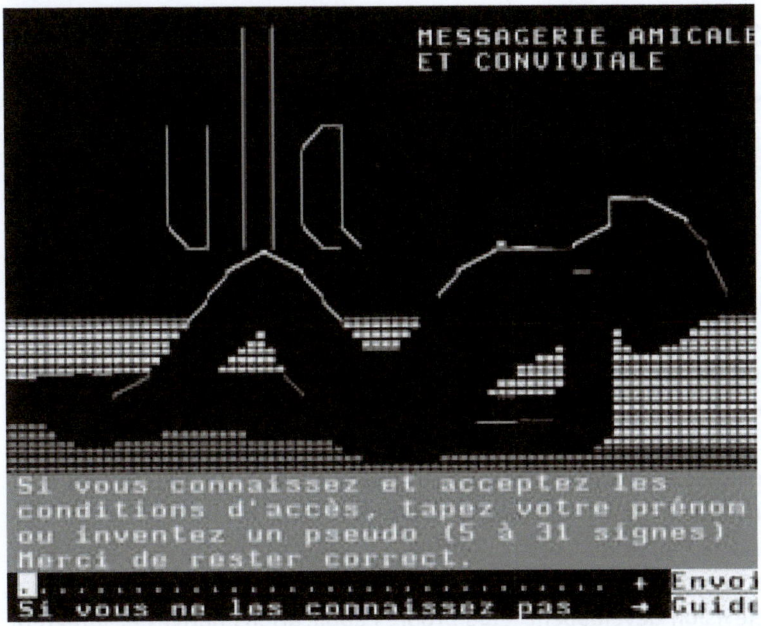

Messagerie « rose » Ulla sur Minitel.

et la gratuité des services financés par la publicité. La télématique française est ainsi devenue rapidement dépassée et le raccordement de la France à internet en 1995 a progressivement contribué à la migration des services vers le Web (Demars, 2020). Toutefois, Télétel ne s'est totalement éteint qu'en 2012, certaines entreprises restant attachées à la sécurité totale garantie par ce réseau.

Un laboratoire des usages numériques

Le Minitel a institué les services de consultation et de transaction en ligne, tout comme les échanges électroniques grand public en tant que nouvelle forme de lien social. Il a été un vivier pour la recherche sur le plan théorique et méthodologique. Cette technologie a fertilisé les premiers travaux de la sociologie des usages et a permis l'élaboration de techniques d'observation *in situ* des échanges sur écran et des nouvelles formes d'expression de soi.

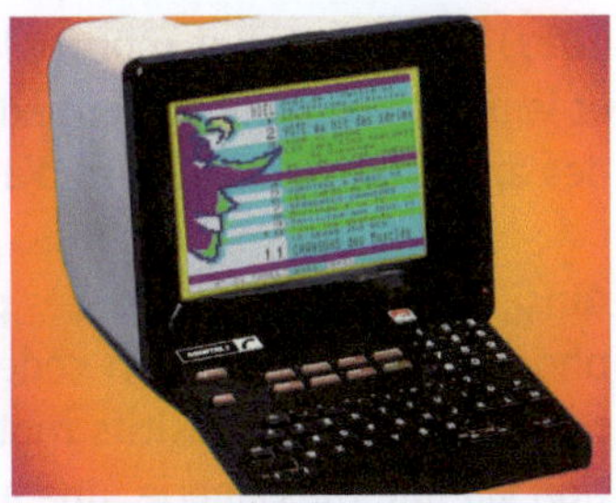

Interface du Club Dorothée destiné aux enfants sur Minitel.

La banalisation actuelle de la présence en ligne et des identités numériques s'inscrit ainsi dans le prolongement des usages pionniers observés sur le Minitel qui a permis l'étude de l'imbrication entre l'innovation technique et les transformations culturelles et sociales (Jouët, 2011).

Médias et mobilité

Virginie Sonet

L'arrivée du smartphone au milieu des années 2000, et plus particulièrement la sortie de l'iPhone en 2007, a considérablement bousculé les usages sociaux et les logiques économiques des médias. Nomade, connecté, polyvalent, modulaire et tactile, le smartphone est devenu le terminal privilégié de la superposition des pratiques et de leur hybridation. En 2024 en France, le taux d'équipement en smartphone est de 95 % et la majorité des consommations médiatiques s'y déploient (Digital News Report, 2023). Parallèlement, les réseaux sociaux numériques (RSN), tels que Facebook et X, se sont largement répandus et les utilisateurs les consultent massivement depuis leur smartphone. Les médias traditionnels, confrontés à la baisse de leurs audiences, considèrent le smartphone comme un « troisième écran » providentiel pour diffuser leurs contenus et vendre de l'espace publicitaire. La presse écrite, la radio et la télévision développent leurs propres applications natives et intègrent les RSN. La mobilité entraîne un double phénomène : d'une part, la transformation profonde des consommations médiatiques et de leur appréhension; d'autre part, l'injonction faite aux médias de reconfigurer leurs modèles socioéconomiques, souvent au profit des plateformes mobiles et des agrégateurs.

Reconfiguration des usages médiatiques

Le smartphone favorise la connexion permanente et son modèle applicatif le rend modulaire. Cela contribue à l'expansion des pratiques, tant en variété qu'en fréquence. Le « smartphonaute »[1] peut migrer d'un instant à l'autre d'une pratique culturelle, médiatique, à une pratique communicationnelle. Pis, ces pratiques s'entrelacent jusqu'à leur quasi-indistinction. Comprendre la notion d'hybridation devient donc une nécessité pour qui tente d'analyser les usages mobiles. Des recherches (Sonet, 2015, 2017) ont clairement montré le renouvellement des registres d'entrée en contact avec les contenus et le poids des facteurs contextuels tels que le temps et réseau disponibles, la coprésence, la position des applications sur l'écran d'accueil, l'activation ou non des systèmes de notification.

Ainsi, les attachements à des pratiques médiatiques antérieures ne se reportent guère sur le smartphone. La préméditation cède sa place à des registres plus spontanés et portés par les attributs techniques des dispositifs mobiles : l'adressage et la rencontre fortuite. Ici, on reçoit une information *via* une messagerie, une alerte sur son écran d'accueil. Là, on rencontre un article ou une vidéo en parcourant sa *time line* sur les RSN. On procède également à des recherches opportunistes, en interrogeant les moteurs de recherche de Google ou de YouTube. L'entrée directe par les supports médiatiques devient marginale. La nomadisation et l'hybridation, dans des environnements techno-économiques en constant renouvellement, enjoignent les médias à repenser la qualification des utilisateurs et de leur comportement désormais largement favorable aux plateformes.

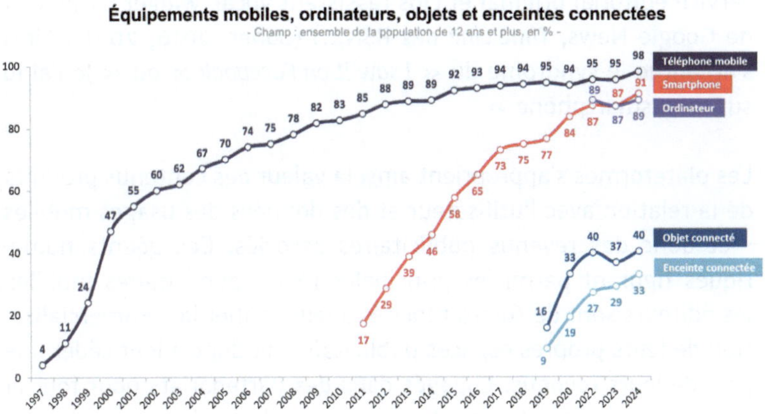

La population française est de plus en plus équipée en numérique. Baromètre du numérique, 2025 Arcep-Arcom-Credoc

La transformation des modèles économiques

La diffusion massive du smartphone et des agrégateurs qu'il embarque a exacerbé les phénomènes d'abondance et de substituabilité des contenus professionnels et amateurs, la fragmentation des audiences, la prolifération des espaces publicitaires et l'intensification de la culture de la gratuité des accès auxquels sont confrontés les médias.

Paradoxalement, les outils des agrégateurs mis à la disposition des médias pour amplifier leur visibilité, leur trafic et l'interaction avec leurs publics, favorisent une consultation des contenus hors des supports médiatiques et partant, une distanciation avec les audiences. De fait, les modèles économiques se dégradent. Dans la course aux smartphonautes, un oligopsone[2] d'infomédiaires (Meta, Alphabet, X, Apple, Alexa, etc.) exhorte en effet les éditeurs à produire les formats compatibles avec leur propre système de distribution. Ainsi l'on observe une multiplication des métiers et des coûts nécessaires à la fourniture de vidéos, audios, tutoriels, et autres carrousels, mais aussi un raccourcissement des formats qui limite *de facto* la possibilité de déployer une argumentation et qui encourage des comportements de consommation médiatiques détériorant le consentement à payer pour des contenus médiatiques. On assiste par ailleurs à la *commoditisation* de la chaîne de valeur des éditeurs : la valeur économique migre vers l'agrégateur qui bénéficie du contact direct et privilégié avec l'utilisateur final. La marque éditoriale et le travail coûteux de production des contenus deviennent une simple matière première d'un nouveau produit fini. Dans une stratégie de méta-éditorialisation, la plateforme et ses algorithmes réagrègent les contenus et fournissent un nouveau

1 Le suffixe -naute désigne celui qui voyage, qui navigue.

2 En économie, l'oligopsone désigne un marché dissymétrique où les vendeurs sont nombreux et les acheteurs en petit nombre.

service éditorial original et clos (assistant vocal, widget d'Apple et de Google News, *Time Line* des RSN...) (Sonet, 2016, 2021). Ainsi s'accentue le syndrome du « *I saw it on Facebook* » ou « Je l'ai lu sur mon smartphone ».

Smart !
Image mixte (peinture + IA)
(Collection particulière).

Les plateformes s'approprient ainsi la valeur des contenus produits, de la relation avec l'utilisateur et des données des usages mobiles – et donc des revenus publicitaires associés. Ces géants numériques figurant parmi les principales régies publicitaires mobiles, les éditeurs sont de surcroît incités à leur confier la commercialisation de leurs propres espaces publicitaires et donc à leur céder une part de leurs revenus. Engagés dans des partenariats pour fournir des contenus en échange de promesses de trafic, les médias se retrouvent pris dans un étau que les usages mobiles contribuent à resserrer.

Mesures du public

Cécile Méadel

Pour les professionnels des médias, le public est un mystère : ténèbres sur sa composition, énigmes de ses réactions, opacité de sa taille, incertitude liée à son instabilité… Comment s'adresser à des inconnus, comment maintenir leur intérêt, voire l'anticiper? Deux voies d'accès : directe ou par des médiations. La seconde a pris une place prépondérante avec le développement des outils quantitatifs.

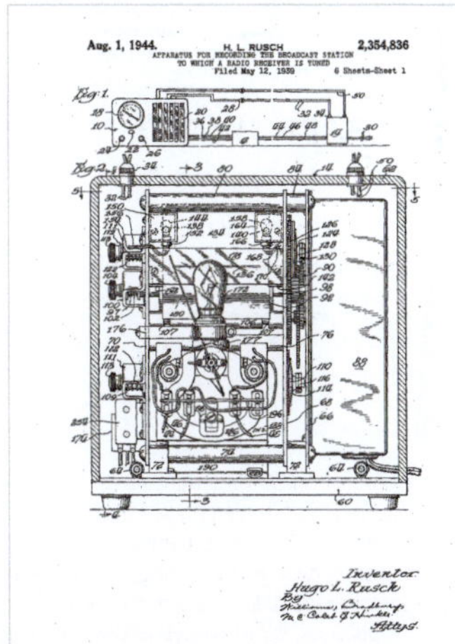

Dès 1944, un inventeur américain, par le schéma de ce brevet déposé, propose un dispositif permettant d'enregistrer automatiquement si le récepteur est allumé et sur quelle station. C'est l'ancêtre de l'audimètre, qui ne se diffusera réellement que 40 ans plus tard. (Collection particulière)

De la connaissance du public…

La connaissance par interaction directe avec le public est une première voie d'accès. Dès la naissance des journaux, les lectures dans des lieux publics fournissent des informations sur les choix et opinions de certains lecteurs. Un autre exemple est fourni par les courriers des lecteurs, couramment consultés dans les rédactions, ou encore par les associations des radios de l'entre-deux-guerres, qui se réunissent par milliers dans des associations en étroite interaction avec ceux qui font les émissions. Cette connaissance directe se nourrit aussi de contacts directs avec la population comme l'expliquait Pierre Desgraupes lorsqu'il faisait de la « mercière de Saint-Léon » le *parangon* des téléspectateurs (Tsikounas, 2020). L'acte d'achat peut aussi être considéré comme un contact direct en ce que ses variations fournissent des indications quantifiées sur l'évolution au moins globale de l'intérêt des consommateurs.

Affiche de la RTF pour la modulation de fréquence, vers 1963. Illustration : RTF/ Francis Bernard. Collection Archives écrites de Radio France

En second, une série de dispositifs de médiation ont pour objectif d'en savoir plus sur le public. Les enquêtes de terrain et, à partir du début du XXe siècle, les votes de paille (Kotras, 2016) donnent des indications sur des membres du public. Pour la radio, et plus tard la télévision, la participation du public sous la forme de votes, d'appels téléphoniques, de participations à des émissions vient nourrir la connaissance.

Mais parmi tous les représentants qui parlent du public et le font parler, c'est le sondage d'audience qui s'impose progressivement, à partir des années 1950, comme l'outil privilégié de connaissance des audiences, jusqu'à devenir le mètre étalon du public des médias.

…à ses mesures

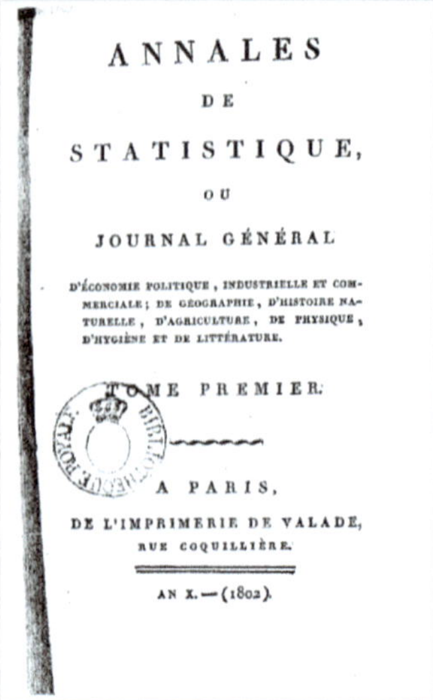
ANNALES

DE

STATISTIQUE,

OU

JOURNAL GÉNÉRAL

D'ÉCONOMIE POLITIQUE, INDUSTRIELLE ET COMMERCIALE; DE GÉOGRAPHIE, D'HISTOIRE NATURELLE, D'AGRICULTURE, DE PHYSIQUE, D'HYGIÈNE ET DE LITTÉRATURE.

TOME PREMIER.

A PARIS,

DE L'IMPRIMERIE DE VALADE,

RUE COQUILLIÈRE.

AN X. — (1802).

La production de statistiques à des fins de gouvernement date de l'An IX (1801) avec la création du Bureau de la statistique et, l'année suivante, de la revue savante des *Annales de statistique ou Journal général d'économie politique, industrielle et commerciale; de géographie, d'histoire naturelle, d'agriculture, de physique, d'hygiène et de littérature.*
Gallica.bnf.fr / BnF

Les mesures quantitatives s'inscrivent dans le mouvement plus général de montée en importance des données chiffrées, dans tous les aspects de la vie économique, sociale, politique (Desrosieres, 1993; Didier, 2009). Cette culture du chiffre trouve son origine dans l'émergence de la statistique publique d'abord, puis dans les transformations des approches économiques : le développement du marketing tout au long du XXe siècle vise à rationaliser l'organisation des entreprises et à établir des processus de planification, de contrôle, d'évaluation, qui, progressivement, s'incarnent dans des données chiffrées (Cochoy, 1999). Dès lors, celles-ci deviennent de plus en plus centrales dans une société de consommation de masse : pour gouverner ou diriger, il faut compter.

Si des enquêtes quantitatives sur le public des médias sont épisodiquement conduites avant la Deuxième Guerre mondiale, c'est vraiment à partir des années 1950 que sont mis en place des outils statistiques de mesure des audiences. La méthode s'appuie d'abord exclusivement sur un nouveau dispositif en fort développement : le sondage d'opinion. En interviewant un échantillon considéré comme représentatif de la population concernée, il permet par extrapolation d'en déduire les goûts, comportements, opinions de l'ensemble.

Ainsi, se mettent progressivement en place des enquêtes sur la presse et les médias audiovisuels. Pour chaque média, une mesure étalon, dite aussi mesure de référence, est reconnue comme outil majeur : elle permet aux différents acteurs de se mettre d'accord sur les chiffres d'audience (Méadel, 2010). Ainsi le lectorat de la presse est mesuré actuellement par les sondages OneNext de l'ACPM. La radio, la télévision et internet sont mesurés par Médiamétrie, avec l'enquête « 126 000 » pour la première, le Médiamat pour la deuxième et un panel Médiamétrie/Netratings pour la troisième.

Ces enquêtes évoluent au fil du temps, mais, sauf dans les rares moments de conflits, les mesures étalons sont en situation de monopole. Il existe bien sûr une très large gamme d'enquêtes sur les publics des médias, mais c'est la mesure étalon qui sert de base pour les échanges et les négociations.

Une quantification conventionnelle

Mesurer le public des médias est une opération complexe dans la mesure où il n'existe pas de référent unique. Il faut d'abord définir l'objet à mesurer. Comme l'a expliqué Alain Desrosières (1993), dans ces opérations de quantification, pour faire exister sous forme numérique un phénomène qui était jusque-là exprimé par des mots, il faut d'abord établir les conventions qui vont permettre de le mesurer.

De multiples questions doivent en effet être tranchées. Par exemple à partir de quel âge prend-on en compte le public ? Pour la presse, il a fallu par exemple décider si l'on mesure le lecteur de tout le journal, celui qui l'avait ouvert, celui qui avait vu la couverture... Pour la télévision, s'est posée la question de savoir à partir de quel moment le membre du panel était considéré comment téléspectateur : faut-il qu'il soit attentif, qu'il ait choisi ou accepté le programme, qu'il regarde l'intégralité ou une partie significative du programme... Se pose aussi la question de la méthode à prendre en compte pour mesurer l'audience : avec l'essor du Web, se pose par exemple la question des outils permettant d'assurer le suivi d'une population distribuée sur une multitude de supports.

Les réponses apportées à ces questions sont cruciales pour les différents acteurs de médias et leurs intérêts peuvent être contradictoires. Aussi, dans la plupart des pays (Bourdon & Méadel, 2014), les mesures d'audience sont-elles sous la responsabilité d'un organisme interprofessionnel qui réunit les principaux acteurs des médias : les médias eux-mêmes, les publicitaires et les annonceurs. Ces acteurs se mettent d'accord sur les définitions des audiences et sur les méthodes à déployer ; ils aboutissent à des compromis qui leur permettent de s'assurer que les choix opérés ne favoriseront pas tout particulièrement un des acteurs impliqués.

Le fait que ces mesures soient le résultat d'un ensemble de conventions débattues par les acteurs impliqués ne vaut pas dire pour autant que ces mesures sont fausses ; elles sont simplement un moyen puissant et collectif de représenter le public pour les professionnels concernés. Et cela d'une manière durable permettant des comparaisons dans le temps et entre les acteurs.

Usages des mesures

Les résultats d'audience des médias font l'objet de multiples utilisations, à la fois chez les professionnels des médias, mais aussi dans la sphère publique. Côté médias, les chiffres d'audience sont utilisés 1) pour construire le contenu et 2) pour monétiser les espaces publicitaires des médias.

1) Ces données permettent aux producteurs de connaître les réactions des publics, de les suivre dans le temps et de les comparer avec celles des programmes concurrents. Elles sont ainsi utiles pour interpréter les goûts du public et pour aider à faire évoluer la programmation, pour donner aux professionnels des médias une certaine représentation du public auquel il s'adresse. Cela nourrit d'ailleurs les critiques, par exemple des programmes de télévision, accusés de se soumettre à la « dictature de l'audimat ». La grande autorité consentie à ces mesures permet aussi de les utiliser comme outil de gestion du personnel : une mauvaise audience pourra, à l'appréciation des responsables, permettre de déplacer un programme ou d'y mettre fin. Mais l'évaluation par les sondages est toujours une interprétation et n'a jamais un sens univoque.

L'audimat fait l'objet de très nombreuses critiques qui considèrent que l'outil porterait la responsabilité d'une baisse de qualité des programmes de télévision. Pour exemple, les ouvrages des journalistes Noël Mamère (1988) et Hélène Risser (2004) : « Cette sanction par l'audience, écrit Hélène Risser, (...) est devenue un enfer pour tous les journaliste, animateurs et producteurs des grandes chaînes ».

2) Ces chiffres sont aussi utilisés, mais non exclusivement comme on vient de le voir, pour calculer le coût affiché des espaces à vendre, appuyés sur le nombre de contacts que les mesures d'audience indiquent pour chaque créneau ou emplacement. Cependant le coût du contact n'est pas strictement dépendant du nombre de personnes touchées; il dépend de l'ampleur de la demande des publicitaires, or celle-ci est aussi influencée par l'image d'un programme, la qualité d'un journal, la notoriété d'un animateur, la composition sociale de l'audience, le KPI[1] privilégié... Il n'y a donc pas de relation mécanique entre le prix d'un espace et le nombre de contacts touchés : les « temps de cerveau disponibles » n'ont pas tous le même prix.

Côté espace public, les mesures d'audience sont mobilisées à différents titres. D'abord pour la gouvernance des médias : ce sont les mesures d'audience qui fixent des seuils pour la régulation de la concurrence entre les chaînes (pour ne pas créer des monopoles de diffusion) et pour le respect de la justice sociale (obligation de doublage en langue des signes, sous-titrages... dépendent dans de nombreux pays de la part d'audience). Ensuite, les autorités publiques utilisent les résultats d'audience des médias audiovisuels dans leur gestion des chaînes, surtout publiques, mais aussi privées, pour évaluer par exemple le respect du cahier des charges. Enfin, il faut noter que l'intérêt pour les mesures de référence des médias dépasse largement la sphère professionnelle ou celle des autorités publiques. Ces chiffres, pourtant souvent stigmatisés, sont largement mobilisés dans les médias eux-mêmes, ils font l'objet d'articles de presse et d'émissions diverses et sont extensivement commentés.

Cet intérêt public pour les mesures d'audience montre que celles-ci nourrissent le sentiment d'une pratique commune; elles mettent en évidence le fait que même à distance, même à des moments différents, le public se constitue, fait cercle, nourrissant le lien social.

1 Indicateur de performance qui mesure l'efficacité pour aider à la prise de décision (de l'anglais *key performance indicator*)

Les métriques en temps réel, un journalisme augmenté ?

Alan Ouakrat

Le journalisme souhaite anticiper ce que veulent lire, voir et entendre les publics. Il est plus souvent du côté de l'offre que de la demande : aux lecteurs de choisir ce qui les intéressent parmi un vaste éventail de propositions. Cependant, l'internet a forgé des outils spécifiques permettant d'être attentifs à ce que consultent les publics, au temps qu'ils passent sur les sites et applications, au terminal utilisé et aux réactions exprimées.

La presse grand public des débuts de la Troisième République n'a qu'une connaissance limitée de son public, comme l'illustre *Le Charivari*, 30 mai 1873. Gallica.bnf.fr / BnF

Pour quantifier, enregistrer et visualiser ces données numériques, des plateformes de services ont vu le jour pour permettre le suivi et l'analyse de l'activité des publics. L'interface de ces services présente les données sous la forme de tableaux de bords, de chiffres et de graphes. Ces métriques de l'actualité apparaissent comme une nouvelle façon de connaître les publics, leurs goûts et leurs aspirations. Embarquées dans des solutions logicielles comme Chartbeat, ces informations aident au pilotage éditorial des rédactions. En observant le comportement des publics, la performance des contenus publiés est mesurée.

Les métriques donnent à l'éditeur l'impression d'une maîtrise de ce qui se déroule dans ses espaces éditoriaux. Elles proposent des vues d'ensemble et spécialisées selon les objectifs qu'ils soient éditoriaux, marketing ou à l'intersection des deux. L'appropriation de ces outils permet une grande souplesse, n'interférant pas directement avec la stratégie et la politique éditoriale du titre. Les données offrent de multiples prises pour l'action et la surveillance des indicateurs jugés pertinents. Au sein de certains groupes ou entreprises médias, des spécialistes travaillent les résultats obtenus et les transforment en prescription éditoriale pour l'équipe des journalistes-rédacteurs. Ainsi, des chefs de rubriques ou des rédacteurs en chef, des managers ou des professionnels de la publicité peuvent se servir de ces chiffres pour aligner des conceptions hétérogènes des publics, également informées par la pratique et d'autres outils-tiers. La mise en nombre du public n'est pas nouvelle et existe à travers la mesure d'audience publicitaire ou plus tôt encore les chiffres de vente des journaux. Toutefois, la quantification en temps réel est une forme de rapprochement spécifique des deux pôles de l'entreprise de presse, l'éditorial et le marketing. Dispositif moins coûteux que les panels de publics, ces équipements ont facilité l'expérimentation de stratégies éditoriales innovantes, de tests et d'échecs (*test & learn*), concernant par exemple la longueur des articles ou des vidéos, afin d'en dégager des enseignements pour l'écriture et la diffusion numériques.

Ce type d'outils se matérialise dans les rédactions sous la forme d'écran placé au centre des *open space* dans les rédactions, consulté sur les postes de travail individuels des rédacteurs en chef et des manageurs, et dont les données sont envoyées sous la forme de rapports récapitulatifs par e-mail ou communiqués comme les indicateurs de performance de la semaine ou du jour précédent aux journalistes. Les données peuvent servir à justifier la réorganisation du travail ou participer à des formes de mise en concurrence des journalistes au sein des rédactions. Elles aiguillent parfois la production, servant à diagnostiquer des manques ou des absences ou même à expérimenter des titres différents d'articles ou de vidéos (*A/B testing*). Contribuant parfois à l'élaboration d'une stratégie de planification éditoriale, elles aident à connaître l'heure et le jour le plus propice pour publier ou republier une information, s'il est pertinent de l'étendre et de la développer ou de passer à un autre sujet.

Destinées à favoriser une meilleure adéquation de l'offre et de la demande, les métriques de l'actualité connaissent des perceptions et des acceptations variées selon le profil des journalistes et leur appétence pour ces chiffres (Koch, 2023). Moyen d'objectivation de l'intérêt des publics pour l'information, elles peuvent contribuer à l'édition des articles ou à leur mise en avant sur la page d'accueil.

Aux côtés des métriques de l'actualité, d'autres outils technologiques et spécifiques au numérique sont mobilisés par les rédactions. Ils servent principalement deux finalités : la production et la diffusion éditoriale d'une part (*CMS*, planification éditoriale, *analytics, A/B testing, Text to Speech* ou *Speech To Text*) et la valorisation commerciale de l'offre d'autre part (*e-mailing, CRM*, publicité, *consent management platforms*). Ces finalités ne s'excluent pas l'une l'autre, bien au contraire : les solutions logicielles mobilisées tendent à les rapprocher (Ouakrat, 2016). Pour autant, connaît-on mieux les lecteurs aujourd'hui qu'hier ? Sait-on mieux répondre à leurs attentes et s'adapter à leur désir ? Il semble que les stratégies déployées, même outillées d'un puissant marketing de la performance propre à l'internet, n'aient jusqu'ici pas totalement suffi à « sauver le journalisme » et à faire des médias des entreprises économiquement prospères.

Data et médias

Jaércio da Silva

Dans une société où le numérique est omniprésent, la transformation en données de nos activités, déplacements, goûts et même sentiments ouvre de nouvelles possibilités pour comprendre, surveiller et représenter les phénomènes collectifs, parfois en temps réel. Les médias évoluent sur un terrain fertile où une masse d'informations est facilement repérable et mise à disposition pour une large pluralité d'acteurs. Les acteurs du secteur privé, comme les plateformes de réseaux sociaux et les applications, mais aussi les gouvernements et organisations de la société civile transforment et rendent disponibles des informations à grande échelle. Pour les professionnels des médias, ces bases de données sont devenues monnaie courante dans la recherche de nouvelles informations et dans l'utilisation de traitements computationnels pour extraire du contenu pertinent. Elles sont également un moyen de quantifier et de comprendre le comportement du public lors de la réception de contenu. Incorporer la fonction de *data analysis* requiert cependant de nouvelles compétences, et il nous reste à savoir comment les professionnels des médias s'en servent, quels résultats ils obtiennent et quels modes de restitution ils adoptent.

Bases de données fabriquées et fragiles

L'analyse des données fait revivre le fantasme de l'objectivité par le chiffre, tant prisée par les professionnels de l'information dans leur déontologie. Le nombre et le pourcentage confèrent un argument qui fait souvent autorité dans les médias. Le *big data* devient un argument pour plaider la qualité des contenus par le biais quantitatif : plus le nombre de documents analysés est grand, plus les résultats seraient représentatifs et pertinents. Cependant, il n'est pas nécessaire d'être statisticien ou statisticienne pour comprendre que cela n'est pas si simple. Toute base de données est le résultat d'une série de décisions sur ce qu'on décide de compter, de sauvegarder et de rendre disponible, ainsi que sur ce qui est laissé de côté. Dans leur architecture, les données comportent des biais et des erreurs dès leur conception, ce qui oriente déjà les sujets qui peuvent émerger. Ainsi, avant même de se lancer dans le traitement des données disponibles, les professionnels des médias doivent s'interroger sur la qualité du jeu de données (*dataset*) auquel ils ont accès, ou construisent, avant même de procéder à un nettoyage pour identifier les manques d'uniformité, voire enrichir le contenu avec des sources extérieures. Ce travail consiste à nettoyer les données en ajoutant les informations manquantes, en supprimant les doublons et en éliminant les éléments non pertinents. L'objectif est de rendre la base de données cohérente et robuste avant l'étape d'analyse. Cette nécessité d'explorer et de préparer les bases de données révèle deux fragilités de tout traitement automatique. La première tient au fait que les données enregistrées ne sont pas « données », mais produites[1] : ces données ne sont pas nativement présentes dans la nature, elles ne sont pas fournies par quelqu'un, mais fabriquées par la machine sous le commandement de l'homme. Nick Seaver (2022) a étudié le travail de ceux et celles qui créent les systèmes de recommandation musicale. Son ouvrage *Computing Taste. Algorithms and the Makers of Music Recommendation* restitue sa longue enquête de terrain au cœur d'une plateforme de *streaming*. Il conclut que la manière dont l'exploration des catalogues de données musicales prend forme est en corrélation directe avec la façon dont ces professionnels conçoivent leurs publics. La seconde fragilité réside dans la partialité des bases de données, car nous ne disposons pas d'informations de manière égale sur tout : le partage entre le Nord et le Sud global est clivant, tout comme la répartition entre les langues (l'anglais reste prédominant). En outre, il existe un manque de connaissance tout court. Le duo d'artistes Sofia Crespo et Feileacan McCormick illustre ce désir (utopiste) d'explorer la totalité des données existantes. Avec leurs visuels générés par une intelligence artificielle à partir de millions de données issues de collections sur des animaux et des plantes, ils essaient de créer des espèces réelles. L'image générée par l'IA dépend ainsi directement des bases de données. Crespo et McCormick démontrent que toutes les espèces ne sont pas représentées de la même manière : si une créature n'est pas considérée comme aussi mignonne qu'un panda, une tortue ou un chat, il y aura moins de données disponibles sur elle.

Des données traduites en récits à partager

Une fois la base de données stabilisée et de qualité, l'étape d'analyse commence formellement avec l'objectif de raconter une histoire à partir des données. Sylvain Parasie (2022), dans son livre *Computing the News. Data Journalism and the Search for Objectivity*, montre comment le *data journalism* peut accroître la contribution des journalistes à la démocratie, en utilisant l'analyse de données pour obtenir plus de transparence et d'ouverture sur les informations communiquées. Ainsi, le *data journalism* permet-il de trouver des informations sans passer par les filtres des communiqués de presse et des campagnes de communication des institutions publiques et gouvernementales. Le professionnel des médias a le sentiment de mener une investigation et d'être sur le terrain, alors même qu'il est souvent seul devant son ordinateur. À l'image d'un *data analyst*, il fait ressortir des corrélations (l'intensité de la liaison entre des variables), des régressions (la relation entre deux variables), des idéaux types (*patterns*) et des probabilités, en examinant les régularités, les points communs et sans doute les anomalies de la base analysée, mais aussi en rapprochant des sources distinctes, jamais confrontées. Sans oublier que la position de celui qui analyse n'est pas neutre : le professionnel tranche sur ce qu'il estime pertinent, ce qu'il décide d'extraire pour illustrer son article, son reportage, sa publication sur les réseaux sociaux.

La crise sanitaire du Covid-19 est un exemple récent de l'usage par les médias de bases de données pour restituer des informations. D'abord, les journalistes sont amenés à interpréter les informations entre nombre de cas, nombre d'hospitalisations et nombre de morts, par région, par pays, et en suivant leur évolution dans le temps. Ensuite, la création d'une base de données par les médias peut devenir une forme de contrôle des sources officielles. Au Brésil, où le gouvernement de Bolsonaro a limité les informations sur les malades, les professionnels de plusieurs journaux (G1, O Globo, Extra, Estadão, Folha et UOL) ont décidé de créer une base de données commune avec les informations des 26 états et du district fédéral qui composent le

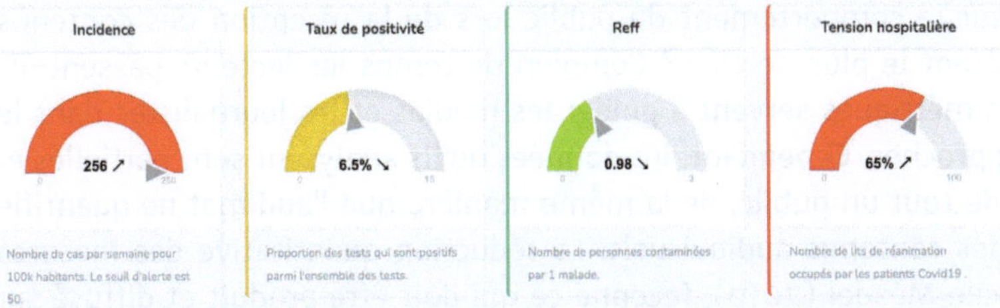

En mars 2020, au début de la pandémie, un ingénieur lance l'application Covid Tracker qui permet de suivre la progression de la maladie en s'appuyant sur les données de Santé publique France. L'application est gratuite et open source. Il faut attendre juin 2020 pour que l'État lance sa propre application Stop Covid.

pays. Ces informations sont devenues une source pour plusieurs autres médias (et organismes de la société civile) qui avaient un point de comparaison pour remettre en question les chiffres du ministère de la Santé et informer la population de la situation sur le terrain.

Visualisation des données massives

Après avoir traité la base de données et identifié une manière de raconter une histoire, l'étape suivante consiste à restituer ces données de façon accessible au public, à transposer les pelotes de liens enchevêtrés en éléments visuels qui organisent et illustrent l'information. L'une des solutions actuellement explorées est celle de la géo-visualisation, qui mobilise une série d'outils géographiques de représentations pour faciliter la compréhension de sujets politiques, sociétaux et culturels. Pour poursuivre sur le confinement sanitaire, l'association Garage Moderne a utilisé des informations fournies par les pouvoirs publics pour identifier les régions en difficulté à Bordeaux et ses alentours et y distribuer des denrées alimentaires aux personnes en détresse. Au lieu de se concentrer uniquement sur les quartiers déjà considérés comme précaires, l'association a utilisé les outils de géolocalisation pour spatialiser des données sur le territoire et identifier les endroits où il était important d'être présent durant la crise sanitaire. La restitution peut parfois prendre des formes plus créatives : des interfaces sont mises en ligne au croisement entre journalisme et jeux vidéo[2].

Usages réflexifs du *Data Journalism*

Les professionnels de l'information ne se contentent pas d'analyser des bases de données externes pour trouver des histoires à raconter. Ils s'intéressent également aux bases de données internes à

1 Voir à ce sujet la notice de Thomas Jaffeux « Plateformes, données et recommandations culturelles » dans ce même ouvrage.

2 Voir à ce sujet la notice « News Game » dans ce même ouvrage.

leurs propres médias portant sur le comportement du public lors de la réception des contenus. Quels sont les articles qui génèrent le plus de clics ? Combien de temps les lecteurs passent-ils en moyenne sur un article ? Ces métriques servent à guider les médias et les journalistes dans le choix des thématiques et des approches. Cependant, les données qu'ils analysent sont partielles et ne peuvent pas parler au nom de tout un public, de la même manière que l'audimat ne quantifie qu'une partie de la réception des contenus audiovisuels. La réduction quantitative des mesures d'audience, dont nous parle Cécile Méadel (2010), façonne ce qui doit être produit et diffusé sur la base des chiffres, et cette logique s'étend désormais aux mentions de « j'aime », indiquant ce qui est rentable pour les médias. Peut-on encore produire des contenus qui n'auront pas de retour chiffrable ?

Les chercheurs et chercheuses en sciences humaines et sociales partagent également des questionnements sur leurs pratiques professionnelles en régime numérique, mélangeant anciennes et nouvelles techniques d'enquête. Ce que Noortje Marres (2017) appelle la *Digital Sociology* signifie, pour les professionnels de l'information comme pour les chercheurs, l'émergence de nouvelles thématiques, de nouvelles techniques, de nouvelles méthodes de travail et de nouvelles façons de s'engager avec le public. Ces deux groupes professionnels mutualisent déjà l'entretien comme technique d'enquête, même si leurs manières de le conduire et de le restituer restent souvent distinctes (Bastin, 2012). Ils peuvent maintenant nourrir leurs approches respectives de l'analyse de données. Le sociologue pourrait apprendre des manières plus créatives et interactives de restituer son enquête. Les professionnels de l'information, quant à eux, peuvent développer une plus grande réflexivité sur la manière dont les données sont traitées avant de devenir des histoires à raconter.

Plateformes, données et recommandations culturelles

Thomas Jaffeux

Les plateformes de *streaming*, Disney+, Deezer, Netflix ou encore YouTube, sont devenues le principal mode d'accès aux œuvres musicales et cinématographiques en ligne (Beuscart *et al.*, 2019; Thuillas & Wiart, 2019). Agrégeant un nombre très élevé de contenus dans leurs catalogues, elles ont su attirer de larges publics aux goûts hétéroclites. À titre d'exemple, au premier trimestre de 2024, Spotify comptait environ 615 millions d'utilisateurs actifs mensuels[1] et son catalogue dépassait les 100 millions de titres[2].

En se plaçant comme intermédiaires entre les contenus et les utilisateurs, les plateformes fondent leur modèle économique sur leur capacité à orchestrer leur rencontre. Cette fonction est déléguée à des algorithmes qui, alimentés par des volumes massifs de données, génèrent des recommandations dites affinitaires. En se basant sur les préférences déclarées par les individus, celles inférées à partir de leurs comportements, et sur les caractéristiques des contenus, ces dispositifs déterminent ce qui doit être affiché sur les interfaces des plateformes. Ils influencent alors les pratiques de consommation, et plus largement, les préférences culturelles.

Comment les données qui sous-tendent le fonctionnement des dispositifs algorithmiques sont fabriquées et exploitées? On livre ici les mécanismes qui régissent la production de recommandations sur les plateformes numériques.

Des données en « obtenues »

Généralement présentées comme désincarnées et inhérentes à l'activité des individus en contexte numérique, les données constituent des artefacts informationnels qui « ne sont guère "données" »

1 Spotify, Q1 2024 Update, 23 avril 2024.

2 Spotify for Artists, « Modernizing Our Royalty System to Drive an Additional $1 Billion toward Emerging and Professional Artists », 21 november 2023.

(Desrosières, 2008 : 98). Elles résultent du travail d'une pluralité d'acteurs humains et non humains, logiciels, ingénieurs, *data analysts*, serveurs…, assemblés au sein d'infrastructures sociotechniques invisibles (Denis, 2018; Bowker *et al.*, 2010). D'étape en étape, ces acteurs visent à faire passer les contenus et les utilisateurs de l'état d'entités complexes, débordant d'informations, à celui de données, c'est-à-dire de textes inscrits au sein d'un fichier.

Prenons l'exemple de la plateforme d'agrégation vidéo Dailymotion. Plusieurs acteurs sont mobilisés pour définir les sujets des contenus mis en ligne à partir de leurs titres, descriptions et *tags*. Tout d'abord, un algorithme d'indexation textuelle libre et *open source*[3], nommé TagMe, est chargé d'identifier les termes clés. Dans le titre de la vidéo du Mouv', « La F1 bientôt en direct sur Netflix ? », il s'agirait de « F1 » et « Netflix ». Ensuite, les différents sens de ces mots sont analysés et comparés grâce au réseau hypertextuel de Wikipédia. Un score de relation est calculé, déterminant que le mot « F1 » désigne plus probablement « Formule un » que « Hôtels F1 ». Ces résultats sont ensuite inscrits dans la base de données video.catalog et utilisés par les ingénieurs de la plateforme (Jaffeux, 2024) :

username	channel_name	City	created_time	duration	title	default_label	available_formats
Mouv'	News	Paris	2022-11-25 16:49:44 UTC	483	La F1 bientôt en direct sur Netflix ?	Netflix Formula One	sd, hq, hd720, hd1080

Figure 1 : Base de données BigQuery, Dailymotion, 19.07.24

Ainsi, il n'existe pas un seul type d'algorithme, mais plusieurs, chacun dédié à des tâches spécifiques et pouvant dépendre d'acteurs extérieurs aux organisations, comme c'est le cas avec Wikipédia. Cet exemple souligne également l'importance des informations liées aux contenus et aux utilisateurs dans leur future qualification. La thématique de la vidéo du Mouv' aurait été différente si son titre avait été rédigé autrement.

En ce sens, trois catégories d'informations peuvent être distinguées. Premièrement, celles fournies par les individus lors de la création d'un compte ou de la mise en ligne d'un contenu. Pour une musique, par exemple, les ayants droit renseignent sur Spotify le titre, le nom de l'artiste, du compositeur, le genre, la durée, etc. Quant aux utilisateurs, ils doivent indiquer leur nom, prénom, âge, etc. Ces informations sont *descriptives*.

La deuxième catégorie porte sur les informations inhérentes à la numérisation des contenus et aux modalités de connexion des utilisateurs. Bien que les supports physiques aient disparu, les fichiers vidéo, audio ou textuel, conservent des caractéristiques distinctes. Un fichier musical indique systématiquement un format (MP3, WAV) et un taux de compression par exemple. Il en va de même pour un internaute qui n'est jamais anonyme en ligne. Sa localisation géographique, le type d'appareil utilisé pour se connecter, ou encore son navigateur internet sont connus par les plateformes. Ces informations techniques sont inscrites dans les fichiers et les appareils. Il est essentiel de distinguer les différents niveaux (ou couches) de l'environnement numérique. Lev Manovich (2001) en identifie trois : le code binaire, le niveau logiciel et la couche de l'interface.

La dernière catégorie porte sur les informations produites par les métriques des plateformes lorsqu'un utilisateur interagit avec des contenus. Il s'agit d'indicateurs, de scores affectifs ou répu-

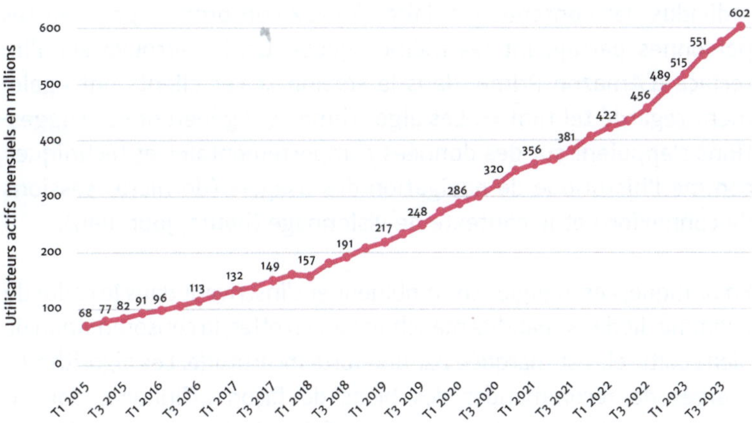

Nombre d'abonnés (actifs au moins chaque trimestre) du service Spotify dans le monde de 2015 à 2023. Données Statista 2025

tationnels, qui témoignent de l'intérêt pour un bien. Dans le cas de Spotify, l'entreprise mesure les actions délibérées, comme le fait de réécouter un titre ou de l'ajouter à une playlist; et celles passives, telles que le moment où un morceau est lancé dans une journée, ou bien la durée d'écoute totale d'une session. Ces informations comportementales sont considérées comme particulièrement fiables par les plateformes (Boullier, 2015).

Ces informations constituent la base matérielle dont dépendent les infrastructures sociotechniques pour qualifier les utilisateurs et les contenus. Elles conditionnent la fabrication des données, mais ne déterminent pas entièrement leur forme finale. Celle-ci dépend des choix, priorités et biais des plateformes qui les transforment et les organisent. C'est pour cette raison qu'on « ne devrait jamais parler de "données", mais d'"obtenues" » (Latour, 1993 : 188).

Algorithmes et logiques de recommandations

Une fois inscrites dans un fichier, les données sont intégrées « à d'autres assemblages et circulent telles quelles, coupées de leur genèse » (Desrosières, 1993 : 9). Elles deviennent ainsi manipulables par des algorithmes. Deux logiques principales régissent la recommandation sur les plateformes de *streaming* (Beuscart *et al.*, 2019).

La première, basée sur les contenus, suggère des biens aux utilisateurs en fonction de ceux qu'ils ont déjà consommés. Par exemple, sur Netflix, cela se manifeste dans la section « Parce que vous avez regardé telle série ». Elle se base sur les données descriptives des vidéos : leur genre, durée, acteurs principaux ou encore réalisateurs. La seconde logique, celle du filtrage collaboratif, recommande aux

3 Approuvé par l'Open Source Initiative et la Free Software Foundation.

individus des contenus similaires à ceux consommés par d'autres personnes partageant les mêmes goûts. On la retrouve sur l'interface d'Amazon Prime, dans la section « Les clients ont également regardé tel film ». Les algorithmes qui génèrent ces suggestions s'appuient sur des données comportementales et techniques, comme l'historique de navigation des usagers (dernières sessions de connexion) et le contexte de visionnage (heure, jour, lieu).

En pratique, ces logiques se combinent et s'inscrivent dans le cadre du dilemme dit des « bandits manchots[4] ». En effet, la consommation de biens culturels est marquée par une forte incertitude. Les algorithmes, chargés de recommander des biens de façon affinitaire, doivent jongler entre la nécessité, d'une part, d'obtenir de nouvelles informations sur les préférences des utilisateurs et, d'autre part, d'utiliser les connaissances qu'ils possèdent déjà à leur sujet. Par conséquent, leur fonctionnement est cyclique, rétroactif. Il oscille entre une approche d'exploration et une autre d'exploitation des goûts individuels.

4 Le « problème des bandits manchots » est un concept fondamental en théorie des probabilités. Il se réfère à une situation où un joueur fait face à plusieurs machines à sous dont les gains sont inconnus. Il doit choisir entre exploiter une machine qu'il sait rentable, ou en explorer d'autres, et potentiellement gagner plus.

Lors de la phase d'exploration, les algorithmes suggèrent délibérément une large variété de choix, parfois éloignés des intérêts identifiés, afin de mieux cerner les goûts individuels. Cela explique pourquoi nous sommes parfois surpris par les suggestions qui nous sont faites. Cette option peut être privilégiée lorsque de nouveaux contenus sont ajoutés au catalogue d'une plateforme de vidéo à la demande par exemple. Concernant la phase d'exploitation, elle consiste à utiliser les informations déjà collectées pour suggérer des contenus susceptibles de plaire immédiatement à un utilisateur. Dans la situation où une personne se connecterait rarement à une plateforme, les algorithmes pourraient choisir de capitaliser sur les connaissances acquises en suggérant des contenus répondant précisément aux attentes.

En définissant, parmi la quantité massive de contenus, ceux susceptibles de convenir aux utilisateurs, les algorithmes de recommandation sont indispensables au modèle économique des plateformes. Néanmoins, leur activité est contingente de celle d'une multitude d'autres acteurs, assemblés en réseau, et chargés de transformer des informations foisonnantes — descriptives, techniques ou comportementales — en données exploitables. Loin d'exister à l'état pur, ces données sont le fruit d'un long travail, défini selon les priorités stratégiques des plateformes. Les recommandations algorithmiques produites sur cette base ne sont donc jamais agnostiques. En augmentant le temps de présence des usagers sur les plateformes, leurs interactions, ou en promouvant principalement les biens qu'elles ont réalisés, les recommandations leur sont toujours « bénéfiques ». Dès lors, il est impératif de s'intéresser aux infrastructures sociotechniques qui les soutiennent, aux acteurs qui les composent, et de se demander comment leur fonctionnement est rendu possible.

Les nouveaux formats médiatiques : YouTube, Twitch, TikTok

Quentin Gilliotte

Avec le développement des plateformes de diffusion de contenus et des réseaux sociaux numériques, de nouveaux formats audiovisuels ont également fait leur apparition. Ils s'inscrivent notamment dans la continuité des productions amateurs en ligne depuis l'essor de l'internet grand public. Au cours de la fin des années 1990 et au début des années 2000 sont apparus blogs (Cardon & Delaunay-Téterel, 2006), pages personnelles (Allard & Vandenberghe, 2007), tchats et forums (Beaudouin, 2016), qui étaient porteurs d'une promesse de démocratisation de l'accès à la production de contenus. Dans le prolongement des idéaux d'une « démocratie internet » (Cardon, 2010), ces nouveaux espaces d'expression permettaient déjà de questionner la verticalité des modes traditionnels de production de contenu. À l'inverse de la télévision, de la radio ou de la presse – qui impliquent des équipes, des financements importants, des modes spécifiques d'organisation du travail – ces nouveaux espaces permettent à des amateurs d'exprimer leurs opinions, leurs analyses, leur quotidien (Flichy, 2010). Ces premiers formats du Web reposent alors fortement sur le texte et les images.

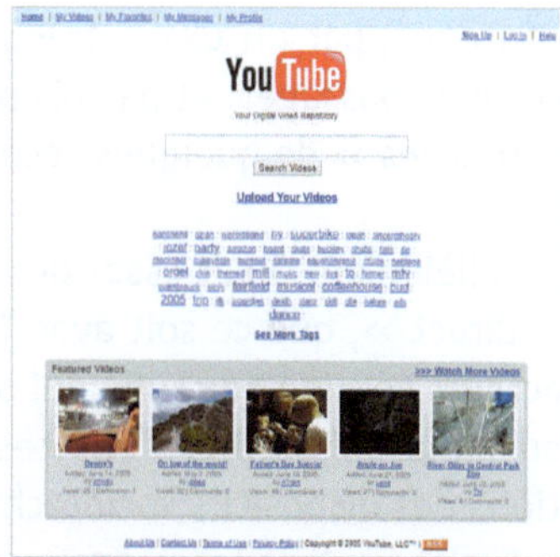

Page d'accueil de YouTube lors de sa création en 2005, avant son rachat par Google

L'accès au haut débit et le développement de nouvelles technologies a coïncidé par la suite avec l'essor de la vidéo en plus des autres supports sur des plateformes telles que YouTube (Douyère & Ricaud, 2019 ; Rieder, Coromina, & Matamoros-Fernández, 2020) ou Dailymotion, qui permettent notamment la mise en ligne de formats longs. Plus récemment encore, de nouveaux concurrents proposent et incitent à des formats beaucoup plus courts et rythmés. C'est notamment le cas d'Instagram (Duverné, Yondre & Héas, 2022 ; Godefroy, 2021), de Snapchat ou encore de TikTok (Vizcaíno-Verdú & Abidin, 2023). Cette succession de plateformes est notamment marquée par le raccourcissement progressif des vidéos (pensons aux « shorts » de YouTube) qui passe, selon les plateformes par une forte limitation de la durée maximale des

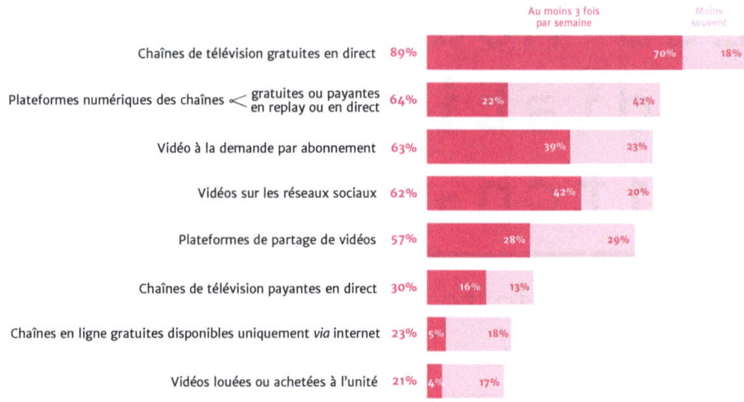

Les services vidéo les plus consommés en fréquence restent les chaînes de télévision. Tendances audio-vidéo 2025, CSA pour l'Arcom.

contenus, par un usage fréquent de *jump cut* pour enlever les « blancs », par l'accélération de certains passages, et parfois par un montage des vidéos permettant à ces dernières d'être lues en « boucles » de quelques secondes.

Parallèlement à cet essor des vidéos courtes, on constate également la progression très nette du « direct », que ce soit avec Twitch, une plateforme spécialisée autour du jeu vidéo, ou avec des acteurs comme YouTube qui ont rendu possible le *live* depuis longtemps, en plus des vidéos mises en ligne en différé. Tous ces nouveaux formats sont largement soutenus par les transformations des dispositifs sociotechniques, en particulier par l'extension des capacités des smartphones actuels, rendant les usagers capables de réaliser facilement des montages audio, photo et vidéos à partir notamment des « ressources, en matière d'outils de montage et [de] sonorisation, ainsi que [de] la médiathèque vernaculaire » (Allard, 2021) que les différentes plateformes rendent accessibles. Plusieurs transformations notables sont à souligner.

Algorithmisation

Tout d'abord, ces nouveaux acteurs se caractérisent par la forte algorithmisation de la mise en relation entre contenus et utilisateurs. Des plateformes comme YouTube reposaient déjà sur certains algorithmes pour permettre aux audiences de choisir leurs contenus plus facilement (Airoldi, Beraldo & Gandini, 2016 ; Bishop, 2019). L'enjeu, face à une abondance de contenus, étant de pouvoir réduire l'incertitude sur la qualité des contenus à l'aide de dispositifs de jugement (Karpik, 2007). Les algorithmes équipent alors les utilisateurs en leur fournissant des suggestions construites à partir des vidéos regardées, mais c'est toujours l'utilisateur qui, en grande partie, sélectionne les contenus un à un. Lorsque les formats sont très courts, il serait coûteux de demander à l'utilisateur d'opérer un choix à chaque vidéo. Ainsi, les plateformes plus récentes fonctionnant avec des formats courts vont plus loin en reposant principalement sur une logique de mise en flux (un « flot » ou un « *feed* » de contenus qui s'enchaînent) permise par les algorithmes sélectionnant les vidéos les plus susceptibles d'intéresser les utilisateurs, conduisant à une forte individualisation de la navigation. Certains auteurs parlent même d'un « soi algorithmisé » (Bhandari & Bimo, 2022). Cette place importante des algorithmes pose de nombreuses questions sur la délégation de ces arbitrages à ce qui est souvent appelé la « boîte noire » des algorithmes. Un certain nombre de travaux ont par exemple interrogé la façon dont les algorithmes en place

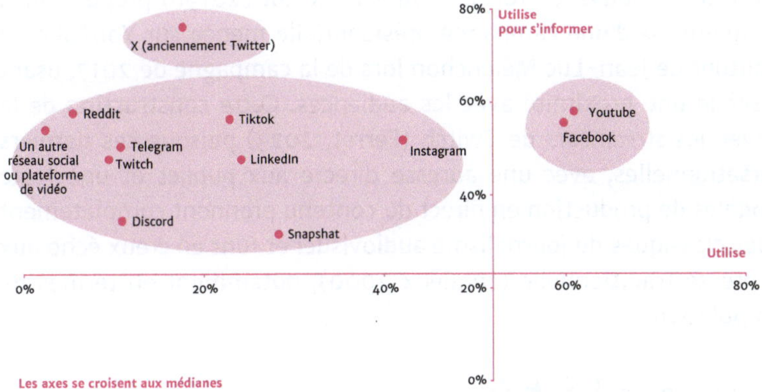

Les plateformes utilisées pour s'informer.
« Les Français et l'information »
(échantillon représentatif de 3 400 Français âgés de 15 ans et plus),
Étude Arcom, mars 2024.

tendent à favoriser (ou non) certains contenus plus que d'autres, y compris certains contenus jugés « problématiques » (Yesilada & Lewandowsky, 2022). De fait, les créateurs de contenus doivent adapter à la fois les formats et les discours pour répondre à ces contraintes de la plateforme (Mattelart, 2021), ce qui n'est pas sans effet sur les formats proposés. Les créateurs doivent alors être attentifs à un ensemble de mesures, de *metrics*, contribuant à la hiérarchisation de la visibilité de ces productions, ajustant les formats proposés en fonction.

Authenticité et proximité

Deuxième grande transformation : de nombreux travaux soulignent la place très forte laissée à la subjectivité et à l'incarnation personnelle sur ces plateformes (Gomez-Mejia, Nicey & Stalder, 2019) allant de pair avec la construction d'un régime de proximité avec les audiences (Coavoux & Roques, 2020 : 169). Cette subjectivité est notamment supportée par une performance de l'authenticité et/ou de l'amateurisme (Brasseur & Finez, 2019). Claire Balleys (2017) relate ainsi comment ces vidéastes « s'adressent à leur public à la deuxième personne et face caméra, cherchant à créer de la complicité, de la connivence ainsi qu'un sentiment de proximité ». En effet, une grande partie de ces nouveaux formats médiatiques sont produits en nom propre, reposant sur une mise en scène de soi-même et une auto-narration (Ferret, 2023). De nombreux travaux ont mis en avant comment cette authenticité prônée fait l'objet d'un apprentissage par les différents producteurs de contenus, même lorsque celle-ci entre en conflit avec les intérêts marchands des créateurs. À titre d'exemple, Marion Michel (2022) a montré comment les « créateurs écolos » doivent construire une « authenticité écoresponsable », qui passe notamment par la mise en avant d'une « imperfection écologique », afin de « se présenter à la communauté d'abonnés comme une personne honnête et tournée vers l'apprentissage ». Ce qui leur permet de faire la promotion de produits, de bénéficier d'opportunités commerciales avec des partenaires privés, tout en entretenant la proximité avec les publics.

Si cette place de la subjectivité est évidente pour les producteurs amateurs, elle l'est également pour des productions plus professionnelles. Aurélie Aubert (2023) a montré comment les contenus publiés par le média *Brut*, mettent en avant une forte prise en charge de la narration par des « acteurs sociaux » (des non-journalistes) où « la rédaction qui revendique une ligne éditoriale souple s'efface ainsi devant ceux qui prennent la parole à sa place. » Il en est de même pour les partis politiques qui s'essayent à ces nouveaux formats. Anaïs Theviot (2019b) propose ainsi de décrire les nouvelles « grammaires » d'une campagne présidentielle menée sur YouTube en étudiant les productions vidéo autour de Jean-Luc Mélenchon lors de la campagne de 2017, usant de vidéos courtes, mettant en scène une proximité avec les audiences. Cette construction de la proximité va encore plus loin avec les *streameurs* de Twitch (Ferret, 2023) puisque ces derniers développent des formes conversationnelles, avec une adresse directe aux publics et une forte présence du tutoiement. Ces modèles de production en direct du contenu prennent complètement à rebours les formats médiatiques classiques du journalisme audiovisuel et font en creux écho aux nombreux reproches faits à la presse traditionnelle (Lemieux 2000), notamment en termes de partialité, de tromperie, de manipulation.

Émotions et viralité

Dans l'ensemble, ces nouveaux formats médiatiques présents sur les plateformes mettent en avant les émotions. Celles-ci sont largement mises en scène, avec l'essor par exemple des vidéos de « réaction » (McDaniel, 2021) où les individus se filment en train de réagir à des contenus, qu'il s'agisse de clips musicaux, de films, de discours, etc. Les émotions exprimées par ces nouveaux formats médiatiques semblent être en partie l'objet de la transaction : c'est en tout cas la thèse avancée par Eva Illouz concernant les *emodities* (2019), ces « marchandises émotionnelles ». Fabien Granjon (2021) a montré par exemple comment les productions numériques autour du mouvement des Gilets jaunes cherchent à stimuler le sentiment d'indignation auprès de leurs audiences. De même qu'Édouard Bouté et Clément Mabi ont souligné le « glissement du logos (l'appel à la raison) vers le *pathos* (l'appel aux émotions) » dans la mobilisation autour de « l'affaire *Geneviève Legay* » (2020). Mais plus encore que la colère, cette centralité des émotions dans ces nouveaux formats s'articule principalement autour de l'humour et du divertissement. Pauline Adenot (2016) soulignait déjà l'influence du modèle du *stand-up* dans l'univers de la vulgarisation scientifique sur YouTube.

Un autre élément saillant de ces nouveaux formats médiatiques réside dans la forte viralité des contenus et les logiques mimétiques (Allard, 2021) à l'œuvre. C'est particulièrement net pour TikTok, plateforme sur laquelle les vidéos courtes et bouclées enchaînent sketches, chorégraphies, mèmes, tutoriels, dont les gestes, montages, séquences sont pris et repris en se déclinant de producteur en producteur. De nombreux contenus de ces plateformes sont en réalité des reprises, des citations, des remix, des emprunts à d'autres industries culturelles et créatives, à commencer par la télévision. Thibault Grison et Lisa Bolz (2023 : 91) ont par exemple souligné comment certains créateurs sur TikTok mobilisent des extraits d'émissions de téléréalité « destinés à la circulation et la mise en partage d'une culture de la téléréalité en ligne [qui] encourage les internautes à re-dire, re-faire et re-penser la téléréalité sur TikTok ».

Ces nouveaux formats viennent s'inscrire en complément ou en creux des formats antérieurs. Des journaux télévisés aux news d'*Hugo Décrypte*, des émissions culinaires aux « tutos » cuisine, des clips musicaux aux vidéos de chorégraphie, tous ces nouveaux formats se situent dans de multiples continuités qu'il faut pouvoir replacer au sein des modèles économiques en place, des dispositifs sociotechniques engagés, des trajectoires des vidéastes et des contextes sociohistoriques de production.

Newsgames : l'actualité comme jeu

Jaércio da Silva

Le secteur de la production de jeux vidéo connaît des mutations majeures depuis une décennie, avec une forte croissance, en partie stimulée par les investissements publics (Rueff, 2008). La production, la commercialisation et la distribution des jeux évoluent selon une logique de service et de plateforme (Kerr, 2017), tout en s'efforçant de diversifier leurs marchés et de conquérir de nouveaux domaines de création. Parmi ces innovations se trouvent les *serious games*, des jeux vidéo à vocation utilitaire (Alvarez & Djaouti, 2012). Ces jeux exploitent les mécanismes du jeu pour répondre à des objectifs éducatifs, professionnels ou sociaux. Ils trouvent des applications variées : apprentissage immersif par simulation de scénarios réels, rééducation ou formation dans le domaine de la santé, ou encore sensibilisation à des enjeux politiques, écologiques ou humanitaires.

Première console portable de jeux de la gamme des Game Boy de Nintendo. Mise en vente en 1989, elle connaît un grand succès mondial. Collection Charles Cros, Gallica.bnf.fr / BnF.

Ce phénomène s'inscrit dans une tendance plus large appelée « gamification », désignant l'intégration d'éléments issus des jeux vidéo (narration, univers visuel, personnages, système de récompenses et de navigation) dans d'autres contextes comme l'éducation, le commerce ou la médiation culturelle. Elle vise à utiliser ces mécaniques ludiques pour des finalités dépassant le simple divertissement. *September 12th* (2003) de Gonzalo Frasca (2004, 2007) est un exemple pionnier qui vise à développer la critique des politiques interventionnistes. Son auteur, à la fois chercheur et concepteur de jeux, est une figure clé des *serious games*, qui a popularisé l'idée selon laquelle les jeux vidéo peuvent servir d'outils de réflexion critique sur des sujets sociaux et politiques.

Capture d'écran d'une scène de *September 12th* (2003) de Gonzalo Frasca.

Cette gamification a également investi des secteurs tels que le journalisme et la communication, où le jeu devient un outil innovant pour élaborer des récits tout en impliquant activement le public dans la réception et l'interprétation des contenus. Les *newsgames* racontent des histoires en associant les mécanismes des jeux vidéo à des objectifs informatifs et éducatifs. Ils visent par une approche immersive à sensibiliser, informer ou impliquer les publics sur des problèmes sociaux, politiques et économiques complexes. Toutefois, leur adoption pose des défis éthiques, techniques et économiques.

Capture d'écran d'une scène de *Prison Valley* (2010).

Capture d'écran d'une scène de *Prison Valley* (2010).

La première étude substantielle sur la ludification du journalisme a été publiée dans *Newsgames: Journalism at Play* par Ian Bogost, Simon Ferrari et Bobby Schweizer en 2010. Ce travail a exploré les premières formes de jeux interactifs d'actualité et posé les bases des recherches ultérieures à l'intersection du journalisme numérique et des études sur le jeu vidéo. Dans *Persuasive Games* (2007), Bogost avait déjà mis en lumière des jeux interactifs utilisant la simulation pour aborder des questions politiques et sociales. Il utilise la notion de « rhétorique procédurale » selon laquelle les jeux vidéo peuvent argumenter et transmettre des messages. Contrairement aux médias traditionnels qui reposent sur des narrations linéaires, les jeux vidéo simulent des systèmes dynamiques, et ces systèmes peuvent être utilisés pour faire comprendre des idées complexes ou pour argumenter un point de vue.

Les *newsgames*, situés au croisement du journalisme et des jeux vidéo, offrent de nouvelles façons de présenter et de consommer l'information. Grâce à des formats narratifs et interactifs variés, ils informent, éduquent et font participer les utilisateurs. Bogost a plaidé pour leur intégration dans le journalisme numérique, suggérant que les rédactions pourraient les utiliser pour raconter des histoires de manière plus immersive et participative. En permettant aux joueurs d'interagir avec les systèmes sous-jacents aux évènements d'actualité, les *newsgames* incitent à une compréhension approfondie, dépassant la simple exposition factuelle, avec un potentiel éducatif et critique intéressant.

Les formats des *newsgames*

David O. Dowling (2021) propose quant à lui, une analyse critique du développement de la ludification en tant que forme culturelle, en explorant ses multiples produits dérivés, des jeux mobiles aux documentaires interactifs (*i-docs*). Il étudie les médias, les technologies et les publics associés à ces formats, et s'appuie sur divers exemples pour illustrer trois formats de *newsgames*.

Premièrement, les jeux d'actualité se distinguent par leur capacité à traiter d'évènements réels à travers des scénarios interactifs. Par exemple, *Uber Game* (2017), développé par le *Financial Times*, immerge les joueurs dans le quotidien d'un chauffeur Uber, offrant une perspective directe sur les réalités économiques des plateformes numériques. De son côté, *Bury Me, My Love* (2017) raconte l'expérience poignante d'une migrante syrienne *via* une interface simulant une conversation WhatsApp, renforçant ainsi l'empathie des utilisateurs pour ce type de récit.

Capture d'écran d'une scène de *Uber Game* (2017).

Deuxièmement, les jeux documentaires mêlent narration journalistique et environnements interactifs pour explorer des enjeux sociaux et historiques. *We Are Chicago* (2017) s'appuie par exemple sur des interviews pour représenter la vie dans un quartier marqué par la criminalité, tandis que *Revolution 1979: Black Friday* (2016) plonge les joueurs dans la révolution iranienne à travers les yeux d'un photojournaliste. *Never Alone* (2014), conçu en collaboration avec des communautés inuites, transmet des légendes culturelles pour sensibiliser à la préservation de leurs traditions.

Troisièmement, les technologies immersives, notamment la réalité étendue (XR), plongent les utilisateurs dans des expériences multisensorielles. Un exemple marquant est *A Day in the Life of a Refugee* (2018), qui simule les dilemmes quotidiens auxquels sont confrontés les réfugiés. En plaçant les utilisateurs dans des situations difficiles, ce jeu invite à une réflexion sur les responsabilités face aux crises humanitaires. Cette approche immersive s'articule autour de trois dimensions principales : *narrative*, en permettant aux utilisateurs de vivre un récit de manière interactive; *sociale*, en créant des interactions entre les joueurs ou avec des personnages virtuels pour une expérience partagée; et *sensorielle*, grâce à des dispositifs techniques qui intensifient l'immersion et la connexion émotionnelle avec le contenu.

La place du public dans la réception

Les *newsgames* veulent favoriser une interaction dynamique et transformer les spectateurs en acteurs pleinement impliqués par des systèmes de *feedback* immersifs. Par exemple, *Rebuilding Haiti* (2018) illustre les défis liés à la reconstruction économique après un tremblement de terre, tout en soulignant la complexité des crises humanitaires. Ce projet place le joueur dans le rôle d'un reporter chargé de hiérarchiser les efforts de reconstruction de l'île. En

Capture d'écran d'une scène de *Rebuilding Haiti* (2018).

Capture d'écran d'une scène de *Rebuilding Haiti* (2018).

prenant des décisions appuyées sur les données fournies, le joueur est supposé devenir un acteur engagé. En intégrant les mécaniques de jeu aux contenus journalistiques, les *newsgames* enrichissent la compréhension d'enjeux systémiques. Cette approche, bien que récente dans le domaine des jeux vidéo journalistiques, s'inscrit dans une tradition médiatique qui dépasse la simple réception passive de l'information. Elle introduit une dimension expérientielle, où le public ne se contente pas de consommer des contenus, mais participe à leur élaboration. Les joueurs discutent, interprètent et parfois même produisent des contenus à partir de leurs expériences de jeu, ce qui favorise le développement d'une empathie vis-à-vis des sujets traités.

La combinaison des mécanismes des jeux vidéo et des contenus journalistiques constitue ainsi une méthode pour sensibiliser les publics aux dimensions complexes de certains faits d'actualité. Florent Maurin, journaliste et fondateur de Pixel Hunt, illustre cette approche par le jeu *Primaires à Gauche : Jouez votre campagne* (2011), développé en collaboration avec Nabil Wakim (*Le Monde*), Renaud Boclet et Loïc Normand (KTM Advance). Ce jeu propose aux joueurs d'incarner un candidat à l'investiture, les invitant à élaborer une stratégie électorale tout en naviguant dans les eaux tumultueuses d'une campagne politique. Cette approche ludique permet aux utilisateurs d'explorer de manière immersive les rouages complexes du système électoral, tout en les engageant dans une réflexion critique sur les processus démocratiques.

Toutefois, le postulat selon lequel l'interactivité accorde une place centrale au public mérite d'être nuancé. Se déplacer, interagir ou être récompensé ne sont pas des activités qui séduisent tous les publics. Il est donc essentiel d'adopter une approche équilibrée dans la conception des contenus afin que des publics aux profils variés puissent s'y retrouver. Chaque projet doit être conçu en tenant compte des caractéristiques spécifiques de l'audience cible (spectateurs passifs, utilisateurs actifs, curieux explorateurs), du positionnement des éléments dans l'espace (hauteur, distance, formes) et du niveau de complexité des interactions proposées (actions comme lancer, tourner, modifier).

Critiques et défis

Le croisement entre le caractère ludique des jeux vidéo et le journalisme réveille la critique sur les objectifs informatifs au profit du divertissement (Ferrand, 2006). Lorsqu'un jeu intègre des éléments journalistiques ou qu'inversement une enquête journalistique prend une forme ludique, l'intention pédagogique ou informative peut se perdre dans la participation des joueurs. Cette difficulté de distinguer entre contenu journalistique rigoureux et contenu conçu principalement pour divertir fait souvent douter de la qualité de l'information. Cela pose des questions sur la responsabilité des médias, en particulier lorsque l'aspect ludique empiète sur l'objectivité ou sur la profondeur du traitement de sujets graves ou complexes.

Représenter des groupes marginalisés ou des crises mondiales dans un format ludique peut engendrer des simplifications excessives ou renforcer des stéréotypes existants. L'éthique de la représentation dans les *newsgames* implique une réflexion sur la manière dont ces récits sont conçus et présentés, mais aussi reçus. Certains jeux peuvent manquer de nuance et réduire la portée des évènements traités. Par exemple, un jeu abordant la guerre ou une crise migratoire pourrait se concentrer uniquement sur l'action ou l'émotion, sans fournir le contexte historique, politique ou économique nécessaire à une compréhension plus complète. Cela peut aboutir à une vision biaisée ou manichéenne des sujets.

Par ailleurs, l'économie des *newsgames* est dominée par des créateurs issus des pays du Nord (Mattelart, 2024), principalement des États-Unis. Ces entreprises influencent de manière disproportionnée le paysage médiatique mondial, reléguant souvent les perspectives des pays non occidentaux au second plan. Cette hégémonie soulève des problématiques liées à l'accès aux technologies et aux inégalités entre producteurs et consommateurs à l'échelle internationale. Les acteurs médiatiques traditionnels dépendent fortement de plateformes et entreprises américaines, telles qu'*Unity* et *Epic Games*, pour créer du contenu interactif. Cette dépendance mérite une réflexion sur les enjeux de souveraineté, notamment en ce qui concerne le contrôle et la distribution des données produites par ces technologies.

Enfin, dans un contexte où le travail journalistique est contraint par des impératifs temporels, économiques et éditoriaux (Lemieux, 2000), les projets de *newsgames* se heurtent à des obstacles au sein des rédactions. La pression du temps, omniprésente dans les médias quotidiens ou télévisés, privilégie la rapidité de l'information au détriment de l'investigation. De plus, les contraintes économiques poussent les rédactions à privilégier des sujets plus vendeurs, parfois au détriment de problématiques complexes. Dans ce contexte de pression économique engendrant une forte précarisation des métiers intellectuels et de création, les projets de *newsgames*, souvent coûteux à produire, semblent éloignés des priorités immédiates des groupes médiatiques.

Intelligence artificielle et médias

Jaércio da Silva et Cécile Méadel

Un ingénieur américain créé un automate Télévox qui obéit à des incitations vocales. *Vu : journal de la semaine*, 21 mars 1927. Gallica.bnf.fr / BnF

Les médias n'ont pas attendu la diffusion auprès du grand public des applications à la fin de l'année 2022 (d'abord avec Chat GPT) pour s'intéresser à l'intelligence artificielle générative (IAG) : plus de trente ans auparavant, ils la font connaître, ils nourrissent le débat public qui accompagne son développement et ils en sont des utilisateurs.

Dès la fin des années 1980, aux États-Unis en particulier, mais très vite dans tous les pays du Nord, des publications scientifiques sont consacrées à ses développements possibles (Brause *et al.*, 2023); la question est abordée essentiellement dans une perspective économique, avec des conjectures sur les innovations attendues, mais aussi les effets sur le marché de l'emploi. Est englobé derrière le terme IAG un ensemble de modèles et de dispositifs, allant de la robotique aux algorithmes de recommandation, en passant par le *machine learning*[1] et les modèles génératifs de texte et d'image[2].

L'espace public est largement occupé par les industriels du domaine pour aborder les questions d'IAG et cela explique, au moins pour partie, le ton globalement positif des articles, comme le montre l'étude par *sentiment analysis* de milliers de contributions de la presse américaine (Garvey & Maskal, 2020). Pourtant, les interrogations se multiplient au fil du temps. L'étude des discours critiques de la presse d'information générale anglophone conduite par Maxime Crépel et Dominique Cardon (2022) montre ainsi que cohabitent deux manières sceptiques d'aborder ce sujet : l'une porte sur les craintes relatives aux développements des « robots », l'autre sur les troubles liés aux algorithmes du Web. La première adopte un ton prophétique sur les risques du dépassement et du remplacement des humains par des machines autonomes. La seconde présente un discours juridico-politique qui met en garde contre la perte d'indépendance des utilisateurs, la désinformation, la menace à la vie privée, la censure et le contrôle des informations.

Ce tableau est réputé la première œuvre d'art produite avec un logiciel d'intelligence artificielle (la formule l'ayant produit est inscrite en bas à droite du tableau). Il est vendu aux enchères chez Christie's le 25 octobre 2018 pour 432 500 $. « Le Portrait d'Edmond de Belamy » est une production du collectif français Obvious avec l'objectif de montrer que « les algorithmes peuvent émuler la créativité ».

Les médias sont aussi des utilisateurs précoces de l'IAG. L'agence américaine *Associated Press* est réputée être une des premières à l'avoir utilisée pour produire des informations (Pavlik, 2023); elle mobilise dès 2014 des outils d'IAG pour générer des rapports financiers pour les entreprises; l'opération de compilation de données qui réclamait un très lourd travail est désormais accomplie en quelques secondes. L'outil est bientôt mis au service de la production de nouvelles. En 2020, *The Guardian* publie un article rédigé par une IAG[3], en réponse à un prompt qui demande de démontrer que les hommes n'ont rien à craindre de l'IAG. Dès lors, les applications se multiplient : transcriptions automatiques de discours et génération de sous-titres, rédaction de rapports de synthèse à partir de données multiples, production d'illustrations ou de graphiques, traductions, utilisation de voix synthétiques, participation à la rédaction de scripts, etc.

Le « *robot journalism* », ou journalisme automatisé, fait tout particulièrement l'objet d'interrogations et de débats. Il est supposé produire plus vite, dans différentes langues, en évitant biais et erreurs, voire en luttant contre les infox. Tous ces avantages sont particulièrement recherchés par les entreprises médiatiques en des temps d'austérité financière et de quête de productivité. Ce journalisme automatisé est également censé libérer les journalistes des tâches répétitives, les laissant se concentrer sur les pratiques professionnelles jugées plus nobles (reportages et enquêtes de terrain en particulier).

Toutefois, pour une activité aussi centrale pour les sociétés démocratiques que la production d'informations, quelle est la crédibilité que les publics accordent aux contenus automatisés? Il faut tout d'abord noter que les études tendent à montrer que les lecteurs ne passent pas le test de Turing : ils ne différencient très généralement pas les contenus produits par des machines et ceux produits par des humains. Leur font-ils pour autant confiance? Si la réponse des chercheurs n'est pas univoque, elle aboutit pourtant de manière dominante à observer que la crédibilité d'un « auteur algorithme est égale à celle d'un auteur humain » (Wölker & Powell, 2021). Selon ces auteurs, cela serait lié au fait que l'algorithme – en tant que dispositif de calcul – peut être perçu comme un garant d'impartialité.

Une telle impartialité peut certainement être remise en question, notamment si nous abordons l'éthique de l'IA comme un problème public (Beaudouin & Velkovska, 2023). Anna Jobin, Marcello Ienca et Effy Vayena (2019) ont analysé des rapports contenant des

1 Ou apprentissage automatique. Le procédé a pour objectif de permettre aux ordinateurs d'exploiter des données avec des modèles mathématiques pour « apprendre », ce qui signifie être en mesure d'exécuter des tâches sans avoir été programmés à dessein.

2 Qui permettent de générer de nouveaux textes et images à partir d'un jeu de données en s'appuyant sur les probabilités.

3 "A robot wrote this entire article. Are you scared yet, human? GPT-3", *The Guardian*, 8th september 2020.

Ces outils proposent des méthodes d'interprétation utilisées pour comprendre comment fonctionnent les analyses d'image par intelligence artificielle. Ils permettent par exemple de comprendre comment un logiciel entraîné (comme un réseau de neurones) détermine, dans une image, qu'il s'agit bien d'un chien, en mettant en évidence les zones qui ont influencé cette interprétation.

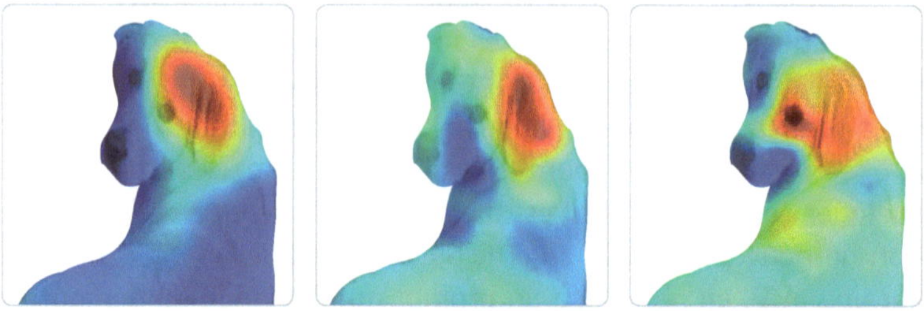

directives éthiques pour l'IA émanant de divers acteurs (entreprises, gouvernements, organisations à but non lucratif, fondations scientifiques, fédérations, etc.) et ont constaté que tous s'accordent autour de l'injonction à la « transparence *by design* ».

Rendre le fonctionnement transparent par l'explication correspond à ce que l'on appelle l'intelligence artificielle Explicable (XAI) : une série de processus et de techniques visant à rendre l'IA accessible aux usagers dès sa conception. Ce n'est pas seulement la manière (opaque et complexe) dont la machine génère du contenu qui est l'objet des travaux de recherche, mais surtout la protection des droits des sources à partir desquelles se construisent les modèles génératifs. Dans le cas des médias, comment l'IA analyse et utilise le travail journalistique pour fournir des réponses sur l'actualité? La question reste ouverte, mais le partenariat signé en mars 2024 entre *Le Monde* et OpenAI marque une avancée intéressante : le journal permet à OpenAI d'utiliser son contenu pour améliorer ses réponses. En retour, le média doit lister les références utilisées avec un lien hypertexte et le titre des articles. L'IAG est en pleine phase de développement; les évolutions techniques et leurs appropriations sociales sont très rapides; dès 2025, d'autres modèles viennent concurrencer les LLM; le plus éclatant étant aujourd'hui celui des techniques d'apprentissage par renforcement (comme l'a montré de manière frappante la sortie de DeepSeek). À suivre, donc!

Information, blockchain et intelligence artificielle

Jacques-André Fines Schlumberger

Types de réseaux

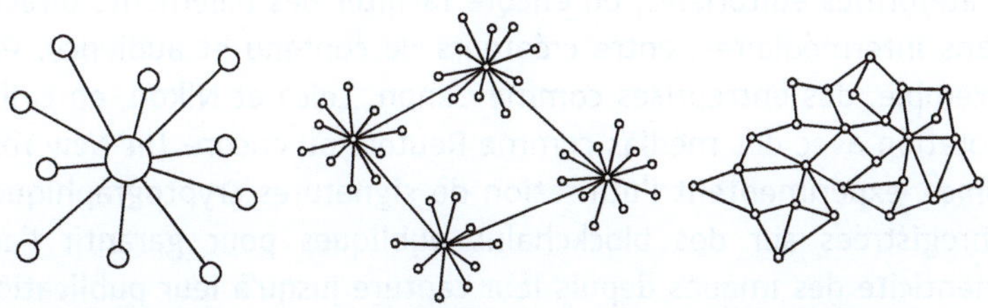

Les réseaux entre ordinateurs peuvent avoir (schématiquement) trois formes : centralisée (un nœud central contrôle et relaie toutes les communications), décentralisée (plusieurs centres interconnectés assurent la communication) et distribuée (tous les membres du réseau sont interconnectés), comme dans la blockchain.

« Nous créons un paysage médiatique que nous ne comprenons pas encore, mais il est certain que l'organisation économique des médias devra s'y adapter. Le défi sera d'intégrer les valeurs classiques du journalisme dans ces nouveaux outils », expliquait en 2009 Larry Birnbaum (Laugée, 2010), co-inventeur de Stats Monkey, l'un des premiers robots journalistes développés par le laboratoire d'information intelligente Infolab de l'université Northwestern en Illinois aux États-Unis. À la même période, Satoshi Nakamoto annonçait sur la Cryptography Mailing List[1] qu'il travaillait sur un « nouveau système de monnaie électronique entièrement de pair-à-pair, sans tiers de confiance », le Bitcoin.

Ces deux technologies, n'ayant à l'époque aucun lien, ont depuis bouleversé de nombreux secteurs, y compris ceux des médias et de l'information. Les blockchains et l'intelligence artificielle (IA) suscitent aujourd'hui l'intérêt de journalistes, d'éditeurs et d'entreprises technologiques, en raison de leur potentiel à transformer la manière dont l'information est produite, vérifiée, partagée et consommée.

1 Nakamoto S. (2008) "Bitcoin: A Peer-to-Peer Electronic Cash System", bitcoin.org

Blockchain : traçabilité et nouveaux modèles

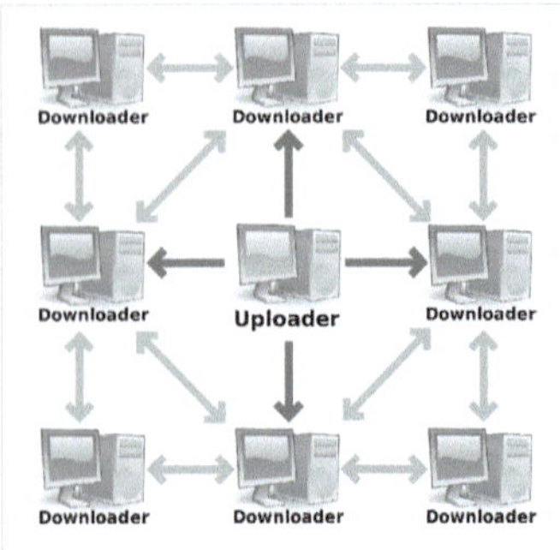

Une blockchain est une base de données décentralisée, composée de blocs liés entre eux. Chaque bloc contient des données (par exemple des transactions), un horodatage, et le hash (empreinte cryptographique) du bloc précédent. Cela garantit l'intégrité des données : si quelqu'un modifie un bloc, les hash suivants ne correspondent plus. Tous les blocs sont validés par un réseau de participants (nœuds) *via* un mécanisme de consensus (comme le *proof-of-work* ou *proof-of-stake*). Ainsi, la blockchain est sécurisée, transparente et infalsifiable.

Les blockchains sont au transfert de valeur ce que le Web est au transfert d'information. Alors que l'un copie l'information d'un point A vers un point B, l'autre transfère une information unique, devenant un actif numérique, d'un détenteur A vers un détenteur B. Comme deux faces d'une même pièce, les blockchains sont utilisées à la fois pour échanger, transférer et programmer des actifs numériques, mais également pour tenir un registre inviolable et transparent, le tout sans tiers de confiance.

Dans le domaine de l'information, les blockchains servent à garantir l'authenticité des contenus, décentraliser la gouvernance de plateformes éditoriales, ou encore faciliter des paiements directs, sans intermédiaires, entre créateurs de contenu et audience. Par exemple, des entreprises comme Canon, Leica et Nikon, en collaboration avec des médias comme Reuters ou encore *The New York Times*, expérimentent l'utilisation de signatures cryptographiques enregistrées sur des blockchains publiques pour garantir l'authenticité des images depuis leur capture jusqu'à leur publication (Fines Schlumberger, 2023). Cette technologie est également testée dans le cadre de la publication d'articles et de vidéos, afin que les lecteurs puissent vérifier l'origine d'un contenu et retracer son historique. Créée en 2021, la *Coalition for Content Provenance and Authenticity*[1] a pour objectif d'établir des standards permettant de certifier l'origine et l'historique des contenus numériques afin de lutter contre la désinformation, et fédère dorénavant quelque deux cents acteurs parmi lesquels l'AFP, Axel Springer, *The New York Times*, BBC, Reuters ou encore *The Wall Street Journal*.

L'idée d'un média entièrement décentralisé a également été testée, notamment par Civil.co, une startup lancée en 2016, financée à hauteur de cinq millions de dollars par ConsenSys, et dont l'ambition était alors de « décentraliser la vérification des nouvelles, le financement du journalisme et la manière dont nous restons informés en tant que société[2] ». Le projet, qui visait à utiliser la blockchain Ethereum pour authentifier la publication des informations et redéfinir la manière dont les journalistes et les lecteurs interagissent, a été interrompu en 2019 quand l'entreprise a cessé cette activité en raison de la complexité de son modèle économique et de sa prise en main par le grand public.

Le cas de Civil.co illustre les difficultés auxquels se heurtent les projets qui tentent de décentraliser entièrement les processus de financement, de production, de fabrique et de diffusion des médias d'information, un secteur encore très habitué aux modèles centralisés. Le manque de formation du public, l'instabilité des cryptomonnaies et la lenteur de certains réseaux blockchain sont autant d'obstacles à ces expérimentations.

D'autres initiatives menées par des plateformes de publication de contenus se sont également engagées dans la voie de la décentralisation. Mirror.xyz, lancé en 2020, permet à des rédacteurs d'écrire, de publier et de monétiser des articles, associés à des NFT (tokens non fongibles). Ils peuvent ainsi monétiser directement leur travail sans avoir à passer par les intermédiaires traditionnels, tandis que l'audience peut acheter, vendre ou soutenir les articles publiés *via* un simple portefeuille Ethereum. Un autre exemple est celui de Steemit, une plateforme de blogging décentralisée, créée en 2016. Les rédacteurs sont rémunérés en cryptomonnaie pour leurs publications et commentaires. Le modèle économique de la plateforme repose sur un système de vote, où les contributions les plus populaires sont récompensées.

Les plateformes comme Audius pour la musique ou BitClout pour les créateurs de contenu sont des exemples récents d'initiatives visant à redonner du pouvoir aux créateurs tout en bénéficiant de la sécurité et de la transparence offertes par les blockchains. L'objectif commun est de se passer des intermédiaires traditionnels, tout en garantissant aux auteurs une part plus équitable des revenus générés par leurs œuvres. Ces plateformes illustrent également la manière dont les blockchains permettraient non seulement de certifier l'origine des contenus, mais aussi d'innover dans les méthodes de rémunération. Les cryptomonnaies et les *tokens* non fongibles assurent une gestion des paiements instantanée et automatisée, facilitant les transactions directes entre créateurs et audience.

Dans le domaine des réseaux sociaux, des alternatives décentralisées aux géants comme Twitter et Facebook ont également vu le jour. Ces réseaux, tels que Nostr, Lens.xyz ou encore Minds.com, se concentrent sur la transparence des données, la résistance à la censure et la monétisation directe des contenus. L'idée est que les utilisateurs contrôlent leurs données et puissent interagir sans être soumis à des règles arbitraires imposées par des plateformes centralisées. Nostr (Notes and Other Stuff Transmitted by Relays) est un protocole décentralisé qui a gagné en popularité depuis son

1 Content Provenance and Authenticity (C2PA), ou C2PA Content Credentials

2 Iles M. (2020) "Ending the Civil Journey", *The Civil Media Company*

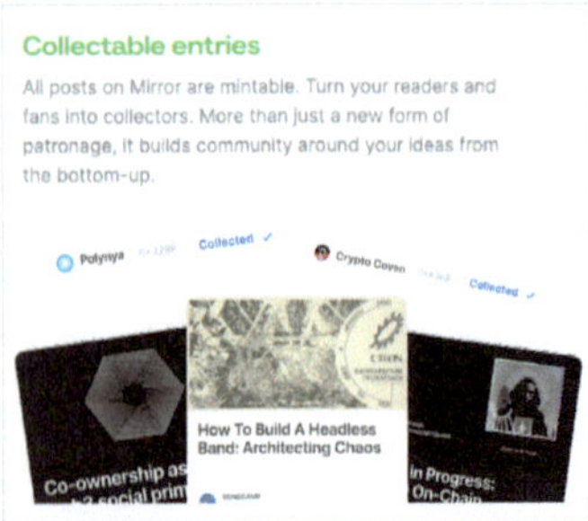

Le site Mirror explique que tous les articles peuvent être « minés », soit acquis par des lecteurs qui deviennent des mécènes. Capture d'écran Mirror

lancement en 2020, passant de quelques centaines d'utilisateurs à un million en 2024[3]. Il permet aux utilisateurs de publier des messages en se basant sur des relais distribués plutôt que sur des serveurs centralisés, rendant ainsi le réseau résistant à la censure. De plus, le protocole est conçu pour être simple, ne nécessitant pas une infrastructure complexe, ce qui permet à quiconque de l'utiliser facilement pour créer des applications sociales décentralisées.

Même si ces réseaux sociaux numériques décentralisés ne bénéficient pas encore d'une large audience, ils offrent une alternative intéressante face aux dérives des réseaux sociaux traditionnels, notamment en matière de collecte et d'exploitation des données personnelles ou de détournement de leurs services pour orienter et manipuler l'opinion, comme Elon Musk le fait dorénavant avec X (ex-Twitter).

IA et automatisation de l'information

Avant même l'arrivée des modèles d'IA générative comme ChatGPT, les médias utilisaient déjà l'intelligence artificielle pour automatiser certaines tâches. Stats Monkey, co-inventé par Larry Birnbaum en 2009, a été l'un des premiers systèmes de rédaction automatisée. En 2014, le *Los Angeles Times* a utilisé un algorithme pour publier en quelques minutes un article complet sur un séisme en Californie, basé sur les données sismiques recueillies en temps réel. L'arrivée de l'IA générative a introduit de nouveaux défis pour les médias. Les grands modèles de langage, comme ceux d'OpenAI, nécessitent de vastes corpus de données pour être entraînés, et ces données proviennent, en partie, des contenus publiés par les médias. Pour obtenir ces contenus, certaines entreprises concluent des partenariats avec des groupes de presse[4], tandis que d'autres utilisent sans autorisation ces contenus protégés par le droit d'auteur, comme l'a révélé une enquête du *New York Times*[5] en 2024.

Dans un monde où les fausses informations et les contenus générés par intelligence artificielle sont de plus en plus courants, la combinaison des technologies blockchains et de l'IA pourrait être l'un des moyens de lutter contre la désinformation. L'IA pourrait identifier les incohérences et vérifier les faits, tandis que des outils construits sur des blockchains publiques assureraient une traçabilité immuable de chaque contenu, garantissant ainsi son authenticité.

L'enjeu pour les années à venir sera de tirer le meilleur parti de ces technologies tout en préservant un écosystème médiatique pluraliste. Cela nécessitera une collaboration étroite entre les professionnels des médias, les ingénieurs, les régulateurs et la société civile. C'est à cette condition que pourra être façonné un avenir où la technologie renforce, plutôt qu'elle ne menace, la qualité et la diversité de l'information, piliers essentiels des démocraties. Nul doute que l'on en est encore loin.

3 Nostr User Statistics 2024

4 Les Daniel T. & Madhumita M. (2023) "Axel Springer strikes landmark deal with OpenAI over access to news titles", ft.com.

5 Metz C., Kang C. et al., (April 6, 2024) "How Tech Giants Cut Corners to Harvest Data for A.I." *The New York Times*

Partie 3

Réception, publics, mobilisations*

* Typographie : Luciole, 2019, créée par une équipe pluridisciplinaire, coordonné par Carole Malet, Jonathan Fabreguettes et Cécile Gautier, Luciole a été conçue spécifiquement pour les personnes malvoyantes. Nous l'avons choisie car elle permet ici d'évoquer des recherches typographiques qui visent l'inclusivité, par exemple celles qui s'inscrivent dans une perspective d'égalité et de prise en considération des identité·e·s fluides.

Illustration : Le média-miroir, 2025 © Vincent Cabaret

Usages et gratifications des médias : vers une audience active

Valérie Devillard et Guillaume Le Saulnier

La question « Que font les individus des médias? » rompt assurément avec celle, précédente, « Que font les médias des individus? ». Cette dernière a, jusqu'au mitan des années 1960, fédéré et guidé les recherches de Paul Lazarsfeld et du *Bureau of Applied Social Research* sur l'étude du rôle des médias dans les actes de vote, de consommation, de pratiques culturelles (cinéma) et de changement d'opinion.

Ce renversement s'opère progressivement dans le monde académique états-unien. Son origine peut être précisément datée à une publication du chercheur américain Elihu Katz qui, à la fin des années 1950, attire l'attention sur un ensemble d'études de panels conduites dans les années 1940 sur l'écoute radiophonique et la lecture des quotidiens et des magazines.

Ces études sur les « usages et gratifications des médias » – ainsi qu'il les baptise après coup (1959 : 2) – mettent l'accent sur les motivations psychologiques et sociales différenciant les attitudes et comportements face aux médias; celles-ci ont pour objectif de mieux comprendre les ressorts individuels et psychologiques de l'attirance des audiences vers certains types de médias et de contenus médiatiques.

Premières recherches sur la lecture et l'écoute

D'après l'étude de Herta Herzog (1944), il ne fait aucun doute qu'une grande partie des auditeurs et des auditrices prennent les feuilletons radiophoniques au sérieux et cherchent à appliquer ce qu'ils y entendent à leur vie personnelle. Ces programmes sériels sont une source d'informations davantage que de divertissement et constituent un modèle à l'aune duquel attitudes et comportements sont façonnés quotidiennement. Prenant acte de cette adhésion de l'audience aux messages diffusés, des recommandations sont faites aux producteurs de radio pour qu'ils préparent l'opinion publique américaine à l'enrôlement dans l'effort de guerre *via* ces récits feuilletonesques.

Une autre étude de Warner et Henry (1948) s'intéresse aux fonctions psychologiques remplies par les feuilletons radiophoniques auprès des auditrices interrogées, telles que résoudre des problèmes affectifs, renforcer un sentiment de sécurité, ou accroître les processus d'identification et de projection. Les deux chercheurs américains en déduisent des fonctions et des effets sociaux

Une enquête qui a coûté 50.000 dollars.

CES DIX JAMBES ET...

...CES TROIS VISAGES

sont les seuls fétiches de 100 millions d'Américains

« Le docteur Paul Lazarsfeld de l'Université de Columbia a dépensé son temps, son travail et en dollars la valeur de 150 millions de nos francs, pour savoir les raisons qui éloignaient les spectateurs des sorties de cinéma, et aussi les raisons qui les y faisaient revenir. Il a conclu que seules cinq paires de jambes parfaites et trois chastes sourires étaient les défenseurs des millions d'Hollywood », *Cinévie*, 27 avril 1948.

intégrateurs, fondés sur les croyances collectives dévolues au rôle féminin au sein du foyer, à la fois réaffirmé et préservé par ces émissions (par exemple, la diffusion d'une division traditionnelle des tâches dans le couple).

Des travaux, enfin, de Wilbur Schramm et David M. White (1949), menés auprès d'un échantillon de 746 lecteurs de journaux d'une petite ville de l'Illinois, répartissent en deux catégories les nouvelles selon le type de récompense que celles-ci procurent au public. La première catégorie octroie une récompense immédiate et englobe les faits divers, des nouvelles de crime, de corruption, de catastrophes naturelles ou des informations sportives, etc. ; la seconde confère une gratification différée provenant des pages internationales, politique, problèmes sociaux, justice, sciences, éducation, etc. Le public sélectionne les contenus qui semblent avoir la plus grande valeur attendue en termes de récompense. Néanmoins, le niveau de diplôme et l'âge influeraient sur les choix de lecture. Le premier type de nouvelles serait lu par des lecteurs plutôt jeunes et peu diplômés, tandis que celles de la seconde catégorie s'adresseraient à des individus plus âgés, plus instruits, avec des revenus plus élevés.

Dans cette perspective, en attirant davantage l'attention sur la réception des publics placés au centre du processus de communication, ces travaux pionniers font plus que prolonger le modèle alors dominant de la théorie des effets indirects et limités des médias sur la formation de l'opinion publique ou du comportement des consommateurs. Ils ouvrent une véritable boîte de Pandore.

Le modèle dominant des effets indirects et limités

Les usages et gratifications émergent comme une nouvelle tendance de la recherche sur les médias (journaux, magazines, radio) alors que s'essoufflent les travaux menés sur leur impact dans les campagnes électorales (Lazarsfeld, Berelson & Gaudet, 1944 ; Berelson, Lazarsfeld & McPhee, 1954 ; Merton, 1953 ; Katz & Lazarsfeld, 1955). Les études des effets des médias sont héritières de la psychosociologie expérimentale. Les campagnes électorales américaines devaient ainsi fournir un terrain d'investigation *in vivo* afin de dégager des lois générales de l'action des médias à court terme ; le protocole de recherche se proposait de mesurer l'opinion des électeurs, leur exposition à un message médiatique, et de contrôler les modifications de leur opinion au fur et à mesure qu'approchait le jour j du vote.

Ces recherches aux résultats cumulatifs mettent l'accent sur les mécanismes des effets selon plusieurs étapes distinctes, forgeant ainsi successivement les notions d'attention, d'exposition, de perception et d'interprétation sélectives. Les individus s'exposent et filtrent les messages médiatiques sans remettre en question les prédispositions psychologiques et sociales intériorisées depuis leur enfance. Consciemment ou non, une personne tendrait à n'écouter que ce qu'elle veut bien entendre et à ne lire que des messages confortant ses croyances. Les opinions préalables s'en trouveraient ainsi renforcées.

En fonction de leurs prédispositions psychologiques et sociales, les individus éludent tel message, ou mésinterprètent tel autre en le distordant dans un sens favorable. Aussi réagissent-ils aux médias en fonction de ce qu'ils pensent déjà, les évolutions de leurs opinions comme leurs résistances étant largement prédéterminées.

Plus encore, les résultats de *Personal influence* (Katz & Lazarsfeld, 1955) montrent la manière dont le courant d'influence dans la communication interpersonnelle s'effectue horizontalement en plusieurs étapes dans les groupes primaires (le modèle du *two-step flow* se pluralisera ensuite et insistera sur l'importance de la conversation). En leur sein, les leaders d'opinion filtrent et relaient les messages des médias à travers les relations interpersonnelles familiales, amicales ou de voisinage (église, école, etc.).

Médias et société de consommation

Quittant le domaine de la communication politique et des comportements électoraux, les études des usages et gratifications se prolongent dans un plus vaste programme de recherche au début des années 1960, se transformant en un axe structurant bel et bien les recherches sur l'étude des médias post-Lazarsfeld.

Selon Elihu Katz, Jay G. Blumer et Michael Gurevitch (1973-1974 : 511), ces recherches possèdent des caractéristiques qui les fragilisent méthodologiquement et théoriquement. Ils observent premièrement « qu'elles avaient en commun une approche méthodologique fondamentalement similaire, dans laquelle les déclarations sur les fonctions des médias étaient obtenues auprès des personnes interrogées de manière ouverte. Deuxièmement, elles partageaient une approche qualitative dans leur tentative de regrouper les déclarations de gratifications dans des catégories étiquetées en ignorant largement la distribution de leur fréquence dans la population. Troisièmement, ils (les chercheurs) n'ont pas tenté d'explorer les liens entre les gratifications ainsi détectées et les origines psychologiques ou sociologiques des besoins ainsi satisfaits. Quatrièmement, ils n'ont pas recherché les interrelations entre les différentes fonctions des médias, que ce soit d'un point de vue quantitatif ou conceptuel, d'une manière qui aurait pu conduire à la détection de la structure latente des gratifications médiatiques. Par conséquent, ces études n'ont pas permis de dresser un tableau cumulatif plus détaillé des gratifications médiatiques, permettant la formulation éventuelle d'énoncés théoriques ».

Néanmoins, bien que renvoyant à une conception de la psychologie dégagée de tout ancrage social, cette nouvelle perspective considère l'audience comme active en ce sens que les usages que celle-ci fait des médias est en large partie orientée vers un but. Au total, cinq catégories de besoins sont identifiées : cognitifs, affectifs, intégrateurs, de contacts sociaux et d'évasion. Progressivement, un nombre croissant de besoins dits naturels et de fonctions (manifestes ou latentes) remplis par les médias sont pris en compte; les individus adaptent à leurs besoins préexistants les messages qu'ils entendent, voient et lisent. Dans cette optique, les médias pourvoient « naturellement » à un besoin d'information, cognitif, d'évasion, etc., ou servent d'alternative fonctionnelle à des besoins affectifs, intégrateurs ou d'interaction sociale. Par exemple, l'usage des médias comme substitut de contacts sociaux pourrait s'appliquer aux individus isolés, qui ont perdu leurs anciennes relations ou qui valorisent particulièrement ces échanges.

Un kiosque à journaux parisien, Agence de presse Meurisse, 1929. Gallica.bnf.fr / BnF.

Les études des usages et gratifications incarnent une phase de transition des recherches américaines empirico-fonctionnalistes (Pasquier, 1994) et amorcent le renouvellement des perspectives vers les études de réception, point de convergence des différentes traditions de recherche anglo-saxonnes et européennes : principalement des études littéraires (Jauss, 1978) ou des *Cultural studies* (avec le modèle texte-lecteur de Stuart Hall, 1980). L'enquête de Elihu Katz et Tamar Liebes sur la série télévisée américaine *Dallas* (1990) est symptomatique de la convergence entre ces différents champs de la recherche sur les lectures culturelles des contenus médiatiques.

Dans une tout autre optique, le courant des usages et gratifications persiste et signe dans le champ des études marketing, qui font aujourd'hui florès et se consacrent tout particulièrement aux réseaux sociaux numériques. Les motivations psychologiques du consommateur sont scrutées afin comprendre les ressorts individuels des usages d'internet, des blogs, des services en ligne, des réseaux sociaux, etc., afin de les comparer avec les usages d'autres médias comme la radio ou la télévision.

Le tournant ethnographique : le parti pris des publics

Valérie Devillard et Guillaume Le Saulnier

L'histoire des *Media studies* est tout sauf linéaire. Elle est jalonnée de moments, de disputes, de renversements, de (re)découvertes, mais aussi de « tournants ». Ces derniers ne sont pas nécessairement à prendre au pied de la lettre. Le terme de tournant suggère un moment charnière, un déplacement décisif, une bifurcation faisant évènement dans le monde scientifique. Du moins est-ce le récit qu'en font ses artisans et, plus encore, ses promoteurs. Plus sûrement, un tournant engage un réexamen des positions et des propositions qui structurent le champ académique, dont il modifie plus ou moins les rapports de force. Dès lors, il devient lui-même un objet de débats, où il s'agit d'évaluer ce qui relève du coup de génie théorique ou du coup de force rhétorique.

En l'occurrence, le « tournant ethnographique » (*ethnographic turn*) désigne un *aggiornamento* des problématiques et des formes d'empirie dans les recherches en communication. Amorcé à la fin des années 1970 et s'affirmant dans les années 1980, il fédère un ensemble de recherches qui se placent « du côté du public » (Ang, 1991 : 104; Le Grignou, 2003) pour étudier les usages des médias et percer « les mystères de la réception » (Dayan, 1992). Ces recherches revendiquent une approche empirique fondée sur des enquêtes « en milieu naturel », c'est-à-dire au sein des structures et des routines de la vie quotidienne en général, et de l'espace domestique en particulier. Elles privilégient des méthodes qualitatives pour explorer les conditions concrètes de consommation et les modalités différentielles de réception des médias. Et ce, en faisant la part belle à l'inventivité méthodologique : entretiens individuels ou collectifs (*focus groups*), récits de vie, observations situées, collecte et analyse de traces de réception, tels les courriers de téléspectateurs, les productions amateurs, les conversations ordinaires, etc. Chemin faisant, ces enquêtes de terrain consacrent les publics des médias, et notamment ceux de la télévision, comme un domaine de plein droit de la recherche en sciences sociales. Elles permettent d'examiner à nouveaux frais les rapports complexes entre publics et audiences, et de faire dialoguer ces deux traditions de recherche (Dayan, 2000b; Cefaï & Pasquier, 2003; Livingstone, 2004a).

Vers une « ethnographie des audiences »

Le tournant ethnographique a pour épicentre les *Cultural studies* britanniques. En effet, le *Centre for Contemporary Cultural Studies (CCCS)* de Birmingham représente un véritable creuset théorique, dont émerge une pensée matérialiste de la culture élaborée à partir de disciplines et de traditions hétérogènes. Parmi elles : le marxisme gramscien, le structuralisme, la sémiologie barthienne, mais aussi l'interactionnisme symbolique et le parti pris ethnographique de l'École de Chicago

(Mattelart & Neveu, 1996). Progressivement, les médias s'imposent comme un terrain privilégié pour observer l'idéologie dominante à l'œuvre dans les contenus d'actualité et les divertissements populaires, y débusquer les mécanismes de construction de l'hégémonie culturelle, mais aussi les pratiques de résistance et de réappropriation des publics. De son côté, la sociologie des usages francophone déploie précocement des enquêtes de terrain pour étudier les usages sociaux des technologies de communication. Elle s'inspire notamment des analyses de Michel de Certeau (1990) sur les marges de créativité et les « tactiques » au cœur des pratiques ordinaires, et, plus largement, des théories de l'autonomie sociale qui émergent dans l'après-68 (Jouët, 2000). La diffusion des méthodes ethnographiques dans les recherches en communication est également l'effet, et la cause, d'une désaffection pour la problématique des effets des médias, et, en corollaire, pour les procédures expérimentales vouées à confirmer leur existence et à mesurer leur incidence (Dayan, 2003 : 445).

Dès 1974, dans une publication du *CCCS*, David Morley esquisse le programme d'une ethnographie des audiences et de la « lecture », où la sémiologie des « textes » télévisuels se confronte à une sociologie des conditions de réception. Ce programme sera au cœur de l'enquête pionnière intitulée *The Nationwide Audience: Structure and Decoding*, publiée en 1980 et consacrée à la réception d'un magazine d'actualité diffusé par la BBC. Empruntant le modèle théorique « encodage / décodage » formulé par Stuart Hall (1980), David Morley énonce que l'efficacité idéologique exercée par la télévision sur les audiences reste une question empirique (1980 : 162) et réclame des méthodes d'enquête *ad hoc*. Il introduit la méthode des *focus groups*, en recrutant des cadres, des syndicalistes, des apprentis et des étudiants, pour les inviter à visionner et à discuter deux éditions du magazine. Le chercheur britannique démontre ainsi l'existence d'interprétations différentielles de l'émission télévisée selon les compétences culturelles à la disposition des publics, elles-mêmes fonction de leur niveau d'études, de leur statut socioéconomique et de leur position dans la structure de classe.

L'ethnographie des usages et réceptions dépasse bientôt la « dyade texte-lecteur », pour élargir et enrichir ses domaines d'investigation (Moores, 1993). Et ce, à la faveur de la diffusion des études féministes et des études post-coloniales, qui irriguent les recherches en communication et frayent de nouvelles problématiques et épistémologies (Dines & Humez, 1995) – mais aussi en vertu de dispositions propres à l'ethnographie. En effet, cette dernière suppose une curiosité ouverte et alerte pour embrasser toute la complexité et la singularité des situations observées, face aux observations qui relèvent de l'inattendu ou du contre-intuitif. Le travail de terrain est de l'ordre de l'expérience et de l'épreuve; il n'est jamais programmable, et partant il déborde toute posture déductive ou tout protocole rigide. Selon la chercheuse néerlandaise Ien Ang, l'ethnographie critique et autoréflexive consiste précisément « à rendre et à maintenir nos interprétations sensibles aux spécificités concrètes, à l'inattendu, à l'histoire; c'est un engagement à nous soumettre à la possibilité, pour reprendre les termes de Paul Willis, d'être "surpris", d'atteindre une connaissance non préfigurée dans un quelconque paradigme de départ » (1991 : 110; notre traduction). Cette réflexivité critique oblige à s'emparer des questions au cœur de l'ethnographie, concernant la relation d'enquête, le rôle et la responsabilité du chercheur, le choix de l'échelle d'observation, la validité des interprétations, etc.

Une diversification des problématiques et des terrains

Ces dispositions particulières, associées au choix de donner la parole aux publics, d'entendre et de faire entendre leurs conditions et leurs raisons, en particulier auprès des groupes subalternes, rendent possible une série de déplacements et de dépassements. En premier lieu, les études de réception opèrent une pluralisation des propriétés et des identités sociales examinées dans les pratiques culturelles. Elles identifient ainsi des modalités différentielles d'usage et de décodage, à l'aune de la position dans la structure de classe, du capital scolaire et culturel, du genre, de l'âge, ou encore de la culture, de l'ethnie ou de la minorité à laquelle les gens s'identifient ou sont identifiés (Liebes & Katz, 1990; Gross, 1991; van Zoonen, 1994; Dines & Humez, 1995; Debras, 2003; Goulet, 2010). À mille lieues de toute vision unidimensionnelle des publics de la culture « de masse », ces variations mettent en évidence l'irréductible hétérogénéité des pratiques et des « itinéraires » de lecture (Mauger, Poliak & Pudal, 2010), des modes d'appropriation et d'interprétation des programmes radiophoniques (Glevarc, 2005) ou télévisuels (Seiter *et al.*, 1991; Le Grignou, 2003), ou encore des formes de participation et d'engagement publics (Cardon, 1995).

En deuxième lieu, il s'agit de comprendre la popularité et la signification des genres culturels auprès des publics qui les apprécient, à l'intersection des propriétés sémiotiques des œuvres et de leurs conditions concrètes de réception. Comment se forment et se distribuent de façon différentielle les goûts et les engouements parmi les publics? En particulier, comment expliquer la popularité des *soap operas* ou des romans « à l'eau de rose » auprès des publics féminins? Ce questionnement est au cœur des enquêtes emblématiques de Dorothy Hobson (1982) et Ien Ang (1985) sur les feuilletons *Crossroads* et *Dallas*, de Dominique Pasquier (1999) sur la série *Hélène et les garçons*, de Janice Radway (1984) ou de Magali Bigey (2007) sur les romans sentimentaux. Ces chercheuses prennent au sérieux les émotions et le plaisir que les enquêtées éprouvent dans l'expérience fictionnelle. Celle-ci s'enchâsse dans les expériences vécues, en donnant matière à une réflexivité et à des apprentissages biographiques. Délaissant la « traque de l'idéologie » (Le Grignou, 2003 : 97) à l'origine du modèle « encodage / décodage », ces enquêtes s'efforcent d'articuler l'expérience fictionnelle et les expériences vécues, en lien étroit avec la condition et les préoccupations des publics considérés. Elles préfigurent également les enquêtes dédiées aux publics amateurs et aux attachements culturels (Glevarec, 2012), jusqu'à la constitution des *fan studies* (Jenkins, 1988).

Ces recherches insistent sur les conditions matérielles d'usage et de réception des médias, qui ne prennent leur pleine signification qu'à l'aune des contextes sociaux où ils s'inscrivent. Dès lors, l'espace domestique, avec ses rôles et ses espaces-temps, ses structures et ses routines, ses liens affectifs mais aussi ses rapports de pouvoir et son économie morale (Le Douarin, 2002), s'impose comme le terrain privilégié des enquêtes ethnographiques. En particulier pour observer, en milieu naturel, les modalités de décodage et les « styles de visionnage » de la télévision, ou encore les postures corporelles des téléspectateurs (Hobson, 1980; Morley, 1986; Lull, 1990; Le Goaziou, 1999). David Morley désigne ainsi le ménage ou le foyer comme « un laboratoire pour l'étude naturaliste de la consommation et de la production du sens » (1992 : 183)[1]. Les enquêtes nourries par les théories féministes démontrent, notamment, à quel point les usages et réceptions des médias sont façonnés par la division sexuelle des rôles et du travail domestique, en même temps que la consommation fictionnelle autorise un espace propre de subjectivité où sont négociées les expériences vécues et les assignations de genre. Les usages et réceptions des médias, lesquels sont pensés à la fois comme des textes et des technologies pourvus de significations, sont progressivement réinscrits dans toute la densité et la granularité de la vie quotidienne (Silverstone, 1994).

Famille regardant la télévision, Evert F. Baumgardner, ca. 1958, National Archives and Records Administration.

S'affranchissant de toute assignation à résidence, l'ethnographie de la réception se décloisonne pour explorer d'autres contextes. Certaines enquêtes se concentrent sur les mondes du travail, pour étudier l'immixtion de la fiction dans les sociabilités et les identités professionnelles, ou pour expliciter les ressorts de la « conversation télé » (Hobson, 1991; Chalvon-Demersay, 1999; Boullier, 2003). À une échelle plus vaste, d'autres enquêtes concernent les usages des médias par les individus et les groupes faisant l'expérience de l'exil ou de la migration et examinent l'émergence de « sphères publiques d'exilés » dans le contexte de la globalisation et de la circulation transnationale des textes et des images (Appadurai, 2001; Antunes da Cunha, 2009).

Le parti pris ethnographique permet ainsi de redéfinir radicalement la réception des médias. Celle-ci n'est plus une activité « isolée et isolable » (Ang, 1991 : 99), mais nécessairement « intégrée » (*embedded*) et articulée aux autres (Moores, 1993) : les propriétés et les identités des publics sont plurielles, ce qui engendre des interprétations différentielles; les textes sont inséparables du flux informationnel et de l'intertextualité où ils émergent; les médias s'insèrent dans des agencements technologiques complexes; enfin, leurs usages et réceptions dépendent étroitement des contextes sociaux où ils s'accomplissent, eux-mêmes structurés par des processus socioculturels plus vastes.

Une nécessaire vigilance

Pareil parti pris engage une série de ruptures. Rupture, d'un côté, avec le formalisme de tout un pan des études littéraires et des études cinématographiques, qui se concentrent sur les propriétés formelles des œuvres et « se contentent de "déduire" les réactions de l'audience de la structure du texte » (Morley, 1991 : 19). Et ce, au prix d'un « déterminisme textuel » oublieux de l'existence et de l'expérience des publics réels (Ang, 1991). Rupture, de l'autre, avec le courant des « usages et gratifications »[2]. Si celui-

1 David Morley (1992 : 177) définit le contexte domestique comme « les modalités spécifiques dans lesquelles des technologies de communication particulières en viennent à acquérir des significations particulières et en viennent ainsi à être utilisées de différentes manières, pour des objectifs différents, par des personnes dans différents types de ménages » (notre traduction).

2 Voir, dans cet ouvrage, la contribution de Valérie Devillard et Guillaume Le Saulnier consacrée au courant des « usages et gratifications ».

« Croquis pris au théâtre : On dit que les Parisiens sont difficiles à satisfaire, sur ces quatre banquettes pas un mécontent. - Il est vrai que tous ces Français sont des Romains », Honoré Daumier, Le public. *Le Charivari*, 13 février 1864. Gallica.bnf.fr / BnF

ci postule la réalité d'un public actif et documente la diversité de ses besoins et de ses usages, il évacue le problème des interactions étroites entre culture et pouvoir, au profit d'une approche individualisante et psychologisante volontiers irénique[3]. Rupture, enfin, avec le raisonnement calculatoire au cœur des mesures d'audience, lesquelles « doivent traiter les spectateurs comme des nombres » (Morley, 1992 : 175) et réduire leur expérience à une réponse à une offre audiovisuelle, pour mieux les segmenter en cibles marketing et les déchiffrer à l'aune de variables rigides.

Néanmoins, la proclamation d'un tournant ethnographique tient, à bien des égards, de la pétition de principe. Elle construit une « histoire officielle et imaginaire » (Mattelart & Neveu, 1996 : 32), désireuse d'affirmer son geste inaugural et sa valeur heuristique. En cela, elle se montre volontiers oublieuse des premières enquêtes de terrain, à commencer par celle de Richard Hoggart (1970) auprès des classes populaires britanniques, mais aussi des avancées et des acquis des recherches en communication (Curran, 1992). Surtout, certaines études de réception se réclamant de l'ethnographie se contentent d'entretiens ou d'observations ponctuels, auprès d'échantillons réduits d'individus convoqués artificiellement. Elles sont loin de satisfaire les conditions de toute enquête ethnographique, à savoir une immersion de longue durée au sein d'un milieu d'interconnaissances, et un travail de terrain contrôlé par une autoréflexivité constante (Beaud & Weber, 1997). Si bien que les enquêtes qui relèvent du « modèle texte-lecteur » se confondent bien souvent, par oxymore, avec une « ethnographie expérimentale », laquelle multiplie les artefacts et les biais, comme autant de « bombes à retardement » méthodologiques (Dayan, 1992 : 155; 2003 : 456).

La vigilance, à la fois épistémologique et éthique, s'impose d'autant plus avec le « tournant » numérique et l'ethnographie en ligne (Boukala & Cerclet, 2020; Millette *et al.*, 2020). En effet, les études de réception disposent désormais, avec le Web et les réseaux sociaux numériques, d'un accès facilité au terrain, de gigantesques corpus de données, et de la puissance des méthodes digitales. Cette transparence en trompe-l'œil ne doit toutefois pas faire oublier les spécificités, les difficultés, et partant les redoutables défis des études de réception en contexte numérique.

3 Au sens propre, l'irénisme désigne l'apaisement des querelles religieuses, et plus largement une attitude de grande tolérance face aux erreurs, dans l'espoir d'une paix durable.

Stuart Hall et la critique des médias

Sophie Noël

Le courant des *Cultural studies* a joué, à partir des années 1960, un rôle important dans le développement d'une lecture critique des médias et la mise à plat des processus complexes impliqués dans la production et la réception de messages médiatiques. L'attention portée par les chercheurs de l'école de Birmingham aux liens entre culture et pouvoir, ainsi qu'aux phénomènes de résistance et de domination idéologique explique la place croissante prise par l'étude des médias dans le mouvement, particulièrement autour de Stuart Hall et du *Media studies group*. Différents travaux cherchent à comprendre les consommations médiatiques en dépassant la vision fonctionnaliste dominante et développent une conception plurielle et évolutive du phénomène.

Codage et décodage

Jamaïcain d'origine, Hall est arrivé en Grande-Bretagne en 1951. Après des études de lettres, il devient enseignant dans le secondaire, avant d'animer la revue *University and Left Review* avec Charles Taylor. Richard Hoggart le sollicite en 1964 pour la création du Center for Contemporary Cultural Studies (CCCS) de Birmingham, dont il prendra la tête en 1968. En cohérence avec l'intérêt du CCCS pour les objets triviaux ou peu élevés dans la hiérarchie universitaire traditionnelle, il publie plusieurs articles sur les médias et leurs publics, notamment à partir de la rubrique « potins » des journaux, sur les photographies de presse à grand tirage ou encore sur les violences dans les stades.

Son article le plus influent, publié en 1973 dans une version polycopiée du CCCS, porte sur le « codage » et le « décodage » des programmes télévisuels. Il y met en valeur la pluralité, socialement déterminée, des modes de réception du public. À rebours de la conception de l'École de Francfort, qui conçoit ce dernier comme une masse homogène et aliénée, il met l'accent sur l'activité de réception et sur la production de significations différenciées qui en découle, en s'inspirant du concept de « perception sélective » développé par Richard Hoggart (1957) pour qualifier les consommations médiatiques de la classe ouvrière britannique. Le sens d'un texte n'est pas essentiellement prédéterminé : il dépend de la position sociale et des ressources culturelles des récepteurs, mais aussi du contexte de réception et du procès de production. Loin d'avoir une signification intrinsèque, les messages médiatiques doivent donc être étudiés en tant que pratique sociale.

Le codage effectué par les producteurs est défini comme l'action consistant à sélectionner les codes qui assignent une signification aux évènements relatés, à les placer dans un contexte référentiel qui leur donne sens, et à produire ainsi un discours structuré. Ce processus apparaît généralement

Dans le livre *Resistance Through Rituals: Youth Subcultures in Post-War Britain* (1976), Stuart Hall et Tony Jefferson étudient les sous-cultures juvéniles et populaires des Britanniques, comme, ici les Teddy Boys dans une rue de Sheffield. Photographie Mirrorpix

comme allant de soi, tout en exerçant une influence déterminante sur les contenus véhiculés. C'est le cas des journalistes qui, en cherchant à écrire de manière vivante, agréable et fluide, obéissent au formatage des idéologies professionnelles. Ainsi l'évènement « doit devenir une "histoire", une "nouvelle" avant de pouvoir constituer un *évènement communicationnel* » (Hall, 1994 : 30). L'intention est d'obtenir l'adhésion du public à la lecture souhaitée.

Dans son bref article, Hall montre par ailleurs que le fonctionnement des médias ne peut être limité à une transmission mécanique et linéaire (émission / réception) telle que mise en exergue par le modèle de la seringue hypodermique. L'image qu'il retient est plutôt celle d'un circuit complexe dans lequel l'audience est à la fois le récepteur et la source du message dans la mesure où l'image que l'institution télévisuelle se fait du public en gouverne la mise en code (*encoding*). Il distingue de ce fait quatre temps dans le processus de communication télévisuelle, qui répondent à des logiques propres et s'articulent entre eux : la production, la circulation, la distribution/consommation et la reproduction. Tout message véhicule une « structure de sens 1 » qui façonne l'information diffusée, sans pour autant s'imposer aux récepteurs. Le texte est en effet soumis au décodage, qui déforme le sens du message initial en créant une « structure de sens 2 ». La correspondance entre le codage et le décodage, loin d'être donnée et naturelle, est donc issue d'un processus de construction qui n'exclut pas les malentendus et autres méprises, généralement déplorées par les producteurs médiatiques à la recherche d'efficacité dans le processus de communication.

La dimension idéologique des phénomènes de communication de masse est omniprésente dans l'analyse de Hall, qui intègre la réflexion d'Antonio Gramsci sur l'hégémonie. En tant que systèmes de codification de la réalité, les médias jouent un rôle dans la perpétuation d'un « ordre culturel dominant » bien éloigné d'une supposée neutralité, les « constructions de bon sens » ayant la faveur de la réception. Trois types de décodages sont identifiés : le décodage dominant (qui souscrit aux valeurs sociales dominantes du moment); négocié, qui est un mélange d'opposition et d'adaptation aux messages; et enfin oppositionnel (l'interprétation du message est réalisée à partir d'un cadre de référence « contraire »). Le processus communicationnel est ainsi envisagé (Hall, 1994 : 29) comme une « "structure complexe en position de dominance" entretenue par l'articulation de pratiques connexes, donc chacune garderait néanmoins sa particularité et possèderait sa modalité spécifique, ses propres formes et conditions d'existence », même si Hall donne peu de détails sur ce qui permet pratiquement de différencier chacune de ces lectures.

Évolution du cadre d'analyse

L'analyse théorique de Hall, reprise et complétée à plusieurs reprises par son auteur, a contribué à renouveler la recherche critique sur les médias en se démarquant tout à la fois de l'approche fonctionnaliste et de la théorie des effets limités de Paul Lazarsfeld, de formes diffuses de behaviorisme (Cervulle, 2021), mais aussi de la critique des médias et de la culture de masse sans grande assise empirique des tenants de l'École de Francfort. Elle inspire plusieurs recherches jusque dans les années 1990 qui cherchent à tester le modèle esquissé par Hall sur différents terrains empiriques, mettant en valeur les capacités de détournement et de résistance des individus (Radway, 1984; Fiske, 1987).

À partir des années 1980, les phénomènes de réception occupent une place importante dans les enquêtes menées au sein du centre de Birmingham, qui s'appuient de plus en plus sur des techniques d'inspiration ethnographique (Mattelart & Neveu, 2003). Plutôt que de mobiliser une psychologie abstraite supposant « un sujet isolé de toute structure ou de tout dispositif social » (A. & M. Mattelart, 1987 : 56), il s'agit de prendre en compte les individus réels, leurs pratiques quotidiennes contextualisées. Charlotte Brunsdon et David Morley mettent ainsi à l'épreuve le modèle de Hall à travers l'étude de la réception du magazine d'information de la BBC à la télévision, *Nationwide*, par 29 *focus groups* issus de milieux sociaux divers. Le cadre domestique de perception, les relations au sein de la famille, et en particulier la place des femmes prennent le pas sur les appartenances de classe des téléspectateurs observés. Morley poursuit ses recherches dans *The Nationwide Audience* (1980), avec l'objectif de mettre au jour les clôtures directives codées dans les messages, et de comprendre dans quelle mesure les décodages effectués par les téléspectateurs s'inscrivent dans des lectures « privilégiées » ou au contraire « altérées ». Il montre que l'émission produit des affirmations implicites et exerce de puissants effets de naturalisation. Morley fera encore évoluer son dispositif avec *Family Television: Cultural Power and Domestic Leisure* (1986), dans lequel la notion de décodage est finalement remplacée par celle de contexte d'écoute.

Stuart Hall fait lui-même profondément évoluer son cadre d'analyse des phénomènes médiatiques. Après avoir quitté la direction du centre de Birmingham à la fin des années 1970, il s'investit fortement dans la revue *Marxism Today*, dont il devient un des rédacteurs et oriente sa réflexion vers les changements de la Grande-Bretagne sous Margaret Thatcher et sur la question de l'identité et de l'ethnie[1]. Dans l'ouvrage collectif *Policing the crisis* (Hall *et al.*, 1978), inspiré par un fait divers impliquant des immigrés à Birmingham, il met en valeur le rôle des sources institutionnelles, qualifiées de définisseurs primaires, dans la fabrique de l'information. Les médias contribuent à la construction de la violence en reproduisant le cadrage dominant des évènements et le sentiment de « panique morale » face à la délinquance qui semble saisir le corps social. Leur rôle idéologique dans une société donnée relève avant tout de l'imposition d'un regard sur les évènements et d'une vision du monde.

Deux critiques principales ont été portées à la conception de la réception médiatique par le courant des *Cultural studies*, et plus particulièrement de Stuart Hall. On leur a reproché d'une part une vision trop naïve des industries culturelles et médiatiques et des relations de pouvoir asymétriques les caractérisant. Pour Nicolas Garnham par exemple, qui poursuit les débats classiques issus du marxisme autour de la relation infrastructures/superstructures, entre cadre de production capitaliste et productions symboliques, les médias défendent les intérêts d'une élite en maintenant les publics dans une « fausse conscience » aliénante (2015). D'autre part, plusieurs auteurs ont pointé la tendance des recherches issues du CCCS à idéaliser les capacités de résistance des individus, qui sont analysés sans prendre en compte leurs compétences différentielles, comme si chacun était libre de s'approprier les contenus de manière égale (Le Grignou, 1996). Les caractéristiques de l'offre de contenus médiatiques disponibles, qui fournit en elle-même une forme de cadrage puissant des « choix » des récepteurs, sont également le plus souvent évacuées. Il n'en reste pas moins que le programme de recherche critique autour des productions médiatiques initié par le Centre de Birmingham, qui a inspiré des recherches variées, reste d'une grande fécondité.

1 Stuart Hall lui-même utilise fréquemment le terme de race, qu'il définit comme un « rapport social de pouvoir ».

Approche anthropologique des médias

Jaércio da Silva

Au fil des décennies, l'anthropologie a progressé dans sa connaissance des significations que les individus attribuent à leur vie en collectivité. Au-delà de l'observation des populations lointaines, caractéristique de sa période coloniale, la discipline contribue plus largement à une réflexion sur les mécanismes de construction, de perception et d'interaction avec l'Autre. Comme le souligne Marc Augé (1994), l'altérité ne se définit pas par une distance géographique – un « ailleurs » opposé à un « ici » – mais par une proximité, qu'elle soit réelle ou imaginaire. Dans un monde où les frontières se rétrécissent et où l'information et les images circulent avec fluidité, la dimension mythique des autres s'efface. L'Autre n'est plus perçu comme un être exotique, mais bien souvent comme un étranger que l'on redoute, non en raison de ses différences culturelles, mais parce qu'il est devenu trop proche. Dans ce projet pour une « anthropologie des mondes contemporains », les médias occupent une place centrale, à la fois comme objet d'étude et comme outil de recherche.

« *Anthropologists ! Anthropologists !* », Gary Larson, 1984 repris en 2021 dans un tweet par le réalisateur, écrivain et plasticien Rithy Panh.

L'anthropologie s'intéresse d'abord à la place que les objets médiatiques occupent au sein des communautés qu'elle étudie. Dans ce contexte, les médias sont compris comme des artefacts, des expériences, des institutions, des pratiques et des processus (Spitulnik, 1993). L'anthropologie des médias, tout comme celle de la communication ou des techniques, explore la manière dont les êtres, les signes et les choses font partie de nos interactions, aident à la construction de récits et favorisent la création de représentations de nous-mêmes et des autres. Mihai Coman (2003) explore, par exemple, la relation entre médias et rituels, en soulignant le rôle de la pensée mythique dans le discours journalistique et le lien des journalistes avec le phénomène religieux. Les médias, au-delà de leur fonction informative, participent à la manière dont les mythes se transforment et se diffusent à travers la société. Mihai Coman défend une approche des médias qui dépasse leur seule fonction technique, en tenant compte de leurs implications

Capture d'écran de *World of Warcraft*, mariage virtuel.

culturelles, sociales et symboliques dans la formation des collectifs. Les médias sont envisagés ainsi comme des « véhicules » des cultures, des formes de voir et de donner à voir le monde, chacune se redéfinissant et se reconstruisant simultanément.

Anthropologie du numérique et des mondes virtuels

Capture d'écran de *Seconde Life*.

L'anthropologie permet d'explorer l'émergence de formats médiatiques au sein d'une société et d'analyser comment ceux-ci contribuent à repenser la notion de communauté ainsi que le rapport *temps-espace* dans les relations humaines. Tom Boellstorff (2008) a étudié la manière dont les individus interagissent et se repèrent, créent du collectif, produisent de la connaissance, fabriquent du sens et des imaginaires au sein de *Second Life* – un monde virtuel persistant, en trois dimensions, sorti en 2003. Il soutient que ces mondes virtuels offrent un contexte unique pour étudier des phénomènes sociaux et anthropologiques tels que la culture, les rituels, et la formation des identités. Il met en avant le fait que les mondes virtuels permettent une expérimentation des pratiques humaines aussi riches et légitimes que celles observées dans des espaces physiques ou hors ligne (Boellstorff *et al.* 2012). C'est ainsi qu'Olivier Servais (2017) en est venu à s'intéresser aux rituels, célébrations et cérémonies funéraires dans *World of Warcraft*. En examinant ces dynamiques, le chercheur répond à des questions rémanentes sur la manière dont la culture contemporaine aborde la mort et le deuil, en agençant des éléments virtuels avec des pratiques plus anciennes.

De manière plus générale, l'anthropologie s'est intéressée très tôt aux pratiques numériques. L'ethnographie en ligne, également appelée nethnographie ou anthropologie du cyberespace, fait l'objet de recherches depuis une trentaine d'années. De nombreux chercheurs et chercheuses ont consacré leurs travaux à la conceptualisation de ce champ, qui combine activités sociales et dispositifs sociotechniques, en se demandant « dans quoi les humains sont-ils engagés » (Proulx, 2020, 71). Ils adaptent ainsi leurs questionnements et leurs objets d'étude aux nouvelles formes de médiation technologique (Robinson et Schulz, 2009). Les travaux des années 1990 se concentraient principalement sur internet en tant qu'espace de connexions où la culture est performée, également perçue à travers les artefacts qui composent le réseau informatique (Hine, 2000). Avec l'avènement du Web 2.0, les recherches des années 2010 ont surtout porté sur le transfert des méthodologies classiques vers des terrains en ligne (Kozinets, 2009 ; Jouët & Le Caroff 2013 ; Velkovska et Relieu, 2020), ainsi que sur des approches multimodales des interactions en ligne et hors ligne (Casilli, 2014 ; Hine, 2015 ; boyd, 2015 ; Hoang *et al.*, 2021). Cette transposition de méthodes traditionnelles vers des approches nativement numériques prend en compte les caractéristiques distinctives des infrastructures, des données, des pratiques et des outils dématérialisés.

Capturer visuellement le terrain

Les médias ne sont pas seulement un objet d'étude pour l'anthropologie, mais aussi des instruments de recherche pour l'anthropologue La démarche ethnographique se caractérise par une palette de techniques d'enquête, parmi lesquelles l'observation participante (souvent de longue durée) constitue l'élément central. L'immersion prolongée permet au chercheur de partager le quotidien des acteurs et de comprendre leurs pratiques de l'intérieur. Durant son enquête de terrain, le chercheur réalise des entretiens, formels et informels, et construit un corpus empirique, incluant des récits de vie, des notes d'observation, des documents visuels ou audio, et parfois même des artefacts. Un autre aspect fondamental des « ficelles » de ce métier réside dans la manière de restituer les résultats de cette recherche (Becker, 1998). La monographie, format traditionnel de l'anthropologie, requiert une description détaillée et située des pratiques et des contextes étudiés. Ce format permet au chercheur de proposer une explication tout en respectant l'autorité des acteurs sur leur propre culture. Il s'agit alors de proposer une analyse scientifique qui respecte les expériences et les récits des participants.

L'usage de la photographie et du film est devenu, au fil des années, une pratique usuelle dans les enquêtes de terrain, permettant de documenter les pratiques et interactions observées. Pendant la

Carte postale de l'exposition des Tcherkesses caucasiens au Jardin d'acclimatation à Paris, 1913.

période coloniale, la photographie est mobilisée pour figer l'image de l'Autre en tant que « sauvage » et « primitif » (Sealy, 2019). Cette mise en scène des catégories raciales trouve un fort écho en France avec l'installation des « zoos humains », dispositifs conçus pour divertir les populations européennes aux dépens des populations arrachées à leur territoire (Blanchard *et al.*, 2011). L'usage de la photographie pour représenter ce qui serait « naturel » a contribué à façonner la figure problématique du « témoin modeste » : celui qui voit tout sans être vu (Haraway, 2003). Autrement dit, le chercheur-photographe, positionné derrière l'objectif, se considère comme un témoin absent de la scène qu'il capture. Pourtant, l'absence de son corps dans l'image n'efface en rien sa responsabilité, ni ses limites, dans le processus de définition de ce qui est reconnu comme savoir et des populations sur lesquelles ce savoir est produit.

XXVIIIèmes Rencontres des tambours, Messe des Quilombos, Centre de Culture Noire Raimunda Ramos, Macapa, Brésil 20 novembre 2023, Maksuel Martins/GEA, CC-BY-3.0

Certains objets de l'anthropologie, tels que les rites, constituent eux-mêmes des systèmes visuels, riches en symboles et en significations, que les outils médiatiques peuvent capturer. Par exemple, Pierre Verger[1] a capturé dans ses clichés la vie quotidienne, les rites et les traditions de diverses communautés en Afrique de l'Ouest et en Amérique latine. Son travail met particulièrement en lumière les liens profonds entre l'Afrique et ses diasporas, en se concentrant sur les pratiques religieuses, en particulier le candomblé, une religion d'origine africaine pratiquée au Brésil. Par l'image, il a illustré les pratiques spirituelles, les rituels et la transmission des savoirs culturels entre les deux continents.

1 Photographe et ethnologue français (1902-1996).

L'écrit perd là son monopole en tant que forme exclusive de restitution ethnographique. Les formats multimédias ne sont pas de simples paraphrases de l'écriture scientifique : ils incarnent un véritable saut discursif et, en s'appuyant sur des formats visuels et interactifs, ils enrichissent la compréhension de la réalité. En ce sens, Jérôme Denis et David Pontille (2013) soulignent que l'usage de la photographie en ethnographie amorce déjà un premier mouvement d'analyse. Par exemple, la capture visuelle permet au chercheur de revisiter ses données « autant de fois que nécessaire » pour découvrir des éléments qui n'étaient pas perçus comme significatifs lors de la collecte initiale.

Le film, tout comme la photographie, est constamment réinterprété et réévalué selon l'évolution des critères de représentation. De ce fait, bien qu'il puisse être daté, il n'a pas d'âge et reste toujours inachevé, prêt à être revisité. Cependant, ces formes visuelles posent un problème de temporalité : elles figent le réel, ou pour reprendre l'expression de Roland Barthes, elles « embaument » la réalité (Colleyn, 2012). Cette mise en arrêt du temps peut être à la fois une force et une limite, car elle prive l'observateur de l'ambiguïté et de l'imprévu inhérents à l'expérience vécue. Le cinéma documentaire, par exemple, offre des possibilités intéressantes pour restituer une part de cette expérience. Néanmoins, il n'échappe jamais totalement à la mise en scène, risquant d'appauvrir la réalité qu'il cherche à capturer. En effaçant toute place pour l'ambiguïté, l'imprévu ou l'anormal, il peut parfois trahir la richesse complexe de la « vie réelle », des aspects paradoxalement essentiels à la compréhension anthropologique.

En plus de son carnet de terrain, l'anthropologue est désormais équipé d'un dictaphone, d'un appareil photo et d'une caméra vidéo. L'individualisation, la miniaturisation et la baisse des coûts ont facilité la démocratisation de ces outils, ouvrant la voie à de nouvelles possibilités d'usage. Parmi ces « nouveaux outils », le *smartphone* est prééminent, permettant de capturer et d'archiver avec une grande facilité des matériaux empiriques plus variés (Da Silva, 2024) : des images, des captures d'écran, des fichiers audios et des vidéos. Comme le soulignent Thomas Cornillet et Caroline Datchary (2020), « dès lors que le terrain n'est plus capté visuellement et retranscrit dans un carnet, mais directement capturé sur un écran », cela exige du chercheur de prendre en compte cette médiation (de plus) au moment de restituer ses résultats. Cette transformation du processus d'observation soulève des questions sur la nature même de l'expérience ethnographique et sur ce que les technologies numériques produisent sur la délimitation du terrain. Les questions de recherche sont ainsi de plus en plus dépendantes des compétences techniques (comme le code) dont dispose le chercheur.

Publics, médias et attentats

Cristian Monforte Rubia

Les attentats terroristes qui ont secoué les métropoles européennes au milieu des années 2010 sont décryptés et interprétés comme des « évènements monstres » au sens de l'historien du contemporain Pierre Nora (1972, 2015). Ils ont été l'objet de si forts élans de solidarité nationale et internationale que ces évènements médiatisés sont l'occasion unique d'explorer *in situ* la fabrique des différents publics concernés par ces actes de violence.

Ainsi, si la notion de public est généralement associée à une dimension quantitative et qualitative[1], ce chapitre propose de définir brièvement les différents publics issus des attentats et d'analyser le rôle des médias dans leur formation. Pour aborder cette question, nous nous appuierons sur une revue de la littérature existante et sur l'analyse de deux cas : les attentats de Paris en 2015 et ceux de Barcelone en 2017.

Cette réflexion s'inscrit dans la continuité des travaux effectués en sciences politiques et sociales sur les régimes de réaction aux évènements terroristes, la médiatisation des attentats ou les contre-discours qui peuvent être véhiculés, par exemple, à partir des réseaux socio-numériques. Pour ce faire, nous nous focaliserons sur la formation de publics de citoyens affectés par les attentats dans la mise en récit médiatique de ces évènements.

Ainsi, si des publics citoyens se forment après un attentat, quelles en sont les caractéristiques et comment les médias contribuent à la formation de ces publics de citoyens ?

Publics et attentats terroristes corrélés par les médias

Le terrorisme peut être défini comme un ensemble d'actes visant « à semer la terreur et à marquer les opinions publiques tout en établissant comme destinataires finaux de leurs actes les États (les instances et les pouvoirs politiques) et les sociétés (les citoyens) » (Garcin-Marrou & Hare, 2018 : 21). Dans cette perspective, l'attentat peut être conçu comme un objet de discours (Truc, Le Bart & Née, 2018) et comme un acte de communication (Garcin-Marrou, 2001) adressé à l'opinion publique du territoire attaqué.

Dès lors, les médias jouent un rôle important dans la mise en visibilité et la circulation dans l'espace public de ces actes de violence. Une fois constatée la « rupture » (Arquembourg, 2003) provoquée par l'attentat, les médias proposent différents « cadres interprétatifs » (Truc, 2016) sur l'évènement. Ces opérations médiatiques ont la capacité d'élargir le « champ de concernement »

Vue de la zone du 11e arrondissement interdite aux badauds par la police après la fusillade au siège de *Charlie Hebdo*. Photographie : Thierry Caro / Jérémie Hartmann
License : CC-BY-SA-4.0

(Truc, 2016) des attentats au-delà de ceux qui en sont directement témoins ou victimes. C'est donc à partir de sa monstration et médiatisation que l'attentat arrive à des audiences massives et qui forment et conforment, par la suite, des publics de citoyens affectés par ces évènements.

Un public de citoyens affectés

De manière générale, un conflit engendre des mouvements de solidarité citoyenne, politique ou sociale (Collins, 2004). De même, les semaines suivant des attaques terroristes se caractérisent par un « effet fédérateur » (Truc, 2016) autour de communautés d'affectation supposées stables à l'échelle nationale et internationale. Du « Nous sommes Charlie » des attentats à Paris en janvier 2015 au « Nous n'avons pas peur » de Barcelone en 2017, ces expressions de solidarité se forment autour d'un « Nous » sociétal qui est véhiculé, principalement, par les récits et discours médiatiques. Les citoyens deviennent ainsi le principal public d'affectation des attentats, aux côtés des victimes et des rescapés de ces attaques.

Le Premier ministre espagnol, Mariano Rajoy et le roi d'Espagne devant la foule réunie après les attentats de Barcelone. Espagne, 18/08/2017, photo Alamy

Ainsi, et dans la mesure où l'attentat constitue une mise à l'épreuve du corps social et de sa stabilité, des publics de citoyens émergent dès que l'attentat est relayé par les médias (Truc, 2016). Ces publics se caractérisent par leur nature de collectif en construction, formés par des processus multiples d'interaction et de communication autour d'enjeux et de problématiques communes (Céfaï et Pasquier, 2002). De même, ils sont particulièrement liés aux rituels de deuil publics, à l'expression des capacités de résilience collective et aux « moments

1 À ce sujet, voir les notices de Cécile Méadel « Mesures du public », de Jaércio da Silva « Data et médias » et d'Alan Ouakrat « Les métriques en temps réel, un journalisme augmenté par la technologie ? ».

manifestants » (Truc, 2016) particulièrement médiatisés tels que les rassemblements et manifestations post-attentat. De ce fait, les médias jouent un rôle crucial dans la configuration et la structuration de ces publics : en relayant l'évènement, ils agissent comme des nœuds de connexion entre individus distants et comme des espaces de discussion des problématiques communes.

Ainsi, comme le signale Gérôme Truc, l'importance des médias réside dans leur capacité à raconter l'évènement et à induire des réactions à partir de sa mise en récit médiatique : « Il faut rappeler en effet que ce à quoi réagissent les individus qui ne sont pas directement victimes ou témoins d'un attentat, quand ils y réagissent, n'est pas l'attentat en lui-même, mais ce qu'ils en perçoivent au travers des médias » (Truc, 2016 : 37).

Enfin, il faut noter que ces publics citoyens se différencient des publics de victimes qui se caractérisent par une forte proximité à l'évènement et par un degré d'affectation fort sur le point physique et/ou psychologique. En suivant l'approche proposée par Gérôme Truc (2021 : 160), ils peuvent être considérés comme un « public de citoyens affectés » des attentats. Le public est ici conçu au sens de John Dewey, à savoir, un ensemble d'individus « indirectement et sérieusement affectés » par les conséquences d'un même évènement (Dewey, 2010 : 117). Les publics citoyens quant à eux apprennent l'évènement par le biais des médias (y compris les réseaux socio-numériques) et par un niveau d'affectation indirecte en comparaison avec les victimes, les témoins directs ou les rescapés des attaques.

Public exemplaire et médiatisation des émotions

Comme en témoignent les études menées par Cristina Sánchez-Carretero[2] dans le cadre du projet Archivo del Duelo après les attaques de Madrid, les travaux de Maëlle Bazin (2018) à la suite des attentats de Paris en janvier 2015, et plus récemment les recherches sur les attaques de Barcelone en 2017, des phénomènes spontanés de mobilisation citoyenne émergent rapidement après un attentat. Ces mobilisations se concentrent souvent autour de mémoriaux éphémères ou spontanés, considérés comme des espaces à forte charge performative (Monforte, 2023) et bénéficient d'une couverture attentive de la part des journalistes. Ainsi, érigés comme de véritables « autels spontanés » (Santino, 1992), ces mémoriaux s'établissent comme des espaces de deuil et de recueillement afin d'honorer la mémoire des victimes et d'exprimer plusieurs formes de solidarité et de résilience collectives. En parallèle, la médiatisation de ces pratiques de deuil et de solidarité – intrinsèquement liées à l'expression de l'émotion populaire – permet de configurer l'image d'un public de citoyens exemplaire des attaques. Cette catégorisation repose sur l'idée que certains individus ou groupes d'individus sont présentés en tant que modèles de réaction ou de comportement face à la violence terroriste.

Ainsi, si les médias mettent en scène la mobilisation citoyenne post-attentat et les émotions collectives qui y sont liées (Lefébure & Sécail, 2016), ils participent également à encadrer les réactions et l'expression des émotions populaires. Cela se traduit principalement par la prolifération d'images d'unité et de fédération nationale, comme lors des marches républicaines de 2015.

Cela s'observe principalement par la prolifération d'images d'unité et de fédération nationale, comme lors des cortèges de 2015, ou par la mise en avant d'un mot d'ordre spécifique présenté comme un élément fédérateur, à l'instar des opérations de mise en récit médiatique menées par les médias catalans et espagnols (presse écrite et télévision) à la suite des évènements du 17 août 2017 autour du slogan « No tinc por » (je n'ai pas peur).

Émergence de contre-publics

Une dernière dimension du public reste à creuser en lien avec les différents régimes de réactions publiques face aux évènements terroristes. Si les médias jouent un rôle clé dans la formation de publics de citoyens engagés et solidaires, voire exemplaires, ils contribuent également à la formation de « contre-publics » (Fraser, 1992) de ces évènements. Dans le prolongement de l'approche proposée par Nancy Fraser, Romain Badouard (2016) souligne que ces contre-publics se forment en opposition aux discours dominants des médias et de l'espace public, cherchant à faire entendre et à publiciser, notamment *via* les réseaux socio-numériques, des opinions alternatives ou marginalisées dans les discours politiques ou médiatiques.

Ces contre-publics peuvent ainsi revendiquer une expérience de deuil alternative, une composante idéologique forte – comme ce fut le cas des attentats de Barcelone 2017 en lien avec les questions identitaires et territoriales – ou un rapport différencié avec les discours politiques et médiatiques prédominants – comme lors des attentats visant la rédaction de *Charlie Hebdo* et les divergences autour du mot d'ordre #JeSuisCharlie. Dès lors, ces contre-publics mettent en lumière la diversité de publics que l'attentat génère et les régimes de solidarité différenciés au sein d'une même société victime d'un évènement grave.

Pour conclure, dans nos sociétés démocratiques contemporaines la fabrique de l'évènement s'est rapidement tournée vers les médias. Érigés comme des véritables usines à mythes et à légendes, les médias ont la capacité d'élargir le champ de concernement d'un évènement et de créer de véritables communautés d'affectation au-delà de ceux qui en sont directement touchés ou affectés. Le lien entre médias et attentats – ou régimes évènementiels – surpasse la seule dimension narrative : la configuration et la revendication de publics de citoyens affectés, de publics exemplaires ou l'apparition de contre-publics sont fortement liées aux mises en récit médiatiques de tels évènements. Dès lors, pour comprendre les publics d'un évènement, il est essentiel d'examiner et interroger la manière dont cet évènement a été mis en récit par les médias, quels cadres interprétatifs ont été proposés et comment ils ont circulé au sein de l'espace public de la société touchée.

2 (2011) *El archivo del duelo: Análisis de la respuesta ciudadana ante los atentados del 11 de marzo en Madrid*, Madrid, CSIC.

Pourquoi encore étudier le public des séries ?

Manon Cerdan

Le feuilleton, ancêtre de la série est aussi, dès les années 1939, un genre radiophonique. Ici évocation d'un des plus célèbre, *La famille Duraton*, qui tous les jours pour ses auditeurs évoque à la fois la vie quotidienne de ses personnages et l'actualité. Ciné-Miroir, 25 août 1939

Pour celui ou celle qui se lance dans des études en sciences de l'information et de la communication, la tentation est grande de travailler à partir d'objets qui sont à ses yeux familiers, agréables à consommer. Les SIC permettent ainsi d'étudier des objets de la culture populaire qui apparaissent comme un moyen intéressant pour approcher des questions de société par une voie détournée. Les séries télévisées en sont une parfaite illustration et la littérature scientifique est riche d'exemples d'études de réception menées auprès des publics de séries. Pourquoi alors encore étudier le public des séries si tout a été déjà dit? Certes les séries sont victimes de préjugés, « nouvel opium du peuple produit en masse par les industriels de la télévision » (Glevarec & de Saint Maurice, 2017 : 181), ce qui aurait pu laisser penser que la mode des séries finirait par s'essouffler, un produit de masse en remplaçant un autre pour satisfaire un besoin permanent de nouveautés. Or les consommateurs sont demandeurs de ce format, comme en témoignent les derniers résultats de la plateforme Netflix, dont les résultats du nombre d'abonnés du deuxième trimestre 2024 sont supérieurs aux attentes, dopés par la sortie de la saison 3 de la série à succès *La Chronique des Bridgerton*. La série n'est donc pas qu'un effet de mode mais une autre façon de consommer de la fiction audiovisuelle qui pénètre nos modes de vie. L'objet apparaît donc comme légitime à être étudié du fait de l'engouement qu'il continue de susciter auprès des audiences. Pourquoi les publics s'intéressent tant aux séries télévisées et qu'est-ce qui précisément suscite cet intérêt? De façon subsidiaire, d'autres interrogations apparaissent : qu'est-ce que cela révèle des publics? Comment les consomment-ils? Comment en parlent-ils?

De « public » à « réception »

Comment définir le public? Ce concept protéiforme n'offre pas de définition unilatérale et donne lieu à plusieurs modèles théoriques (Esquenazi, 2003 : 4). Pour avancer dans la réflexion, il faut préalablement « saisir l'objet dont il y a public pour pouvoir discerner ce dernier » (*ibid.* : 3), c'est-à-dire que la façon de définir le public est liée à la série et au dispositif de recherche. Selon le public choisi, une tradition théorique vient éclairer sa définition. Cette première pierre posée, nous pouvons donc dire que le public ne peut aller sans l'objet mettant également au jour l'idée d'une relation à étudier. En l'occurrence avec une série, il s'agira à ce stade de répondre aux questions : Pourquoi cette série ? Pourquoi ce public (selon celui qui sera délimité pour l'étude) ? Pourquoi ce public avec cette série ? Plutôt que de relation, on parlera d'activité qui suppose un « récepteur non seulement actif, mais fortement socialisé [...] dans un contexte caractérisé par l'existence de communautés d'interprétation » (Dayan, 1992 : 145). Passer de la notion de public à la notion de réception permet de clarifier les choses : « on ne cherche plus à comprendre ce que le contenu fait au public (ou, plus moderne, ce que le public fait au contenu) mais ce que le public fait du contenu » (Méadel, 2015 : 262). Comment donc enquêter sur ce que ce public fait de ce contenu ?

Hélène Rollès, rôle-titre de la série *Hélène et les garçons*, comédienne et chanteuse, ici interviewée en 2024 sur Instagram par Lou.

Recueillir les données

Ce sont des questions de méthodologie que l'on se pose aux prémices d'une étude de réception : doit-on observer les téléspectateurs lorsqu'ils regardent la série et les écouter quand ils en parlent ? Est-il préférable de passer par l'écrit en utilisant des questionnaires auto-administrés ? Comment les fait-on s'exprimer ? Faut-il leur montrer la série pour qu'ils en discutent ? Ou tente-t-on de trouver le public de cette série spécifique (où le trouver alors, est-il *le* public ou juste *un* public parmi d'autres de cette série) ? Doit-on montrer une saison en entier ou juste quelques épisodes, voire quelques extraits ?

La méthode choisie dépend de plusieurs paramètres (accès au terrain, conceptualisation de l'objet de recherche, temps imparti) et peut être hybride. Par exemple, Dominique Pasquier (1999) a travaillé à partir du courrier des fans pour comprendre comment la série *Hélène et les garçons* était un phénomène auprès des jeunes afin d'analyser « la manière dont ils utilisent la télévision pour repenser le monde qui les entoure » (1999 : 7). Elle complète avec un « questionnaire diffusé auprès des collégiens et des observations dans les familles » (*ibid.*) pendant qu'ils regardent ensemble la sitcom. La chercheuse rencontre un public déjà existant qu'elle observe à travers ses écrits et qu'elle questionne *a posteriori*. Autre exemple avec Sabine Chalvon-Demersay (1999) qui réalise

Mème évoquant l'impact émotionnel de la série Wynonna Earp sur les spectateurs

son enquête au fur et à mesure de la diffusion à la télévision des épisodes de la série *Urgences*, lui permettant d'observer la relation à la série en train de se faire. Elle interroge plusieurs publics et, pour certains, elle les constitue artificiellement en regardant « pendant dix jours de suite tous les épisodes de la première saison avec un chef de service » et en allant « regarder *Urgences* avec des internes dans des hôpitaux des soirs de garde » (1999 : 255). En d'autres termes, elle les invite à regarder la série avec elle, ou plutôt elle s'invite avec eux, mais c'est elle qui crée le moment de visionnage et donc qui crée le public (qui peut-être n'aurait pas regardé sinon, ou aurait regardé dans d'autres conditions); elle en passe donc par la technique du *focus group* qui a connu en matière d'étude de réception abandon et réhabilitation au fil des années (Le Grignou, 2003 : 80).

Guillaume Le Saulnier (2011) de son côté va à la rencontre de policiers dans les commissariats, sur leur lieu de travail, pour leur demander s'ils regardent et comment ils regardent les séries policières. Son dispositif d'enquête combine entretiens individuels semi-directifs, questionnaires auto-administrés et observations *in situ* (2011 : 119). La méthode est *a posteriori*, de même que chez Dominique Pasquier, néanmoins il ne se concentre pas sur une série particulière, mais sur un genre. Son but n'est pas d'étudier la relation de certains individus à une certaine série, mais à un ensemble de séries qui les représentent fictionnellement pour comprendre ce qu'ils font de ces représentations dans leurs pratiques professionnelles.

Enfin, une autre méthode peut être l'ethnographie en ligne auprès des communautés de fans. Ainsi, à partir du constat d'une vague de décès de personnages lesbiens dans les séries américaines de 2015-2016, Mélanie Bourdaa (2020) décide d'enquêter en ligne sur les réactions des fans à cette hécatombe. Sa position est alors bien différente des précédentes recherches car elle ne se rend pas visible, elle est simple observatrice. À la différence de Pasquier qui travaille également sur des traces écrites mais qui sont en quelque sorte figées par le format courrier, Bourdaa peut observer des fans qui se répondent et se mettent en mouvement pour agir en ligne. Pour ce faire, elle a « intégré la communauté des fans des deux séries [*The 100* et *Wynonna Earp*] en suivant les débats, discussions et conversations sur les plateformes numériques Twitter, Tumblr, et DeviantArt » (2020 : 75). Elle a complété avec un questionnaire qu'elle a fait circuler sur les réseaux sociaux puis elle a « mené des entretiens par échanges de mails avec des fans » (2020 : 76).

Des manières de construire une grille d'analyse

Pour organiser le matériau de recherche ainsi récolté, il peut être utile de s'appuyer sur des grilles d'analyse déjà existantes. Stuart Hall dans son célèbre article « Codage/décodage » (rédigé en 1973 et traduit en français en 1994) propose de classer les différents types de lectures des publics selon trois codes : hégémonique-dominant, négocié ou oppositionnel. Il met ainsi en évidence la résistance des publics aux messages véhiculés par ceux qui les émettent. Elihu Katz et Tamar Liebes (1993), du courant des usages et gratifications, proposent une autre grille à partir de la série *Dallas* qui permet d'aller plus loin sur la question du rapport à la fiction. Leur étude de réception est par ailleurs critiquée pour son manque d'attention aux caractéristiques sociales des différents groupes qu'ils interrogent et qu'ils réduisent, peut-être trop rapidement, à leur appartenance ethnique (Le Grignou, 2003 : 81), montrant là l'importance de pointer les caractéristiques (sociales, genrées, etc.) des publics interrogés pour éviter les erreurs d'interprétation. Enfin, pour l'enquête ethnographique en ligne à partir des communautés de fans, on peut utiliser la grille établie par Josiane Jouët et Coralie Le Caroff (2013) pour mettre au jour les différents registres discursifs mobilisés, comme l'ont fait Marta Lopera-Mármol et Marine Malet (2022) pour analyser la réception de la série *Atypical*.

Une série télévisée qui évoque un sujet tabou : l'amour entre personnes âgées, de surcroît en EPAHD. *Septième Ciel*, par Clémence Azincourt et Alice Vial, diffusée en 2023 sur OCS.

En conclusion, il ne s'agit plus de discuter de la légitimité des séries et de leur étude, « tant les séries ne présentent pas que des personnages stéréotypés, [...] ne lobotomisent pas les téléspectateurs, [...] ne sont pas de la sous-culture » (Sepulchre, 2017 : 9). Néanmoins, au-delà d'être un objet de recherche en soi, les séries peuvent constituer un levier de soutien affectif, car elles permettent de faire parler les individus, qu'ils soient publics existants ou créés, en permettant d'aborder des sujets autrement difficiles à aborder. La « conversation télé » autour des séries sert alors de « sas pour faire pénétrer en toute sécurité des éléments des différents univers d'appartenance non professionnels des acteurs » (Boullier, 2004 : 59), et, pour cette raison, constitue un objet qui a encore de beaux jours devant lui en matière de recherche académique.

Plus belle la vie, une mobilisation sérielle

Héloïse Boudon

Le décor du Mistral de la série *Plus Belle La Vie* a été construit dans les studios du Pôle média de la Belle de Mai à Marseille. Le concepteur, Michel Blaise, s'est inspiré du quartier marseillais du Panier. Photo : Superbenjamin / CC-BY-SA 3.0

Lorsque *Plus belle la vie* (*PBLV*) voit le jour en 2004, la fiction française fait pâle figure : à l'heure de la *Quality TV*, les recettes éculées des productions françaises rebutent un public devenu de plus en plus exigeant. Dans ce contexte, la réorganisation des méthodes de travail apparaît comme une condition du renouvellement des séries : la remise en question du modèle auctorial, hérité de la Nouvelle Vague, devient la pierre angulaire de l'évolution des pratiques. S'inspirant largement des productions anglo-saxonnes, deux formes prennent de l'ampleur dans l'audiovisuel français : d'une part, des feuilletons empruntant aux codes du *soap opera* et d'autre part, des séries dites « de qualité » s'inscrivant dans la droite ligne de leurs homologues américaines. Dans ce contexte, le genre du *soap* intéresse en premier lieu France 3 qui cherche simultanément à se démarquer des chaînes concurrentes et à développer une fiction à la fois citoyenne et transgénérationnelle (Lafon, 2012). Le feuilleton est envisagé à l'aune des missions de service public et convoque la figure supposée du citoyen-téléspectateur (Livingstone, Lunt & Maigret, 1994), renforcée par un attachement fidèle au feuilleton (Eloy, François & Mille, 2021).

Les caractéristiques de l'univers diégétique

Au confluent de la revivification de la fiction et des impératifs du Cahier des charges de France Télévisions (Jost, 2010), *PBLV* fait donc ses débuts en août 2004 et met en scène la vie ordinaire du « Mistral » un quartier fictif de Marseille inspiré du Panier. La fiction mobilise un large éventail de personnages, censés représenter la société française dans sa diversité, qui vivent, s'aiment et se déchirent au gré de l'actualité de la sphère publique nationale. S'il connaît des débuts précaires, le feuilleton s'impose rapidement comme une émission phare de la chaîne et gagne ses galons de fiction à succès avant de s'achever en novembre 2022[1]. Pourtant *PBLV* ne relève pas *stricto sensu* du genre du *soap* : devant les audiences décevantes, les auteurs ajoutent une dimension policière et spectaculaire, traditionnellement absente de ce genre (Le Naour, 2013). Le feuilleton recourt à certaines ficelles caractéristiques, le *cliffhanger*[2] notamment, mais les personnages ne se livrent pas à d'interminables gloses sur les situations ; il propose une succession ininterrompue d'intrigues rocambolesques, tandis que la vie privée des personnages ne concerne finalement qu'une part réduite de la fiction. Davantage qu'une transposition calquée, *PBLV* offre donc une interprétation libre du genre du *soap* et se réapproprie les codes tout en les transgressant.

Outre les personnages, la topographie et le cadre géographique participent de la stabilisation de l'univers diégétique : le feuilleton revendique une inscription circonscrite dans la ville de Marseille. Cet ancrage urbain demeure relatif car, malgré quelques scènes tournées en extérieur dans des lieux emblématiques de la ville, la majorité des décors est reconstituée dans les studios de la Belle-de-Mai construits pour l'occasion. Par ailleurs, le quartier s'organise en un espace fermé, articulé autour d'une place sur laquelle donnent différents commerces, cadres récurrents des scènes des épisodes. Le quartier fonctionne en vase clos, les relations se nouent et se dénouent entre les habitants, qui pour la plupart, vivent et travaillent dans cet espace restreint. Davantage qu'une représentation réaliste, le feuilleton présente une condensation de stéréotypes relevant d'une imagerie marseillaise partagée en tant que représentation collective (Bryon-Portet, 2012). En ceci, le mode de représentation adopté par le feuilleton se situe du côté de la « rhétorique de l'image » et l'ancrage topographique dans la ville de Marseille relève de la « marseillanité » (Barthes, 1964). Au-delà d'un strict cadre topographique, le quartier marseillais matérialise une « philosophie du juste milieu » et de la tempérance pouvant s'apparenter à un « catéchisme républicain » (Corroy, 2010). L'univers diégétique offre le spectacle d'une société, microcosme fédéré et uni par l'amour de son prochain.

Une industrialisation de la production

En France, si le processus d'écriture demeurait collectif, les pratiques relevaient davantage de l'artisanat, fondées sur des appréciations empiriques et intuitives, que d'une véritable intention rationnelle

1 La série a toutefois repris sa diffusion en 2023 sur TF1, avec un titre légèrement différent (*Plus belle la vie, encore plus belle*).

2 Le *cliffhanger* désigne un dispositif narratif où l'action est laissée en suspens à la fin d'un épisode ou d'une saison, afin de permettre un investissement accru du spectateur, laissé en attente de résolution de l'intrigue.

Sondage sur X (ex-Twitter) afin de faire réagir les internautes

(Chalvon-Demersay & Pasquier, 1993). Afin de pallier ce déficit d'organisation, l'importation des techniques anglo-saxonnes ouvre une voie pour les concepteurs. *PBLV* inaugure la formule. La division verticale conduit à un fractionnement intense du processus créatif ainsi qu'à une extrême hiérarchisation de l'activité (Mille, 2024). Supervisés et encadrés par des « directeurs », émissaires des producteurs et du diffuseur, les personnels créatifs appliquent avant tout les directives (Mille, 2016). Les « directeurs » sont présents depuis les débuts du feuilleton et à même de préserver l'esprit et la « formule sérielle ». Lors de l'écriture des scénarios, l'équipe de scénaristes, composée d'une quinzaine d'individus, est scindée en deux ateliers chacun en charge d'un volet : le séquencier conçoit un résumé des cinq épisodes de la semaine, le second les dialogues.

La stricte division des tâches conduit à la recomposition des territoires professionnels pour les acteurs et surtout met en exergue des conflits larvés qui reflètent les disparités de la profession. Le personnel d'écriture est fréquemment renouvelé, généralement employé pour de courtes durées mais de manière récurrente, au point de faire office de « pépinière » pour les scénaristes frais émoulus (Béliard & Lécossais, 2020). La plupart des scénaristes font office de petites mains, s'attelant aux intrigues secondaires, alors que le directeur d'écriture se consacre surtout à la trame principale, le plus souvent une arche policière. Si les conflits au sein des équipes sont récurrents, c'est davantage la rivalité et la différence de point de vue entre les ateliers « séquencier » et « dialogues » qui créent des tensions. Les premiers pensent avant tout aux rebondissements et aux péripéties, les seconds s'attachent d'abord à la cohérence des personnages ainsi qu'à leur psychologie. Enfin dans cette distribution rigide des attributions, les réalisateurs voient leurs prérogatives réduites comme peau de chagrin : supervisés par un directeur artistique, ils sont également bridés par les codes esthétiques du feuilleton, décidés en amont.

Dès lors, les scénaristes créent des récits plausibles en intégrant plusieurs intrigues et des éléments d'actualité, afin de soutenir la vraisemblance du feuilleton. Ainsi, PBLV mise sur les émotions des personnages pour maintenir l'illusion de réalité ainsi que l'inscription dans un agenda national, en corrélant temporalités nationale et fictionnelle. Enfin, le feuilleton s'est progressivement imposé comme un outil de communication publique, participant des hommages nationaux ou relayant des discours institutionnels, parfois à la manière d'un « placement d'idées ».

Médiactivisme

Gaël Stephan

Marche blanche à la mémoire de Nahel M. à Nanterre, 29 juin 2023.
© Léonard Boubet

Les médias dominants font l'objet de critiques récurrentes portant tout à la fois sur les dynamiques de concentration qui touchent le secteur, la monopolisation de la parole par un nombre réduit d'acteurs (journalistes et experts), la spectacularisation croissante du traitement de l'information, etc.

C'est justement pour étudier les acteurs porteurs de ces discours critiques que les sociologues Dominique Cardon et Fabien Granjon emploient le néologisme « médiactivisme ». Cette notion renvoie à l'ensemble des « mobilisations sociales progressistes qui orientent leur action collective vers la critique des médias dominants et/ou la mise en œuvre de dispositifs alternatifs de production d'information » (2013 : 8). Une telle définition présente l'avantage de prendre en compte une variété d'opérations critiques prises en charge par différentes catégories d'acteurs. Les médias initiés par des partis politiques et des organisations syndicales afin de se faire le relai de leurs positions et de leurs luttes s'insèrent ainsi parfaitement dans cette logique. Il en va de même pour les mouvements contestataires qui naissent au sein de la profession journalistique et appellent à des réformes profondes de l'organisation des médias. Par-delà ces dimensions, le médiactivisme concerne aussi des mouvements issus de la société civile, à travers la constitution de groupes de surveillance du travail des journalistes, ou encore la création de médias alternatifs cherchant à se distinguer des médias dominants par leurs contenus proposés ou à travers les formes organisationnelles qu'ils adoptent.

Les deux auteurs distinguent deux principales orientations dans la critique des médias dominants portée par ces différentes initiatives : la critique « contre-hégémonique » et la critique « expressiviste ».

Amateurs, influenceurs, journalistes professionnels pendant les manifestations contre la Réforme des retraites à Paris, place de la Nation, 2023.
© Léonard Boubet

La critique qualifiée de « contre-hégémonique » place au cœur de ses préoccupations la structure de propriété des entreprises médiatiques. Des impératifs économiques et industriels s'imposeraient au cœur des rédactions, compromettant leur capacité à produire une information de qualité servant aux intérêts des citoyens. La fonction propagandiste alors assumée par les médias dominants appellerait à l'édification de contre-pouvoirs médiatiques échappant aux pressions économiques qui pèsent sur le secteur : renforcement des médias de service public, développement de modèles économiques permettant de s'affranchir de la publicité et des contraintes associées à l'audimat, etc. Fondée à l'issue des mouvements sociaux de 1995 par des chercheurs en sciences sociales, des journalistes et des citoyens, l'association Action-critique-médias (Acrimed) est exemplaire de cette critique « contre-hégémonique ». En qualité d'observatoire du secteur, son action consiste en effet à produire des analyses engagées dont l'objet est de souligner les dérives des médias et journalistes dans la couverture de certains évènements. L'association produit aussi chaque année une cartographie visant à restituer la structure actionnariale des principaux groupes de médias français, un travail qui a pour bénéfice de souligner les dynamiques de concentration à l'œuvre, ainsi que l'omniprésence d'acteurs issus de secteurs bien éloignés du monde médiatique (assurance et banque, groupes industriels, etc.).

De son côté, la critique dite « expressiviste » dénonce la concentration du pouvoir de représentation et de symbolisation dans les mains d'un nombre réduit d'opérateurs, ainsi que le fait que la production de l'information tend à écarter de multiples voix des médias dominants. L'implication d'individus ordinaires dans le processus de mise en mots et en images de la réalité sociale est alors promue car pensée comme un instrument permettant de créer un nouveau rapport à la citoyenneté. Dans le cadre français, l'exemple du *Bondy Blog* (Sedel, 2011) illustre parfaitement cette logique – et ce en particulier dans la période précédant sa relative institutionnalisation, entre 2005 et 2007. Initié par des journalistes qui s'en sont rapidement désengagés, ce projet a constitué un espace de témoignage pour des jeunes diplômés issus des quartiers populaires et d'ordinaire écartés des médias *mainstream*. Ce faisant, le blog a donné à ces populations la possibilité d'intervenir dans la fabrication de l'évènement relatif aux quartiers populaires, capacité qui leur échappait cruellement jusque-là. En adoptant des formes de subjectivité, en s'affranchissant des hiérarchies de l'information, en traitant de sujets relevant de la vie quotidienne et en recrutant ses rédacteurs parmi les habitants de quartiers populaires de Seine-Saint-Denis, ce projet s'est pleinement inscrit dans les dynamiques propres au journalisme alternatif tel que défini par Chris Atton (Atton & Hamilton, 2008).

Ces deux critiques mises au jour par Dominique Cardon et Fabien Granjon apparaissent *a priori* comme incompatibles. On observe en effet que toutes les deux n'entretiennent pas le même rapport aux médias dominants. Si l'on reprend la distinction posée par Raymond Williams (2009), la critique « contre-hégémonique » s'inscrit en effet dans une perspective oppositionnelle : elle se développe contre les médias dominants et leurs pratiques qu'elle vise à abolir ou réformer. Au contraire, la critique « expressiviste » relève de logiques alternatives : il ne s'agit pas tant de contester frontalement les médias dominants que de développer des espaces autonomes d'expression, en marge de ceux-ci. De plus, la critique « contre-hégémonique » reprend à son compte certains des principes cardinaux du journalisme et qui seraient dévoyés dans la pratique concrète des médias dominants tels que la recherche de la vérité et une revendication d'objectivité. Ceux-ci seraient dévoyés dans les pratiques concrètes des médias dominants, car incompatibles avec les contraintes économiques et managériales qui pèsent sur ces organisations. Au contraire, la critique « expressiviste » renonce à ces ambitions et se réclame plutôt d'une valorisation des subjectivités; c'est aux expériences individuelles que les médias doivent servir de plateformes.

Internet présente des propriétés particulièrement favorables au médiactivisme : « allègement des contraintes éditoriales, réduction drastique des coûts de diffusion, modèle de communication *many to many* [...], facilités de production coopérative et ouverture d'un espace de participation élargie » (Cardon & Granjon 2013 : 84). Depuis les mobilisations altermondialistes de Seattle en 1999 ayant donné lieu à la création d'Indymedia (Platon & Deuze, 2003) jusqu'au mouvement des Gilets jaunes (Bouté, 2021), le Web s'est ainsi imposé comme un outil de choix dans la critique des médias dominants et la proposition de discours alternatifs sur l'actualité. Ceci ne doit cependant pas occulter le fait que les mobilisations informationnelles n'ont pas attendu internet pour se développer : l'imprimé, la radio ou encore la vidéo ont été – et continuent à être – des vecteurs importants dans la diffusion de discours relevant des critiques « contre-hégémonique » et « expressiviste ».

Manifestation du 1er mai 2024.
© Léonard Boubet

Prolongements et discussions du médiactivisme

Depuis la publication de *Médiactivistes*, maints travaux de recherche en sciences sociales ont emboîté le pas à cet ouvrage pionnier. Conséquence de ce constat, il ne sera pas question ici de synthétiser les travaux faisant l'emploi de la notion de médiactivisme, mais plutôt de proposer quelques pistes de discussion issues de ces différentes études.

Manifestation contre la réforme des retraites, Paris, mai 2023. © Léonard Boubet

En premier lieu, les mobilisations informationnelles sur lesquelles se concentrent Dominique Cardon et Fabien Granjon consistent, nous l'avons mentionné, en des mouvements progressistes. Parce qu'ils estiment que leur analyse nécessiterait d'employer un cadre analytique radicalement différent de celui auquel ils recourent, les deux sociologues écartent de leur étude l'ensemble des opérations critiques issues de mouvements conservateurs. Les dernières années ont pourtant révélé l'importance des initiatives médiatiques issues de l'extrême droite, mettant à profit les technologies numériques pour produire et diffuser des contenus d'actualité idéologiquement orientés. Les sites et blogs concernés tirent alors profit de la défiance croissante des citoyens dans les médias conventionnels, particulièrement forte dans les démocraties occidentales : médias hyper-partisans étasuniens (Rae, 2021), médias critiques de l'immigration dans les pays nordiques (Thorbjørnsrud & Figenschou 2022) ou encore médias dits de « réinformation » dans les pays francophones (Stephan, 2022). L'étude du médiactivisme – et en particulier l'analyse de son pan « contre-hégémonique » – gagnerait aujourd'hui à intégrer ces différentes initiatives, qui draguent un trafic et une attention non-négligeables.

Une autre piste de développement, notamment suggérée par Benjamin Ferron, consiste à donner une densité sociologique plus importante à l'étude des mobilisations informationnelles en intégrant « [leurs] conditions de genèse et de structuration sociale » (2016, 22). La perspective défendue consiste alors dans le fait de dépasser l'étude des motivations qui guident la critique des médias pour concentrer l'analyse sur les propriétés sociales des acteurs impliqués dans les opérations critiques, sur les capitaux qu'ils détiennent ainsi que les positions qu'ils occupent au sein de différents champs sociaux, et notamment les champs militants et médiatiques. Les travaux portant sur les mobilisations informationnelles cherchent alors notamment à éclairer les conditions qui favorisent l'implication individuelle dans des opérations critiques, ainsi que les incidences socio-biographiques de cet engagement.

Rassemblement contre l'usage du 49.3 pour la réforme des retraites, place de la Concorde, Paris, le 26 mars 2023. © Léonard Boubet

En dernier lieu, l'étude du médiactivisme lors de ces dernières années tend à intégrer les changements structurels associés à la numérisation des sociétés et notamment l'usage croissant de la vidéo, lié tout à la fois à la miniaturisation du matériel de captation des images fixes et animées et la création d'espaces propices à leur stockage et à leur partage. Le « vidéoactivisme » consiste alors évidemment en des productions militantes, comme l'illustrent les automédias étudiés par Laurent Thiong-Kay au moment de la mobilisation écologiste s'opposant à l'édification du barrage de Sivens (2020). Mais il intègre aussi des images captées par des individus ordinaires souhaitant documenter un évènement dont ils sont témoins ou des mobilisations dont ils sont les acteurs : « des milliers de personnes dotées de petits camescopes [documentent] leur vie *et parfois les luttes qui les traversent* » (Riboni 2023 : 126, nous soulignons). Prolongeant le constat d'individualisation de la critique des médias déjà posé par Dominique Cardon et Fabien Granjon, cette dynamique invite à interroger la circulation des images et la variété des opérations qui concourent à leur politisation et à leur mobilisation dans un contexte de critique des médias.

Les contre-publics

Gulnara Zakharova

Le concept des contre-publics subalternes vient de la philosophe américaine et militante féministe Nancy Fraser (1992), mais il ne peut être appréhendé sans retracer ses liens avec le concept de sphère publique, contre lequel il se dresse. Ce concept, souvent attribué à son principal théoricien, le philosophe allemand Jürgen Habermas avec son ouvrage homonyme (1962), trouve ses origines dans les travaux d'Emmanuel Kant au XVIIIe siècle. Pour ce philosophe des Lumières, la raison humaine ne peut se développer « que dans l'espèce, mais non dans l'individu » (2011), puisque l'individu « ne peut s'arracher tout seul à la minorité [...]. En revanche, la possibilité qu'un public s'éclaire de lui-même est plus réelle » (2020). Jürgen Habermas approfondit cette idée de l'usage public de la raison en assimilant l'espace public à la sphère publique bourgeoise des sociétés anglaise, française et allemande du XVIIIe siècle, comprise comme « la sphère des personnes privées rassemblées en un public » qui est « réglementée par l'autorité » mais « directement contre le pouvoir lui-même » (1962 : 38). Dès lors, il s'agit notamment de salons et de cafés littéraires où intellectuels et savants, majoritairement des hommes aisés et bourgeois, se réunissaient pour discuter de questions de société. Selon Habermas, cet espace public aurait été en déclin en raison de l'élargissement de la sphère publique dès le XIXe siècle, avec la montée en puissance des intérêts privés en concurrence et le développement de la presse à grand tirage et de la publicité commerciale qui « génèrent une fausse conscience » et une « culture d'intégration » (Serghini & Matuszak, 2009).

Une autre vision est proposée par Hannah Arendt qui, dans *La Condition de l'homme moderne* (1958), s'inspire de l'agora grecque pour définir l'espace public. L'agora doit son nom à la place principale de la *polis* grecque où se tenaient les assemblées de citoyens pour débattre de questions politiques. L'espace public tel que le conçoit Arendt est ainsi parfaitement séparé de la sphère privée. Selon elle, la vie domestique concernerait les besoins élémentaires et n'aurait pas sa place à l'agora, et c'est la sphère politique qui serait le véritable domaine de la liberté (Clemens, 2022). Partageant avec Habermas la méfiance par rapport à l'élargissement de la sphère publique et nostalgique de la *polis* ancienne, elle voit un danger dans la dissolution du privé dans la sphère publique et dans la société de masse qui fait naître les régimes totalitaires : une société où les identités individuelles et tout sentiment d'appartenance se dissolvent dans une masse inerte, facile à manipuler (Baehr, 2007).

Des arènes discursives parallèles

Le concept des contre-publics subalternes développé par Nancy Fraser naît de sa critique de ces deux conceptions de l'espace public. À Hannah Arendt, elle reproche cette séparation rigide entre le public et le privé qu'elle estime nécessaire pour le bon fonctionnement de la sphère politique. Pour Fraser, ces frontières sont perméables, comme en témoigne la question des violences conju-

Intérieur d'un *coffee house* à Londres, XVIIe siècle, auteur inconnu. La gravure montre les débuts de l'espace public en Angleterre et la place centrale de l'écrit.

gales qui, exercées dans la sphère privée, peuvent tout à fait obtenir le statut de problème public. Pour elle, un nouveau modèle de la sphère politique est possible où cohabitent le public et le privé. À Habermas, elle reproche la prétendue égalité de personnes privées qui constituent le public et débattent ensemble du bien public, en soulignant les différences de statuts sociaux et d'accès à l'information qui empêchent cette égalité. Tout en reconnaissant l'existence des « sphères publiques plébéiennes » en réponse aux critiques d'Oskar Negt (2007) puis de Fraser, Habermas insiste que l'expansion de la sphère publique au-delà de la bourgeoisie mène à son déclin, les inégalités en son sein désormais impossibles de mettre de côté le temps du débat public – à l'inverse, elles en deviennent les sujets.

La philosophe, qui accepte l'existence de l'espace public dominant, propose le concept des contre-publics subalternes qui constituent « des arènes discursives parallèles dans lesquelles les membres des groupes sociaux subordonnés élaborent et diffusent des contre-discours, afin de formuler leur propre interprétation de leurs identités, de leurs intérêts et de leurs besoins » (Fraser, 2001 [1992] : 138). Ce concept a d'abord été appliqué aux recherches empiriques portant principalement sur des mobilisations progressistes, notamment féministes, pendant que les plateformes numériques sont devenues plus tard des arènes discursives parallèles faciles d'accès contribuant au développement de contre-discours. Désormais, certaines recherches plus récentes se concentrent sur des discours racistes et anti-égalitaires en ligne, évoquant des « contre-publics anti-démocratiques ». Cette notion, convoquée par Fraser (2001 [1992] : 139), désigne la façon dont ces contre-publics contribuent tout de même à « élargir l'espace discursif », « dans la mesure où ils naissent en réaction aux exclusions au sein des publics dominants ».

De son côté, Malin Holm (2019), chercheuse suédoise, dans sa thèse de doctorat en science politique, affirme que certains contre-publics en ligne peuvent ne pas être structurellement marginalisés, mais seulement se percevoir comme tels. Leur marginalisation serait alors basée sur leur « type d'intérêts et de besoins » qu'ils formulent en interne et expriment à destination de publics plus larges (Holm, 2019 : 51). Ces groupes qui se considèrent marginalisés peuvent, au contraire, avoir la potentialité de dominer certaines arènes « grâce à leur position relationnelle privilégiée », à leur accès à des « réseaux importants » et au soutien dont ils bénéficient de la part « d'acteurs disposant de ressources » (Holm, 2019 : 59). Il s'agit, par exemple, des communautés de l'extrême droite qui « évoluent dans un contexte de "relative marginalité médiatique" » (Gimenez & Voirol, 2017 : 16), ou encore les groupes masculinistes en ligne qui revendiquent, eux aussi, un « éthos de contre-public subalterne » (Kunert, 2017). Cette marginalisation en « trompe-l'œil » qu'ils partagent les sépare de la définition de contre-publics « traditionnels ». Contrairement au cas par exemple des femmes qui étaient exclues de l'agora grecque et donc du débat public, ou les femmes et les non-propriétaires qui ne pouvaient pas faire partie de la sphère publique bourgeoise, les membres des communautés citées conservent leur statut de citoyen, peuvent s'exprimer publiquement et disposent généralement de ressources importantes. La sociologue franco-américaine Jen Schradie (2019) le montre à propos de la Caroline du Nord où les conservateurs semblent être plus efficaces dans leur activisme numérique que leurs opposants, grâce à leurs ressources économiques et compétences organisationnelles, selon un fonctionnement qui précède largement l'avènement du Web. De plus, ces communautés investissent davantage les réseaux sociaux numériques, et en particulier des espaces alternatifs, considérant que leurs courants d'opinion sont sous-représentés dans les médias traditionnels, parce que « jugés excessifs, extrémistes » (Mercier & Amigo, 2021 : 86).

Selon Fraser, les contre-publics remplissent deux fonctions : une première qui permet à « ceux qui se perçoivent exclus et/ou marginalisés par rapport aux publics dominants de se réunir et de formuler leurs intérêts et leurs besoins en interne », et une seconde leur permettant de « défendre leurs intérêts et leurs besoins en externe vis-à-vis des espaces publics plus larges » (2001 [1992] : 59). Les réseaux sociaux numériques jouent ainsi un rôle important dans cette cohésion et développement des contre-publics, notamment à travers les affordances[1] – ou « les possibilités de perception et d'action » (Kaufmann & Clément, 2007 : 227) offertes aux utilisateurs par les environnements numériques.

RT, un contre-public dominant

Prenons le cas particulier des publics de la chaîne RT France (branche francophone de RT, anciennement Russia Today) financé par l'État russe, qui est un bon exemple pour évoquer ce sentiment de marginalisation perçue. Lancée en France le 18 décembre 2017, elle se positionne comme un média alternatif, s'opposant aux médias occidentaux dits *mainstream*. Elle fait constamment l'objet de débats en tant qu'instrument de la propagande russe qui distribue de fausses informations et mobilise des communautés fragilisées (François & Schmitt, 2015 : 128), réceptives aux théories du complot et aux opinions visant à affaiblir la position officielle des États (Yablokov, 2015 : 308). Depuis le 28 février 2022, suite à l'invasion de l'Ukraine par la Russie, la chaîne a été interdite dans l'Union européenne, sur Facebook et Instagram, et, depuis le 1er mars, sur YouTube, Telegram et sur le satellite. Son site Web est rendu également inaccessible par le Conseil de l'Union européenne, YouTube ayant étendu l'interdiction au monde entier le 12 mars 2022.

Dans une étude des 15 vidéos les plus populaires de RT France sur YouTube, nous avons pu observer le renforcement et le développement de contre-publics d'extrême droite dans l'espace des commentaires (Zakharova, 2023a). Il s'agit d'un média très suivi (sa chaîne YouTube comptait plus d'un million d'abonnés au moment de sa suspension en 2022) et généreusement financée par le gouvernement russe. Ses plateformes numériques, notamment YouTube, ont représenté un espace de rassemblement remplissant les deux fonctions principales de contre-publics, à savoir, « formuler leurs intérêts et leurs besoins en interne » et les « défendre » devant des publics larges. Les affordances des réseaux sociaux numériques ont facilité cette tâche. D'une part par association (Holm, 2019 : 59) à travers la fonctionnalité de commentaire qui permet de réagir aux contenus de RT, mais aussi d'interagir, par-delà les frontières étatiques. D'autre part, par amplification à travers de « nombreux facilitateurs techniques, tels que la fonctionnalité de partager, aimer ou commenter les publications faites par d'autres personnes » (Holm, 2019 : 58), qui offrent une visibilité renforcée et une plus grande autorité à certains points de vue. Or, comme le soutient la sociologue Élisabeth Noëlle-Neumann (1989) (avec la notion de spirale du silence), une opinion perçue comme majoritaire est plus aisément partagée publiquement. Aussi, les utilisateurs de YouTube perçoivent-ils les discours d'extrême droite comme étant majoritaires dans l'espace des commentaires de RT (puisque plus visibles grâce à la mise en avant des commentaires les plus « pertinents ») et cela les encourage encore à partager et interagir. Alors que l'association permet aux membres des contre-publics de se réunir et de formuler leurs intérêts et leurs besoins communs, l'amplification des discours transforme ces discours alternatifs en discours dominants en les dotant d'une visibilité accrue, ce qui leur permet non seulement de défendre leurs intérêts en externe, mais également de marginaliser les voix discordantes au sein de cet espace numérique.

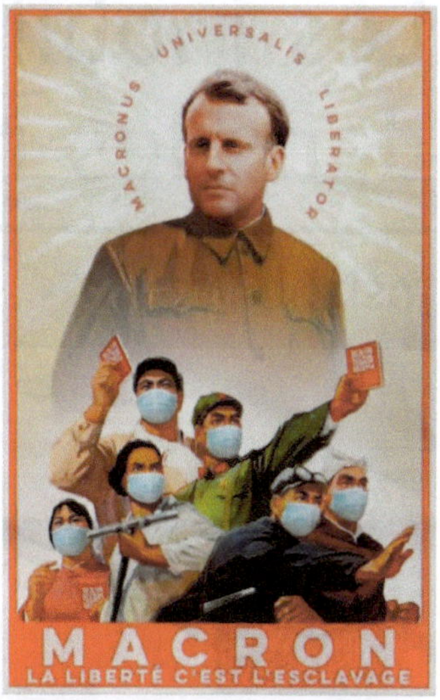

Une image détournée de Macron en Grand Timonier chinois, Mao Tsé Toung, publiée dans les commentaires de RT France sur X (ex-Twitter) le 12 mai 2022, présentant l'introduction du pass sanitaire comme une atteinte à la liberté citoyenne.

Si la suspension de la chaîne dans l'UE a rendu l'accès à RT plus difficile, elle n'a fait que renforcer ce sentiment de marginalisation et d'exclusion de l'espace public dominant cultivé par RT à travers ses contenus. De plus, la stratégie de RT exploitant en sa faveur les tentatives d'endiguement de la chaîne amène certains publics à se sentir solidaires de cette marginalisation de l'espace public dominant (Zakharova, 2023b).

Pétition en ligne contre la fermeture de RT France.

En guise de conclusion, soulignons que le concept de contre-public est né en opposition à celui d'espace public dominant pour désigner les communautés subordonnées et marginalisées, mais il est aujourd'hui utilisé par les groupes dont la marginalisation n'est pas réelle mais perçue, et qui disposent de ressources économiques et organisationnelles importantes. Les réseaux sociaux numériques ne font que renforcer ce phénomène, notamment à travers les affordances de l'association et de l'amplification de discours.

1 L'affordance désigne l'ensemble des caractéristiques techniques propres à un objet et qui en conditionnent l'usage (par exemple, la fonction « retweeter » sur le réseau social X).

Les mobilisations féministes dans les médias

Josiane Jouët

Le Torchon brûle veut être l'expression de tous les courants du féminisme. Un premier numéro est d'abord publié en encart dans le journal *L'Idiot international*, en décembre 1970 puis la revue devient autonome et publie six numéros jusqu'en 1973. « Libres, intimes, collectives et politiques, les voix sont portées par une typographie et des œuvres graphiques créatives, humoristiques et poétiques » (Site femenrev.persee.fr/).

La popularité de l'activisme féministe sur le Web tend à occulter le rôle central que jouent tous les médias dans la propagation des idées féministes et dans la lutte pour l'égalité entre les genres. Certes, le mouvement #MeToo a été lancé sur les réseaux sociaux numériques en octobre 2017, mais il n'aurait pas connu un tel retentissement sans l'exposition immédiate à la une des médias du monde entier des crimes du magnat hollywoodien Harvey Weinstein. Dans la foulée, la flambée de témoignages en ligne publiés par des milliers de femmes ordinaires, un phénomène social inédit, a conduit les médias à couvrir le fléau endémique des violences sexistes et sexuelles. La synergie entre les mobilisations féministes en ligne et les médias de masse (presse, radio, télévision) est donc cruciale pour révéler au grand public les maux de notre société, enclencher des réformes juridiques et tenter d'agir sur les mentalités et les comportements sociaux.

Un passé d'exclusion des grands médias

Les femmes, et toutes les minorités de sexe et de genre, ont été privées durant des siècles d'accès à la parole publique. L'histoire de la littérature comprend ainsi de nombreuses écrivaines qui ont défendu les droits des femmes, mais elles ont été largement invisibilisées ou moquées dans la presse (Marsay, 2022). La relégation des femmes dans la presse imprimée à large diffusion au cours du XIXe siècle a conduit des militantes et journalistes à lancer leurs propres journaux, comme le quotidien *La Fronde* en 1897 (Lévêque, 2009). Les suffragettes, pour publiciser leur revendication du droit de vote pour les femmes, ont organisé des évènements publics destinés à provoquer des scandales, visant ainsi à être photographiés et couverts par la presse. Les féministes ont donc su dès leur apparition, en dépit d'un environnement médiatique hostile, utiliser des tactiques offensives aux fins d'informer, d'alerter et de mobiliser l'opinion publique[1]. Ne pouvant infiltrer les médias de masse dominés par le patriarcat, elles se sont emparées de médias alternatifs, et ce jusqu'à aujourd'hui. Le féminisme de la seconde vague des années 1970 a ainsi produit plusieurs journaux militants comme *Le Torchon Brûle* (Kandel, 1980) et il a eu recours à la vidéo légère pour donner la parole aux femmes. N'oublions pas les rares cinéastes féministes qui ont majoritairement dû présenter leurs films dans des lieux militants ne parvenant pas, dans les années 1960 et 1970, à de rares exceptions près, à les diffuser dans des salles[2]. Durant des décennies, l'absence de moyens techniques, financiers et institutionnels était criante, contraignant les militantes à des stratégies de contournement et d'ingéniosité pour exposer leurs causes dans l'espace public.

La rupture d'internet

L'arrivée d'internet et des réseaux sociaux numériques est un tournant décisif pour les mobilisations féministes. Les militantes peuvent désormais produire aisément des contenus et les diffuser sur le mode du flux et à large échelle, à l'instar des médias. Alors que les journaux féministes des années 1970 ne touchaient qu'un faible lectorat, les publications numériques bénéficient désormais d'une audience démultipliée. De plus, dans les générations antérieures, seule une poignée de femmes maîtrisait les techniques des médias alternatifs, à l'inverse d'aujourd'hui où la convivialité des dispositifs numériques permet une autoproduction de contenus.

Appel à manifestation du collectif d'action féministe La Barbe en juillet 2010 (collection particulière).

Aussi assiste-t-on, au début des années 2000, à la floraison en ligne de nouveaux collectifs féministes. Les mobilisations sont plurielles allant d'un féminisme réformiste pour ses appels à l'égalité femmes-hommes dans la vie professionnelle et sociale, à un féminisme plus sectoriel fondé sur la demande de reconnaissance des identités sexuelles ou de race (Jouët *et al.*, 2017). Certains collectifs sont généralistes, d'autres privilégient une seule cause comme la dénonciation des publicités sexistes. Certes, toutes les féministes condamnent le viol et les agressions physiques ou verbales mais des lignes de fracture les divisent, sur le voile ou la prostitution par exemple, les médias exploitant ces tensions pour susciter le débat public. Les nouvelles militantes appartiennent à la génération familiarisée avec internet dont elles maîtrisent les codes d'usage et diffusent leurs contenus sur des sites Web et prioritairement désormais sur tous les réseaux sociaux

1 Voir le dossier « Féminismes », *Le Temps des Médias*, 29, 2017.

2 Le cinéma au féminisme *CinémAction*, 9, automne 1979.

Le groupe féministe d'action directe des *femen* urine le 1er décembre 2013 sur une photo du président ukrainien Viktor Ianoukovitch, devant l'ambassade d'Ukraine à Paris, pour dénoncer la répression de l'opposition à Kiev après la volte-face du pays à l'égard de l'Union Européenne. Photo AFP

numériques (Breda, 2022). Elles font preuve d'une grande agentivité et mobilisent un patchwork de formats (texte, image, vidéo, évènement en ligne, *master class*) pour défendre leurs causes. Les nombreux podcasts féministes, en particulier, sont devenus des médias à part entière d'autant qu'ils sont hébergés sur des plateformes audio indépendantes ou sur celles de plateformes radiophoniques comme Radio Nova ou Radio France.

#MeToo ou l'enrôlement des médias généralistes

Lors de l'émergence de #MeToo, les féministes ont misé sur le relai des médias *mainstream* pour publiciser leurs causes d'autant que plusieurs militantes appartiennent au monde de la communication (journalistes, vidéastes, relations publiques). Étant donné l'ampleur du mouvement, les grands médias ont mis à leur agenda le harcèlement, le viol, les féminicides, l'inceste, dans la foulée de campagnes organisées en ligne (Jouët, 2022). #MeToo a ainsi contribué à politiser ces violences dans la presse même si des réticences se sont fait entendre dans plusieurs rédactions (Beaulieu, 2022a)[3]. La presse *premium* s'est illustrée par des enquêtes approfondies, mais les radios et les télévisions, du service public majoritairement, ont aussi réalisé plusieurs documentaires sur les sévices du patriarcat. Cette série de reportages a largement reposé sur la mobilisation incessante des journalistes femmes qui, dès 2014, avaient créé l'association Prenons la Une pour promouvoir l'égalité dans les rédactions et une meilleure représentation des femmes dans les médias. Les médias généralistes ont publié les chiffres accablants des enquêtes statistiques nationales[4] sur les violences sexistes et sexuelles qui ont montré la prégnance de ces crimes dans toutes les strates de la société. Certains médias ont exposé les carences de la justice et de la police et se sont appuyés sur les nombreux témoignages de victimes. Le phénomène #MeToo a, de plus, réactivé la lutte pour l'égalité professionnelle femmes-hommes donnant lieu à des enquêtes journalistiques dans divers métiers, en particulier, dans le domaine culturel.

S'il existe bien une synergie entre les mobilisations féministes et la sphère médiatique globale, elle n'est pas sans tension, tous les médias n'étant pas réceptifs à leurs revendications. Les féministes font du lobbying en contactant les journalistes sensibilisé·e·s au sexisme et postent sur leurs sites des articles ou contenus audiovisuels attestant l'impact positif de leurs actions et l'avancée de leurs causes. Elles s'adressent aussi directement à des personnalités politiques pour que leurs revendications aboutissent à des modifications de textes législatifs ou juridiques. Les mobilisations en faveur des grandes causes, comme le traitement judiciaire des violences sexuelles ou l'égalité de rémunération professionnelle ont ainsi donné lieu à plusieurs nouvelles lois, mais leur application demeure très insuffisante en l'absence de moyens et de volonté politique, cette carence étant parfois mentionnée dans la presse généraliste et vivement pourfendue dans les médias féministes.

Polémiques et scandales

Si la déferlante #MeToo a permis une exposition médiatique des violences sexistes et sexuelles et a contribué à une meilleure visibilité de cette cause, le mouvement féministe dans son ensemble demeure largement occulté, à rebours des autres luttes politiques et sociales. Il s'exprime ponctuellement dans la presse écrite essentiellement *via* des colonnes d'opinion d'intellectuelles ou *via* des tribunes signées par plusieurs collectifs. Les féministes se font aussi entendre dans quelques émissions d'information ou de débats à la radio ou à la télévision, mais les activistes sont rarement invitées sur les plateaux de télévision, hormis quelques figures de proue, souvent pour des débats orientés vers la polémique autour des minorités de sexe et de race, certaines chaînes d'information en continu visant même à discréditer les combats militants.

On mesure donc combien les mobilisations féministes demeurent cantonnées à la sphère des controverses. Ainsi, les grandes manifestations féministes à l'occasion du 8 mars ou du 25 novembre[5], qui rassemblent pourtant des milliers de femmes ordinaires, sont tout juste évoquées dans les grands médias à l'inverse des manifestations syndicales. Les féministes n'ont encore guère droit de cité dans l'information générale, à l'opposé des responsables de partis politiques ou d'entreprises, alors que la cause des femmes est un enjeu national (Jouët, 2024). Trois ans après le lancement de #MeToo, les dénonciations des crimes sexuels commis par des hommes célèbres dans les sphères médiatiques ou artistiques se sont progressivement multipliées et ont bénéficié,

3 Le journal en ligne *Mediapart* est devenu le principal relai des mobilisations féministes.

4 Ined (Institut national d'études démographiques), Enquête « Virage. Violences et rapports de genre » ; Insee (Institut National de la statistique et des études économiques), Enquête « Cadre de vie et sécurité ».

5 Le 8 mars est la journée internationale du droit des femmes, le 25 novembre est la journée internationale contre les violences faites aux femmes.

Manifestations féministes en « Rosie » (allusion à la riveteuse, bleu de travail, fichu rouge sur la tête et poing jaune levé) visant les ministres Gérald Darmanin (qui fait l'objet d'une plainte pour viol) et Éric Dupond Moretti (pour ses propos sur MeToo), 10 juillet 2020, 19-20, France3, @INA.

par leur scandale, d'une large couverture. Le cinéma a été le premier à être exposé par les révélations de l'actrice Adèle Haenel en 2020, suivies par la mise en cause d'hommes puissants à la télévision comme Patrick Poivre d'Arvor ou Nicolas Hulot. Depuis, grâce aux dépôts de plainte et aux révélations dans les médias de femmes cinéastes ou actrices, comme Judith Godrèche, nombre de personnalités ont été mises en examen comme les réalisateurs Jacques Doillon, Benoît Jacquot, ou l'acteur Gérard Depardieu. Les abus de pouvoir sur des jeunes femmes ou jeunes hommes, mineur·e·s ou non, sont connus et étouffés depuis toujours dans ces milieux, aussi les déclarations publiques d'actrices ou journalistes, soutenues par des collectifs féministes, ont-elles enfin levé l'omerta et pointé les rapports de domination masculine ancrés dans ces milieux.

Outre le champ culturel, d'autres sphères professionnelles continuent à être ébranlées, comme le sport, la médecine, l'armée, mais l'attention des médias se focalise sur les personnalités mises en cause comme, depuis juillet 2024, la figure de l'Abbé Pierre éclaboussée par ses agressions sexuelles sur des femmes et jeunes garçons suite à l'enquête menée par le groupe féministe Egaé. Notons que les révélations de l'ampleur des viols et de la pédo-criminalité, dans l'église catholique en particulier, étaient depuis #MeToo déjà couvertes par les médias. Dans l'agenda des médias, la cause des femmes ressurgit surtout à l'occasion de féminicides ou de viols comportant un caractère exceptionnel comme, en 2024, le procès de Mazan jugeant un criminel qui a invité des dizaines d'hommes à venir violer sa femme après l'avoir sédatée. L'exposition de tous ces crimes n'est certes pas dénuée de sensationnalisme, mais elle contribue à démontrer les ressorts de l'appropriation du corps des femmes par les hommes et renforce ainsi les mobilisations féministes. En revanche, les exactions qui continuent de se perpétuer par les hommes dans les grandes et petites entreprises comme dans tant de foyers ne sont guère évoquées et demeurent occultées alors qu'elles constituent la grande majorité des violences faites aux femmes.

Les attaques contre les mobilisations féministes

Depuis #MeToo, la forte montée de la parole publique des féministes contre les violences sexistes et sexuelles s'est répandue dans l'espace public. Les mobilisations ont attaqué les pouvoirs du patriarcat qui s'exercent tant dans la sphère publique que privée et, par leur performativité, elles ont chamboulé l'ordre social. Elles suscitent ainsi de virulentes attaques des courants conservateurs qui s'expriment ouvertement dans certains médias, et surtout des virilistes sur le Web où le cyber-sexisme s'est déployé dès l'émergence de l'autopublication dans les années 1990 avant de devenir endémique avec l'essor des réseaux sociaux. Les commentaires misogynes dans les fils de discussion sur les réseaux sociaux numériques sont facilement effacés par les modératrices des sites, mais les militantes sont aussi victimes d'insultes graves, d'intimidations voire de menaces de mort, et certaines ont dû fermer leurs comptes. De plus, des attaques informatiques sont fomentées par des hackers masculinistes qui se livrent de concert à des raids numériques pour bloquer leurs comptes sur les réseaux sociaux. La haine des féministes se déverse à flot dans l'espace numérique pour museler leur prise de parole (Duvelle-Charles, 2022).

Si quelques progrès surtout juridiques ont été obtenus, de rares statues machistes sont tombées et le taux de condamnations pour violences sexuelles ne progresse pas alors que les statistiques démontrent que les violences envers les femmes n'ont en rien diminué et que l'égalité de genre est loin d'être atteinte. Les féministes poursuivent donc leurs mobilisations tant en ligne que dans leurs propres médias; de nouvelles revues sont apparues, comme *La Déferlante*, les podcasts foisonnent et les librairies regorgent d'ouvrages féministes, mais ces supports touchent un public déjà averti qui s'est toutefois élargi depuis #MeToo.

Pochoirs militants lors d'une manifestation à Paris (VIe arrondissement), octobre 2019 (collection particulière).

Si le numérique a produit un renouvellement des formes d'action du féminisme et a, par sa propagation, élargi l'audience des luttes à une partie des femmes ordinaires, les mobilisations ne se résument pas à un militantisme de la connexion. Dans un contexte politique imprégné par la montée des conservatismes, l'amorce d'un ressac est devenue perceptible. Aussi, le combat des femmes et des minorités de sexe et de race exige-t-il d'infiltrer toutes les sphères de la vie sociale et politique, au premier chef, les grands médias qui sont de puissants catalyseurs de manières de voir notre société et de fabrication de l'opinion publique.

Médias, émotions et mobilisations : la bataille pour et contre l'avortement

Salomé Hédin et Bibia Pavard

Les mouvements et les contre-mouvements autour de l'avortement, en France comme ailleurs, sont un cas paradigmatique pour étudier les luttes de sens dans des mobilisations collectives concurrentes (Contamin, 2010). Aborder cette question dans une perspective de culture visuelle[1] permet d'interroger le triptyque : mobilisations, médias et émotions (Traïni, 2009).

Un élargissement de l'espace du visible

A priori, étudier les représentations médiatiques de l'avortement ne va pas de soi tant ce sujet constitue un tabou. « L'espace du dicible » (Pollak, 1993) et donc du « visible » est contraint par un interdit tant légal que moral. La loi de 1920 en France renforce la répression de l'avortement et de la contraception en interdisant non seulement le geste, la tentative, la vente d'objets, mais aussi toute « propagande anticonceptionnelle », c'est-à-dire toute publicité donnée à la prévention des grossesses ou à leur interruption. Cette mesure, dans une France qui sort exsangue du premier conflit mondial, a une justification nataliste. Elle vise en particulier les mouvements néo-malthusiens qui, depuis la fin du XIXe siècle, dans la mouvance socialiste et anarchiste, prônent la « libre maternité » pour les classes populaires. Les risques judiciaires encourus, autant que l'opprobre social lié à la culture religieuse catholique qui interdit également toute atteinte à la volonté divine, contraignent au silence. Si l'on parle d'avortement dans les médias, c'est à demi-mot, sur le ton du fait divers ou du drame.

Pourtant, le tabou de l'avortement est écorné par les militantes et les militants du contrôle des naissances – notamment des gynécologues respectables comme Marie-Andrée Lagroua Weill-Hallé qui fondent la Maternité Heureuse en 1956, ancêtre du Mouvement français pour le planning familial – qui exposent les récits d'avortements clandestins afin de promouvoir la contraception moderne et efficace qui en serait le remède. Des journalistes utilisent alors plusieurs techniques pour exposer la « vérité de l'avortement clandestin » : l'enquête qui en dévoile la réalité cachée telle celle de Jacques Derogy en 1955 « Des enfants malgré nous » dans le journal *Libération*, l'espace des tribunes pour et contre comme dans *Le Nouvel Observateur* et l'*Express* en 1956 et enfin le recours au public qui témoigne *via* le courrier envoyé aux médias comme dans *Marie-Claire* la même année ou encore *via* le dispositif SVP pour l'émission de télévision *Faire face* en 1961. Le mouvement pour la contraception libre rencontre alors l'opposition de la hiérarchie catholique, de démographes ou du Parti communiste français (dans un premier temps), mais aboutit en 1967 à la légalisation de la vente des contraceptifs avec la loi Neuwirth (Pavard, 2012). Un double tournant s'opère toutefois dans les années 1970 : les termes du débat comme la représentation de l'avortement changent. Des expert.e.s préconisent un élargissement de l'avortement thérapeutique tandis que le mouvement féministe émergeant demande l'avortement libre et gratuit au nom de la libre disposition de leur corps par les femmes. Cela déclenche un contre-mouvement opposé à toute réforme, dénonçant l'avortement comme un meurtre, mené notamment par l'association Laissez-les-vivre, nouvellement créée en 1970. Au cœur de cet affrontement, la question du début de la vie est posée : arrive-t-il dès la conception? Quand le cœur se met à battre? Quand le cerveau se développe ou quand l'enfant est reconnu par les parents qui le désirent? L'autre question est celle de savoir qui décide : la mère ou des autorités supérieures, médicales, juridiques ou religieuses.

Deux récits médiatiques concurrents

Dans cette bataille, l'image devient centrale. À la représentation visuelle du développement du fœtus qui sous-tend le discours « pro-vie » répond la mise en images de l'opération d'avortement, simple et bienveillante, par les militant.e.s « pro-choix ». Le premier récit rend visible le corps du fœtus; le second met l'accent sur la centralité du corps de la femme. Ce recours à l'image dans l'opposition de sens qui se joue entre les deux mouvements s'explique par trois facteurs au moins : des évolutions dans les techniques médicales de visualisation, un contexte médiatique en pleine mutation et la volonté de toucher les publics par l'émotion.

Les évolutions des techniques médicales sont d'abord cruciales. Les années 1960 et 1970 sont un moment de perfectionnement de l'imagerie intra-utérine et de la démocratisation des photographies d'embryons *via* leur médiatisation dans la culture de masse. Le fœtus passe alors « d'une entité médicale à un trope de la culture populaire, d'un être invisible à une icône publique omniprésente » (Pechevsky, 1987 : 35). La photographie de couverture du magazine *Life*, le 30 avril 1965, exposant un fœtus « *in utero* » fait l'effet d'un choc. Après quatre jours et huit millions d'exemplaires vendus, cette image d'un fœtus désincarné semblant flotter dans l'espace devient célèbre dans le monde entier et joue un rôle

1 Voir à ce sujet Bertrand-Dorléac L., Delage C. & Gunthert A. (2001) « Présentation », *Vingtième Siècle*, revue d'histoire, 72, 3-4.

essentiel dans le débat sur la législation sur l'avortement en Suède qui se joue alors. En France, le reportage photographique est republié dans *Paris Match* en février 1973 avec une question qui barre la couverture « Peut-on le tuer? ». Ces images ont suscité des critiques. Le photographe suédois Lennart Nilsson, dont les images semblent tellement « vraies », avait dû pour arriver à ce résultat utiliser différentes techniques – comme le contre-jour – pour représenter un fœtus semblant vivant, alors que la majorité de ses clichés montraient en réalité des fœtus avortés. Il a également été mis en cause par des militantes féministes dénonçant l'effacement total du corps maternel ayant pour effet de le représenter comme une entité à part entière (Carlyle & Callender, 2019 : 57). Les années 1970 coïncident ensuite avec la démocratisation de l'échographie fœtale qui, avec les photographies de Lennart Nilsson, marque un tournant dans la culture visuelle. Une iconographie dont les militant·e·s antiavortement se saisissent très vite en s'appuyant sur sa charge émotionnelle. Deux types d'images coexistent : des images de fœtus avortés, transpercés, démantelés et ensanglantés pour susciter dégoût ou révolte, et des images visant à attendrir, à faire ressentir la profonde humanité de « l'enfant à naître » en retraçant les différentes étapes du développement dès la conception, pour provoquer l'attendrissement. Toutes deux construisent une « politique de la pitié » (Boltanski, 1993).

Le documentaire *Histoires d'A* de Marielle Issartel et Charles Belmont est tourné en 1973, alors que l'avortement est toujours interdit. Il circule largement, discuté par les militantes et poursuivi par les autorités.

Parallèlement les militantes et militants de l'avortement proposent un autre récit visuel de l'avortement, centré cette fois sur l'expérience des femmes. La diffusion d'une nouvelle méthode d'avortement par aspiration manuelle dans les premières semaines de la grossesse, aussi appelée méthode Karman, rend l'opération plus rapide, plus simple et sans danger. Différents groupes militants s'en emparent en France à partir de 1972 et pratiquent des avortements illégalement, mais au vu et au su de tous, afin de mobiliser et provoquer le changement (Pavard, 2012; Ruault, 2023). Pratiquée en dehors du cadre médical, la plupart du temps sans anesthésie, la méthode Karman rend possible la production d'images photographiques et filmiques. Ces images circulent dans la presse militante alors en pleine effervescence, par la vidéo, nouvelle technique utilisée comme outil pour documenter et alimenter les luttes[2] et par le film. En 1973, Charles Belmont et Marielle Issartel, militants au Groupe information santé, réalisent le film *Histoire d'A*, qui montre explicitement un avortement et est interdit de sortie par le ministre de la Culture. Ces représentations visuelles de la nouvelle méthode se diffusent aussi dans les médias de masse, comme dans un étonnant reportage photographique du magazine *Marie Claire* en 1974, alors que la loi Veil est sur le point d'être discutée, qui met en scène toutes les étapes d'un avortement avec la méthode Karman (Pavard, 2009). Ces images construisent un récit médiatique (Lits, 2008) inédit de l'avortement, qui n'est pas celui des médecins ni celui des faiseuses d'ange, mais celui de collectifs de femmes. Les différentes étapes sont montrées explicitement : l'arrivée, la prise en charge bienveillante par les militantes et militants, l'opération à laquelle la femme participe en pleine conscience et qui ne montre quasiment aucune douleur ni même de sang, et l'après-opération où s'exprime le soulagement. Les images sont aussi produites pour permettre à toutes et tous de s'approprier des savoirs jusque-là cachés, luttant contre une politique de l'ignorance sur le corps des femmes (Tuana, 2006). Deux « régimes de vérité » (Guerrier, 2020) s'opposent, l'un fondé sur l'expérience vécue, l'autre sur la preuve de vie.

L'adaptation au jargon des plateformes

Une fois l'avortement légalisé en 1975, ces stratégies militantes concurrentes se recomposent et l'utilisation des images tend à disparaître dans le camp des pro-choix à mesure que la pratique illégale des avortements disparaît progressivement dans les années 1970 et 1980. La seule représentation qui perdure de manière durable et transnationale est le cintre, comme symbole d'un retour à la barbarie et l'archaïsme des méthodes en cas de recul des droits (Pavard, 2023). Il devient la métonymie de l'avortement clandestin et de ses dangers pour la santé et la vie des femmes dans les années 2010 à la faveur de reculs législatifs et la mise en place d'un « féminisme de hashtag ». Lorsqu'en mai 2022 la Cour suprême des États-Unis revient sur l'arrêt historique Roe v. Wade, qui avait consacré le droit fédéral à l'avortement aux États-Unis en 1973, il fleurit sur les pancartes et sur les réseaux sociaux du monde entier.

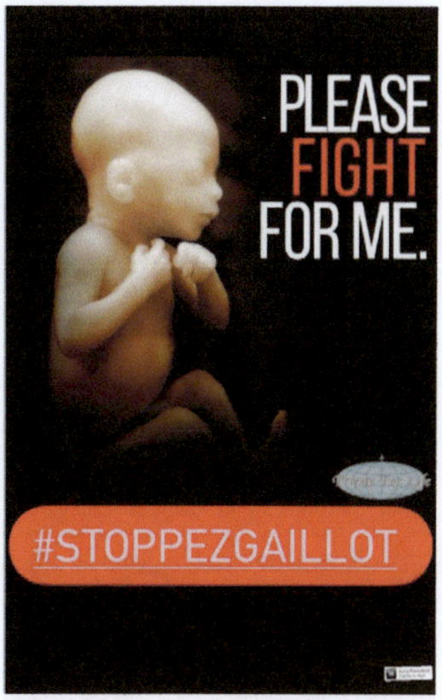

Message anti-avortement opposé à la proposition de loi portée par la députée Albane Gaillot, qui vise à renforcer le droit à l'avortement et qui est adoptée en mars 2022.

Dans le camp des pro-vie, au contraire, l'image du fœtus a perduré et s'est transformée dans les mobilisations en ligne. D'autant plus que la technologie d'échographie s'est elle aussi transformée, offrant la possibilité désormais de voir des photographies et des films en trois dimensions. Le visionnage de l'échographie est d'ailleurs rendu obligatoire dans certains états des États-Unis pour les dissuader les femmes (Upadhyay *et al.*, 2017). Alors que l'impact de ce visionnage est contesté par des études sociologiques, cela montre l'ancrage de l'idée que voir le fœtus peut être un argument fort contre l'avortement. Le fœtus en trois dimensions est ainsi

2 Fleckinger H. (2005) « C'est avec la vidéo que nous nous raconterons », *Images de la culture*, CNC.

Message anti-avortement du mouvement de la jeunesse catholique de France de Paris, s.d.

omniprésent sur les comptes Instagram des groupes pro-vie, qui se servent des réseaux sociaux pour diffuser des récits sensationnels destinés à susciter de vives réactions. L'exemple d'une vidéo postée le 16 octobre 2021 sur Instagram par le collectif « Génération pro-vie » montrant les différentes étapes d'une grossesse à travers les échographies est un exemple emblématique. Sur des images d'échographies, une voix d'enfant parle à sa mère « Bonjour maman, je me présente, [...] j'ai tous mes organes et mon cœur a commencé à battre aujourd'hui ! », complétées par des émojis représentant une personne émue aux larmes, une peluche ou encore un cœur. Le même jour, posté par le même compte, une vidéo use de codes inverses : des images de fœtus démembrés se succèdent en noir et blanc, sur une musique qui en renforce la violence. En s'adaptant au « jargon de plateformes » (Mendes, 2022 : 25) les militant·e·s antiavortement actualisent les récits médiatiques de l'avortement.

L'imagerie du fœtus a ainsi évolué depuis les premières photographies de Nilsson jusqu'aux nouvelles technologies de l'information et de la communication, mais ses caractéristiques restent néanmoins très stables. La figure du fœtus en tant qu'être humain et vivant implique une désincarnation du corps de la mère. Flottant sur un fond uni, le fœtus est détaché de la femme enceinte alors même que le cordon ombilical est régulièrement représenté. Lorsqu'il ne s'agit pas d'images choquantes de fœtus avortés, les visuels servent à magnifier et mettre en valeur la vie. Pour accentuer cette indépendance du fœtus, souvent illustré par le slogan « son corps, son droit », la taille du fœtus ou de l'embryon est surdimensionnée de façon à brouiller les échelles de représentation. On retrouve ici les mêmes techniques employées par le photographe des années 1960 pour éditer l'image et ainsi faire apparaitre le fœtus « plus humain », notamment grâce à des jeux de lumière. Cette question du régime de vérité est omniprésente, la part de doute sur l'origine des images de fœtus reste présente, d'autant plus qu'il est difficile de savoir s'il s'agit d'une photographie, d'un visuel ou d'une illustration. Ces images trompeuses et à caractère violent échappent cependant à la modération des plateformes.

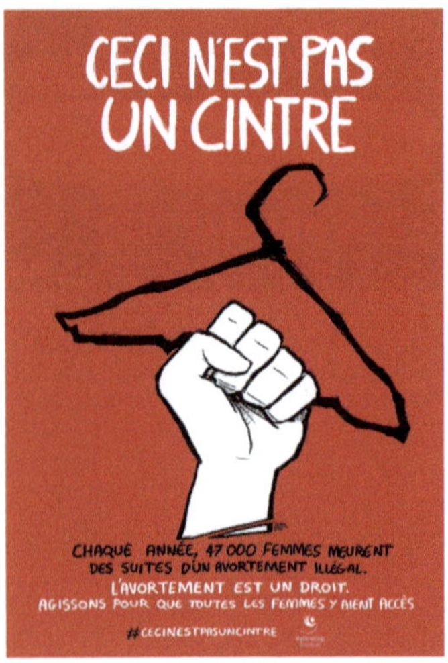

« Ceci n'est pas un cintre » Campagne du Mouvement français pour le planning familial, 2016.

Au cours des cinquante dernières années, les dynamiques autour de la représentation de l'avortement ont profondément évolué, reflétant les transformations des rapports de force à l'œuvre. Depuis le 4 mars 2024, date marquant l'inscription de la liberté d'avorter dans la Constitution française, la bataille juridique semble close. Cependant, le combat se poursuit sur le terrain de la communication, qui reste un levier central pour les opposants à l'avortement cherchant de nouveaux dispositifs pour mobiliser et émouvoir.

Intersectionnalité

Jaércio da Silva

Conçu dans la sphère scientifique pour montrer comment se multiplient et s'additionnent différentes formes d'oppression, le concept d'intersectionnalité est encore principalement compris à l'aune des articles scientifiques et des discours de la juriste américaine Kimberlé Crenshaw. Initialement, Crenshaw l'a forgé pour aborder les conditions matérielles spécifiques propres aux femmes afro-américaines et latinas (*Women of colour*). Dans un premier temps, en 1989, elle étudie trois cas de la jurisprudence américaine. Le plus connu d'entre eux, *DeGraffenreid vs General Motors*, sert d'exemple. Un groupe de cinq afro-américaines a poursuivi *General Motors* en justice pour discrimination. Elles considèrent que le système de reconnaissance de l'ancienneté des employés (*employer's seniority system*) de l'entreprise perpétue une discrimination envers les femmes noires, puisque *General Motors* n'a pas embauché de femmes noires avant 1964 et que toutes les femmes noires employées depuis 1970 ont perdu leur travail en raison de leur âge (*seniority-based layoff*) lors d'une période de récession. La Cour de justice du district du Missouri conclut différemment. L'entreprise ne peut pas être condamnée pour discrimination, la preuve : *General Motors* embauche des hommes noirs et des femmes blanches en tant qu'employés. Les juges manifestent la difficulté de combiner juridiquement race et sexe dans l'interprétation des cas de discrimination.

Affiche de L'atelier populaire de l'ex-école des Beaux-Arts de Paris, 1968.

Dans la publication suivante en 1991, Crenshaw étudie le cas des refuges pour femmes battues de Los Angeles. Elle fait la distinction entre deux types d'intersectionnalité. Tout d'abord, elle parle d'« intersectionnalité structurelle », pour démontrer que les expériences des femmes noires victimes de violence sont aussi déterminées par des « conditions d'ordre socioéconomiques structurantes ». En utilisant comme exemple le service de psychologie chargé d'aider des femmes victimes de violence, elle explique que ces professionnels consacrent une portion non négligeable des ressources à régler d'autres problèmes que les violences subies, comme le besoin immédiat de trouver un logement. Ensuite, elle parle d'« intersectionnalité politique » en ce sens que les actions publiques et politiques féministes et antiracistes ne prennent pas

Traduction française en 2023 des deux textes pionniers sur l'intersectionnalité, publiés en 1989 et 1990. @ éditions Payot

en compte la spécificité des femmes noires. Ce qui explique le fait que certaines femmes divisent leur investissement politique en deux projets politiques différents. L'intersectionnalité devient le nom d'un problème – la non-prise en compte des expériences des « femmes de couleur », entendues comme « marginales » et « isolées » –, car à l'intersection de deux phénomènes : toutes les femmes ne sont pas blanches, tous les noirs ne sont pas des hommes.

Perspective transnationale

Affiche « *Feminism is worthless without intersectionality and inclusion* » (Le féminisme ne vaut rien sans l'intersectionnalité et l'inclusion). Cette affiche est un remix dont le modèle a été de nombreuses fois repris par les réseaux numériques de la sphère féministe, illustrateur Valentin Brown, « *We All Can Do It !* », 2013. Source : tumblr intersectionalism.

La prise en compte combinée des relations de genre, de race et de classe n'était pas nouvelle lorsque Crenshaw a formalisé l'intersectionnalité. L'intersection des relations sociales avait déjà été envisagée dans divers contextes. Au Brésil, le travail pionnier de Lélia Gonzalez dans *O Manifesto das Mulheres Negras* (1975) anticipait les discussions qui résonnent actuellement dans ce que nous appelons l'approche intersectionnelle. Aux États-Unis, le *Combahee River Collective*, un collectif autoproclamé de féministes noires, lesbiennes et socialistes, a publié une déclaration en 1977 indiquant que les principaux systèmes d'oppression sont imbriqués. Concurremment, en France, Awa Thiam a publié *La parole aux Négresses* en 1978, mettant en lumière les « trois oppressions » qui rendent unique l'expérience des femmes noires. Revenir sur ces précédents apports n'a pas vocation ici à mettre en concurrence les différentes acceptions du concept d'intersectionnalité, ni à questionner la filiation de cette notion, mais bien à souligner que sa conceptualisation est le résultat d'une circulation dynamique qui se joue au carrefour entre des espaces académiques et politiques et ce, dans un espace transnational. Ces diverses sources indiquent surtout que l'intersectionnalité est avant tout un aspect fondamental de la théorie politique du *Black Feminism* (afro-féminisme ou féminisme noir, en français), comme le confirment les travaux de Patricia Hill Collins (2016, 2019).

La tardive arrivée de l'intersectionnalité en France

Le terme intersectionnalité se déploie en France au cours des années 2000 en deux étapes distinctes. Premièrement, il émerge dans les mondes universitaires au sein des revues spécialisées en études de genre, où la discussion s'ouvre entre sociologie, science politique et philosophie politique (*Cahiers du Genre*, 2005). L'intersectionnalité devient alors un outil d'analyse des relations de genre, de classe et de race de manière combinée, constitutive et non isolée. Les travaux d'Eléonore Lépinard, Sarah Mazouz, Sébastian Chauvin, Alexandre Jaunait et Éric Fassin contribuent à la consolidation de l'intersectionnalité en tant qu'outil d'analyse en SHS. Secondement, l'intersectionnalité se diffuse dans les espaces militants, où le concept arrive en France pour justifier la réémergence des groupes politiques. Le verbe « réémerger » est employé ici pour indiquer que l'intersectionnalité trouve dans l'espace politique français un terrain déjà investi par la Coordination des femmes noires (1976-1981) et le Mouvement pour la défense des droits de la femme noire (1981-1994). Les bases pour faire exister les revendications collectives des femmes noires françaises et de la diaspora africaine sont posées, et l'apparition du collectif *Mwasi* en 2014 cristallise cette lutte collective contre les discriminations liées à la classe, au genre, à la sexualité, à la santé et à la religion.

L'expression « féminisme intersectionnel » permet de distinguer un féminisme « universaliste », « blanc » ou « hégémonique » d'un autre féminisme qui prend en compte les rapports de domination de manière combinée. Dans les faits, ce « féminisme intersectionnel » est plus un outil narratif qu'une réalité militante : aucune structure collective n'est en mesure de former un bloc homogène luttant contre toutes les oppressions simultanément, car chaque groupe politique a sa propre grammaire militante, ses priorités et ses formes de mobilisation. Par exemple, le collectif *Mwasi*, cité plus haut, est un collectif féministe et intersectionnel, mais il n'est pas ouvert à toutes les femmes : ce sont les femmes noires et afro-descendantes qui sont centrales dans leurs pratiques politiques en non-mixité (Mwasi, 2018). Il est également important de noter que le concept ne se limite pas au féminisme. L'intersectionnalité attire l'attention sur ce qui est invisible dans l'expérience sociale des individus; sur ceux et celles qui ne sont pas tout à fait visibles dans différents mouvements historiquement situés, comme la lutte des classes, les droits LGBTQI+, l'antiracisme et le validisme. L'intersectionnalité constitue un moyen de valider ou de disqualifier une action ou un comportement, qui serait peu, assez ou trop intersectionnel.

L'intersectionnalité en SIC

Les études des médias et de la communication comme dans les travaux en SHS mettent en lumière une démarche intersectionnelle de l'analyse médiatique. Cette approche se résume alors à porter des « lunettes intersectionnelles » pour voir le monde, c'est-à-dire à mobiliser le concept en tant qu'outil d'analyse pour comprendre l'imbrication des faits sociaux. Dans le dossier de la *Revue française des sciences de l'information et de la communication* sur le genre dans la communication et les médias, Virginie Julliard et Nelly Quemener (2014) estiment que les médias offrent un matériau particulièrement opportun pour analyser comment la production de l'information articule (ou pas) les catégories de race, de classe et de genre, au profit de processus de disqualification et d'exclusion. L'intersectionnalité permet ainsi d'interroger le manque de pluralité dans la manière dont la société est représentée dans les objets médiatiques et communicationnels : qui interroge qui, pour parler de quoi, et à quel moment?

En plus de l'analyse des contenus médiatiques, les études en information-communication s'intéressent également à la manière dont les groupes professionnels se forment et à la façon dont les parcours à l'intersection de plusieurs rapports de domination trouvent leur place (ou pas) dans des

Les militants de la National Welfare Rights Organization défilent à Washington, mai 1968. Collection Jack Rottier, bibliothèque de l'université George Mason.

mondes professionnels aux logiques de validation bien établies, comme c'est le cas du journalisme. Dans les industries culturelles, par exemple, la publication collective *Noire n'est pas mon métier* (Seuil, 2018), impulsée par l'actrice Aïssa Maïga, regroupe les témoignages de professionnels de l'audiovisuel français et retrace leurs parcours marqués par les questions de stéréotypes.

Enfin, une autre façon d'étudier le concept dans les études en SIC est de sortir l'intersectionnalité de sa position d'outil d'analyse pour expliquer le monde social et s'intéresser à la circulation et la traduction d'un terme qui est controversé. Sur le Web, l'intersectionnalité devient un sujet de conversation et, comme dans toute discussion ouverte, le concept ne se cantonne pas à un cadre fixe. Il est partagé, il circule d'une plateforme à l'autre, d'un format à l'autre, sans s'arrêter aux limites sociotechniques des acteurs et des entreprises du numérique. La rencontre avec l'intersectionnalité conduirait certains individus à mettre en œuvre leur compréhension personnelle du concept dans des objets médiatiques (chaîne de vidéos, podcast, blog, etc.) qui servent à donner forme à cette expérience, à se constituer en tant que source d'information, et à affirmer leur propre identité (Da Silva, 2022). Dans une logique de « médiactivisme expressiviste » (Cardon & Granjon, 2013), cette dimension performative du concept est entendue en tant qu'action : en mettant un nom sur le « problème », l'intersectionnalité devient une force qui amène les individus à performer, c'est-à-dire à interroger, produire, débattre et mobiliser.

#MeToo

Irène Despontin Lefèvre

Dans un tweet publié le 15 octobre 2017, l'actrice de séries hollywoodiennes Alyssa Milano invitait les victimes de harcèlement et d'agressions sexuelles à répondre MeToo (*moi aussi*) à son message. Sa publication faisait suite aux accusations médiatiques de violences sexistes et sexuelles portées contre le producteur de cinéma américain Harvey Weinstein. Très rapidement, la formule MeToo a ensuite été déclinée selon les secteurs et pays, à l'image de #BalanceTonPorc (Méadel & Mustar, 2022), #MeTooInceste (Barats *et al.*, 2024), #MeTooMedia, #MeTooSport, ou encore de #YoTambién, le MeToo espagnol. L'ensemble de ces marqueurs numériques ont en commun de faire circuler des témoignages de violences, des paroles de soutien et de solidarité vis-à-vis des victimes et s'inscrivent en ce sens dans un « féminisme d'hashtag » (Khoja-Moolji, 2015; Myles, 2019; Mendes *et al.*, 2019). Cinq ans plus tard, avec près de 53 millions de tweets #MeToo, la particularité de ce mot-dièse réside dans sa diffusion massive.

Tweet d'octobre 2017 dans le cadre du mouvement #BalanceTonPorc utilisant un livre pour enfant des années 1960, *Martine* de G. Delahaye et M. Marlier, aux éditions Casterman.

Cette viralité, combinée à son caractère transnational et transformateur permet de le considérer comme un « *hashtag* total » (Cavalin *et al.*, 2022 : 9). Tout comme les travaux sur les *hashtags* #mariagepourtous (Cervulle & Pailler, 2014) ou #theoriedugenre (Julliard, 2016 et 2017), l'étude du mot-dièse #MeToo se révèle être particulièrement heuristique pour les sciences de l'information et de la communication. Pour cela, il importe de le replacer dans des pratiques passées, en l'occurrence féministes. Ce que l'on qualifie aujourd'hui de « mouvement MeToo » a en effet été lancé dix ans auparavant par l'activiste afro-américaine Tarana Burke. Si sa reconnaissance a été tardive en France, aux États-Unis, l'hashtag lui est rapidement attribué : elle est par exemple associée aux *silence breakers* par le *Time*. Au-delà de cette seule initiative, l'hashtag #MeToo peut être rapproché des groupes de conscience des années 1960. En partageant leurs expériences intimes et personnelles, les femmes de ces groupes de paroles étaient ainsi conduites à politiser collectivement leurs vécus autour du slogan « le privé est politique » (Charpenel, 2016). La production de témoignages de violences et de sororité autour du mot-dièse MeToo peut ainsi être mise en lien avec cette pratique.

Des appropriations différenciées

L'intérêt porté à ces traces passées permet dès lors d'interroger les conditions de production et de circulation de discours en ligne. En premier lieu, l'attention portée à *MeeToo Movement* renseigne sur la mise en visibilité d'une parole féministe en ligne. Selon Kaitlynn Mendes (2019 : 33), « la nature généralisée et systémique des violences sexuelles n'a vraiment entraîné un mouvement d'ampleur que lorsqu'une actrice blanche d'Hollywood a pris fait et cause sur la question ». Ensuite, ces éléments mettent en lumière la nécessité d'articuler la circulation numérique des discours militants aux espaces hors ligne. Cette dimension a également été observable lors de la diffusion du tweet d'Alyssa Milano. En France, par exemple, plusieurs initiatives liées à l'hashtag #MeToo ont vu le jour dès octobre 2017, à l'image du rassemblement « #MeToo dans la vraie vie » ou des Assemblées Générales MeToo MoiAussi (Despontin Lefèvre, 2018). Si ces rencontres n'ont perduré que quelques mois, l'expérience met en lumière la nécessité d'articuler dimensions en ligne et hors ligne pour interroger les productions féministes, mais également pour comprendre la manière dont des groupes organisés peuvent saisir une actualité en vue de s'inscrire dans l'agenda médiatique.

Photo de rue lors de la manifestation de MeToo en novembre 2021 (collection particulière).

L'intérêt porté à la circulation de cet *hashtag* renseigne également sur les espaces médiatiques, mobilisés dès le lancement de #MeToo et dont on peut interroger les cadrages. Début janvier 2018, est par exemple publiée dans *Le Monde* une tribune signée de 100 femmes : « Nous défendons une liberté d'importuner, indispensable à la liberté sexuelle ». Objet de tensions au sein de la rédaction dans laquelle elle a été publiée, son étude a permis de relever en interne deux conceptions journalistiques correspondant à des appropriations différenciées des idées féministes (Beaulieu, 2022b). On observe également au sein d'émissions de libre antenne la difficile réception des témoignages de violences, voire la mise à distance du mouvement #MeToo par les animateurs (Gay, 2023). Ces réticences étaient déjà visibles dans le traitement médiatique de l' « affaire DSK » en France (Matonti, 2012). Si depuis 2017 certaines rédactions affectent des journalistes ou des cellules aux violences de genre, le traitement des mobilisations autour d'un *hashtag* continue de donner lieu à des appropriations médiatiques différenciées.

Marche contre les violences sexistes et sexuelles, 23 novembre 2019. Photo : Jeanne Menjoulet. License CC-BY-2.0.

Amplifications transnationales

La prise en compte de ces différents éléments interroge enfin ce que la circulation en et hors ligne de l'hashtag #MeToo a produit au sein du mouvement féministe. En France, cette question devient centrale à la fin des années 2010, sous l'impulsion notamment du collectif #NousToutes (Despontin Lefèvre, 2022). Dans la lignée des groupes féministes organisés par et sur le numérique (Jouët *et al.*, 2017), ce dernier s'est saisi de l'hashtag comme d'une véritable fenêtre d'opportunité. À la fois en termes médiatiques, pour sa mise en visibilité, mais également pour fédérer les actrices du mouvement féministe. Divisées sur des questions comme le travail du sexe / prostitution ou le port du voile islamique, la question des violences a en effet été appréhendée par le collectif comme le « plus petit dénominateur » commun permettant de rassembler. Au-delà de l'appropriation de discours en ligne à des fins de mobilisation, l'étude du collectif #NousToutes éclaire la manière dont des outils en ligne ont permis l'organisation en interne du travail militant, soulignant dès lors la professionnalisation du militantisme à l'ère du numérique.

Photo de rue lors de la manifestation de MeToo en novembre 2021 (collection particulière).

Là encore il importe de replacer cette mobilisation dans celles l'ayant précédées. Si en France la dénonciation et condamnation du viol est l'objet de débats au sein de mouvement féministe à partir du milieu des années 1970, depuis les années 2010, on assiste à l'échelle internationale à de nombreuses mobilisations féministes, notamment autour de la question de féminicides, c'est-à-dire

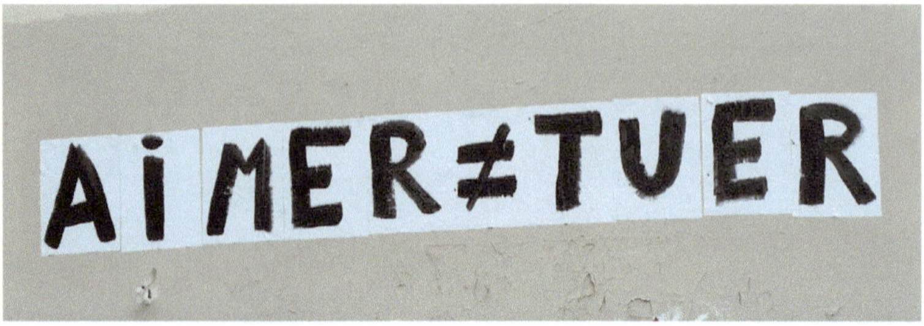

Collage photographié par Ittmust, le 11 octobre 2019 à Paris. CC-BY-2.0.

de meurtres de femmes parce que femmes. Parmi ces mobilisations, on retrouve celles en Inde, par exemple, faisant suite au viol collectif et au meurtre de Jyoti Singh Pandey en décembre 2012 à New Delhi, où des centaines de manifestations et soirées du souvenir ont pris place dans différentes villes du pays. En mai 2015, la première manifestation *Ni Una Menos* rassemble 300 000 personnes à Buenos Aires et dans plusieurs villes d'Argentine suite au féminicide de Chiara Páez. En plus de se structurer à partir de 2015, le mouvement s'étend en Amérique latine où des liens avec les femmes indigènes sont noués, puis dans certains pays européens comme en Italie, à partir de 2016, avec *Non Una Di Meno*. Ces mobilisations ont en outre l'intérêt d'articuler la question des violences aux luttes du travail (Koechlin, 2019).

Aussi, les appropriations féministes de l'hashtag #MeToo ont-elles permis d'amplifier ces mobilisations transnationales, voire, pour le cas français, de replacer la question des violences au centre des luttes. Par cet exemple, cette analyse a vocation à illustrer l'intérêt de l'étude des *hashtags* pour les *medias studies*. L'analyse de la circulation du mot-dièse en lui-même, ainsi que de ses conditions de production et des appropriations différenciées invitent à s'intéresser à la diffusion et réception en ligne et hors ligne des discours, en les replaçant dans une historiographie plurielle. L'étude des *hashtags* offre finalement la possibilité d'envisager une pluralité d'acteurs et actrices de manière articulée sur un espace public, des réseaux socio-numériques aux médias dits traditionnels.

Des mobilisations transnationales pour des causes planétaires

Iris Viloux

Si la question écologique, cause planétaire par excellence, fait l'objet d'une gouvernance mondialisée depuis les années 1970, et plus encore depuis les années 1990, avec la priorité accordée au changement climatique, les premières mobilisations environnementales s'organisent dès le XIXe siècle aux États-Unis et en Europe de l'Ouest. Elles prennent d'abord la forme de contestations localisées de projets jugés délétères pour l'environnement, tout en s'appuyant sur des échanges transnationaux entre comités de lutte. L'ébullition politique des années 1970 permet l'apparition des organisations non gouvernementales de protection de l'environnement, actrices de premier plan de la gestion mondialisée de la question. Dotées de branches nationales et locales, elles cherchent à relever le défi de l'articulation entre luttes locales et enjeux globaux sur fond de coopérations transnationales. Comment se structurent les mobilisations pour faire advenir la question environnementale puis écologiste comme un objet de politiques publiques et rendre tangible le caractère global de la catastrophe en cours, tout en s'insérant dans des contextes géopolitiques variés et dans le jeu politique international ?

L'environnement comme cause politique : du local à l'international

Les premières alertes concernant la dégradation des milieux naturels par l'action humaine se font entendre dès le XIXe siècle. Avec l'industrialisation, des voix issues de la communauté scientifique, mais aussi d'artistes et d'intellectuels s'élèvent pour dénoncer les pollutions et dégradations subies par les paysages aux États-Unis et en Europe de l'Ouest.

L'idée d'une « crise écologique globale mettant en cause le rôle dévastateur de l'Homme à l'échelle de la planète » (Vrignon, 2017), issue des milieux scientifiques étasuniens principalement, se diffuse après la Seconde Guerre mondiale. Le Congrès international pour la protection de la nature de 1923, puis la création de l'Union Internationale pour la Protection de la Nature en 1948 posent les premières pierres de la constitution de l'environnement comme « objet politique international », qui culmine en 1972 (Mahrane *et al.*, 2012). Comment cette dimension globale des enjeux s'exporte dans les mobilisations locales et militantes ? En Occident, les années 1960 sont marquées par une série de catastrophes environnementales liées aux activités humaines : le

Manifestation de Greenpeace contre un site d'enfouissement de déchets nucléaires à Amsterdam, 1982. The Algemeen Nederlandsch Fotobureau (ANeFo).

naufrage du pétrolier Torrey Canyon qui entraîne une marée noire au large de la Grande-Bretagne et de la Bretagne en 1967, notamment, marque les esprits. Au même moment, des mobilisations environnementales se déploient pour protester contre des projets locaux : en 1956 contre le barrage d'Echo Park aux États-Unis, en 1969 contre le projet de la Vanoise, puis à partir de 1971 dans le Larzac contre l'extension d'un camp militaire en France. Ces éléments marquent la naissance de l'écologie française (Ollitrault & Villalba, 2014). En 1962, aux États-Unis, *Silent Spring*, le bestseller de la biologiste Rachel Carson met en avant les ravages de l'utilisation massive de pesticides sur l'environnement et la santé humaine. L'action dévastatrice de l'homme sur son environnement émerge donc dans le débat public. Ces éléments contribuent au développement d'un mouvement écologiste concentré sur des luttes locales. Celui-ci joue un rôle majeur dans la politisation des enjeux environnementaux qui échappent désormais à la seule expertise des milieux scientifiques et de diplomatie internationale. Ces luttes s'inscrivent dans des circulations transnationales de connaissances, de savoir-faire et de forces militantes.

Contestations militantes

Les contestations contre le nucléaire militaire puis civil qui agitent l'Europe de l'Ouest et les États-Unis dans les années 1970-1980, comme à Greenham en Grande-Bretagne, à Creys-Malville ou à Plogoff en France, cristallisent une partie du mouvement de protection de l'environnement et contribuent à sa mise en visibilité. Ces mobilisations donnent lieu à des formes d'entraides transnationales entre comités locaux, comme à Fessenheim en 1971, où circulent des brochures venues du Royaume-Uni, d'Allemagne et des États-Unis. Ces mobilisations ponctuelles évoluent souvent en mouvements pour la protection de l'environnement plus global, « autour d'une remise en cause du modèle de développement » et de l'héritage des mouvements sociaux des années 1960 et 1970 (Faraco, 2006). Deux ONG emblématiques de la protection de l'environnement naissent de ce terreau : l'organisation Friends of the Earth, qui inspire la création des Amis de la Terre en France, est fondée en 1969 par un militant antinucléaire aux États-Unis. En 1971, l'expédition Greenpeace One organisée par le comité Don't Make a Wave pour protester contre les essais nucléaires américains en Alaska donne naissance à l'organisation du même nom.

Les deux groupes essaiment assez vite en Europe avant de se constituer formellement en structures internationales (respectivement en 1971 et en 1979). Elles partagent une stratégie fondée sur des actions directes spectaculaires très médiatisées, qui deviennent leur marque de fabrique et leur donnent la possibilité de diffuser largement un discours global sur la crise environnementale, doublé de la critique du modèle social des pays occidentaux. L'autonomie des branches nationales et régionales leur permet d'adapter les campagnes aux contextes spécifiques, mais n'empêche pas les influences et les coopérations : les Amis de la Terre France s'inspirent des thèmes et des modes d'action mis en place par la branche étasunienne pour sensibiliser le grand public. Tandis que l'action en mer, mode opératoire privilégié de Greenpeace, donne lieu à des coopérations européennes fréquentes au cours d'expéditions contre la pêche à la baleine ou pour s'opposer aux essais nucléaires intensément médiatisés. L'expédition malheureuse à laquelle participent les Amis de la terre contre les essais nucléaires en Polynésie en 1972 fait l'objet d'un long reportage dans *Le Sauvage*, journal allié de l'organisation, tandis que l'affaire du Rainbow Warrior de 1985 déclenche un scandale médiatique, auquel *Le Monde* participe, fort de sa récente rubrique « Environnement » (1972).

À Francfort, en Allemagne, des militants de Greenpeace Allemagne manifestent devant le siège allemand de la société d'investissement internationale BlackRock, pour lui demander de cesser d'investir dans le charbon et de financer le changement climatique en tant qu'actionnaire principal de Siemens, fournisseur de télécommunications pour la mine de charbon Adani en Australie, Sipa press agency.

Le Rainbow Warrior à La Haye (Hollande) en 1979, par Suyk, Koen (ANeFo).

Institutionnalisation et médiatisation

En parallèle, l'environnement s'institutionnalise : la conférence de Stockholm, organisée peu après la parution du rapport Meadows en 1972, l'inscrit officiellement au rang de préoccupation internationale. Dès lors, les organisations ajoutent à leur stratégie d'action directe l'expertise leur permettant de déployer des actions de lobbying et de s'imposer dans les négociations internationales. Leur rôle s'affirme plus fortement encore à partir du sommet de Rio en 1992 (Ollitrault, 2018), ce qui les oblige à des reconfigurations profondes. Le troisième Sommet de la Terre met au premier plan la question du changement climatique. Les émissions de gaz à effet de serre dans l'atmosphère font l'objet d'études scientifiques croissantes depuis la fin des années 1970, qui gagnent en visibilité avec la création du GIEC en 1988. Ceci conduit les ONG à changer d'échelle pour passer d'une priorité donnée aux luttes locales aux enjeux globaux et à accentuer les dynamiques de coopérations. La question climatique, « première crise environnementale d'échelle réellement mondiale », conduit les ONG issues de différentes traditions militantes à passer d'un activisme issu des mouvements sociaux des années 1970 à un militantisme environnemental transnationalisé (Faraco, 2006). Cela se traduit par la constitution de réseaux, tel que le Climate Action Network International en 1989. Les conférences pour le climat deviennent alors des grands rendez-vous de mobilisations et de mises en réseaux pour les ONG et des collectifs plus informels.

Le début des années 2000 confirme ce tournant climat : alors que le GIEC valide définitivement l'origine humaine du réchauffement en 2001, le climat atteint un statut de problème public en France (Aykut *et al.*, 2012), ce qui s'accompagne d'une médiatisation routinisée et dépolitisée de la question (Comby, 2014).

L'échec du Sommet de Copenhague en 2009, qui avait suscité de nombreuses actions de plaidoyer et la mobilisation des militants écologistes, notamment au sein du Climate Action Network, constitue une rupture. Les organisations se détournent du lobbying international pour se concentrer sur « l'action des citoyens » et pour « lier plus fortement questions sociales et écologistes » (Brusadelli & Martell, 2022). Ceci ne signe pas la fin des circulations transnationales, mais elles passent désormais davantage par les réseaux militants et moins « par le haut ». En France, les Zones à Défendre dans les années 2010 remettent au goût du jour les traditions de luttes des années 1970 « qui redeviennent le paradigme d'un mouvement de contestation anticapitaliste, influencé par l'altermondialisme des années 1990[1] ».

Un tournant dans le militantisme écologique

Greta Thunberg au Parlement européen, 16 avril 2019. Dans son discours devant l'assemblée, elle alerte les députés européens sur l'action urgente à mener contre le dérèglement climatique. Parlement européen, CC-BY-2.0.

La démission de Nicolas Hulot du ministère de la Transition écologique et solidaire en 2018 lance une première marche pour le climat, qui sera suivie de dizaines d'autres aux cours des années suivantes. L'évènement national s'inscrit très vite dans une dynamique internationalisée, puisque dès le mois de décembre de cette même année une marche mondiale est coordonnée par un réseau d'organisations, suivie par le mouvement de grèves scolaires de Greta Thunberg, qui prend une ampleur mondiale en mars 2019. La massification du mouvement écologiste s'accompagne de sa revitalisation : en 2018 et 2019 naissent des collectifs qui s'écartent des modèles et des stratégies des ONG. Préférant au lobbying international ou au plaidoyer les actions directes, ils puisent néanmoins dans l'héritage des mouvements plus anciens, mettant au centre de leurs modes opératoires la désobéissance civile. Ils s'appuient sur la dynamique des marches et des grèves mondiales pour s'organiser en réseaux transnationaux : Extinction Rebellion ou Youth for Climate essaiment depuis la Grande-Bretagne dans de nombreux pays. Comme leurs prédécesseurs, ils accordent un rôle central à leur communication. Ils déploient des stratégies fondées sur des actions coups de poing médiagéniques (Marion, 1997) et investissent les réseaux sociaux numériques afin de s'affranchir des cadres imposés par les médias. Après une phase de forte coopération transnationale, caractérisée par l'organisation annuelle de marches mondiales par Youth for Climate notamment, appuyée sur les technologies du numérique, les branches nationales et régionales autonomes se ré-ancrent dans le local. Elles s'investissent dans des luttes de proximité et la contestation de projets locaux. La création de collectifs comme Les Soulèvements de La Terre en 2021 remet au premier plan l'objectif de victoires ponctuelles et concrètes. Les organisations récentes ou anciennes, renouent avec un désir de convergence des luttes, en s'associant aux mouvements sociaux en cours pour mettre en avant un discours alliant justice sociale et climatique.

Action de blocage d'Extinction Rebellion, 2019, Oxford Circus, Mark Ramsay.

En s'appuyant sur des coopérations, voire une coordination transnationale, les organisations écologistes tentent de relever le défi de l'articulation d'une critique globale et systémique des enjeux planétaires avec les luttes locales. Les organisations déploient des stratégies variées qui associent l'acquisition d'expertise, pour se légitimer au sein des espaces de négociations, à un travail de plaidoyer et de mobilisation des militants sur le terrain pour diffuser leurs messages. Elles s'appuient sur les médias, rouage essentiel de leurs stratégies, avec lesquels elles entretiennent des rapports complexes combinant des liens de dépendance et des volontés d'affranchissement. Depuis quelques années, les organisations placent au cœur de leurs communications la dénonciation des responsables de la crise écologique afin de montrer que, si ses effets se déclinent de manières variées en fonction des contextes locaux et des réalités géopolitiques, ils partagent des racines communes. Pour appréhender le caractère structurel de l'enjeu, des chercheurs proposent des concepts mettant en avant les logiques systémiques, à l'instar du « capitalocène » d'Andreas Malm et de Jason Moore ou du « plantationocène » de Donna Haraway et Anna Tsing.

Action contre la déviation de la RN88 en Haute-Loire, photo : site web Les Soulèvements de La Terre.

1 Voir l'intervention de Sylvie Ollitrault (2024) « Nouvelles mobilisations environnementales : savoirs scientifiques ignorés et désobéissance civile », Séminaire Science et Société dans l'Anthropocène, Université Paris Cité.

Mouvements antiracistes au Brésil

Nina Santos et Lucas Reis

Les mouvements antiracistes ont pris un nouvel élan pendant la pandémie de Covid-19. Une série d'épisodes de violence contre les personnes noires, tant au Brésil qu'aux États-Unis, a ravivé le débat et les mobilisations pour la justice sociale et raciale. Ces mouvements ont pris de l'ampleur à partir de fin mai 2020, moment où plusieurs parties du monde étaient sous le coup de restriction de déplacement et d'injonction à la distanciation sociale en raison de l'urgence sanitaire. Les gens ne pouvaient pas sortir dans les rues, ou du moins évitaient de le faire. Dans ce contexte, les environnements numériques sont devenus encore plus centraux en tant qu'espaces de visibilité, de conversation et de mobilisation.

Cependant, il faut considérer que différents espaces en ligne suivent différentes dynamiques. Alors que les médias professionnels se fondent sur le rôle des journalistes comme *gatekeepers* – ceux qui sont capables de décider ce qui mérite ou pas d'être porté dans la sphère de visibilité publique – conformément à la déontologie du domaine et aux normes de l'industrie de l'information, émergent sur les réseaux sociaux numériques de nouvelles médiations (Santos, 2019) qui complexifient ce processus.

Par ailleurs, on ne peut ignorer la constante interaction entre ces espaces, c'est-à-dire que ni les sites journalistiques ni les réseaux sociaux numériques ne fonctionnent isolément selon des logiques autocentrées. Les contenus qui circulent dans les différents environnements numériques s'influencent mutuellement, générant ce qu'Andrew Chadwick appelle un système médiatique hybride (2013) où la nouveauté ne réside pas nécessairement dans les nouveaux médias, mais dans les combinaisons inédites qui deviennent possibles entre différentes logiques médiatiques.

De #BlackIivesMatter à #VidasNegrasImportam

Dans ce contexte, nous cherchons à explorer les différentes dynamiques et inter-influences entre les flux d'information publiés sur Twitter et dans les médias en ligne à propos des mouvements antiracistes en 2020 au Brésil. Pour comprendre ce phénomène, nous avons travaillé avec deux ensembles de données. Le premier rassemble 5 811 499 tweets citant soit l'hashtag #BlackLivesMatter, soit #VidasNegrasImportam, en portugais, pendant une période de dix semaines, entre le 12 mai et le 19 juillet 2020. Le second est composé de 1 650 articles publiés sur des sites d'information brésiliens avec les expressions « *Black Lives Matter* » ou « *Vidas Negras Importam* » pendant la même période.

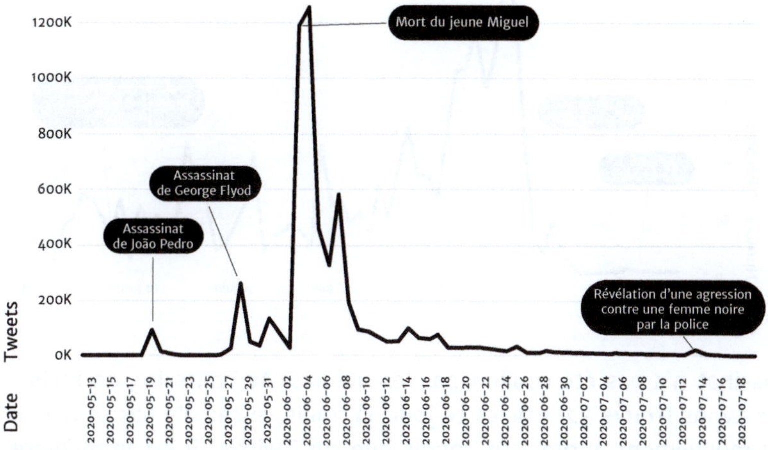

Figure 1 : Tweets avec #blacklivesmatter ou #vidasnegrasimportam en portugais, du 12/05/2020 au 19/07/2020.

Comme on peut le voir sur la figure 1, le mois de mai commence avec un faible nombre de mentions des mouvements, et ce même le jour commémoratif de l'abolition de l'esclavage (13 mai). Cependant, un premier pic apparaît, passant de 135 le 18 mai à près de 95 000 le lendemain, en raison de l'assassinat du jeune João Pedro par la police de Rio de Janeiro. Un second moment de hausse se produit le 28 mai, en réaction à l'assassinat aux États-Unis de George Floyd survenu le 25 mai dans des circonstances similaires. Ce jour-là, les mentions dépassent le nombre de 260 000 occurrences. La mort du citoyen américain continue de faire grand bruit les jours suivants et la conversation atteint son apogée le 4 juin, en raison également des nombreuses protestations de rue dans le monde et de la mort du jeune Miguel à Recife. À son apogée, on compte plus de 1 250 000 tweets contenant au moins un des deux hashtags étudiés.

Pour donner une idée de l'ampleur du mouvement, il convient de mentionner que les études sur les moments antérieurs à Black Lives Matter avaient beaucoup moins mobilisé sur Twitter. Jelani Ince, Fabio Rojas et Clayton David (2017) estiment qu'il y a eu 660 000 tweets avec l'hashtag #blacklivesmatter pendant onze mois en 2014. Freelon, Mcilwain et Clark (2016) identifient 4 312 599 mentions du terme pendant une période d'un an, entre juin 2014 et mai 2015. D'autres chercheurs (Anderson *et al.*, 2018) font une analyse plus longue de juillet 2013 à mai 2018, identifiant 30 millions de mentions pendant toute la période, soit une moyenne de 17 000 par jour. Il faut également considérer que toutes ces études se basent sur des corpus en anglais, langue d'origine du mouvement, dont les mentions sont supposées être plus élevées. Par conséquent, trouver presque six millions de mentions en un peu plus de deux mois en 2020 en portugais constitue un chiffre impressionnant.

Les données chiffrées de la mobilisation sur Twitter, bien qu'importantes, ne nous disent pas grand-chose sur la dynamique communicationnelle autour du mouvement antiraciste. Il est donc justifié de comparer cette chronologie avec celle des articles en ligne dans les médias (Figure 2). On voit quelques différences importantes par rapport à Twitter. La première est que l'assassinat de João Pedro ne provoque aucune modification dans la courbe de mentions des mouvements antiracistes dans les médias en ligne. Deux articles seulement ont été recueillis le 19 mai.

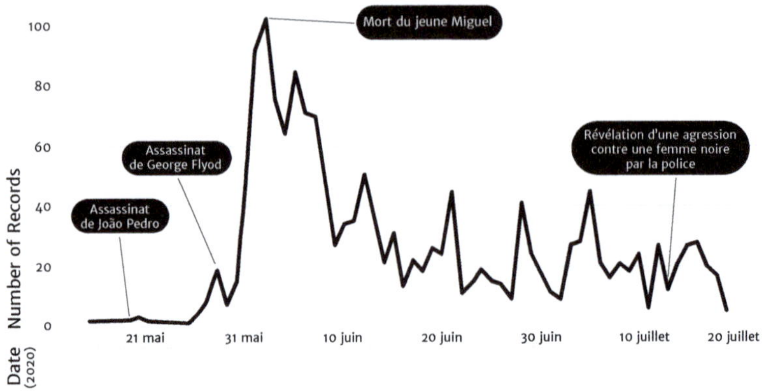

Figure 2 : Articles avec les expressions Black Lives Matter ou Vidas Negras Importam dans les médias brésiliens, du 12/05/2020 au 19/07/2020.

Cela ne signifie pas que l'assassinat n'a pas été couvert par les médias. Au contraire, en recherchant le nom João Pedro, nous avons trouvé 32 articles ce jour-là. Mais, le cas n'a pas provoqué une importante couverture du mouvement antiraciste, tandis que sur Twitter, il est immédiatement intégré sous la bannière des mouvement Black Lives Matter et Vidas Negras Importam.

Des réseaux sociaux aux médias, des stratégies différenciées

Une autre différence frappante est la dynamique de publication sur le mouvement. Il y a une volatilité beaucoup plus grande sur Twitter. Par exemple, le pic de mentions sur ce réseau équivaut à quinze fois la moyenne des publications sur le thème pendant la période étudiée. Dans les médias d'information, cette proportion était de seulement quatre. Mais il ne s'agit pas seulement de l'ampleur des pics. En calculant l'écart type pour mieux quantifier cette oscillation, nous voyons que sur Twitter, il représente 264 % de la moyenne, tandis que parmi les articles, cette métrique représente 98 %. L'écart type est une mesure qui indique la quantité de variation ou de dispersion d'un ensemble de valeurs. En termes plus simples, cela montre à quel point les valeurs sont dispersées par rapport à la moyenne (ou valeur moyenne) des données. Un faible écart type signifie que les valeurs ont tendance à être proches de la moyenne, tandis qu'un écart type élevé indique que les valeurs sont plus dispersées et éloignées de la moyenne.

Dans notre étude, dans le cas des médias d'information, la plupart du volume quotidien de mentions était de 98 % supérieur ou inférieur à la moyenne. Dans le cas de Twitter, le volume de mentions était réparti sur une plage beaucoup plus large : 264 % au-dessus ou en dessous de la moyenne. Cela montre que la volatilité du débat sur Twitter était bien plus grande que dans les médias d'information.

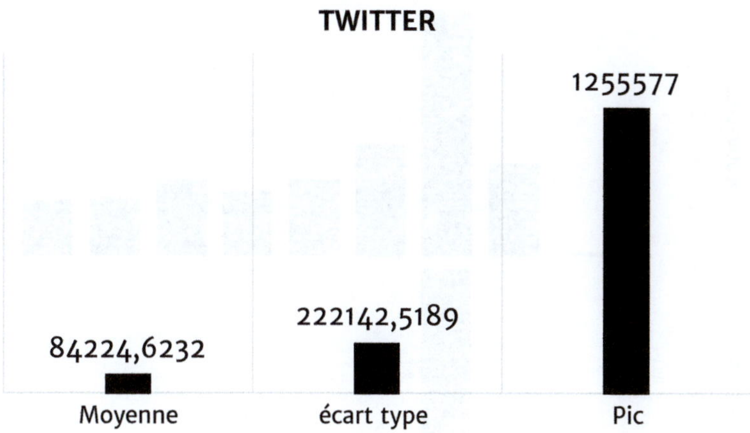

Figure 3 : Moyenne, écart type et pic de mentions sur Twitter.

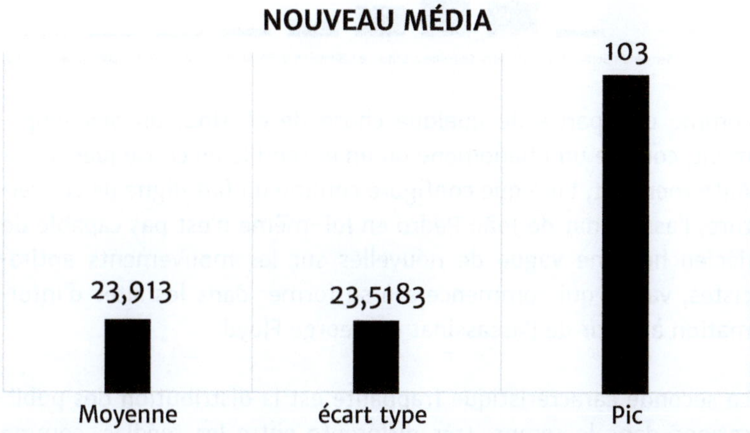

Figure 4 : Moyenne, écart type et pic de mentions sur Twitter.

Ces deux analyses indiquent au moins deux caractéristiques qui méritent attention. La première concerne une différence importante dans la manière d'aborder les cas des violences contre les personnes noires. Alors que sur Twitter, l'épisode de l'assassinat de João Pedro est rapidement associé aux mouvements antiracistes, provoquant une modification significative du volume de mentions; dans les médias, il ne provoque aucune altération dans la couverture du mouvement, bien que le cas en lui-même ait été traité. Cela peut être interprété selon la logique des vagues de nouvelles décryptées par Wilson Gomes et Maria Paula Almada[1] selon laquelle les reportages seraient basés sur des thèmes successifs qui sont explorés jusqu'à épuisement, cherchant à générer des répercussions parmi divers acteurs sociaux. Ces vagues « seraient déclenchées par des évènements clés (*key events*) définis comme des évènements différents ou particuliers impliquant un développement de certains thèmes dans les nouvelles ». En analysant la couverture du *Jornal Nacional*, les auteurs concluent cependant que « l'évènement clé n'est pas simplement un fait. Il doit être compris

1 Gomes W. & Almada M. P. (2014) "Ondas de notícias políticas : as dinâmicas da atenção pública no noticiário político de TV", *XXIII Encontro Anual da Compós*.

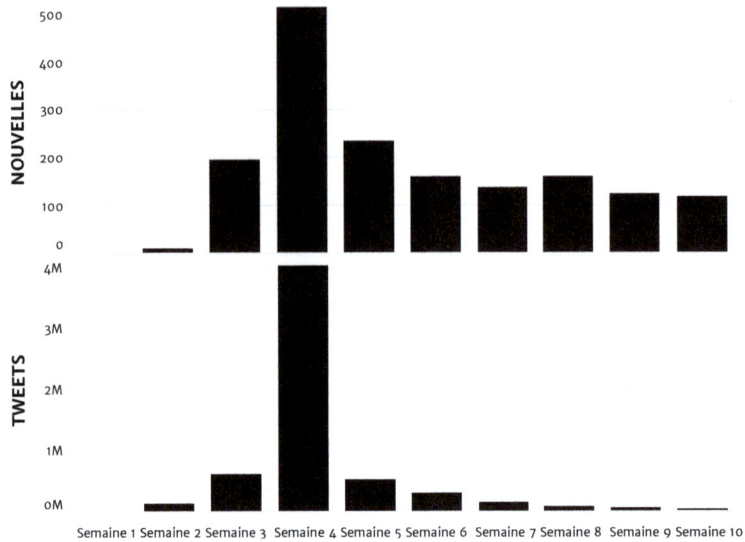

Figure 5 – Évolution hebdomadaire des publications dans le temps.

comme une partie de quelque chose de continu, un développement, comme un phénomène ou un ensemble de conséquences ». Autrement dit, bien que configuré comme un fait digne de couverture, l'assassinat de João Pedro en lui-même n'est pas capable de déclencher une vague de nouvelles sur les mouvements antiracistes, vague qui commencera à se former dans les sites d'information à partir de l'assassinat de George Floyd.

La seconde caractéristique frappante est la distribution des publications dans le temps, très différente entre les médias, comme nous pouvons le voir sur le graphique ci-dessous.

Les mentions sur Twitter suivent rigoureusement la loi de Pareto. Les deux semaines (20 % du temps de collecte) avec le plus grand volume concentrent 80 % des tweets. Ce schéma est assez commun dans la diffusion de contenus sur les réseaux sociaux numériques[2] où les répercussions organiques suivent le modèle de la longue traîne. Cela veut dire que, dans les dynamiques on line, souvent il y a une hyperconcentration d'attention dans un espace limité au même temps qu'une attention diffuse perdure plus longuement. Dans ce cas, cette dynamique s'applique sporadiquement créant des pics volatiles au même temps qu'une attention plus faible que se dissout dans le temps.

Dans les médias d'information, la couverture s'étend plus progressivement dans le temps. Les deux semaines avec le plus grand volume de publications représentent seulement 45 % du total de la période. Cela est lié à la pratique journalistique elle-même,

2 Voir Reis, L.; Santos, D.; Aguiar, A. (2020), *A repercussão do movimento Black Lives Matter na Twittosfera brasileira* [en ligne].

Action de blocage Black Lives Matter
Fibonacci Blue, CC-BY-2.0.

qui tend à rechercher et provoquer des répercussions autour des thèmes de l'actualité sur les sites d'information. Sur Twitter, une partie significative des publications n'est pas faite par des professionnels. Ainsi, le volume de mentions diminue rapidement, bien qu'il ne disparaisse pas complètement puisque le volume de la dixième semaine était dix fois supérieur à celui de la première.

14e Marche de la Conscience noire de São Paulo. Contre le racisme et le génocide : pour un projet politique de vie pour les Noirs. 20 novembre 2017, Paulo Pinto/AGPT.

En somme, penser la dynamique communicationnelle autour de l'activisme numérique exige des approches complexes. Dans le cas analysé, le rôle de l'activisme sur Twitter se montre plus agile et efficace pour associer des évènements à un mouvement, leur donnant une perspective historique et non épisodique, tandis que les médias ont un rôle important en donnant plus de stabilité à la couverture sur le sujet, contribuant à une plus grande longévité du débat dans la sphère publique. Par conséquent, un activisme numérique capable de produire des alternatives et des changements sociaux effectifs ne peut être dissocié d'une vision intégrée et systémique de l'environnement de la communication numérique.

L'espace médiatique à l'épreuve du mouvement des Gilets jaunes

Louise Michel

Né à partir d'initiatives personnelles en ligne (pétitions, vidéos, création d'évènements et de groupes, etc.), principalement sur Facebook, le mouvement des Gilets jaunes est survenu en novembre 2018, de manière inattendue. L'évènement était inédit : des personnes issues de catégories professionnelles diverses, s'identifiant à des partis politiques antagonistes ou se déclarant « apolitiques », ont commencé à occuper des ronds-points dans tout le territoire français (Arisnée *et al.*, 2019). Les rassemblements ont duré pendant plusieurs mois, parfois plusieurs années, et ont mobilisé près de trois millions de participants entre la fin 2018 et juin 2019 (Bernard de Raymond *et al.*, 2023[1]). Comme d'autres contestations « connectées » (Tufekci, 2017) qui voient le jour depuis les années 2010, le mouvement des Gilets jaunes a rendu visible plusieurs changements en cours dans l'espace médiatique français.

Des difficultés journalistiques aux critiques des médias *mainstream*

Les mobilisations des premiers mois ont fait l'objet d'une médiatisation massive dans la presse ou à la télévision qui s'est accompagnée de vives controverses. L'ampleur prise par le mouvement sur les réseaux sociaux numériques et les relations ambivalentes, parfois hostiles, des activistes avec les médias *mainstream* ont fait de la couverture des mobilisations un véritable « défi » (Charon & Mercier, 2022). Les journalistes se sont en effet trouvés en difficulté dans la mesure où ils ne disposaient pas des informations sur lesquelles ils peuvent habituellement s'appuyer.

Comme ont pu le relever Brigitte Sebbah et Arnaud Mercier (2022), plusieurs de ces obstacles étaient principalement liés à l'inadaptation de leurs routines de travail aux spécificités de ce mouvement. De nombreuses personnes parmi les Gilets jaunes n'avaient jamais participé à des mobilisations sociales et politiques. Leurs actions n'étaient pas toujours déclarées auprès des autorités et étaient donc difficiles à prévoir. Les échanges des Gilets jaunes sur les réseaux sociaux numériques n'ont pas non plus rendu la tâche aisée aux journalistes. Face à l'abondance des groupes et des pages, dont certains privés, il était difficile de déterminer quelles prises de paroles étaient fiables, pertinentes du point de vue du collectif et vouées à être répétées auprès d'un plus large public.

Les Gilets jaunes s'en prennent aux médias « menteurs », « collaborateurs », « faussaires ». Photo AFP, Lucas Barioulet.

La plupart du temps, les participants se montraient réticents à parler aux médias et les journalistes ne parvenaient pas à nouer de bonnes relations avec eux. Comme les participants refusaient de nommer des *leaders* et que leurs profils étaient très divers, il était pratiquement impossible d'identifier à l'avance des interlocuteurs susceptibles de représenter le mouvement. Les interviews des manifestants se sont bien souvent résumées à de courtes interventions qui ne laissaient que peu de place à l'expression des revendications collectives[2].

Mener à bien leur travail s'est révélé d'autant plus compliqué pour les journalistes que les manifestations se déroulaient parfois dans des contextes violents. Au fil des semaines, la couverture des mobilisations par les médias *mainstream* s'est progressivement concentrée sur les violences en marge des manifestations, tendant à minimiser toujours plus la portée politique du mouvement (Baisnée *et al.*, 2021). L'image donnée de leurs mobilisations dans la presse et sur les chaînes d'information télévisées a été largement rejetée par les activistes, déjà méfiants à leur égard, et la focalisation des médias sur ces violences n'a fait que creuser le clivage.

Les Gilets jaunes ont reproché aux journalistes d'être subordonnés à leur hiérarchie et ont accusé les médias *mainstream* de dépendre du pouvoir politique. Au sein du mouvement, on retrouvait aussi bien des appels au développement de contre-pouvoirs médiatiques et à l'ouverture à une plus grande pluralité que des discours exprimant un attachement à des normes journalistiques d'objectivité et de neutralité (Lupovici, 2023). Ces critiques du champ médiatique, loin d'être nouvelles, ont connu un vrai regain d'intérêt parmi les

1 Voir également Dormagen J.-Y. & Pion G. (2021) « Gilets jaunes, combien de divisions ? », février, *Le Monde diplomatique*.

2 Sebbah B., Thiong-Kay L., Loubère L., Souillard N. & Smyrnaios N. (2019) *La Dilution des Gilets jaunes dans l'agenda médiatique et politique*, Rapport de recherche, Observatoire des pratiques numériques / LERASS, Université de Toulouse. Voir également Smyrnaios N. & Sebbah, B. (2019) « Les Gilets jaunes, étude sur la structuration d'un mouvement social en ligne », *L'ENA hors les murs*, 494, 19-21.

Huitième week-end de mobilisation des gilets jaunes, à Grenoble : les manifestants veulent rencontrer le directeur de la station locale F3 Alpes, 5 janvier 2019 au 12-13 Edition Alpes @INA.

Gilets jaunes. Celles-ci leur ont permis d'objectiver le décalage observé entre cette médiatisation de leurs actions et leurs expériences sur le terrain. Cet écart s'est trouvé redoublé par les formes de publicisation et la contre-médiatisation du mouvement que les Gilets jaunes et des médias sympathisants ont réalisées en ligne.

Publicisation et contre-médiatisation sur les réseaux sociaux

Les Gilets jaunes n'ont pas manqué de s'appuyer sur les réseaux sociaux numériques pour contrer les représentations qui étaient données de leur mouvement par les médias *mainstream*. En accumulant leurs propres photos, vidéos et récits des actions ayant cours, les activistes ont documenté le décalage qu'ils dénonçaient. Ils ont donné à voir en ligne un mouvement plus pacifiste en retournant le cadrage des affrontements violents et en donnant une plus grande place à l'expression de leurs revendications sociales et fiscales (Bouté, 2022; Sebbah *et al.*, 2018). Ces formes de publicisation de leurs contestations ainsi que la diffusion de publications critiques des contenus issus de grands médias ont pu s'observer à large échelle dans les espaces des Gilets jaunes sur les réseaux sociaux numériques (Ramaciotti-Morales *et al.*, 2021).

Cependant, ces tentatives pour contrer les représentations de leur mouvement présentées dans la presse ou sur les chaînes d'information télévisées se sont heurtées à plusieurs limites. L'usage de ces dispositifs par les activistes ne répondait pas seulement à des visées de publicisation de leur mouvement, mais aussi à des besoins d'organisation et de coordination des actions sur le terrain (Bouté, 2024). Le flot de publications et la modération des contenus ont pu tendre à en invisibiliser certains, au profit de ceux partagés par des utilisateurs ayant une meilleure maîtrise de ces dispositifs. Les visions du mouvement, ni évidentes, ni consensuelles, se retrouvaient derrière la multitude de contenus produits et ont contribué à rendre confus le travail de publicisation du mouvement que les activistes réalisaient; pourtant, leurs représentations partageaient certains points communs : dénonciation des injustices sociales et fiscales, refus de la récupération partisane, valorisation du local, revendication d'horizontalité, etc. (Souillard *et al.*, 2020). L'audience, que leur permettait d'atteindre leurs propres comptes ou les groupes qu'ils avaient créés sur Facebook, était généralement loin d'être suffisante pour faire circuler leurs récits au-delà d'un entre-soi contestataire.

Des acteurs maîtrisant mieux les codes de la médiatisation numérique (création vidéo, montage, diffusion, etc.) et disposant de plus d'influence ont pris en charge la contre-médiatisation du mouvement. Les dénonciations de violences policières ont, par exemple, obtenu une certaine visibilité par l'intermédiaire des journalistes et d'autres acteurs militants influents sur Twitter (Bouté, 2021). Plus généralement, ce sont des médias indépendants et des auto-médias (Thiong-Kay, 2020), favorisant le direct et une parole plus ordinaire qui ont rencontré un franc succès avec le mouvement. Ces journalistes et ces « *liveurs* » militants se sont mêlés aux Gilets jaunes lors des actions et ont participé à leurs échanges en ligne, et pour certains à leurs réunions. Ils ont laissé les Gilets jaunes dérouler leurs discours à l'occasion de longues vidéos en direct, tout en essayant de résumer les revendications collectives du mouvement, sans se priver d'exprimer leurs propres points de vue. La plupart de ces médias alternatifs ne cachaient pas qu'ils partageaient avec les Gilets jaunes les mêmes critiques du gouvernement, des médias *mainstream* ou du système économique et fiscal.

Le mouvement a constitué, en ce sens, une occasion pour tout un ensemble d'acteurs et de pratiques médiactivistes (Cardon & Granjon, 2013), liées à une culture propre aux réseaux sociaux numériques, de se faire remarquer dans l'espace public. Pour autant, les Gilets jaunes et leurs alliés ne se sont pas contentés des moyens mis à disposition par les plateformes en ligne pour partager images et récits du mouvement. Ils ont également employé des formats plus anciens pour partager leurs points de vue à travers des gazettes (Lecha, 2023), livres, bandes dessinées et longs métrages. Des années après le début de la mobilisation, ces productions médiatiques continuent de paraître, et des militants animent encore quotidiennement les espaces d'échanges sur les réseaux sociaux numériques.

Un renouveau des pratiques mises en œuvre pour sonder les activistes, couvrir les mobilisations et les diffuser, s'observe du côté des professionnels du journalisme, tout autant qu'au sein de la sphère médiactiviste. Ces transformations de l'espace médiatique français, liées à l'essor des réseaux sociaux numériques, sont devenues patentes à l'épreuve du mouvement des Gilets jaunes. Les tentatives de contre-médiatisation des activistes et des médias proches du mouvement n'ont pas conduit, cependant, aux résultats escomptés. L'écotaxe annoncée, qui avait mis le feu aux poudres, a bien été suspendue, mais la plupart des autres revendications du mouvement n'ont pas été prises en compte par les pouvoirs publics. Les réponses apportées par le gouvernement, telles que l'organisation du grand débat national et la répression des rassemblements, ont été vivement critiquées par les participants et leurs sympathisants. Les réponses politiques des pouvoirs publics ont en fait suivi le cadrage du mouvement adopté par les médias traditionnels qui constituent, encore aujourd'hui, une étape indispensable à la réussite des contestations (Baisnée *et al.*, 2023).

Partie 4

Les écosystèmes des médias*

*Typographie : Chicago par Susan Kare, 1984-97
Susan Kare a été l'une des pionnières du design graphique numérique. Employée chez Apple pour rendre l'ordinateur plus amical et accessible, elle a également créé les premiers pictogrammes informatiques au monde. Est ici utilisée une version de cette typographie de Duane King sous License MIT.

Illustration : La machine de production perpétuelle, 2025 © Vincent Cabaret

La plateformisation de l'information, un nouvel oxymore

Françoise Laugée

La plateformisation de l'information désigne l'évolution par laquelle quelques groupes internet américains (moteurs de recherche, réseaux sociaux numériques, etc.) se sont immiscés aux côtés des médias traditionnels dans les voies d'accès à l'information. À l'instar d'autres secteurs de la création comme la musique et les films, cette inversion en faveur des outils numériques a bouleversé en deux décennies à peine le modèle originel des médias. Toutes-puissantes, ces plateformes ont acquis des positions dominantes, comme Google Search qui détient 90 % du marché de la recherche en ligne dans la plupart des pays, faisant de Google le plus grand ordonnateur de l'information et la plus grande régie publicitaire au monde (Sire, 2013).

En vingt ans, le déploiement des services des groupes internet a fait vaciller le statut historique des médias d'information et les a rendus dépendants des plateformes, entraînant des conséquences structurelles en cascade. Le phénomène est mondial : aucun pays, aucune démocratie n'a pu l'anticiper. En transformant les habitudes de réception de l'information, ces canaux numériques de distribution ont imposé également aux médias de nouvelles conditions de production de contenus. Accessibles à tous sans conditions, ces plateformes proposent un flux ininterrompu de contenus de toute nature (texte, image, son et vidéo). Ces « infomédiaires » (Rebillard & Smyrnaios, 2019) conditionnent la mise en relation qu'ils opèrent entre les émetteurs et les récepteurs à une hiérarchisation algorithmique des contenus distribués.

Usages captifs

Pour les médias traditionnels confrontés au déploiement des technologies numériques, la plateformisation est la promesse d'un double bénéfice : le rajeunissement et l'élargissement de leur audience. Pour les publics, la plateformisation se traduit par une offre personnalisée au maximum, agrémentée d'une apparente interactivité, celle-ci étant réglée sur les recommandations de l'algorithme qui renvoient à leurs comportements en ligne (temps passé, *posts*, partages, etc.).

Le phénomène de plateformisation de l'information est né de la capacité des acteurs du numérique à créer de nouvelles habitudes de consommation. Propriétaires à la fois des technologies et des services, les grandes plateformes se sont imposées avec l'expérience nouvelle de l'usage du téléphone portable. Auxiliaire permanent et personnel, le terminal mobile représente 80 % du temps passé sur internet. À l'instar d'autres activités de la vie quotidienne, l'accès à l'information a été rendu dépendant de la logique des plateformes, de la manière dont celles-ci orchestrent la mise à disposition des contenus sur ce terminal. En 2023, plus de la moitié des Français s'informent quotidiennement sur les réseaux sociaux numériques et 26 % sur les plateformes de vidéos comme YouTube, selon l'Arcom[1].

Avec leur nouveau rôle de *gatekeeper*, les plateformes ont concurrencé progressivement les médias traditionnels dans leur magistère informationnel; la presse quotidienne est particulièrement touchée. En à peine une vingtaine d'années, les usages captifs de la technologie mobile ont entraîné un changement radical des attentes en matière d'information, livrant aux algorithmes sa hiérarchisation comme sa temporalité.

Le moteur de recherche Yahoo est lancé en 1994 alors que le nombre de sites augmente de manière exponentielle. Il fonctionne sur un principe encyclopédique en crawlant les mots clefs des sites.

Formatage des contenus

Les plateformes façonnent les contenus en soumettant les producteurs d'information à un modèle d'édition prédéfini. L'amorce du phénomène date du tournant des années 2010, avec le lancement du service en ligne Google Actualités, indexation algorithmique d'articles de presse (Cardon, 2015). Pour obtenir un bon référencement, il faut dès lors insérer dans le titre, le châpo et le corps du texte des mots-clés repérables par l'algorithme, ainsi que des liens hypertextes. À la même période, Facebook invite à son tour les éditeurs de médias à profiter de son succès en matière d'engagement des internautes, en créant leur page officielle. Pour séduire leurs lecteurs, les médias s'adaptent, en particulier à leurs pratiques des commentaires, des liens et des recommandations. Les rédactions Web sont formées à l'optimisation pour les moteurs de recherche (SEO pour *Search Engine Optimization*) consistant à faire remonter les articles dans les classements suggérés. La plupart des éditeurs de presse se sont laissé convaincre par Facebook de produire de plus en plus de contenus vidéo, avant que le réseau ne soit accusé en 2016, à raison, d'avoir surestimé les résultats d'audience.

Cependant, le point de rupture date de la délocalisation de l'accès aux contenus, lorsque la page d'accueil des sites des journaux a cessé d'être l'unique accès. L'agenda du jour n'est plus aux seules mains des éditeurs, le réseau social se charge de délivrer la bonne information à la bonne personne. La dépendance des médias aux

1 Arcep-Arcom, *Référentiel des usages numériques*, 2024

plateformes n'a cessé alors de se renforcer. Face à l'essor des smartphones, et pour offrir un meilleur service à leurs lecteurs, les médias ont adopté une fonctionnalité développée à leur intention par les acteurs internet pour un chargement plus rapide des pages Web sur mobile – Instant Articles de Facebook, Apple News et AMP (*Accelerated Mobile Page*) de Google. Afin de capter l'audience sur mobile, les éditeurs acceptent alors que leurs productions soient agrégées, et le cas échéant hébergées, sur les plateformes. L'algorithme décide de la sélection des articles proposés aux utilisateurs de l'application, et c'est de lui dont dépend également la cadence à laquelle ce classement est rafraîchi.

François Hollande, alors président de la République, ouvre un compte Snapchat en 2016. Ici le 17 mai 2017 sur le Snapchat de Konbini.

La stratégie de déploiement sur les plateformes s'est traduite également par la nécessité de créer des contenus originaux avec un format spécifique et en fonction des publics, au risque d'effacer la marque média. Adaptée spécialement à l'écran des smartphones, la *story* est le format de publication qui illustre le mieux les effets de la plateformisation sur l'information. Inventée par le réseau social Snapchat, rendu célèbre par la diffusion de contenus éphémères, cette pratique est rapidement copiée par tous les autres réseaux sociaux numériques. En 2016, Snapchat propose cette fonctionnalité aux médias français *via* un service exclusif appelé Discover. *L'Équipe*, *Le Monde* et *Paris Match* font partie des premiers médias sélectionnés par la plateforme. Nombreux sont les médias d'information prêts à se convertir aux codes de ce réseau social, en mélangeant information et divertissement, la finalité étant de séduire les 15-25 ans qui y sont surreprésentés. L'ambition de Snapchat n'étant pas de soutenir les médias traditionnels dans leur passage au numérique, la plateforme impose ses règles : les médias élus doivent se conformer à une charte, s'engageant notamment à publier tous les jours des contenus originaux. En 2020, le réseau renforce sa stratégie commerciale avec la création de la régie publicitaire Snap Select qui commercialise auprès des annonceurs un unique format vidéo premium de six secondes, impossible à interrompre une fois lancé. L'attrait pour les vidéos courtes est encore renforcé par le succès fulgurant du format vertical imposé par TikTok. Ces vidéos qui occupent tout l'écran du smartphone déferlent sur les réseaux sociaux. La plupart des grands médias s'en sont saisis, sans parvenir à rentabiliser ce mode de diffusion.

Le développement de la *story* sur les réseaux sociaux numériques renvoie à la question essentielle dans la production de l'information : le choix du format, avec la temporalité qui lui est liée, et ceci quel que soit le média, écrit ou audiovisuel. C'est un paramètre déterminant pour la compréhension de l'information et, surtout, c'est également le reflet des moyens humains qui lui ont été consacrés. Dans un premier temps, le déplacement des usages vers le numérique a imposé aux médias de modifier leurs formats, la presse écrite et la radio diffusant des vidéos. Avec les réseaux sociaux, les plateformes ont préempté les espaces numériques de publication, en définissant la taille, la fréquence, l'ordre de passage des nouvelles. Les médias d'information ne sont donc pas totalement maîtres de leur mutation numérique. La logique économique des acteurs internet pourvoyeurs d'audience s'est imposée, et s'est même installée au cœur des rédactions avec l'exploitation des données de navigation des internautes ayant un impact sur l'offre éditoriale. Sur les réseaux sociaux, la prospective algorithmique l'emporte sur la prescription journalistique.

Captation des ressources

Le dessein des plateformes internet n'est pas de produire de l'information, mais d'« organiser toute l'information du monde pour la rendre accessible et utile à tous », selon le premier slogan de Google en 1998. L'activité principale des plateformes, qui assure leur prospérité, est la régie publicitaire. Selon une récente étude de PMP Strategy commandée par l'Arcom[2], les acteurs numériques, qui récoltaient un quart des recettes publicitaires globales en 2012, en captent plus de la moitié en 2022 et en capteront sans doute les deux tiers d'ici 2030. Sur leurs marchés historiques, les médias enregistrent, eux, une baisse de leurs revenus. La presse écrite, notamment la presse quotidienne d'information générale et politique, connaît un fort déclin de la vente de ses exemplaires imprimés, tandis que le numérique atteint plus de 70 % de la diffusion payée. Les revenus de la publicité sont perçus par des acteurs dont l'activité économique n'est pas de produire de l'information mais de vendre des espaces publicitaires. Avec une part de marché réduite à 5 % du marché publicitaire dans son ensemble, les médias traditionnels ne parviennent plus à bénéficier de la croissance de ce dernier.

En inventant de nouvelles pratiques publicitaires pilotées par les algorithmes, les plateformes sont devenues les acteurs dominants du marché de la publicité en ligne. Avec une différence majeure par rapport à l'ancienne économie : les régies publicitaires mondiales que sont les plateformes œuvrent en toute opacité dans une bulle publicitaire, pour reprendre l'expression de Dominique Boullier (2020). Elles ne partagent ni les données, ni les modes de calcul,

2 Arcom (janvier 2024) « Évolution du marché de la communication et impact sur le financement des médias par la publicité »

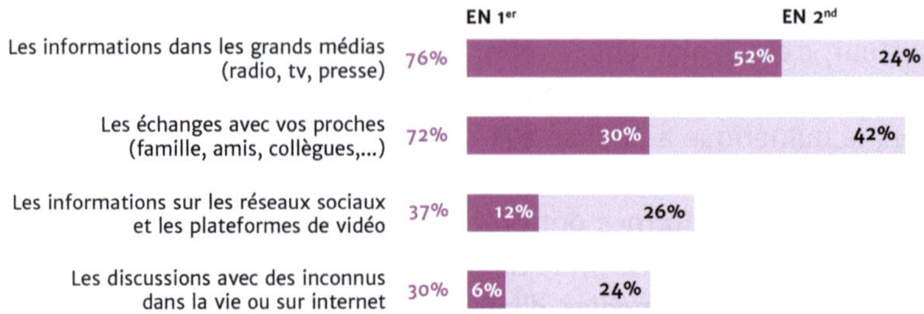

Les médias gardent une influence majeure sur la formation des opinions. « Les Français et l'information » (échantillon représentatif de 3400 Français âgés de 15 ans et plus), Étude Arcom, mars 2024.

ni les résultats. La plupart des médias acceptent ces conditions de dépendance aux services de Google (Google Ads, Google AdSense). Concernant la publicité programmatique – mise aux enchères des espaces publicitaires en temps réel – 40 % des dépenses des annonceurs profitent aux grandes plateformes. En outre, les annonceurs investissent de plus en plus dans le *display* vidéo (affichage sur le Web); or, 60 % des dépenses en *display* passent par la publicité programmatique. Quant au *search* – publicité liée aux recherches sur internet, les annonceurs lui accordent autant d'importance que la télévision, selon PMP Strategy. Alors que les réseaux sociaux numériques sont les canaux privilégiés par les annonceurs pour atteindre les jeunes générations, les médias traditionnels, eux, touchent une infime partie des recettes publicitaires du *social*, qui engendre 2,5 milliards d'euros de revenus annuels en 2023.

L'hégémonie des plateformes sur le marché de la publicité en ligne prive les médias traditionnels, qui financent la production de l'information, des moyens nécessaires à cette activité. En effet, les revenus publicitaires de ces derniers sur leurs espaces numériques sont insuffisants pour compenser la baisse continue des revenus de la publicité provenant de leurs espaces historiques. En mars 2024, une trentaine de médias européens originaires de dix-sept pays ont déposé une plainte devant un tribunal d'Amsterdam contre les pratiques anticoncurrentielles de Google en matière de publicité en ligne.

La plateformisation systémique et le discrédit de l'information

La plateformisation de l'information ne désigne donc pas une technique neutre : ce système de distribution répond avant tout aux objectifs des acteurs dominants, à savoir la valorisation à grande échelle des données personnelles des internautes. La longue bataille menée par les éditeurs de presse afin d'obtenir une rémunération pour la reprise en ligne de leurs productions illustre l'irresponsabilité des plateformes quant à la survie de médias indépendants. La perception des droits voisins est prévue par la loi du 24 juillet 2019, transposition dans le droit national de la directive du 17 avril 2019 relative au droit d'auteur et aux droits voisins dans le marché unique numérique. À deux reprises, en 2021 et en 2024, l'Autorité de la concurrence a sanctionné Google pour non-respect des accords passés avec les éditeurs. Microsoft et X (ex-Twitter), quant à eux, refusent de négocier. En Europe en 2023, puis aux États-Unis et en Australie l'année suivante, le groupe Meta a, de son côté, fait disparaître de son application mobile Facebook News, l'onglet réservé aux actualités des médias partenaires, supprimant par la même occasion un soutien financier pour ces derniers.

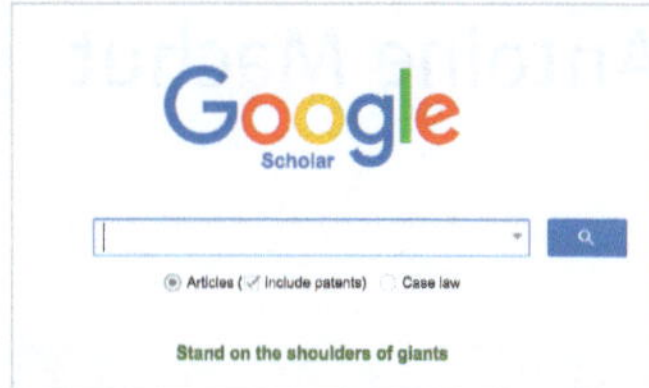

Injonctions morales des premières devises de Google « *Don't be evil* » en 1998, puis, en 2015, « *Do the right thing* ». Le moteur de recherche scientifique, Google Scholar, se place « sur les épaules des géants », plus modestement mais avec la conviction d'en être un.

A minima, le niveau de responsabilité attendu des plateformes devrait être le même que celui des acteurs de la distribution de la presse écrite en kiosque. La loi Bichet, cadre légal de la vente au numéro depuis 1947, édicte notamment les principes d'égalité et de solidarité entre les éditeurs afin d'assurer la neutralité du réseau de distribution. Mais tout dépend, finalement, de l'importance accordée de nos jours à l'information.

La double dépendance du journalisme

Antoine Machut

Lyno 1 et 2.
Journal Dawar, Israël, 1948-49,
Willem van de Poll,
Archives nationales des Pays-Bas.

L'expression de double dépendance a été proposée par Patrick Champagne pour désigner les relations entre le journalisme et la politique ou l'économie. Forgé dans le cadre conceptuel de la théorie des champs de Pierre Bourdieu, le terme ne désigne pas une dépendance d'individus à individus (comme pourraient l'être les liens d'intérêts entre les journalistes et leurs sources), mais la logique plus générale de l'emprise qui réside dans la capacité d'un champ social à imposer ses règles à un autre champ. Cette thèse soutient que l'emprise du champ politique sur le journalisme s'est relâchée, tandis que celle du champ économique s'est renforcée. L'essor de la presse populaire au XIXe siècle et celui de la télévision au XXe siècle ont contribué à cette mutation des formes de l'hétéronomie du journalisme; ainsi c'est la télévision selon Bourdieu (1996) qui, dans les années 1990, a la capacité de définir ce qu'est l'évènement, et de l'imposer aux autres médias. Or, sa diffusion de masse la rend particulièrement perméable aux logiques de marché : la sélection et la présentation de l'information sont subordonnées à l'objectif de maximiser l'audience. Cette contrainte pousse à l'urgence et à mettre en avant l'information sensationnaliste, les idées reçues, ou les débats convenus. La concurrence accrue pour l'acquisition de parts de marché engendre aussi l'homogénéisation des produits médiatiques du fait de la « circulation circulaire de l'information » : les journalistes produisent d'autant plus facilement qu'ils reprennent les informations les uns des autres.

Pour Bourdieu et Champagne, cette dépendance à l'économie s'est accrue dans la mesure où la qualité de l'information, c'est-à-dire sa caractérisation comme évènement pertinent d'actualité (*newsworthy* dirait-on en anglais), est déterminée par les préférences du public plutôt que par un ensemble de critères définis par les journalistes. Le marché est devenu l'instance de légitimation de la qualité de l'information, et l'audience générée son indicateur. Si bien que le pouvoir politique s'exerce lui-même « sous la forme

Léon Zitrone, présentateur du JT, interviewe le ministre de l'Information Alain Peyrefitte à propos de la nouvelle formule du JT dont il a pris lui-même l'initiative. 1965, Archives INA.

indirecte du pouvoir économique » (Champagne, 1995). Cette contraction de la double-dépendance en une seule se manifeste nettement dans le recours devenu massif aux sondages, qui condensent à la fois la dépendance économique (ce que veut l'audience) et politique (ce que veut l'opinion publique).

Plusieurs enquêtes empiriques en France s'appuient sur l'approche en termes de champs pour caractériser cette emprise de l'économie sur le journalisme. C'est ainsi le cas de Julien Duval (2004) : dès les années 1990, la concurrence entre journaux pour attirer un lectorat de cadres favorise une information microéconomique et pratique, au détriment des analyses macro-économiques et sociales. Cette évolution s'accompagne d'une conversion des journalistes aux croyances libérales du champ économique, facilitée par un renouvellement générationnel d'individus dont les prédispositions à adhérer aux logiques de marché sont plus grandes du fait de leur formation et de leur milieu social. L'enjeu principal pour Duval n'est pas tant l'impact du marché sur le journalisme, mais plutôt la manière dont ce dernier diffuse un « regard économique » et des logiques managériales dans l'ensemble de la société. Il s'inscrit ainsi dans la perspective de Bourdieu (1996) qui critique la faible autonomie du champ journalistique et son emprise croissante sur les champs culturels et scientifiques, menaçant leurs principes d'évaluation autonomes au profit des logiques de marché. Dans le même esprit, Karim Souanef (2013) analyse le journalisme sportif comme un exemple du journalisme de marché, axé sur la satisfaction de l'audience par la starification des sportifs et la mise en avant du football. Cette évolution repose sur un recrutement de journalistes passionnés de sport, pour qui ce métier constitue un univers de consolation, et sur une spécialisation entre commentateurs émotionnels et consultants techniques.

Sans se référer à la théorie du champ journalistique, de nombreux travaux en sciences sociales ont pris pour objet les effets des logiques d'audience et de la concurrence croissante sur le travail journalistique, l'organisation médiatique et les contenus produits.

Logiques d'audience et effets de la concurrence

L'émergence du web, et surtout celle des plateformes, a largement contribué à accélérer ces diverses tendances. Les impératifs de profit y ont notamment été accentués par l'invention de technologies très précises de ciblage des internautes, comme les cookies qui permettent de suivre leurs activités, pendant, avant et après leur visite sur les sites. De plus, la pression de la maximisation de l'audience peut être d'autant plus grande sur le web que les journalistes disposent des moyens de la quantifier en temps réel pour leurs articles en ligne, et de techniques pour améliorer leur visibilité (Christin, 2018), par exemple avec les *Search Engine Optimization*. Les pressions commerciales et financières n'exercent pas pour autant des effets uniformes. En comparant deux publications exclusivement numériques dont l'essentiel des revenus vient de la publicité en ligne, l'une étasunienne et l'autre française, Angèle Christin (2018) montre l'importance de l'organisation du travail dans l'atténuation de ces pressions : la stricte division du travail entre rédaction en chef, journalistes de temps long et journalistes de temps court permet de circonscrire la logique d'audience à quelques rôles bien définis, tandis que la faible division des rôles diffuse les préoccupations de course aux clics à l'ensemble des journalistes.

Comme l'idée de circulation circulaire de l'information le présume, la concurrence accrue entre les médias peut avoir des effets d'homogénéisation des contenus. C'est ce qui a paradoxalement été observé lorsque la BBC a introduit des programmes visant à mettre en compétition des créateurs de contenus (Deakin *et al.*, 2008; Turner and Lourenço, 2012). Le développement de l'information en ligne semble également avoir eu un effet d'accentuation sur ce mécanisme de marché. Internet est marqué par l'émergence de nouveaux éditeurs de contenus qui ne produisent pas d'information mais agrège celle produite ailleurs, en optimisant sa visibilité sur les moteurs de recherche et sur les réseaux sociaux numériques. Ces mutations ont renouvelé la problématique de l'homogénéisation des contenus sous l'effet de la pression du marché.

Rentabilité financière, emplois et identité professionnelle

Quelles conséquences cette quête accrue de profits financiers a-t-elle sur les organisations médiatiques? La création de valeur pour l'actionnaire à la fin des années 1990 a conduit les grandes firmes médiatiques à développer une série de services et produits complémentaires qui élargissent le périmètre de leur marché de référence (Deslandes, 2008; Blanchot & Padioleau, 2014). Dès le début des années 2000, le *Financial Times* a développé des services marketing, d'évènementiel ou d'analyse de marché, conduisant les journalistes à élargir la palette de leurs activités; l'animation de conférence et de table ronde fait de plus en plus souvent partie du métier des journalistes. Aux États-Unis, Rodney Benson (2000) s'est appuyé sur la théorie des champs pour étudier la logique du profit dans les journaux américains, qui font l'objet d'un processus de concentration et de financiarisation à partir des années 1980, et ses effets sur les contenus produits. Les enquêtes de lectorat ont justifié la conception d'articles plus courts et le retour à des informations pratiques liant des catégories ciblées de consommateurs à des annonceurs potentiels, à la multiplication des rubriques *soft* (voyages, styles de vie, alimentation…) au détriment des articles longs, ou d'actualité internationale. Comme le remarque Benson, les journalistes s'inquiètent beaucoup des effets que peut avoir sur leur crédibilité l'ingérence de la publicité dans les contenus rédactionnels. En revanche, ils ne s'emparent pas de la question de la structure de financement des médias, et de leur subordination croissante aux objectifs de rentabilité financière.

D'autres travaux montrent que l'alourdissement des contraintes de marché s'exprime aussi sous la forme d'une crise de l'emploi et des identités journalistiques. Les études ont mis en évidence la précarisation de l'emploi (Devillard, 2002), l'élargissement des inégalités de revenus entre une élite économique et une majorité de journalistes en situation précaire (Devillard, 2006), ainsi que la concurrence accrue entre journalistes professionnels et amateurs, amplifiée par le développement d'internet (Leteinturier & Mathien, 2010). Par ailleurs, les carrières journalistiques apparaissent de plus en plus fragmentées, alternant entre périodes de stabilité et d'instabilité professionnelle (Bastin & Machut, 2016; Leteinturier, 2014; Machut & Bastin, 2023).

Le journaliste entravé… André Gill, *L'Éclipse*, n° 371, 5 décembre 1875. Musée Carnavalet.

Plusieurs études ont objectivé la forte intensification du travail journalistique, qui peut être rapportée à cette crise de l'emploi, à la plus forte pression concurrentielle dans le monde des médias et à l'accroissement des objectifs de rentabilité financière évoqués plus haut. Jérémy Tunstall (1996) estime que la production individuelle des journalistes a doublé entre 1960 et 1990 en Grande-Bretagne, tandis que Nick Davies (2008) relève un triplement de l'espace rédactionnel par chaque journaliste entre 1985 et 2008. Une des réponses à ces exigences croissantes de production a été la pratique du *churnalism*, soit l'agitation de matériaux existants (Bastin, 2016 : 21–23); cela se traduit d'abord par le fait que les journalistes s'en remettent de plus en plus aux communiqués des relations publiques et aux dépêches d'agences de presse (Lewis *et al.*, 2008). Mais aussi par une forte augmentation des reprises entre les journaux, la plupart du temps sans que celles-ci soient accompagnées d'une citation des producteurs de l'information originale, en particulier sur le web (Cagé *et al.*, 2017). Ces reprises sans citation aggravent la dépendance économique des médias dans la mesure où la production d'informations originales offre peu de rétribution économique ou réputationnelle aux médias.

Les répercussions de ces mutations sur les journalistes eux-mêmes ont également été étudiées, tant en France que dans les pays anglo-saxons. Ces recherches mettent en évidence une « rupture au métier » accompagnée d'un épuisement professionnel (MacDonald

1 Frisque C., Saitta E., Ferron, B. & Harvey, N. (2011), *Journalistes de la précarité. Formes d'instabilité et modes d'adaptation*, Rapport pour le ministère de la culture et de la communication.

et al., 2016 ; Reinardy, 2011), poussant un nombre croissant de journalistes à quitter la profession (Devillard & Le Saunier, 2020)[2]. Ce phénomène d'exit est de plus en plus documenté et souvent expliqué par l'attrait de carrières hors du secteur de la presse, jugées plus gratifiantes et épanouissantes (Fedler *et al.*, 1988 ; O'Donnell *et al.*, 2016). L'impact de ces départs sur la pérennité des identités journalistiques suscite un intérêt croissant (Sherwood & O'Donnell, 2018 ; Usher, 2010).

Quelle autonomie du journalisme ?

Les nombreuses enquêtes sur la dépendance croissante du journalisme aux logiques de marché, dont ce chapitre n'offre qu'un aperçu, sonnent comme un constat d'échec du journalisme à préserver son autonomie professionnelle. Comme le rappelle Michael Schudson (2005), il n'y a pas pour autant lieu de penser que le journalisme devrait être autonome de toute dépendance aux forces du marché ou du monde politique. Du point de vue de la théorie démocratique, il est souhaitable au contraire que le journalisme soit pris dans des relations de dépendance raisonnable avec le marché (c'est-à-dire l'audience), les sources gouvernementales et la « surprise des évènements quotidiens ». Mark Feldstein (2006) suggère par exemple que la pratique de l'investigation journalistique aux États-Unis a historiquement gagné en vitalité lorsque la compétition entre les médias s'est accrue. De même, le souci critique des médias vis-à-vis des entreprises privées jusqu'aux années 1960 tenait moins à leur volonté d'indépendance, qu'aux nombreuses campagnes gouvernementales en faveur des régulations commerciales (Schudson, 1996).

La formule « double-dépendance » de Patrick Champagne est finalement curieuse, dans la mesure où elle vise en fait essentiellement l'effet des forces du marché sur le champ journalistique. L'émergence du problème public de la désinformation en ligne (les *fake news*), les discussions extrêmement riches aujourd'hui dans les sciences sociales numériques et computationnelles sur les phénomènes de bulles de filtre et de chambres d'écho sur les plateformes, ainsi que les offensives idéologiques récentes de patrons propriétaires de médias ou de réseaux sociaux, en France comme aux États-Unis, réactualisent des questions qui touchent de nouveau aux questions de dépendance du journalisme par rapport aux mutations du pouvoir politique.

2 Voir aussi Technologia, Syndicat national des Journalistes, 2015. *Comment évoluent les métiers du journalisme ?*

Économie de la programmation téléuisuelle

Rémy Le Champion

Les programmes audiovisuels présentent des caractéristiques économiques spécifiques liés à leur processus de diffusion par les chaînes de télévision. Industrie des programmes et chaînes de télévision ont donc partie liée dans la chaîne de valeur audiovisuelle. Ces caractéristiques ont fortement évolué avec l'expansion du numérique.

Des caractéristiques économiques spécifiques

Les chaînes de télévision doivent alimenter leur grille de programmes qui est leur cœur de métier. Sans programmes, pas de télévision. Les programmateurs des chaînes ont quatre options pour alimenter leur grille. 1) La production peut être effectuée de manière interne à l'exemple des journaux télévisés. 2) Ils peuvent commander des programmes à des sociétés de production indépendantes. Nombre des séries télévisées ou des jeux mis à l'antenne, par exemple, sont produits par des sociétés de production au terme de la commande d'un diffuseur. On parle alors de production « fraîche » car originale. 3) Le recours à des programmes extérieurs peut également être issu d'un catalogue : en quelque sorte des « programmes d'occasion » qui peuvent faire l'objet de multiples diffusions. Certains films cinématographiques sont ainsi régulièrement diffusés à la télévision. 4) Les programmateurs peuvent enfin rediffuser des programmes de leur propre grille. La grille de nuit est ainsi fréquemment nourrie de programmes préalablement diffusés. La nature des programmes peut varier en fonction de leur durée de vie. Il convient dès lors de distinguer les « programmes de stock » et les programmes dits de « flux » (Coste-Cerdan,

Télé-Match est l'un des premiers jeux diffusés à la télévision française (RTF), entre 1954 et 1961. Il fait déjà l'objet de produit dérivé, ici sous la forme d'un jeu de plateau.

Le Diberder, 1991). Les programmes de stock présentent l'avantage de reconstituer leur valeur à l'issue d'une première diffusion. Ils bénéficient d'une valeur patrimoniale. D'où la constitution de catalogues de droits pour exploiter un long cycle de vie. À l'inverse, les programmes de flux épuisent ou consument l'intégralité de leur valeur dès leur première diffusion. Ils sont difficilement rediffusables; il ne viendrait à l'esprit de personne de regarder la météo du mois dernier ou le journal télévisé de l'année précédente.

La logique de production qui en découle diffère : un programme de flux s'amortit à la première diffusion tandis qu'un programme de stock est appelé à trouver son équilibre économique dans un horizon plus long. Les programmes de stock comprennent principalement la fiction au sens large, les documentaires et les programmes d'animation. Les programmes de flux recouvrent le reste des émissions : programmes d'information, météo, sport, jeux télévisés, émissions variété, de téléréalité...

Une économie de prototype

Les programmes audiovisuels relèvent d'une économie de prototype (Creton, 2014). La singularité de chaque programme est un aspect important de la production. Même les séries télévisuelles ou les émissions récurrentes sont toujours foncièrement différentes les unes des autres. Elles comportent évidemment des éléments communs (personnages, animateurs, mécanique...) mais racontent une histoire nouvelle à chaque fois. Un épisode de la pourtant très ancienne série Columbo, par exemple, ressert une même mécanique, un personnage principal égal à lui-même, tout en restant original avec ce qu'il faut d'attendu pour attirer les téléspectateurs friands de cette série mais aussi ce qu'il faut d'inédit pour maintenir la curiosité. L'économie de prototype par opposition à la production en série offre peu de possibilités pour réduire les coûts. Les programmes « prototypes » sont par conséquent des biens onéreux.

Ces prototypes sont des œuvres de l'esprit : protégés par des droits de propriété intellectuelle, ils donnent lieu à des droits d'auteur. Bien que sans valeur patrimoniale, les programmes de flux peuvent faire l'objet de transactions en commercialisant le concept même de l'émission. On parle alors de vente du format qui sera ensuite transposé à la réalité éditoriale de la chaîne cliente et du pays considéré. Le programme court *Caméra café*, créé en 2001, a ainsi été vendu dans plusieurs pays et adapté en conséquence. Chaque programme est par définition unique.

Une économie de coûts fixes pour des biens d'expérience

Les programmes audiovisuels sont coûteux parce qu'ils présentent une structure de coûts fixes très élevés. Les coûts fixes ne varient pas (ou peu) en fonction du volume de production. *A contrario*, les coûts variables fluctuent au gré des quantités produites. Par conséquent, une telle structure de coûts fait que, quel que soit le niveau de l'audience, dans le cadre d'une télévision financée par la publicité, le coût pour produire le contenu audiovisuel est sensiblement identique. Les programmes onéreux

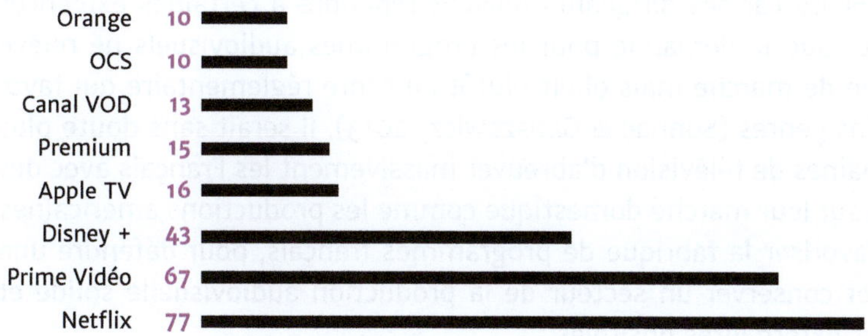

En France, 77 % des clients payant pour la télévision ont utilisé Netflix. Part de marché de marché des plateformes de télévision. Données Statista, enquête auprès de 1 200 clients payants, d'octobre 2023 à septembre 2024.

se trouvent donc dans l'obligation de rassembler une très large audience. Autre caractéristique de ces productions : leur valeur ne se dévoile qu'après consommation (Nelson, 1970). Ce type de bien est qualifié de biens d'expérience, car chacun est unique et tous sont différents. Le consommateur choisit en fonction de quelques éléments constitutifs du programme comme le genre, l'histoire, le réalisateur ou les acteurs principaux par exemple. Il plane une incertitude sur le degré d'appréciation du contenu, ce qui n'est pas le cas pour un produit standardisé.

Fabriquer des programmes audiovisuels est donc une entreprise à risques. Le succès peut s'avérer éclatant mais l'échec est monnaie courante. Il n'existe pas de martingale permettant de s'assurer du succès d'un contenu audiovisuel. Tout au plus est-il possible de limiter les risques. Seule une petite partie de la production rencontre un large succès d'audience. Cette réussite éponge, dans l'idéal, les pertes enregistrées par les programmes qui n'ont pas rencontré leur public.

Des biens tutélaires

Face à de puissantes externalités et compte tenu des imperfections de marché, l'État est fondé à intervenir pour réguler le secteur (Lévêque, 2004). Le secteur audiovisuel est encadré en contrepartie de l'attribution de fréquences au profit des éditeurs de programmes. Les programmateurs des chaînes de télévision ne sont pas autorisés à diffuser tous les programmes qu'ils désirent dans les quantités qu'ils souhaitent. Ainsi, il existe des quotas pour les programmes pour enfants, pour la fiction française; la publicité est également réglementée en termes de volume, de plage horaire; certains secteurs sont interdits de télévision. Il est possible de multiplier les exemples soulignant combien la programmation est contrainte même si les programmateurs restent maîtres de leurs choix dans le cadre qui leur est imparti.

La télévision est un bien dit tutélaire car ses dirigeants doivent répondre à certaines exigences des pouvoirs publics. Il en résulte que la demande pour les programmes audiovisuels ne relève pas totalement de la pure logique de marché mais obéit plutôt au cadre réglementaire qui favorise certaines productions, certains genres (Sonnac & Gabszewicz, 2013). Il serait sans doute plus facile et plus rentable pour les chaînes de télévision d'abreuver massivement les Français avec des fictions étrangères déjà amorties sur leur marché domestique comme les productions américaines. Les pouvoirs publics tendent à favoriser la fabrique de programmes français, pour défendre une politique d'exception culturelle et conserver un secteur de la production audiovisuelle solide et vivace, en mesure de produire des externalités positives.

Plateformisation et délinéarisation

La télévision, souvent annoncée en déclin face à la montée du streaming, connaît au contraire une mutation profonde et continue. De nombreuses études (Lotz, 2017; Boni, 2020; Thoër C. *et al.*, 2022) montrent qu'elle ne disparaît pas : elle se réinvente, s'hybride et migre vers de nouveaux modes de diffusion non linéaires. Cette évolution se traduit notamment par la délinéarisation des contenus et l'essor d'une « plateformisation » de l'offre audiovisuelle (Jenner, 2018).

Désormais, les contenus sont disponibles à la demande, sur des plateformes accessibles *via* smartphones, tablettes, TV connectées ou ordinateurs. Ce phénomène, qualifié de délinéarisation, s'est amplifié avec l'essor du haut débit et l'évolution des usages (Lotz, 2017). La délinéarisation remet en cause le modèle économique traditionnel de la télévision : une partie croissante des investissements publicitaires s'est déplacée vers le numérique. La suppression de la redevance audiovisuelle (en France, en août 2022) rend le financement des chaînes publiques plus incertain et renforce la nécessité de repenser la monétisation des contenus. Le modèle de l'abonnement s'est imposé pour les grandes plateformes; il segmente l'accessibilité des contenus en fonction du pouvoir d'achat des consommateurs. Cependant, le financement publicitaire demeure essentiel pour les chaînes qui conservent une offre gratuite.

Le terme plateformisation désigne l'intégration croissante des plateformes de vidéo à la demande dans l'industrie audiovisuelle (Bullich, 2021). Elle s'appuie sur trois piliers : 1) la numérisation et le stockage dématérialisé des contenus; 2) la convergence entre différents médias (télévision, cinéma, jeux vidéo, réseaux sociaux numériques); 3) les modèles économiques hybrides (abonnements, publicité, financement public, sociofinancement, etc.).

Le marché se dédouble entre, d'un côté, des oligopoles américains avec leurs catalogues surabondants et, de l'autre, des diffuseurs nationaux traditionnels, confrontés à une rude concurrence et dont l'offre délinéarisée est plus faible. Un oligopole élargi se dessine, dominé par quelques grandes plateformes internationales (Netflix, Amazon Prime Video, Disney+). Ces acteurs investissent massivement dans la production de contenus originaux pour fidéliser leurs abonnés, tandis que les diffuseurs nationaux (TF1, M6, France Télévisions, etc.) doivent trouver des stratégies de différenciation et de survie.

Les algorithmes de recommandation jouent un rôle crucial dans la découverte des nouveaux contenus. Ils organisent les contenus selon des critères éditoriaux, souvent basés sur la popularité et les catégories de genre, plutôt que sur la diversité des contenus. Persiste pourtant la logique de flux du broadcasting traditionnel dont le succès est encore très ancré dans les espaces nationaux, particulièrement auprès des générations plus âgées.

Le chiffre d'affaires de la publicité est fortement dépendant de l'actualité. Un évènement comme les jeux olympiques de 2024 à Paris a un impact important sur les recettes publicitaires des médias ; non sans susciter des résistances comme le montrent ces affiches réalisées et posées par le groupe local RAP à Lyon, site Résistance à l'agression publicitaire.

Les plateformes comme Netflix achètent les droits de diffusion de contenus produits dans différents pays, favorisant ainsi la circulation mondiale des fictions sérielles. Elles profitent d'un amortissement de ces droits à l'échelle mondiale. Par ailleurs, le transmédia (réseaux sociaux numériques, sites dédiés, applications) est devenu un prolongement naturel des contenus télévisuels. Les programmes n'existent plus seulement à l'antenne mais se poursuivent à travers d'autres productions (avant, pendant et après la diffusion).

Avec la délinéarisation des contenus, les modèles publicitaires ont dû évoluer pour s'adapter aux nouvelles habitudes de consommation. La publicité devient ciblée, grâce aux algorithmes qui permettent une adaptation individualisée au consommateur.

La plateformisation contribue à transformer le paysage publicitaire en offrant des opportunités pour des publicités plus ciblées et mesurables, et donc plus efficaces. Elle soulève toutefois des défis en termes de saturation publicitaire et de respect de la vie privée. Ainsi, l'économie de la télévision connaît-elle une mutation profonde encore en marche.

Vers une nouvelle économie des médias

Nathalie Sonnac

Depuis vingt ans, les médias vivent un véritable bouleversement qui ne semble pas près de s'arrêter. Les renouvellements des pratiques culturelles et informationnelles devenues numériques se sont accompagnés d'une double perte de monopole, celle de la diffusion et de la distribution d'informations par les médias historiques, et celle de la production de l'information par les journalistes. Ce big bang médiatique a vu s'installer les géants de la tech, connus sous l'acronyme GAFAM[1] comme les nouveaux gardiens de l'accès à l'information, question au cœur du modèle économique et du rôle social des médias. Cela engage les conditions de financement des contenus médiatiques et la mise en œuvre du pluralisme. Cela constitue donc un enjeu démocratique majeur, à valeur constitutionnelle, qui justifie que les pouvoirs publics veillent à la diversité des titres de presse et à leur diffusion sur l'ensemble du territoire ou encore à l'allocation gratuite des fréquences hertziennes.

Depuis l'installation de ces grandes firmes américaines dans le paysage médiatique français, plus généralement européen ou étasunien, on constate le vacillement des modèles économiques des médias traditionnels, au risque de les voir disparaître, et l'érosion des fondements sur lesquels repose notre démocratie représentative.

Le nouvel environnement concurrentiel du paysage médiatique

La révolution numérique a changé notre rapport à l'information. Confrontés à une masse inédite d'informations et à une concurrence de points de vue qui s'expriment sans filtre, les médias sociaux apparaissent comme de nouveaux supports d'expression directe pour une plus grande liberté d'expression et de communication, mais aussi les premiers moyens pour consulter l'actualité. Facebook s'est imposé comme la première plateforme d'accès à l'information.

Si le déclin de la presse papier a débuté avant l'arrivée d'internet, le numérique fait figure d'amplificateur, accentuant la concurrence entre les médias et donnant naissance à de nouveaux acteurs : applications, sites Web, médias sociaux, grandes plateformes numériques, services de vidéo à la demande (SVOD). Autant de nouveaux supports d'information qui se sont rapidement imposés dans les pratiques des foyers français, devenant des concurrents directs et indirects des *mass media* sur tous les marchés de l'écosystème informationnel et du divertissement. En concurrence d'abord sur le marché de l'attention, on constate une baisse de la durée d'écoute des chaînes de télévision :

Mark Zuckerberg lors d'une audition au Sénat américain à propos de l'affaire Cambridge Analytica le 10 avril 2018, Gettyimages.

les Français la regardent 3 h 19 par jour en 2024 contre 3 h 41 en 2014 ; on note aussi une hausse des audiences de la SVOD, réunissant 6,2 millions de téléspectateurs en France en 2023[2]. Le secteur de la presse connaît lui une baisse drastique de la consommation des ménages, estimée à 60 % au cours des vingt dernières années[3].

En concurrence ensuite sur le marché de la publicité en ligne (programmatique) où les GAFAM occupent une position hégémonique[4] : internet est devenu le premier vecteur de dépenses de consommation des entreprises devant les médias (9,5 contre 8,1 Mds€) avec de la publicité issue des moteurs de recherche (référencement payant, *search*), des bannières publicitaires (*display*) et du social media. Ce marché s'est automatisé et s'est complexifié par la présence d'intermédiaires techniques, qui appartiennent principalement à Google, et qui captent près de 40 % des dépenses des annonceurs. Selon les prévisions de l'Arcom (2024), ce marché sera capté aux deux tiers en 2030 par les grandes plateformes numériques, alors même que la publicité demeure la source principale de revenus des médias historiques.

Enfin, la concurrence s'exerce sur le marché des droits de propriété intellectuelle (films, séries, documentaires) et des droits sportifs, marchés sur lesquels les géants de la tech ont investi massivement : près de 100 milliards de dollars en 2020 investis par Amazon Prime, Google et Apple. Les médias se voient évincés de ce marché, où s'opèrent une inflation des droits et une captation des talents par ces géants.

1 L'acronyme désigne les entreprises Google, Apple, Facebook, Amazon, et Microsoft.

2 Médiamétrie, 2023.

3 Pietrzyk N. (2022) *Le Poids économique direct de la culture en 2020*, Paris, ministère de la Culture, Culture-chiffres, 1, 8.

4 Perrot A., Emmerich M. & Jagorel Q. (2020) « Publicité en ligne : pour un marché à armes égales », Rapport de l'Inspection générale et de la Cour des comptes.

Les modèles de recommandation des plateformes numériques

Une des façons de comprendre ce renversement de la place des médias de masse par les plateformes numériques est d'analyser leur modèle économique. De la presse à grand tirage à la télévision, en passant par le cinéma et la radio, les médias cherchent à capter l'attention des publics et à la monétiser auprès des annonceurs. L'objectif, chercher une autre source de revenu que la seule vente aux lecteurs pour couvrir un coût de production de l'information toujours très élevé et un prix de vente accessible au plus grand nombre.

Or le modèle économique repose, pour l'immense majorité des médias, sur le fait de vendre deux fois un même bien. Les médias tirent leurs ressources en suscitant des interactions entre audiences et annonceurs : les premières accèdent à l'information sans en payer le prix réel et les seconds touchent un lectorat, potentiellement acheteur de leurs produits. Ce modèle est allé jusqu'à la gratuité : les téléspectateurs de M6 ou les auditeurs d'Europe 1 ne paient pas pour s'informer; seuls les annonceurs, en achetant des espaces publicitaires, participent à la couverture des coûts, assurant la marge de l'éditeur et garantissant la viabilité du modèle économique (Sonnac, 2025).

Les plateformes numériques fonctionnent sur un modèle semblable. Elles sont aussi des intermédiaires qui mettent en relation des individus et génèrent des interactions (effets de réseau croisés). Toutefois, à la différence des médias, elles bénéficient de bassins d'audience potentiellement beaucoup plus larges[1], qui leur permettent d'attirer pléthore d'annonceurs. Avec des effets de réseau très largement amplifiés par leur caractère mondial, qui se combinent aux économies d'échelle, leur efficacité est décuplée. Ces dynamiques concurrentielles sont cumulatives, elles structurent les marchés autour de quelques firmes dominantes, accélérant la constitution de structures géantes. Elles sont toutes lancées dans une course aux effets de taille (Tolédano, 2020) « *winner takes all* ».

Par ailleurs, leur modèle d'affaires est plongé dans l'économie numérique, où la gratuité d'accès à une myriade de services se fait en échange des données des utilisateurs, que les plateformes numériques collectent massivement et exploitent par le biais d'algorithmes et d'intelligence artificielle. Ces données personnelles, qui vont du nom de la personne à ses caractéristiques phénotypiques en passant par ses coordonnées bancaires, ses goûts ou ses consommations, sont pour celui qui les possède ou les contrôle une source de profit assuré (Buéno, 2020). Face aux médias historiques, cette connaissance approfondie des internautes donne aux plateformes numériques un avantage concurrentiel majeur sur les marchés de la publicité en ligne[2] et ceux des contenus. Ces données personnelles collectées en masse sont en effet traduites en recommandations de programmes et de services, en adéquation avec les préférences des consommateurs.

Les enjeux démocratiques

Ces transformations économiques, technologiques et d'usage sont aujourd'hui systémiques. Le modèle économique des plateformes fait vaciller celui des médias traditionnels. Devenues sources de contenus, relais et centrales d'information, capteurs de manne publicitaire, elles suivent la seule logique du profit, mettant hors-jeu le citoyen bien informé pour lui préférer un consommateur bien aiguillé (Sonnac, 2023). Leur modèle économique favorise de surcroît la circulation de fausses informations et la polarisation des débats, en tentant de capter et de retenir le plus longtemps possible l'attention des internautes, qui s'inscrit aujourd'hui dans un contexte de défiance à l'égard des institutions.

Ce documentaire, consacré par Netflix à l'affaire Cambridge Analytica, produit et réalisé par Jehane Noujaim et Karim Amer en juillet 2019, montre que la diffusion des données a joué un rôle important dans l'élection de Donald Trump à la présidence des États-Unis de 2016.

Plus puissantes financièrement et économiquement que certains États, les GAFAM s'imposent au fur et à mesure dans l'espace public. Le rapport Stiegler (2019) souligne que depuis 2004 aux États-Unis, 1 800 journaux ont fermé leur salle de rédaction et un comté sur deux ne bénéficie plus de quotidien local. Cette tendance est aussi observée dans de nombreux pays européens et entraîne une chute du nombre de journalistes, dans le secteur de la presse écrite notamment. Cette concentration, due à la réduction du nombre de structures éditrices, est redoublée par les nombreux mouvements de fusions, d'acquisitions et de convergence que l'on observe partout dans le monde et dans tous les secteurs. Les médias traditionnels cherchent à bénéficier eux aussi de synergies, d'effets de réseaux et d'économies d'échelle en mutualisant leurs coûts pour faire face à cette concurrence asymétrique. Cette concentration est une menace quand il s'agit de secteurs qui touchent à la fabrique des opinions publiques. Les règles du jeu démocratique sont mises en cause si les médias ne peuvent plus exercer leur rôle, celui de producteurs responsables d'informations de qualité – sourcée, vérifiée et indépendante. Car aucun de ces géants du numérique n'a pour mission de produire une information de qualité.

Un autre danger dérivé de ces modèles de recommandation est la manipulation potentielle de l'information. Ce fut le cas de la collecte massive des données par la société d'influence Cambridge Analytica de 82 millions de profils d'utilisateurs de Facebook à leur insu, pour ensuite leur adresser des centaines de messages ciblés en faveur du Brexit ou de l'élection de Donald Trump à la présidence des États-Unis (Wylie, 2019). Cette dérive peut prendre la forme de *fake news* aux conséquences désastreuses sur la formation de l'opinion des citoyens, qui alimentent la « machine à *clash* et à *cash* » permettant aux plateformes d'en tirer de gigantesques revenus publicitaires.

1 Le nombre d'usagers des plateformes comme YouTube ou TikTok se compte en milliards d'utilisateurs.

2 Celle-ci repose sur un ciblage très fin, la géolocalisation et les données associées (on parle aussi de publicité programmatique).

Le lanceur d'alerte canadien Christopher Wylie, ancien directeur de la Recherche chez Cambridge Analytica, manifeste ici contre le vote sous influence. 29 mars 2018, Jwslubbock.

Les enjeux d'une nouvelle réglementation

Dans cet environnement numérique mondialisé, on peut faire le constat paradoxal d'un espace informationnel numérique plus large et pourtant moins démocratique, avec une concentration des pouvoirs entre les mains des GAFAM. Leur position dominante dans les industries médiatiques et culturelles constitue à la fois une menace pour notre souveraineté culturelle, mais également une menace pour le pluralisme et la diversité des informations si le consommateur est contraint de passer par elles pour accéder à l'information et/ou si les éditeurs n'ont pas un référencement garanti.

Ce nouveau monde des médias met en évidence l'urgence à réformer le cadre juridique européen de cet écosystème médiatique numérique. Notamment, la loi de 1986, qui garantit la liberté de communication pour les acteurs de l'audiovisuel, ne permet pas plus aux chaînes de se défendre face aux plateformes. On le voit en particulier avec le dispositif de mesures anti-concentration aujourd'hui dépassé. La production d'une information de qualité est mise en danger; le développement économique des médias est entravé par un cadre législatif qui ne tient pas suffisamment compte de la spécificité de leur modèle d'affaires, ni de l'environnement concurrentiel dans lequel ils évoluent. La fragilisation des modèles économiques des chaînes se répercute directement sur leur capacité à financer l'information (et autres programmes), obligation à laquelle ne sont pas soumises les plateformes numériques. Fruit d'ajustements successifs, cette loi ne garantit plus l'avenir des médias et met en danger la liberté de communication et la liberté d'expression.

La régulation économico-juridique européenne

Nathalie Sonnac

Le rôle accru des données dans l'économie des médias, la consolidation de leurs ressources, l'environnement internationalisé et ultra-concurrentiel dans lequel ils évoluent participent de la recomposition du paysage médiatique et obligent à une appréhension plus globale de ces industries. Le numérique, par nature transverse, impose au régulateur un changement de focale, puisque la seule approche en silo n'est plus en adéquation avec les usages et la dimension nationale n'est plus l'unique périmètre. L'échelle européenne apparaît alors comme le niveau de référence pour fixer les fondements d'un espace numérique régional uni autour de principes essentiels de respect des personnes[1] et de promotion de la diversité culturelle.

Ces dernières années, directives et règlements tendent à construire un cadre européen des médias unifié et protecteur de nos démocraties. L'extension du champ de compétences en 2018 de l'Autorité de régulation (Arcom) aux plateformes de partage de vidéo et aux réseaux sociaux numériques par le biais de la transposition de la directive SMA dans la loi de 1986 est considérée comme une avancée majeure. Elle fut suivie par trois règlements aux visées essentielles. Le premier, le Digital Service Act (DSA) impose des responsabilités aux réseaux sociaux et aux sites d'e-commerce face aux contenus illégaux qu'ils diffusent ou bien qu'ils vendent. La voie à la régulation de contenus numériques pour faire face aux défis démocratiques et de souveraineté numérique est ainsi ouverte. Le deuxième, le Digital Market Act (DMA), vient renforcer l'arsenal juridique pour lutter contre le pouvoir oligopolistique voire monopolistique de ces plateformes structurantes aux pratiques anticoncurrentielles. Et enfin, paru au *Journal officiel* du 24 avril 2024, l'European Media Freedom Act (EMFA) vise à contrôler la concentration des médias en Europe et à garantir leur pluralisme et leur indépendance.

1 Et en particulier de leurs données personnelles. Voir le rôle de la CNIL et le respect du Règlement général sur la protection des données (RGPD).

L'autorégulation des médias en France

Baptiste Bataille

En réponse à la crise sans cesse renouvelée de défiance des Français envers leurs médias[1], l'autorégulation de la profession des journalistes revient régulièrement comme solution dans le débat public. Ce terme désigne le système par lequel une profession « détermine elle-même ses règles de conduite ou de bonne pratique professionnelle et en contrôle l'application » (Balle, 2006 : 29). Celle-ci est régulièrement préconisée dans les démocraties libérales, en ce qu'elle permettrait de réguler le secteur des médias tout en évitant l'intervention de l'État[2]. L'enjeu principal est d'assurer un juste équilibre entre la protection de la liberté de la presse et la responsabilisation des médias dans le débat public (Fengler *et al.*, 2022 : 3). Cette autorégulation s'incarne par la mise en place de moyens variés, allant de l'élaboration d'une charte déontologique et d'une instance chargée d'en contrôler sa bonne application jusqu'au développement de blogs et de médias critiques des pratiques professionnelles (Bertrand, 1999). Aux instruments les plus classiques d'autorégulation, se sont ajoutés depuis les années 2000 des moyens numériques tels que la critique des médias sur les réseaux sociaux numériques ou les commentaires des utilisateurs (Fengler *et al.*, 2011 : 12). Ces instruments présentent souvent le point commun d'instaurer un système « d'imputabilité » que Marc-François Bernier[3] définit comme l'obligation pour les médias de rendre compte de leur travail en mettant en place des dispositifs qui reçoivent et analysent les plaintes du public.

En France, l'autorégulation des médias demeure un sujet controversé. Si une quasi-unanimité des prises de position au sein du champ journalistique est d'accord pour dire qu'il faut améliorer la qualité de l'information et regagner la confiance du public, les modalités pour y parvenir ne font pas consensus[4]. Le panorama des modalités françaises d'autorégulation des médias dans les années 2000 de Jean-Marie Charon (2000 : 395) montrait qu'elles étaient peu nombreuses et largement sujettes à discussion. L'autorégulation à la française reste marginale, souvent proclamée, mais avec une influence faible sur les pratiques journalistiques (Baisnée *et al.*, 2017 : 88).

1 Le baromètre du CEVIPOF de février 2024 évalue la confiance dans les médias à 28 % des interrogés, et considère que les « partis politiques, les médias, les banques sont les acteurs politiques et sociaux qui ont connu les plus bas taux de confiance au cours de la décennie 2009-2019 » (Baromètre de la confiance politique 2009-2019, Madani Cheurfa et Flora Chanvril, janvier 2019).

2 Haraszti M. (2008) *Le Guide pratique de l'autorégulation des médias*. Les questions et les réponses, Vienne, OSCE : 9

3 Bernier M.-F. (23-24 avril 2009) « Au-delà des mythes et limites de l'autorégulation : la corégulation démocratique », communication au colloque international « Déontologie de l'Information dans un monde arabe en mutation », Tunis.

4 Sirinelli M. (13 février 2014) Rapport « Autorégulation de l'information, comment incarner la déontologie ? », ministère de la Culture.

La multiplication des textes déontologiques

Outils principaux de l'autorégulation des médias, les chartes ou codes déontologiques[5] se sont multipliés en France depuis les années 2000. Aux chartes déontologiques négociées au niveau de l'ensemble de la profession qui peuvent s'appliquer à l'échelle nationale, européenne et internationale[6], s'ajoutent des chartes sectorielles (celle de la Fédération Nationale de la Presse Spécialisée par exemple) ou encore des chartes propres aux entreprises de médias. Depuis le 14 novembre 2016, la loi Bloche a imposé à toutes les rédactions l'existence d'une charte déontologique « rédigée conjointement par la direction et les représentants des journalistes » (article 2*bis* modifiant la loi de 1881). Une telle mesure aurait dû permettre de renforcer les droits et devoirs des journalistes dans tous les médias, mais le rapport de la commission d'enquête du Sénat publié en mars 2022 conclut à un bilan très mitigé[7] : des négociations ont été ouvertes dans certains médias, mais les chartes seraient encore « lacunaires » et « pas encore généralisées ». Certaines chartes se révéleraient parfois moins protectrices que les chartes existantes. Si l'éclatement des normes déontologiques peut refléter la grande diversité des pratiques professionnelles et être mieux adapté à des réalités très différentes (Granchet, 2022 : 156), la question de leur opposabilité et de leur application concrète reste un problème majeur.

L'introuvable instance de contrôle de la déontologie ?

En France, la question d'une instance chargée d'assurer le contrôle des chartes déontologiques a toujours été un épineux problème. À l'intérieur des médias, cette tâche a pu être dévolue aux sociétés de journalistes (Charon, 2000 : 400) ou aux médiateurs. *Le Monde* a été le premier média français en 1994 à importer cette fonction chargée de faire un trait d'union entre le média et son public, suivis par l'audiovisuel public et quelques journaux de la presse quotidienne régionale et nationale. Mais les médiateurs se sont progressivement raréfiés et ont perdu en visibilité. En cause, le coût élevé du poste de médiateur au sein des rédactions, mais également le développement du community management dans les médias, qui a basculé le dialogue avec le public vers des logiques de marketing éditorial[8].

5 Selon Benoît Grévisse, on peut faire une distinction entre les chartes qui renvoient à des documents internes aux rédactions et les codes qui ont une vocation plus générale (Grévisse, 2016 : 108).

6 À l'échelle nationale, on retrouve la Charte d'éthique professionnelle des journalistes édictée en 1918 par le Syndicat National des Journalistes et réactualisée en 1938 et 2011. À l'échelle européenne, la Déclaration des devoirs et des droits des journalistes, dite « Charte de Munich », édictée en 1971, et enfin depuis 2019, la Charte mondiale d'éthique des journalistes adoptée à Tunis par la Fédération Internationale des Journalistes.

7 Rapport n° 593 de la Commission d'Enquête Concentration des médias du Sénat (2021-2022), « À l'heure du numérique, la concentration des médias en question ? », déposé le 29 mars 2022.

8 Voir à ce sujet l'article de Xavier Eutrope, « A-t-on encore besoin des médiateurs ? », *La Revue des Médias*, INA, 16 octobre 2017.

Dans l'audiovisuel, l'article 11 de la loi Bloche du 14 novembre 2016 a institué des « comités relatifs à l'honnêteté, à l'indépendance et au pluralisme de l'information et des programmes ». Chargé d'occuper un rôle analogue à celui des médiateurs, leur bilan a été, lui aussi, pour le moins décevant. « Peu connus, tant du grand public que des journalistes » et avec une indépendance parfois mise en question, ils souffrent d'un manque de moyens et de considération de la part de la hiérarchie et de la rédaction[9].

Parallèlement à ces organes internes, la France s'est dotée depuis le 2 décembre 2019 du Conseil de déontologie journalistique et de médiation (CDJM). Cet organe tripartite réunissant des représentants des journalistes, des éditeurs et du public veille au respect des textes déontologiques en traitant des plaintes des utilisateurs de médias et en publiant des avis sur de possibles manquements. Depuis 2019, le CDJM a traité 744 saisines de la part du public concernant 462 actes journalistiques et publié 142 avis[10]. Cependant, l'existence de cette structure est encore aujourd'hui précaire. À sa création, une partie des éditeurs ont refusé d'adhérer au conseil le fragilisant financièrement[11]. Encore trop dépendant des subventions publiques, le CDJM ne dispose pas de suffisamment de moyens pour se développer entièrement et pour acquérir une réelle visibilité auprès du public.

Plusieurs remarques peuvent être tirées de cet état des lieux qui ne prétend pas à l'exhaustivité. D'abord, on peut affirmer que depuis les années 2000, les mécanismes d'autorégulation des médias se sont développés en France. Aux structures institutionnalisées que nous avons présentées plus haut, on peut ajouter un certain nombre d'instances critiques des médias[12] ainsi que les dispositifs de plus en plus nombreux de *media transparency*, désignant les instruments mis en place par les médias pour informer sur leur processus de fabrication de l'information (Fengler & Speck, 2019)[13]. L'expansion de ces initiatives ne doit cependant pas occulter le bilan en demi-teinte de l'autorégulation des médias en France.

En raison du manque de cadre syndical unifié et d'un accord de la profession entière (Bigot, 2023 : 76), ce sont surtout les entreprises qui se chargent de l'autorégulation. Et si cette situation permet une meilleure adaptation de l'autorégulation aux spécificités de chaque média, elle a aussi pour effet de créer de grandes disparités entre eux (Baisnée *et al.*, 2017 : 80). La création d'un conseil de presse national, en 2019, permettait de mettre tous les médias sur un pied d'égalité, si la fragilité de son équilibre financier et le manque de visibilité et de légitimité dont il souffre ne le rendaient très vulnérable.

9 *Ibid.*, Rapport n° 593 du Sénat.

10 Chiffres fournis par le CDJM lors du Webinaire « La déontologie est un sport de combat » le 26 janvier 2024.

11 Le CDJM, qui ne devait dépendre financièrement que des adhésions de médias pour des raisons d'indépendance, doit son équilibre économique aux subventions triennales du ministère de la Culture.

12 Considérés comme des moyens d'assurer la responsabilité sociale des médias, les contenus journalistiques portant sur les médias se sont multipliés. De plus, il existe toujours des espaces publics critiques des médias, à l'instar d'Acrimed.

13 On peut citer à titre d'exemple *La boîte noire* de *Médiapart* ou encore les QR codes qui apparaissent dans les éditions d'information des chaînes de France Télévisions (France2, France 3, France 5, etc.).

Et le public ? Si les mécanismes d'autorégulation font l'objet d'un certain nombre de critiques, ils n'en restent pas moins une occasion pour les utilisateurs de médias d'exprimer leur mécontentement et de renouer le dialogue avec ces derniers. Ce système, imparfait, ne peut fonctionner qu'à condition que ces mécanismes soient connus du grand public, sollicités par eux, et qu'une réelle médiation se fasse entre producteurs et receveurs de l'information. Lors des États Généraux de l'Information lancés en juillet 2023, à l'initiative d'Emmanuel Macron, des citoyens tirés au sort demandaient que le public soit plus impliqué dans la régulation des médias, que l'on renforce et fasse connaître le rôle des instances d'autorégulation, et que l'on rende effectifs la charte de Munich et les sanctions aux manquements déontologiques[14].

CHARTE DE
DÉONTOLOGIE
DES JOURNALISTES

Le droit à l'information, à la libre expression et à la critique est une des libertés fondamentales de tout être humain. De ce droit du public à connaître les faits et les opinions procède l'ensemble des devoirs et des droits des journalistes. La responsabilité des journalistes vis-à-vis du public prime toute autre responsabilité, en particulier à l'égard de leurs employeurs et des pouvoirs publics. La mission d'information comporte nécessairement des limites que les journalistes eux-mêmes s'imposent spontanément. Tel est l'objet de la déclaration des devoirs formulée ici. Mais ces devoirs ne peuvent être effectivement respectés dans l'exercice de la profession de journaliste que si les conditions concrètes de l'indépendance et de la dignité professionnelle sont réalisées. Tel est l'objet de la déclaration des droits qui suit.

DEVOIRS

Les devoirs essentiels du journaliste dans la recherche, la rédaction et le commentaire des événements sont :

1. Respecter la vérité, quelles qu'en puissent être les conséquences pour lui-même, et ce, en raison du droit que le public a de connaître la vérité.
2. Défendre la liberté de l'information, du commentaire et de la critique.
3. Publier seulement les informations dont l'origine est connue ou dans le cas contraire les accompagner des réserves nécessaires ; ne pas supprimer les informations essentielles et ne pas altérer les textes et documents.
4. Ne pas user de méthodes déloyales pour obtenir des informations, des photographies et des documents.
5. S'obliger à respecter la vie privée des personnes.
6. Rectifier toute information publiée qui se révèle inexacte.
7. Garder le secret professionnel et ne pas divulguer la source des informations obtenues confidentiellement.
8. S'interdire le plagiat, la calomnie, la diffamation et les accusations sans fondement, ainsi que de recevoir un quelconque avantage en raison de la publication ou de la suppression d'une information.
9. Ne jamais confondre le métier de journaliste avec celui du publicitaire ou du propagandiste ; n'accepter aucune consigne, directe ou indirecte, des annonceurs.
10. Refuser toute pression et n'accepter de directive rédactionnelle que des responsables de la rédaction.

DROITS

1. Les journalistes revendiquent le libre accès à toutes les sources d'information et le droit d'enquêter librement sur tous les faits qui conditionnent la vie publique. Le secret des affaires publiques ou privées ne peut en ce cas être opposé au journaliste que par exception et en vertu de motifs clairement exprimés.
2. Le journaliste a le droit de refuser toute subordination qui serait contraire à la ligne générale de l'organe d'information auquel il collabore, telle qu'elle est déterminée par écrit dans son contrat d'engagement, de même que toute subordination qui ne serait pas clairement impliquée par cette ligne générale.
3. Le journaliste ne peut être contraint à accomplir un acte professionnel ou à exprimer une opinion qui serait contraire à sa conviction ou à sa conscience.
4. L'équipe rédactionnelle doit être obligatoirement informée de toute décision importante de nature à affecter la vie de l'entreprise. Elle doit être au moins consultée, avant toute décision définitive, sur toute mesure intéressant la composition de la rédaction : embauche, licenciement, mutation et promotion des journalistes.
5. En considération de sa fonction et de ses responsabilités, le journaliste a droit non seulement au bénéfice des conventions collectives, mais aussi à un contrat personnel assurant la sécurité matérielle et morale de son travail ainsi qu'à une rémunération correspondant au rôle social qui est le sien, et suffisante pour garantir son indépendance économique.

Tout journaliste digne de ce nom se fait un devoir d'observer strictement les principes énoncés ci-dessus. Reconnaissant le droit en vigueur dans chaque pays, le journaliste n'accepte en matière d'honneur professionnel que la juridiction de ses pairs, à l'exclusion de toute ingérence gouvernementale ou autre.

Munich, 24 novembre 1971

14 Rapport de la Contribution citoyenne des États Généraux de l'Information, publié par le Conseil Économique Social et Environnemental le 4 février 2024.

Régulation publicitaire

Keyvan Ghorbanzadeh

De par son omniprésence dans l'espace public, son emprise économique sur le champ médiatique et la croyance dans ses effets sur les publics, la publicité cristallise les passions et critiques. De nombreux travaux ont mis en lumière la dépendance des médias aux investissements publicitaires, les mécanismes de persuasion des discours promotionnels ou encore leurs liens avec la reproduction d'une diversité de problèmes publics (sexisme, alimentation, écologie, etc.). Pourtant, en France, ce ne sont pas les pouvoirs publics qui régulent la publicité mais les publicitaires eux-mêmes *via* une association professionnelle : l'Autorité de régulation professionnelle de la publicité (ARPP). L'ARPP s'inscrit dans une longue chronologie de professionnalisation de la publicité (Chessel, 2002) débutant avec la création, en 1935, de l'Office de contrôle des annonces (OCA) devenant en 1953 le Bureau de vérification de la publicité (BVP) avant de prendre son nom actuel en 2008.

Un principe d'autorégulation

Depuis les années 1990, le BVP puis l'ARPP monopolisent la régulation publicitaire en France. Ces institutions sont financées et administrées par les professionnels. Elles s'organisent autour d'un conseil d'administration où siègent les représentants des syndicats patronaux des trois branches de la profession (agences, annonceurs et médias). Le conseil d'administration rédige et vote des normes communes à la profession rassemblées au sein d'un Code de recommandations. Ces normes constituent des règles de bonne conduite que les professionnels s'engagent à respecter volontairement dans une forme d'autodiscipline individuelle. Elles constituent également la base de l'autodiscipline collective de la profession car elles guident le travail de contrôle avant diffusion de l'ARPP. Au sein du service conseil de l'institution, une dizaine de juristes évaluent l'adéquation des projets de campagnes publicitaires avec le Code de recommandations. Comme son nom l'indique, le service conseil n'impose pas de normes aux publicitaires. Pour la majorité des supports de diffusion, les juristes suggèrent et recommandent des modifications aux professionnels.

Cette organisation non contraignante est définie par les professionnels par le terme d'autorégulation. Celui-ci n'est pas propre au secteur publicitaire. Il renvoie à une dynamique plus générale émergeant dans le champ économique, aussi bien dans le monde anglo-saxon qu'à l'échelle de l'Union européenne, dès la seconde moitié du XXe siècle (Mattelart & Palmer, 1990). L'autorégulation repose sur l'idée que la réglementation publique, qualifiée de droit dur, serait de moins en moins adaptée à la régulation des activités économiques du fait d'une transformation rapide des marchés et de l'apparition constante de nouveaux problèmes, aussi bien pour les consommateurs que les professionnels (Harnay & Sachs, 2018). À l'inverse, l'autorégulation propose un système se caractérisant par son adaptabilité. Elle repose sur deux grands principes cumulatifs. Premièrement, ce sont les professionnels régulés qui rédigent directement les normes qui s'appliquent à leur secteur. Ce faisant, ils seraient en mesure de faire évoluer rapidement et continuellement la régulation en fonction des transformations de leur activité. Ainsi, au sein de l'ARPP, les normes votées par les professionnels sont désignées en tant que « droit souple[1] ». Secondement, au-delà de son adaptabilité, la flexibilité de l'autorégulation se caractérise également dans sa mise en œuvre. À l'instar du service conseil de l'ARPP reposant sur la recommandation et la suggestion, les principes de l'autorégulation reposent sur le rejet de la contrainte, assimilée à la réglementation publique.

Antipub, DR.

Ces deux principes fondent le fonctionnement routinier de l'ARPP et donc de la régulation publicitaire en France. Cette régulation est justifiée par les professionnels comme un moyen de garantir la légitimité des normes et donc leur bonne application. Au contraire, le droit public, en s'imposant de l'extérieur à la profession, n'engendrerait que plus de tentatives de contournement par les professionnels, tout en étant fortement coûteux pour l'État qui devrait mettre en place un système de contrôles *a priori* et de sanctions après diffusion. L'autorégulation représenterait donc une double économie de moyens car chaque professionnel s'engage au préalable à respecter les normes de l'ARPP et que cette dernière redouble le contrôle en suggérant des modifications avant diffusion.

Le collectif Résistance à l'agression publicitaire utilise les emplacements publicitaires pour les retourner contre elle. Photo : Benoit Derouet.

Régulation et problèmes publics

Néanmoins, cette institution dans laquelle régulateurs et régulés se confondent renforce les critiques formulées au secteur publicitaire. Pour un ensemble d'associations et de mouvements sociaux, l'organisation de l'ARPP serait au cœur des problèmes publics qu'elles mettent en lien avec la publicité. Pour elles, la souplesse de l'autorégulation s'apparente plutôt à une forme de laxisme ne permettant pas d'endiguer des phénomènes comme le publisexisme, le *greenwashing*, les incitations à la surconsommation ou encore la promotion de la nourriture industrielle. Ces acteurs dénoncent également le décalage entre les normes du Code de recommandations de l'ARPP et les enjeux soulevés par les causes qu'ils portent. Selon eux, les normes du droit souple ne refléteraient que les intérêts économiques des publicitaires sans prendre en compte les droits des consommateurs, les critiques des publics et plus généralement les questions d'intérêt général à l'instar de la lutte

1 Le droit dit « mou » ou « souple » (« *soft law* » en anglais) est un ensemble de règles, non obligatoires et dont la force normative fait débat, mais qui peuvent éventuellement avoir des effets juridiques.

contre les discriminations ou le changement climatique. On observe ainsi, depuis les années 2000, une multiplication des mouvements sociaux demandant la fin du monopole de l'ARPP. En 2005, sur les questions de publisexisme, à partir de 2007 sur la protection de l'enfance et l'alimentation, en 2008 au moment du Grenelle de l'Environnement ou en 2020 durant la Convention citoyenne pour le climat, sur les incitations à la surconsommation, l'État est régulièrement le récipiendaire de demandes d'étatisation de la régulation publicitaire.

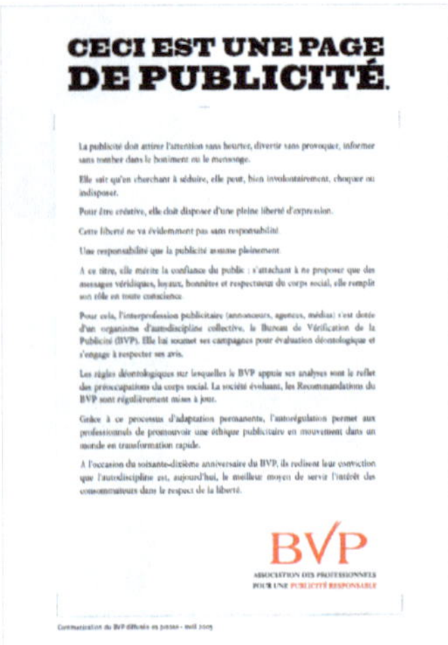

Communication du Bureau de vérification de la publicité (BVP), avril 2005.

Pour autant, pendant la même période, les pouvoirs publics rejettent toute alternative étatique au BVP puis à l'ARPP. Si cette inaction publique redouble les critiques des associations et mouvements sociaux, elle peut toutefois s'expliquer au vu des transformations de l'intervention de l'État dans les médias et le champ économique. Pour commencer, à partir des années 1980, la régulation publique des médias – qu'elle porte sur les contenus informationnels ou promotionnels – est progressivement stigmatisée comme une forme de censure d'État (Méon, 2003). S'il existait bien une commission de visionnage des publicités dès l'introduction des spots à la télévision en 1967, celle-ci est déléguée au BVP en 1991 à mesure que les autorités de contrôle de l'audiovisuel mettent à distance leurs missions de modifications avant diffusion (Parasie, 2010). Dans ce cadre, la délégation à l'ARPP apparaît comme un moyen pour les pouvoirs publics de faire faire à d'autres acteurs sans être directement associés à une pratique disqualifiée dans les démocraties libérales.

Ensuite, ce sont également des raisons gestionnaires qui guident le rejet de l'étatisation. Dans un contexte de rationalisation et réductions des dépenses publiques, les autorités publiques de régulation sont régulièrement épinglées pour leurs coûts et leurs lourdeurs administratives (Vauchez, 2024). À l'inverse l'ARPP apparaît comme une solution particulièrement ajustée à la réforme de l'État et ses critères gestionnaires : fonctionnement souple, financement privé, adaptabilité du corpus de règles, etc.

Les limites de l'autorégulation

De controverses en controverses, c'est donc avec le soutien des pouvoirs publics que l'ARPP conserve son monopole. L'institution offre également quelques gages à la critique comme la création, après le Grenelle de l'environnement, d'un Conseil paritaire de la publicité (CPP) où les associations de consommateurs et environnementales formulent des recommandations sur les normes de droit souple de l'institution. Dans le même temps, de nombreuses limites à l'autorégulation publicitaires peuvent être cernées. On peut d'abord relativiser le fait que la régulation souple serait plus efficace dans sa mise en œuvre qu'un contrôle obligatoire et contraignant. En effet, hormis pour les publicités audiovisuelles que l'ARPP a obligation de contrôler avant diffusion suite à la délégation de 1991 signée avec le CSA, tous les autres supports de diffusion sont régulés sur la base du volontariat des professionnels. Ainsi, si l'ARPP revendique de réguler 43 716 publicités en 2020, en réalité, 22 887 représentent les contrôles TV obligatoires et, sur les conseils tous supports, 14 321 sur 20 829 portent également sur la télévision[2]. C'est donc sur le seul support encadré par un décret public que l'on peut apprécier la portée des décisions de l'Autorité. À l'inverse, sur des supports numériques où la publicité n'est soumise à aucun contrôle obligatoire et est diffusée *via* des canaux alternatifs, comme les influenceurs, les plaintes et scandales se multiplient. En définitive, le nombre de contrôles effectués par l'ARPP n'est pas représentatif du nombre total de publicités diffusées en France. De même, si l'institution diffuse des bilans rendant compte de l'adhésion à ses règles avec des taux de manquements très bas, pour les associations ces évaluations ne portent que sur le respect des normes de l'ARPP qui ne seraient pas adaptées à la gestion des problèmes qu'ils dénoncent. Dans le même ordre d'idée, les associations critiquent également les limites de l'ouverture de l'ARPP à la société civile *via* le CPP. En 2020, la dernière ONG environnementale quitte l'instance en dénonçant la mainmise des publicitaires sur les débats et le rôle seulement consultatifs des associatifs n'ayant aucune capacité à réellement infléchir le droit souple publicitaire.

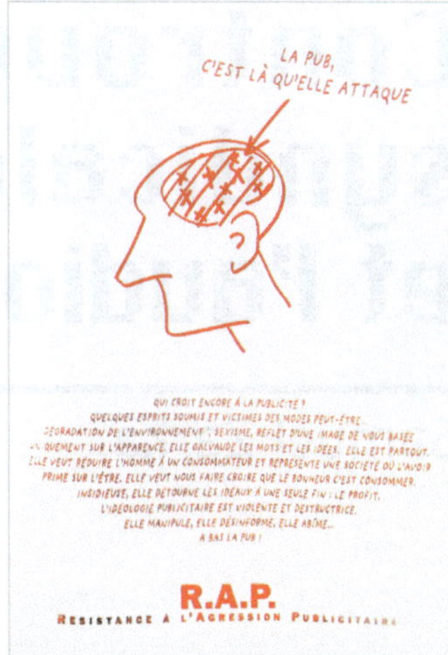

Résistance à l'agression publicitaire (R.A.P.) DR.

En définitive, le fait que la régulation publicitaire en France s'organise prioritairement autour des intérêts des publicitaires génère en retour un déséquilibre entre le travail de régulation de l'ARPP et les nombreux problèmes existant dans le sillage de l'industrie publicitaire. Néanmoins, on peut comprendre l'institutionnalisation de cette régulation tout autant souple avec les acteurs contrôlés qu'avec les règles qu'elle met en œuvre, à l'aune de son ajustement avec les transformations de l'action publique, les mutations des supports médiatiques ou encore la place croissante de la publicité dans l'espace public. Pour toutes ces raisons, et malgré les critiques, l'autorégulation publicitaire agrège assez de soutiens, publics comme privés, pour s'institutionnaliser durablement en France.

2 Rapport annuel de l'ARPP 2020

Controverses syndicales dans le cinéma et l'audiovisuel

Samuel Zarka

La persistance du cinéma en France est couramment associée à une politique culturelle volontariste, ayant permis, de longue date, de protéger la production nationale des assauts du grand commerce. Or cette analyse occulte les dynamiques de structuration qui soutiennent la capacité des réalisateurs et réalisatrices et de leurs équipes de décorateurs, régisseurs, comptables, assistants ou monteurs, à persévérer dans des parcours grevés d'incertitudes. Il est courant d'évoquer à cet égard le régime d'indemnisation chômage des intermittents du spectacle, permettant une continuité de revenu lors des périodes hors emploi (Grégoire, 2013). Mais cette caractérisation laisse échapper le défi que représentent en elles-mêmes les situations de travail, exigeant de chacune et chacun un ajustement de sa compétence au service de projets sans cesse changeants, pour une rémunération qui elle-même peut varier. Le cinéma d'après-guerre avait limité cette variabilité des engagements en réservant l'emploi des réalisateurs et techniciens aux titulaires d'une carte d'identité professionnelle. Cette carte, attribuée sur avis d'une commission du Centre national de la cinématographie (CNC), visait à protéger ses porteurs d'une concurrence exercée par de nouveaux entrants ne répondants pas aux critères de délivrance (formation professionnelle et participation à un certain nombre de films). Elle permettait aussi d'organiser une carrière ascendante, d'assistant à chef de poste. Or ce dispositif a connu une longue crise commencée à la fin des années 1970, en lien avec l'émergence d'une activité parente du cinéma, la production audiovisuelle, c'est-à-dire à destination de la télévision (puis d'internet) (Rannou, 1992). Le questionnement sur les frontières de la communauté professionnelle génère un profond clivage au sein du syndicat historique des réalisateurs et techniciens en 1981, aboutissant à légitimer les conventions collectives de branche comme cadre d'engagement des salariés et de déploiement d'une logique de projets éminemment fluide.

De l'émergence de l'audiovisuel à la crise syndicale

La désintégration de l'Office de radiodiffusion-télévision française (ORTF) en 1975 (Bachmann, 1997) joue un rôle clé dans la crise de la carte d'identité professionnelle, puisqu'elle précipite le développement d'un marché de l'emploi des salariés intermittents de l'audiovisuel. Or, ces salariés se situent à la frontière entre deux mondes restés jusque-là relativement étanches : d'une part, le

Manifestation.
Avec l'autorisation du SPIAC-CGT.

personnel permanent du service public de télévision, d'autre part, les techniciens intermittents du cinéma (possesseurs de carte). Aussi, ne disposent-ils pas de protection légale, ce qui les expose à l'arbitraire des conditions d'engagement et de salaire. Cette situation de vide juridique suscite un questionnement sur la définition de normes d'emploi d'application générale en production audiovisuelle, comme en cinéma. La conception de la communauté de travail se polarise entre deux conceptions : dépend-elle du rattachement des travailleurs à la destination du produit (pour le grand écran ou le petit) ou bien dépend-elle de l'exercice d'un métier, auquel cas il devient possible d'amalgamer les ingénieurs du son, scriptes ou costumiers dans un même ensemble, quel que soit le produit final (fiction de cinéma, téléfilm, documentaire, émission de télévision, etc.) ?

Le débat est porté par une poignée de membres au sein du syndicat national des techniciens et professionnels du cinéma et de la télévision, historiquement affilié à la fédération nationale du Spectacle CGT (Zarka, 2019). Des monteurs et monteuses de la télévision portent ce débat, en lien avec une vulnérabilité spécifique : ce sont le plus souvent des femmes, travaillant dans l'isolement, à distance du collectif de tournage. Elles et ils revendiquent que la convention collective du cinéma, signée en 1950, soit étendue à l'audiovisuel par arrêté du ministère du Travail. Cette convention collective est un accord négocié par les représentants syndicaux des sociétés de production (les employeurs) et des salariés, indiquant en particulier les salaires minima applicables. L'extension désigne l'obligation de mettre en œuvre la convention par les employeurs compris dans son champ d'application. Or, la convention du cinéma n'a jamais été étendue depuis 1950 (contrairement à de nombreux autres secteurs d'activité). Libre aux sociétés non adhérentes au syndicat signataire à l'époque de la respecter ou non, en cinéma comme en audiovisuel.

Pour les salariés de l'audiovisuel, revendiquer l'extension plusieurs décennies plus tard vise à dépasser le système de la carte, en dotant toutes les activités ayant trait à l'image enregistrée ou diffusée en direct de mêmes minima salariaux. Or, cette revendication se confronte à l'opposition résolue de la direction du syndicat, tenue par des techniciens de long métrage. Garante d'une communauté professionnelle fermée par la carte, dotée de métiers prestigieux et de rémunérations attractives, cette direction, dominée par des opérateurs de prise de vues, considère qu'une différence de nature existe entre cinéma et télévision, et plus encore entre fiction et flux (émissions de télévision). Cette différence « de nature » implique de ne pas mélanger les normes applicables. Cette opposition escamote au passage le cas du documentaire, parent pauvre parmi ces activités, d'où émergent précisément plusieurs syndiqués revendiquant l'extension. S'ensuit un très vif conflit interne, dont le climax se déroule à la fin de l'année 1981. La fédération du Spectacle est amenée à prendre parti dans la confrontation qui se déroule en son sein : en vue d'empêcher le dumping social au sein du secteur naissant de l'audiovisuel, elle soutient la revendication des promoteurs de l'extension et pousse à l'organisation d'élections syndicales à même de faire évoluer la direction en place. Ce conflit se solde par un vote en assemblée générale de la majorité des membres présents (98 contre 87), qu'ils viennent du cinéma ou de la télévision, en faveur de l'extension de la convention collective du cinéma à toutes les activités. Défaite, la direction syndicale décide de quitter la CGT avec une partie des syndiqués, représentant le cinéma « installé », leurs équipes ouvrières et une fraction de techniciens de fiction télévisée agrégée à ce groupe. Revendiquant 800 membres à sa création, cette organisation conserve le nom original de Syndicat national des techniciens et professionnels du cinéma et de la télévision à l'issue d'une procédure judiciaire. Les membres du syndicat restés à la CGT renomment leur propre organisation Syndicat national des réalisateurs et techniciens.

La branche, cadre de déploiement d'une logique de projets

Cette dualisation syndicale intervient aux prémices de l'expansion du secteur audiovisuel, marquée par la naissance de plusieurs chaînes privées (en clair ou cryptée) et par la construction d'une interdépendance des marchés du cinéma et de la télévision (par des obligations de diffusion et des conventions de production). En parallèle, la circulation de la main-d'œuvre entre différents sous-ensembles de l'image animée s'accroît : clip, publicité, court métrage, long métrage, téléfilm, documentaire, magazine, etc. Si les conditions d'emploi dans l'audiovisuel restent en carence de régulation, la mobilité des salariés tend à banaliser l'octroi dérogatoire de la carte d'identité professionnelle du cinéma (abrogée en 2009 pour non-conformité au droit communautaire). De plus, une demande d'extension de la convention du cinéma émise par la CGT en direction des pouvoirs publics après le conflit de 1981 aboutit à la création de deux commissions, par le ministère des Affaires sociales : charge aux représentants syndicaux des employeurs et des salariés d'y négocier des accords, dans la branche du cinéma d'un côté, celle de l'audiovisuel privé de l'autre (l'audiovisuel public relevant de statuts à part) (Zarka, 2022).

Mais il faut attendre une quinzaine d'années pour que ces négociations connaissent une véritable avancée. En 1999, la modification du mode de calcul de l'indemnité chômage des techniciens intermittents de l'audiovisuel, défavorable aux plus mal payés d'entre eux, précipite une accélération de la négociation sur les salaires. À l'issue d'une grève unitaire d'une semaine sur les tournages de fiction lancée le 6 décembre 1999, les employeurs sont contraints d'élaborer un accord, qui inclut un dispositif original de mise en adéquation des salaires aux budgets des projets. Cet accord, signé par la CGT et la CFDT, fera l'objet d'une extension en 2000, puis sera complété d'un accord sur le temps de travail en 2001, base d'une convention collective complète de la production audiovisuelle signée le 13 décembre 2006 et étendue le 24 juillet

2007. En revanche, le syndicat professionnel a refusé de signer, fidèle à sa position de différencier les salaires par genre — fiction *versus* flux — non par budget. Il saisit le Conseil d'État en 2002, qui casse, après une longue procédure, le mécanisme de détermination des salaires en 2014.

La négociation dans le secteur du cinéma intervient au milieu des années 2000, à la suite de l'injonction du ministère du Travail en direction des employeurs du spectacle, en vue d'encadrer les conditions d'engagements des salariés intermittents (Zarka, 2021). À nouveau, une controverse émerge sur les salaires, en lien à la variété des budgets de film. Une convention signée en janvier 2012 par les plus gros producteurs (Gaumont, Pathé, UGC, MK2), le syndicat professionnel (ex-CGT) et la CGT rencontre une opposition très rude de syndicats de producteurs de projets de budget plus modeste alliés à la CFDT et à des réalisateurs se réclamant du film d'auteur. Le débat se résout le 8 octobre 2013, à travers la signature d'un avenant à cette convention, qui permet de préserver de hauts salaires pour une minorité de films à budget gros ou moyen, tandis qu'un « dispositif des films de la diversité » accessible aux projets à faible budget (moins de 3,6 millions d'euros à l'époque) permet d'y déroger. Ce dispositif réduit les salaires de l'équipe technique de 6 à 50 % pour les niveaux les plus élevés (en contrepartie d'une participation aux recettes d'exploitation en cas de succès commercial). Enfin, les budgets les plus faibles (moins d'un million d'euros) sont exclus de la convention (dans ce cas, c'est le salaire minimum légal qui s'applique).

Depuis lors, dans le cinéma d'une part, l'audiovisuel de l'autre, la branche, dont le périmètre est défini par la convention collective, constitue le support de déploiement de projets de taille (budgétaire) variée. Cette centralité de la convention collective est confirmée à l'automne 2023, lors d'un important mouvement de grève, scandé sur plusieurs semaines, au nom des salaires dans l'audiovisuel (fiction, documentaire, flux...), dans le sillage de la grève victorieuse des scénaristes et comédiens étasuniens l'été précédent. Or, un accord de fin de grève signé entre les employeurs de l'audiovisuel et le syndicat professionnel des techniciens (ex-CGT) fait ressurgir l'idée d'une ségrégation salariale par genres : fiction, captation d'évènement, documentaire et magazine, émission de plateau, à l'encontre d'une revendication de revalorisation homogène portée par la CGT. Le périmètre de la communauté professionnelle demeure ainsi un enjeu controversé au sein des activités relevant de différents genres de l'image enregistrée et de la captation.

Le documentaire de création, une activité reconfigurée

Marie-Éva Lesaunier

Le documentaire filme le réel, par opposition à la fiction. Le Robert le définit comme un « film didactique, présentant des faits authentiques non élaborés pour l'occasion ». Pourtant, le genre documentaire est fait d'une grande diversité de formes, d'intentions, de conditions de production et de diffusion. Notre approche socio-économique et communicationnelle portera ici sur une de ses formes particulières : le documentaire de création. Par sa singularité, il nous permettra d'expliciter les dynamiques de ce secteur audiovisuel. Une telle approche souligne l'intérêt d'analyser des segments, des sous-ensembles, plutôt que des catégories générales et des genres établis.

La notion de documentaire de création

La dénomination même de film documentaire a été l'objet de tensions ces cinquante dernières années, opposant schématiquement, deux registres : l'un informatif-objectif et l'autre artistique-intersubjectif. Le documentaire s'est en effet développé en France entre plusieurs espaces. Au sein des espaces militants, d'une part, de la fin des années 1960 et des années 1970, à l'image des Groupes Medvedkine, ces collectifs ouvriers qui ont réalisé des films sur la classe ouvrière (par les ouvriers, pour les ouvriers). À cette époque, « les projets de films se décidaient en fonction des luttes qu'ils nous semblaient importants de mener », témoigne un réalisateur (Passevant & Carré, 1998). D'autre part, le genre documentaire s'est beaucoup développé à la télévision à partir des années 1980 avec la libéralisation amorcée de l'audiovisuel public. De cette façon, son avènement s'est mêlé à celui du reportage télévisé.

Les codes de ces deux genres *a priori* distincts se sont donc entremêlés. Cela a abouti à la mobilisation de certains auteurs et producteurs de documentaire pour défendre une conception artistique et cinématographique de leurs films par opposition au journalisme et au registre informatif. Des associations et des collectifs, comme La Bande à Lumière, sont nés, ainsi que des festivals et des revues. Ces mobilisations se concrétisent notamment par l'imposition de la notion de « documentaire de création ». Dans une décision du 31 décembre 1987, la Commission Nationale de la Communication et des Libertés[1] en précise le périmètre dans l'objectif de clarifier et de faciliter les obligations des diffuseurs en la matière. La distinction est alors faite entre le « documentaire » en général, soit « toute œuvre de forme élaborée dont l'objet est de permettre l'acquisition de connaissances, quel qu'en soit le domaine », et le « documentaire de création » :

NOUS, CINEASTES DOCUMENTARISTES...

CINÉASTES, NOUS SOMMES ENGAGÉS DANS UN PROJET ESTHÉTIQUE, DANS L'ÉLABORATION D'UNE ÉCRITURE. DOCUMENTARISTES, NOUS SOMMES ENGAGÉS DANS UNE CONFRONTATION AVEC LE RÉEL. CETTE CINÉMATOGRAPHIE DU RÉEL PARTICIPE D'UNE CULTURE JALONNÉE PAR DES OEUVRES COMME CELLES DE FLAHERTZ, VERTOV, ROSSELLINI, MARKER, ROUCH, VARDA OU DEPARDON. ELLE SE TRANSMET PAR-DELÀ NOTRE PRATIQUE À DE NOUVELLES GÉNÉRATIONS ...

DÈS SA NAISSANCE, LA TÉLÉVISION, "FENÊTRE SUR LE MONDE", S'EST NOURRIE DE FILMS DOCUMENTAIRES. DEPUIS QUELQUES ANNÉES, GRÂCE NOTAMMENT À L'ESPACE DE CRÉATION SUSCITÉ PAR LA SEPT À SES DÉBUTS, CE GENRE S'EST DIVERSIFIÉ, IL A TROUVÉ SON PUBLIC, IL N'A JAMAIS ÉTÉ AUSSI VIVANT. AUJOURD'HUI, COMME SI CELA N'EXISTAIT PAS, LES PROGRAMMATEURS SUBSTITUENT AU DOCUMENTAIRE DE CRÉATION LE PRODUIT CALIBRÉ.

DANS CETTE LOGIQUE, LE CINÉASTE NE SERAIT PLUS INDISPENSABLE CE QUE SOULIGNE L'ABANDON DE LA CONVENTION COLLECTIVE DES RÉALISATEURS PAR LES CHAÎNES PUBLIQUES. LES CHAÎNES DU SERVICE PUBLIC RENONCENT À LEUR MISSION POUR ADOPTER OUVERTEMENT UNE LOGIQUE MARCHANDE, CELLE DE L'INDUSTRIE DE LA COMMUNICATION QUI DOMINE LES MÉDIAS.

A FRANCE TÉLÉVISION, LES PROGRAMMATEURS N'ENVISAGENT PLUS LA CRÉATION DOCUMENTAIRE. "LES PENSEURS DU XXÈME SIÈCLE", "LES GRANDS FLEUVES", OU ENCORE L'IDÉE D'UN "NATIONAL GEOGRAPHIC À LA FRANCAISE" PROCÈDENT D'UNE CONCEPTION QUI EXCLUT ARBITRAIREMENT LA CULTURE VIVANTE AU NOM DU PATRIMOINE.
IL NE S'AGIT PLUS QUE D'UNE STRATÉGIE INDUSTRIELLE. AVEC ELLE, EST ESCAMOTÉE LA QUESTION DE QUI PARLE, QUI REGARDE, QUI ÉCOUTE. LA OÙ N'EST PLUS À L'OEUVRE L'ENGAGEMENT D'UN AUTEUR, LE SPECTATEUR N'EST PLUS CONSIDÉRÉ COMME PERSONNE ET COMME CITOYEN.

C'EST POURQUOI NOUS DEMANDONS :
QUE LES SOCIÉTÉS DE SERVICE PUBLIC RESPECTENT LEUR MISSION : COPRODUIRE DES OEUVRES PROPOSÉES PAR DES CINÉASTES ET EN INITIER D'AUTRES EN CONCERTATION AVEC LES DIFFÉRENTS PARTENAIRES.

PAR AILLEURS NOUS DEMANDONS :
QUE SOIENT ÉTUDIÉES ET MISES EN OEUVRE DE NOUVELLES AIDES FINANCIÈRES QUI ASSURERONT UNE PRODUCTION DE FILMS DOCUMENTAIRES LIBRES, DANS LEUR CONCEPTION ET LEUR RÉALISATION, DES CONTRAINTES ÉDITORIALES DES DIFFUSEURS. QUE L'ENSEMBLE DES CHAÎNES PUBLIQUES, ET PAS SEULEMENT ARTE, SOIENT TENUES DE DIFFUSER UN CERTAIN NOMBRE DE CES FILMS.

L'ETAT EST LE GARANT DES RÈGLES DU JEU ET PAR LÀ DE NOTRE INDÉPENDANCE. SANS SON INTERVENTION, LE CINÉMA DE FICTION, LE THEÂTRE, LA DANSE AURAIENT DISPARU. IL EN VA DE L'AVENIR DE NOTRE CULTURE, IL EN VA AUSSI D'UNE CERTAINE IDÉE DE LA DÉMOCRATIE.

ADDOC, JUILLET 94

©Addoc.

« Parmi le genre documentaire, le documentaire de création se réfère au réel, le transforme par le regard original de son auteur et témoigne d'un esprit d'innovation dans sa conception, sa réalisation et son écriture. Il se caractérise par la maturation du sujet traité et par la réflexion approfondie, la forte empreinte de la personnalité d'un réalisateur et (ou) d'un auteur[2] ».

Cette définition finit par être jugée trop restrictive et disparaît des textes juridiques, mais l'expression reste utilisée et opérante au regard des aides financières attribuées par le CNC. Il est important ici d'avoir en tête que ces questions de définition se traduisent par des enjeux économiques. En effet, une œuvre audiovisuelle, comme le documentaire, est financée grâce à des financements publics, alloués de façon automatique ou sélective, le plus souvent sous réserve de la participation financière d'une chaîne de télévision ou d'une plateforme, prenant la forme de pré-achats de droits de diffusion ou d'accords de co-production.

Les tensions précitées entre registre informatif et artistique se matérialisent donc, encore récemment, dans le financement de ces films. L'« affaire Popstar », au début des années 2000, en est symptomatique, puisque ce programme de téléréalité musicale a pu bénéficier de l'aide du CNC au titre du documentaire, qualification finalement rejetée par la suite. De même, dans les années 2010, de nouvelles tensions surgissent concernant les programmes dits « documentaires » de la TNT, financés à ce titre. Des émissions comme *Tellement vrai* (NRJ12), *Pigalle : plongée au cœur du dernier quartier chaud* (TF1) ou *J'ai des pouvoirs surnaturels* (NT1)

1 Autorité publique indépendante de régulation des médias, la Commission Nationale de la Communication et des Libertés succède en 1986 à la Haute Autorité de la communication audiovisuelle créée en 1982, puis est suivie en 1989 par le Conseil supérieur de l'audiovisuel, et enfin, depuis 2022 par l'Arcom.

2 Décision n° 87-361 du 31 décembre 1987, « Note de terminologie relative à certains termes ou expressions employés, en matière de programmes télévisés, dans les décisions de la C.N.C.L. », *Journal Officiel de la République française. Lois et décrets* (version papier numérisée) n° 0010, 13/01/1988.

s'inscrivent difficilement dans le périmètre du documentaire de création tel que défini plus haut et pris en compte par le CNC. Ce dernier met alors en œuvre une réforme de ses aides destinée à restructurer le secteur et visant, notamment, à exclure ces émissions du périmètre de soutien public à la production des documentaires. Dorénavant, seuls les « vrais » documentaires de création peuvent prétendre à l'aide du Compte de soutien aux industries de programme (COSIP)[3].

La notion de documentaire de création témoigne ainsi des jeux de frontières qui se jouent au sein du genre documentaire. Les jeux d'étiquetage des différentes productions ont été l'objet de luttes professionnelles, aux enjeux économiques sous-jacents.

Les membres du collectif « Les Morts de la rue » récoltent des bribes de vie sur les invisibles, sans domicile fixe, précaires et isolées, qui bien souvent meurent seules, à la rue ou chez elles, dans l'indifférence. *Pour ne pas les oublier* (2020), réalisé de Nicolas Ducrot, Babel doc production. Sélection officielle : Festival des créations télévisuelles de Luchon, Pyrénées d'Or du Meilleur Documentaire 2021.

Du mandat généralisé au formatage

Pourtant, ces enjeux de luttes semblent gommés par l'existence d'un mandat généralisé autour de deux idées : que le documentaire joue un rôle de service public et qu'il doive être créatif. L'étude des discours tenus par les parties prenantes du monde du documentaire (auteurs, réalisateurs, producteurs, diffuseurs, institutions) montre en effet l'existence d'un mandat généralisé, c'est-à-dire d'un objectif commun sur lequel tout le monde est d'accord, un « ciment symbolique » (Strauss, 1963) à l'organisation du secteur. Celui-ci est constitué par la défense de la création et de la créativité dans le genre documentaire (Lesaunier, 2021). Ainsi, tous les acteurs impliqués dans la production d'un documentaire revendiquent leur part de créativité dans le processus et leur contribution à l'originalité de l'œuvre. Le documentaire serait ainsi par nature « de création », les chaînes de télévisions et les plateformes seraient à la recherche systématique de points de vue singuliers sur le réel, etc.

Cette uniformité dans le discours ne résiste néanmoins pas à l'analyse de la réalité des pratiques. Chaque diffuseur a en toute logique une ligne éditoriale, c'est-à-dire un horizon d'attente sur la nature des programmes financés et diffusés lui conférant une identité qui construit en retour un horizon d'attente pour les publics. Cette ligne éditoriale se décline en cases, ces unités thématiques qui permettent au public de s'orienter dans les programmes proposés et qui forment ensemble la grille de programmation. Chaque case possède ainsi son identité propre et ses programmes types.

Les producteurs qui voudraient vendre un documentaire à une chaîne de télévision doivent dès lors identifier les cases les plus pertinentes au regard des besoins de la chaîne, afin d'avoir une chance de retenir son attention. Pour ce faire, les chaînes mettent à disposition des porteurs de projet des *guidelines* de trois manières possibles : soit au long cours *via* des canaux de communication routiniers (sites internet); soit lors d'évènements professionnels particuliers (c'est généralement lors du Sunny Side of the Doc, marché international du documentaire qui se tient une fois par an à La Rochelle, qu'elles sont publiées); soit encore lors de rencontres plus informelles, par exemple entre un chargé de programme et un producteur. Ces *guidelines* ont ainsi vocation à informer les producteurs sur les besoins des chaînes en matière de documentaire : thématiques mises à l'honneur (souvent liées à l'agenda politique et culturel national), durée attendue, présence d'experts témoignant sur le sujet, recours à une voix off, public visé, etc. On pourra facilement consulter le document « Lignes éditoriales » d'Arte réédité chaque année[4]. Finalement, cette rhétorique de la création documentaire est bousculée par la nécessité, pour les diffuseurs, de voir les projets s'intégrer de façon homogène à leur grille de programmes et pour les producteurs, d'intégrer ces exigences à leurs propositions.

Dans un village du Sahel au Burkina Faso, des villageois observent avec sidération la progressive invasion du djihadisme dans le pays. Plus d'un million de personnes ont dû quitter les terres qu'ils cultivaient dans le pays. Documentaire *Tiébélé*, 2022, écrit et réalisé par Benjamin Géminel, produit par Stéphanie Lebrun. Sélection officielle FIGRA, Autrement Vu 2022.

Cette intégration des normes de la production documentaire est d'autant plus importante qu'à chaque case correspond un budget consacré à l'achat ou la coproduction des projets. Plus un diffuseur a de moyens financiers, plus son budget dédié à l'acquisition d'œuvre est important. De même, plus une case est importante, plus le budget disponible pour les œuvres l'est également. On observe ainsi une forte disparité des moyens en fonction des cases. Pour les chaînes de télévision qui diffusent des programmes en linéaire (selon une grille horaire), les cases stratégiques sont celles de l'*access prime time* et du *prime time*. Or, entre ces cases et celles de deuxième et troisième parties de soirée, les écarts de budget peuvent être de l'ordre de 1 à 10. Les différences budgétaires se cumulent de fait à des différences en termes de diffusion : les projets les plus à même de répondre aux contraintes des diffuseurs ont davantage de chance de bénéficier d'un budget confortable et de faire l'objet d'une diffusion à des horaires de grande audience. Les autres doivent se contenter de diffusions tardives plus confidentielles ou de petites chaînes aux lignes plus ouvertes mais au budget moindre. C'est notamment le cas des chaînes de télévision locales, souvent très ouvertes au documentaire de création, mais pour des apports inférieurs à 20 000 €[5].

3 Ce fonds de soutien est prélevé sur le chiffre d'affaires des chaînes de télévision françaises pour être ensuite redistribué aux sociétés de production audiovisuelle pour la production d'œuvres originales.

4 Arte (2019) « Lignes éditoriales ».

5 CNC (2024), *La Production audiovisuelle aidée en 2023*.

Des segments professionnels distincts

Dans le Nord-Est, région pauvre et aride du Brésil, Dirlinho et Edivan, risquent leur vie à chaque course de Prado dans la ville de Fortaleza dans l'espoir de devenir jockeys professionnels. Documentaire *Vai Cavalo*, 2022, écrit et réalisé par Harold Grenouilleau avec Vincent Rimbaux, production Babel doc Production. Prix des Lycéens, Meilleur Documentaire 2022; Étoile de la Scam 2023; sélection officielle : FIPADOC – 2023; DOK.fest München 2023; One World Festival 2024.

Tous les documentaires n'intéressent pas, et ne ciblent donc pas les mêmes guichets; par voie de conséquence, ils ne connaissent pas la même existence, symbolique, sur les écrans, et économique, dans les budgets. Ce sont précisément ces logiques éditoriales, liées à des enjeux économiques pour les diffuseurs, qui participent de la coexistence de segments distincts au sein du genre documentaire. En effet, il existe d'abord une forte disparité de volume de production de la part des entreprises de documentaires, puisque plus de la moitié de ces dernières produisent moins de deux heures de programme par an, quand à peine 15 % produisent plus de dix heures par an[6]. Par ailleurs, les ancrages éditoriaux de ces entreprises varient, d'une approche journalistique (Berthaut & Noûs, 2021) à une approche artistique du documentaire.

Enfin, on observe un continuum de pratiques et de conceptions du documentaire, dont les deux pans sont la parfaite intériorisation des contraintes des diffuseurs d'un côté, et la rupture franche avec ces dernières de l'autre. Pour les documentaristes, l'idée d'aligner leur projet documentaire sur les attentes du diffuseur s'apparente à une compromission. En cas de refus et donc sans possible diffusion sur une chaîne nationale, il faut alors multiplier les sollicitations pour trouver d'autres sources de financement, avec les chaînes locales notamment; ces films sont surtout diffusés lors de festivals et de projections-débats. La conséquence directe est la moindre visibilité de ce type de productions, renforçant l'illusion du « genre documentaire » comme unité cohérente et pertinente. Ces segments distincts restent néanmoins structurants et d'autant plus objectivables lors de périodes de tensions ou de mobilisation au sein du secteur audiovisuel, au cours desquelles les prises de positions des différents acteurs viennent ré-objectiver des frontières parfois oubliées et invisibles.

Une hétérogénéité renouvelée à l'ère des plateformes ?

L'installation progressive des plateformes de vidéos à la demande dans le paysage audiovisuel contribue-t-elle à renouveler la donne ? Rien n'est moins sûr. D'un côté, les grandes plateformes généralistes telles que Netflix ou Amazon Prime semblent faire la part belle au documentaire et contribuer à rafraîchir un genre traditionnellement jugé comme ennuyeux. Les publics tendent ainsi à considérer les documentaires des plateformes comme divertissants et captivants[7]. Néanmoins, les stratégies de ces plateformes peuvent faire craindre un renouvellement du formatage déjà mentionné, favorisant des marqueurs éditoriaux forts et des thèmes bien définis, ultra-présents sur leurs serveurs, du documentaire true crime au documentaire sportif[8] en passant par le documentaire musical.

Documentaire de création de Sébastien Lifshitz, qui suit le quotidien d'une infirmière à l'hôpital nord de Marseille, César 2025 du meilleur film documentaire.

À côté de ces plateformes américaines se sont également déployées en France des initiatives de niche, spécialisées dans le documentaire (Spicee), voire dans le documentaire d'auteur (Tënk). Là encore, ces plateformes ne disposent pas des mêmes moyens économiques, ni des mêmes ambitions. Plutôt que les reconfigurer, le numérique tend ainsi davantage à renforcer les équilibres existants.

L'intérêt d'étudier le documentaire de création réside dans la mise au jour des conditions de production des œuvres audiovisuelles pour révéler d'une part la complexité des mécanismes économiques, sociaux et communicationnels à l'œuvre et d'autre part l'hétérogénéité des mondes audiovisuels, faits d'autant de segments qu'il est important d'appréhender pour saisir les dynamiques d'ensemble.

6 CNC (2019), *Le Soutien du CNC au documentaire de création.*

7 CNC (2023), *Le Public du documentaire en France.*

8 Sacré J.-F. (2023) « Le docu sportif, martingale des plateformes de streaming », *L'Echo*, 24 juin.

Partie 5

Les formats médiatiques*

*typographie : variex de zuzana Licko, 1988
variex fait partie de la mouvance post-moderniste, caractérisée par le jeu des hiérarchies (ici minuscule et majuscule) et le télescopage assumé des formes. son auteure, zuzana Lickoest à l'origine de l'agence emigre qui a créé deux ans plus tard la dead history. emigre est aussi connue pour avoir publié le magazine *emigre*, espace d'expérimentation graphique des années 1990.

illustration : La bulle informationnelle, 2025 © vincent cabaret

Le moi dans les médias : de la célébrité de masse au moi-mosaïque

Jérôme Bourdon

Selon un cliché négatif tenace, l'univers numérique serait devenu le royaume d'une expression individuelle soucieuse de s'offrir seule avec succès aux regards d'autrui, au détriment de discours collectifs plus organisés, plus idéologiques. Exhibitionnisme, voyeurisme : on a très vite utilisé des mots « psycho-pathologiques » à ce propos. L'expression de narcissisme numérique est devenue banale, au point d'arriver dans la bouche du pape en 2020. On verra ici d'abord comment ce « moi » est médiatisé dans les grands médias, avant de revenir sur une dénonciation très ancienne[1]. Puis on expliquera comment, dans l'univers numérique, le moi se médiatise de multiples façons, dont aucune explication univoque (négative ou positive) ne saurait rendre compte.

Genèse du moi médiatisé

Le « moi médiatisé » est une expression plus complexe qu'il n'y paraît. Il est difficile d'isoler, parmi les nombreuses images que l'individu projette dans les médias, celles qui relèveraient du souci d'un soi mis en spectacle. Certes, il y a là un phénomène nouveau dans la monstration de la personne, alors que le désir d'être reconnu pour ses œuvres écrites, pour ses exploits militaires, est chose ancienne, dans des civilisations diverses, en Occident dès l'Antiquité avec la publication de correspondances (Bourdon, 2022).

Le moi médiatisé tel que nous le comprenons encore aujourd'hui ne correspond plus, ou marginalement, à ce souci de gloire. Il est inséparable de l'émergence d'un nouveau personnage public, la célébrité. À la fin du XVIIIe siècle, grâce à l'essor des journaux et magazines, un public se passionne pour la vie personnelle d'acteurs, mais aussi de figures du pouvoir, de philosophes, toute une tribu qu'on appellera au siècle suivant les célébrités (Lilti, 2017). Autre changement clef, le « moi » (en français, le pronom commence à être substantivé, tandis que l'anglais adopte le *self*) dispose d'une nouvelle épaisseur narrative, une intimité dont la profondeur, l'intérêt n'étaient pas perçu auparavant. En 1782, la publication posthume du premier volume des *Confessions* de Rousseau est un moment clef.

Brûlons les étapes. La prolifération des « moi » médiatisée va de pair avec la croissance des médias. La presse magazine de la fin du XIXe siècle montre très vite des individus ordinaires, des visages singularisés, qui seront massivement photographiés par exemple dans le magazine américain *Life* (1937-1972). Des anonymes y publient des autobiographies (Wrona, 2007).

Peinture de Guillaume de Lorris (détail), *Le Roman de la rose*, 1395-1405. Narcisse se penche sur une fontaine et est pris au piège de son propre reflet : « Celui qui se regarde dans le miroir ne peut trouver de protecteur ni de médecin pour éviter à ses yeux de voir ce qui l'a mis sur les voies de l'Amour... ». Manuscrit BNF.

La radio est ensuite le premier grand média de dévoilement grand public de l'intimité, à travers un genre qui anticipe toute une évolution, celle des émissions de confession, notamment auprès de nouveaux « psys médiatiques », comme en France Ménie Grégoire à partir de 1967. Une pratique considérée par essence comme confidentielle se transforme ainsi profondément. À la fin du XXe siècle, la téléréalité se mondialise avec des jeux-compétition comme *Big Brother* ou *Survivor* (*Loft Story* ou *Koh Lanta* en France). Ces émissions offrent la célébrité à des anonymes qui sont soigneusement recrutés et dont les réussites nourrissent les rêves d'innombrables aspirants. À partir de la fin des années 1990, des anonymes s'emparent des webcams pour se montrer au quotidien sur le Web, ce qui est aussitôt critiqué comme signe d'un nouvel exhibitionnisme. La combinaison de l'internet et du smartphone ouvre la voie à une prolifération des images du moi à distance. Pour le Oxford English Dictionary, le mot de l'année 2013 est le selfie, défini comme une image de soi téléchargée sur les réseaux sociaux numériques. Celui-ci est aussi vite mis au banc des accusés de narcissisme. Son histoire remonte pourtant aux débuts de la photographie (Gunthert, 2015b).

Dès l'ère des premières célébrités, la critique du nouveau moi médiatisé se met en place. À la fin du XIXe, Freud s'approprie un terme forgé par la psychologie naissante, pour décrire une tendance à l'amour de soi, qu'il considère de façon complexe, à la fois nécessaire à l'individu, mais adoptant parfois des formes pathologiques. Déjà le Narcisse moderne est condamné, par exemple par Baudelaire dans *Le Peintre de la vie moderne* à propos d'un couple à l'élégance vulgaire : « Ces deux êtres ne pensent pas. Est-il bien sûr même qu'ils regardent ? À moins que, Narcisses de l'imbécilité, ils ne contemplent la foule comme un fleuve qui leur rend leur image ». Cette vision négative domine encore notre espace public.

1 Voir le dossier du *Temps des médias* (2022) « Ego et Narcisse » 38.

Un siècle après Baudelaire, l'ouvrage classique de Christopher Lasch *La Culture du narcissisme* (1979) a été traduit en français et plusieurs fois réédité et a de multiples épigones, comme tout récemment en France avec les ouvrages de Vincent Coquebert (2023).

Le XIXe est présenté, du point de vue de la littérature, comme le siècle de l'intime, et George Sand est une figure prééminente de cette nouvelle « science de l'intime ». Son journal intime publié en 1854 connaît ainsi un grand succès. *Journal pour rire* Gallica.bnf.fr / BnF

Le numérique change la donne

Peu après la naissance du Web, des usagers créent des pages personnelles sur lesquelles ils tiennent un journal. En 1998, l'américain Jorn Barger, qu'on appellera rétrospectivement « un des premiers blogueurs », forge le mot *Weblog* pour log du Web. Le log est un ancien terme de marine, désignant le registre de navigation du vaisseau. Très vite, *Weblog* devient blog. L'essor des journaux en ligne conduit des développeurs à proposer des portails dédiés. En langue anglaise, blogger est créé en 1999 (Siles, 2017). En France, en 2002, le réseau privé de radio Skyrock ouvre son portail de blogs. Fermant ses portes en 2023, il entraîne la disparition de 19 millions de blogs[2]. Dans les années 2000, notent les responsables d'un numéro de la revue *Réseaux*, les blogs sont « au centre de toutes les attentions et constituent sans doute, avec le téléchargement en pair à pair, le phénomène le plus massif des récentes dynamiques d'usages sur internet » (Cardon et *al*., 2006 : 9).

Le succès du blog auprès de toute une génération n'est pas sans rappeler la fièvre du journal intime en Occident au XIXe siècle : au-delà des écrivains, masculins essentiellement (Pachet, 2010), des femmes y bâtissent, selon Isabelle Luciani (2012) un « royaume féminin », marquant une étape dans l'appropriation de leur propre existence. Comme certaines lettres, ces journaux sont moins intimes qu'on ne l'imagine aujourd'hui, et circulent en famille, entre amis. Mais, là où le journal intime oscillait entre publicité partielle et secrète, le blog est d'emblée tourné vers un public, fût-ce le public limité du groupe amical.

Il ne subsiste guère de plateformes exclusivement consacrées aux blogs, désormais intégrés dans des sites personnels au contenu varié, que le profane peut créer facilement, par exemple avec Wordpress, créé en 2003, aujourd'hui le système de gestion de contenu le plus populaire du Web. Cependant, pour projeter leur moi sur la toile, la plupart des usagers recourent à des plateformes d'une autre nature, d'accès facile mais aux formats contraignants, les réseaux sociaux numériques (RSN) qui ont élargi encore l'accès

Mise en abyme : *selfeuse* prise en photo à Paris, Place de la Bastille. @Léonard Boubet

au Web : plus besoin d'écriture régulière, voire suivie : on peut partager les contenus les plus divers, y compris ceux d'autrui, dans un format qui se marie avec le smartphone.

des blogs aux réseaux sociaux

Popularisés avec Facebook (2005), les RSN permettent à des individus ou à des groupes de construire un compte pour partager des liens avec d'autres usagers, selon des modalités de publicité que, la plupart du temps, ils ne maîtrisent pas complètement. L'individu qui crée un compte est poussé d'abord à rendre public un profil : photo le plus souvent du visage, indications biographiques, goûts et préférences. Au-delà, l'accumulation des publications constitue une identité numérique changeante, et qui peut connaître plusieurs versions, chaque réseau offrant des ressources et des publics distincts. L'individu peut cultiver des liens numériques multiformes, désincarnés pour l'essentiel, parfois de l'ordre du dialogue et beaucoup de la dissémination à sens unique, au sein de communautés ou de groupes d'intérêts d'échelles très diverses. Continuité avec le XIXe siècle : le monde des « moi » médiatisés demeure fortement hiérarchisé. Au sommet, des hommes influents et visibles; à la base, des femmes jeunes voire très jeunes qui sont nettement plus nombreuses et moins visibles. De surcroît, la réussite des bloggeurs suppose souvent une présence dans les médias traditionnels (Neihouser, 2016).

2 Ces contenus ne sont plus accessibles directement en ligne, mais les archives de Skyblog ont été sauvegardées par l'Ina.

L'immense majorité des comptes sur les réseaux sociaux sont des comptes personnels, avec des contenus très variés où le moi est présent de manières très diverses. Narcissisme et exhibitionnisme, motivés par un supposé désir de célébrité, ne sont qu'un aspect d'une immense et mouvante mosaïque sociale, où, comme dans le monde physique, les désirs de sociabilité demeurent fondamentaux, fussent-ils gérés à distance, par des outils nouveaux. Les fragilités qui s'y révèlent sont aussi liées aux interactions avec un monde hors ligne qu'il faut incorporer dans l'analyse, avant de blâmer l'outil qui est tout autant symptôme que cause.

La typologie des « moi en ligne » de Dominique Cardon (2008) demeure éclairante. Elle est organisée en deux axes qui se croisent : l'un va de l'identité réelle à l'identité projetée ou rêvée, l'autre de l'être au faire, donnant quatre types idéaux. Dans le « paravent », du côté du réel et de l'être, on se présente tel que l'on est (ou censé être) souvent en prélude à une invitation à se rencontrer dans le monde réel, au premier chef sur les sites de rencontre. Pour « l'identité agissante », du côté du réel et du faire, on se retrouve sur des réseaux professionnels ou des communautés d'intérêts : LinkedIn, ou, pour les chercheurs Academia.edu ou Researchgate. Le « clair-obscur » se situe du côté de l'être et du projeté : c'est l'univers du blog, du site personnel. La « lanterne magique » enfin, du côté du projeté et du faire, où l'on mène une vie imaginaire active par exemple dans le métavers ou grâce aux jeux vidéo, aux jeux de rôles en ligne. Il resterait à enrichir et combiner une telle typologie avec celle des différentes plateformes, singulièrement les réseaux sociaux numériques qui ont formaté les moi en ligne par rapport à l'univers des pages personnelles et des blogs. Sur les réseaux sociaux, le moi en ligne est encouragé à nourrir un flux permanent, en multipliant les connexions avec d'autres moi en flux, avant d'entretenir sa présence. Les moi en ligne doivent aussi être analysés selon leur dimension temporelle, leur migration d'une plateforme à l'autre, et la diversité de leur interaction, dyadique, groupale, ou cherchant à se construire un public de suiveurs.

C'est l'aspect hiérarchique de la société en ligne. Quelques privilégiés, ceux que l'on appelle d'un mot vague les influenceurs, parviennent à se forger une audience large. Certains monétisent leur réputation en se mettant en scène et en cultivant leur relation avec leur public dans un travail permanent de *self-branding* (Khamis *et al.*, 2018) : ce sont les célébrités professionnelles de l'internet marchand. Mais, au-delà de la sphère marchande avec ses chiffres vertigineux de fréquentation, le monde des moi médiatisés est d'une immense complexité. À l'opposé du fracas des influenceur.se.s, certain.es font un travail multiplateforme complexe pour dialoguer à bas bruit (Da Silva, 2023) de ce qui leur tient à cœur. Enfin, et pour revenir à l'accusation de narcissisme/exhibitionnisme, un courant du féminisme a théorisé l'usage des hashtags comme #sadgirl ou #sickwoman comme une forme d'*empowerment* par le partage d'une faiblesse avouée, parfois avec une dose d'ironie (Fournier, 2020). La sociologie des moi médiatisés n'en qu'à ses débuts.

Les nostalgies médiatiques en question

Katharina Niemeyer

Le retour d'anciennes séries télévisées sur nos écrans, les archives filmiques au service de propagandes politiques, les communautés en ligne sur Reddit qui collectionnent les sonorités des premiers temps du Web, les personnes fascinées par les cassettes audio et VHS... les vidéos *vintage* sur Youtube qui font rejoindre images et récits d'une époque révolue avec les algorithmes du temps présent... Les nostalgies médiatiques sont omniprésentes dans un quotidien qui est souvent difficile à supporter entre accélération, surinformation, changement climatique et inégalités sociales. Le sentiment de la perte – que ce soient les moustiques qui ne collent plus sur nos pare-brise, le lecteur CD non réparable ou encore la détresse qui découle des disparitions en lien avec la force destructrice de la guerre ou d'autres catastrophes ne relèvent pas nécessairement de la nostalgie – mais ils s'intensifient depuis quelques années.

Pour analyser et comprendre plus spécifiquement le phénomène des nostalgies médiatiques, il est important de ne pas concevoir ce sentiment simplement comme un regard régressif sur le passé ou le désir d'y retourner, mais de bien faire la différence entre productions médiatiques à esthétique nostalgique (Pallister, 2019), des reprogrammations qui pourraient éventuellement déclencher de la nostalgie, ou encore les expériences individuelles et collectives nostalgiques de productions médiatiques (Fantin *et al.*, 2021; Niemeyer, 2014).

Entre mal du pays et mal du temps : nostalgies fragmentées

Les études sur la nostalgie et plus spécifiquement sur les nostalgies médiatiques se multiplient depuis le début des années 2010. Souvent accusées d'être au service d'une marchandisation et d'une idéalisation (Jameson, 1991) ou encore analysées sous le seul prisme de l'esthétique et de l'ambiance *vintage* (Grainge, 2000), elles s'intéressent au lien historique, fonctionnel et créatif entre médias et nostalgie (Lizardi, 2015; Niemeyer, 2014). Il s'agit de considérer les médias non seulement comme une industrie produisant des contenus nostalgiques (par reprogrammation d'anciens programmes ou la création de nouveaux ayant une allure nostalgique), mais aussi de saisir la force des médias pour créer, provoquer ou guérir la nostalgie.

La nostalgie est un sentiment qui, originellement, est tout d'abord en lien avec le mal du pays et exprime la distance et l'attachement à un espace éloigné; puis, qui est devenue une catégorie

Morning talk of a RCA ColorTrak Color TV XL 100, approx. 1984 et Mitsubishi HS-U32 VHS VCR, 1990-1991. Katharina Niemeyer (2020), projet @media_debris

d'analyse du temps (« c'était mieux avant »). Aujourd'hui, elle navigue entre ces deux dimensions. Elle se glisse dans les interstices de l'idéalisation du passé personnel et collectif, permet de surmonter les crises du temps présent et d'adoucir le temps du deuil. Enfin, elle s'oriente davantage vers un futur que l'on souhaite meilleur : la nostalgie anticipant là ce que l'on aimerait voir devenir des futurs souvenirs (Niemeyer & Uhl, 2024).

Exprimée et vécue de façons différentes et inégales, la nostalgie traverse les cultures de tous les continents et met en avant le sentiment de la perte (Bonnett, 2015) qui se voit parfois avalé et commercialisé par les industries médiatiques comme Netflix (Pallister, 2015), abusé par des acteurs politiques durant les campagnes de communication électorale (Fantin *et al.*, 2023), mais aussi vecteur d'émancipation et du changement (Kisukidi, 2014).

Les analyses, recherches et réflexions diverses sur la nostalgie, menées dans le cadre des études sur les médias (en particulier, *via* le réseau international *International Media* and *Nostalgia Network*) ont souligné les liens intrinsèques et complexes entre technologies de communication, médias (au sens large du terme) et sentiment nostalgique. La nostalgie douce-amère peut être provoquée par une chanson écoutée sur Spotify; ou encore, la nostalgie triste provoquée par l'éloignement géographique avec la famille peut être adoucie par l'usage de WhatsApp. Ce sentiment peut aussi conduire à des pratiques nostalgiques prônant la sobriété numérique remettant en question la surconsommation d'énergie. La nostalgie devient ainsi un moteur de décélération sans pour autant souhaiter le retour du passé, devenant emblématique d'un acte de résistance face au changement climatique (Niemeyer, 2024).

passé des médias et projections du futur

En filigrane de ces différentes manifestations et expériences relevant des nostalgies médiatiques se dessinent également les changements économiques et structurels des entreprises et institutions médiatiques depuis l'avènement du Web 2.0. Entre crises, réorganisations, réinventions et remises en question émerge aussi une nostalgie des grands et petits joueurs médiatiques pour leur propre passé (Buozis *et al.*, 2021). La recherche sur cette nostalgie spécifique est encore timide; elle permettra certainement des éclairages non seulement sur notre rapport aux « anciennes » façons de structurer, administrer et faire l'information, le divertissement et la fiction, mais elle ouvrira aussi des pistes pour se positionner face aux défis en cours. L'objectif pourrait être de contrer l'homogénéisation des productions culturelles et informationnelles ainsi que leur automatisation annoncée par l'IA et leur surabondance non réfléchie en matière de durabilité économique et écologique.

Le concept de la perte revient ici. La question de la disparition ne se pose pas seulement pour des productions médiatiques qui ne sont ni archivées ni sauvegardées, mais aussi pour des savoir-faire technologiques et humains en perdition (Kurlinkus, 2018).

Pour autant, il ne s'agit pas de craindre une perte totale de la culture ou de prédire une apocalypse médiatique, mais de prendre au sérieux certaines nostalgies pour permettre une évolution des industries médiatiques et technologiques qui tient compte de son passé et qui envisage un avenir durable orienté vers une conscience écologique (Citton, 2022).

La recherche sur la nostalgie se trouve ici, comme d'autres concepts, dans un trouble car le changement de sa signification ou encore le malentendu autour de celle-ci ne permettent toujours pas de lui attribuer une connotation fructueuse dans le langage courant pour la penser positivement, pour et avec l'avenir. Svetlana Boym (2008) l'avait déjà abordé dans une réflexion fondatrice et souhaitait promouvoir une nostalgie réflexive qui n'a pas encore trouvé sa place méritée, en dehors des sentiers intellectuels et artistiques (Iheka, 2021).

« L'âge d'or des feuilletons TV et séries des années 60, 70 et 80 (vous les avez oubliés) », capture d'écran de la chaîne YouTube Netlia Flashback.

Les études sur les médias contribuent depuis quelques années à un renouvellement de la réflexion sur le concept de nostalgie tout en dessinant un champ qui trace des chemins d'expérimentation entre « vieux » et « nouveaux » médias, entre technologies de communication dites obsolètes ou disparues et celles dites « dernier cri », mais elles proposent aussi un regard critique et réflexif sur les relations entre nostalgie et politique. Il y a encore plusieurs chantiers ouverts dans ce domaine par exemple, le manque d'analyse économique des industries médiatiques misant sur la nostalgie ou le lien entre cette dernière et l'économie de la mémoire.

La médiatisation du débat d'idées

Rémy Rieffel

Les relations entre les intellectuels et les médias, qui ont toujours été en France quelque peu mouvementées, ont sensiblement changé depuis l'essor d'internet et des réseaux sociaux. Ces changements s'inscrivent dans un contexte très différent de celui des années 1970-1980 marqué par la domination idéologique de la gauche (poids de certains journaux et magazines tels que *Le Monde* et *Le Nouvel Observateur*), par l'influence de revues intellectuelles (*Les Temps Modernes, Esprit, Le Débat, Commentaire*), mais aussi par l'émergence de ce qu'on a appelé les « intellectuels médiatiques » (Bernard-Henri Lévy, André Glucksmann, etc.) qui ont bénéficié du succès de certaines émissions de grande écoute à la télévision (du type *Apostrophes*). En effet, au cours des années 1990-2020, la manière dont les idées s'exposent et les débats s'épanouissent dépend à la fois du nouveau contexte économique et technologique qui se met progressivement en place et de la recomposition politique, culturelle et médiatique qui a lieu durant ces trois décennies.

Un nouveau contexte politique, culturel et médiatique

La chute du mur de Berlin en 1989 est un moment emblématique de l'effondrement des régimes soviétiques et de l'idéologie communiste. Un vent d'optimisme sur les vertus de la démocratie souffle alors un peu partout, vite entravé par la suite : la réflexion sur les relations entre démocratie et totalitarisme cède progressivement la place, à partir des années 2005-2010, à une nouvelle interrogation, celle de l'épuisement du modèle démocratique. On assiste en outre à « un retournement d'hégémonie » (Rosanvallon, 2022 : 299), à savoir à la fois un regain d'influence de la droite qui devient peu à peu prépondérante et à un essoufflement des idées de gauche. La droitisation du débat intellectuel au cours des deux dernières décennies se manifeste par le succès rencontré par les intellectuels libéraux et conservateurs et par celui de certains journaux de droite (*Le Figaro, Le Point*, etc.), voire d'extrême droite (*Valeurs Actuelles*) ainsi que, plus récemment, par l'emprise idéologique de quelques chefs d'entreprise (Vincent Bolloré) sur certains médias écrits et audiovisuels.

Par ailleurs, le monde intellectuel subit de plein fouet les contrecoups de la mondialisation marchande et du « nouvel esprit du capitalisme » (Boltanski & Chiapello, 1999) qui promeuvent compétitivité économique, logique de performance et souplesse d'adaptation. La France est ainsi fortement impactée par la globalisation en cours, en particulier dans le domaine des médias;

Première émission *Droit de réponse*, animée par Michel Polac avec Edgar Morin, les journalistes Jean Daniel et Olivier Todd, le comédien Gérard Depardieu... L'émission est consacrée à la littérature dite populaire et à la violence. Polac présente ici le livre de Roger Knopelspiess, qui a publié deux ouvrages en prison, suscitant le soutien de Michel Foucault, des dessinateurs Wolinski et Gébé, des chanteurs Bernard Lavilliers et Jacques Higelin... TF1, 12 décembre 1981, réalisation M. Polac et D. Guiliani @INA

les industries de la communication et les industries de la culture (Bouquillion, 2008) favorisent la domination de grands groupes industriels, d'entreprises multinationales qui imposent leur savoir-faire : le poids des GAFAM est devenu déterminant en matière de production et de diffusion des biens culturels. L'émergence de nouveaux acteurs tels que les plateformes numériques et les réseaux sociaux influe désormais sur la circulation des savoirs et des connaissances, sur la diffusion des idées, sur le partage des opinions et modifie la manière dont on discute ou débat dans la sphère publique. Quelles sont dès lors les principales modifications observables en la matière ?

Il faut avant tout insister sur l'influence croissante de la médiation journalistique qui apparaît de plus en plus comme une force de prescription et de consécration décisive. L'essor d'un journalisme de marché conduit les professionnels des médias à avoir les yeux constamment rivés sur les courbes d'audience et à privilégier la logique de l'attention sur le Web qui provoque une concurrence exacerbée. L'attrait des journalistes pour les idées dominantes du moment, pour les ouvrages répondant à l'air du temps, est patent. Le suivisme et le mimétisme des journalistes en matière culturelle et intellectuelle ont depuis longtemps été soulignés. Ces derniers disposent, par les choix des auteurs, penseurs, artistes dont ils parlent, non seulement d'un pouvoir de sélection des idées dont on débat, mais aussi d'un pouvoir de cadrage de la vie intellectuelle et de consécration de certaines personnalités. Une étude du traitement journalistique dont les intellectuels sont l'objet dans les *newsmagazines* d'actualité (Rieffel, 2022) le démontre aisément : ils labellisent certains intellectuels, procèdent souvent à des interprétations réductrices, montent en épingle certains sujets anecdotiques, etc. Ils ne se contentent d'ailleurs plus de faire office de diffuseurs d'idées, mais deviennent aussi, du moins certains d'entre eux, des producteurs d'idées puisque le nombre de livres publiés par des journalistes s'est fortement accru tout comme leur retentissement auprès du grand public.

L'influence de la visibilité médiatique sur la vie intellectuelle

Le pouvoir intellectuel en France de Régis Debray, 1979.

Plusieurs secteurs propres à la vie intellectuelle sont affectés par cette nouvelle donne : le monde savant, le monde de la création et le monde de l'édition. Dans le monde académique, celui des savants et des universitaires, la visibilité de ces derniers dans les médias est très inégale. Trois types de positionnement coexistent désormais. Celui des « intellectuels médiatiques » d'abord (comme Edgar Morin, Michel Serres, Thomas Piketty ou Bruno Latour) dont la notoriété est forte et qui sont régulièrement sollicités par les médias, auxquels on peut ajouter, dans un tout autre registre, un certain nombre d'essayistes (Alain Finkielkraut, Luc Ferry, Michel Onfray, Jacques Attali, entre autres) omniprésents sur tous les supports. Celui des « intellectuels médiatisés » ensuite (Bernard Lahire en sociologie, Pascal Ory en histoire, Daniel Cohen en économie, etc.) c'est-à-dire des chercheurs qui n'acceptent d'intervenir dans les médias que sur des thèmes liés à leur domaine de compétence : leur présence est donc plus limitée et ponctuelle. Les « intellectuels invisibilisés » enfin, autrement dit la grande masse des enseignants et des chercheurs dont les travaux, souvent originaux et stimulants, restent confinés à la sphère académique et qui sont la plupart du temps ignorés par les médias. Le foisonnement de la production intellectuelle de ces dernières décennies n'est donc que très partiellement reflété par le discours médiatique ambiant. On soulignera toutefois – le fait est notable – que certaines intellectuelles bénéficient désormais d'une plus forte visibilité qu'autrefois : Cynthia Fleury et Barbara Cassin en philosophie ou Michelle Perrot en histoire en sont par exemple les représentantes et les symboles éclatants.

On pourrait procéder au même type de constat à propos du monde de la création, celui des écrivains et des artistes. Pour ne prendre qu'une seule illustration, celle de la littérature, la période se caractérise par la perte d'aura des « notables » (Sapiro, 2018) incarnés par l'Académie Française (si l'on excepte le cas très particulier de Jean d'Ormesson) et par la montée en puissance dans les médias de certains écrivains qui oscillent entre esthétisme et polémique comme Michel Houellebecq ou encore Renaud Camus dont les livres et les prises de position suscitent des réactions souvent virulentes. Dans ce domaine également, les écrivaines jouissent d'une visibilité accrue : les romans d'Annie Ernaux, Christine Angot, Marie Darrieussecq et de quelques autres attirent l'attention des journalistes et des critiques. La recherche de visibilité médiatique est également très perceptible dans le monde de l'édition de plus en plus soumis à la logique économique et aux coups médiatiques au détriment des ouvrages au long cours et au public plus restreint. La concentration éditoriale accrue favorise la publication d'auteurs à forte notoriété et la logique des *best-sellers*. Face au poids des grands éditeurs, de petites structures indépendantes ont néanmoins su tirer leur épingle du jeu (notamment Agone, Les Arènes, La Dispute) et réussi à promouvoir des collections dynamiques et novatrices (Noël, 2021) tout en attirant l'attention de certains médias.

Une diversification des modes de publicisation des idées

Les contours de la configuration intellectuelle sont en outre modifiés en raison de l'essor des médias numériques. Les modes de publicisation des idées se sont en effet partiellement renouvelés. Certaines tribunes et instances de prescription traditionnelles demeurent cependant influentes : c'est le cas en presse écrite du *Monde* (et dans une moindre mesure du *Figaro*) qui apparaît toujours comme un acteur central de la vie intellectuelle. Ses nombreuses tribunes et ses pages « Débats » continuent d'alimenter et de rythmer les disputes et de servir de rampe de lancement à certaines prises de position. En revanche, les *newsmagazines* ont perdu de leur importance tout comme les revues intellectuelles (disparition des *Temps Modernes* en 2018 et du *Débat* en 2020). À la télévision, l'audience de certains talk-shows à visée spectaculaire (*Tout le monde en parle*, *On n'est pas couché*, etc.) a peu à peu détrôné celle des émissions traditionnelles de débats (*Ce soir (ou jamais !)*, *La Grande librairie*) tandis que les polémiques sur les chaînes d'information en continu se sont multipliées. Il y devient de plus en plus difficile de débattre de manière argumentée parce que des échanges se réduisent très souvent à une volonté manifeste de favoriser les clashs qui feront le buzz sur les réseaux sociaux.

Internet a permis, de son côté, le lancement de nouvelles expérimentations, celle de revues d'idées en ligne comme *La Vie des idées*, *AOC* (*Analyse Opinion Critique*), *Non Fiction* ou de blogs comme *La République des livres*. La parole des amateurs s'avère, quant à elle, de plus en plus visible, notamment dans le cadre de la critique en ligne (citons *Allociné* et *SensCritique*) qui met en exergue les jugements profanes. Certains influenceurs, en particulier sur YouTube, commencent à court-circuiter la parole des journalistes professionnels. De nouveaux forums ont en outre vu le jour : certains intellectuels, en particulier les plus jeunes, ont investi la blogosphère dans les années 1990-2000, puis les réseaux tels que Facebook ou X (ex-Twitter) par la suite. Ces derniers peuvent être assimilés à des espaces de diffusion élargie des idées, de plateformes de conversation et d'échanges qui encouragent la réactivité à chaud, le règne de l'informel, mais aussi une certaine forme de brutalisation du débat (Badouard, 2017). La conflictualisation de l'espace public semble dès lors de moins en moins propice à un climat de discussion apaisée.

des formats médiatiques aux formats journalistiques

Marie-France Chambat-Houillon

Un format médiatique procède littéralement à la mise en forme d'un contenu. Le processus est complexe à étudier car il articule matérialités des supports, conditions sociotechniques de production et modalités de diffusion, de sorte que le format occupe une place « médiane » entre les différents acteurs de la production (Monnet-Cantagrel, 2018) ou d'« interface » (Cormier & De Angelis, 2024).

L'approche par le format réinscrit l'étude des contenus médiatiques et de leurs dispositifs au sein de logiques économique, socio-culturelle et organisationnelle propres au régime industriel contribuant à renouveler une approche pragmatique des médias.

La notion de format éclaire le fait que les contenus médiatiques sont soumis à un faisceau de contraintes ou de conventions multiples (Dagiral & Parasie, 2010) dont des régularités d'agencements internes caractérisant, selon différents niveaux d'analyse, soit la rubrique (le format « L'Œil du 20 heures » dans le journal télévisé de France 2), soit le programme (le format du journal télévisé), sans oublier le genre (l'enquête) voire le média (les formats radiophoniques). Non limité au seul domaine de l'information, l'enjeu de la mise en forme s'applique à tous les objets médiatiques. Ainsi, le terme de format connaît une relative fortune dans les années 2000 pour expliquer les succès mondialisés de certains programmes à visée divertissante comme les jeux télévisés, les variétés ou encore la téléréalité. Il suffit de songer à *Loft Story*, première émission de téléréalité diffusée à la télévision française sur M6, adaptation du format néerlandais *Big Brother*; ou encore au jeu *Qui veut gagner des millions?*, variation pour le public français de TF1 du format anglais *Who wants to be a Millionaire?*

Le format et le flux

À la différence des programmes de stock qui désignent les œuvres audiovisuelles (fiction unitaire, série, documentaire), les programmes de flux, essentiellement des émissions de plateau, tirent leur valeur de la temporalité de leur programmation initiale et d'un ancrage local ou national, dont témoigne le choix des invités, qu'ils soient témoins, experts ou candidats selon les genres des émissions (journal télévisé, talk-show, divertissement). Ces caractéristiques propres aux programmes de flux qui pourraient être un obstacle à leur circulation internationale, sont contournées par le format. En tant que formule prototypique, le format consigne des éléments devant être reproduits afin d'engendrer des émissions, certes similaires, mais dont les occurrences présentent à chaque fois des contenus ajustés au public du média diffuseur. En consignant une part reproductible et une part adaptative aux émissions (Chambat-Houillon, 2009), le format est un outil qui favorise la circulation marchande des productions médiatiques en contexte industriel (Chalaby, 2015).

Du côté des programmes dits de stock, notamment pour les fictions sérielles, le format, sous la dénomination de « bible » (Monnet-Cantagrel, 2018), est une ressource opératoire pour répondre à l'accélération de l'internationalisation des marchés et garantir sur une longue durée, souvent plusieurs saisons, la cohérence diégétique et narrative des créations en série.

La speakerine Catherine Langeais et le chef Raymond Olivier présentent la première émission de cuisine de la RTF à partir de 1954, dans une répartition des rôles conventionnelle de la ménagère docile et aimable éduquée par un maître.

Calibrage temporel par les formats

L'efficience d'un format ne se réduit pas à n'être qu'une formule reproductible et adaptable dans le cadre d'une consommation délinéarisée et désynchronisée; il se manifeste aussi par une standardisation des durées, ce qui permet aux productions de s'insérer plus facilement dans les grilles de programmation des médias internationaux. Le calibrage des durées décuple ses potentialités marchandes. Cette normalisation des durées ou de la taille des contenus n'est cependant pas chose nouvelle. Il suffit de penser à la standardisation des fictions cinématographiques autour d'environ 90 minutes, opérée par l'industrie hollywoodienne au XXe siècle; ou encore, dans la presse écrite, à la catégorie de la « brève », forme condensée de l'information, dont on trouve déjà trace de façon récurrente dans la presse transalpine au XVIIe siècle (Grosse, 2001). Actuellement, on assiste à une profusion de formats courts. Ceux-ci ont pourtant toujours existé; mais le développement des technologies numériques et des réseaux sociaux comme médium possible pour l'information journalistique contribue amplement à leur prolifération contemporaine. En effet, un format court permet de répondre aux deux points cardinaux de la diffusion numérique en ligne, qui consiste d'une part à susciter l'intérêt d'un public au sein d'une économie de l'attention – faisant de la brièveté un critère décisif – et d'autre part, à solliciter commentaires et partages des usagers.

Ces conditions techniques d'interaction et de participation propres aux réseaux sociaux numériques accompagnent l'entrée des contenus journalistiques dans la sphère des conversations numériques.

Format documentaire du média Brut. « Avec les orphelins de la guerre en Ukraine, victimes oubliées de l'invasion russe », 2023, disponible sur YouTube.

L'un des fondateurs de *Brut*, Guillaume Lacroix, raconte que la naissance de ce média en ligne fut motivée précisément par la frustration de ne pas mener publiquement d'éventuelles discussions autour de contenus télévisés (2020). En prenant place sur les plateformes socio-numériques, la courte vidéo devient un format propice aux partages et aux réactions, car si « elle est uniquement visionnée : ce n'est alors que de la télévision » (*ibid.*)[1].

En contribuant à la fois à une standardisation temporelle et à une standardisation des compositions internes des produits médiatiques, le format homogénéise également les expériences des publics, débouchant parfois sur des réceptions négatives (« c'est une émission trop formatée ») (Soulez, 2009). Mais ce jugement commun qui oppose contenu formaté et contenu innovant néglige que le format est lui-même avant tout une création même s'il vise à régler la conformité des émissions qu'il met en forme (Chambat-Houillon, 2009).

De façon générale, le format répond à un principe de rationalisation de la production médiatique qui favorise sa circulation marchande *via* sa puissance d'engendrement à partir d'une formule initiale. Instrument de normalisation formelle des contenus médiatiques, le format opère tel un standard de production, de diffusion et éventuellement de réception (Chambat-Houillon, 2009).

du genre au format

Recourir à la notion de format au lieu de genre n'invalide pas ce dernier, puisque les deux partagent l'idée d'aboutir à une forme identifiable et reconnaissable au point qu'il soit parfois difficile de les distinguer. Mais choisir d'étudier un contenu médiatique ou journalistique sous la focale du genre ou sous celle du format exprime cependant un changement d'approche. Selon Roselyne Ringoot (2022), le genre journalistique est une « configuration historiquement stabilisée d'une pratique discursive » qui opère telle une « méta donnée » à visée catégorisante permettant d'associer un contenu à des cadres d'interprétations, à la façon d'une consigne de lecture, d'une promesse (Jost, 1997). La notion de genre met ainsi en relief la dimension discursive des pratiques professionnelles des journalistes, quand celle du format accorde une attention aux conditions matérielles et sémiotiques de l'écriture journalistique en lien avec le support concerné. Moins dépendants des caractéristiques du médium, car davantage distingués en fonction de leurs visées communicationnelles et éditoriales, les genres journalistiques circulent au sein de médias très différents. Par exemple, le genre de l'enquête se décline aussi bien dans la presse écrite ou en ligne, comme il se développe aussi audiovisuellement dans les journaux télévisés, voire épouse le langage de la bande dessinée, comme en témoignent certains succès récents de librairie.

Dans les médias, les anciens formats ne cessent de se recomposer au gré des mutations technologiques du champ médiatique et de l'évolution des stratégies éditoriales, à l'instar du journal télévisé. Émergent également de nouveaux formats qui participent à l'expansion numérique du périmètre médiatique initial, à l'image de France Inter qui avec sa newsletter *La Pause culturelle* (Alexis, 2022), offre une information triée et condensée en réponse à l'infobésité de notre époque contemporaine. Si les formats d'information sont toujours pris dans une tension entre permanence et renouvellement, ils constituent un repère structurant et identifiable pour les publics face à un contenu toujours changeant, celui de l'actualité.

Mobiliser la notion de format pour étudier les médias en général, et les médias d'information en particulier, est une manière de réaffirmer qu'il n'existe pas de médias sans médium, c'est-à-dire sans tenir compte des matérialités des supports, de leurs spécificités sémiotiques et de leurs modalités de présentation/diffusion, puisque les formes médiatiques sont toujours « à la fois fortement industrialisées et fortement socialisées » (Jeanneret & Patrin-Leclère, 2016).

1 Voir notre encadré « *Brut*, ou la multidimensionnalité du format » dans ce même ouvrage.

Brut ou la multidimensionnalité du format

Marie-France Chambat-Houillon

Cet encadré propose un focus sur les différentes dimensions investies par les usages du terme format appliqués à un média d'information en ligne, *Brut*, et leurs enjeux sémiotiques, discursifs et communicationnels. Usuellement le média *Brut* est caractérisé par son « format vidéo » qui met en avant la nature langagière et sémiotique de l'information transmise et qui le distingue des sites d'information en ligne. Quant à la spécification « format vertical », elle vise à rendre compte du cadre des images en lien avec la matérialité des supports de diffusion et des techniques de production. En occupant pleinement l'espace des écrans d'un téléphone portable, la verticalité des images facilite la visibilité des contenus. Le directeur de publication de *Brut* rappelle que ce choix ne fut pas immédiat : « Après avoir démarré en 16/9°, nous sommes passés au format vertical et, dès la première demi-heure, l'engagement a crû de 50 %[1] ». Cependant, les raisons du succès de ce format vertical ne sont pas que d'ordre stylistique, esthétique ou renvoyant à un confort d'usage : elles sont aussi symboliques. La verticalité des images conserve la trace visuelle de leurs conditions de production empiriques, à savoir une prise de vue réalisée hors des standards professionnels du média télévision, forgeant une identité médiatique propre à *Brut*. Ce choix manifeste aussi que les journalistes vidéastes partagent peu ou prou des dispositifs d'enregistrement supposément similaires à ceux qu'emploient les usagers, propices à un effet de proximité. En outre, l'incarnation des reportages, à l'image de ceux réalisés par Rémy Buisine, participe à un traitement de l'information où l'individualisation contribue à renforcer l'authenticité des images et la crédibilité de la pratique journalistique, se démarquant de la transparence énonciative qui fut traditionnellement dans les médias audiovisuels dont la télévision la déclinaison de l'idéal de l'objectivité journalistique.

Le terme de format peut également venir spécifier des configurations éditoriales renvoyant à des écritures et des traitements différenciés de l'information. Certains formats s'inscrivent pleinement dans la filiation des genres journalistiques traditionnels comme celui de l'interview. Toutefois sur *Brut*, celle-ci est reconfigurée à l'aide des codes de la présentation de soi, en vigueur sur les réseaux sociaux numériques; les interviewés s'adressent directement à la caméra, sans qu'une médiation journalistique ne soit explicitement visible à l'image, nimbant ainsi leurs propos d'une aura plus confidentielle et intime.

D'autres formats éditoriaux sont en revanche plus inédits. « Voici ce que l'on sait » vise à faire un bilan factuel de l'état des informations autour d'un fait divers ou d'un fait insolite, en relayant sources médiatiques et judiciaires conformément aux bonnes pratiques journalistiques. Le récit journalistique est assuré par des mentions textuelles ou une voix *over* posée sur un montage d'images génériques ou issues d'autres médias ayant déjà relaté l'affaire, voire extraites des réseaux sociaux des personnes impliquées. Malgré l'hétérogénéité des images diffusées, le format contribue à la cohérence du récit journalistique et fait de l'éditorialisation des vidéos, le domaine où se manifeste la responsabilité énonciative de *Brut*.

Une affiche quasi cinématographique qui utilise le format vertical dans cette campagne du British Information Service, destinée à la population francophone pour communiquer chaque semaine un bulletin en images de la situation militaire, 1945. La Contemporaine, BDIC-Nanterre.

Bien que *Brut* ne diffuse pas de rendez-vous quotidien épousant le format canonique du journal télévisé, il présente une publication régulière sous le titre « Ça s'est passé aujourd'hui » qui pourtant partage la même visée récapitulative de l'actualité quotidienne. Ce format repose sur une sélection puis une hiérarchisation d'informations journalières, à ceci près que sa teneur éditoriale n'est pas contrainte par une durée comme pour le journal télévisé, mais par les caractéristiques internes du dispositif de présentation dit « carrousel », disponible sur Instagram. Le recours à ce format issu du réseau social permet de mettre en série plusieurs images (photos ou vidéos), couplées à des mentions textuelles, au sein d'une même unité de publication numérique. À noter que le nombre d'informations retenu quotidiennement dans « Ça s'est passé aujourd'hui » ne peut dépasser l'amplitude autorisée par le gabarit « carrousel ». Le dispositif de publication du réseau social numérique modèle, voire contraint le format éditorial. Recourir au format « carrousel » parmi tous ceux disponibles sur le réseau social contribue à un effet de totalité, d'exhaustivité et de synthèse du traitement de l'actualité quotidienne par le média, qui ne se retrouve pas au sein des autres formats d'Instagram.

En qualifiant tour à tour un langage, une technique, un dispositif de publication ou une modalité éditoriale, voire un genre, le format est bien une notion à géométrie variable qui témoigne de la multiplicité des contraintes qui pèse sur la construction et la diffusion de l'information par un média.

1 Lacroix G. (mars/avril 2020) « *Brut* ou le vertige de l'information », interview, *Le Journal de l'École de Paris du management*, 142.

Mèmes, humour et caricatures

Louis Le Corno

Le terme « même », utilisé pour qualifier ces créations numériques qui se partagent et circulent sur le Web depuis le début des années 2000, est à l'origine un concept issu de la biologie. Il apparaît pour la première fois dans un ouvrage de Richard Dwakins, *Le Gène égoïste* (1976), où il sert à qualifier un mode d'évolution parallèle à celui de la sélection naturelle. Les mèmes seraient des unités d'informations culturelles qui se transmettraient de génération en génération, à l'image des gènes, mais à travers l'imitation. Selon Dawkins « on trouve des exemples de mèmes dans la musique, les idées, phrases clés, la mode, la manière de faire des pots ou de construire des arches » (2003 : 261). Notion décriée car perçue comme trop vague, elle fut réapproprié par les usagers d'internet, qui qualifièrent de même une idée diffusée avec grande ampleur sur le Web. Le terme possède depuis 2013 son entrée dans le dictionnaire Larousse, où il est défini comme un « concept (texte, image, vidéo) massivement repris, décliné et détourné sur Internet de manière souvent parodique, qui se répand vite, créant ainsi le *buzz* ». Les mèmes sont généralement identifiés à leur format privilégié, l'image-macro, c'est-à-dire une ou plusieurs images accolées à du texte, dont l'association inattendue provoque le rire. Le premier phénomène viral du monde mémétique est celui des « Lolcats », images représentant des chats auxquels on prête, en légende, des attitudes anthropomorphiques. Cette tendance fut lancée par Eric Nakagawa, ayant publié en 2007 le Lolcat originaire, surnommé « *I can has Cheezburger ?* ».

« *I can has Cheezburger ?* »
par Eric Nakagawa publié en 2007.

Le mème est une création typique du Web 2.0, en ce qu'il évolue à travers des réappropriations successives par les usagers, qui utilisent les outils mis à disposition par internet. Comme le précisent Erik Bertin et Jean-Maxence Granier (2020), les mèmes évoluent principalement par variation, c'est-à-dire par leur capacité à créer de multiples variantes d'un même motif. Le *Ice Bucket Challenge*, lancé pour la première fois en 2014, défi consistant à

The Distracted Boyfriend.

se filmer en se renversant un seau d'eau glacée sur la tête et à inviter plusieurs personnes de son cercle intime à reproduire le geste, en est un exemple canonique. Le mème est ainsi un savant mélange entre incarnation d'un prototype et son altération. Sa compréhension s'effectue avant tout par son identification au registre mémétique, ce qui passe par la reconnaissance de l'appartenance de ce dernier à une variation. Un certain degré de conformité doit en ce sens ne pas être dépassé. Dans la culture des images mémétiques, les images virales ayant fait le *buzz* et servant à la création de mèmes futurs sont nommées *templates*. Ces derniers sont référencés dans une encyclopédie en ligne créée par les usagers : *Know Your Meme*. Le *template* du petit ami distrait, ci-dessous à gauche, a été référencé, après que le mème, ci-dessous à droite, est devenu viral en août 2017.

Dans sa forme la plus classique, le *template* est composé uniquement de l'icône visuelle, en attente du texte qui viendra actualiser son propos. Il fonctionne comme une situation-cadre, qui donne une pré-orientation significative pour la création de mèmes futurs. Celui du petit ami distrait est généralement utilisé pour des situations où les principes et la loyauté d'une personne sont remis en cause par une envie nouvelle ou plus désirable. Pour exprimer cette idée, il prend comme référent un homme représenté ici comme volage, se retournant sur son passage pour contempler une femme tandis qu'à ses côtés, une femme que l'on devine être sa compagne affiche une mine offusquée.

Les mèmes politiques : Héritiers de la caricature ?

Progressivement, les mèmes sont devenus des outils servant de nouveaux commentaires d'actualité. En France, plusieurs évènements majeurs de l'actualité politique ont ainsi été analysées dans la presse à l'appui des mèmes, l'invasion russe en Ukraine et l'élection présidentielle en 2022, puis les mouvements sociaux contre la réforme des retraites en 2023. Dans ce contexte, les mèmes se sont invités jusque dans les pancartes des manifestants et manifestantes. Ces petites vignettes servant à rire ont progressivement quitté le pur registre humoristique pour être considérées comme des objets politisables. La production mémétique suit de plus en plus les moments discursifs de la presse (Moirand, 2007), représentant les évènements et les personnalités politiques faisant l'actualité. Sur les réseaux sociaux, de nombreux comptes, pages de discussions, groupes se spécialisent dans la publication et le partage de mèmes politiques. Sur Facebook, ces regroupements se nomment « Neurchi[1] ». Sur l'un des plus populaires « Neurchi de flexibilisation du travail » (plus de 150 000 membres en 2020), s'échangent des mèmes critiquant les conditions de travail du salariat. Sur Instagram, des comptes comme *@Mèmespolitiques* ou *@Bfmèmes.tv* ou sur Reddit, des rubriques de discussion comme */r/actu_mèmes*, sont également des lieux où circulent des mèmes commentant l'actualité.

En cela, les mèmes peuvent être considérés comme les dignes héritiers de la caricature de presse, dessin humoristique grossissant les traits d'une personne, pour mieux critiquer ses actions et ses mœurs. Dans leur ouvrage *Fake-News* et viralité avant Internet (2020), les chercheurs se réunissant sous le pseudonyme de Roy Pinker considèrent à ce titre que le premier mème est une caricature de Louis-Philipe par Charles Phillipon. Ce dernier, accusé d'offense pour avoir publié des caricatures royales dans son journal Le Charivari, croque en plein procès le visage de Louis-Philipe Ier en poire, expliquant que si une poire ressemble au visage du roi, tout peut ressembler au roi, et donc que sa condamnation doit s'accompagner de l'interdiction de la représentation des poires. Phillipon condamné, l'image est republiée par Honoré Daumier dans son journal La Caricature, et rapidement se retrouve sur les murs de Paris, symbolisant le refus de la censure royale.

Le phénomène mémétique n'a donc pas attendu les mèmes pour exister. Il suffit d'un espace public fondé sur les médias et de la reproduction facile d'un motif pour que s'enclenche le processus. Le principe selon lequel des phénomènes de propagation seraient aux fondements de nos sociétés a été déjà théorisé par le sociologue Gabriel Tarde, qui pensait que l'imitation était au cœur de nos relations sociales (1989). Cependant, à la fin du XIXe siècle, il était impossible de quantifier ces dégénérations imitatives. Comme le précise Dominique Boullier (2023), internet peut être vu comme révolutionnaire en ce qu'il laisse des traces des façons dont des idées, rumeurs, modèles se propagent, rendant possible d'établir des connaissances sur ces dernières.

parodie et satire

S'il ne semble pas évident de qualifier de « mème » la transformation pictogrammique du visage de Louis-Philipe Ier en poire, l'intérêt de la comparaison est de montrer que le mème s'inscrit dans une histoire de la satire. Annie Duprat (2001) affirme à ce titre que le mélange image/texte est une constante anhistorique du détournement politique, et que seuls changent les formats, les médias de diffusion et surtout les savoirs permettant de décoder les images de dérision. En effet, un lecteur contemporain ne peut comprendre une caricature du Moyen Âge, même si certains éléments, comme l'insertion phylactères (soit les bulles de texte pour signifier une prise de parole) restent intelligibles.

À ce titre, le lecteur-décodeur contemporain de mèmes politiques n'est pas différent du lecteur-décodeur de caricatures. Les deux objets possédant les mêmes fonctionnalités, celui de mêler la parodie à la satire. Pour rappel, si la parodie est structurelle, signalant qu'elle propose à un lecteur aguerri un enchâssement de textes et d'images, la satire, elle, possède une visée extérieure au dispositif, puisqu'elle cherche à corriger des vices du comportement humain en les tournant en ridicule. Comme le précise Linda Hutcheon, la reconnaissance par un lecteur des deux procédés s'effectue à travers l'ironie, considérée à la fois comme une « structure antiphrasique » soit une ironie classique où l'on dit l'inverse de ce que l'on pense, et une « stratégie évaluative » (1981 : 142-143) qui pousse le lecteur à adopter le point de vue critique de l'image proposée.

Homer Simpson backs into bushes, 2024 sur les élections législatives en France.

Le mème, comme la caricature, nécessite pour sa compréhension la prise en considération de son contexte énonciatif. On peut appliquer aux mèmes ce que Frédéric Lambert théorise pour la caricature de presse : ils sont autant des objets de croyance, puisque pour les décoder il faut faire appel à l'imaginaire et aux références de la culture qui les a fait naître, que des « objets de décroyance » (2016 : 26), qui nous demandent de réévaluer nos représentations du réel à l'intérieur de notre culture. L'auteur rappelle ainsi que les attentats qui ont visé *Charlie Hebdo* en janvier 2015 sont les tragiques conséquences de caricatures non-reconnues comme telles et perçues comme blasphèmes.

La situation humoristique

Dans son ouvrage *Mémologie* (2022), Albin Wagener considère ainsi que les mèmes sont très utiles pour communiquer des opinions à propos de l'état du monde, puisqu'ils proposent, sous forme de petites capsules humoristiques, des états cognitivo-affectifs cristallisés. S'inspirant de la construction binaire du signe saussurien (signifiant/signifié), il propose de nommer « topème » le sujet dont traite le mème et « référème » les supports référentiels sur lesquels le mème prend appui pour transmettre un message. C'est la rencontre inattendue entre un topème et un référème qui provoquerait le rire. Le mème ci-dessous, publié le 1er juillet 2024 par le compte @Bfmèmes.tv, après les résultats du premier tour des élections législatives du 30 juin de la même année, utilise ainsi comme item culturel la série *Les Simpson*, pour aborder l'actualité politique française.

1 Le terme de neurchi est la forme argotique en verlan du terme « chineur », soit celui ou celle qui aime fouiller dans les brocantes ou les marchés d'occasion.

Mèmes politiques mis en abyme sur la figure hollywoodienne de Leonardo DiCaprio.

Le succès des mèmes et des caricatures est en partie indexé à celui de la plaisanterie qu'ils proposent. Comme le précise Patrick Charaudeau (2006), pour qu'une situation humoristique fonctionne, le locuteur utilise plusieurs stratégies pour faire de son interlocuteur un complice. Le détournement d'images est un stratagème pour qu'un lecteur-destinataire partage le point de vue critique proposé et qu'il se fasse co-énonciateur du discours qu'il décode. Mais toute lecture n'est pas un succès, le contexte d'analyse de l'image et le degré de littéralité ou d'implicite de son orientation idéologique y sont pour beaucoup. Tout dépend également du projet de l'énonciateur, s'il s'adresse à un public dont il sait qu'il partage les mêmes conceptions du monde, ou s'il tente de convaincre un public aux valeurs différentes.

Les magazines : presse féministe ou féminine ?

Claire Blandin

La médiatisation actuelle des mouvements féministes, combinée au développement des médias à destination des femmes, amène à reposer la question du positionnement : la presse féminine est-elle féministe ? Ces interrogations étaient dans les années 1970 au cœur des travaux d'Anne-Marie Lugan Dardigna, dont les éditions La Découverte ont montré l'actualité en republiant en 2019 le livre *Femmes-femmes sur papier glacé*. Construction, négociation et reproduction des normes de genre sont en effet au cœur des discours de la presse magazine, aussi bien dans les articles qu'au sein des annonces publicitaires.

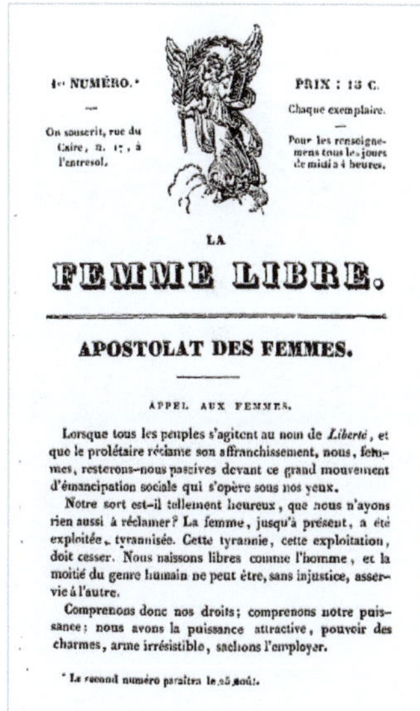

1er NUMÉRO.*

On souscrit, rue du Caire, n. 17, à l'entresol.

PRIX : 15 C.

Chaque exemplaire.

Pour les renseignemens tous les jours de midi à 4 heures.

LA

FEMME LIBRE.

APOSTOLAT DES FEMMES.

APPEL AUX FEMMES.

Lorsque tous les peuples s'agitent au nom de *Liberté*, et que le prolétaire réclame son affranchissement, nous, femmes, resterons-nous passives devant ce grand mouvement d'émancipation sociale qui s'opère sous nos yeux.

Notre sort est-il tellement heureux, que nous n'ayons rien aussi à réclamer ? La femme, jusqu'à présent, a été exploitée, tyrannisée. Cette tyrannie, cette exploitation, doit cesser. Nous naissons libres comme l'homme, et la moitié du genre humain ne peut être, sans injustice, asservie à l'autre.

Comprenons donc nos droits ; comprenons notre puissance ; nous avons la puissance attractive, pouvoir des charmes, arme irrésistible, sachons l'employer.

* Le second numéro paraîtra le 25 août.

« La femme, jusqu'à présent, a été exploitée, tyrannisée. Cette tyrannie, cette exploitation doit cesser. Nous naissons libres comme l'homme, et la moitié du genre humain ne peut être, sans injustice, asservie à l'autre ». écrit Jeanne-Désirée dans un des premiers journaux pour les femmes, *La Femme libre*, n° 1, 1832.

En 2023, la presse féminine occupe toujours une place prépondérante au sein de la presse magazine[1] et est par sa diversité (de la presse de mode, aux secteurs de la santé ou de la décoration) un élément central du dynamisme de la presse magazine. Plusieurs titres (*Version Femina*, *Femme actuelle*, *Madame Figaro*…) se classent dans les poids lourds du secteur. Surtout, par sa diversité (de la presse de mode aux secteurs de la santé ou de la décoration), la presse féminine est un élément central du dynamisme de la presse magazine.

Les presses féminines se définissent par le public auquel elles s'adressent : celui qui construit son identité de genre comme féminine. La multiplicité des titres correspond à la fois à la diversité du groupe des femmes et aux rôles variés des magazines entre information et divertissement. Ainsi cette presse magazine se situe au cœur de la construction des normes sociales, en prise avec les évolutions sociétales. Elle est à la fois une presse des droits et des devoirs des femmes (Sullerot, 1966).

1 Voir les chiffres de l'ACPM pour l'année 2024.

Les médias des devoirs des femmes

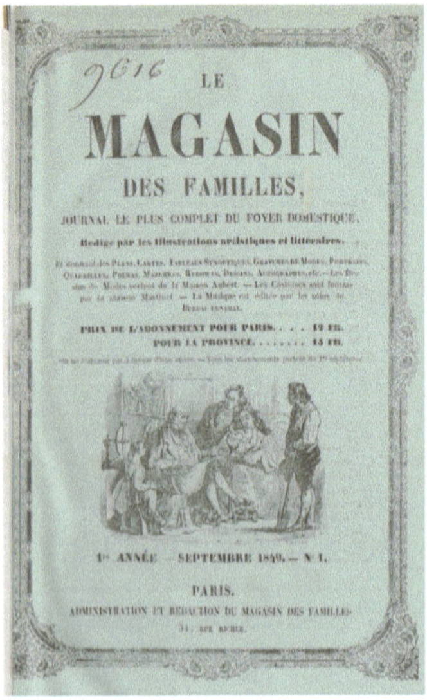

Le Magasin des familles, qui se présente comme le journal le plus complet du foyer domestique, n° 1, 1849.

Les premiers journaux qui visent un lectorat féminin au XVIIIe siècle sont des titres littéraires et de mode, comme le *Courrier de la nouveauté* (Eck & Blandin, 2010). Puis, la première partie du XIXe siècle voit se multiplier les périodiques de mode, et, après 1850, c'est la presse à destination des jeunes filles qui renouvelle le secteur. Consacrée à la vie domestique, la presse du foyer (*Le Magasin des familles* par exemple) peut aussi être considérée comme fondatrice des presses féminines. C'est de ces « magasins » (publications au contenu varié) que viennent les magazines modernes. De fait, la multiplication des titres pendant la Belle Époque est un signe de l'intérêt porté par les éditeurs au public féminin : Gilles Feyel (2010) a dénombré plus de 400 titres qui leur sont destinés dans les années 1880. L'évolution du *Petit écho de la mode* montre que ces titres tirent parti du succès des presses généralistes dans cet « âge d'or des journaux » (Palmer, 2016). Au tournant du siècle, il tire à 300 000 exemplaires et attire les lectrices à la fois par la publication de romans-feuilletons et par la mise à disposition de patrons de couture (jusqu'alors réservés à la presse de luxe). Dès le début du XXe siècle, la photographie devient centrale dans la présentation de la mode (Cosnier, 2009). Les titres de presse à destination des femmes sont vus comme de bons supports publicitaires par les éditeurs de presse.

Couverture du premier numéro de *Marie-Claire*, 5 mars 1937.

Cela les conduit à renouveler l'offre pendant l'entre-deux-guerres : le modèle américain de presse féminine suscite des transferts (*Vogue*) et des créations (*Marie-Claire*) (Kurkdjian, 2014 ; Geers, 2016). Accompagnant le développement de l'industrie cosmétique, les magazines féminins touchent des publics de plus en plus populaires (comme Confidences, centré sur les récits romanesques et les histoires vraies de ses lectrices). Cette presse du cœur est le principal succès de l'après-guerre, même si de grands généralistes comme *ELLE* viennent renouveler le paysage. Fondé en 1945 par Hélène Gordon-Lazareff, il profite des quelques années d'absence de *Marie-Claire* pour s'imposer (Blandin, 2023). Mais c'est dans les années 1980 que le paysage de la presse magazine féminine explose. Prisma Presse lance à la fois *Prima* et *Femme actuelle*, et la segmentation de la presse magazine bénéficie aux féminins : les titres autour de la santé, de l'éducation des enfants, de la cuisine, de la décoration, mais

Frida Kahlo lors d'une séance de photo « Senoras of Mexico » pour le magazine *Vogue*, Toni Frissell, 1937. Library of Congress.

aussi le nouveau secteur de la presse *people* sont tous considérés par les éditeurs comme féminins du fait de leur grand nombre de lectrices (Dakhlia, 2010). Les plus prestigieux de ces magazines deviennent des marques que la globalisation culturelle et la standardisation des consommations permettent d'exporter dans de nombreux pays (Taveaux-Grandpierre, 2013).

La mise en place de cet encadrement des femmes par une grande diversité de titres de presse a été étudiée par les vagues féministes successives. La dénonciation de la « manipulation des femmes » par la presse féminine est ainsi au cœur des travaux d'Anne-Marie Dardigna (1974, 1978). Pour elle, les médias à destination des femmes ont une fonction idéologique claire : contribuer au bon fonctionnement de la société patriarcale et capitaliste. Plus récemment, l'essor des études de genre a conduit à l'émergence de travaux universitaires en histoire, sociologie, science politique et surtout sciences de l'information et de la communication autour de la représentation des femmes et des construction et diffusion des normes de beauté ou sexuelles.

1 Cf. le dynamisme de la presse saint-simonienne écrite par les femmes dans les années 1830.

Quand les mouvements féministes entrent en jeu

Des formes de presse magazine féminine associative et militante se sont développées à toutes les époques. Evelyne Sullerot (1966) en fait une catégorie « la presse du "nous" » une presse des droits des femmes, l'opposant à la presse du « vous » qui cherche à imposer leurs devoirs aux femmes. Cette presse est particulièrement visible lors des périodes révolutionnaires[1] et de visibilité du mouvement féministe. Le suffragisme donne lieu à la création de plusieurs titres illustrés dans le premier XXe siècle (Delvallez *et al.*, 2021). Après la Seconde Guerre mondiale, une bonne partie de la presse militante adopte la forme magazine et la Guerre froide divise le secteur : les communistes lisent *Heures claires* tandis que *Clair foyer* s'adresse aux catholiques. C'est avec l'émergence de la nouvelle vague féministe dans les années 1960 qu'explose une presse féministe. En 1980, la sociologue Liliane Kandel en publie un tableau dans *Le Débat*. Si la presse féminine est perçue dans le mouvement féministe comme un repoussoir, certains titres en prennent la forme comme *Des femmes en mouvement* (publié par les Éditions des femmes) et surtout *F-Magazine*. Né d'une scission de l'équipe de rédaction de *ELLE*, le titre bénéficie du soutien du groupe *L'Expansion* mais le projet ne tient que de 1978 à 1981. Il se heurte à la difficile conciliation d'un discours militant avec un projet commercial.

Pour les médias féminins contemporains qui revendiquent un ancrage féministe, c'est également le principal écueil. Apparus dans les années 2000, des magazines papier (*Causette*) ou en ligne (*Cheek*) cherchent à trouver une place parmi les généralistes en privilégiant les thématiques de société à la mode ou la beauté, ce qui remet en question le modèle économique classique des magazines à destination des femmes (Sonnac & Le Floch, 2013).

Hybridations médiatiques et espaces de prise de parole

La presse féminine a constitué un espace professionnel de prise d'autonomie pour les femmes journalistes et a été un des premiers secteurs du journalisme à se féminiser (Leteinturier *et al.*, 2001). Au cours des dernières décennies, la féminisation de la profession a été portée par les secteurs de presse construits comme féminins et par les domaines placés en bas de la hiérarchie professionnelle. En 2018, 58 % des femmes titulaires de la carte de presse exercent dans la presse magazine (Damian-Gaillard *et al.*, 2021). Les journaux destinés à un lectorat féminin constituent même une forme de niche et permettent aux femmes journalistes de concilier leurs parcours professionnels et militants (Lévêque, 2016). Parfois, elles créent des espaces féministes à l'intérieur des magazines féminins (comme le « Cahier femmes » pour *Marie-Claire* entre 1976 et 1980 ou « L'Encyclopédie de *ELLE* » après Mai 68). Si les presses à destination des femmes et des jeunes filles jouent un rôle idéologique fort dans la construction des identités de genre, elles ne sont pas exemptes d'ambiguïtés et réservent à leurs lectrices quelques marges de négociation, que plusieurs chercheuses dénichent, par exemple, dans les images de mode. L'émergence de nouvelles thématiques peut aussi apparaître comme un moyen de trouver des manières de contourner, à défaut de totalement subvertir, les discours normatifs de la presse féminine. Dans les années 1968-1974, les questions portant sur la sexualité féminine font tout d'abord l'objet de débats ou de sondages mobilisant la parole des lectrices avant d'être confiées à des experts. La polyphonie de la presse magazine joue ainsi pleinement son rôle pour permettre des formes d'équilibrage entre des discours féminins acceptés par le modèle commercial de la presse féminine et la diffusion de bribes de discours féministes circulant alors dans l'espace public. Ainsi, si le travail de Sylvette Giet montre la stabilité des représentations du couple, il souligne les évolutions de celles de la sexualité dans le courant des années 1970 (1998).

La vie au grand Air met (enfin) à la une des femmes sportives.
22 juillet 1900. Gallica.bnf.fr / BnF

Depuis, la sexualité est devenue omniprésente dans les pages de la presse féminine qui ont accompagné à la fois la libération des discours et la mise en place de nouvelles normes. Les médias féminins contemporains évoluent dans cette recherche de compromis entre discours féminins et discours féministes (Bréda, 2022). Les féministes présentes sur les réseaux sociaux numériques, quant à elles, doivent arbitrer entre leurs motivations militantes et les exigences commerciales des plateformes (Duvelle-Charles, 2022; Geers, 2022).

Objet souvent délaissé par la recherche car jugé « non noble » la presse féministe est principalement présentée et analysée dans l'espace public par les acteurs du secteur. Les journalistes sont les premières à écrire l'histoire des magazines, et bien souvent à mettre en avant les dimensions féministes de leurs discours. C'est le cas pour le magazine *ELLE* dont chaque anniversaire suscite la publication de beaux livres rappelant à la fois l'histoire de la mode, celle de la gastronomie et le soutien qu'aurait apporté le titre au mouvement féministe (Colombani *et al.*, 2005). Ce manque de visibilité de la recherche conduit à une occultation des moments de friction entre féminins et féministes, comme lors des « États généraux de la femme » organisés par le magazine *ELLE* à Versailles en 1970. Systématiquement présentée comme un temps fort de l'engagement du journal, la rencontre est perturbée par les militantes qui dénoncent une forme de récupération commerciale de leur cause. C'est cette diversité des études de sciences humaines et sociales sur les presses lues par les femmes qu'il convient aujourd'hui de mettre en visibilité.

Premier numéro de *Confidences*, sous-titré *Histoires vraies* connaît un immense succès dès son lancement, est considéré comme le premier titre de la presse sentimentale ou de cœur. Il mêle histoires vraies et témoignages. (collection particulière)

presse artistique : un médium pour les avant-gardes?

Flore Di Sciullo

Dada : recueil littéraire et artistique, sous la direction de Tristan Tzara, 1er mars 1920, Gallica.bnf.fr / BnF

La presse artistique est avant tout un support d'expression pour les artistes et les critiques d'art, constituant rétrospectivement un outil indispensable pour observer la « fabrique de l'histoire de l'art » (Gherghescu & Gueye-Parmentier, 2020). En effet, les mouvements d'avant-garde européens et nord-américains ont souvent donné naissance à un ou plusieurs titres pour légitimer leurs pratiques et promouvoir leurs expérimentations (Brooker & Thacker, 2009-2013). C'est le cas en particulier pour la première moitié du XXe siècle en Europe, si l'on pense à *Lacerba* (1913-1915) pour le Futurisme, au *Cœur à barbe* (1922-1923) pour Dada, à *La Révolution Surréaliste* (1924-1929), et pour la seconde moitié du siècle à la revue *Internationale situationniste* (1958-1969) du collectif éponyme ou encore à *Aspen* (1965-1971) aux États-Unis pour l'Art Conceptuel et le Pop Art.

Historiquement, la presse artistique se distingue par des publications expérimentales, confrontant les arts visuels avec l'architecture, la poésie et la littérature, souvent dans une perspective politique et engagée (Aji *et al.*, 2011). Citons pour la France des années 1960 *cc V TRE* (1964-1970) associée au mouvement Fluxus ou *Robho* (1967-1971) proche de l'art cinétique et de la poésie concrète. Outre la France, la vocation militante et alternative des revues d'art concerne l'ensemble du monde (Rahmani, 2021).

un objet éditorial aux contours flous

La niche éditoriale que constitue la presse artistique est d'une grande hétérogénéité, comme l'indique la richesse de la terminologie pouvant la désigner (« presse d'art » pour Trevor Fawcett &

Clive Phillpot, 1976; « revue d'art » pour Yves Chèvrefils-Desbiolles, 2011) et la variété de ses sous-catégories, à commencer par les magazines d'artistes (Allen, 2011a et 2011b; Boivent, 2015). La presse artistique réunit ainsi des titres aux positionnements très différents; on peut citer pour le seul cas de la France et pour des titres en cours de publication en 2024 des revues d'histoire et de théorie de l'art comme *Les Cahiers du MNAM* (1979-), des magazines d'actualité grand public comme *Teknikart* (1991-) ou *L'Hebdo du quotidien de l'art* (2018-), des mensuels d'entretiens et d'articles critiques (*art press* [1972-] (Di Sciullo, 2025), *Zérodeux* [1997-]), ou encore des périodiques avec une spécialité, comme *Profane* [2015-] pour les pratiques amateures ou *Roven* (2015-) pour le dessin[1].

« La promenade du critique influent », Croquis pris au Salon par Honoré Daumier, 1926. Gallica.bnf.fr / BnF

quelques pistes méthodologiques

Voici quelques pistes méthodologiques pour analyser la presse artistique et en souligner la spécificité avec les outils des sciences de l'information et de la communication.

Mettre l'accent sur le visuel et le graphisme. Étudier la part iconographique et la matérialité d'un périodique est une préconisation tant du point de vue des sciences de l'information et de la communication (Blandin, 2018 : 19) que de l'histoire de l'art (Stead & Védrine, 2008 : 11). Cela implique de prêter attention à la mise en page graphique du périodique (polices de caractère employées, iconographie, organisation texte/image, etc.). La presse artistique a été ainsi, tout au long du XXe siècle, un lieu privilégié d'expérimentation pour les graphistes (Owen, 1991; Heller, 2005). En particulier, l'analyse de la couverture (Johnson & De Lozano, 2002; Crowley, 2003) permet de cristalliser ces considérations et d'appréhender l'identité éditoriale d'un périodique sur le temps long.

Considérer le périodique artistique dans ses échanges, collaborations, parfois compétitions avec les autres périodiques fait apparaître que nombre de revues d'art sont nées de ruptures avec d'autres, comme *October* [1976-] avec d'*Artforum* [1962-]. De plus, une étude des péritextes[2] d'un périodique (sommaire, ours, pages de publicité, etc.) permet de saisir les rapports entre critiques, galeristes, conservateurs, collectionneurs et ainsi situer la place d'un périodique dans la structuration d'un « monde de l'art » tel que défini par Howard Becker (1988).

1 Plusieurs sites indexent les périodiques artistiques français : voir notamment le « Répertoire de cent revues francophones et de critique d'art de la première moitié du XXe siècle » [En ligne] et le « Petit panorama historique de la presse artistique en France ».

2 Le péritexte désigne l'ensemble des éléments qui entourent ou complètent un texte principal et renseignent à son sujet (par exemple : une table des matières, un index, etc.).

Numéro 424
art press 2015.

Interroger l'évolution de la presse artistique. Au regard de la crise généralisée que connaît la presse écrite dans son ensemble et l'expansion du marché de l'art qui rend en partie caduque l'une des missions des périodiques artistiques (servir d'outil de prescription et de promotion du travail des artistes pour les galeries), il semble évident de diagnostiquer un déclin de la presse artistique. Pourtant, la multitude de titres tant généralistes que confidentiels et la persistance de titres comme *art press* (qui fêtait ses cinquante ans en 2022), ou de *Cahiers d'art* (1924-1979) qui, relancé en 2012, poursuit depuis sa publication, contredisent ce constat. Dans le même temps, c'est aussi du côté du numérique que la presse artistique se déplace, exploitant des formats variés (podcasts, blogs, comptes sur les réseaux sociaux, etc.).

Si la presse artistique n'a logiquement plus les mêmes objectifs ni les mêmes modes de fonctionnement qu'au début du XXe siècle et qu'elle fait face à des difficultés plurielles (spéculation financière, globalisation du marché de l'art, précarisation des critiques), elle continue de se développer et d'explorer de nouveaux territoires, et ce dans une perspective transnationale indispensable pour comprendre les dynamiques à l'œuvre dans les trajectoires artistiques contemporaines.

fiction et séries

Héloïse Boudon

Série *Les incorruptibles* dans les années 1960 (collection particulière).

Au cours des deux dernières décennies, les séries télévisées ont connu une véritable révolution, s'imposant comme « l'art du XXIe siècle » au point de rivaliser avec le cinéma. Longtemps considérés comme des objets culturels illégitimes, séries et feuilletons se sont progressivement mués en objets d'étude pluriels pour les sciences sociales.

de la généalogie du format à l'autonomie de la mise en récit

C'est d'abord la narratologie qui s'intéresse au format sériel. En effet, séries et feuilletons s'inscrivent dans une généalogie des récits médiatiques puisque ces objets s'ancrent dans une narration de la récurrence déjà largement amorcée par les romans-feuilletons du XIXe siècle (Dumasy-Queffélec, 2000). Si ces derniers disparaissent peu à peu, la forme feuilletonnante perdure au cinéma, et surtout à la radio. Ce faisant, les fictions télévisuelles s'inspirent de leurs aînées et adoptent la forme à épisodes puis les genres déjà établis par le roman-feuilleton, confirmés par les feuilletons radiophoniques (Nel, 1997). Il semble pourtant illusoire de dresser une nomenclature exhaustive des genres narratifs sériels, tant les catégories se révèlent perméables et hybrides (Jost, 1997).

Jean-Claude Drouot, et ses compagnons, sur le tournage d'un épisode de la troisième série du feuilleton *Thierry la Fronde*, diffusé de 1963 à 1966, réalisé par Robert Guez. Le feuilleton est très populaire, en particulier auprès des jeunes publics. Photo de Georges Galmiche, 19 mai 1964, @INA

La dimension propédeutique[1] du roman-feuilleton se manifeste également dans la proximité narrative avec le format sériel audiovisuel. Il existe ainsi au cœur de ces structures narratives foisonnantes des éléments immuables qui permettent la cohérence du feuilleton sans heurter les acquis du récepteur familiarisé au cours des précédents épisodes. Séries et feuilletons reposent donc sur une « formule sérielle » qui constitue l'ensemble des traits qui définissent l'armature de chaque épisode de la série et garantissent la stabilisation de l'œuvre. Le recours à cette formule s'explique notamment par le renouvellement fréquent des acteurs de la création, scénaristes et réalisateurs et s'incarne dans la « bible » produite par les auteurs qui consigne une somme d'informations concernant les personnages et l'univers spatio-temporel dans lequel ils évoluent. La formule s'érige en programme esthétique de la série, et à ce titre repose sur une tension entre permanences et variations au sein des épisodes.

Feuilleton et série se différencient par leur degré de sérialité, mais aussi par leur développement syntaxique, appelés matrices (Benassi, 2002). Ainsi la feuilletonisation se caractérise par l'étirement du récit et l'évolution de l'univers diégétique[2]. La sérialisation, en revanche, fonctionne sur la redondance et la reproduction, épisode après épisode, d'un prototype originel. Cependant, séries et feuilletons actuels s'orientent vers une hybridation des deux formes et l'on assiste à une complexification des formats. La sophistication des récits conduit à établir une classification en sous-genres, allant de la forme la plus pure, canonique, à celle la plus dégradée.

Ce mode de construction narrative s'incarne dans l'« arc narratif » qui suit le modèle dramaturgique classique où l'action se construit progressivement jusqu'à arriver à son paroxysme au moment du dénouement. Originellement utilisé dans le *soap opera*, l'arc narratif permet à la fiction de préserver une cohérence, mais aussi de parvenir à une densification des personnages.

Le second procédé récurrent est le « récit cumulatif » qui désigne la prégnance du passé dans la construction des personnages. Le récit fait donc appel à la mémoire du téléspectateur en sollicitant des souvenirs des saisons précédentes par exemple, mais se construit aussi d'après une histoire « hors champ » des personnages (Newcomb, 2004).

Le renouvellement narratif dans les séries américaines

La complexification des récits sériels se développe d'abord aux États-Unis où régnait jusqu'alors une nette distinction entre les méthodes de productions des *soap operas* (programmes diffusés l'après-midi) et les méthodes plus coûteuses des programmes de prime time diffusés en soirée (Boutet, 2011). Les années 1980 annoncent ainsi le « second âge d'or » de la télévision américaine, marqué par l'émergence de la *Quality TV* (Thompson, 1996) dans laquelle de nouvelles formes sérielles émergent, avec des personnages multipliés et des réflexions inédites sur les mœurs ou les institutions.

C'est donc dans un contexte de revalorisation des productions sérielles que les premières études de réception se développent. L'arrivée de Dallas marque un tournant et le feuilleton conquiert petit à petit les écrans du monde entier. Dans une perspective de rupture avec la critique du *soft power* américain (Bianchi, 1985), les recherches se focalisent sur les publics du feuilleton et l'articulation entre la réception et le contexte socioculturel dans lequel elle s'inscrit. Du plaisir sériel teinté de stigmatisation chez les femmes

1 La propédeutique désigne un enseignement préparatoire et essentiel à l'acquisition d'un savoir.

2 La diégèse englobe, selon la définition proposée par le théoricien de la littérature Gérard Genette, l'ensemble des éléments d'une narration fictionnelle.

(Ang, 1993) à la pluralité interprétative de publics internationaux (Katz & Liebes, 1993), ces études constituent une étape décisive dans l'analyse des séries télévisées et de leurs publics.

À l'orée des années 1990, la série *Urgences* rencontre un succès inattendu aux États-Unis et devient le porte-étendard d'un renouveau de la forme sérielle en proposant à ses téléspectateurs une vision documentée et souvent critique de la médecine hospitalière. Archétype de la « néo-série » (McCabe & Akass, 2007), Urgences s'appuie sur un hyper-réalisme grâce à la contribution de praticiens lors de l'élaboration des scénarios (Peneff, 1998). La diffusion de la série dans un contexte français trouve un écho favorable chez un « public particulièrement concerné » (Chalvon-Demersay, 2004). Dès lors, la réception des séries s'érige en pierre angulaire de la construction des identités et des revendications professionnelles.

Un quartier de Baltimore, sujet et lieu de tournage de *The Wire*. Emanuel Tanjala / Alamy Banque D'Images

Enfin, davantage qu'un engouement populaire, la série *The Wire* a remporté un succès d'estime, saluée tant par le personnel politique que par les critiques. La série incarne par excellence le modèle de « post-télévision » de la chaîne HBO (Leverett, Ott & Buckley, 2008 ; DeFino, 2014) et occupe une place singulière dans le panorama des séries américaines. En effet, la vocation comme les méthodes sociologiques employées par les auteurs ont peu à peu hissé la série au rang d'objet d'étude légitime pour les sciences sociales : sa construction atypique permet de porter un regard spéculaire sur la ville de Baltimore, mais aussi sur le fonctionnement global d'un système. La fiction endosse dès lors le rôle inédit d'alternative aux travaux sociologiques, en proposant des intrigues plausibles sans pour autant relater factuellement des évènements et constitue le premier exemple de social science-fiction (Penfold-Mounce, 2011). En France, la reconnaissance dont a bénéficié la série a encouragé les créateurs de fiction à reconsidérer leurs manières d'aborder l'ethnicité et les différences raciales. De fait, The Wire s'applique à recourir à des anti-stéréotypes et la réception de la série par les professionnels du secteur audiovisuel a suscité une réflexion sur les modalités et enjeux de représentation au sein des séries françaises (Macé, 2013).

Ce tour d'horizon sélectif permet donc d'entériner les séries télévisées en « œuvres politiques », articulant mises en scène du social et acte de réception et d'interprétation par les publics (Esquenazi, 2011).

Vers l'ethnographie de la réception

Des différentes études ethnographiques sur la réception des séries et feuilletons télévisés se dégagent manifestement la familiarité que les publics entretiennent avec le programme, mais aussi la socialisation qu'elles induisent. En France, c'est tout d'abord Dominique Pasquier qui s'intéresse aux communautés de jeunes fans de la sitcom *Hélène et les garçons* (Pasquier, 1999). Plusieurs paramètres ressortent de l'étude qui manifeste surtout l'articulation entre la construction de l'identité personnelle des jeunes filles et les apprentissages sociaux qu'elles en retirent. Des « savoirs minuscules » aux rudiments de la grammaire amoureuse, le feuilleton dessine les contours d'une éducation sentimentale qui vient renforcer une représentation traditionnelle des relations et des identités sexuées (Pasquier, 2002). Au-delà de l'engagement affectif et de la construction individuelle, les cadres normatifs du feuilleton rejaillissent ensuite sur l'identité collective des jeunes filles.

Les séries s'insinuent dans la vie quotidienne de leurs spectateurs et cette imbrication dans la sphère individuelle ou domestique se traduit par la ritualisation des visionnages (Esquenazi, 2009). Le contexte de plateformisation a par ailleurs considérablement modifié la consommation de séries : la délinéarisation, la mobilité et l'élargissement de l'accès au contenu entraînent un infléchissement des pratiques (Dessinges & Perticoz, 2021). Ainsi, l'émancipation des grilles de programme provoque l'individualisation des visionnages, le recours à des socialisations fondées sur l'entre-soi mais aussi l'émergence de nouvelles modalités de consommation comme le *binge watching* (Combes, 2011). Pour ces adeptes, le visionnage de séries se double d'une aspiration à la reconnaissance de leurs compétences en la matière. En outre, le public apparaît tout d'abord comme jeune et diplômé tandis que cette pratique parfois boulimique s'assortit d'un renversement du paradigme légitimiste, le plaisir sériel étant revendiqué par les usagers. Le faisceau d'usages mis en lumière par les études ethnographiques mène à la sériphilie. Vécue à la fois comme une « passion déclarée » et comme un domaine de compétence spécialisé susceptible d'être transmis, elle achève le processus de reconnaissance des séries et feuilletons audiovisuels (Glevarec, 2012 ; Combes & Glevarec, 2021).

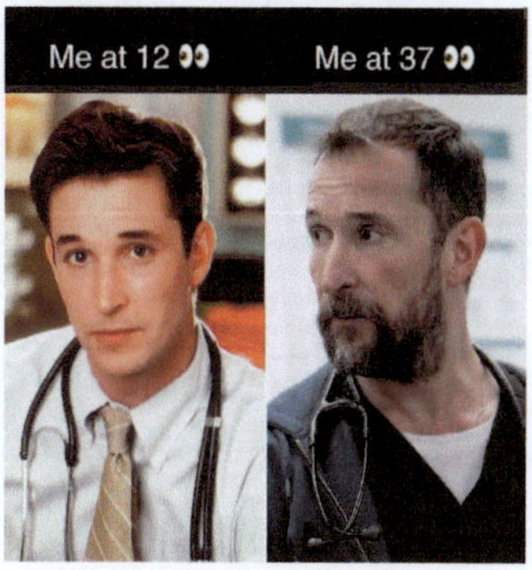

Mème évoquant l'évolution de l'acteur Wyle Noah sous le regard des spectateurs qui ont grandi en regardant les séries *Urgences* (1996-2009) et *The Pitt* (2025).

Le Livre à la télévision

Sophie Noël

Affiche pour *Lectures pour tous*, magazine créé en 1898, qui se présente comme une « revue universelle et populaire illustrée » avec des textes littéraires et de l'actualité. Février 1931

Les liens entre le livre et la télévision ont toujours été d'une grande complexité. Le décalage entre le premier, emblème de culture et de savoir particulièrement puissant en France, et la faible légitimité culturelle de la télévision, traditionnellement perçue comme un média « facile », ou encore lié à la passivité, marque en effet durablement les représentations. La place du livre à la télévision représente de ce fait un enjeu de longue date, tout à la fois politique, culturel et économique qui a pris des formes diverses et reflète l'évolution des rapports de force entre les deux médias et de la définition de la « culture » à la télévision (Jost, 2011).

Dans le rapport sur *Le Livre à la télévision*, remis en 2000 à la ministre de la Culture et de la Communication[1], Olivier Bourgois évoque une « exception française », qu'il attribue au rôle central de la littérature dans la conception nationale de la culture, inséparable de la tradition des salons littéraires et de l'art de la conversation. La télévision est ainsi devenue un mode de consécration incontournable pour les intellectuels et les écrivains, qui leur confère une légitimité élargie (Rieffel, 1993). Si l'enjeu semble moins sensible en ce début de XXIe siècle du fait de l'essor d'autres caisses de résonance médiatique pour le livre et de la multiplication des médiations profanes (Wiart, 2017), la place de la télévision demeure suffisamment importante dans la médiatisation du « fait littéraire » pour que l'on s'interroge sur l'évolution des relations entre deux médias que tout semble opposer.

Les recherches sur le sujet ont été nombreuses, principalement en sciences de l'information et de la communication, en études littéraires et en histoire. Au-delà des travaux portant sur les interactions entre les deux médias souvent présentés comme antagoniques (Hennion, 1989 ; Establet & Felouzis, 1992), on se contentera ici de signaler deux axes principaux d'exploration, sans prétendre à l'exhaustivité. Un premier axe a trait à l'étude des formats et des scénographies télévisuelles développées autour du livre et des écrivains (Lattès & Lardellier, 1999 ; Meizoz, 2016 ; Ducas, 2016), à partir notamment d'une perspective sémiologique sur les dispositifs de valorisation du medium livre (Mouillaud, 1986). Un second

Pierre Dumayet reçoit Romain Gary dans l'émission *Lectures pour tous*, 10 octobre 1956, Jean Prat, @INA.

axe porte plus précisément sur les conséquences de la présence du livre à la télévision pour la vie intellectuelle et littéraire (Rieffel, 1993, 2022; Tudoret, 2009), ou plus globalement pour la lecture (Peroni, 1991), en étudiant le rapprochement entre information, promotion et critique et les effets prescripteurs du petit écran (Benghozi, 2003; Delarue, 2022).

bref historique

Si les livres sont présents à la télévision dès sa création du fait de l'importance des adaptations littéraires sur le petit écran, la première émission spécifiquement consacrée au livre par l'ORTF est la célèbre *Lectures pour tous* animée par Pierre Desgraupes, Max-Pol Fouchet et Pierre Dumayet de 1953 à 1968. L'émission invente une formule et un ton, avec trois interviews d'écrivains qui en constituent le socle central (de Closets, 2004).

D'autres émissions éclosent dans les années 1960 et 1970, souvent de manière éphémère : *Bibliothèque de poche*, présentée par Michel Polac sur la première, puis la deuxième chaîne de l'ORTF, *Post-scriptum*, toujours avec Polac (1970-1971), ou encore *Italiques*, avec Marc Gilbert (1971-1974) et *Ouvrez les guillemets*, présentée par Bernard Pivot (1973-1975). À l'exception notable de *Lire, c'est vivre* de Pierre Dumayet (1975-1987), où les livres sont présentés par des lecteurs anonymes, les émissions adoptent le plus souvent les codes du salon littéraire, qui placent l'auteur au centre du dispositif, avec un animateur faisant office d'intermédiaire avec le public. Des formats et rituels se mettent progressivement en place autour du livre dont la spécificité (« un parallélépipède qui ne

1 Bourgois O. (2000) *Le livre à la télévision*, Rapport pour Mme la ministre de la Culture et de la Communication, Paris, La Documentation française.

bouge pas, ne parle pas » selon la formule de Bernard Pivot) induit la mise en avant de la personnalité de l'auteur, et bien souvent une mise en spectacle (Lattès & Lardellier, 1999). Mais c'est véritablement dans les années 1980 que la place du livre à la télévision connaît son apogée, avec la multiplication des émissions qui lui sont consacrées sur différentes chaînes et la place particulière occupée par l'une d'entre elles, *Apostrophes*.

Le moment Apostrophes

Bernard Pivot consacre sa célèbre émission *Apostrophes* aux « Staliniens », 21 février 1975, Antenne 2, @INA.

Lancée en 1975 sur Antenne 2, cette dernière représente une « parenthèse enchantée » permettant de rapprocher de manière inédite public lettré et public « moyen » autour de la littérature et des essais grâce à l'entregent de son animateur, Bernard Pivot. Elle réussit l'exploit de rassembler plusieurs millions de téléspectateurs dans les années 1980 autour d'auteurs inconnus ou réputés et devient un passage obligé pour les écrivains. En 1983, une enquête Ipsos établit ainsi qu'un tiers des achats de livres en France seraient liés à l'émission dont le pouvoir de prescription est inédit dans le monde des lettres – une petite minorité d'ouvrages étant mise en lumière chaque semaine, selon des critères subjectifs. Un pouvoir qui suscite une vive polémique lorsque Régis Debray, conseiller culturel de François Mitterrand, évoque en 1981 « l'arbitraire d'un seul homme qui exerce une véritable dictature sur le marché du livre [2] ».

Les enjeux financiers liés à un passage dans l'émission ne sont pas minces pour les maisons d'édition, plutôt habituées à composer avec le pouvoir plus diffus de la critique littéraire de la presse écrite. Devenue une véritable mythologie télévisuelle (Ducas, 2003), *Apostrophes* reste dans les mémoires pour certains moments épiques, à l'instar de la prestation alcoolisée de Charles Bukowski en 1978, de quelques passes d'armes musclées (Simon Leys et Maria-Antonietta Macciocchi), mais aussi pour ses tête-à-tête avec de grands écrivains – Marguerite Duras, Marguerite Yourcenar, Claude Lévi-Strauss ou encore Vladimir Nabokov. Si son pouvoir prescripteur lui permet de placer l'ouvrage savant d'un linguiste comme Claude Hagège parmi les meilleures ventes, son effet réel sur les pratiques de lecture reste difficile à cerner. Pour autant, le succès et les audiences de l'émission suscitent aujourd'hui la nostalgie. Sa fin en 1990 a en effet marqué l'ouverture d'une nouvelle ère caractérisée par l'éparpillement des émissions littéraires entre chaînes généralistes et thématiques, et surtout par leur relégation en fin de soirée, alors que la lecture accuse une baisse importante au sein des pratiques culturelles des Français (Lombardo & Wolff, 2020).

Aucune émission ne parvient dans les décennies suivantes à égaler l'influence d'*Apostrophes*. Pivot essaie de se réinventer avec une formule plus éclectique intitulée *Bouillon de culture* (Antenne 2) entre 1991 et 2001, avec des résultats mitigés. D'autres s'y frottent sur différentes chaînes, avec des formats et des durées de vie diverses : Patrick Poivre d'Arvor (*Ex-Libris* puis *Vol de nuit*) sur TF1 entre 1988 et 2008; Bernard Rapp (*Caractères*) sur Antenne 2 puis France 3 en 1990-1992; Olivier Barrot (*Un livre, un jour*) sur FR3 en 1991-2020; Michel Field puis Laure Adler (*Le Cercle de minuit*) entre 1992 et 1999 sur France 2, ou encore Jean-Michel Mariou et Francine Raymond (*Qu'est-ce qu'elle dit Zazie?*) sur France 3 de 1996 à 1999. L'émission *Des Mots de minuit*, animée par Philippe Lefait entre 1999 et 2013, finit reléguée sur le portail Culturebox de France Télévisions.

En dépit d'audiences en baisse, produire une émission littéraire demeure un marqueur pour l'image des chaînes, notamment publiques, ce qui confirme une certaine « exception française », même si la programmation tardive fait de plus en plus office de faire-valoir culturel. L'importance de la télévision dans la médiation littéraire a sans doute été écartée un peu vite, alors que montait la popularité des Booktubeurs et des recommandations littéraires sur TikTok et Instagram, le plus souvent dans le domaine de la littérature de genre. La Grande librairie, lancée en 2008 sur France 5, est aujourd'hui considérée comme l'émission la plus prescriptrice du paysage audiovisuel français, qui rassemble une moyenne de 500 000 téléspectateurs chaque semaine, suivie (de loin) par *Télématin* sur France 2. Animée par François Busnel, ancien directeur de la rédaction de *Lire*, puis par Augustin Trapenard depuis 2022, c'est la seule émission littéraire programmée en première partie de soirée. Elle aborde classiquement la littérature et les essais, tout en s'ouvrant à d'autres genres comme la bande dessinée, la jeunesse et le roman policier, alternant les questions aux écrivains conviés sur le plateau avec des reportages et une rubrique « conseils de libraires ». Son succès est inséparable d'une forme d'évènementialisation du livre et surtout des auteurs, avec l'établissement de palmarès tels que « les 20 livres qui ont changé votre vie », ou les « Bibliothèques idéales » d'écrivains réputés.

Paradoxalement, la télévision est ainsi devenue un support médiatique essentiel pour le livre au moment où s'accentue le mélange des genres entre information, promotion et critique. La mise en scène des ouvrages sur les plateaux est en effet généralement consensuelle, la polémique restant l'exception, comme dans l'éphémère *Jean-Edern's club* sur Paris Première (1995-1996) où

Margaud Liseuse

La Brigade du livre

Simimouvie

La nuit sera mot

Rêve ta vie en lecteur

Les réseaux sociaux se sont emparés du livre, que ce soit pour partager ses lectures (comme ici la Brigade du livre, Margaux Liseuse, La nuit sera mot, Rêve ta vie en lecteur ...) ou, pour les auteurs, faire connaître leurs ouvrages et nourrir les échanges avec le public.

2 *Le Monde*, 10-11 octobre 1982.

l'animateur n'hésitait pas à inviter un auteur pour un livre peu apprécié. La montée en puissance des talk-shows comme *Quotidien* sur TMC ou *C à vous* sur France 5 montre que si le livre n'est que l'un des biens culturels abordés, il demeure un élément important du dispositif de ces émissions.

des relations complexes

La relation entre les deux médias n'a jamais été univoque, et l'on a pu parler d'un rapport de forces progressivement inversé. Si la télévision a dû s'adapter aux spécificités du livre, la commercialisation de ce dernier prend désormais en compte la télévision, avec des conséquences qui sont loin d'être négligeables.

On peut tout d'abord repérer un effet sur le cycle de vie des ouvrages, dans la mesure où la télévision contribue, avec d'autres facteurs, à réduire leur durée de vie en imposant le rythme rapide des nouveautés et des grands prix littéraires, sans grande place pour la valorisation des ouvrages de fonds et des genres moins prisés du grand public. La forte mise en visibilité des auteurs lors d'un passage télévisuel est par ailleurs devenue un point important du dispositif marketing des maisons d'édition. Tout écrivain invité dans une émission quelque peu reconnue voit ainsi son ouvrage signalé aux libraires, placé en vitrine et utilisé comme argument de vente. L'inévitable glissement vers le plébiscite commercial et la spectacularisation contribue ainsi à renforcer la concentration médiatique sur une poignée d'auteurs et de livres « porteurs » – par leur thématique, les caractéristiques des auteurs ou du fait de l'attribution d'un prix prestigieux.

Il faut enfin souligner l'opacité qui entoure les relations entre les maisons d'édition et les médias (télévisuels ou autres) à l'heure d'une concentration éditoriale renforcée. Comment sont sélectionnés les ouvrages présentés dans l'océan de la production éditoriale ? L'autorisation donnée en avril 2024 à la publicité pour le livre à la télévision, à titre expérimental, a suscité des protestations quasi unanimes dans le milieu de l'édition au nom du maintien de la diversité. Antoine Gallimard, PDG du groupe Madrigall, a pointé les risques de fragilisation de la filière liée à une « bestsellerisation » accrue, seuls les très gros éditeurs étant à même de supporter le coût d'un spot publicitaire (au moins 30 000 €) réservé de fait aux titres les plus commerciaux. Hachette et Editis, qui représentent à eux deux la moitié des livres édités en France, en seraient encore renforcés.

La présence du livre à la télévision, moins forte aujourd'hui que par le passé, reste un enjeu, à l'heure où lecture et télévision ne sont plus perçues comme antinomiques. Le petit écran demeure un lieu de débats et une vitrine d'exposition précieuse pour les écrivains et les éditeurs en direction d'un large public. Pour autant, il est indéniable qu'en démocratisant le livre, la télévision l'a aussi désacralisé, en faisant un produit de consommation comme les autres, ce qui entre en contradiction avec la vision cultivée de la littérature longtemps dominante en France. Elle a contribué à renforcer les phénomènes déjà très prégnants de concentration autour d'un nombre réduit de titres, d'auteurs et de maisons d'édition.

Le podcast natif en france

Flore Di Sciullo et Marie-Éva Lesaunier

Un *podcast* désigne un fichier audio diffusé et téléchargeable en ligne grâce à la technologie du flux RSS. On distingue le podcast dit de replay (la mise en ligne d'émissions de radio préalablement diffusées par des canaux traditionnels) du podcast natif (qui n'existe qu'en ligne). Dans la littérature déjà foisonnante sur le sujet, le lexique de la nouveauté est omniprésent : on parle d'un « nouveau médium » (Bottomley, 2015), ou d'une « révolution » (Spinelli & Dann, 2019), dont les « pouvoirs » (McHugh, 2022) et « l'essor » (Di Sciullo, Lesaunier & Mercier, 2025) restent à interroger. Cette unanimité à questionner la nouveauté s'explique par le caractère récent de l'émergence du podcast natif dont on peut résumer l'histoire en quelques grandes dates. 1998 : invention de la technologie du flux RSS par David Winer; 2002 : lancement en France d'Arte Radio; 20 04 : lancement du premier podcast à succès Daily Source Code par Adam Curry; publication de l'article « Audible Revolution » par Ben Hammersley pour le Guardian. Dans ce texte, le journaliste commente les fichiers sons téléchargeables *via* les lecteurs MP3, pour se demander : « *But what to call it ? Audioblogging ? Podcasting ? Guerilla Media ?* ». Ainsi, le podcast natif naît à l'aube des années 2000, aux croisements d'expérimentations technologiques et de velléités contre-culturelles. Il s'impose comme un média nouveau, héritier de la radio bien sûr, mais dont il cherche en même temps à se distinguer (Berry, 2016; Bonini, 2022; Hilmes, 2022), avec des modes de production, de diffusion, de consommation qui lui sont propres. Le chercheur qui s'intéresse au podcast doit aborder ce discours institutionnel avec prudence pour éviter l'écueil de l'héroïsation et de la simplification, comme l'y invite Juliette Volcler en rappelant que « le podcast demeure imbriqué dans une histoire institutionnelle et industrielle qui n'a rien d'alternatif, celle des télécommunications, d'internet et des technologies audio »[1].

Si les États-Unis font figure de pays précurseur, l'essor du podcast natif en France est récent, puisque c'est à partir des années 2016-2017 que naissent plusieurs studios de production spécialisés. Jusqu'en 2022-2023, un nombre exponentiel de titres apparaît. En avril 2024, plus de 175 millions d'épisodes de podcasts français

1 Volcler J. (2018), « Il était une fois le podcast » 1. « Faire table rase ». Voir également 2. « Un terrain vague inépuisable » et 3. « Des cabanes aux immeubles », *Syntone*.

Proust, le podcast, France Culture.

ont été écoutés dans le monde[2]. C'est donc tout un secteur qui se développe, avec de nombreux producteurs, des médias traditionnels, de niche ou *mainstream* (Perrotta, 2022) aux studios spécialisés (Thuillas & Wiart, 2023 & 2025), en passant par une myriade d'indépendants et d'amateurs. Le podcast natif est un objet médiatique encore neuf dont l'histoire est à construire (Tiziano Bonini en 2015 suggère par exemple que nous sommes entrés dans le « deuxième âge » du podcast), et dont les méthodes d'analyse sont aussi variées que les enjeux qu'il englobe. Entre production et diffusion, le podcast fait émerger et renouvelle des enjeux liés à l'étude des médias à l'ère numérique.

Structuration d'un secteur

L'écosystème français du podcast se structure autour d'une chaîne de valeur et d'instances de régulation et de légitimation symbolique. La chaîne d'intermédiation du podcast regroupe des créateurs (journalistes, auteurs, amateurs, etc.), des producteurs (studios, médias, marques, etc.), des hébergeurs techniques et enfin des agrégateurs (plateformes de diffusion et applications[3]). L'agence de conseil Cosa Vostra publie depuis 2020 une cartographie du secteur, mise à jour chaque année. En 2024, elle rend compte du secteur en six grandes familles d'acteurs : production (incluant les créateurs); mesure d'audience et droit d'auteur; monétisation; post-production; diffusion; curation[4]. Cette focale élargie par rapport aux versions précédentes de la cartographie fait état d'un processus de professionnalisation accru du secteur.

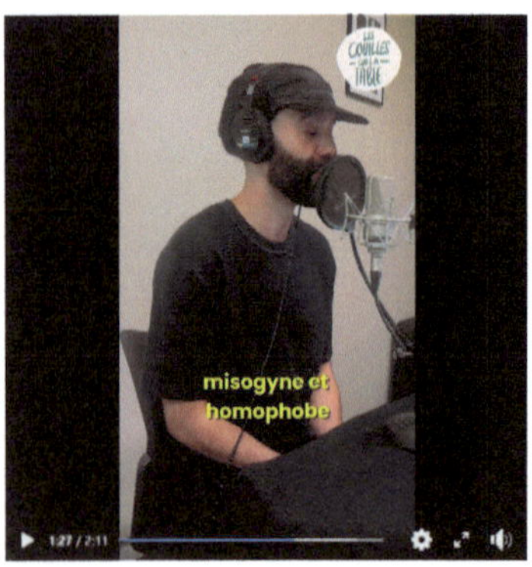

Les couilles sur la table, Binge studio.

D'une part, un certain nombre d'initiatives contribuent à la visibilisation du podcast comme un secteur médiatique et culturel à part entière. Ont ainsi émergé des formes d'organisations professionnelles, comme le PIA, syndicat des producteurs audio indépendants, créé en 2020, mais aussi des festivals et autres évènements culturels dédiés, qui participent d'un horizon de légitimation symbolique du podcast. De même, des revues, des *newsletters* et des podcasts dédiés à l'actualité sont apparus ces dernières années. L'ensemble de ces initiatives témoignent de la construction d'un territoire professionnel du podcast.

D'autre part, sous l'impulsion de ces mouvements, les politiques publiques se saisissent peu à peu du sujet, témoignant de l'institutionnalisation du secteur. L'Arcom a lancé son Observatoire des podcasts en 2022 et le ministère de la Culture a mis en place en 2021 une aide sélective expérimentale à destination des auteurs de podcasts. Pour l'heure, l'enjeu est pour les acteurs du financement public de la culture, de savoir si le podcast doit être aidé au même titre que les autres productions médiatiques et culturelles. Le podcast est donc un terrain à surveiller de près pour qui s'intéresse aux professions artistiques et culturelles. Ce développement s'accompagne de zones d'incertitude et de conflictualité.

entre monétisation, découvrabilité et logique ouverte

Le marché de la publicité audio numérique (Webradios, assistants vocaux et podcasts) est en forte croissance, de 21,7 % en 2023 par rapport à 2022, pour un total de 35 millions d'euros de recettes publicitaires. Depuis 2019, le nombre d'annonceurs intéressés par ce format a augmenté de 275 %[5]. La plateforme d'hébergement Acast déclare avoir versé plus de 9 millions d'euros de recettes publicitaires aux créateurs travaillant avec elle, des revenus qui seraient en hausse de 40 % chaque année depuis 2019. Des études ont par ailleurs montré que la publicité dans le podcast est plutôt bien acceptée par les auditeurs[6]. Cela s'explique notamment par le fait qu'elle est souvent insérée en début ou en fin d'épisode (« *pré-roll* » / « *post-roll* »), lue par l'animateur du podcast (« *host read* »), et en lien avec la thématique abordée.

Ou peut être une nuit, louie Media.

Néanmoins, trouver un modèle d'affaires pérenne et rentable n'est pas facile. Les studios de production de podcast bien installés comme Binge Audio ou Louie Media ne génèrent pas la majorité de leurs revenus sur la base de leurs productions originales. La moitié environ des ressources provient de leur activité de prestataires, c'est-à-dire de production de podcasts pour des tiers (marques, institutions, etc.). Le reste se répartit entre monétisation des contenus originaux et diversification autour de ces derniers (édition de livres, séances d'écoute publiques payantes).

Le podcast, pour les acteurs professionnels, apparaît plutôt comme un média de communication, qui permet alors de renouveler et/ou rajeunir une image de marque, que ce soit simplement en « occupant ce terrain » comme le fait une partie de la presse écrite, ou en procédant à un véritable *brand content*, qui consiste à parler de la marque et de ses valeurs sans directement vendre un produit ou un service. Le podcast est également beaucoup utilisé dans un

2 Médiamétrie (2024) « La mesure des podcasts en avril 2024 ».

3 Hurard F. & Phoyu-Yedid N. (2020) *L'Écosystème de l'audio à la demande (« podcast ») : enjeux de souveraineté, de régulation et de soutien à la création audionumérique*, Rapport IGAC, 2020-11.

4 Cosa Vostra (2023), *Les Acteurs du podcast en France*, édition 2024.

5 France Pub, Irep, Kantar Media, (2024) Baromètre Unifié du Marché Publicitaire 2023.

6 France Pub, Irep, Kantar Media, (2024) Baromètre Unifié du Marché Publicitaire 2023.

objectif de communication interne aux entreprises. De plus, comme tout contenu en ligne, monétiser de façon rentable ses contenus suppose d'atteindre un certain nombre d'écoutes. L'enjeu est donc aussi celui de la découvrabilité des podcasts, dans l'océan de production disponible, surtout pour les créateurs amateurs et/ou indépendants. Face à cette gageure, et comme dans les autres productions culturelles, les producteurs capitalisent sur des réducteurs d'incertitudes[7]. Parmi eux, citons le recours à des animateurs populaires (figure de l'influenceur), des conseils et *guidelines* mis à disposition par certains studios et plateformes pour faire un « bon podcast ». On voit ainsi émerger depuis peu la notion de PSO, *Podcast Search Optimization*, à la façon de l'outil d'optimisation du Web, le SEO (*Search Engine Optimization*). Cela pose la question de l'équilibre entre impératifs de « découvrabilité » et de créativité des podcasts (Morris, 2021).

Troisième zone de conflictualité : la logique ouverte du podcast, puisque celui-ci se définit originellement par sa technologie de diffusion : le flux RSS (Sullivan, 2019). Le podcast se veut un format interopérable, où chaque utilisateur peut souscrire à un flux indépendamment de l'application ou de la plateforme d'écoute. Il se définit donc contre toute logique propriétaire. Comme mentionné plus haut, il est également en partie héritier des valeurs de partage et de liberté d'internet. En ce sens, certains acteurs du podcast sont vent debout contre la place croissante prise par les grandes plateformes d'écoute généralistes et les pratiques que cela implique en termes d'insertion publicitaire non désirée par le créateur ou de récoltes de données précises sur les utilisateurs (voir à ce titre le *Manifeste du podcast ouvert* lancé par Yann Rider en 2019).

Des tensions traversent ainsi cet écosystème naissant, entre volonté de faire émerger le podcast comme un média à part entière sur le plan symbolique et économique, et volonté de préserver son organisation originelle. Les étudiants ou les chercheurs qui s'intéressent aux technologies de diffusion des contenus en ligne et leurs enjeux d'une part, et aux frontières des territoires professionnels d'autre part, ont ainsi tout à gagner à s'intéresser au podcast.

Quelques pistes pour l'analyse de l'identité sonore

Afin d'éviter les généralités et les idées reçues, mieux vaut, pour analyser finalement les discours énoncés dans les podcasts, privilégier des problématiques resserrées autour de corpus délimités. Ces corpus peuvent être construits d'une façon monographique (étudier l'ensemble des titres de podcast d'un même média, pour voir si une ligne éditoriale spécifique se dégage par exemple), thématique (étudier plusieurs podcasts de producteurs différents autour d'un même sujet), diachronique (étudier plusieurs podcasts sur le temps long, pour voir si des évolutions sont perceptibles dans le traitement médiatique), etc. D'une étude à l'autre, plusieurs lignes de crête peuvent guider l'analyse, comme l'écart entre la mythologie qui entoure le podcast (créativité, inventivité, liberté de parole) et la réalité des pratiques; les intentions qui président à la création d'un podcast (inscription dans une stratégie de marque, renouvellement des publics, etc.). Voici quelques suggestions pour problématiser l'étude des podcasts natifs dès lors qu'on s'intéresse en priorité à leurs contenus.

Il est fécond d'analyser le podcast par le biais des discours qui viennent « escorter » l'épisode, en priorité la vignette et le résumé : l'identité éditoriale du producteur s'y dessine autant que le contenu du podcast (les thématiques, l'angle) s'y donne à voir et à lire. Se joue par la vignette un enjeu triple (Di Sciullo, 2024) : donner envie, se distinguer, et subsumer l'éthos du producteur. En particulier, une distinction est à faire entre trois grandes familles de producteurs : indépendants (où des marqueurs de bricolage, dans la vignette en particulier, sont à repérer), médias (où une généalogie est souvent proposée avec les médias traditionnels), et studios spécialisés (où l'identité visuelle est souvent soignée et utilisée comme vitrine de la ligne éditoriale). L'analyse des discours d'escorte permet également de voir si le podcast s'inscrit dans une stratégie plus vaste : d'autres podcasts sont-ils produits par le même producteur ? Y a-t-il une cohérence entre ces productions, voire une forme de standardisation ?

Podcast *L'Heure du Monde* sur le réchauffement climatique.

Il est également important de se pencher sur les genres journalistiques mobilisés par le podcast. Une large part de la littérature déjà existante sur le podcast consiste à interroger sa filiation avec la radio. Ainsi peut-on interroger la généalogie spécifique du podcast : retrouve-t-on des genres journalistiques déjà éprouvés (Lochard, 1996) ? De quelles formes médiatiques le podcast étudié est-il tributaire ? Force est de constater que pour des raisons de prises en main et de faible coût de production, le format *talk* domine (émissions, entretiens, débats), mais selon des variations innombrables (un ou plusieurs invités, questions coupées au montage ou non, ajouts de musiques, de sons d'ambiance, d'archives sonores). Une partie de l'analyse peut donc porter sur le séquençage des épisodes, le statut des intervenants (journalistes, anonymes, experts, etc.), la matérialité sonore inhérente au podcast (est-elle la même d'un épisode à l'autre ?), et ainsi tenter d'identifier le genre médiatique dominant dans le podcast, s'il y en a un, le ou les genres médiatiques traditionnels dont le podcast s'inspire, les formats innovants ou inventifs, la spécificité médiatique du podcast, s'il y en a une. De nombreux sous-genres peuvent être identifiés dans la production du podcast natif. On trouve par exemple de nombreux podcasts qui répondent aux formats du true crime (c'est notamment la spécialité de Studio Minuit), de la chronique explicative (comme *Maintenant vous savez* de Bababam), du témoignage où les questions du journaliste sont coupées au montage (l'exemple canonique est ici *Transfert* de Slate audio), ou à celui du podcast d'actualité[8].

7 Lesaunier M.-E. & Sonet V. (2017) "Prospecting and Selecting. How does Uncertainty Undermine Creativity in the Business Relationships between Broadcasters and Independent TV Producers?", SIFTI International Conference "Researching Media Companies Producing Audiovisual Content", Lillehammer.

8 Voir à ce sujet l'encadré « Le podcast d'actualité, un sous-genre en voie de cristallisation » dans ce même ouvrage.

PFAS : révélations sur la contamination qui nous touche tous
HugoDécrypte – Actus du jour
20 juin 2025.

De nombreuses autres pistes méthodologiques peuvent encore être abordées, à commencer par la réception : comment les publics sont-ils construits par l'énonciateur, et en retour, comment se saisissent-ils des podcasts ? Comment mesurer l'audience des podcasts, et pour quels effets sur l'écosystème ? Qui sont les auditeurs et auditrices type des podcasts natifs (Glevarec, 2024), et pour quels usages (McClung, 2010) ?

Du podcast institutionnel au podcast de marque, du podcast antiraciste au podcast antiféministe, du podcast d'actualité au podcast de fiction, du podcast amateur au podcast produit en studio, la diversité des producteurs, des modèles d'affaires, des formats et des contenus rend risquée toute généralisation. C'est donc avec prudence et rigueur que les corpus et les problématiques sont à construire afin que l'étude du podcast natif en France, encore débutante, puisse se développer dans les années à venir.

Le podcast d'actualité, un sous-genre en voie de cristallisation

Flore Di Sciullo

C'est en 2017 que le *New York Times* lance *The Daily*, podcast qui atteignait les 2 milliards de téléchargements en 2020. Ce podcast décisif (Deleu, 2024) marque l'émergence d'un nouveau sous-genre : le podcast d'actualité, dont plusieurs chercheurs ont déjà souligné la pluralité (Newman & Gallo, 2019, 2020; Carvajal *et al.*, 2022; Di Sciullo, 2024).

Constatant ce succès remarquable, nombre de médias français ont emboîté le pas, parmi lesquels *La Story* et *Échos*, *Le Titre à la Une* de BFM TV, *Code Source* du *Parisien*, *L'Heure du Monde* du *Monde*, *La Loupe* de *L'Express*. Le principe est constant : chaque jour de la semaine, un épisode d'une vingtaine de minutes consacré à un sujet d'actualité, avec une introduction, un entretien avec un ou plusieurs journalistes de la rédaction, rythmé par des sons d'archives et/ou d'ambiance. Quatre processus éditoriaux y sont particulièrement notables :

La sélection des intervenants, pour laquelle la valorisation des forces vives de la rédaction est primordiale (Mercier, Lesaunier, Di Sciullo, 2023). Ce dispositif offre aux journalistes un autre espace d'expression tout en créant un produit d'appel, gratuit, qui fait rayonner le média.

La mise en récit et le *storytelling* : c'est une manière d'incarner le propos journalistique et de laisser une place à la subjectivité.

La sélection des thématiques, faite à la fois en fonction de l'agenda médiatique et de la ligne éditoriale du média producteur. Des similitudes s'observent au niveau du cadrage, du style, des sons d'archives utilisés. Elles s'expliquent par les codes et les pratiques que ces différents producteurs partagent, en particulier une même conception de ce qui fait la valeur d'une information.

La mise en perspective des évènements : ces podcasts vont dans le sens de l'essor d'un « journalisme d'explication » (Goasdoué, 2015) où la mise à distance est privilégiée à une réaction immédiate. Ces podcasts permettent ainsi la synthèse de plusieurs semaines ou mois d'articles sur un sujet, et ainsi de livrer à l'auditeur la somme d'une expertise journalistique accumulée sur un long laps de temps.

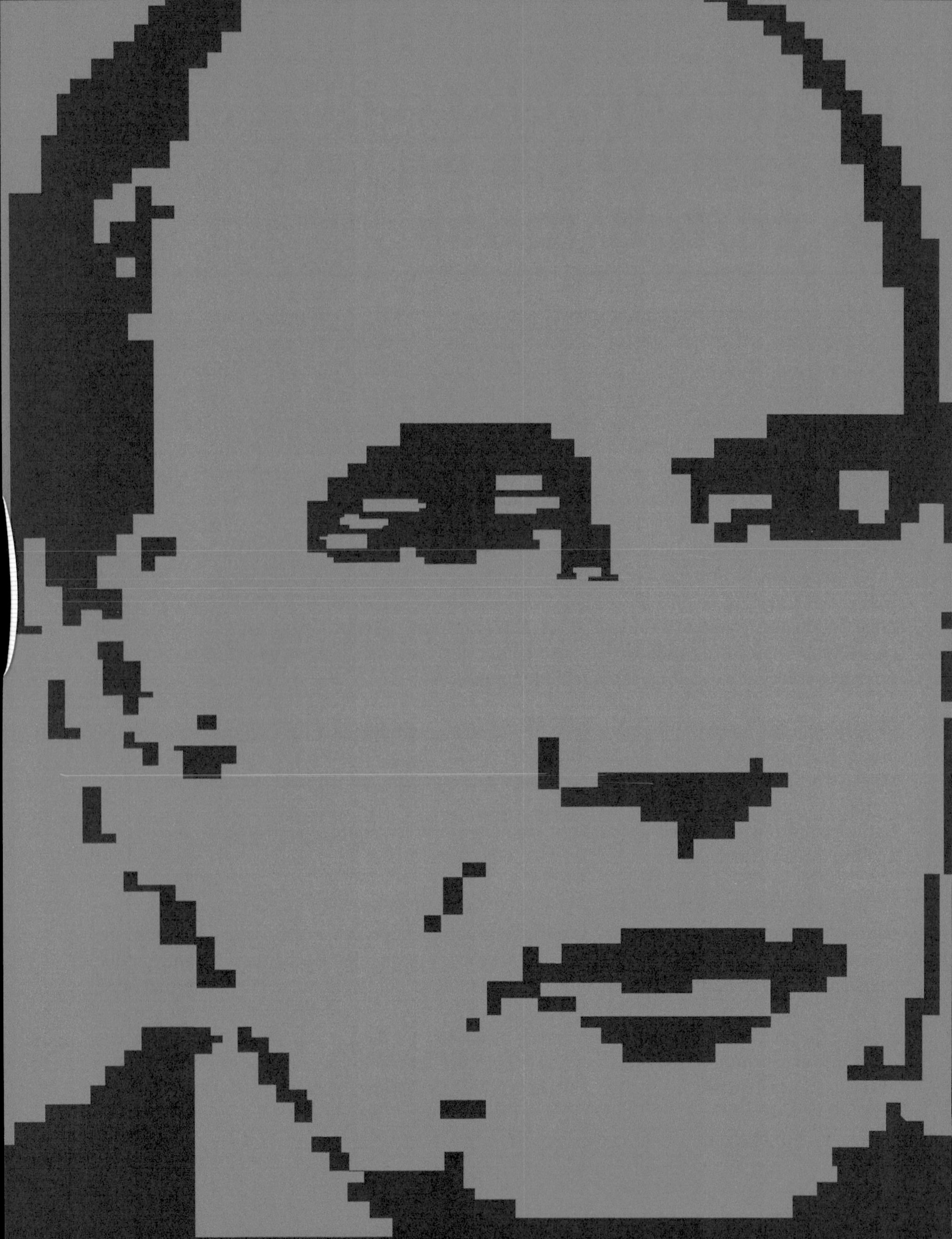

Partie 6

Les médias et le politique*

*Typographie : Futura de Paul Renner, 1927

Futura est le symbole de la modernité dans le champ typographique. Son auteur, le typographe Paul Renner applique les idées du *Bauhaus*; il considère que la fonction amène la forme et privilégie simplicité et efficacité, mais cet idéal moderniste lui donne, comme au *Bauhaus*, un caractère « dégénéré » pour les nazis. Le régime impose la Fraktur, reprenant la Textura inspirée de la calligraphie gothique, utilisé par exemple pour *Mein Kampf*. Cependant les caractères gothiques sont peu lisibles, en particulier dans les pays occupés, et, en 1941, Hitler impose aux institutions allemandes l'utilisation de Futura, un comble pour un créateur farouchement opposé à ce régime. L'histoire de cette typographie illustre de façon tout à fait édifiante les enjeux entre design et politique.

Illustration : Portrait de Francois Mitterrand, 2015 © Vincent Cabaret

Censure et liberté d'expression

Fabrice d'Almeida

Dans l'Ancien Régime, le roi jouissait d'un monopole sur l'information, la publication, l'expression publique et les activités économiques (Fogel, 1989; Barbier & Bertho-Lavenir, 2003; Feyel, 2023). Pour devenir imprimeur, libraire, éditeur ou créer un journal, il fallait obtenir un brevet ou un privilège du souverain, généralement à vie. L'avantage de ce système était que le roi contrôlait ce qui pouvait se dire en matière politique et religieuse, et qu'il garantissait les titulaires contre une concurrence immédiate : aucun nouveau brevet ne serait accordé pour une même zone et une même durée. Les titulaires de ces privilèges pouvaient donc rentabiliser leur investissement sans trop de risque. L'inconvénient : ce système bridait l'initiative et ralentissait la création d'entreprise. Et la censure royale écartait aussi des projets commercialement attractifs, mais jugés pornographiques ou subversifs, bien loin des critères actuels. Résultat, beaucoup d'éditeurs et d'hommes du livre produisaient à l'étranger (Suisse, Belgique, Grande-Bretagne, etc.) leurs ouvrages et les faisaient entrer clandestinement en France.

Cette situation est retournée par la Révolution française à partir de mai 1789. Spontanément, des journaux se créent et au mois d'août, l'abolition des privilèges et l'adoption de la Déclaration des droits de l'homme et du citoyen établissent le principe de la liberté d'expression (article 11). Commence alors pendant un siècle une alternance de liberté et de censure au gré des durcissements des régimes politiques. Cette histoire est riche d'enseignement sur le rapport à la culture et à la vie publique des élites françaises. Elle imprègne encore nos débats sur les limites de cette liberté fondamentale. Car, au fil des ans, les dirigeants politiques n'ont pu s'empêcher de chercher à museler l'opposition en limitant son accès aux médias, et cela dès la Révolution.

La liberté d'expression fondée en 1789 ne dure en effet pas. Très vite, le roi espère pouvoir supprimer des journaux trop critiques. Le débat sur son droit de véto cristallise les tensions. Le vrai changement survient après la fuite à Varennes, en 1791 (Ozouf, 2005). La presse monarchiste est progressivement soupçonnée d'être contre-révolutionnaire. Elle est interdite après la prise des Tuileries, le 10 août 1792. La Révolution entre dans un cycle de censure qui s'accroît à partir de mars 1793, avec la création du Tribunal révolutionnaire, puis le 17 septembre 1793, avec l'adoption de la loi des suspects (Popkin, 2011). Cette mesure introduit en droit un délit d'opinion : quiconque est soupçonné de visées contre-révolutionnaires, même s'il n'a mené aucune action subversive, peut être traduit devant la justice révolutionnaire et condamné à la peine capitale. Les prêtres réfractaires et les nobles sont les premières victimes de cette mesure. La répression suit les évolutions du gouvernement révolutionnaire. Tour à tour sont poursuivis, les royalistes, les

La presse censurée. Descente dans les ateliers de la liberté de la presse; la lithographie dénonce les méfaits de la censure, représentée par les ciseaux à gauche et par le geste brutal sur l'ouvrière. Grandville, revue satirique *La Caricature*, 1833.

Girondins, les babouvistes, les hébertistes, les modérés, et même finalement les robespierristes... Après la Terreur et l'élimination de Robespierre, le nouveau régime du Directoire décide de revenir à une liberté d'expression, mais ajustée pour éviter que son opposition ne se redresse. Pour la première fois, le gouvernement joue sur les taxations et la hausse du prix du journal pour limiter la création de journaux. Il pense ainsi favoriser des titres en phase avec ses choix. En réalité, les monarchistes et les jacobins saisissent cette opportunité pour revenir dans le jeu politique au point de menacer les institutions. Les directeurs sont donc obligés de bloquer leurs succès électoraux et de réprimer un soulèvement royaliste par les armes.

Le Consulat et l'Empire renforcent cette logique de censure. Napoléon encadre la presse drastiquement. Le nombre de journaux est réduit à deux par département et quatre pour Paris, soit une division par dix du nombre de titres. L'édition de livres recule aussi de plus du tiers. Même l'alphabétisation recule durant ce régime. L'empereur ne conçoit pas la presse et les médias autrement que comme des outils de propagande. À l'étranger, il s'en sert pour créer une élite libérale favorable à la France; et sur le territoire national, le but est de valoriser l'Empire et ses institutions et de dénoncer les opposants. Tenir la presse est désormais associé au plein exercice du pouvoir.

Cette logique court tout au long du XIXe siècle. Les gouvernants saisissent tous les prétextes pour limiter la liberté d'expression. La Restauration, malgré l'apparence débonnaire et ouverte de Louis XVIII qui accorde la liberté de presse dans la Charte constitutionnelle, ne tarde pas à imposer une autorisation préalable aux journaux, un contrôle du livre et du théâtre et des mesures financières pour limiter toute expression bonapartiste ou républicaine. Charles X, son successeur, ira encore plus loin. Il renforce les amendes en 1827 et augmente le droit de timbre. Le 25 juillet 1830, le roi prend une série d'ordonnances dont la première suspend la liberté de la presse. Des journalistes se réunissent au siège du National et publient une adresse rejetant les mesures. Une révolution éclate le 27 et après deux jours de combat et des manœuvres de coulisses, Louis-Philippe d'Orléans est désigné comme lieutenant général du royaume puis comme « roi des Français », le 9 août 1830.

Les nouvelles institutions sont au départ très favorables à la presse. N'est-ce pas pour elle et sa liberté que la révolution a commencée? D'un coup, fleurissent des journaux de toutes les tendances politiques : journaux socialistes comme *Le Globe* de Pierre Leroux, *l'Icarie* d'Étienne Cabet; des journaux républicains comme *la Tribune des départements*; des journaux légitimistes tel *la Gazette*; et quantité de feuilles orléanistes dont le National. L'innovation vient du dessin de presse qui donne le ton

Caricature dans *Le Charivari*, de Grandville, 8 novembre 1835.

avec la caricature de Louis Philippe Ier en poire de Charles Philippon et Honoré Daumier. Malgré la censure qui revient entre 1832 et 1835, ce régime voit l'émergence de la presse populaire avec *La Presse* fondée par Émile de Girardin en 1836 et *Le Siècle* d'Armand Dutacq qui naît quelques mois plus tard (Thérenty & Vaillant, 2001). Girardin baisse de moitié le prix de l'abonnement et introduit des annonces publicitaires. Ses pages accueillent des romans-feuilletons pour la première fois. Il rencontre un succès avec des tirages qui atteignent 100 000 exemplaires, soit cinq fois plus que ses concurrents. Deux autres évènements marquent la période : en 1835, la création de la première agence de presse, l'agence Havas; en 1843, la naissance de l'Illustration, journal d'actualité illustré de gravures. Néanmoins, la crise économique et le suffrage censitaire maintenu favorisent l'opposition républicaine. Cette dernière lance une campagne de banquet pour sa propagande, mais se heurte à des interdictions. Une manifestation de protestation est lancée à Paris et déclenche le 22 février un nouveau changement de régime.

Une nouvelle fois avec la IIe République, la liberté d'expression s'épanouit. La presse y gagne en diversité avec des journaux féminins très actifs, car les citoyennes réclament le droit de vote. Malgré le refus de le leur accorder, ces dernières sont très présentes dans la vie publique. Toutes les couleurs politiques sont aussi représentées. Des restrictions interviennent cependant, après le soulèvement de juin 1848. Le but est de favoriser la presse conservatrice. Car se profile l'élection présidentielle de décembre à laquelle le général Cavaignac, bourreau de la révolte parisienne, espère être élu (Tudesq, 1965). La presse lui accorde tout son soutien. Près de 80 % des journaux font campagne en sa faveur. Rares sont les titres qui s'engagent pour un autre concurrent. Pourtant, lors du scrutin, les 10 et 11 décembre 1848, c'est Louis-Napoléon Bonaparte qui l'emporte avec 74 % des suffrages. Le nouveau président est élu pour quatre ans, non renouvelables. Il obtient la création d'un nouveau délit : celui d'offense au chef de l'État. Il peut ainsi limiter les critiques à son égard. Mais il entre en conflit avec la Chambre, car il souhaite obtenir un second mandat. Le refus des parlementaires entraine le coup d'État du 2 décembre 1851, bientôt suivi d'une nouvelle loi très restrictive sur la liberté de la presse, le 31 décembre. Elle s'applique après la mise ne place du Second Empire, toujours sous la direction de celui qui prend le nom de Napoléon III. Le ressort de cette nouvelle législation réside dans la pression mise sur le directeur de publication, qui est responsable des délits de presse et encourt des risques sur son capital. Car en cas de suspension ou de suppression des titres, il risque la ruine. Une forte autocensure est donc de rigueur et les rédacteurs en chef vivent sous la pression des pouvoirs publics. L'avocat général Pinard applique avec

Le Rire, journal humoristique, propose une histoire de la censure présentée avec une paire de ciseaux sous son nom d'Anastasie. 14 décembre 1901.

rigueur la censure en demandant l'interdiction de *Madame Bovary* de Gustave Flaubert et des *Fleurs du mal* de Charles Baudelaire. La rigueur morale ne tient cependant pas et même l'empereur doit concéder des évolutions esthétiques. L'opposition républicaine se nourrit de ce contrôle tatillon. Elle obtient en 1868 la libération de l'Empire. Des élections plus libres se tiennent et une nouvelle loi sur la presse retrouve des critères démocratiques. Celle-ci introduit dans son article 11 une protection de la vie privée, ce qui constitue une première à l'échelle mondiale. La guerre de 1870 déclenche une régression. La loi sur l'état de siège du 9 août 1849 est appliquée avec pour effet une censure massive. Cette logique se prolonge avec le gouvernement provisoire de la République qui fait suite à la déchéance de l'Empire le 4 septembre 1870. L'ordre moral, cette tentative de restauration d'un pouvoir autoritaire entre monarchisme et bonapartisme se traduit par une surveillance accrue de la presse et des républicains. Mais après le vote des lois constitutionnelles de 1875, la majorité passe progressivement aux républicains qui tiennent toutes les institutions à partir de 1879. Débute alors une réflexion intense sur le statut de la presse. Il s'agit d'établir une nouvelle législation qui garantisse la liberté et s'inscrit dans un vaste cadre donnant aux citoyens des droits fondamentaux, comme celui de jouir d'une école libre, gratuite et obligatoire.

Vu insiste en novembre 1935 sur la censure au cinéma.

Émile de Girardin est chargé de concevoir une nouvelle loi, adoptée le 29 juillet 1881, peu après sa mort. Ce texte sert encore de référence aujourd'hui. Plus aucune limite à l'information n'est posée. Seules la diffamation, l'injure sont proscrites et peuvent faire l'objet de poursuites après parution. Les fausses nouvelles sont interdites et peuvent être poursuivies par le procureur, mais ce dispositif est vite vidé de sa portée par les magistrats qui ne l'appliquent qu'à de fausses alertes délictuelles. La presse écrite et le journalisme s'épanouissent dans ce nouveau cadre (Martin, 1997; Jeanneney, 1996; Delporte, 2004). Le métier de journaliste s'impose et devient une de ces « couches nouvelles » du savoir et de la compétence qui constituent les élites de la IIIe République. Malgré quelques mesures politiques restrictives, la liberté demeure le standard des Républiques françaises jusqu'à nos jours (Machelon, 1976). Certes, les guerres mondiales constituent des périodes d'exceptions (Forcade, 2016). Elles voient un retour de la censure et l'adoption de dispositifs contraignant la diffusion de certaines informations (d'Almeida & Delporte, 2010). Les nouveaux médias qui s'imposent n'y échappent pas. Comme la presse, la radio, le cinéma, la télévision puis les médias numériques subissent les contraintes de défense et de sécurité quand les vents sont mauvais. Le retour à la paix leur permet une activité routinière dans le cadre démocratique de la liberté d'expression.

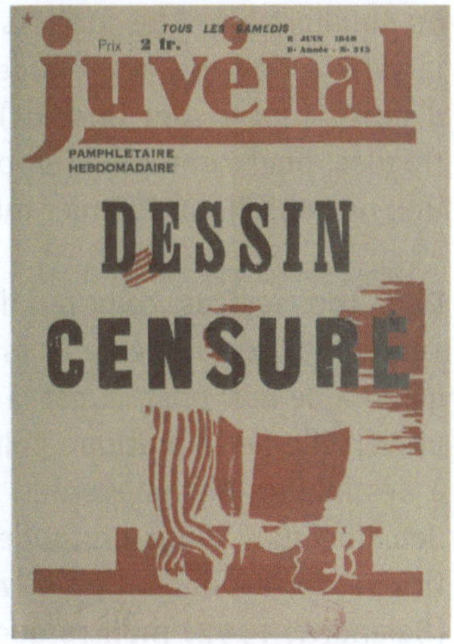

Juvénal, 8 juin 1940. Dernier numéro. Le journal ne reparaîtra qu'en 1948.

Les mises en scène du pouvoir politique

Arnaud Mercier

« La famille des cochons est ramenée à l'étable », Contre-mise en scène du pouvoir : caricature moquant l'échec de la fuite de Louis XVI à Varennes, 21 juin 1791. Gallica.bnf.fr / BnF.

Le politique est cette instance d'arbitrage des conflits internes à une société, issue des rapports de force qui la traversent. Grâce à des procédés et principes variés (héritage, vote, tirage au sort, coup d'État, révolution, théocratie...) des titulaires d'un pouvoir d'agir sont désignés ; ils peuvent alors imposer aux autres membres de la cité leurs comportements. Le politique est tenu de trouver un équilibre entre les intérêts forcément contraires qui traversent la société. Cela peut passer par la satisfaction des intérêts de quelques groupes (qui soutiennent le régime) et l'asservissement d'autres (qui y sont hostiles), ou par la recherche de compromis ou de consensus, fatalement fragiles, pour contenter (un peu) tout le monde. Le politique s'incarne dans des institutions (un Roi, un conseil, un Premier ministre, un appareil d'État...), et il agit, prend des décisions.

Dans tous les cas, ceux qui détiennent le pouvoir politique sont contraints de se préoccuper de l'acceptabilité sociale de leurs décisions et d'entretenir la croyance dans le bien-fondé des raisons qu'on a de leur obéir. C'est là que la mise en scène du pouvoir s'impose comme une composante universelle de la pratique politique. Il ne peut exister de pouvoir sans mise en sens et en scène, à destination des gouvernés. L'acte de communication consubstantiel au politique correspond à deux logiques : l'une profonde, anthropologique, l'autre plus changeante, plus artificielle et superficielle, correspondant à une approche marketing. L'anthropologie politique de la communication (Balandier, 1992) montre que tout détenteur du pouvoir est obligé de se mettre en scène pour imposer et faire accepter son autorité à des assujettis sociaux, grâce à l'entretien d'une légitimité et/ou une crainte. Le marketing, lui, par des artifices plus ou moins spectaculaires, séduit et attire l'attention des citoyens; il génère des émotions positives propres à susciter la confiance. Ce marketing, avec ses tours provisoires et versatiles, mais qui ont pris une place grandissante (sans doute envahissante) dans la vie politique contemporaine des démocraties, s'oppose à la « théâtrocratie » liant consubstantiellement tout pouvoir à des formes structurelles de mises en sens et en scène du politique.

La théâtrocratie : les rites et les mythes au cœur du pouvoir

La domination doit reposer sur une triple croyance : croyance dans le prestige du ou des gouvernants, croyance dans le bien-fondé de leur autorité, croyance dans l'utilité de leurs actions. Pour imposer ces croyances, le pouvoir s'appuie sur un savoir, qui contribue à lutter contre l'idée qu'il reposerait sur la seule force, en s'abritant derrière le masque de la raison. L'assujetti se doit de se soumettre au pouvoir pour une « bonne raison », même s'il juge sa situation personnelle inacceptable parce qu'il constate son incapacité sociale à accéder effectivement au pouvoir, ou parce qu'il endure des souffrances du fait de sa position de dominé. La légitimité intervient donc afin de faire passer les assujettis d'une situation de soumission passive à un consentement actif, en sachant susciter des émotions comme l'admiration, la gratitude, l'enthousiasme, voire l'amour. Cette opération de transfiguration provient de l'idée de Rousseau selon laquelle le plus fort ne peut rester le maître que « s'il transforme sa force en droit et l'obéissance en devoir », car « la force ne fait pas droit et on n'est obligé d'obéir qu'aux puissances légitimes » (Rousseau, 1966 : 44 & 45).

Un rite républicain classique de la Ve République : cérémonie de passation de pouvoir à l'Élysée entre Jacques Chirac et Nicolas Sarkozy, 16 mai 2007, par Valérie Lucas et Jeff Wittenberg, France 2, @INA.

L'accès au pouvoir s'accompagne donc de rituels d'investiture, d'opérations de transformation d'une enveloppe charnelle ordinaire et mortelle en une figure sacralisée, en une incarnation de l'autorité, dépassant la simple personne du détenteur du pouvoir. Ici réside la nécessité anthropologique fondamentale qui rend consubstantiels les liens entre pouvoir et communication. La communication est l'opération qui rend possible ce passage d'un état à l'autre, de la domination pure et brutale au pouvoir acceptable et globalement accepté, de la force à la croyance. « La genèse de la société politique [...] laisse poindre nombre de processus de croyances, de fictions, de mythes, bref une imagination dynamique dont l'entretien par la collectivité rend précisément possible le nouvel être-ensemble » (Wunenburger, 2001 : 34).

Le pouvoir fournit à la société une certaine représentation d'elle-même. Du coup, il se met lui-même en scène, afin d'attester son existence et celle de la collectivité qu'il incarne. Georges Balandier (1992) décrit ce travail politique comme un exercice de « transfiguration mystique », mobilisant mythe, symbole, rites, imaginaire, et dont aucun pouvoir ne peut faire l'économie. Ce travail de représentation est à associer au travail de légitimation.

Jacques Louis David, *Le Sacre de Napoléon et le couronnement de Joséphine* Notre-Dame de Paris, 2 décembre 1804.

Les nombreuses cérémonies et symboliques qui accompagnent les démonstrations d'existence et d'autorité des pouvoirs en place contribuent à alimenter une véritable mise en spectacle du pouvoir, qui atteste selon Marc Abélès de l'existence d'un « lien organique entre politique et représentation », la mise en représentation n'étant pas « une dimension subalterne ou dérivée de l'action politique », mais plutôt « une condition fondamentale, commune à l'ensemble des sociétés humaines » (Abélès & Jeudy, 1997 : 247-251). Tout se passe comme si, dans nombre de cas, le pouvoir devait dans son exercice exposer ses signes et ses représentations. L'universalité d'une telle attitude a été mise en évidence par l'anthropologue Georges Balandier (1992), qui parle de « théâtralisation du pouvoir ».

Tout pouvoir se préoccupe donc de se mettre en scène, de se rendre visible aux yeux de ceux qu'il gouverne et d'induire chez eux certaines perceptions. Si les pouvoirs ont toujours été associés aux fêtes et aux cérémonies plus ou moins rituelles, c'est que ces évènements aident à faire accepter sa domination. Un pouvoir ne peut en effet se maintenir ni par le seul usage brutal de la force ni par la seule justification rationnelle. Il ne se met en place et ne se conserve que par la production d'images et par la manipulation de symboles, notamment dans un cadre cérémoniel.

Le pouvoir se met également en scène pour imposer ou confirmer son autorité et aussi pour mobiliser ses assujettis. Cet objectif est atteint par des mises en scène et par le recours à des représentations visuelles des autorités ou des institutions et principes qui accomplissent et guident leurs actions. Comme le déclarait le juriste janséniste Jean Domat (1697 : 35) à la fin du XVIIe siècle, « on doit mettre au nombre des droits que les lois donnent au Souverain celui d'avoir toutes les marques de grandeur et de majesté nécessaires pour faire éclater l'autorité et la dignité d'une puissance de cette étendue et de cette élévation, et en imprimer la vénération dans les esprits de tous les sujets ». Mettre en place un appareil de rituels et de récits, fondés sur des codes durables, plongeant dans un passé parfois très lointain, sert à naturaliser le pouvoir, à donner la sensation qu'il est là comme par évidence et qu'il est inscrit pour durer. Et c'est ainsi qu'un même personnage peut donner lieu à des représentations symbolisées divergentes en fonction des valeurs du régime du moment, comme avec le couronnement de Louis XVI en 1774 puis son exécution par les révolutionnaires en 1793.

Illustration extraite du livre *Sacre et couronnement de Louis XVI, roi de France et de Navarre, à Rheims,* le 11 juin 1775, sous la direction de l'abbé Pichon. 1775. Gallica.bnf.fr / BnF.

Le marketing politique : plaire, faire briller ou cacher

Tout autre est la logique du marketing politique, qui est une activité par essence éphémère, à renouveler sans cesse, usant d'artifices pour mettre en avant des traits de caractère supposés des personnalités politiques, jusqu'à leur intimité, au risque de la peopolisation (Dakhlia, 2008). Il valorise les actions politiques, en s'employant à y associer des perceptions et jugements favorables. Le marketing peut-être grossièrement manipulatoire, mettant au premier plan une idée, une action, en laissant croire que cela est représentatif de l'ensemble d'une action ou d'une personnalité alors que tel ne serait pas le cas. Il peut aussi bien être sincère, servant de mise en lumière de qualités et d'actes que le personnel politique ne saurait valoriser. Tout dépend du contexte, de la concurrence politicienne, du degré de danger ou d'invisibilité auxquels le personnel politique concerné fait face.

Le marketing repose sur la mise en œuvre de techniques issues du commerce (Stenger, 2019 ; Mercier, 2017), permettant d'enjoliver ce qui doit l'être et de cacher ce qu'il faut laisser dans l'ombre. Il valorise des actes, des gestes, des propos, des images, afin d'aider un ou une politicienne, un gouvernement... à donner à voir une image positive et séductrice de soi. Il aide à se transformer dans le temps. Loin de grands récits, d'ancrage dans l'histoire longue, de la manipulation de symboles au sens anthropologique du terme, le marketing privilégie une inscription dans le temps présent, même s'il peut mobiliser l'histoire à titre cosmétique.

Les élections à la télévision

Arnaud Mercier

Bien que la télévision, média de masse par excellence, soit de plus en plus concurrencée par les médias numériques, elle conserve un rôle important dans la médiatisation des campagnes électorales. En attestent les nombreuses réglementations mises en place pour les contrôler au nom du respect du pluralisme. Les journalistes de télévision ont à la fois pour mission de rendre compte des campagnes électorales, d'organiser et d'animer les débats télévisés et la soirée électorale présentant les résultats ; ces deux rituels télévisés sont fédérateurs d'audience et attractifs pour le personnel politique. Les messages diffusés à la télévision servent de source d'information primordiale pour une partie de l'électorat, notamment âgé, avec une incidence sur le vote (Piar, 2012), qui reste débattue tant, en la matière, on doit se départir des mythes donnant à la télévision le pouvoir de « faire l'élection ».

Une couverture électorale télévisée bien encadrée

Cette croyance en l'effet puissant de la télévision, dans la plupart des démocraties occidentales, a produit une législation enjoignant les diffuseurs à respecter un certain pluralisme de l'information dans leur couverture de la campagne électorale. La France possède l'une des législations les plus contraignantes. L'instance de régulation audiovisuelle (actuellement l'Arcom) est chargée de veiller à l'application de ces dispositions, en ayant pour missions[1] de veiller au respect du pluralisme politique sur l'ensemble des chaînes et radios et d'organiser la campagne officielle radiotélévisée. Le respect du pluralisme passe par la surveillance de la durée d'antenne consacrée à chaque candidat ou parti[2].

La recommandation publiée par l'Arcom distingue trois périodes successives au fur et à mesure que l'on se rapproche du scrutin. Quelques mois avant le scrutin, les diffuseurs doivent veiller à l'équité des temps de parole et des temps d'antenne des candidats et de leurs soutiens, qui dépend de leurs résultats aux élections précédentes, en les pondérant légèrement par les résultats des derniers sondages (Rio, 2019). Lors de la seconde période allant jusqu'à la veille de l'ouverture de la campagne électorale officielle, l'équité est renforcée du point de vue des conditions de programmation. Enfin, durant la période de campagne électorale officielle, les services de télévision et de radio doivent respecter une égalité stricte des temps de parole et des temps d'antenne dans des conditions de programmation comparables. C'est à cette occasion que de « petits candidats », des formations politiques naissantes ou peu connues peuvent profiter de leur passage à la télévision pour acquérir de la visibilité et séduire de nouveaux électeurs.

Les sondeurs au premier plan des plateaux de télévision du second tour de l'élection présidentielle de 1981. Ici, Pierre Weill (fondateur et dirigeant de la Sofrès) sur TF1. 10 mai 1981. Réalisé par François Lopez, Jean-Marie Cavada, Dominique Souchier, Jean-Vincent Fournis et Pierre Sabbagh, @INA.

Au Canada, l'équivalent de l'Arcom (le CRTC) surveille également la répartition équitable du temps d'antenne, en fonction de critères d'attribution très stricts. En Grande-Bretagne, l'activité de la BBC est régie par des *electoral guidelines* où l'impartialité est un devoir. « Ce cadre doit garantir que l'importance voulue est accordée à la transmission, à l'examen et à la contestation des points de vue et des politiques de tous les partis concernés ». Contrairement à la France, il n'y a pas de décompte strict du temps de parole. « Décider des niveaux respectifs de couverture médiatique pour différents partis politiques, qui bénéficient de différents niveaux de soutien politique, nécessite avant tout un jugement éditorial pertinent et impartial, plutôt que des formules mathématiques » ajoute la BBC. Aux États-Unis, il n'y a pas de régulation au nom du Premier Amendement sur la liberté d'expression.

De quelques émissions iconiques

Outre les clips de campagne qui peuvent, selon les législations nationales, être plus ou moins diffusés sur les ondes hertziennes, trois programmes spécifiques incarnent les liens possibles entre télévision et élections : les débats entre les candidats, souvent des duels, les émissions politiques spéciales avec décor et scénographie propres à la période électorale, et la soirée électorale pour suivre le suspense des résultats et vivre en direct les réactions et émotions des forces politiques.

1 art. 16, loi du 30 septembre 1986.

2 Rambaud R. (15 avril 2024) « Élections européennes et Arcom », Blog du droit électoral [en ligne].

Premier débat télévisé Nixon/Kennedy, 26 septembre 1960.

Au sommet de ce dispositif télévisuel se trouve le débat final entre les deux candidats. Là où ce débat existe, il est devenu une institution, toujours regardé par une part importante de l'électorat. On prête souvent à ce débat une importance décisive, car il serait capable de faire basculer certains indécis qui, en cas de score serré, font la différence. C'est ainsi que le mythe Kennedy s'est bâti sur l'idée qu'il avait été plus performant et télégénique lors de ses débats télévisés avec Nixon en 1960, et qu'il devait au débat sa courte victoire électorale. La télévision est alors associée au dévoilement : les citoyens pourraient mieux juger de la sincérité et de la personnalité des hommes politiques grâce au regard acéré de la caméra. Voilà pourquoi parmi les objectifs du marketing politique figure l'apprentissage des règles de la télégénie et de la préparation des débats, grâce à des exercices de simulation appelés *media training*, comportant des formules chocs et des petites phrases pensées en amont et qu'il faut recaser dans le débat au moment opportun.

Dans tous les pays, les rédactions créent aussi des programmes spéciaux mettant en valeur la télévision comme forum démocratique. Mais, à une époque d'usure démocratique, constatée dans bien des pays dont la France, avec une montée continue de l'abstentionnisme, les émissions politiques peinent à attirer le grand public. D'où les efforts des chaînes pour moderniser la mise en scène, intégrer d'une façon ou d'une autre les citoyens dans le dispositif : sélection d'un petit panel d'électeurs pour dialoguer avec les candidats, interpellation des candidats par l'entremise de questions formulées sur les réseaux socio-numériques des citoyens. On trouve aussi des émissions de confession politique avec le ou la candidate comme dans les années 1980 avec *Questions à domicile* ou plus récemment avec *Une ambition intime* sur M6 (2016-2017).

Enfin, les télévisions organisent systématiquement des émissions spéciales le jour du scrutin. Pour les citoyens, il s'agit de se tenir informés et de vivre en direct la vie politique. Pour les chaînes, c'est leur fonction démocratique et leur crédibilité qui sont en jeu. Ceci explique que certaines grandes chaînes privées organisent aussi ces soirées, même si elles ne sont pas toujours rentables, en particulier pour les scrutins locaux ou européens.

Ces soirées donnent en fait à voir la représentation que chaque pays se fait de sa démocratie : une grande élection est un enjeu décisif pour la vie du pays, qui justifie l'intensité dramatique de la mise en scène télévisuelle en direct; la politique vaut bien qu'on s'enthousiasme pour elle; le résultat est accepté pacifiquement par tous et festivement par les vainqueurs; les hommes politiques affirment tirer des enseignements du vote, surtout d'une défaite; ils valorisent l'électorat, toujours présenté comme sage et plein de bon sens. Constatons que les bons taux d'audience de certaines soirées électorales, surtout en cas de score serré, montrent que le désintérêt pour la politique n'est pas irrémédiable.

Effets possibles sur l'élection

Quand on interroge l'opinion publique sur l'existence d'un lien entre médiatisation et vote, on se heurte vite à un paradoxe : les électeurs croient massivement à l'influence des contenus médiatiques sur le vote... mais sur le vote des autres et non le leur. Si on interroge ce lien d'un point de vue scientifique, il est très difficile de conclure à quoi que ce soit de probant, tant il est impossible d'isoler la télévision des autres sources d'influence (réseaux socio-numériques, sites d'information, presse écrite, affiches, tracts, réunions publiques, discussion avec l'entourage, socialisation longue, etc.). On peut néanmoins essayer d'approcher l'enjeu par des enquêtes déclaratives approfondies.

Jean Chiche et Jérôme Jaffré (1997) montrent que, à la présidentielle de 1995, le score de ceux qui déclarent que la télévision a été utile pour faire leur choix électoral est d'autant plus élevé que l'électeur est davantage prêt à changer de vote : ils le disent à 44 % parmi les électeurs classés « déterminés », à 51 % parmi les « hésitants », à 56 % parmi les « perplexes » et à 62 % parmi les « volatils ». Mais seule une infime minorité d'électeurs lient cette utilité à la détermination directe de leur vote (moins de 5 %). L'utilité prêtée à la télévision est donc plus élevée chez les moins déterminés politiquement, ceux qui cherchent un guide pour leur vote, car ils ne s'intéressent à la campagne que nouvellement, ou ne sont qu'inhabituellement intéressés par la politique. Les informations électorales diffusées par la télévision, principal média grand public, gardent une certaine influence sur les catégories populaires qui sont moindrement politisées.

Le débat entre plusieurs candidats possède une vertu qui accroît son potentiel d'influence électorale : il oblige des gens aux sensibilités différentes et divergentes à regarder le même programme, puisque pour entendre leur « champion », il faut écouter les adversaires présents sur le même plateau. Cela conduit des gens qui évitent habituellement l'exposition à une parole contraire à leurs convictions ou à leurs choix de cœur, à être soumis à l'influence d'une parole dissonante et à découvrir d'autres personnalités.

Lors de la présidentielle de 2017 en France, un débat inédit entre les cinq principaux protagonistes désignés par les sondages d'intention de vote a été organisé. Pour les électeurs et les électrices hésitants, entre voter ou ne pas voter, entre voter pour un candidat ou un autre, le débat à cinq du 20 mars 2017, suivi par 9,8 millions de téléspectateurs sur TF1 et LCI (soit 48 % de part d'audience) permet une comparaison entre les candidats tant sur le plan du programme que du style ou de la personnalité. Les commentateurs ont alors unanimement salué la performance de Jean-Luc Mélenchon comme étant la plus habile. Ils notent ses talents (déjà connus) de tribun, son art oratoire et son ironie qui fait mouche. Cette impression de victoire de Jean-Luc Mélenchon est attestée par un sondage réalisé le soir même par Opinion Way (*Le Point*, 20 mars 2017). Le candidat de la France insoumise s'en sort très bien : 27 % des sondés déclarent avoir, après le débat, une meilleure opinion de lui, contre 14 % une plus mauvaise, soit un différentiel positif de 13 points, devant les dix points d'Emmanuel Macron et alors que les trois autres débatteurs ont perdu à ce jeu (Hamon -5 points, Le Pen -9, Fillon -17). Selon l'enquête par panel Ipsos Cevipof qui suit le même échantillon pendant plusieurs mois, l'après débat marque le début d'un basculement irrémédiable au sein de l'électorat de Gauche entre le socialiste Benoît Hamon et Jean-Luc Mélenchon. Le premier perd 14,7 % de ses soutiens entre les deux enquêtes[3], pendant que le second gagne 34 % d'intentions de vote. Le débat a déclenché un jeu de vases communicants qui ne s'arrêtera plus jusqu'au premier tour, perdu par tous les candidats de Gauche.

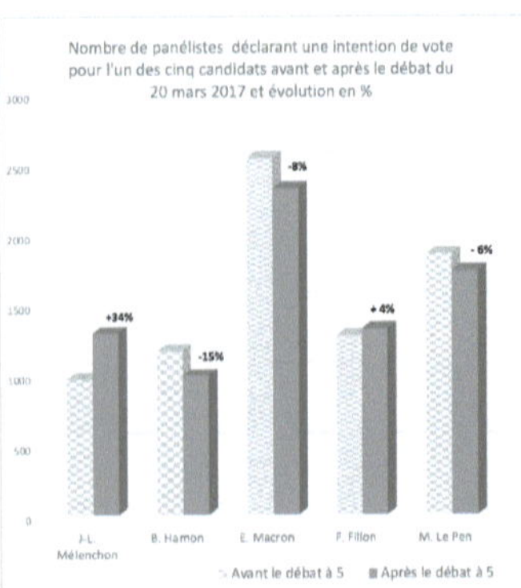

Extrait de Arnaud Mercier, *Histoire d'une révolution électorale (2015-2018)*, Paris, Classiques-Garnier, 2019.

Cette campagne présidentielle de 2017 est passionnante, car tant pour les débats télévisés de la primaire à Droite, que du premier tour, puis du duel du second entre Emmanuel Macron et Marine Le Pen, des inflexions dans les intentions de vote ont été observées, nous conduisant à affirmer que ce furent « des débats télévisés enfin décisifs sur le vote » (Mercier, 2019). Il faut noter qu'un contexte spécifique a favorisé cette influence. Le renouvellement fort de l'offre électorale, avec aucun Président sortant comme candidat et des têtes nouvelles, dans un moment de crise de confiance dans les partis traditionnels de gouvernement, ouvre la voie à une forte volatilité électorale, qui rend plus d'électeurs disposés à utiliser des prestations télévisées pour les guider dans leurs choix électoraux.

3 14-19 mars pour la vague 12 et 31 mars-4 avril pour la vague 12*bis*.

Le débat public en ligne

Romain Badouard

Depuis le milieu des années 1990, internet et les technologies numériques ont reconfiguré en profondeur les formes du débat public dans les démocraties occidentales. Ces transformations sont d'abord dues aux caractéristiques techniques de l'architecture du réseau internet, mais aussi à la culture de débat spécifique qui naît sur le Web au tournant des années 2000. Les sciences sociales se sont de longue date, intéressées au sujet, en déployant des méthodologies variées pour étudier le débat public en ligne (abordées en fin d'article).

Un débat ouvert, décentralisé et international

En comparaison des médias de masse, le réseau internet présente trois caractéristiques significatives : il est ouvert, décentralisé et international. L'ouverture du réseau signifie que n'importe quel usager qui s'y connecte peut à la fois recevoir des informations, mais aussi en publier. Alors que pour la presse, la télévision ou la radio, la circulation de l'information répond à un modèle « un-à-tous » (un émetteur pour une multitude de récepteurs), sur internet, les informations circulent selon un modèle « tous-à-tous ». Cette ouverture a fait naître de grandes espérances aux débuts de l'internet grand public : en permettant à de nouvelles voix de s'exprimer, le réseau a permis de démocratiser le débat public. Aujourd'hui, ce sont davantage les pendants négatifs de cette ouverture qui sont mis en avant : la dilution de l'expertise notamment (puisque tous les internautes sont « au même niveau ») ou la brutalisation des échanges (puisque l'ouverture du débat fonctionne également pour les voix rétrogrades, agressives, racistes et plus généralement « anti-sociales »).

La deuxième caractéristique a trait à sa dimension décentralisée : l'architecture et les protocoles techniques d'internet sont conçus pour que l'information qui y circule n'ait pas à suivre un chemin prédéterminé, mais qu'elle puisse emprunter différents nœuds du réseau pour arriver à destination. Pour le dire autrement, il n'existe pas, dans le principe originel du réseau, de « poste de contrôle » sur internet (Benkler, 2006), à partir duquel les informations pourraient être bloquées ou filtrées, comme c'est le cas pour les médias de masse (les stations radio ou de télévision, les rédactions des journaux constituent autant de « postes » à partir desquels l'information mise en circulation est contrôlée). Cette décentralisation a des conséquences positives et négatives. Positives, car les internautes jouissent d'une plus grande liberté d'expression sur internet que dans les autres médias, puisque la parole publique y est moins contrainte. Négatives, car les journalistes ne peuvent y exercer leur fonction de *gatekeepers* (qui consiste à filtrer les informations avant de les publier), et les discours farfelus, mensongers, malveillants ou complotistes peuvent y trouver un large public.

Philippe IV, Philippe le Bel (1268-1314), États généraux de 1302, timbre-poste, France, 1968.

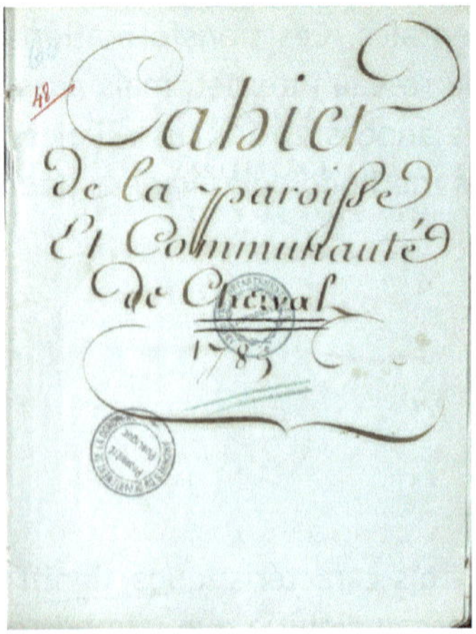

Paroisse de Cherval, Archives départementales de la Dordogne.

Les cahiers de doléances recueillis en 1789, à la veille de la Révolution française, s'inscrivent dans une longue tradition de consultation des sujets du roi. Entre 1247 et 1270, le roi Louis IX charge des enquêteurs de recueillir directement sur tout le territoire les plaintes du peuple. Ces consultations passent aussi par des représentants, comme le fait Philippe Le Bel en réunissant en 1302 une assemblée qui doit porter les opinions de la population à propos d'un conflit avec la papauté.

Internet, enfin, est un réseau international, qui connecte entre eux des ordinateurs et des serveurs. Dans l'histoire des médias, les relations entre auteurs, éditeurs et publics ont toujours été réglementées par un cadre juridique national, même s'il pouvait parfois y avoir des conventions transfrontalières. Avec internet, les informations accessibles depuis un pays peuvent être hébergées sur des serveurs situés à l'étranger et donc soumises à des juridictions tierces, compliquant considérablement la régulation des contenus en ligne. L'histoire d'internet est ainsi émaillée de controverses autour de la liberté d'expression et de ses limites, que les États comme les tribunaux n'ont jamais réussi à trancher (Badouard, 2020). Internet n'est donc pas « bon » ou « mauvais » pour le débat public en démocratie, mais il imprime ses caractéristiques sur son fonctionnement, le reconfigure à son image, produisant des externalités parfois positives, parfois négatives pour les journalistes, les éditeurs et les publics (Cardon, 2010; Badouard, 2017).

Une nouvelle culture de débat

Internet n'est pas qu'un réseau de communication. En hébergeant le Web (le réseau documentaire composé des sites reliés entre eux par des liens hypertextes) à partir du début des années 1990, il est devenu un espace d'information et de débat au sein duquel est née une culture de l'échange particulière. Si, à bien des égards, cette culture de débat est l'héritière de formes antérieures de communication électronique, comme les forums de Usenet ou les messageries du Minitel (Jouët, 1989; Schafer, 2018), le succès du Web dans les années 1990 et 2000 contribue à la diffuser et à la démocratiser.

Sur le Web, les internautes sont anonymes. Ils peuvent s'extirper de leur condition sociale et entreprendre des démarches d'exploration intellectuelle, en posant des questions ou en exposant des arguments qu'ils n'auraient pas osés ou souhaité exprimer publiquement dans leur vie hors ligne. Mais cet anonymat est aussi synonyme d'une déresponsabilisation des énonciateurs et accompagne la libération d'une parole parfois agressive ou rétrograde. Ainsi, la première caractéristique de cette culture de débat est de détacher les discours des individus qui les portent, pour le meilleur ou pour le pire. À partir de la fin des années 2000, les plateformes de réseaux sociaux deviennent les espaces privilégiés du débat public en ligne. Ces plateformes reconfigurent elles aussi les discussions à leur image. En développant toute une ingénierie sociotechnique propre au « Web affectif » (Alloing & Pierre, 2017), elles promeuvent de

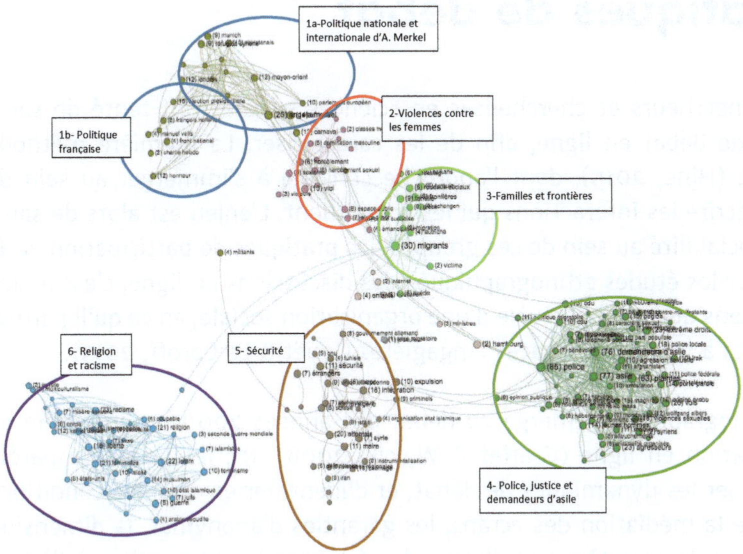

Illustration d'un débat médiatisé sur les évènements de Cologne la nuit du 31 décembre 2015, Logiciel Gargantext. (Archive Cécile Meadel)

nouveaux moyens d'expression, comme les émoticônes, les *likes*, les retweets, qui se passent généralement du maniement de l'expression langagière. Le partage d'information, pratique centrale sur ces plateformes, permet également de « parler avec les mots des autres » (Bastard, 2019). Ces modes de participation, parfois critiqués comme une forme d'activisme fainéant, ou *slacktivisme* (Morozov, 2014), n'en sont pas moins une façon de prendre part à un débat plus inclusif, et peuvent constituer des canaux de politisation pour des populations en marge du débat politique traditionnel (Badouard, 2017). Enfin, l'atténuation de la frontière entre vies publique et privée sur ces réseaux consacre le rôle du témoignage personnel comme source de mobilisations collectives, à l'image du mouvement #meetoo ou #balancetonporc (Méadel & Mustar, 2022).

Ainsi, les plateformes de réseaux sociaux démocratisent l'accès à l'information et au débat public, tout en facilitant les prises de parole et l'organisation d'actions collectives. Mais dans le même temps, leur popularité inédite (Facebook et YouTube passent la barre du milliard d'utilisateurs au tournant des années 2010) engendre une recentralisation du débat public en ligne autour des services proposés par quelques grandes firmes étatsuniennes. Ce mouvement de recentralisation (les internautes ont tous tendance à utiliser les mêmes plateformes) a pour conséquence d'offrir un pouvoir énorme à ces entreprises sur la régulation du débat public, en décidant de ce qui mérite d'être vu et mis en débat sur le Web (Badouard, 2020).

Étudier des pratiques de débat

Depuis les années 1990, les chercheurs et chercheuses en sciences sociales ont tenté de saisir les spécificités des pratiques de débat en ligne, afin de les caractériser. La première méthode mobilisée a été l'ethnographie (Hine, 2015), dont l'approche consiste à s'immerger au sein de communautés en ligne pour décrire les interactions qui les constituent. L'enjeu est alors de saisir les modes d'expression de la sociabilité au sein de ces groupes, les pratiques de participation et de coopération qui y naissent. Pour les études ethnographiques des discussions en ligne, c'est moins le débat en lui-même qui fait sens que ce qu'il révèle d'une organisation sociale, en ce qu'il permet de discerner des comportements à travers des traces langagières (Jouët & Le Caroff, 2013).

En parallèle à la tradition ethnographique, émerge au début des années 2000 un ensemble de travaux portant sur la délibération en ligne (Greffet & Wojcik, 2008). Ici, les prises de parole sont étudiées, afin de caractériser les dynamiques de débat, et d'identifier en quoi les conditions d'échange sur internet (comme la médiation des écrans, les garanties d'anonymat, la dimension individuelle de la participation ou le caractère asynchrone des échanges) sont propices à l'émergence de formes de débat plus ou moins respectueuses, argumentées, inclusives ou constructives. Pour ce faire, la méthode privilégiée par ce courant est celle du codage, en cherchant à caractériser chaque prise de parole, pour ensuite appréhender la construction collective des échanges. Les approches ethnographique et délibérative sont poreuses, et les chercheurs et chercheuses des deux champs se lisent et s'inspirent dans une dynamique de fertilisation croisée (Badouard, 2025).

À la fin des années 2000, l'émergence du champ des *digital methods* offre aux chercheurs et aux chercheuses de nouvelles méthodes, qualifiées de « computationnelles », pour étudier les débats en ligne. À partir de programmes et de logiciels qui permettent de traiter de grandes bases de données (cartographier des millions de comptes Twitter par exemple, ou analyser des corpus de milliers de pages), ces recherches vont produire de nouvelles connaissances sur les modes de structuration des débats en ligne, leur compartimentation idéologique, et les phénomènes d'autorité au sein des groupes en opposition. Si certaines de ces méthodes vont connaître un grand succès au sein d'agences de marketing en tant que nouvel outil de connaissance de l'opinion (Kotras, 2018), elles sont également l'objet de critiques en sciences sociales (Venturini, Cardon & Cointet, 2014), et renouvellent les débats sur les apports des approches quantitatives et qualitatives pour saisir la singularité des pratiques de débat en ligne.

Réseaux sociaux numériques et politique

Élodie Berthet et Gaël Stephan

Pour la première fois en politique, des outils numériques sont utilisés massivement pour mobiliser l'électorat en 2008 par l'équipe de campagne de Barack Obama. Cette utilisation a fait l'objet de nombreux commentaires soulignant que les réseaux sociaux numériques (RSN) ne sont pas pour les organisations politiques des gadgets, mais bien des instruments stratégiques de communication et de ciblage électoral. Forts de ce constat, les femmes et hommes politiques français ont pleinement investi les RSN à compter de la campagne présidentielle de 2012. Depuis lors, les pratiques ne cessent d'évoluer et de s'adapter à ces espaces multimodaux, mélangeant texte, image et vidéo, afin de communiquer avec les citoyens.

L'humain derrière la fonction

Les RSN permettent aux acteurs politiques d'entrer directement en contact avec les électeurs et les journalistes. Ils offrent un lieu où communiquer leurs actualités, leur programme, leurs positions ou leurs activités (meetings, interventions médiatiques, etc.). Ces dispositifs de communication désintermédiée laissent aux hommes et femmes politiques la maîtrise du choix des informations à diffuser, de leur angle de traitement et de la fréquence de diffusion (Graham *et al.*, 2013). Ceci représente une aubaine toute particulière pour les candidats issus de partis marginalisés, généralement boudés par les médias traditionnels du fait de leur programme ou de la faiblesse de leur électorat. Ces *outsiders* trouvent dans les réseaux un moyen relativement peu onéreux de s'adresser directement aux électeurs (Bode *et al.*, 2016 : 589), mais aussi d'attirer l'attention des médias traditionnels par l'originalité d'un contenu ou d'une position. Augmentant la diffusion des messages (en espérant par là même augmenter la réception), les RSN s'inscrivent pleinement dans le paysage médiatique puisqu'ils servent autant l'amplification des messages diffusés initialement hors ligne que la création de contenus natifs originaux (Pineda *et al.*, 2020), eux-mêmes possibles tremplins vers d'autres sphères médiatiques.

Tirant profit de la liberté d'expression et de diffusion ainsi que des possibilités d'interaction qu'offrent les réseaux sociaux numériques, les hommes et femmes politiques se lancent donc, avec plus ou moins d'originalité, dans des entreprises d'auto-médiatisation. Certains y développent leurs propres émissions périodiques (par exemple « NDA décrypte l'actu » de Nicolas Dupont-Aignan sur YouTube) pour donner leur interprétation de l'actualité. D'autres organisent des séquences de « Foire aux Questions » sur Facebook ou Instagram pour répondre à des questions d'internautes, adressées par commentaires, messages privés ou utilisation d'un hashtag spécifique.

Considérées comme des espaces polémiques (Mercier, 2015), les plateformes sont également des lieux d'affrontement et de critique entre candidats. Plus que des vecteurs d'information ou des moyens d'interaction, les RSN représentent des outils dédiés à la gestion de l'image des candidats. La communication directe permet en effet la présentation positive des hommes et femmes politiques sous un jour supposé informel, personnel et authentique concourant à les rendre plus sympathiques et familiers (Yanoshevsky, 2010). Ceux-ci n'hésitent pas à partager leur quotidien, en montrant les coulisses de leur fonction et parfois même des moments de leur vie privée. L'usage de TikTok par Jordan Bardella, abondamment commenté au moment des élections européennes de 2024, illustre parfaitement la valorisation de moments informels par les candidats. Dans une perspective instrumentale, ces plateformes ont donc pour objectif de dépasser la seule fonction et d'offrir aux candidat.es un rapport de connivence plus personnel et plus intime avec les électeurs-internautes. Ces pratiques répondent autant qu'elles participent à la dynamique de personnalisation, voire de starification du personnel politique (Le Bart, 2013; Dakhlia, 2010). Elles ne sont toutefois pas sans poser la question de la dépolitisation du discours politique en ligne (Ekman & Widholm, 2017).

Sur YouTube, l'homme politique Nicolas Dupont-Aignan évoque le discours d'investiture de Donald Trump en 2025 et soutient le « discours impressionnant » du président américain. Grâce à lui, dit-il, « on comprend qu'en France on n'est plus en démocratie ».

La technologie du ciblage

Sur un plan technique, les RSN permettent aux partis politiques d'appliquer des stratégies marketing de ciblage. Cette pratique relève du big data, à savoir le traitement et le croisement d'un nombre volumineux de données. De cette manière, les partis segmentent l'électorat et cherchent à identifier les individus les plus susceptibles d'être réceptifs à leurs messages, propositions et programmes (Theviot, 2019a). Plutôt que de diffuser une information à une masse d'individus peu différenciés (comme le font la télévision et l'affichage), les RSN permettent le ciblage de segments précis de l'électorat, notamment en fonction de leur âge ou de leur géolocalisation ainsi que de leur attitude vis-à-vis du parti et leur comportement électoral, calculés selon des modèles statistiques (Bennett, 2014). Les éléments de communication sont ensuite adaptés pour répondre au mieux aux particularités de chacun de ces segments. Ce recours au big data s'inscrit dans un souci de rationalisation des efforts de campagne, augmentant la probabilité pour un parti de s'adresser à un individu intéressé. Toutefois, l'aspect moral de cette pratique fait débat, le ciblage étant perçu comme une forme de manipulation et d'affaiblissement du débat démocratique.

Les RSN et l'engagement militant

Par-delà la communication officielle prise en charge par le personnel politique et les partis, les RSN peuvent constituer des espaces propices à la participation politique des internautes ordinaires. Dans un contexte de recul des formes traditionnelles d'engagement, ces dispositifs numériques permettent en effet d'impliquer les militants encartés, mais aussi les sympathisants au moment des campagnes électorales. Comme l'écrivent Thierry Barboni et Éric Treille, « Internet serait donc un moyen [...] de fédérer une communauté partisane élargie au-delà de ses seuls adhérents. Cette forme d'agrégation permettrait ainsi de "faire cohabiter" les militants "réels", qui participent physiquement et les adhérents "virtuels" qui ne s'engagent que par Internet et plus ponctuellement physiquement » (2010 : 1139). L'intégration de ces adhérents dits virtuels ne va d'ailleurs pas sans faire débat : certains auteurs dénoncent le « slacktivisme[1] » (Morozov, 2014) qui émergeait en ligne. Pour eux, les différentes formes de mobilisations en ligne – tout à la fois ponctuelles et de faible coût – seraient les symptômes d'une dilution de l'engagement.

Amateurs, influenceurs et journalistes professionnels. Manifestation contre la reforme des retraites à Paris, 2023. ©Léonard Boubet.

Dans tous les cas, l'étude des communautés partisanes en ligne invite à prendre en compte la variété des actes participatifs à travers lesquels les internautes expriment leurs préférences politiques et partisanes. Six grandes catégories peuvent à cet égard être identifiées (Greffet *et al.*, 2014) : engager le dialogue dans des espaces de discussion consacrés à la politique; entrer en contact avec des individus ou des organisations; afficher ses préférences partisanes sur sa page personnelle; s'informer sur les organisations partisanes et la politique; relayer des contenus produits par des tiers; et produire et diffuser des contenus originaux.

Il convient cependant de noter que la participation politique des internautes ordinaires à travers les RSN est une pratique qui est socialement déterminée. L'abaissement des coûts de participation, associés à l'émergence de ces plateformes ne conjure pas une dynamique déjà observée aux débuts du Web : les individus qui participent sont en premier lieu recrutés parmi les *ingénieurs du social*, c'est-à-dire des individus disposant d'un capital culturel important et habitués à porter un discours sur le monde qui les entoure.

1 Le slacktivisme, mot-valise issu des termes *slacker* (« paresseux ») et *activism* (« militantisme »), désigne une forme de militantisme sur internet qui se caractérise principalement par des réactions en ligne (signature d'une pétition en ligne par exemple).

Hommes et femmes dans les médias

Cécile Méadel

Angelo Rizzuto, *Femme lisant un journal*, New York, 1950-1960, Anthony Angel Collection (Library of Congress).

UTILITÉ

AGRÉMENT

eve

Le Premier Quotidien Illustré de la Femme

LES AMERICAINES PRENNENT PART AUX "JOUTES POLITIQUES"

Eve se veut le « premier quotidien illustré de la femme » : le 2 mars 1920, il appelle à la participation des femmes au débat politique.

Les médias ne sont pas des miroirs de la société, pas même des miroirs déformants. Ils l'interprètent et contribuent à la construire ; autrement dit, ils sont en même temps performatifs : leur parole a des effets, constructivistes : leur parole interprète le monde, et hyperréalistes : leur parole accentue l'inégalité des positions (Méadel & Coulomb-Gully, 2014).

Compte tenu des asymétries de pouvoir entre les genres, on ne peut donc pas être surpris par le fait qu'ils n'accordent pas la même place aux hommes, à la présence et à l'autorité dominantes, qu'aux femmes. Pour le dire autrement, « les médias minorent les groupes socialement faibles, dont les femmes, et majorent ceux qui détiennent le pouvoir social, les hommes en particulier » (Biscarrat *et al.*, 2024). De nombreux travaux ont établi ce diagnostic, en particulier en passant par des enquêtes quantitatives car celles-ci ont un pouvoir de conviction liée à leur méthodologie ; dans les sociétés contemporaines où la science joue toujours un rôle d'autorité, la production d'indicateurs chiffrés apparaît comme une manière objectivée de traduire le réel.

L'enquête la plus globale sur le sujet se déploie dans le cadre du Global Media Monitoring Project (GMMP) depuis 1995. Lancée, lors d'une conférence mondiale soutenue par l'ONU, à la suite d'une déclaration de quatre cents professionnelles fermement décidées à lutter contre la « nature patriarcale des médias », l'enquête se donne pour objectif d'évaluer la place des hommes et des femmes en mesurant leur participation respective dans différents médias. Elle mesure les intervenants de tous types qui parlent ou dont on parle dans les médias (journalistes, experts, personnes évoquées...), un jour donné. Lors de la première enquête de 1995, 17 % des sujets présentés dans l'actualité des 71 pays participants sont des femmes. Depuis, l'enquête est menée tous les cinq ans, avec des résultats toujours très éloignés de la parité.

Une journaliste en reportage lors de la manifestation contre la réforme des retraites, 2023, place de la Nation, Paris. @Léonard Boubet.

La France y contribue réellement depuis 2010 et en est à sa troisième participation. La dernière enquête, décalée pour cause de pandémie, a été menée le 29 septembre 2020, dans 116 pays et, pour la France, dans une cinquantaine de médias. Elle montre que les femmes ne sont le sujet ou la source des nouvelles que dans moins de 30 % des cas (ce qui la place dans la moyenne européenne). Partout, le rôle des femmes reste largement soumis à des stéréotypes de genre. Elles ne sont sollicitées qu'une fois sur quatre comme expertes ou porte-parole, même dans les métiers où elles sont majoritaires. La représentation des professions est ainsi décorrélée de leur organisation effective, ce qui était particulièrement flagrant lors de la pandémie où les médecines, en dépit de la féminisation de leur corps de métier, ont été peu sollicitées, tout comme le sont très peu les femmes politiques en dépit des quotas, les sportives et les cheffes d'entreprise. Les femmes sont un peu plus sollicitées pour leur « expérience personnelle » (46 %) ou comme témoin (39 %). L'équilibre ne se retrouve que pour les professions dominées comme les ouvrières ou les employées. Lorsque l'on regarde la répartition des thématiques traitées, les sujets régaliens, sous la responsabilité de l'État (justice, police, économie, politique...), restent dans plus de trois quarts des cas masculins. Enfin, l'enquête montre que les journalistes sont aussi moins présentes que leurs confrères, quand bien même la carte de presse est détenue à 48 % par des femmes. On pourrait penser que ces chiffres progressent pourtant dans le sens d'un meilleur équilibre ; l'expérience des trois enquêtes montre au contraire qu'il n'y a pas de progrès linéaire en la matière. D'autres enquêtes, comme celle menée par les pouvoirs publics (CSA/Arcom, Haut Conseil à l'Égalité entre les Femmes et les Hommes) ou les comptages automatisés de l'INA (Doukhan et al., 2018), aboutissent aux mêmes constats.

Le constat peut surprendre alors que progresse la conscience du poids du sexisme et que de nombreuses initiatives, publiques ou privées, ont tenté de bousculer l'organisation patriarcale des médias. Des chartes de bonne conduite ont été mises en place avec accompagnement par des mesures incitatives de l'État. Les journalistes s'organisent pour féminiser leurs interviewé·es, par exemple par l'intermédiaire d'un guide des expertes ; quelques journaux nomment un *gender editor*. Tout cela donne l'illusion d'une égalité déjà en place que le démenti apporté par les travaux de recherches ne suffit pas à dissiper.

Activités exercées par les femmes intervenant dans les médias, source Enquête GMMP France 2020.

En conclusion, on peut noter que les médias sont aussi peu représentatifs si l'on regarde les personnes perçues comme appartenant à des minorités vues comme ethnoraciales – comme l'a aussi montré la dernière enquête GMMP (Biscarrat *et al.*, 2024). Le Haut conseil à l'intégration s'émeut dès 2005 de la « blancheur des écrans français » et préconise des mesures pour lutter contre les discriminations. Là encore, la mobilisation des autorités n'a qu'un effet limité.

Cela appelle un commentaire sur les méthodes mobilisées pour ces constats communs, sur les femmes comme sur les minorités. Les enquêtes quantitatives qui illustrent les inégalités de traitement par les médias sont contraintes d'adopter une position différentialiste (homme/femme, noir/blanc…) qui peut être en contradiction avec leur positionnement, mais elles le font dans une optique purement stratégique. Même si les mesures strictement quantitatives ne fournissent qu'une représentation alors très binaire de la place des individus dans les médias, elles sont des outils utiles pour nourrir le débat public et interpeller les professionnels ou les politiques.

Femmes politiques et médias : une parité en trompe-l'œil

Marlène Coulomb-Gully

Chérieux, Club des femmes patriotes dans une église, 1793. Gallica.bnf.fr / BnF.

Dans les médias, les femmes sont-elles des « hommes politiques » comme les autres? En dépit de la persistance de « zones blanches de la parité », les lois votées depuis 2000 ont fait du respect de la parité une obligation à de nombreux échelons de la vie politique (conseils régionaux, départementaux et municipaux des villes de plus de 1 000 habitant.es); et il arrive que les femmes soient maires de grandes villes, présidentes de partis, Présidentes de l'Assemblée nationale et même Premières ministres. Côté médias, les femmes ont largement investi les écoles de journalisme et les rédactions et, depuis 2018, les premières demandes de cartes sont attribuées en plus grand nombre aux femmes. La question pourrait donc sembler sans objet. Et pourtant…

Une réduction à la portion congrue

Selon la dernière étude du Global Media Monitoring Project sur les médias d'information[1], les femmes sont présentes dans seulement 30 % des nouvelles, elles ne sont que 26 % des expert·es sollicité·es et 25 % des porte-parole. Ajoutons qu'elles y sont, davantage que les hommes, sexualisées, montrées en proie à l'émotion ou représentées dans des liens familiaux, souvent filles, épouses et mères. Largement marginalisées, elles peinent à incarner des fonctions d'autorité[2], un constat qui n'est pas sans rappeler la Une du Parisien dimanche 5 avril 2020 sur « Le monde d'après » (après le Covid-19), représenté par quatre hommes, blancs et de plus de soixante ans pour trois d'entre eux : les femmes sont manifestement inaptes à représenter l'autorité de l'expertise et du savoir[3].

1 Disponible sur le site whomakesthenews [en ligne].

2 Uro R. & Doukhan D., (2020) « Pendant le confinement, le temps de parole des femmes a baissé à la télévision et à la radio », *La Revue des médias* [en ligne].

3 Cette Une a suscité de nombreuses réactions. Elle est à l'origine du Rapport de la député Céline Calvez [en ligne] sur la place des femmes dans les médias en temps de crise (9 septembre 2020).

Exposition internationale des arts et techniques, Paris 1937 : manifestation pour le droit de vote des femmes françaises, 1937. Devant le micro, Louise Weiss qui s'est présentée aux élections municipales en 1935 et aux élections législatives en 1936, alors que les femmes n'ont pas encore le droit de vote.

Les tendances lourdes sont donc là et pour les femmes politiques, le défi reste entier. Celles-ci en effet représentent moins d'un quart (24 %) des personnalités politiques présentes dans les médias, une étude de l'Arcom[4] précisant de son côté que le temps de parole des femmes n'excède pas 26 % du temps de parole global des politiques en 2023 et que seules 6 des 20 personnalités politiques les plus présentes dans les médias audiovisuels sont des femmes.

Alors qu'elle portait une robe à fleurs, Cécile Duflot, ministre de l'Égalité des territoires et du logement, est sifflée le jeudi 19 juillet 2012 lors d'une séance de questions au gouvernement à l'Assemblée nationale. Dix ans plus tard, le 28 juin 2022, une députée EELF, Marie-Charlotte Garin, porte la même robe pour rappeler que les inégalités de genre persistent dans le monde politique.

Or, de même qu'en météo, on parle de « température ressentie » pour la distinguer de la température réelle, l'égalité ressentie surévalue l'égalité réelle : la présence d'une femme, Élisabeth Borne, au poste de Première ministre, les Présidentes de groupe à l'Assemblée nationale et de Yaël Braun-Pivet à la présidence du Palais-Bourbon, les femmes présidentes ou porte-parole de certains partis (Marine Le Pen, Marine Tondelier, etc.), sont l'arbre qui cache la forêt.

Des stéréotypes qui ont la vie dure

En dépit d'une réelle prise de conscience de certaines rédactions, les journalistes bien souvent ne mobilisent pas le même cadre de référence pour parler des femmes et des hommes politiques. Quels sont les principaux traits de ce « parler-médias » ? *La propension à les désigner par leur seul prénom* : la tendance est d'autant plus forte quand les femmes sont racisées : on parle alors de

Des passants regardent la vitrine du siège de l'Association nationale opposée au droit de vote des femmes, vers 1919, États-Unis. Information Agency.

« Najat » (Vallaud-Belkacem) ou de « Rachida » (Dati). Or si l'usage du prénom se justifie dans la vie privée, son emploi dans l'espace public contribue à décrédibiliser l'action des femmes : dans la formule « Ségo-Sarko » lors de la présidentielle de 2007 opposant Ségolène Royal à Nicolas Sarkozy, la candidate avait sans doute déjà perdu la bataille symbolique pour le pouvoir (Coulomb-Gully, 2012).

Surnoms : « Pasionaria », « muse », et « égérie » arrivent en tête des façons de désigner les femmes politiques. En son temps, Arlette Laguiller a été qualifiée de « vierge rouge » et Ségolène Royal de « madone ». Caractérisée par l'émotion (la passionaria), la subordination (la muse, l'égérie), la sexualisation ou sa négation (la vierge, la madone; on se rappelle aussi que Sandrine Rousseau a été surnommée « Greta Thunberg ménopausée », âgisme en prime), cette grille de lecture qu'imposent les médias est d'abord une grille d'enfermement.

Délit de physique : combien de portraits de femmes politiques commencent par leur description physique ? On observe ainsi des mentions de leur coiffure (Nathalie Kosciusko-Morizet, candidate à la mairie de Paris en 2014, est interrogée par Yves Thréard (*Le Figaro*) sur son choix d'attacher ou non sa chevelure), des détails sur leurs vêtements (la veste verte de Marine Tondelier, secrétaire générale des Écologistes-EELV, a été commentée durant toute la campagne pour les législatives de 2024) ou leurs chaussures ... surtout si elles sont adeptes des talons (les Louboutin de Rachida Dati ont fait couler beaucoup d'encre). Ces détails cristallisent

Affiche « La Femme doit voter ». Illustrateur : Maurice Barbey. Société pour l'amélioration du sort de la femme et la revendication de ses droits, 1925-1928.

4 Rapport annuel 2023 de l'Arcom [en ligne].

l'attention des journalistes et fonctionnent comme autant de signaux d'une féminité « assumée » ou au contraire « bridée », que vient compléter l'évocation de leur statut d'épouse et de mère. Si leur *voix*, trop aiguë ou inaudible, toujours « trop » ou « trop peu », fait également l'objet d'une attention particulière, occultant bien souvent l'intérêt porté à leur propos (Coulomb-Gully, 2022), la langue quant à elle peine à se féminiser et contribue à leur invisibilité : l'étude du GMMP citée plus haut souligne le caractère résiduel de l'usage de la langue inclusive par les médias d'information.

Les *mots pour le dire* ne sont pas les mêmes que pour l'homme. Celui-ci fait preuve d'autorité où la femme est dite autoritaire voire autoritariste; il a du caractère quand elle a mauvais caractère (Élisabeth Borne, Première ministre de 2022 à 2024, a coché toutes ces cases); il fait montre d'initiative, où elle est présentée comme imprévisible voire incontrôlable (« Et par qui devrais-je être contrôlée? » s'insurgeait Christiane Taubira, candidate des Radicaux de Gauche lors de la présidentielle de 2002); il a de l'ambition quand elle est ambitieuse; il est honnête quand il reconnaît ne pas savoir, tandis qu'elle est incompétente (« Être une femme en politique, c'est repasser l'oral du bac toutes les semaines » déclare la sénatrice Laurence Rossignol, pointant le permanent soupçon d'incompétence auquel les femmes sont confrontées). Et comment la « femme publique » ferait-elle le poids avec « l'homme public », et la « gouvernante » avec le « gouvernant »? Autant de dissymétries verbales révélatrices de cet indu structurellement sexiste de la société comme des médias (Coulomb-Gully, 2016). Les femmes hésitent de moins en moins à dénoncer le sexisme ordinaire, une démarche progressivement partagée par un certain nombre de journalistes.

Politiques et médias : les deux faces d'un même miroir

Deux journalistes du quotidien *Libération*, Sonya Faure et Johanna Luyssen, proposent un portrait d'Emmanuel Macron (alors ministre de l'Économie), rédigé en usant de tous les procédés généralement réservés aux femmes politiques[5]. Il commence ainsi : « C'est un vent de fraîcheur qui souffle au gouvernement. Emmanuel Macron, 37 ans, est la nouvelle égérie de Bercy. Le ministre des Finances nous ouvre la porte de son bureau, cintré dans un seyant complet veston Armani camel, qui lui a valu d'être élu « dandy de l'année » dans le dernier classement annuel de GQ. ». Hilarant, l'exercice est également décapant.

En même temps que des journalistes (le plus souvent des femmes) interrogent ces clichés de représentation, elles dénoncent les inégalités de traitement entre hommes et femmes au sein des rédactions. En effet, en dépit d'une féminisation depuis les années 1990 des services politiques des rédactions, réputés prestigieux, les médias restent caractérisés par une double ségrégation verticale, qui éloigne les femmes des postes de direction, et horizontale, qui les concentre dans des domaines réputés féminins comme les sujets « société », « éducation », « santé », etc. (Damian-Gaillard *et al.*, 2021). En 2014, est créé le collectif Prenons la Une, qui vise à promouvoir une juste représentation des femmes dans les médias en même temps que l'égalité dans les rédactions. Dans la foulée du mouvement #MeToo, un « #MeToo-médias » naît en France en 2021, à la suite de plusieurs affaires de violences sexistes et sexuelles (VSS).

Également caractérisé par la double structuration verticale (qui éloigne les femmes des fonctions les plus prestigieuses) et horizontale (qui les affecte aux domaines liés au care, en dépit des lois sur la parité qui garantissent un partage des places, mais pas du pouvoir) le monde politique est traversé par les mêmes ébranlements. Suite à l'affaire Baupin, est créé le site « Chair collaboratrice » réunissant des témoignages qui dénoncent l'ambiance sexiste des lieux de pouvoir, propice à tous les abus, avant qu'une tribune publiée dans *Le Monde* le 15 novembre 2021 et signée par 285 femmes politiques ne marque l'acte de naissance du #MeToo politique[6]. L'association Elles aussi (Pour la parité dans les instances élues) révèle que 74 % des femmes politiques disent avoir subi des violences sexistes et sexuelles, le plus souvent de la part de leurs collègues élus. Des pétitions de plus en plus nombreuses réunissent femmes journalistes et femmes politiques pour dénoncer le sexisme auquel elles sont confrontées au quotidien.

Le monde illustré, Scènes de Paris, Une séance du club des femmes dans l'église Saint-Germain-l'Auxerrois. D'après nature, par M. Lix. Gallica.bnf.fr / BnF.

Continuum des violences et inertie des technologies de pouvoir

La faible visibilité des femmes politiques dans les médias, leur représentation stéréotypée, les VSS subies par les journalistes et les politiques dans des rédactions et des instances politiques qui peinent à intégrer les exigences d'égalité et restent le « *boys' club* » qu'elles furent à l'origine, forment un tout cohérent qui permet au sexisme de perdurer. S'établit ainsi un « *continuum* » des violences, des plus ordinaires et massives, à celles qui menacent l'intégrité psychique et physique des individus ramenée sans arrêt à leur identité de femmes, prises dans les rapports de domination genrés qui structurent la société (Kelly & Tillous, 2019).

Depuis plus de 20 ans, les enquêtes se suivent et effectuent le constat *ad nauseam* des inégalités femmes-hommes dans les médias, sans que la donne en soit bouleversée. L'inertie des représentations et des pratiques au sein des univers politique et médiatique marqués par les inégalités de genre en dépit des contraintes légales, est d'autant plus préoccupante que la progression des populismes est forte. Qu'il s'agisse de médias (notamment ceux du groupe Bolloré : CNews, C8, BFM, RMC…) ou de mouvements politiques (RN en tête), les idéologies conservatrices voire réactionnaires infusent largement dans la société, associant dans une même détestation

5 « Macron, le beau gosse de Bercy », *Libération*, 4 mai 2015.

6 Tribune, « Il faut "écarter les auteurs de violences sexuelles et sexistes" de la vie politique » [en ligne].

Le président Pompidou ouvre aux caméras sa maison de campagne du Lot, ce qui est alors considéré comme une rupture rare, voire prodromique, dans la couverture médiatique des politiques. On note la représentation traditionnelle des rôles de genre avec sa femme Claude, « Bibiche », telle que son mari la surnommait, en faire-valoir. *Quatrième mardi, Adresse : « Elysée »*, 21 avril 1970, Pierre Desgraupes/Hubert Knapp, @INA.

féminisme et wokisme (Hengel, 2023). Dans le prolongement des travaux de Michel Foucault (1994), Teresa de Lauretis rappelle que les médias sont des « technologies du pouvoir » : ils contribuent à l'imposition des normes qui structurent la société tout en prétendant n'en être que le reflet. Or les technologies du pouvoir se caractérisent par leur inertie : la résistance au changement est leur force (2007). Il faudra plus que le constat des inégalités pour imposer une dynamique vertueuse.

En guise de conclusion, tournons-nous vers les fictions politiques. Loin d'une information qui peine à intégrer les exigences d'égalité, celles-ci seraient-elles des îlots de résistance ? Ces dernières années ont vu se multiplier films et séries mettant en scène des femmes politiques, à l'étranger comme en France (Lefebvre et Taïeb, 2020). De *Borgen* à *The Régime* en passant par *House of Cards* et *Veep*, redécouverte avec la candidature de Kamala Harris à la présidentielle étasunienne de 2024, une infinie diversité d'héroïnes y tiennent le premier rôle. Une belle revanche pour les femmes politiques, souvent en mal de représentation.

Diversité et médias : une reproduction des stéréotypes ?

Jaércio da Silva

Militantes et militants de la National Welfare Rights Organization défilant à Washington, DC, en mai 1968. Jack Rottier Collection / George Mason University Libraries.

La notion de diversité revêt une dimension éminemment subjective, enracinée dans les expériences d'altérisation[1] subies par certaines populations et certains groupes dans des contextes sociohistoriques spécifiques. Pour les personnes dites « issues de la diversité », elle constitue à la fois un espace de revendication et une quête de reconnaissance, révélant la complexité des réalités liées aux marqueurs ethno-raciaux, aux disparités socio-économiques, à l'affirmation des identités de genre et à l'orientation sexuelle. Ces enjeux se croisent également avec la notion de « minorités visibles », souvent définie par des critères tels que l'origine ethnique ou religieuse, l'appartenance aux marges géographiques et sociales des territoires, ou encore les parcours migratoires extra-européens. L'expression « diversité » a pris une résonance particulière dans le contexte français au lende-

1 L'altérité doit être considérée comme une notion relative et conjoncturelle. Elle ne renvoie pas à une « essence » ou à une « qualité intrinsèque » propre à certaines populations ou cultures, car on ne devient « autre » que dans le regard de quelqu'un (Kilani, 1992 : 27).

main des émeutes de novembre 2005. À cette occasion, dans sa déclaration du 14 novembre, le Président Jacques Chirac avait exhorté les responsables des médias à « mieux refléter la réalité de la société française » dans toute sa diversité, soulignant ainsi le rôle stratégique des médias en tant que miroir de la société. Cependant, malgré des avancées institutionnelles, les recherches continuent de pointer la persistance des stéréotypes et des sous-représentations dans le paysage audiovisuel.

La diversité constitue un enjeu central des politiques publiques en matière d'audiovisuel. Il s'agit d'interroger les mécanismes par lesquels les médias participent, volontairement ou non, à la construction des représentations et des imaginaires collectifs.

Un terme qui recouvre plusieurs significations

Pour les sciences de l'information et de la communication, la diversité peut désigner tout à la fois un objet et un champ de recherche au croisement de la sociologie, de la science politique, de l'analyse du discours et des *Cultural studies*. Des chercheurs comme Isabelle Rigoni (2007), Marie-France Malonga (2008), Éric Macé (2009), Catherine Ghosn (2013) et Débora Gay (2020) explorent la diversité en tant qu'enjeu de représentation médiatique et mettent en lumière ses expressions dans les contenus audiovisuels.

Dans les médias, le terme diversité revêt des significations multiples et s'impose comme une notion à la fois révélatrice et structurante des enjeux socio-politiques, tout en contribuant activement à leur mise en forme et à leur articulation dans l'espace public. Réjane Sénac (2012) souligne que ce terme fonctionne comme un mot-valise, faisant l'objet d'une lutte pour stabiliser sa définition, ce qui met en évidence l'imprécision et le flou de ses contours. La diversité n'est donc en aucun cas consensuelle. Elle se déploie dans le discours médiatique comme une formule, se distinguant par son statut de référent social reconnu, porteur de significations partagées, malgré la pluralité des acceptions qu'elle englobe (Krieg-Planque, 2009).

La diversité est également traduite comme une valeur à promouvoir par les entreprises et les organisations, comme en témoigne l'élaboration de la Charte de la Diversité en 2004 (Point, 2006). Selon Laure Bereni (2009), les entreprises ont transformé une contrainte juridique (l'anti-discrimination) en une catégorie managériale (la diversité). Ainsi, la diversité est désormais perçue comme une valeur à promouvoir dans une pluralité de contextes — politiques, éducatifs, culturels et économiques (Kiyindou, 2013).

Malgré ces potentialités inclusives, la diversité peut devenir un terme consensuel, édulcoré, et parfois détourné à des fins purement symboliques. Le numéro spécial de la revue *Mots* souligne ainsi une neutralisation de la conflictualité, où l'effacement des enjeux politiques rend la diversité superficielle et dissimule les inégalités structurelles qu'elle prétend redresser (Auboussier *et al.*, 2023). Ces tensions mettent en lumière la complexité du concept, partagé entre des aspirations légitimes et des usages réducteurs.

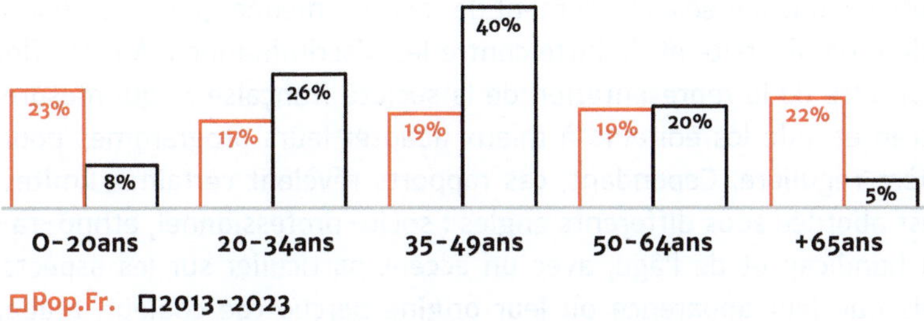

La représentation des personnes à la télévision en fonction de leur âge (tous programmes confondus) diffère fortement de la structure de la population dans son ensemble. Ainsi, les personnes de plus de 65 ans sont-elles très peu présentes. « La représentation de la diversité de la société dans les médias – 2013-2023 », Rapport Arcom, novembre 2024.

Dispositifs institutionnels en faveur de la diversité

La France peine à reconnaître pleinement la pluralité qui la compose. Toutefois, depuis les années 1990, plusieurs initiatives institutionnelles, telles que le Fonds Images de la diversité et l'Observatoire de la diversité, ont été mises en place pour promouvoir une représentation plus fidèle et juste de la société française dans les médias. Ces dispositifs, pilotés par des institutions comme le CNC ou l'Arcom, illustrent la reconnaissance croissante de la diversité comme un levier de cohésion sociale et de lutte contre les discriminations.

Premièrement, la Commission Images de la diversité, créée en 2007 par le CNC et l'Agence nationale pour la cohésion sociale et l'égalité des chances (Acsé), a pour objectif de renforcer la représentation de la diversité de la société française dans les œuvres cinématographiques, audiovisuelles et multimédia. À travers le Fonds Images de la diversité, l'État soutient des récits qui visent à offrir une vision plus fidèle de la société française. Evélia Mayenga (2022) souligne bien que ces politiques risquent de se limiter à un outil symbolique plutôt qu'à un véritable levier de transformation sociale. La chercheuse pointe une intervention importante de l'État dans la définition des critères de sélection, orientant ainsi les récits produits vers des thématiques telles que l'immigration, l'intégration et les banlieues. Les subventions sont divisées entre la création et la production, avec une prédominance des documentaires, jugés moins risqués, au détriment des fictions plus coûteuses et complexes. Cette distribution pourrait renforcer des narrations dominantes tout en marginalisant les projets plus audacieux ou critiques.

Deuxièmement, plusieurs rapports institutionnels, tels que ceux de Marie-France Malonga et d'Éric Macé[2], ont contribué à l'élaboration d'une politique de représentation de la diversité dans les médias.

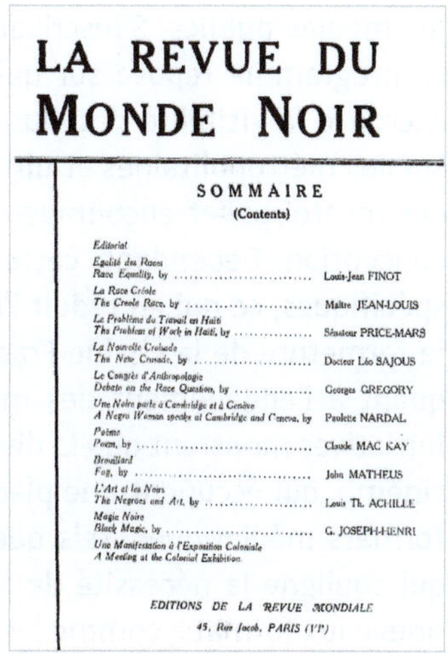
LA REVUE DU MONDE NOIR

SOMMAIRE
(Contents)

Editorial
Egalité des Races
Race Equality, by .... Louis-Jean FINOT
La Race Créole
The Creole Race, by .... Maître JEAN-LOUIS
Le Problème du Travail en Haïti
The Problem of Work in Haiti, by .... Sénateur PRICE-MARS
La Nouvelle Croisade
The New Crusade, by .... Docteur Léo SAJOUS
Le Congrès d'Anthropologie
Debate on the Race Question, by .... Georges GREGORY
Une Noire parle à Cambridge et à Genève
A Negro Woman speaks at Cambridge and Geneva, by .... Paulette NARDAL
Poème
Poem, by .... Claude MAC KAY
Brouillard
Fog, by .... John MATHEUS
L'Art et les Noirs
The Negroes and Art, by .... Louis Th. ACHILLE
Magie Noire
Black Magic, by .... G. JOSEPH-HENRI
Une Manifestation à l'Exposition Coloniale
A Meeting at the Colonial Exhibition

EDITIONS DE LA REVUE MONDIALE
45, Rue Jacob, PARIS (VIe)

Dans le courant de la négritude d'Aimé Césaire et Léopold Sédar Senghor, Paulette Nardal (1896-1985), écrivaine et journaliste, fonde cette revue, pour « donner à l'élite intellectuelle de la Race noire et aux amis des Noirs un organe où publier leurs œuvres artistiques, littéraires et scientifiques ». *La Revue du monde Noir*, Éditions de la Revue mondiale, 1er novembre 1931. Gallica.bnf.fr / BnF.

2 Malonga M.-F. (juin 2000) « Présence et représentation des "minorités visibles" à la télévision française », *Lettre du CSA*, 126 ; Macé É. (3 novembre 2008) *Étude de la perception de la diversité dans les programmes de télévision*, Rapport remis à l'Observatoire de la diversité dans les médias audiovisuels du Conseil supérieur de l'audiovisuel.

Depuis 2009, l'Arcom rend compte chaque année au Parlement des actions menées par les éditeurs de télévision et de radio en matière de diversité et de lutte contre les discriminations. À cette fin, l'Arcom met en place un « baromètre de la représentation de la société française » qui mesure annuellement la diversité à l'écran et aide les éditeurs à mieux adapter leurs programmes pour refléter cette diversité de manière régulière. Cependant, ces rapports révèlent certaines limites méthodologiques. La diversité est abordée sous différents angles : socio-professionnel, ethno-racial, du genre, du territoire, du handicap et de l'âge, avec un accent particulier sur les aspects « visibles » des personnes, tels que leur apparence ou leur origine perçue (de couleur, arabe, asiatique, etc.). Cette approche repose sur des catégories souvent floues du sens commun et se concentre principalement sur ce qui est visible, négligeant la complexité des trajectoires individuelles et la pluralité des expériences vécues.

Plus récemment, France Télévisions a lancé en 2021 le pacte de visibilité des départements et territoires d'Outre-mer dans le but de renforcer la représentation des populations ultramarines dans les médias publics. S'inscrivant dans la continuité d'un engagement initial signé en juillet 2019, ce programme repose sur quinze engagements structurés autour de trois objectifs principaux : accroître la visibilité des Outre-mer en favorisant un enrichissement mutuel des offres audiovisuelles métropolitaines et ultramarines, améliorer la distribution des contenus et services issus de ces territoires, et encourager une présence accrue des Ultramarins dans les programmes et leur conception. Cependant, cette initiative, malgré son ambition, se limite souvent à des créneaux spécifiques, ce qui en réduit l'impact global. Le pacte a été présenté dans un contexte marqué par la fermeture de la chaîne France Ô, le 4 août 2020, une décision qui a suscité des interrogations quant à l'engagement des médias en faveur d'une représentation durable des Outre-mer. Ces initiatives montrent que la diversité médiatique demeure largement dominée par la télévision et le cinéma, qui occupent une place prépondérante dans les débats sur ce sujet. En revanche, d'autres formats médiatiques, tels que la radio et la presse écrite, sont moins souvent mis en avant, ce qui souligne la nécessité de réévaluer leur rôle et leur contribution. Par ailleurs, l'émergence de nouveaux formats, comme les podcasts ou les médias féministes, mérite une attention particulière. Ces supports créent des espaces alternatifs où il est possible de déconstruire les catégories imposées et de proposer des récits pluriels.

Enjeux collectifs et pratiques professionnelles

La question de la diversité dans l'industrie médiatique et culturelle dépasse largement le cadre de la seule représentation à l'écran : elle englobe également les pratiques professionnelles et structurelles du secteur. Une première interrogation porte sur les processus de recrutement dans l'audiovisuel et sur leur impact sur la représentation de la diversité ethno-raciale, avec pour enjeu majeur la participation des professionnels issus des minorités ethno-raciales dans la production culturelle. Des études, notamment celles portant sur les filières de formation de journalistes (Chupin *et al.*, 2016) et des dirigeants de médias (Sedel, 2019), ont mis en lumière l'absence ou la marginalisation de ces professionnels dans les processus de création et de décision. Par ailleurs, la précarité constitue une problématique touchant particulièrement les individus issus des migrations non européennes et originaires des Outre-mer qui souffriraient de pénalités salariales plus importantes que les enfants d'immigrés européens (Ichou, 2023).

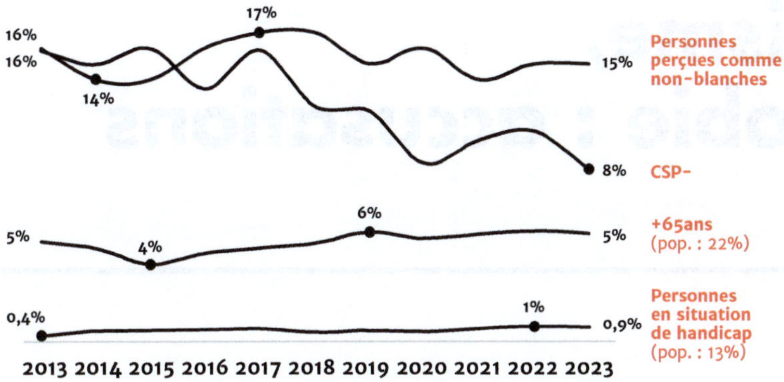

Les inégalités de représentation sont aussi fortes les personnes CSP- ou les personnes handicapées. La sous présence des CSP- a été multipliée par 2 en dix ans. Rapport Arcom, novembre 2024.

Dans ce contexte, des initiatives comme le Club Averroès et le Collectif 50/50 jouent un rôle clé dans la promotion de la diversité ethno-raciale et de l'égalité au sein de l'audiovisuel. Le premier, créé en 2007, constitue un espace de réflexion et d'action visant à favoriser la représentation des minorités visibles dans le cinéma et l'audiovisuel. Le second se concentre sur une double problématique : promouvoir la parité hommes-femmes et renforcer la diversité, notamment dans les métiers de la réalisation et de la production. Ces deux structures interprofessionnelles jouent un rôle central en sensibilisant les professionnels et les décideurs publics à la nécessité de pratiques plus inclusives.

En ce qui concerne les professionnels de l'information, l'Association des Journalistes Antiracistes et Racisé·e·s (AJAR) regroupe plus d'une centaine de journalistes engagés dans la lutte contre le racisme. Depuis sa prise de parole publique en mars 2023 *via* une tribune dans *Libération*, l'AJAR a pour objectif d'accompagner et de soutenir les journalistes, de produire une critique des pratiques médiatiques, et de promouvoir des standards journalistiques plus inclusifs. L'association s'intéresse également aux processus de recrutement dans les écoles de journalisme et les rédactions, en vue de les rendre réellement accueillants et de lutter activement contre les manifestations de racisme dans ces espaces.

Antisémitisme, islamophobie : accusations croisées

Jérôme Bourdon

Couverture de *VU*, 1936.

Dans l'étude des rapports entre médias et racismes, beaucoup de recherches se limitent à une approche critique des stéréotypes véhiculés par les médias. Le rôle des médias est pourtant plus complexe, même en négligeant l'univers numérique. Pour certains racismes très médiatisés, pris dans le débat politique, les médias ne sont pas que des véhicules d'images : ils informent, commentent, dénoncent les racismes, et se font, qu'ils le veuillent ou non, les porte-parole d'acteurs politiques et sociaux aux intérêts multiples.

Dans l'éventail des discriminations racistes, on a choisi ici l'islamophobie et l'antisémitisme, parce qu'elles dominent le débat médiatique. Le terrain est éminemment controversé, surtout à juxtaposer les deux termes, mais c'est un révélateur des argumentations relatives aux racismes médiatisés, notamment lorsqu'ils sont mis dans une compétition exclusive : on insiste sur l'un au détriment de l'autre, voire on minimise l'autre. Ceci est typique d'un processus plus large connu comme la « concurrence des victimes » (Chaumont, 1997). Or, plus qu'entre les victimes elles-mêmes, la concurrence se joue entre leurs porte-parole ou défenseurs supposés, comme cela apparaît clairement sur le plan politique (Corcuff, 2022).

Il ne s'agit pas d'entrer dans le jeu de cette concurrence, nuisible aussi bien à l'effort scientifique qu'au souci de justice, mais d'en démonter les mécanismes médiatiques. Au moins pour ce qui tient à la structure des arguments échangés, ces deux racismes sont similaires à beaucoup d'égards, Comme souvent, ce qui apparaît comme une concurrence relève aussi d'une convergence en miroir des discours. D'où la question cruciale : y a-t-il moyen de débattre autrement ?

Petite histoire des deux notions

Si antisémitisme et islamophobie sont traités comme des formes de racisme, cela ne suppose pas l'existence d'une « race » comme réalité scientifique. Les théories de division de l'humanité en races hiérarchisées sont nées au XVIIIe siècle, ont prospéré aux XIXe et XXe siècles avec les conséquences funestes que l'on sait : mais la race en ce sens n'a aucune réalité biologique. Elle est d'abord une notion sociale, utilisée pour catégoriser les groupes humains de façon floue mais puissante : le racisme croit identifier des races, l'analyste identifie d'abord le racisme. Le racisme n'a pas besoin de race, dès lors qu'il se fonde sur l'essentialisation d'une culture, d'une religion.

Nos deux termes sont beaucoup plus récents que les phénomènes historiques qu'ils servent à analyser. « Antisémitisme » (Englund, 2014) a été forgé à Berlin en 1889-1890. Il connaît un succès immédiat, très au-delà de l'Allemagne : des partis politiques s'en revendiquent ouvertement, appuyés alors sur la notion pseudo-scientifique de race largement acceptée. Ce « racisme racial » permet d'actualiser la vieille haine religieuse, difficile à justifier dans des sociétés qui se veulent démocratiques et libérales. Des intellectuels juifs utilisent aussi le terme pour analyser la haine qu'ils subissent. Point commun : l'émancipation à l'égard de leur religion et leur intégration nouvelle à la société européenne apparaissent liées à cette nouvelle forme de haine des juifs.

Élections législatives du 22 septembre 1889, tract d'Adolphe Léon Willette, caricaturiste et directeur du journal *Le Pierrot*, candidat pour le parti antisémite d'Édouard Drumont, auteur de *La France juive* (1886).

Depuis, ce mot caméléon a traversé les décennies. Deux évènements sont essentiels dans son histoire. Tout d'abord, avec le génocide des juifs par les nazis (qui mettra du temps à être reconnu dans son ampleur), plus personne ne peut se revendiquer, au moins ouvertement, antisémite, ni même raciste; de surcroît, de même que la Shoah devient le crime des crimes, l'antisémitisme devient le racisme des racismes et la culpabilité européenne, en Allemagne d'abord, nourrit un devoir de vigilance particulier; une double illusion s'installe : l'antisémitisme (voire le racisme) n'appartenait qu'à l'extrême droite, et il a quasiment disparu (Camus, 2022), illusion que les vingt dernières années ont dissipée, peu à peu. Ensuite, la Guerre des Six Jours (1967) défait l'image de l'État juif faible, assiégé, à protéger. Elle entraîne la montée rapide d'une critique antisioniste - ce mot qui désignait avant la création de l'État d'Israël en 1948, l'hostilité à un projet politique d'établissement d'un État pour les Juifs -, signifie désormais l'hostilité au principe de

Salle Bullier, à Paris, manifestation contre l'antisémitisme. Agence Rol, 8 avril 1933.

cet État. De surcroît, l'occupation et la colonisation croissante de la Cisjordanie et de Gaza nourrissent un soutien à la cause palestinienne, et une montée des actes antisémites lorsque le conflit s'embrase. Progressivement, la frontière entre antisionisme et antisémitisme a pu se faire poreuse. En même temps, la droite et l'extrême droite s'approprient la défense de l'État d'Israël, voire la lutte contre l'antisémitisme. Ce qui ne signifie pas la disparition de l'antisémitisme d'extrême droite. Ainsi, si personne ne conteste l'usage du mot antisémitisme pour condamner une forme de haine, le débat sur sa définition est plus vif que jamais. À ces deux évènements il faudra peut-être en ajouter un troisième : les attaques du Hamas contre Israël le 7 octobre suivies de l'offensive meurtrière contre la bande de Gaza par Israël qui ont provoqué une incontestable poussée de l'antisémitisme et aussi des polémiques médiatico-politiques.

« Islamophobie » est attesté pour la première fois en français en 1910, sous la plume d'un administrateur colonial (Hajjat & Mohammed, 2022 : 89). Une querelle à l'époque s'engage parmi des savants orientalistes qui défendent ou critiquent l'Islam. Le mot et la querelle sont vite oubliés. Il réapparaît dans les années 1990 en Angleterre, comme un terme nouveau désignant une haine neuve. Son emploi progresse plus lentement en France. En 2013, la Commission[1] nationale consultative des droits de l'homme (CNCDH) l'utilise pour la première fois dans son rapport, pour, selon sa présidente « disposer d'un autre vocable que celui d'actes antimusulmans, afin de rendre compte d'un climat inquiétant : le rejet des pratiques de l'islam, qui ne se traduit pas forcément par la commission d'une infraction pénale »[2].

L'usage régulier du mot est pourtant récent ; de surcroît, son origine et son sens demeurent contestés. Dans les années 2000, beaucoup de déclarations, favorables ou non au terme, continuent de le traiter comme nouveau, en attribuent encore l'invention au pouvoir iranien. La distinction demeure délicate entre haine raciale et religieuse. Alors que les juifs sont appréhendés comme un peuple, ce qui facilite la caractérisation de l'antisémitisme, les musulmans sont une multitude bigarrée dont les Arabes ne sont qu'une des minorités. L'antisémitisme a une mémoire, appuyé sur une communauté, et aussi sur des commémorations reconnues très au-delà, comme l'anniversaire de la Libération d'Auschwitz, le 17 janvier, proclamé en 2005 par les Nations Unies, Journée internationale dédiée à la mémoire des victimes de l'Holocauste. Pour autant, dans les médias, la place des violences antisémites et surtout leur caractérisation ou leur mise en avant comme antisémites ne va pas toujours de soi, notamment lorsque les juifs sont des victimes parmi d'autres (comme pour les attentats de janvier 2015), ou lorsque l'on débat de l'état mental de l'agresseur (assassinat de Sarah Halimi à Paris en 2017). La reconnaissance de l'islamophobie est cependant nettement plus fragile. La création d'une journée mondiale contre l'islamophobie (2022) est récente ; elle commémore la date de l'attentat contre la mosquée de Christchurch en Nouvelle Zélande du 15 mars 2019. Il n'y a pas d'histoire constituée ; par exemple, la vague de crimes racistes qui frappe la France en 1973 (au moins 17 Algériens assassinés, des dizaines de blessés) ne s'est pas inscrite dans une mémoire collective (Brahim, 2020).

Carte postale raciste sur les « types » de population algérienne, Salomon Assus, 1898, musée d'art et d'histoire du judaïsme, MAHJ.

Entre les deux racismes il y a une sorte de commutateur : un fort soutien à la cause palestinienne s'accompagne facilement d'une empathie pour le monde arabe et d'une défense de l'islam, donc d'une critique de l'islamophobie. Une défense d'Israël s'accompagne d'une inquiétude quant à la critique radicale de cet État, que l'on voit facilement accompagnée d'antisémitisme. Le lien entre antisémitisme et critique radicale d'Israël est manifeste dans le monde musulman (Weldman, 2014) ; largement toléré voire encouragé, cet antisémitisme/antisionisme s'appuie à la fois sur des textes anciens (le Coran lui-même), et sur un antisémitisme « racial » et conspirationniste tôt importé d'Europe. La présente contribution compare les aspects médiatiques des deux racismes, sans développer la comparaison sur le fond, et dans l'histoire longue (Zia-Ebrahimi, 2021), en analysant ce qui les distingue et rapproche. Un point commun influe sur l'aspect médiatique : dans les deux cas, on voit pointer des soupçons de « double allégeance », en France, les juifs sont soupçonnés de préférer Israël, les musulmans de préférer l'Islam : ces blâmes se retrouvent dans certains discours politico-médiatiques.

1 Rapport pour 2023 sur la lutte contre le racisme, l'antisémitisme et la xénophobie [en ligne].

2 Cité par « Islamophobie, mal de l'époque ou mal du siècle », *Libération*, 26 avril 2015.

Dans les médias : mesures délicates

Les débats sur la présence des racismes dans les médias sont nourris de chiffres, contestés quant à leur source, leur présentation, leur méthodologie. Une hausse peut moins révéler une hostilité croissante qu'une conscience croissante de cette hostilité, y compris une volonté de la combattre. À l'inverse, beaucoup d'actes ne sont pas déclarés officiellement, par crainte, par autocensure, par découragement.

En France, la source essentielle est le ministère de l'intérieur, lequel agrège des sources différentes, publiques (gendarmerie, police) et associatives. Pour l'antisémitisme, la DRT (Direction du Renseignement territorial) avance les chiffres de 436 actes (incluant les insultes, atteintes aux personnes et aux biens) en 2022, 1676 en 2023 (surtout après le 7 octobre 2023), 1 570 en 2024. Pour les actes islamophobes, la DRT donne 242 faits en 2023, 173 en 2024[3]. Il est plus difficile de compter ceux-ci, pour les raisons que l'on vient d'évoquer (en particulier lorsque les associations sont soupçonnées d'être proches de l'islamisme), et parce que la collecte est plus récente. Le ministère de l'Intérieur compte les « faits antimusulmans » depuis 2010, mais, selon la CNCDH, une partie de ces actes « échappent au radar car ils sont inclus dans les actes anti-maghrébins »[4]. Vouloir distinguer à tout prix dans les classifications la haine de la religion et de la race paraît quelque peu vain, quand la haine elle-même ne s'intéresse pas à ces raffinements. On peut aussi rapporter les chiffres à la taille des populations concernées : au regard de sa taille, la population juive subit une hostilité très élevée, et marquée par les atteintes aux personnes depuis les années 2000.

Plus que les chiffres, les vocables circulent. « Antisémitisme » était peu présent dans la presse dans les années 1990[5]. La hausse est marquée avec la deuxième intifada en 2000 : 543 occurrences en 2001, puis les chiffres restent stables avec des pics. La remontée est nette en 2014 (964), année de l'offensive la plus violente contre Gaza avant 2023, puis il y a retour à l'étiage antérieur jusqu'aux pics récents : 1234 occurrences en 2023, 1555 en 2024.

De 2001 à 2025, le mot islamophobie est de plus en plus présent dans les grands médias français. En 2001, la presse compte 18 articles l'utilisant, 162 en 2011, 251 en 2013, 541 en 2015, année des grands attentats islamistes (*Charlie Hebdo* et l'Hyper Cacher en janvier, le Bataclan en novembre), 334 en 2020, 190 en 2024.

Islamophobie et antisémitisme, explicites ou implicites ?

L'interprétation de ces occurrences est parfois difficile. On tient dans les médias, à droite surtout, des critiques envers l'Islam en général, et d'une façon telle qu'il est difficile de dissocier la critique de la religion de celle des fidèles (eux-mêmes fidèles à des degrés divers). En 2002, le succès européen de l'ouvrage ouvertement islamophobe de la journaliste italienne Oriana Fallaci[6], brandissant le thème d'une islamisation de l'Europe (une « croisade à l'envers », écrit-elle), très couvert par les médias, positivement ou pas, constitue un tournant.

À l'appel d'une cinquantaine d'organisations, plusieurs milliers de personnes défilent le 21 avril 2024 à Paris « contre les racismes et l'islamophobie » dans le cadre d'une marche visant en particulier « les violences policières » et proclamant « Nos enfants sont en danger ». Photo AFP.

L'antisémitisme explicite apparaît hors des grands médias sur les réseaux sociaux. Au Rassemblement National, les propos et tropes antisémites, mais aussi racistes anti-noir, islamophobes, homophobes, sont nombreux, provoquant des promesses de vigilance accrues, plus rarement des expulsions du parti[7]. À l'extrême gauche, antiraciste de tradition et de principe, l'antisémitisme apparaît avec des allusions verbales ou visuelles au répertoire antisémite, comme en mars 2025 l'affiche de La France insoumise attaquant l'animateur d'extrême droite (et juif) Cyril Hanouna avec un visage ressemblant de près à la figure du juif dans la presse collaborationniste.

Dans le cas de l'antisioniste interprété comme antisémitisme, une analyse du discours se doit d'examiner une à une les déclarations controversées sur Israël, et le répertoire utilisé par la personnalité concernée, la comparaison avec les jugements portés sur d'autres pays, pour argumenter sur la présence d'antisémitisme. En 2014, l'ancien ministre gaulliste (RPR) et proche de Jacques Chirac Dominique de Villepin, dénonce la « terreur organisée et méthodique » à Gaza et en Cisjordanie, et écrit dans le *Figaro* le 31 juillet 2014 : cette terreur constitue une négation de « quelque chose qui dépasse nos différences et qui est notre humanité commune. » La politique israélienne devient ici négation de l'humanité même. Antisémitisme? Il faut chaque fois instruire un dossier complexe pour répondre.

La plupart des grands courants politiques (Bande, Biscarat & Reichstadt, 2024) font cohabiter des moments antisémites, combinés à droite avec une condamnation de l'antisémitisme de gauche, à gauche avec une condamnation de l'antisémitisme de droite, et des moments islamophobes, ceci à l'exception, aujourd'hui, de l'extrême gauche. Exemple de cette complexité : à plusieurs reprises, l'actuel

3 « Islamophobie – en 2024, 173 actes antimusulmans signalés aux autorités », *Libération*, 14 février 2025.

4 Rapport pour 2023, *op. cit.*

5 Chiffres tirés de la base Europresse sur les mots antisémitisme et islamophobie, presse nationale française.

6 *La Rage et l'Orgueil*, Paris, Plon.

7 « La liste sans fin des candidats RN qui véhiculent racisme, antisémitisme et complotisme », *Libération*, 26 juin 2024.

président de la République s'est posé en défenseur du monde juif, jusqu'au pro-israélisme en dénonçant l'antisionisme comme nouvel antisémitisme, dès le 16 juillet 2017 en présence de Benyamin Netanyahou, Premier ministre d'Israël[8]. Mais il a aussi réclamé que l'on donne une place de choix dans l'histoire à Charles Maurras, auteur antisémite radical du XIXe siècle, et à Philippe Pétain qui collabora avec l'occupant nazi.

On l'aura compris, la présence d'un mot ne vaut pas pleine reconnaissance du phénomène. Au moins jusqu'en 2015, l'usage d'islamophobie, fût-il croissant, apparaît « de moins en moins référentiel et de plus en plus métadiscursif » (Calabrese & Guerani, 2020 : 6), c'est-à-dire débattant du sens du mot, généralement pour en minimiser la portée, ou pour en justifier l'usage, voire se dire islamophobe. Après 2015, l'usage référentiel du mot islamophobie paraît s'imposer au moins parmi les médias et les partis classés à gauche, alors qu'il continue d'être contesté à droite et à l'extrême droite. Sur le plan politico-médiatique, l'extrême gauche en a fait une cause à défendre. Si, en 2015, Jean-Luc Mélenchon s'inscrivait encore dans un large consensus en refusant la notion même d'islamophobie (« on a le droit de ne pas aimer l'islam »), la participation en 2019 de la France insoumise et de la CGT à la première « marche contre l'islamophobie » marque un tournant[9].

Accusations croisées

Au total, les deux termes sont utilisés moins pour débattre des racismes concernés, que pour accuser des adversaires d'une des deux formes de racisme, et aussi d'une instrumentalisation de l'autre. Ce terme-clef des débats contemporains joue un rôle argumentatif très économique : dénoncer l'adversaire Y qui instrumentalise X va de pair avec la réduction ou la négation de X. On peut d'un même mouvement se dédouaner et accuser l'adversaire d'une manœuvre rhétorique, voire d'être le véritable raciste.

Les instrumentalisations politiques sont manifestes sur le plan international. En 2007, l'Iran dénonce comme islamophobe un prix attribué à Marjane Satrapi pour sa bande dessinée autobiographique *Persepolis* (Calabrese, 2020 : 10). Un usage similaire, de l'antisémitisme cette fois, par l'État israélien est avéré et ancien ; il est devenu systématique au sein de la droite du pays, incarnée par Benjamin Netanyahou. En France, c'est surtout autour de l'antisémitisme qu'une bataille a lieu, au plus près des polémiques nationales. Avant de dénoncer l'instrumentalisation (Butler *et al.*, 2024), les critiques d'Israël disaient qu'on exerçait contre eux un « chantage à l'antisémitisme », (Collectif, 2012 ; argument repris par Fassin, 2024). Se défendant du soupçon d'antisémitisme, l'extrême gauche est aussi soucieuse d'en protéger certains accusés. En 2011, un philosophe et un éditeur bien connus écrivent que ce qu'éprouverait « une grande partie de la jeunesse française noire et arabe » ne serait pas de « l'antisémitisme », mais plutôt une hostilité « politique mal politisée », à ce qu'elle perçoit comme la position des juifs de France. Par conséquent, traiter comme antisémite cette jeunesse serait à une opération de « stigmatisation » (Badiou & Hazan, 2011). On voit ici se déployer un répertoire : explication/justification des actes hostiles envers les juifs « confondus » avec des Israéliens, défense d'une jeunesse mal caractérisée, là ethnicisée, ailleurs islamisée.

Cette négation d'un antisémitisme nouveau lié à l'Islam va de pair avec la condamnation d'Israël, qui passe parfois par des analogies historiques (Bourdon, à paraître). Si le rapprochement avec l'apartheid est relativement admis aujourd'hui, y compris en Israël, la comparaison avec la Shoah fait toujours scandale : les juifs devenant les nouveaux nazis et les Palestiniens les nouveaux juifs. Dernière controverse en date, la déclaration de Rony Brauman, ex-président de Médecins sans Frontières : « Gaza va remplacer Auschwitz comme métaphore de la cruauté absolue » [10], largement condamnée y compris à gauche.

La défense d'Israël et des juifs apparaît tout aussi caricaturalement politisée, lorsque le drapeau de la lutte contre l'antisémitisme est brandi surtout à droite et à l'extrême droite. L'existence d'un sionisme à l'extrême droite est chose très ancienne, avec des motivations complexes. Mais l'affichage par l'extrême droite de la défense des juifs de France est chose neuve, ainsi que le rapprochement d'une partie des juifs de France avec l'extrême droite. Ce philosémitisme apparent a des causes nouvelles, liées au conflit israélo-palestinien et à l'installation en France, sinon en Europe, d'une population musulmane nombreuse. Il permet de s'en prendre à la population musulmane française et en même temps d'attaquer une extrême gauche supposément alliée de l'Islam, voire de l'Islam radical. Il est devenu très visible aussi en raison du glissement à droite, voire à l'extrême droite, du spectre médiatique français. La gauche modérée se joint parfois à ce concert, ainsi quand une présidente de région socialiste accepte en 2023 l'idée d'interdire « toutes les manifestations pro-palestiniennes ». Les controverses autour de l'islam et de l'islamophobie occupent moins de place, mais sont tout aussi problématiques dans leur simplisme. L'extrême gauche s'y trouve accusée de sympathie ou d'indulgence vis-à-vis de l'Islam, voire de l'Islamisme. En mars 2025, La France Insoumise organise une rencontre sur l'islamophobie à l'Assemblée Nationale, et y invite le collectif « Contre l'Islamophobie en Europe », basé en Belgique, né à la suite de la dissolution en France du collectif « Contre l'Islamophobie en France », soupçonné de sympathie pour l'islamisme. Le ministre de l'Intérieur condamne cette initiative, le Rassemblement National dérange la réunion, les accusations mutuelles fusent. La présidente de l'Assemblée autorise la réunion tout en déplorant qu'elle fasse intervenir « des personnes dont les pratiques et les discours apparaissent comme contraires aux valeurs de la République » [11].

8 Premier ministre d'Israël 1996-99, 2009-2021 et depuis 2022, incarnant l'Israël belliciste depuis le 7 octobre 2023 « Antisémitisme et antisionisme : un débat miné vieux de plus d'un siècle, Radio France », 20 juillet 2019 [en ligne].

9 « La (très) nette évolution de Mélenchon sur la question de l'islamophobie », *Le Parisien*, 10 novembre 2019.

10 Le 25 janvier 2025, lors d'un colloque organisé par l'Union juive française pour la paix et le collectif Tsedek à l'occasion du 80e anniversaire de la libération d'Auschwitz.

11 « LFI reçoit le Collectif contre l'islamophobie à l'Assemblée Nationale », *Le Point*, 12 mars 2015.

De façon plus générale, l'État français alimente le soupçon vis-à-vis de l'Islam, établissant « une continuité implicite entre Islam visible et conservatisme religieux, entre islamisme légaliste et djihadisme » (Haoues, 2024). À cet égard, le « foulard islamique » a représenté en France un point de fixation notable, depuis l'affaire de deux lycéennes exclues pour l'avoir porté (1989) jusqu'au vote en 2004 d'une loi l'interdisant à l'école. Il est parfois lu comme le signe d'une soumission générale des musulmanes, qui divise aussi les mouvements féministes. Il est symptôme aussi. Ce soupçon contre l'islam n'a cessé de croître, conduisant au vote d'une loi de 2021 contre le « séparatisme islamiste » et à la dissolution d'associations de lutte contre l'islamophobie dès que pèse sur elles le moindre soupçon de sympathie pour l'islamisme. Les attentats jouent un rôle essentiel, mais n'expliquent pas tout; le malaise face à la présence de l'Islam a commencé avant les attentats.

En somme, les médias français font circuler largement des représentations tout aussi bien antisémites qu'islamophobes, qu'ils les condamnent (ou pas) de façon diverse, et se trouvent metteurs en scène de multiples concurrences, entre dénonciateurs et accusateurs variés. À gauche comme à droite, les médias les plus engagés participent pleinement à la compétition entre ces racismes et jouent aussi de leur usage polémique. Mais tous mettent en scène cette escalade rhétorique, ne serait-ce qu'en répercutant les échanges d'accusation dont aucun courant politique n'est exempt. Les dangers de cette concurrence ont été parfois dénoncés, mais les mécanismes en paraissent puissants puisqu'elle n'a fait que croître. Il est donc important d'établir la grammaire de la controverse, puis de réfléchir à la mise en avant d'autres arguments d'analyse et de lutte contre les racismes, et à l'établissement de lieux pour réinvestir et mettre en avant l'analyse comparative des racismes.

La construction médiatique des populismes

Swan Dufour

Le populisme est un lieu commun du traitement médiatique de la vie politique qui s'est particulièrement illustré avec le Brexit et la double élection de Donald Trump en 2016 et 2024. Synonyme à la fois de « démagogie », « d'appel au peuple », de « style » ou même « d'idéologie », le populisme constitue un fait d'actualité construit, amplifié et parfois déformé par les médias.

L'expression « populisme médiatique » est mobilisée par des acteurs hétérogènes et recouvre des réalités disparates : comment certains médias adoptent un positionnement populiste (Rooduijn, 2014); comment certains leaders politiques mobilisent les médias pour construire un positionnement populiste (Moffitt, 2016); comment les transformations contemporaines de l'espace public habermassien favorisent l'essor des partis populistes (Manucci, 2017); ou encore comment les médias promeuvent une certaine conception du phénomène populiste (Borriello, 2022). On s'interrogera ici sur la dernière proposition : en quoi les médias traditionnels participent-ils à la construction politique du phénomène populiste? Avec quels cadrages et quelles implications politiques et sociales?

Des mouvements aux théorisations

Le récit historique des populismes est généralement retracé en se focalisant sur trois périodes[1]. La première, concentrée sur la deuxième moitié du XIXe siècle, est souvent définie comme celle des populismes fondateurs (Tarragoni, 2019). Elle voit naître des mouvements politiques se revendiquant du populisme à l'image des narodniki en Russie ou du People's Party aux États-Unis. Certains historiens classent également le mouvement boulangiste français dans cette première période populiste. La deuxième période

1 Le populisme est un phénomène graduel qui peut se manifester chez tous les acteurs politiques, à des degrés divers et dans des contextes historiques et géographiques hétérogènes. Cette focalisation sur trois périodes ne doit pas pour autant occulter l'existence de mouvements populistes localisés historiquement et géographiquement, à l'image du poujadisme en France.

retenue est celle qui s'étend de 1930 à 1960 en Amérique du Sud, dans un contexte de transition démocratique de la plupart des pays latino-américains. Le mouvement considéré comme paradigmatique de cette période est le péronisme en Argentine (Germani, 1978). La troisième et dernière période est celle qui s'étend des années 1990 à nos jours, marquée par un essor des mouvements populistes de Droite et autoritaires à travers le globe (Norris, 2020).

Cependant, cet essor contemporain du populisme est également tributaire d'une forme d'inflation conceptuelle (Cucchetti *et al.*, 2021). Celle-ci consiste à multiplier les théorisations du populisme et à caractériser comme tel des mouvements, des partis, des régimes ou des discours qui n'ont que peu de choses en commun. Cette confusion entourant la définition du populisme n'est pas nouvelle et provient de son entrée dans le champ universitaire au milieu des années 1950. Dès le départ, les définitions du populisme diffèrent selon les contextes historiques et politiques à partir desquels il est appréhendé. L'un des premiers à l'importer dans la littérature scientifique est le sociologue américain Edward Shils. Il analyse l'actualité politique d'après-guerre en Amérique latine et développe un usage disqualifiant du populisme qui ne repose sur aucune historicisation. Le premier colloque international sur le sujet est ensuite organisé en 1966 au sein de la London School of Economics, à l'initiative d'Ernest Gellner et de Ghita Ionescu. Des scientifiques appartenant à différentes disciplines y prennent part, mais les échanges ne débouchent sur aucune définition consensuelle de la notion (1969). Plusieurs ouvrages font ensuite date à l'international, à l'image de celui d'Ernesto Laclau (1977), de Gino Germani (1978) ou encore de Margaret Canovan (1981). En France, Pierre-André Taguieff est le premier à systématiser l'usage du populisme pour décrire la rhétorique du Front National et de son leader Jean-Marie Le Pen (1984). Le populisme est ainsi devenu à la fin des années 1980 une sorte de carrefour des sciences politiques, sans que l'inflation conceptuelle ne s'inscrive dans une véritable dynamique d'accumulation des connaissances.

Celle-ci tend cependant à s'atténuer depuis quelques années et un consensus scientifique a minima se dessine autour du populisme. Cas Mudde et Cristobal Rovira Kaltwasser distinguent ainsi six approches principales (2017).

L'approche « institutionnelle populaire » envisage le populisme comme un phénomène essentiellement démocratique encourageant l'engagement des classes populaires dans la sphère politique institutionnelle. La deuxième approche en « philosophie politique » s'inspire de la pensée d'Ernesto Laclau. Celle-ci est principalement partagée en Europe de l'Ouest et en Amérique latine et elle considère le populisme comme une forme d'émancipation et comme l'aspect le plus élémentaire de la démocratie. Le populisme apparaît ici comme un « signifiant vide » permettant d'agréger en son sein une diversité de demandes démocratiques. La troisième perspective « socio-économique » a été développée dans les années 1980 et 1990 pour analyser les politiques économiques à l'œuvre dans les pays latino-américains. Elle est principalement structurée autour des travaux de Rudiger Dornbusch et Sébastian Edwards qui envisagent le populisme comme une politique économique irresponsable et dangereuse. La quatrième optique dite « charismatique » met l'accent sur la figure du leader politique. Celle-ci est plutôt répandue dans les études latino-américaines, mais le psychosociologue français Alexandre Dorna s'en inspire largement. Elle envisage le populisme comme consubstantiel à l'émergence d'une figure puissante de leader, seul moyen de maintenir un lien fort et continu avec les masses. La cinquième approche « stylistique » est principalement développée dans les études en communication politique et entend le populisme comme un comportement politique visant à exploiter les médias dans le but d'obtenir un soutien populaire. Enfin, la dernière conception du populisme est qualifiée d'« idéationnelle ». Elle est principalement développée par Cas Mudde et Cristobal Rovira Kaltwasser (2017) et elle a connu un certain succès ces dernières années en Europe et aux États-Unis. Elle s'inspire des études qui appréhendent le populisme comme un discours, mais elle recentre la théorisation autour de la question idéologique. Ainsi, ces approches envisagent le populisme comme une « idéologie peu substantielle » qui consiste à valoriser le « peuple » et à l'opposer aux « élites ».

Ces différentes approches ne sont pas exclusives les unes des autres. La plupart se rejoignent sur le fait que le populisme est surtout et avant tout une affaire de discours au sens le plus élémentaire et politique qui soit. C'est donc à partir de ce niveau d'analyse que cette entrée propose d'appréhender la construction médiatique des populismes.

Les cadrages médiatiques dominants

L'essor perçu du populisme relève également d'un investissement de la notion par les médias d'information, au sens où la définition populiste de certains partis ou acteurs concourt directement à l'expansion du phénomène. En termes de cadrages médiatiques, le populisme suit le plus souvent un double processus de simplification et de métaphorisation.

Le phénomène populiste est une réalité protéiforme, ce qui complique sa définition. Cette caractéristique est peu congruente avec de nombreux formats d'information qui imposent des contraintes de forme strictes. La plupart des recherches réalisées sur la médiatisation du populisme mettent au jour un usage croissant de la notion qui suit un processus de simplification. Xavier Mellet, en comparant la médiatisation du populisme en France et au Japon, montre par exemple que le phénomène n'est jamais défini et souvent associé à la démagogie (2016). Parfois, le processus de simplification se concentre dans les médias sur la réduction du populisme à l'expression d'une parole d'extrême droite (Mudde & Rovira Kaltwasser, 2021); une simplification également à l'œuvre dans la littérature scientifique (Stavrakakis et al., 2017). Les débats épistémologiques entourant la définition du phénomène sont de même systématiquement occultés.

De nombreuses recherches ont ensuite montré comment des métaphorisations s'opèrent dans la couverture médiatique du populisme. L'étude de Massimiliano Demata, Michelangelo Conoscenti et Yannis Stavrakakis menée sur *The Guardian* et *The Daily Mail* insiste notamment sur le fait que le populisme est souvent convoqué par l'intermédiaire de métaphorisation physique et spatiale (2020). Les images les plus mobilisées sont celles de la « vague » ou du « tsunami » et elles suggèrent un évènement imprévisible aux effets destructeurs. Cette logique est également à l'œuvre dans les journaux français, comme l'a montré le travail d'Arthur Borriello sur *Le Monde* (2022). Plus largement, les métaphorisations autour du thème de la maladie sont une autre caractéristique de la médiatisation du populisme. Réduisant très souvent le phénomène à une pathologie qu'il faudrait appréhender en termes étiologiques pour l'endiguer, les médias d'information européens contribuent à promouvoir des visions stéréotypées et normatives du populisme (Borriello, 2021).

Disqualification politique et stigmatisation des classes populaires

Les usages médiatiques du populisme ont inévitablement des conséquences sur le débat public. En appréhendant le populisme par des discours catastrophistes et pathologiques, les médias opèrent une délimitation des acteurs et des pratiques légitimes dans le monde politique.

Depuis son introduction dans le débat public, le populisme dispose de deux interprétations dominantes : il est le plus souvent réduit à une rhétorique émotionnelle et à des propositions politiques simplistes et opportunistes. Ces interprétations recoupent en partie la confusion populisme/démagogie partagée par une partie de la littérature scientifique. L'usage médiatique du populisme s'impose ainsi comme un opérateur de disqualification politique. Par ailleurs, une seconde strate de disqualification s'opère lorsque le populisme est réduit à une parole d'extrême droite; catégorie lourdement disqualifiante et injurieuse dans le débat public. Cette confusion est maladroite car elle occulte la diversité historique, politique et géographique des populismes. Ainsi, les discours politiques et médiatiques qui dénoncent le simplisme et le manichéisme des acteurs populistes tendent paradoxalement à reproduire ces mêmes écueils, puisque le concept est régulièrement mobilisé comme une « grille de lecture » d'un monde politique défini en termes binaires et réduit à l'affrontement des forces libérales démocratiques, connotées positivement, et de leurs adversaires populistes (Borriello, 2022).

En outre, les discours médiatiques sur les acteurs populistes adoptent souvent une dimension moralisante qui se répercute plus largement sur les électeurs qui leur accordent leur soutien; lesquels appartiennent plus systématiquement aux classes populaires vivant dans des territoires ruraux et présentant un faible niveau de diplôme (Cagé & Piketty, 2023). La division entre populisme et anti populisme est en effet interprétée en termes sociopolitiques entre le « haut » et le « bas » de la société, ce qui suggère une division pyramidale et hiérarchique du social. La dénonciation du populisme par les médias s'accompagne ainsi régulièrement d'une disqualification de leurs électeurs qui seraient mus par le ressentiment et la peur (Collovald, 2019). Cette conception prolonge un lieu commun tenace qui stipule que les classes populaires seraient incapables de s'extraire d'une appréhension émotionnelle du politique. En disqualifiant les partis populistes, la médiatisation du phénomène peut alors agir en cascade comme un opérateur de stigmatisation des classes populaires.

Les populismes sont donc des phénomènes complexes susceptibles de diverses interprétations. Ils disposent en outre de spécificités politiques, géographiques et historiques qui les singularisent les uns des autres. Ces ambiguïtés ne sont que trop rarement évoquées dans les médias d'information au profit d'une couverture simplifiée et métaphorisée du populisme. Cette médiatisation agit enfin comme un opérateur de disqualification politique qui peut se répercuter, en cascade, sur leurs électeurs.

Rythmes de médiatisation dans la presse quotidienne

La médiatisation du populisme s'est considérablement accentuée depuis le début des années 2000. 40 032 articles, publiés entre le 1er janvier 2000 et le 31 décembre 2023 dans la presse quotidienne nationale française disponible sur Europresse (*Le Monde*, *Libération*, *Le Figaro*, *L'Humanité*, *La Tribune*, *La Croix*, *Les Échos*, *Aujourd'hui en France*), présentent au moins une occurrence des termes « populisme(s) » ou « populiste(s) » (recherche « populi* »). Dans l'ensemble, la médiatisation du populisme suit les évènements qui ont marqué l'actualité politique nationale et internationale des vingt dernières années :

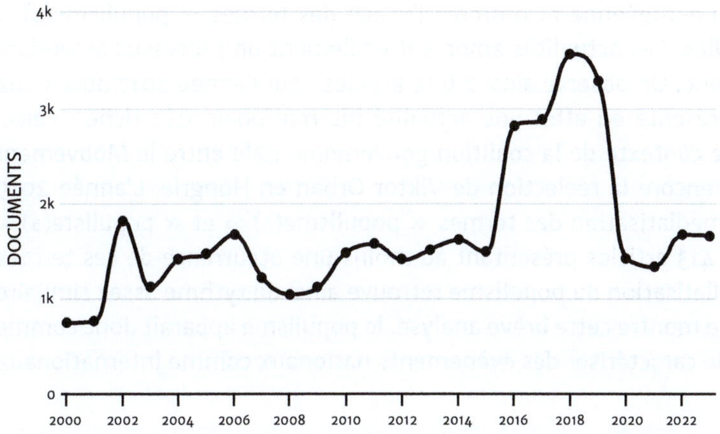

Évolution du nombre d'articles présentant au moins une occurrence des termes « populisme(s) » ou « populiste(s) » dans la presse quotidienne nationale française (base : Europresse).

Un premier pic de médiatisation du « populisme » s'observe au cours de l'année 2002. Le nombre d'articles présentant au minimum une occurrence des termes « populisme(s) » ou « populiste(s) » passe de 755 en 2001 à 1813 l'année suivante. Celle-ci est notamment marquée par l'accession de Jean-Marie Le Pen au second tour de l'élection présidentielle française. Le jour où le plus d'articles mobilisant les mots « populisme(s) » ou « populiste(s) » ont été publiés est le 24 avril 2002, soit trois jours après le premier tour du scrutin. Cet évènement renforce la médiatisation du populisme puisque plusieurs articles mobilisent la notion pour décrire et analyser le positionnement du candidat Le Pen. Plus généralement, cette année est aussi marquée par plusieurs évènements internationaux qui sont appréhendés par les journaux français comme autant d'enjeux convoquant des manifestations ou des acteurs populistes : l'assassinat de Pim Fortuyn aux Pays-Bas, le coup d'État contre le gouvernement d'Hugo Chavez au Venezuela ou encore les élections législatives hongroises. Un deuxième pic de médiatisation s'observe ensuite en 2006. En France, le contexte politique est marqué par l'ouverture de la campagne pour les élections présidentielles françaises de 2007, notamment par la primaire socialiste de novembre 2006. Mais ce regain de médiatisation du populisme relève surtout de la couverture de certains enjeux internationaux à l'image des élections présidentielles portugaises, de l'intronisation et de la chute de la coalition gouvernementale polonaise ou encore des tensions générées par le Mercosur en Amérique du Sud. Malgré une baisse entre 2006 et 2008, la médiatisation du populisme dans la presse quotidienne nationale connaît ensuite une stabilité entre 2008 et 2015 dans un contexte marqué par la crise des subprimes et le développement de mouvements populistes de Gauche comme Syriza en Grèce ou Podemos en Espagne. Le nombre d'articles qui présentent au moins une occurrence des termes « populisme(s) » et « populiste(s) » oscille ainsi entre 1 000 et 1 500 par an. L'année 2016 témoigne d'une véritable rupture dans les rythmes de médiatisation du populisme. Une évolution spectaculaire des articles présentant au moins une occurrence des termes « populisme(s) » ou « populiste(s) » se fait jour dans les médias français avec 2 819 articles publiés sur l'année 2016, dont 71 pour la seule journée du 10 novembre marquée par l'élection de Donald Trump aux États-Unis. Cette année correspond également au référendum sur l'appartenance du Royaume-Uni à l'Union européenne et renforce l'usage des termes « populisme(s) » et « populiste(s) » dans les médias. Ces actualités amorcent également un processus ascendant dans la médiatisation du phénomène. On observe ainsi 2 874 articles pour l'année 2017 puis 3 564 articles en 2018. L'année 2018 présente en effet une actualité internationale très riche : l'élection de Jaïr Bolsonaro au Brésil, le contexte de la coalition gouvernementale entre le Mouvement 5 Étoiles et la Ligue en Italie, ou encore la réélection de Viktor Orban en Hongrie. L'année 2019 amorce enfin une baisse dans la médiatisation des termes « populisme(s) » et « populiste(s) » qui se concrétise en 2020 avec 1 413 articles présentant au moins une occurrence de ces termes. Sur la période 2020-2023, la médiatisation du populisme retrouve ainsi un rythme assez similaire à la période 2008-2015. Comme le montre cette brève analyse, le populisme apparaît donc comme une grille de lecture permettant de caractériser des évènements nationaux comme internationaux.

Mégadonnées du complotisme : étude des communautés Anons

Dusan Bozalka

Si le développement contemporain du complotisme sur les réseaux sociauxnumériques fait l'objet de nombreux travaux, peu se concentrent sur sa circulation transnationale à l'aune de pratiques uniformisées. Un contre-public complotiste est pourtant parvenu à émerger dans des espaces numériques multilingues et particulièrement les « Anonymous », terme réduit en Anons. Plusieurs sous-forums anglophones de 4chan[1] et de ses successeurs concourent entre octobre 2017 et novembre 2022 à la création d'une « arène discursive parallèle » au sein de laquelle les acteurs complotistes élaborent « des interprétations alternatives de leurs identités, intérêts et besoins » (Fraser, 1990 : 81). Les Anons endossent là une double mission : l'interprétation des messages cryptés et publiés par leur meneur Q et leur propagation grâce à l'ouverture *ad hoc* d'espaces et de comptes sur les plateformes Facebook, YouTube, Twitter et Reddit, ou encore l'organisation de campagnes d'amplification inauthentique (l'*astroturfing*[2]).

Les pratiques numériques délétères de cette communauté, héritées de 4chan, entraînent tour à tour l'exclusion du contre-public complotiste des plateformes traditionnelles et ipso facto sa migration en direction de plateformes alternatives. Telegram, doté d'une modération restreinte, est alors devenu son principal refuge (Hoseini *et al.*, 2021). Cette configuration avantageuse est d'autant plus cruciale au développement de la communauté que la pandémie de Covid-19 coïncide avec l'émergence de nombreux Anons européens employés à la traduction et l'adaptation des récits du contre-public à de multiples contextes linguistico-culturels (Labbe *et al.*, 2020). Cette contribution se propose donc d'offrir une vue d'ensemble, au moyen de méthodes computationnelles, de ces acteurs rarement étudiés.

1 4chan est un forum anglophone créé en 2003. Le site est interdit aux mineurs et repose en grande partie sur le partage d'image *via* sa section « *image board* ». Les internautes y sont nombreux et les éléments partagés peu modérés.

2 Utilisé pour la première fois en 1986, le terme d'*astroturfing* désigne une pratique de désinformation où sont englobées différentes stratégies de communication dans un but commun : faire croire que la circulation massive d'un message émanerait d'un large groupe d'utilisateurs numériques et reflèterait l'opinion publique, alors que son contenu vise en réalité à servir des intérêts privés ou idéologiques tout en dissimulant sa véritable origine pour renforcer son apparence légitime.

Une collecte de données itérative

La recherche scientifique se saisit des données issues du Web 2.0 (Hase *et al.*, 2023) dans les années 2000 : divers outils sont peu à peu créés en adéquation avec les espaces numériques étudiés, ce que souligne l'utilisation systématique des interfaces de programmation d'application (API) pour l'étude des réseaux sociaux numériques. Les API rassemblent de multiples balises prédéfinies servant de commandes spécifiques à l'extraction de données et de métadonnées (Lomborg & Bechmann, 2014). L'API de Telegram requiert ainsi l'utilisation d'une liste de chaînes et groupes en guise de points d'entrée (*seed list*) afin d'en collecter — au moyen d'un script Python — les données relatives à chaque entité. Cette collecte est alors effectuée selon un premier principe de récupération historique (*historical data retrieval*), c'est-à-dire l'extraction de l'ensemble des publications non supprimées et de leurs horodatages.

Dans la mesure où Telegram permet à ses utilisateurs de partager du contenu en provenance d'autres chaînes et groupes, cette collecte peut également faire l'objet d'un deuxième principe d'élargissement itératif. Ce mécanisme, fondé sur un effet « boule de neige », repose sur l'identification de liens d'interaction entre groupements d'entités destinataires (responsables du partage) et d'entités sources (dont le contenu est partagé). Concrètement, les transferts recensés à partir des messages collectés depuis notre *seed list* de 15 chaînes (cinq francophones, cinq italophones et cinq germanophones) laissent place à la découverte d'un nouvel ensemble plus large de chaînes et de groupes. Les messages contenus dans ce dernier sont à leur tour extraits, ce qui revient ainsi à étendre la collecte à 5 330 entités. Cette opération, renouvelée itérativement, porte l'échantillon à un total de 107 688 chaînes et groupes. Chacune de ces étapes conditionne *in fine* la création de réseaux articulés selon des échelons de profondeur distincts, ceux-ci exprimant le passage à des élargissements successifs. Conformément au cadre temporel de la création du contre-public complotiste, cette collecte se limite aux messages publiés entre octobre 2017 et novembre 2022.

Réseaux	Profondeur 0	Profondeur 1	Profondeur 2
Messages	722 327	54 917 941	74 243 258
Messages transférés	272 914	19 088 402	24 151 942
Chaînes et groupes	15	5 330	152 154

Figure 1 : Échantillonnage par échelons de profondeur.

Les réseaux de chaque échelon sont modélisables en un graphique dirigé, servant de cartographie, grâce au logiciel d'analyse et de visualisation de réseaux Gephi (Bastian *et al.*, 2009). Ses algorithmes permettent d'identifier quelles chaînes et quels groupes occupent une place centrale au sein du réseau, mais aussi de les ranger en communautés linguistiques. Les horodatages des corpus sont exploités afin de produire divers types de graphiques à barre ; par exemple des graphiques illustrant les publications mensuelles ou des graphiques de création de chaînes, fondés sur les premiers horodatages des messages recensés dans chaque chaîne.

Identifier les communautés complotistes

Au moyen d'une analyse statistique, la collecte itérative atteste d'abord d'une corrélation positive entre l'utilisation croissante de chaînes et les campagnes de bannissement opérées sur les plateformes traditionnelles. La compilation des horodatages issus de chaque chaîne ou groupe témoigne d'une augmentation de leur mise en activité. Un pic d'activation concorde avec la prise d'assaut du Capitole en janvier 2021, dont les conséquences se sont traduites par une exclusion intégrale des communautés du contre-public complotiste encore actives sur les plateformes traditionnelles.

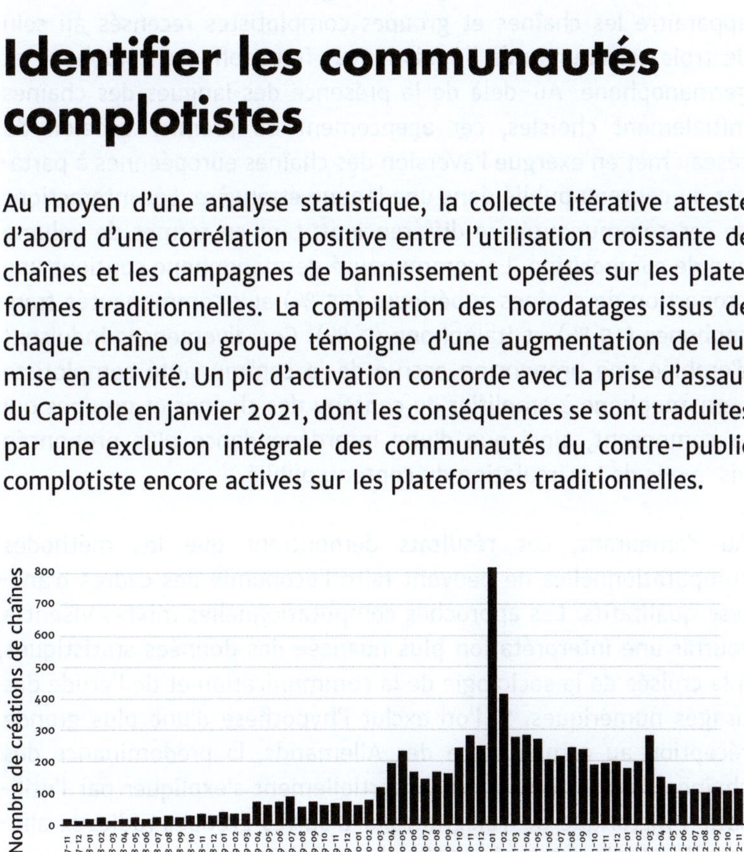

Figure 2 : Nombre de créations de chaînes par mois entre novembre 2017 et novembre 2022 (selon le premier horodatage collecté).

Une fois traités dans leur intégralité, les 54 917 941 messages collectés témoignent de rythmes de publication en constante évolution[3]. Cela montre l'implication de Telegram dans la pérennisation du contre-public, avec des pics de publication imputables au début de l'invasion de l'Ukraine par la Russie en février 2022. Ces deux occurrences, Capitole et Ukraine, mettent quant à elles en évidence la temporalité d'évènements médiatiques clivants qui conduisent le contre-public à produire davantage de contenus (Dayan, 2000a).

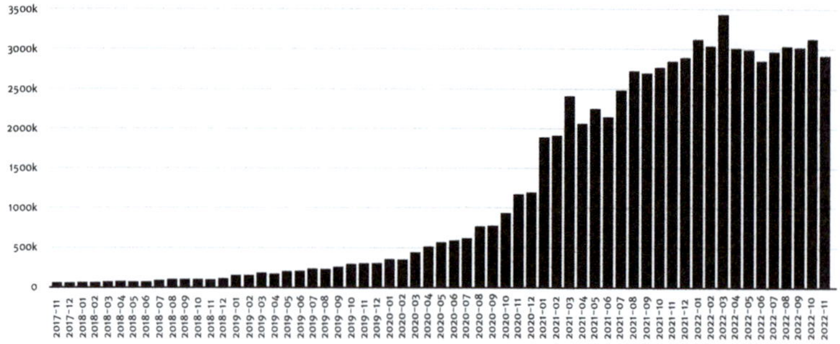

Figure 3 : Nombre de messages publiés par mois (2017-2022).

La modélisation des 272 914 partages issus de la *seed list*[4] fait apparaître les chaînes et groupes complotistes recensés au sein de trois communautés linguistiques; francophone, italophone et germanophone. Au-delà de la présence des langues des chaînes initialement choisies, cet agencement du premier échelon du réseau met en exergue l'aversion des chaînes européennes à partager du contenu publié dans une langue étrangère. Les interactions de ces communautés se différencient, tant en termes de volume que de composition. La communauté germanophone contient une proportion de chaînes supérieure (75 %) aux communautés francophones (15 %) et italophone (7 %). Ces divergences induisent d'emblée une propension accrue de la communauté complotiste germanophone à amplifier du contenu des chaînes et groupes qui la composent, ainsi que d'une interdépendance plus prononcée vis-à-vis de la circulation du contenu publié.

Au demeurant, ces résultats démontrent que les méthodes computationnelles ne peuvent faire l'économie des cadres d'analyse qualitatifs. Les approches computationnelles mixtes visent à fournir une interprétation plus nuancée des données statistiques, à la croisée de la sociologie de la communication et de l'étude des usages numériques. Si l'on exclut l'hypothèse d'une plus grande réception au complotisme des Allemands, la prédominance des chaînes germanophones peut partiellement s'expliquer par l'utilisation historique de Telegram par d'autres groupes radicaux allemands (Vorländer *et al.*, 2018). Il apparaît en conséquence logique

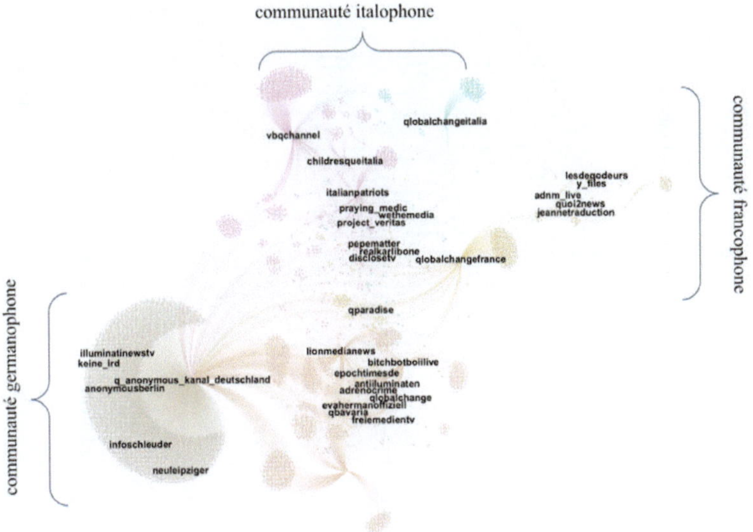

Figure 4 : Cartographie des communautés complotistes au premier échelon de profondeur.

que les créateurs des chaînes complotistes germanophones fassent figure de précurseurs, les plus populaires d'entre elles s'étant établies avant les évènements du Capitole. L'examen détaillé des 5 330 chaînes identifiées nuance davantage la pertinence du *continuum* nombre-réception : ses résultats mettent en évidence des écarts variables entre les quelque deux cents chaînes et groupes européens se revendiquant du contre-public, dont 40 italophones, 89 francophones et 125 germanophones.

Ces écarts peuvent d'ailleurs se renverser, dès lors que l'étude des hyperliens contenus dans les publications permet de voir que les chaînes francophones renvoient davantage à des contenus provenant d'autres espaces socionumériques affiliés, à l'image de chaînes Rumble et Odysee, de blogs logés sur Substack, ainsi que des sites internet. De nombreuses chaînes issues du contre-public complotiste[5] font en effet partie intégrante d'infrastructures multiplateformes. Ces dernières prennent des formes distinctes, à travers l'utilisation de plusieurs chaînes Telegram ou encore de chaînes logées sur des plateformes alternatives. La gestion de ces chaînes est le plus souvent assurée par des influenceurs complotistes et des médias de réinformation, chacun d'entre eux étant doté de compétences et de spécialisations diverses issues de leurs trajectoires sociales. C'est notamment grâce à de tels attributs sociologiques que ces acteurs parviennent à occuper une place centrale à l'intérieur de leurs communautés respectives. Ces ensembles hétérogènes comptent d'autres catégories d'acteurs,

3 Nous choisissons de nous arrêter aux messages issus du premier échelon de profondeur, puisque les résultats incorporeraient aussi les rythmes de publication générés par des communautés exogènes (voir *infra*).

4 Menant à un premier échelon de profondeur.

5 20 italophones, 36 germanophones et 56 francophones.

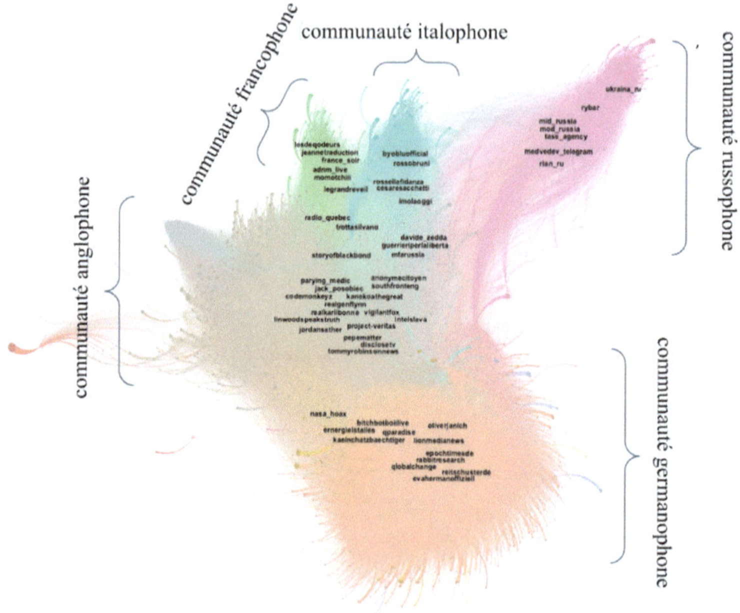

Figure 5 : Cartographie des communautés complotistes au deuxième échelon de profondeur.

lesquels profitent à leur tour des avantages offerts par Telegram. Des chaînes amplificatrices sont ainsi plus enclines à mobiliser des comptes automatiques afin de leur déléguer la curation de contenu en provenance d'autres chaînes membres du contre-public complotiste. L'action des chaînes intermédiaires, constituées principalement de groupes et de chaînes de discussion, vise à promouvoir des échanges fréquents entre les communautés du contre-public et celles composées d'acteurs exogènes. Nombreux sont par ailleurs les contenus, au fil des partages, susceptibles d'être traduits ou de faire l'objet de citations. L'étude des 24 151 942 partages, soit le passage au deuxième échelon de profondeur, révèle la centralité secondaire des chaînes anglophones affiliées au contre-public : les Anons anglophones sont les plus partagés, mais seulement à la suite d'un modèle de communication à double étage. À ces entités s'ajoute la présence d'une communauté de chaînes russophones, centrée autour de journalistes pro-Kremlin et de médias d'État russes, dont les publications sont traduites à dessein d'en faciliter la circulation auprès du contre-public.

Ces résultats mettent en lumière la richesse méthodologique qu'apporte l'analyse computationnelle des plateformes alternatives dans l'étude des communautés complotistes. Elle permet également d'élargir des cadres théoriques autrefois strictement qualitatifs, en les consolidant par des résultats empiriques, si bien que nos constats préliminaires se nourrissent des apports de l'ethnographie en ligne et des analyses de réception. Loin de se limiter au contre-public complotiste, les méthodes computationnelles se montrent adaptées à l'exploration d'autres groupements idéologiques. Il s'agit là d'une ouverture prometteuse à de nouvelles perspectives scientifiques sur les transformations sociétales imputables aux plateformes numériques alternatives.

La presse dans l'insurrection grecque pour l'indépendance

Stefanos Pnevmatikos

Au début du XIXe siècle, les presses grecque et française ont fortement contribué à la construction de l'État grec contemporain. Leur couverture des évènements lors de l'insurrection des Grecs de 1821 a largement diffusé la cause des combattants en quête de liberté politique. Cette insurrection s'inscrit dans un contexte plus large d'émancipation des nations par rapport à la Sublime Porte[1]. La construction d'un État grec en 1830 n'allait pas de soi. L'écrivain Rigas Feraios[2] a par exemple proposé l'idée d'une fédération des nations autour d'un État rassemblant tous les peuples des Balkans liés par une religion commune, l'orthodoxie. Si l'idée ne se réalise pas, la défense de ce peuple opprimé au nom d'une religion commune sera cependant le moteur du mouvement des Philhellènes.

Défense du Philhellénisme dans la presse française

Ce mouvement artistique naît avant le soulèvement des Grecs contre les Ottomans en 1821. Metternich, gardien du nouvel ordre européen de la Sainte-Alliance établi au Congrès de Vienne de 1815, s'oppose à toute forme de révolte remettant en cause le *statu quo* en Europe. De leur côté, les philhellènes se battent pour la formation d'une « communauté imaginée » (Anderson, 1983 : 19-21). Leurs convictions religieuse, politique et esthétique reposent essentiellement sur trois éléments : l'engouement pour le modèle antique; la nécessité de devoir sauver un peuple chrétien; l'admiration patriotique pour les sacrifices consentis par les Grecs au nom de la liberté. Ce mouvement est soutenu dans la presse étrangère de l'époque, tout particulièrement française ainsi que dans quelques publications diffusées dans le pays occupé au

1 Ainsi que l'on dénomme, par métonymie, l'Empire ottoman.

2 Rigas Feraios (1757-1798), écrivain grec, est considéré comme l'une des figures emblématiques de l'histoire de la Grèce. Les idéaux de démocratie et de liberté sont pour lui une source d'inspiration essentielle.

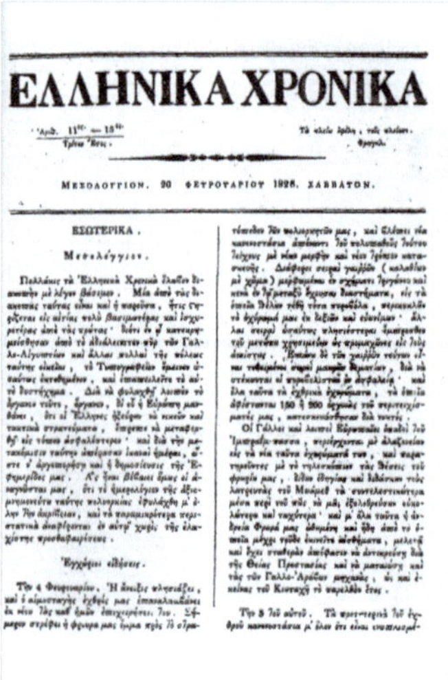
ΕΛΛΗΝΙΚΑ ΧΡΟΝΙΚΑ

ΜΕΣΟΛΟΓΓΙΟΝ. 20 ΦΕΥΡΟΥΑΡΙΟΥ 1826. ΣΑΒΒΑΤΟΝ.

ΕΣΩΤΕΡΙΚΑ.

La dernière Une du quotidien *Chroniques helléniques*, publiée à Missolonghi le 20 février 1826. Les archives de ce quotidien ont été mises à notre disposition par la Bibliothèque D. I. Pournaras de l'Union des journalistes d'Athènes (ESIEA).

moment des combats. Prenons trois titres français qui nourrissent et renforcent le sentiment national grec : le *Journal des débats*, *Le Globe* et *Le Constitutionnel*. Le *Journal des débats* relate régulièrement au lectorat français les évènements liés à l'insurrection des Grecs de 1821. En se positionnant ouvertement en faveur des combattants, il souligne le lien indissociable entre la France et la Grèce, tant d'un point de vue historique que culturel : « Une curiosité naturelle nous fait remonter aux causes primitives de cette lutte terrible entre une nation séparée de nous par le défaut d'origine commune, par la religion, par les mœurs, et un peuple qui nous intéresse par la grandeur de ses souvenirs historiques »[3].

Le journal oppose l'empire ottoman au peuple grec en mettant l'accent sur trois points qui distinguent les Français des Ottomans : l'origine, la religion et les mœurs. L'argument principal qui justifie notamment, selon son analyse, l'attachement des Français à cette cause est lié au fait que ce pays appartient incontestablement à l'Europe, et par conséquent, que son peuple a « le droit de choisir [lui-même] la forme de [son] existence politique »[4], comme Chateaubriand le souligne dans *Note sur la Grèce*. C'est ainsi donc que « les regards de l'Europe sont tournés vers la Grèce »[5].

Le Globe, journal littéraire, met en avant dès sa création l'importance du combat des Grecs et le soutien attendu des autres peuples européens. Ainsi, il choisit de faire référence tant au passé historique des Grecs qu'à leur religion : « Les voyageurs parlaient bien d'une race chrétienne errant au milieu des rues d'Athènes et de Sparte. […] On ne consentait pas à ce que les Grecs fussent des hommes, l'imagination voulait des héros ; et parce que leurs pères avaient civilisé le monde et ennobli l'humanité, leur infortune semblait un crime et leur esclavage une impiété »[6].

Enfin, *Le Constitutionnel*, tout au long du combat des Grecs, n'hésite pas à critiquer, d'un ton offensif, des reportages d'autres journaux européens en insistant sur le rôle essentiel des journalistes qui consiste à raconter les évènements survenus avec exactitude, comme l'explique cet article publié le 28 août 1821 : « Plusieurs journaux de Paris ont rapporté, sur la foi de l'*Observateur autrichien*, l'extrait d'une gazette de Smyrne, intitulée : le Spectateur oriental, et rédigée en français. Il est possible qu'il faille attribuer aux deux traductions successives de français en allemand et d'allemand en français, les différences assez marquantes qui existent entre l'original qui a paru à Smyrne, et la copie qu'on en a donnée à Paris. Nous avons sous les yeux l'un et l'autre, et nous ne pouvons pas manquer d'être frappés de ces inexactitudes. On aperçoit dans la copie une haine marquée contre les Grecs ; c'est à eux qu'on attribue tous les désordres »[7].

Cette analyse interroge l'exercice du métier du journaliste dont la pratique peut être mise en cause à trois titres : la non-vérification des sources, l'interprétation forcée de l'évènement et une prise de position partisane. Ainsi le journaliste du *Constitutionnel* explique que l'*Observateur autrichien* n'a pas su « séparer les faits des opinions »[8] trahissant une « haine marquée contre les Grecs »[9].

Le rôle des premiers journaux grecs dans la formation d'un État nation

Les premiers journaux grecs ont été créés en 1821 au moment du soulèvement, notons entre autres, *Acheloos*, paru en février 1821 et *Aitoliki*, cinq mois plus tard. Plus important encore pour la formation de l'État nation grec, le quotidien *Chroniques helléniques*[10], fondé en 1824 par le philhellène suisse Johann-Jacob Meyer (1798-1826), publie des articles des presses française, anglaise et allemande traduits en grec. Ces publications européennes ont contribué de manière décisive à la diffusion de la cause grecque pour la liberté.

Au cours des trois ans de l'existence de ce journal, les témoignages de Meyer ont un seul objectif : inspirer les combattants et contribuer à la recrudescence de leur sentiment national avec ces textes, rédigés par des philhellènes de l'étranger. Meyer, tout au long du siège du Missolonghi[11] y met toute son énergie jusqu'à sa mort en 1826 lors du massacre des assiégés de la ville : « Nous préférons nous enterrer sous les ruines de notre ville plutôt que d'entendre parler de reddition. Nous vivons nos derniers instants. L'Histoire jugera et les générations futures pleureront notre mort. Quant à moi, penser que le sang d'un Suisse, descendant de Guillaume Tell, se mêlera à celui des héros de la Grèce m'emplit de fierté »[12] .

3 *Journal des débats*, 25 juin 1821, 1.

4 Chateaubriand F. R. de (1825) *Note sur la Grèce*, Paris, Le Normant père : 27.

5 *Journal des débats*, *ibid*.

6 *Le Globe*, 30 octobre 1824 : 90.

7 *Le Constitutionnel*, 28 août 1821, « Affaires de la Grèce », 1.

8 Cf. Eco U. (2015) *Numero Zero* [édition originale publiée par Bompiani, Milan, en janvier 2015 sous le titre : *Numero Zero*], traduit de l'italien par Jean-Noël Schifano, Éditions Grasset & Fasquelle : 57.

9 *Le Constitutionnel*, *ibid*.

10 Le journal cesse de paraître le 20 février 1826, à cause d'un bombardement provenant du camp turco-égyptien qui détruit complètement ses installations.

11 À la suite d'une défense ininterrompue qui durera pendant quatre mois, les assiégés, sans espoir d'approvisionnement, tentent une sortie qui a pour conséquence leur massacre. Cet épisode devient un symbole de la lutte des Grecs pour la liberté.

12 Lettre adressée par J.-J. Meyer au colonel Leicester Stanhope, membre du Comité philhellène de Londres, Vakalopoulos A. (1993) Επίλεκτες βασικές ιστορικές πηγές της ελληνικής επαναστάσεως [*Principales sources historiques de la Révolution grecque*], III, Vanias, Thessalonique, 169.

Les piliers du Philhellénisme

C'est ainsi que la figure du « pionnier » du journalisme en Grèce est en même temps celle d'un des philhellènes les plus appréciés des Grecs, jusqu'à nos jours. Le courant philhellène est indissociable du mouvement romantique du XIXe siècle même si ses racines remontent bien avant (2001 : 37-75). Le mot « philhellénisme » a été utilisé non seulement pour désigner les amis étrangers des Grecs mais aussi ceux qui se souciaient de leur unité nationale, en s'appuyant sur les trois piliers déjà cités : l'Antiquité, l'orthodoxie et la liberté au nom de laquelle ont été consentis les sacrifices des combattants. Le rôle de la presse est donc primordial en Europe comme en Grèce et la quête des Grecs pour la liberté devient une question qui ne les concerne plus seuls. La cause intéresse tout Européen qui se préoccupe de son « unité nationale », et, par conséquent, de son existence en tant qu'État indépendant.

Propagande militaire en Russie ou le langage de la nomenklatura

Inna Biei

Le langage de la *nomenklatura*[1], hérité de l'Union soviétique, persiste dans la Russie contemporaine, où il constitue un outil fondamental de l'élite pour maintenir un contrôle politique et social. Ce mode de communication, qui continue de jouer un rôle central dans la propagande d'État, atteint son apogée lors de l'invasion de l'Ukraine par la Russie en février 2022. En perpétuelle transformation, il est mobilisé pour légitimer les décisions politiques et occulter les défaites militaires de l'armée russe sur le front. Parmi ses éléments les plus caractéristiques figure la « rhétorique de minimisation », une stratégie qui s'appuie sur l'usage d'euphémismes, de termes flous et de formules discursives ambiguës, qui visent à atténuer les critiques, à réduire l'impact des évènements négatifs, et à redéfinir les récits autour des actions de l'État russe[2]. Depuis son accession au pouvoir en 1999, Vladimir Poutine a perfectionné l'art de la communication politique en utilisant ce type de langage. Utilisé pour présenter les interventions militaires comme des actes de solidarité plutôt que comme des occupations agressives, ce langage est devenu particulièrement évident dans le cadre de la guerre en Ukraine. Aujourd'hui, comme à l'ère des Soviets, il sert à légitimer les actions militaires tout en minimisant les revers et en justifiant les décisions controversées du régime.

Un recours systématique aux euphémismes

L'un des outils essentiels de la propagande russe est l'usage d'euphémismes pour atténuer la gravité de certains des revers militaires. Comme l'explique Fairclough (1992), les euphémismes jouent un rôle clé dans la création d'une réalité alternative, permettant aux gouvernements et aux institutions de masquer des vérités

1 Cette notion, née en Union soviétique, renvoie à l'élite administrative et politique, ainsi qu'à un langage codifié utilisé pour justifier le pouvoir en place et dissimuler la réalité derrière la prise des décisions publiques.

2 Des termes comme la « fraternelle assistance », qui servait à justifier l'intervention militaire en Hongrie en 1956 ou en Tchécoslovaquie en 1968, ou encore la « surveillance révolutionnaire » et la « liberté surveillée », utilisés pour parler de la répression policière et l'espionnage interne, ont été conçus pour masquer les atrocités du régime soviétique tout en légitimant son autorité auprès de la population.

« La mère patrie appelle! ». « Moi, citoyen de l'URSS, entrant dans les troupes de l'Armée rouge ouvrière et paysanne, je prête serment et je jure solennellement d'être un soldat honnête, courageux, discipliné et vigilant; de garder strictement le secret militaire et d'État; de protéger de toutes mes forces les biens militaires et populaires; d'être fidèle jusqu'au dernier souffle à mon peuple, à ma patrie soviétique et au gouvernement ouvrier et paysan. [...] Si je venais à violer ce serment solennel, que je sois puni avec toute la rigueur de la loi soviétique, et que s'abattent sur moi la haine générale et le mépris des travailleurs. » Affiche de propagande URSS, 1941.

dérangeantes sous une apparence technique et neutre. Ce type de langage contribue à la naturalisation des évènements négatifs, un processus par lequel des actions controversées sont présentées comme allant de soi et inévitables.

En novembre 2022, lors du retrait des troupes russes de Kherson, le général Sergueï Sourovikine, commandant des forces russes en Ukraine, a recommandé publiquement ce retrait lors d'une réunion télévisée, au ministre de la Défense, Sergueï Choïgou. Ce dernier a accepté cette proposition en direct à la télévision russe. Il a justifié ce repli en invoquant la protection des vies des soldats et des civils, afin de préserver la santé des troupes et réorganiser les forces derrière le fleuve Dniepr. Les médias fédéraux russes, comme *RT* ou *Rossiya 24* ont ainsi employé les termes de « retrait tactique » (*takticheskiy otkhod*) et de « regroupement opérationnel » (*operativnoe peregruppirovanie*) afin de présenter ce repli comme une manœuvre stratégique plutôt qu'une perte militaire significative. Selon Patrick Charaudeau (2009), cette stratégie vise à détourner l'attention de la réalité et à maintenir une apparence de rationalité, de contrôle et de maîtrise de la situation.

La novlangue de la guerre russe en Ukraine

George Orwell (1946), dans son essai *Politics and the English Language*, décrit comment le langage peut être détourné pour « rendre le meurtre respectable », en soulignant ainsi la manière dont le pouvoir est capable de manipuler les mots pour masquer des actes de génocide ou des déplacements forcés de populations. Orwell critique ces pratiques en affirmant que ces termes vagues et euphémiques « rendent les mensonges véridiques » et facilitent l'acceptation de politiques inhumaines.

Après les bombardements intensifs de villes comme Marioupol ou Severodonetsk entre février et mai 2022, qui ont causé des milliers de morts et des destructions massives, les médias fédéraux russes ont décrit ces évènements comme des opérations visant à « rétablir la paix et la sécurité » (*vosstanovlenie mira i bezopasnosti*) dans des zones « libérées ». Les purges et la répression brutale des résistants locaux ont été décrites comme la « pacification des territoires libérés » (*umirotvorenie osvobozhdennykh territoriy*).

Dès la prise de contrôle de la plus grande centrale nucléaire d'Europe en mars 2022, lors de l'invasion de Zaporijia, la Russie a présenté ses actions comme une mesure visant à protéger l'importante infrastructure, plutôt que comme un acte d'agression militaire. Les autorités russes, tout en évitant de reconnaître les dangers réels que représentait la militarisation de la centrale pour l'Ukraine et pour l'Europe, ont affirmé que la présence de leurs forces était nécessaire pour garantir la « sécurité du site ». Les médias fédéraux russes parlaient de la « lutte contre les groupes terroristes ukrainiens » (*bor'ba protiv terroristicheskikh ugruppirovaniy*) ou encore du « désarmement des provocateurs » (*razoruzhenie provokatorov*), faisant référence aux forces ukrainiennes présentes dans la région autour de la centrale. Ils ont fréquemment invoqué la notion de « sécurité énergétique » (*energeticheskaya bezopasnost'*) pour rallier l'opinion publique de la communauté internationale à leur cause, en présentant leurs actions comme une mesure nécessaire pour garantir un approvisionnement stable en énergie[3].

Le langage utilisé par les autorités russes et relayé par les médias d'État dans le cadre de la guerre en Ukraine reflète une forme sophistiquée de novlangue[4], qui dissimule les réalités violentes de la guerre. Ce type de discours, largement hérité de la tradition de la *nomenklatura* soviétique, permet de minimiser les échecs et de justifier l'injustifiable. Il montre la puissance des mots dans la manipulation des réalités, et continue d'influencer profondément l'opinion publique en Russie. Par ailleurs, il ne se limite pas à la sphère nationale : il vise également à désorienter la communauté internationale. En redéfinissant la réalité à travers des mots soigneusement choisis, la Russie cherche à fragiliser la cohésion des soutiens occidentaux à l'Ukraine, tout en minimisant les critiques à son encontre. Ce contrôle du discours, à la fois intérieur et extérieur, pourrait à terme influencer la manière dont le récit de ce conflit sera perçu et raconté et écrite à l'avenir.

3 Agence internationale de l'énergie atomique (AIEA) (2022) « Rapport sur la situation à la centrale nucléaire de Zaporijjia » [en ligne].

4 Le terme de « novlangue », emprunté à Georges Orwell qui l'utilise dans son roman *1984*, désigne l'emploi par les autorités politiques d'une langue simplifiée et où les mots sont détournés de leur sens originel, dans le but d'empêcher l'expression d'idées subversives ou contraires à l'idéologie du pouvoir en place.

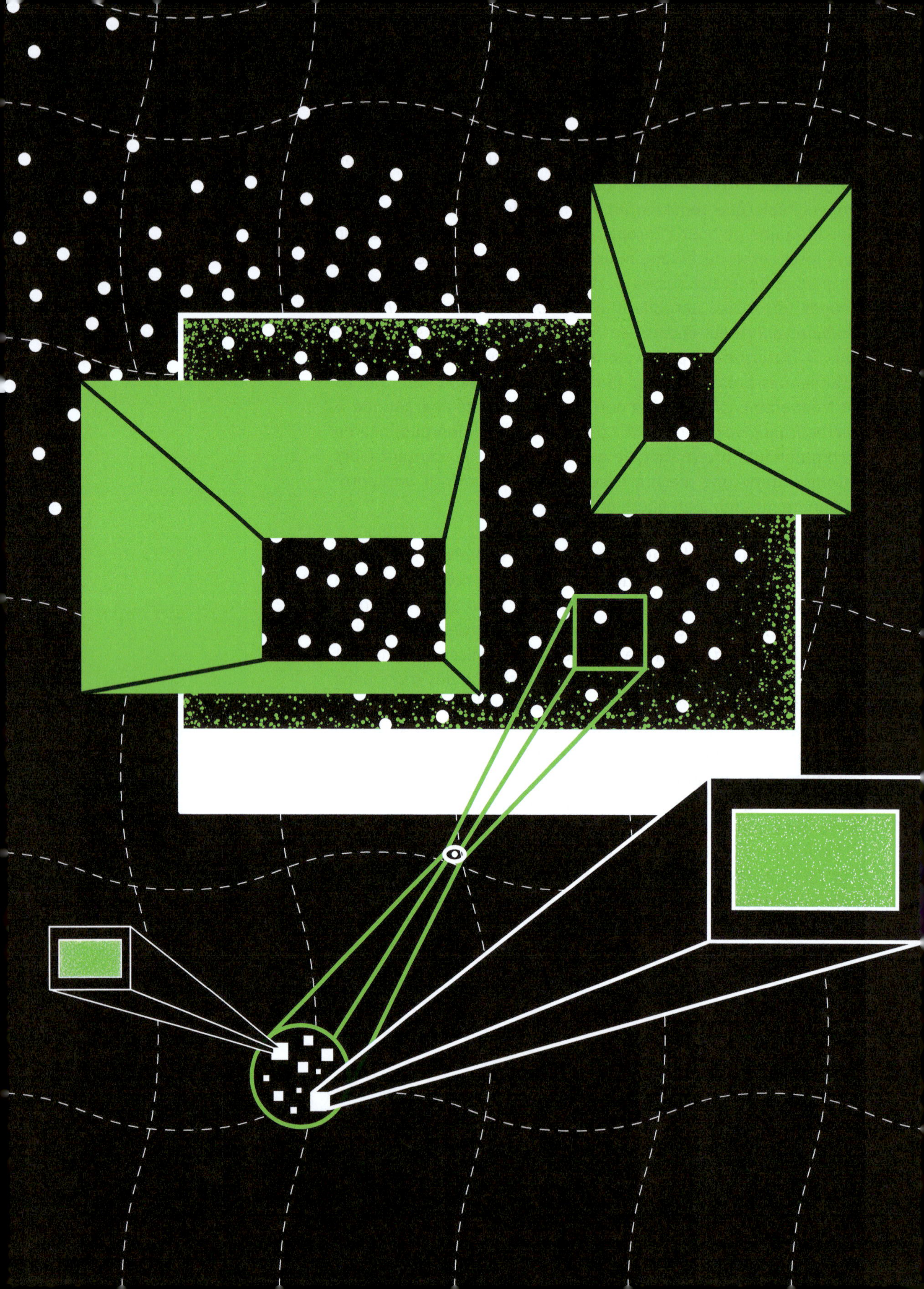

Partie 7

Traitement de l'information*

*Typographie : Blur par Neville Brody, 2000
Création influencée par l'esthétique *punk rock* de la fin des années 1970, Blur propose des caractères aux bords nébuleux, comme une photographie floue. Le graphiste fait référence à la fin des idéologies, quand il ne reste que la brume, le flou (*blur* en anglais), dans une vision brouillée et imparfaite. Se présentant comme une reproduction de la police des machines Xerox, que les copies successives transforment et malmènent, Blur est aussi une allusion à la « post vérité », à la désinformation et à un horizon incertain.

Illustration : Le cadrage médiatique, 2025 ©Vincent Cabaret

La télévision cérémonielle trente ans après

Daniel Dayan

Apparu à la fin des années 1960, le genre que nous avons appelé Télévision Cérémonielle (ou en anglais *Media Events*) avait déjà été esquissé un demi-siècle avant l'arrivée de la télévision. Une première version en avait été proposée, quand, à l'aide d'un système de diffusion d'images qui ne s'appelait pas encore télévision, le pouvoir nazi avait organisé la première transmission en direct : celle des Jeux olympiques de Berlin en 1936.

Avec l'arrivée de la télévision, ce genre cesse d'être expérimental. Les funérailles de John Kennedy (1963) puis celles de Martin Luther King (1968), l'arrivée du premier homme sur la lune (1969) lui donnent de l'ampleur. Il trouve son plein épanouissement dans les deux décennies qui suivent, avec la visite d'état du président Nixon en Chine, (1972), celle du président Sadate à Jérusalem (1977), la première visite du Pape Jean-Paul II en Pologne (1979), le mariage du Prince Charles et de Lady Diana Spencer (1981), la première tentative de réunion de familles déchirées par la guerre de Corée (1983) et, enfin, dans une sorte d'apothéose (ou de chant du cygne) les cérémonies célébrant la chute du mur de Berlin (1989).

Au seuil du XXIe siècle, le genre s'est transformé. Cela était déjà évident en 2007 quand Elihu Katz et moi-même avons été séparément invités à répondre à la question : « Qu'est-il advenu du genre des *Media Events* ? » (Dayan, 2009b ; Katz & Liebes, 2007). La transformation que nous notions n'a pas cessé de s'accentuer depuis. Que s'est-il alors passé ? Notre genre avait-il disparu pour être réabsorbé au sein du discours des nouvelles ? Avions-nous affaire à un nouveau genre ? S'agissait au contraire du même genre ? Comment alors comprendre sa métamorphose ?

Découvrir

La télévision cérémonielle entre en scène au moment où la mondialisation devient une évidence. Les évènements qui la constituent se révèlent capables de réunir les plus vastes audiences connues. Chacun d'entre eux place la société où il se déroule dans une situation semblable à celle d'un pays sélectionné pour accueillir les Jeux Olympiques. Chacun l'invite à procéder à ce qu'Erving Goffman décrirait comme une « présentation de soi » dans un contexte mondial (1973). Les évènements qui relèvent de ce genre sont loin de former un corpus homogène. Leur hétérogénéité émane tout d'abord des différences entre les régimes démocratiques dont les publics sont invités à occuper le rôle des spectateurs et les régimes autoritaires dont les publics sont offerts en spectacle sont incorporés dans de vastes chorégraphies[1]. Mais il existe aussi une hétérogénéité propre aux évènements des sociétés démocratiques, On peut ainsi distinguer entre (a) des évènements singuliers, uniques, inattendus, (b) des évènements certes interruptifs mais prévisibles, et enfin (c) des évènements inscrits sur (et prévus par) des calendriers.

Album olympique, Paul Ordner, *Le Petit Parisien*, 1936.

Conquêtes, couronnements, compétitions

Parmi les premiers, les évènements que nous appelons conquêtes sont des *initiatives politiques* qui prennent la forme de gestes. Ces gestes sont imprévus, parfois incroyables S'ils sont des « conquêtes », c'est au sens charismatique du terme : Sadate à Jérusalem, Jean-Paul II en Pologne déclenchent des sortes de raz de marée dans l'opinion publique des pays visités. Marquant une ouverture vers l'utopie, les conquêtes sont des évènements uniques car chacun d'entre eux répond à une situation particulière : ce n'est jamais de la même utopie qu'il s'agit.

Parmi les seconds figurent les évènements que nous regroupons sous le nom de couronnements. Ce sont des rites de passage politiques voués à pacifier le difficile moment de la transmission du pouvoir : investitures, couronnements, mariages royaux, commémorations, anniversaires, jubilés, funérailles (celles de Kennedy, Sadate, Mountbatten, Indira Gandhi, Martin Luther King). Voués au maintien d'une continuité dans des situations incertaines, les couronnements, comme celui de la reine Élisabeth en 1953, sont eux aussi des évènements uniques[2]. Ils sont néanmoins prévisibles. On sait bien qu'à un moment donné, tout président sera remplacé, que toute dignité royale devra s'incarner dans le corps d'un nouveau roi.

Parmi les troisièmes, on trouve enfin ces affrontements réglés que nous avons décrits comme des compétitions. Permettant une résolution harmonieuse des rivalités, les compétitions sont des conflits sublimés, traduits en jeux aux règles précises, transposés sur le mode de la fête. Ce sont aussi des évènements non seulement fréquents, mais récurrents. Leur récurrence pose alors un problème spécifique.

1 Émission *Histoire parallèle*, de Marc Ferro, « À chaque régime son protocole » avec Daniel Dayan et Michel Tatu, Arte, 2 janvier 1999.

2 Parmi les évènements qui ont contribué à créer la dimension formelle des *media events*, le couronnement de la reine Elizabeth, en 1953, démontre, bien avant les travaux de Hobswbawm & Ranger (1983) le rôle que peut jouer la télévision dans la mise en place d'un récit national et dans l'invention de traditions censées séculaires.

Événements récurrents

Certaines « compétitions » conçues au XXe siècle sont inscrites sur des calendriers festifs (festivals de musique, de cinéma), sportifs (finales de championnats, jeux olympiques), politiques (débats présidentiels). Leur récurrence en fait des rendez-vous nationaux ou mondiaux. De telles compétitions sont censées respecter un cadre protocolaire incarnant leurs valeurs. Mais le passage du temps transforme les valeurs qu'elles sont supposées incarner. Traversés par des conflits, secoués par des turbulences, de tels évènements peuvent alors changer de nature. Les dramaturgies qui leur sont propres peuvent être non seulement oubliées mais aussi niées, contredites, inversées. Sans aller jusque-là, bien des évènements se transforment en palimpsestes.

Prenons l'exemple des Jeux olympiques où des centaines d'athlètes continuent, à dates régulières, de brandir des torches, de courir, de nager, de recevoir des médailles et d'affirmer la fraternité entre les peuples. Le déroulement des jeux se charge souvent de les démentir (Price & Dayan, 2008). Ce peut être cinglant comme en 1972, quand se produit un massacre d'athlètes par les terroristes du groupe Septembre Noir.

Nommer

Le genre que nous avons étudié était focalisé sur des situations présentées comme de grands évènements. Nous avons alors parlé d'évènements médiatiques ou *Media Events*. À strictement parler, notre formulation était incorrecte. En fait, les évènements que nous décrivions ne pouvaient pas être des évènements véritables puisqu'ils étaient préparés, négociés, planifiés; annoncés comme évènements avant même d'avoir lieu. Nous avions affaire à des cérémonies, dotées d'un début et d'une fin, d'un horaire et d'un programme. Si de telles cérémonies devenaient des évènements, c'était par la monumentalité de leur prise en charge par les grands médias, par l'énormité de leurs publics et surtout par le fait de permettre à des sociétés d'afficher de nouvelles versions d'elles-mêmes.

Quand notre livre est sorti en français, Je l'ai ré-intitulé : *La Télévision cérémonielle* (Dayan & Katz, 1996). La plupart des commentateurs ont préféré se référer à son titre original *Media Events*, titre qu'ils ont utilisé dans le sens très restreint que nous avions donné à cette expression en l'identifiant à un genre. J'utiliserai ici l'une ou l'autre de ces deux formulations.

Théoriser

Elihu Katz et moi-même venions de deux horizons différents. Elihu Katz représentait la sociologie américaine des médias dont sa fameuse « théorie des effets limités » était devenue « le paradigme dominant » (Katz, 1957; Gitlin, 1978). L'influence exercée sur lui par des maîtres comme Paul Lazarsfeld ou Robert Merton est présente tout le long de notre livre. Je venais moi-même de l'anthropologie et de la sémiotique. Avant mes études à Stanford, j'étais passé par l'École des hautes études en sciences sociales qui était alors un fief du structuralisme et de l'École historique des Annales. Notre livre porte de nombreuses traces de l'influence exercée sur moi par le tournant qu'avait pris cette école en réhabilitant l'évènement[3]. On y trouve aussi une curiosité inspirée par un anthropologue comme Jean Rouch pour les rituels en cours d'invention[4]. On y retrouve enfin le moment où la sémiologie de Roland Barthes (1967, 1968) se tourne vers la sociologie avec la notion d'une « écriture de l'événement[5] ».

Effets de l'Anti-structure

Lorsque nous avons commencé à réfléchir à un projet portant sur les médias et les évènements, Elihu Katz s'attendait probablement à une confirmation de son modèle des deux étapes du flux des communications. Notre travail s'est rapidement démarqué d'un tel modèle. Nous découvrions en fait des effets puissants. Les évènements médiatiques avaient le pouvoir de déclencher une expérience festive qui les accompagnerait tout le long de leur déroulement. Ils avaient aussi celui de convaincre des sociétés entières d'adhérer à une version renouvelée de leur histoire. Entre les thèses développées dans *Personal Influence* (Katz et Lazarsfeld, 1955) et les effets que nous observions, il y avait donc une contradiction patente.

La référence à l'œuvre de Victor Turner et à sa notion d'un « mode subjonctif de la culture » nous permit de réconcilier l'idée maîtresse de *Personal Influence* avec les réalités dont nous étions témoins. Le livre parlait des médias de la vie quotidienne, de médias caractérisés par ce que Turner appelle « la structure », vouée à l'invocation du souhaitable ou du possible. Les évènements que nous décrivions étaient autant d'explorations du possible. Ils n'avaient pas grand-chose à voir avec cette vie quotidienne. Ils relevaient en fait de son double inversé : l'anti-structure (Turner, 1969).

Personal Influence et *Media Events* ne se contredisaient donc pas. Ils parlaient de deux réalités différentes. Il ne s'agissait plus seulement de mesurer la puissance des effets de certains discours mais de le faire en tenant compte de l'appartenance des discours diffusés à différentes modalités de la culture. Notre recours à l'anti-structure était loin de constituer un artifice rhétorique. En fait, l'existence d'un mode anti-structurel du discours médiatique a fini par être reconnue comme l'une de nos principales contributions.

3 Revenant sur leur hostilité à l'égard de ce qu'ils avaient dédaigneusement appelé l'Histoire évènementielle, certains historiens de l'école des Annales avaient entrepris de réhabiliter l'étude des évènements. Il ne s'agissait plus de garder l'évènement comme modèle d'explication historique. Les évènements devenaient des sortes de « monstres » destinés à être eux-mêmes explorés. Comprenant que chaque espace public produit ses types d'évènement nous posions alors une question inspirée de Walter Benjamin : « à quoi ressemble un évènement à l'âge de la transmission télévisuelle ? ».

4 *Les Maîtres fous*, Les films de la Pléiade, 1955, 29 minutes. Documentaire sur une cérémonie de possession dans la secte ghanéenne des Haouka à Accra (Ghana).

5 Ce regain d'intérêt pour les évènements ne se manifestait pas uniquement dans le domaine de l'histoire. Il affecta la sociologie (Morin, 1972). Il toucha aussi le travail de Barthes et particulièrement de deux séminaires. Le premier, « Le Discours de l'Histoire », analysait la rhétorique de l'historiographie. Le second, « L'écriture de l'évènement », était consacré à un évènement spécifique : l'insurrection étudiante de mai 68. Barthes analysait le mouvement étudiant en termes d'une gestuelle politique, d'une architecture de performances complémentaires. Il proposait ainsi la première ébauche d'une sémiotique des manifestations.

Effets performatifs sur l'histoire

Vu, 12 août 1936. Gallica.bnf.fr / BnF

Les effets que nous observions présentaient deux autres caractéristiques. Tout d'abord, ils ne portaient pas sur des préférences personnelles, mais concernaient la transformation (ou la reconduction) de récits nationaux. Par ailleurs, ils faisaient intervenir une forme particulière de causalité : au lieu de se présenter comme les conséquences de la diffusion d'un évènement, les effets que nous observions semblaient conditionner la possibilité pour l'évènement lui-même d'avoir lieu. Plongeant pour quelques heures ou pour quelques jours des sociétés entières dans un climat de suspension du scepticisme, les cérémonies que nous observions suscitaient cette ouverture au possible qui permettrait aux gestes accomplis d'être pris au sérieux. Nos évènements créaient les conditions de leur propre influence. Ils agissaient comme des « performatifs ». Rien d'étonnant à cela puisqu'il s'agissait de rituels.

Pourtant, en bons lecteurs d'Austin, nous savions que des actions qui se veulent performatives ne sont pas toujours couronnées de succès. Nous pouvions donc prévoir que les gestes transmis par la télévision cérémonielle n'auraient de portée de « félicité », dirait Austin, que sous certaines conditions : il leur faudrait être exécutés par des figures dotées de légitimité. Il leur faudrait être acceptés par des publics disposés à valider collectivement les changements proposés. (Austin, 1955). Sans une telle validation, les gestes exécutés resteraient des gesticulations et renverraient au domaine des « pseudo-évènements » dénoncés par Daniel Boorstin (1989).

L'huile sur le feu

Entre les années 1970 et les années 1990, nous avons décrit l'émergence d'un nouveau genre télévisuel consacré à des rituels de coexistence, de conciliation, de solution des crises. Dans une perspective morale, on pouvait décrire les *Media Events* comme des actes symboliques tournés vers la « réparation du monde ». Dans une perspective critique, on pouvait les voir comme significatifs d'un triomphe du libéralisme. C'étaient les grands rituels de la période qui amena Francis Fukuyama à parler de la Fin de l'Histoire.

Un évènement monstre : Jean-Paul II et Wojciech Witold Jaruzelski lors du voyage du pape en Pologne, 17 juin 1983. Soir3, Fernand Tavares, France 3. @INA.

À partir des années 2000, les *Media Events* ont maintenu leur dimension symbolique et l'immensité de leurs publics mais ils semblent avoir inversé leur vocation. Avons-nous encore affaire à des *Media Events* ? Faut-il penser que le genre a purement et simplement disparu, comme ont disparu, avant lui, bien d'autres genres tels le « roman par lettres » ou encore le Western qui s'éteint dans les années 1960 ? Les grands évènements auxquels nous assistons aujourd'hui sont-ils encore des *Media Events* ou sont-ils repassés du côté des nouvelles ? Peut-on au contraire envisager une troisième possibilité : parler d'une nouvelle « télévision cérémonielle » ?

Je répondrais que oui, mais noterais qu'après une longue éclipse, « l'ordre des supplices » que Foucault (1975) pensait révolu est de retour, répandant sur les écrans ses images de tortures, d'exécutions, de décapitations, de massacres, de pogroms. Ces mises à mort ne sont pas simplement des meurtres et ces tueries ne sont pas seulement des actes de guerre. Il s'agit toujours de rituels. Mais le *Zeitgeist*[6] a changé (Dayan, 2024). Là où les grands évènements du XXe siècle célébraient les apôtres du consensus, ceux du XXIe siècle se tournent vers les cavaliers de l'apocalypse. Ce sont des envoyés du ciel que l'on invite à poser les nouveaux rails de l'Histoire.

6 Expression de la philosophie allemande signifiant l'esprit du temps, la culture d'une époque.

La couverture médiatique des évènements-monstre

Katharina Niemeyer

Chute du mur de Berlin, 1989, AFP.

Sans vouloir lui donner une définition sclérosée ou trop rigide, un évènement est souvent vécu individuellement ou collectivement comme une rupture catastrophique, parfois joyeuse, créant un avant et un après dans le temps (Arquembourg *et al.*, 2006) qui est – pendant ou ensuite – nommé et narré comme tel, médié par la parole (Ricœur, 1991) ou par une mise en récit qui tient compte du changement, de l'incertitude et qui ouvre vers quelque chose d'inconnu. Cela ne veut cependant pas dire que de grands évènements importants sont d'office sujet d'un partage médiatique; ils peuvent exister sans se faire voir et entendre; ou encore ils deviennent uniquement « grands » par leur médiatisation. Pour porter un évènement à la connaissance d'autres (que soi-même), il faut donc passer par une médiation (au sens de médialité) ou une médiatisation (Lafon, 2019) de l'expérience vécue. Les « grands » évènements historiques sont partagés et reconstruits (Ytreberg, 2017) : que ce soient les couronnements, les mariages royaux, les catastrophes naturelles, les attentats ou encore les guerres, leur diffusion et leur pérennité dépendent de leur mise en mots ou mise en images. Les exemples sont multiples : la peinture, la littérature, les récits oraux ou encore les gazettes. Ceci étant dit, pour persister dans les mémoires, il est nécessaire d'archiver et de sauvegarder, ou encore de rappeler – par commémoration ou remémoration – l'évènement passé. Les supports médiatiques jouent ici un rôle important : ils sont vecteurs de communication de ce qui arrive, ils peuvent servir de stockage ou encore comme moyen de faire évènement, et, en l'occurrence, participent, tout comme les archives ou encore les musées à ce qui « entre » dans l'histoire (du présent) et ce qui est ou sera voué à l'oubli. En ce sens, le regard sur les évènements médiatisés devrait toujours se faire avec une perspective longitudinale de l'histoire des médias[1].

La couverture médiatique d'évènements historiques ou d'actualité récente ne devrait donc pas se comprendre comme une simple représentation de ce qui arrive, mais comme une mise en perspective d'une rupture qui mérite – au moment de se faire et en aval de sa couverture médiatique – une analyse fine des éléments qui constituent la (fausse) information, les rumeurs, les témoignages et *in fine*, l'évènement médiatisé. Est-il alors encore possible de distinguer l'évènement de sa médiatisation et qu'arrive-t-il si l'évènement est produit pour les médias ?

Un évènement monstre cache toujours un autre

Quand Pierre Nora publie en 1972 son texte sur l'*évènement monstre* dans un numéro spécial édité par Edgar Morin quelques années après Mai 68, il reproche aux médias de rendre les évènements monstrueux (Nora, 1972 : 164); à défaut de devenir eux-mêmes des monstres de l'accélération et de la marchandisation de l'information, tout en soulignant le danger pour l'historiographie contemporaine d'un présent rendu historique instantanément. En faisant *masse* et en transformant chaque incident en évènement, les médias mettent au défi le concept même d'évènement : l'évènement comme bruit et spectacle (fait divers, anecdotes, etc.) s'impose et « détruit » l'évènement dit historique; mettant malgré tout, par contraste, en exergue ce qui mériterait d'être nommé un *vrai* évènement : l'auteur voit la couverture médiatique surtout comme un danger pour le métier d'historien qui serait, aujourd'hui, d'office un historien du présent – ne pouvant s'extraire de la surinformation.

1 Voir à ce sujet la notice « Persistance médiatique » de Valérie Schafer.

Et pourtant, faire l'expérience de l'histoire ou ressentir ce qui arrive comme étant historique (Carr, 2010) ne devrait pas être le seul privilège des personnes pratiquant la discipline de l'histoire.

Même si on peut reprocher à Nora de ne pas nuancer les possibles définitions du concept d'évènement et encore moins de regarder de plus près la variété des récits médiatiques, leur potentiel, ou encore de ne pas reconnaître la force émancipatrice des médias pour pouvoir changer ou défier le cours de l'histoire, notamment pour des personnes en marge de la société, il faut reconnaître que sa réflexion demeure visionnaire sur l'accélération et la spectacularisation de l'information. Daniel Dayan et Elihu Katz s'en sont inspirés pour forger la notion d'évènement médiatique (1985), à savoir les évènements qui sont organisés en amont pour leur mise en scène médiatique (les couronnements ou encore les grands spectacles sportifs); renforçant ainsi leur statut public et l'accès en direct et à distance à une histoire ou activité collective, un évènement (historique ou non) en train de se faire. Le texte de Nora est aujourd'hui devenu une source historique qui démontre l'inquiétude persistante de voir les technologies de communication et les médias mettre en forme nos constructions du réel et de nous éloigner de la véracité et de l'essentiel par un bruit informationnel.

La seule dénonciation des médias (et en l'occurrence des journalistes) ne peut plus suffire aujourd'hui sans une contre-proposition : penser une médiatisation accessible et empathique sans perdre de sa factualité; une couverture médiatique qui serait moins spectaculaire, mais pas non plus dans un déni de la monstruosité de ce qui arrive (guerres, violences, destructions environnementales) et qui pose des défis éthiques, politiques et économiques (Awad & Pélissier, 2021) en particulier dans une conjoncture de surmédiatisation et de circulation accrue de fausses nouvelles dans les réseaux sociaux numériques.

Le direct, l'accélération et la monstration

L'évolution des technologies médiatiques et du journalisme fait accélérer la possibilité du partage d'une partie de l'expérience quasi immédiate de l'évènement (Bourdon, 1997), devenue, surtout depuis le XXe siècle, une expérience du direct médiatique (Nora, 1972; Dayan & Katz, 1985; Garcin-Marrou, 2001) qui ne permet pas toujours de distinguer l'évènement de sa médiatisation (Niemeyer, 2011; Ytreberg, 2017) ou de différencier entre montrer, faire écouter et partager. Dayan (2009a) parle en ce sens de monstration en explicitant que les médias ont le pouvoir de montrer ou de ne pas montrer : parfois par un choix technologique (le direct n'est pas choisi ou les journalistes ne sont pas envoyés sur un lieu) ou politique ou éthique (le refus de montrer). Ce pouvoir se complique quand on pense à la monstration non choisie par les journalistes. Le direct télévisuel et radiophonique anticipait en quelque sorte le potentiel de l'accident de la monstration imposée. Le 11 septembre 2001 est ici l'exemple le plus frappant, car il montrait non seulement un évènement au moment de son surgissement, mais par sa force symbolique et physique aussi le « destin » d'un système médiatique pris en otage par ses propres possibilités technologiques et sémiotiques; l'attentat terroriste fut triple : physique, symbolique, diffusé et archivé instantanément sans sélection ou préparation journalistique

(Niemeyer, 2011). L'évènement catastrophique qui surgissait en même temps que sa retransmission faisait fusionner l'image et l'évènement en (presque) un seul signe qui ne permettait pas aux journalistes d'en faire sens pendant plusieurs heures : rupture dans les temporalités et rupture dans le faire médiatiquement un évènement ; l'évènement s'est lui-même mon(s)tré. Si le 11 Septembre 2001 demeure un moment historique sur le plan médiatique et géopolitique, il n'est que la fin d'une période de médiatisation – notamment télévisuelle – accrue (allant de la guerre du Vietnam à la guerre du Golfe) pour ouvrir la porte à d'autres régimes d'(in)visibilités. Notamment avec l'avènement du Web 2.0, la couverture médiatique est de plus en plus morcelée (Lits, 2010) : elle se compose d'une multitude d'images, de vidéos et de textes entrecroisés et surtout accélérés dans leur diffusion (réseaux sociaux numériques, radio, télévision, etc.), engendrant une plus grande vitesse de circulation de fausses nouvelles, rendant les analyses d'évènements à partir de traces médiatiques de plus en plus délicates et difficiles, pourtant nécessaires sur le plan social et historiographique (Schafer *et al.*, 2019) et journalistique (Awad & Pélissier, 2021), surtout s'il s'agit de distinguer un évènement monstre d'un monstrueux ; la coexistence des deux étant devenue la matrice quotidienne de la difficulté de saisir ce qui relève de la factualité et de la contre-factualité ; le réel souvent cruel semblant et pouvant souvent devenir une fiction lointaine sur nos écrans allumés, mais silencieux jusqu'à rejoindre leur transformation par l'art ou le cinéma (Lambert & Niemeyer, 2016).

Personne en télétravail
le 19 mars 2020, Montréal.
Auteure : Katharina Niemeyer (2020).

La mise en forme des contenus médiatiques

Lucie Alexis

Les pratiques journalistiques impliquent une mise en forme et en récit de l'information. En effet, la création et la structuration des contenus médiatiques ne se limitent pas à la simple diffusion de l'information, mais incluent une gestion de la forme et du fond, où le choix des mots, des images, de mise en page, des formats dépendent des dynamiques de médiation et des publics envisagés. Comprendre ces stratégies éditoriales visant à transformer l'information brute en messages clairs, c'est appréhender la manière dont ceux-ci sont façonnés pour être adaptés aux supports et aux publics imaginés. Ce processus – que l'on pourrait qualifier d'éditorialisation –, bien plus qu'une simple rédaction, inclut une série de choix destinés à contextualiser, organiser et styliser les contenus, autrement dit, à leur donner forme, en fonction des exigences des médias, des formats et des espaces de diffusion.

Depuis les débuts de la presse imprimée, cette articulation entre le fond et la forme mobilise différents acteurs du processus de fabrication de l'information : journalistes, éditeurs, graphistes, photographes, correcteurs, maquettistes, etc. (Charon, 2008; Souchier, 1996). Le Web a transformé ces pratiques en introduisant de nouveaux modes d'organisation et de structuration des contenus (Rieffel & Legavre, 2017; Ringoot & Utard, 2005; Ruellan, 2005). Contrairement à la presse écrite où la mise en page est figée une fois publiée, la hiérarchisation de l'information en ligne ne repose plus uniquement sur une organisation spatiale, mais est également soumise à des logiques algorithmiques comprenant la personnalisation des flux d'actualités, des suggestions de lecture ou encore le référencement (Farchy & Méadel, 2013; Sire, 2016). Les signes passeurs « qui mène[nt] à un nouvel écran » (Jeanneret, 2007) activés par les utilisateurs modifient également la manière dont l'information est mise en lien et consommée. Cette contribution entend éclairer quelques-unes des stratégies éditoriales relatives au formatage des contenus médiatiques, sans prétendre nullement à l'exhaustivité.

Procédés d'éditorialisation

La construction de l'information journalistique nécessite ainsi une adaptation qui passe par divers procédés : la réécriture des dépêches d'agence, la mise en forme des articles ou des sujets, l'organisation de l'information dans une mise en page imprimée ou numérique, l'intégration de supports visuels, etc. Le passage du papier aux formats numériques a renouvelé ces pratiques, introduisant de nouvelles logiques de structuration des contenus, de hiérarchisation de l'information et de relations avec les lecteurs (Charon, 2013). Indépendamment des usages professionnels éven-

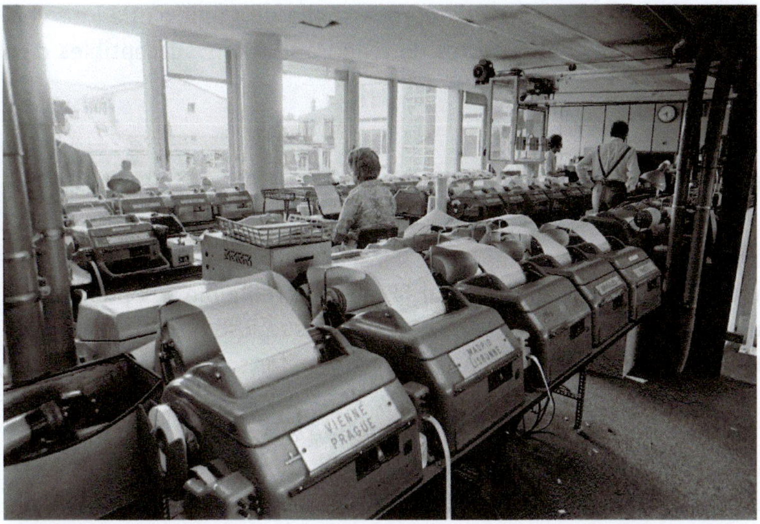

La matière première des articles de presse provient des dépêches des agences de presse, dont les médias doivent ensuite assurer l'éditorialisation. Au télégraphe électrique a succédé le téléphone, le telex puis les télécopieurs avant qu'internet ne rendent ces technologies obsolètes. Salle des télex dans les bureaux de l'Agence France-Presse à Paris, année 1970. ©AFP Photos

tuels, les discussions autour de la notion d'éditorialisation analysent les processus complexes qui touchent à l'écriture, à la sélection et à l'adaptation des contenus. Adeline Wrona (2021) précise que le « terme éditorialisation n'existe pas dans les dictionnaires; on ne le voit pas mentionné par le *Robert historique de la langue française* parmi les dérivés du latin "*edere*", "produire, mettre au jour" ». Cette notion s'inscrit dans une évolution théorique dont on pourrait dire qu'elle prend racine dans la notion d'énonciation éditoriale qui, à l'origine, a été pensée à partir de l'édition papier, qu'il s'agisse du livre ou de la presse. Elle invite, pour Emmanuël Souchier (1998 : 1), à « ne pas considérer le texte en dehors de sa réalité matérielle et sociale et de ne pas envisager l'œuvre "en soi", mais en situation (selon ses conditions de production, de diffusion ou de réception) ». Avec Yves Jeanneret, ils enrichissent la notion par leurs travaux sur les « écrits d'écran » et l'« architexte » qui sont des « outils qui permettent l'existence de l'écrit à l'écran et qui, non contents de représenter la structure du texte, en commandent l'exécution et la réalisation » (Souchier & *al.*, 2019 : 302). Ils montrent alors que les enjeux d'énonciation éditoriale interrogent les nouvelles pratiques d'écriture et de lecture. Ainsi, si le travail sur la forme de l'information a toujours été central, le numérique a requestionné ces enjeux en rendant les contenus, entre autres, plus modulables et éphémères. Michaël Sinatra et Marcello Vitali-Rosati emploient ensuite le mot « éditorialisation [pour] regroupe[r] toutes les actions destinées à structurer, rendre accessible et visible un contenu sur le Web » (2014 : 9). Marcello Vitali-Rosati explique que « l'éditorialisation souligne le fait que les acteurs présupposés de la production de contenus – l'auteur, par exemple, ou l'éditeur, ou le lecteur – plutôt que des acteurs sont en réalité le produit du processus » (2020). Le phénomène d'éditorialisation renvoie ici à « ce qui arrive au document quand il migre d'un support non numérique à un espace en ligne » (Wrona, 2021).

Éditorialisation n'est donc pas à confondre avec éditer qui se réfère à un travail de préparation et de mise en forme d'un contenu en vue de sa publication ou de sa diffusion. Ce terme peut englober plusieurs processus techniques et administratifs, comme par exemple la correction d'un texte, sa mise en page, la sélection de l'information, l'organisation du contenu, la mobilisation des ressources. Adeline Wrona (2021) résume ainsi : « [l]'édition désigne un acte achevé, qui se signale par la production d'un contenu stabilisé sous une forme déterminée, dans une matérialité définie. L'éditorialisation renvoie de son côté à une logique processuelle : il s'agit d'une intervention sur des contenus déjà existants, livrés à toutes sortes de réappropriations susceptibles d'en transformer le sens ou la portée ».

Angle, cadrage, gatekeeping et énonciation

Le travail du journaliste ne se limite pas à rapporter des faits : il s'agit aussi de sélectionner, hiérarchiser, mettre en perspective et structurer l'information pour la rendre intelligible aux publics. Les processus de construction et de présentation des contenus médiatiques reposent sur une série de choix éditoriaux qui influencent la manière dont ceux-ci perçoivent les faits. Les notions d'angle, de cadrage, de *gatekeeping* et d'énonciation jouent un rôle clé. Pour commencer, l'angle est le parti pris narratif adopté pour aborder un thème. Or, « [l] a capacité à « angler » un sujet est une compétence déterminante pour les journalistes, qui peuvent plus facilement vendre ce sujet à leur rédaction s'ils trouvent un angle intéressant ou d'actualité » (Bastin, 2018 : 16). Il oriente le récit en mettant l'accent sur certains aspects spécifiques et détermine la manière dont les lecteurs appréhenderont l'information. Le cadrage (ou *framing*) oriente le discours pour structurer la perception des faits. Il permet de mettre en avant certains éléments tout en en omettant d'autres. « L'idée générale qu'il exprime est simple : les médias influencent l'opinion en présentant l'information d'une certaine façon plutôt qu'en choisissant des informations et des sujets particuliers comme dans le modèle de la mise à l'agenda » (*ibid.* : 29). Les médias utilisent des procédés comme les images, le choix des titres ou la structuration des arguments pour guider l'interprétation du public. Le *gatekeeping*, notion développée par David Manning White en 1950, fait référence à la sélection et au filtrage de l'information avant sa diffusion. Les rédacteurs, journalistes et éditeurs décident alors quelles informations seront publiées, un processus reflétant à la fois des contraintes techniques (limitation d'espace ou de temps) et des priorités éditoriales ou politiques. « Le développement du Web a aussi conduit à réviser cette théorie en mettant par exemple en avant le rôle de gatekeeping joué par l'audience elle-même *via* les réseaux sociaux » (*ibid.* : 75). Enfin, l'énonciation est un processus central dans la production des contenus médiatiques, définissant la position du locuteur (journaliste, média ou institution) au sein du discours. Elle participe à la construction du sens et à l'orientation du message en choisissant un ton, une perspective ou un registre spécifique. Elle est également un vecteur de subjectivation : les figures narratives, les éléments de langage ou les procédés impriment une marque propre à l'instance énonciative.

La dépêche d'agence

Le cas de la réécriture d'une dépêche d'agence illustre l'adaptation nécessaire du contenu journalistique en fonction du support de diffusion et du public visé. Chaque transformation s'accompagne de choix éditoriaux qui influencent non seulement la manière dont l'information est présentée, mais aussi la façon dont elle sera perçue par les publics. Les agences de presse, telles que l'Agence France-Presse, produisent des dépêches factuelles et concises qui servent de base aux rédactions (Lagneau, 2022). Lorsqu'un journal généraliste reprend une dépêche, plusieurs modifications sont apportées afin de l'adapter à son lectorat. D'abord, un travail d'ajout de contexte et d'analyse : les journalistes peuvent enrichir l'information en la replaçant dans un cadre plus large, en sollicitant des réactions d'experts. Ensuite, la réécriture prend en compte la ligne éditoriale du média : une même dépêche peut être orientée différemment selon qu'elle est reprise par tel ou tel journal. Les médias audiovisuels, quant à eux, transforment également les dépêches pour les adapter à leurs formats spécifiques. La priorité est donnée à l'image et au son : images d'archives, interviews, séquences tournées sur le terrain, etc., alimentent les sujets. La concision est une autre contrainte, les segments télévisés étant souvent courts. Du côté des médias en ligne, l'un des enjeux majeurs est celui de la visibilité : les titres sont optimisés pour le référencement (SEO) afin d'être plus facilement trouvés *via* les moteurs de recherche (Sire, 2014). La structuration du texte est également pensée pour faciliter la lecture à l'écran et la navigation. Enfin, contrairement aux médias imprimés ou télévisés, qui fonctionnent sur des cycles de production fixes, les articles en ligne peuvent être enrichis avec de nouvelles informations.

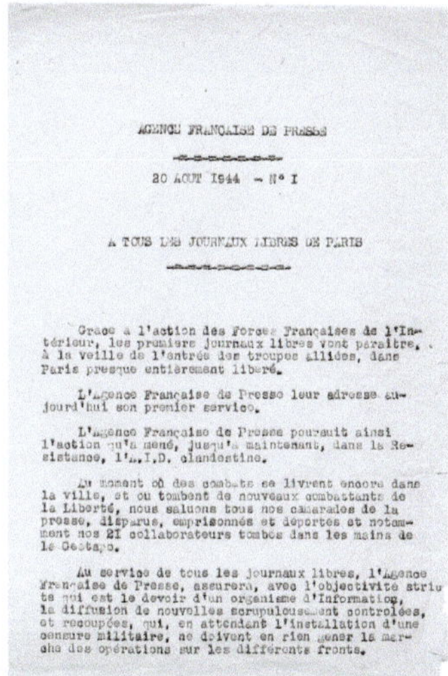
AGENCE FRANÇAISE DE PRESSE

20 AOUT 1944 - N° I

A TOUS LES JOURNAUX LIBRES DE PARIS

Grace à l'action des Forces Françaises de l'Intérieur, les premiers journaux libres vont paraître, à la veille de l'entrée des troupes alliées, dans Paris presque entièrement libéré.

L'Agence Française de Presse leur adresse aujourd'hui son premier service.

L'Agence Française de Presse poursuit ainsi l'action qu'a mené, jusqu'à maintenant, dans la Resistance, l'A.I.D. clandestine.

Au moment où des combats se livrent encore dans la ville, et ou tombent de nouveaux combattants de la Liberté, nous saluons tous nos camarades de la presse, disparus, emprisonnés et deportes et notamment nos 21 collaborateurs tombés dans les mains de la Gestapo.

Au service de tous les journaux libres, l'Agence Française de Presse, assurera, avec l'objectivité stricte qui est le devoir d'un organisme d'Information, la diffusion de nouvelles scrupuleusement controlées, et recoupées, qui, en attendant l'installation d'une censure militaire, ne doivent en rien gener la marche des opérations sur les différents fronts.

Première dépêche de l'Agence France Presse, au lendemain de la Libération le 20 août 1944.

Nouvelles contraintes des contenus en ligne

L'essor des blogs a offert aux journalistes une autonomie au sein des médias, leur permettant d'explorer des sujets en profondeur et d'adopter des approches plus personnelles, tout en favorisant une relation plus directe avec le lectorat (Salles, 2016). Avec le déploiement des réseaux socio-numériques, portails en ligne et autres « plateformes », la manière dont l'information est produite, diffusée et consommée a été transformée[1] (Mercier Pignard-Cheynel, 2014). Chaque dispositif impose ses propres contraintes sémiotiques et logiques éditoriales, influençant la forme et le ton des contenus journalistiques. Par exemple, avec son lancement en 2006, Twitter a imposé un format court qui a participé d'un style journalistique favorisant une lecture rapide et un partage instantané. Pour accroître la visibilité des publications, l'utilisation de hashtags est devenue une pratique courante. Les plateformes comme Instagram et TikTok, de leur côté, privilégient avant tout le « partage photographique » (Escande-Gauquié Jeanne-Perrier, 2017) et la vidéo avec des carrousels d'images ou des « reels » proposant des formats audiovisuels brefs. L'ajout de sous-titres permet une compréhension même sans le son. L'enjeu de l'équilibre entre adaptation technique (format, durée, activité de l'utilisateur) et cohérence éditoriale est ainsi saillant. Ce

1 Charon J.-M. (2015) « Presse et numérique. L'invention d'un nouvel écosystème ». Rapport à Madame la ministre de la Culture et de la Communication.

L'imprimerie clandestine pendant la résistance 1944-1945 (collection particulière).

processus illustre l'interconnexion entre les supports médiatiques et les pratiques éditoriales, où chaque ajustement vise la clarté, la pertinence de l'information et l'engagement des publics dans la lecture de l'information. Le paradigme de la participation est dès lors souvent mobilisé par les acteurs professionnels pour qualifier l'implication souhaitée des utilisateurs. Ainsi, l'adaptation des contenus médiatiques aux dispositifs numériques ne se limite pas à un simple changement de format, mais modifie la manière dont l'information peut être appropriée par les publics.

L'étude des stratégies éditoriales témoigne d'une évolution des modes de production et de circulation de l'information. Du papier au numérique, ces processus se sont transformés, intégrant de nouveaux paramètres tels que les logiques algorithmiques, la modularité des formats et la participation des publics. En contexte numérique, loin de se limiter à la mise en forme, le travail d'éditorialisation redéfinit les conditions d'existence des contenus à travers des processus d'organisation, de hiérarchisation et de mise en réseau des informations. Cela conduit à transformer non seulement les pratiques journalistiques, mais aussi les cadres de réception et d'interprétation des contenus. Ces mutations interrogent également le rôle du journaliste et, plus largement, des dispositifs médiatiques contemporains, où se jouent des enjeux de pouvoir, de visibilité et de légitimation de l'information dans l'espace public.

La photographie de presse : les enjeux du cliché

Flore Di Sciullo

« Commence ta collection d'images de guerre [...] et collecte ces magnifiques illustrations de l'histoire actuelle. Elles seront plus chéries dans les années à venir que n'importe quel autre souvenir du conflit » (Jussim in Langston, 2009 : 21). Cette publicité diffusée dans le *New York Times* en 1914 dans le contexte de la Première Guerre mondiale peut rétrospectivement faire sourire mais elle met surtout en exergue la principale fonction de la photographie de presse, qui n'a guère changé depuis plus d'un siècle : proposer un « rapport direct et transparent à l'évènement » (Leblanc, 2011). Après avoir retracé les principaux jalons de l'histoire du photojournalisme, ce texte abordera le rôle des agences, les principales fonctions (informative, narrative, émotive) de la photographie de presse et ses modalités de circulation et de réappropriation.

Quelques jalons historiques

L'histoire de la photographie de presse (Borgé & Viasnoff, 1982; Gervais, 2015) peut se résumer en quelques dates qui correspondent à des mutations à la fois techniques (amélioration du matériel photographique, perfectionnement des méthodes de développement ou de transmission des clichés), médiatiques (intégration progressive des photographies dans la presse, relations entre rédactions et agences) et sociales (mutation du statut du photojournaliste). L'installation de la photographie dans la presse est progressive. C'est en 1848 que paraît pour la première fois une photographie dans un journal en France (*L'Illustration*) et la guerre de Crimée (1853-1856) est unanimement citée comme le point du départ du photoreportage, notamment grâce aux clichés de Roger Fenton ou de Mathew Brady. Il faut toutefois attendre le début du XXe siècle pour que les usages de la photographie dans la presse se normalisent progressivement en Europe : le *Neue Illustrierte Zeitung* (1884) devient le premier périodique qui intégrer régulièrement de la photographie; le *Daily Mirror* au Royaume-Uni est le premier

Honoré Daumier, « Nadar élevant la photographie à la hauteur de l'Art ». Caricature publiée dans *Le Boulevard*, après l'ascension de Nadar dans le ballon *Le Géant*. 25 mai 1862. Gallica.bnf.fr / BnF

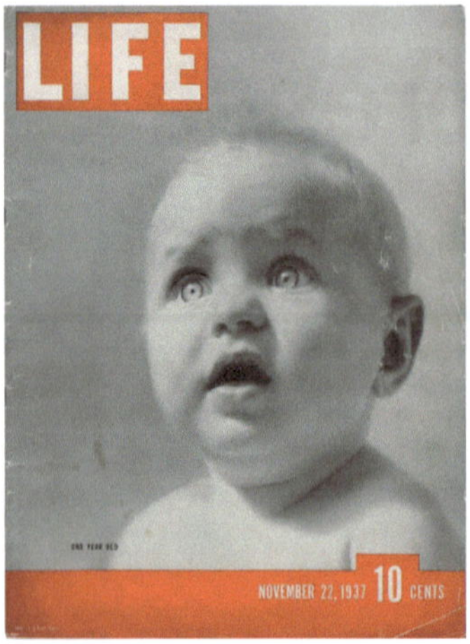

Life, un petit journal qui végète, est racheté en 1936 par Henry Luce, un magnat de la presse américaine fondateur du *Time* ou de *Fortune*. Il fait de *Life* un magazine de photojournalisme très reconnu. *Match*, en France, s'en est inspiré par la suite.

en 1904 à illustrer ses pages uniquement avec des photographies (et non plus des gravures) ; et à partir de 1910, *L'Excelsior* est en France le premier quotidien illustré principalement de photographies.

À l'aube de la Première Guerre mondiale, la figure du photoreporter émerge, puis se développe dans l'entre-deux-guerres. Nombre de titres de presse illustrée voient alors le jour (*Vu*, *Regards*, *Voilà*, *Match* en France ; *Life* aux États-Unis) ; les appareils photographiques s'allègent et la réduction des temps de prises de vues permet aux reporters de saisir des « instants décisifs ». Dans le même temps, le photojournalisme devient une pratique professionnelle à part entière : en France, c'est la loi Brachard (1935) qui assimile les photographes de presse à des journalistes professionnels. S'installe alors un paradigme du photojournalisme ; l'aura de prestige qui l'entoure domine la « fabrique de l'information visuelle » (Morel & Gervais, 2016) jusqu'à ce que la télévision vienne bouleverser les modes de consommation de l'information.

Les années 1970 sont une période paradoxale : *Life*, pilier du magazine de reportage aux États-Unis, disparaît alors qu'en France, les agences Capa, Gamma et Sygma font de Paris la « capitale mondiale de la photo »[1]. Au tournant des années 1990, plusieurs évènements viennent néanmoins mettre fin à cette période faste. Contraintes de développer à outrance les sujets *people* au détriment du reportage (Henrotte, 2005), les agences françaises périclitent ou sont rachetées. Les attentats du 11 septembre 2001 illustrent avec une brutalité extrême un changement de paradigme : n'ayant plus le monopole de l'information visuelle, le photojournalisme doit se distinguer de la télévision. À cela s'ajoute encore, en particulier à partir des attentats de Londres en 2005, une importance croissante accordée aux images amateurs (Schmitt, 2012).

À l'issue de cette chronologie brossée à grands traits, soulignons que le déclin de la photographie a été annoncé à maintes reprises (Freund, 1975 ; Caujolle, 1992)[2]. Pourtant, le photojournalisme ne cesse de se réinventer, notamment dans son adaptation aux outils numériques, comme les possibilités offertes dans les modes de production par le téléphone portable ou la diffusion sur les réseaux sociaux. Le partage photographique (Gunthert, 2015a) vient en effet redéfinir la chaîne de production et les codes déontologiques qui ont trait notamment à la retouche ou au droit d'auteur. Si l'intelligence artificielle pose de nouvelles questions aux pratiques photo-journalistiques, nul besoin pour autant d'un discours catastrophiste, car toute mutation implique aussi des possibilités de leur renouvellement.

Arrivée de la photographie au Japon, d'après des prises de vues réalisées entre 1864 et 1878. Goten, Société de géographie. BNF.

Le rôle des agences

La création de la « Nuit du photojournalisme » en 2023, la longévité de la manifestation « Visa pour l'image » depuis 1989 et surtout le prestige international de la récompense du World Press Photo (1955) sont des indices de l'institutionnalisation du photojournalisme. Cette reconnaissance symbolique est due à une pluralité d'acteurs, parmi lesquels les agences jouent un rôle central.

Celles-ci peuvent être de différente nature (Amar, 2000) : agences dites « magazine » (Magnum, fondé en 1947 en est un *parangon*), d'illustration (généralement spécialisée dans un domaine, sans lien nécessaire avec l'actualité), ou « filaire ». L'AFP, AP et Reuters sont, à l'échelle mondiale, les principaux représentants de ce type d'agences et dominent l'offre photographique pour les médias généralistes. Ces agences se différencient principalement par les modalités de rémunération (salariat, pige), les choix de propriété intellectuelle (le photographe n'est pas toujours propriétaire de ses clichés) et la clientèle (médias généralistes, presse spécialisée, secteur publicitaire). Si les années 1970 voient émerger et fleurir nombre d'agences, dont en France Gamma, Sygma et Capa, un glissement s'opère au tournant des années 1990 avec la première Guerre du Golfe. Plusieurs facteurs viennent l'expliquer : difficile adaptation au numérique (Pigeat, 1997), compétitions des poids lourds de la distribution d'image par des entreprises désormais cotées en bourse (Getty par exemple), domination internationale des trois agences filaires Reuters, AP et AFP. Leur hégémonie explique la massive redondance iconographique dans la presse : il est en effet fréquent de trouver la même photographie en une de journaux du monde entier (Chéroux, 2009; Niemeyer, 2016).

1 Guérin M. (28 janvier 1985) « Paris plaque sensible. Sygma, Gamma, Sipa. Trois champions dans la capitale du photojournalisme », *Libération*.

2 Caujolle C. (17 décembre 1992) « Menaces sur le photojournalisme », *Libération*.

Documentation, narration, émotion

L'œuvre de TARO

6e édition

Ce soir

6e édition

POUR LES ENFANTS DE PARIS Notre première Fête de l'Enfance au Théâtre Sarah-Bernhardt

Notre reporter photographe

Mlle TARO

A ETE TUEE PRES DE BRUNETE où elle avait assisté à la bataille

Un tank républicain tamponne la voiture sur le marchepied de laquelle elle était montée pour quitter le village tombé aux mains des insurgés

Le personnel des abattoirs de la Villette est en grève

La bataille fait rage entre Brunete et Villanueva de la Canada

M. AGUIRRE président de la République basque est à Paris

Le barrage de Conflans a été rompu à 11 heures

L'ARMEE JAPONAISE MENACE LA CHINE d'une "action punitive"

PRES DE TOULOUSE ACCROCHEE par un train la remorque d'un autocar est traînée sur 50 mètres

Quinze blessés

Au cœur de l'Auvergne parmi les verdures des légumes frais des fruits mûrs attendent les congés payés

Mort pendant la guerre d'Espagne de la reporter photographe Gerda Taro, à la Une du journal *Ce soir*, le 28 juillet 1937. Gallica.bnf.fr / BnF

Nombre d'évènements historiques sont canonisés par des photographies de presse : la « mort d'un soldat républicain » pour la guerre civile espagnole par Robert Capa en 1936; le face-à-face de Daniel Cohn Bendit et d'un policier par Gilles Caron pour Mai 1968, la « petite fille au napalm » par Nick Ut pour la guerre du Viet Nam en 1972, « l'homme qui tombe » par Richard Drew pour le 11 septembre 2011... Ces photographies, qui incarnent les évènements les plus brûlants (conflits armés, crises politiques), tendent à s'y substituer dans la mémoire collective. En effet, la lecture de l'image de presse induit de la part de celui qui regarde une projection de soi et de ses valeurs personnelles : une « connotation idéologique » (Barthes, 1961). Les photographies de presse cumulent une fonction informative et testimoniale à des propriétés narratives et affectives, au point d'acquérir un statut d'allégorie, voire de « mythographie », c'est-à-dire une « écriture profondément inscrite dans notre mémoire iconique collective » et un « système de valeurs » (Lambert, 1986 : 16 et 20). La photographie de presse et la légende qui l'accompagne construisent un récit collectif, propre à être vu et compris au sein d'une société donnée. Un exemple est à ce titre frappant, celui de la « Madone de Benthala », photographie d'Hocine Zaourar pour l'AFP représentant une mère éplorée après le massacre de sa famille pendant la guerre civile algérienne en 1997. L'emploi d'un vocable inhérent à la culture catholique pour qualifier un drame se déroulant dans un pays musulman témoigne d'un glissement de sens dans les interprétations collectives des images médiatiques (Gunthert, 2013).

Les photographies de presse imposent des manières de faire comme des manières de voir. Depuis les bases pour une éthique du photojournalisme posées aux États-Unis par l'American Society of News Editors (ASNE)[3], il est principalement attendu du photojournaliste qu'il soit honnête (absence de retouche) et respecte le droit à la vie privée de celles et ceux qu'il photographie (Lavoie, 2010). Cette éthique concerne autant celui qui montre que celui qui regarde : qu'est-il possible de montrer? Et comment apprendre à recevoir et à lire la violence des images photographiques? Le développement du photojournalisme, et du photojournalisme de guerre en particulier entraîne dans son sillage de nécessaires réflexions sur la violence des images (Mondzain, 2002) et les manières de les appréhender en société.

Groupe de samouraïs regardant une carte d'après des prises de vues réalisées entre 1864 et 1878. Tirage d'après des négatifs de Felice Beato (1832-1909), Raimund von Stillfried (1839-1911), et autres photographes. Société de géographie. BNF.

La photographie de presse occupe des fonctions variables en fonction de ses supports et contextes de diffusion. Propulsée par les réseaux sociaux, la viralité des photographies de presse peut entraîner aussi bien des phénomènes de décontextualisation, voire de désinformation par l'image que des détournements ayant une vocation satirique sous la forme par exemple de mèmes internet.

La circulation de la photographie de presse et la diversification de ses usages se jouent aussi hors des circuits médiatiques et numériques. Elle se voit fréquemment réappropriée, détournée, manipulée et ainsi resignifiée par les pratiques artistiques que deux expositions en particulier ont mises en exergue : « *Covering the real* » en 2005 (Kunstmuseum, commissariat Harwig Fischer) et « Paparazzi, photographes, stars et artistes » en 2014 (Centre Pompidou Metz, 2014, commissariat Clément Chéroux). Dans les travaux d'artistes contemporains comme Thomas Demand, Luc Delahaye ou encore Éric Baudelaire, c'est alors la « persistance » (Legall, 2014) des images médiatiques qui est en jeu.

3 Henry Harrisson Suplee publie *The Ethics of Hand Cameras* en 1890. Le « Code de déontologie » de l'ASNE paraît en 1923.

Fake news et fact-checking : lutter contre la désinformation

Arnaud Mercier

L'histoire des sociétés n'est pas dépourvue de mensonges et de manipulations de l'information. Les plus anciens textes philosophiques et politiques, comme les célèbres leçons de Socrate dénonçant les sophistes, ou *La Rhétorique d'Aristote*, décrivent l'art politique comme pouvant être celui du mensonge et de la manipulation. Ainsi en va-t-il du Prince de Nicolas Machiavel qui établit en doctrine du bon gouvernement le fait de se comporter avec duplicité quand on exerce le pouvoir : « Il n'est pas nécessaire à un prince de posséder toutes les vertus [...]; ce qu'il faut, c'est qu'il paraisse les avoir. Bien mieux : j'affirme que s'il les avait et les appliquait toujours, elles lui porteraient préjudice; mais si ce sont de simples apparences, il en tirera profit » (1972 : 94-95). Dans le même esprit, des industriels et publicitaires prônent avec cynisme le recours à des méthodes douteuses pour tromper les consommateurs lorsqu'il s'agit d'essayer de gagner de l'argent par la vente de biens et services.

Pour contrer ces manipulations, les sociétés ont inventé des lois ou règlements, et ont cherché à valoriser des attitudes morales et des postures éthiques reposant sur la transparence, la sincérité, la factualité (Muhlmann, 2023). Le philosophe du langage britannique Paul Grice a créé le concept de « maximes conversationnelles » pour définir les règles de discours implicites qui fondent la civilité et le vivre ensemble dans les interactions humaines (Grice, 1979). Il repère ainsi l'existence d'une maxime de pertinence, qui pousse le locuteur à produire l'énoncé le plus adapté possible au contexte; ou une maxime de qualité, se résumant à des adages comme : « ne soutenez pas ce que vous n'avez pas de raison suffisante pour considérer comme vrai », « n'affirmez pas ce que vous croyez être faux », « n'affirmez pas ce pour quoi vous manquez de preuves ». Ainsi on peut interpréter l'ample polémique mondiale née en 2016 après les votes en Grande-Bretagne pour le Brexit et aux États-Unis en faveur de Donald Trump, sur fond de la question des *fake news*. Des énoncés faux et des images trafiquées, appelés *fake news* ou infox, circulant abondamment sur de nombreux sites internet et sur les réseaux socio-numériques, ont été rendus responsables des résultats électoraux qui allaient à l'encontre d'un idéal démocratique libéral. Cela a heurté le sens démocratique et civique de beaucoup d'acteurs (Frau-Meigs, 2019), parmi lesquels les journalistes opposés à ces résultats, dont le rôle a été très attaqué. Certains professionnels en ont déduit qu'il était de leur mission de lutter contre ces menaces informationnelles d'un genre nouveau. S'est alors imposée à eux la pratique de *fact-checking*, visant la vérification des faits comme une réponse professionnelle face au vieux fond de désinformation qui traverse l'histoire mais qui est rendu inédit par son ampleur et ses formes.

« The Fin de siècle newspaper proprietor » (détail), Frederick Burr Opper, *Puck magazine*, 7 mars 1894, Library of Congress.

Pluralité des formes de fake news

Si la panique morale qui a touché certains milieux aux lendemains de ces scrutins aux résultats inattendus a mis l'accent sur le rôle joué par les *fake news* politiques, il convient toutefois de souligner qu'elles concernent divers domaines. Il existe en effet des infox politiques au service d'une propagande, qui visent à délégitimer une personnalité ou une force politique, dans le cadre de luttes informationnelles interétatiques ou d'élections, comme le fait la Russie avec constance (Quessard, 2023). Les *fake news* peuvent provenir d'acteurs politiques engagés, défendant une idéologie et des intérêts très marqués, avec une visée persuasive évidente : renforcer les opinions de leurs soutiens (en leur donnant à voir ce qu'ils ont envie d'entendre) et affaiblir leurs adversaires (vécus parfois comme des ennemis) en salissant leur réputation pour essayer de fragiliser la confiance et le soutien de leur base.

Cette image générée par IA générative d'une petite fille et son chiot pris dans une inondation est une infox qui a fait l'objet d'une très large diffusion.

Mais la création de contenus faux et manipulateurs s'inspirant du format des informations journalistiques pour gagner en crédibilité concerne aussi le monde commercial. Des manipulations spéculatives des cours d'actions en bourse ont pu être déclenchées grâce à des *fake news* afin de créer un mouvement subit et désordonné des cours, à la suite d'une infox bien ciblée ; celle-ci peut d'autant mieux avoir un effet sur la cotation que les traders réagissent en quelques secondes et peuvent ne pas avoir le recul suffisant.

Par ailleurs, les *fake news* sont aussi un marché. Elles se présentent souvent sous forme de contenus spectaculaires, inattendus, choquants, qui suscitent la curiosité des internautes, et visent à déclencher des réactions émotionnelles, comme lorsqu'on fabrique avec l'intelligence artificielle une fausse photo d'une petite fille victime d'un ouragan en Floride. Ils sont alors tentés de cliquer, de liker, de partager, ce qui génère du trafic, de l'audience, et donc déclenche des revenus publicitaires, dont des sites peu scrupuleux profitent. Beaucoup d'infox renouent ainsi avec les techniques éculées de la presse à scandale, qui a l'art de monter en épingle un fait peu avéré, une rumeur, afin d'inciter à acheter. Mais une fois l'article lu, le piège est refermé, car la pseudo-information se révèle douteuse et décevante.

Enfin, les *fake news* sont aussi le fruit de marchands de doutes qui ouvrent des contre-feux rhétoriques dans un contexte difficile et conflictuel, où leurs intérêts sont mis en cause (image de marque, responsabilité juridique éventuelle, faille éthique...). Face à des accusations circulant dans l'espace public (article journalistique à charge, rapport d'ONG, dénonciation par un lanceur d'alerte...) des acteurs, aidés d'agences de communication, n'hésitent pas à mettre en circulation des mensonges, des données (fausses ou très approximatives) pour atténuer leur responsabilité et créer un halo d'incertitude sur les faits. Les motivations des acteurs qui créent et/ou font circuler des infox sont donc multiples. On trouve celles et ceux qui le font en sachant qu'elles sont fausses, simplement pour perturber l'information, dans une logique de contestation systématique des autorités, des puissants et des gouvernants. On trouve ensuite celles et ceux qui le font par militantisme idéologique afin de servir leur cause, considérant que tous les coups sont permis, même la désinformation la plus mensongère. Autres motivations à diffuser des infox, servir des intérêts économiques et personnels, selon une logique d'appât du gain. Enfin, il y a ceux qui le font en croyant au contenu de ces infox, emportés par leur naïveté et leur penchant à la crédulité (Bronner, 2013).

Avantages et limites du fact-checking

Au fondement des règles professionnelles du journalisme figure l'exigence de vérifier les informations recueillies, en reconstituant la chronologie des faits survenus, en obtenant des documents ou témoignages qui font preuve, en recoupant ses sources. Ces fondements ont fait l'objet d'un investissement singulier cette dernière décennie, en constituant le fact-checking comme un genre journalistique, fortement valorisé par certains médias comme un marqueur de leur sérieux et de leur engagement au service de la lutte contre la désinformation. Laurent Bigot (2019) a montré comment la pratique a aussi été investie de façon opportuniste par les rédactions à des fins de marketing et avec l'espoir de corriger ainsi l'image dégradée qu'une partie des citoyens peuvent avoir des journalistes et des médias.

De nombreuses rédactions françaises (mais aussi de par le monde) se sont dotées de services dédiés, pour mettre en exergue leur aptitude à détecter des mensonges dans le discours politique, les rumeurs infondées, les propos manipulateurs résultants d'ingérences étrangères d'un État, ou encore les mensonges concernant des enjeux de santé. L'apparition de l'épidémie de Covid-19 a rimé avec la prolifération d'affirmations douteuses, y compris dans les médias, et de propos manipulateurs (Mercier, 2021) mettant en cause les politiques de santé publique, au point que l'Organisation mondiale de la santé a parlé d'*infodémie* (Juanals, 2023), les fausses informations ajoutant à la difficulté de combattre ce mal nouveau. Des rédactions partout dans le monde ont donc essayé de sortir de l'affolement et des idées fausses en faisant du *debunking*, du débusquage de ces infox, afin d'apporter leur contribution à la prophylaxie publique. Le journalisme peut ainsi se parer d'une noble mission pour redorer le blason d'une profession décriée, comme « Les décodeurs » du journal *Le Monde*. Le journal *Libération*, avec sa rubrique « Checknews », va jusqu'à offrir à ses lecteurs l'opportunité de répondre à leurs sollicitations, vérifiant ce qu'ils souhaitent voir « fact-checké ». Un consortium de plusieurs médias français publie sur un site dédié, De facto, de très régulières vérifications afin de permettre au grand public d'accéder gratuitement à une ressource fiable sur les sujets d'actualité. Un réseau fédérateur européen existe (EDMO) et un réseau international (IFCN).

Un journaliste très connu cherchant des matériaux pour remplir sa feuille, estampe de l'illustrateur Rigobert, 1848, Collection De Vinck. Gallica.bnf.fr / BnF.

Se pose la question de l'efficacité de ces dispositifs. Il est bien sûr toujours utile d'offrir à des gens qui doutent la démonstration qu'un argument est faux, qu'un message est trompeur. Mais les infox touchent en priorité des personnes qui acceptent d'être trompées, en ce sens qu'elles veulent recevoir des nouvelles qui renforcent leurs convictions. Les personnes promptes à croire le contenu d'une infox ont donc bien peu de chance d'aller sur un site de *fact-checking* pour voir que leur opinion est contredite par les faits. De même, beaucoup de *fake news* prennent des formes simples et immédiatement frappantes pour l'esprit : brève vidéo truquée, photo détournée, affirmation péremptoire… Face à cette rhétorique réduite et à une déclaration sans fondement, le travail de restitution des faits repose sur un appareil de preuve bien plus élaboré, avec des développements impératifs pour expliciter le contexte, déployer l'implicite du discours manipulateur, pour prouver en quoi le raisonnement est faux. Pareille asymétrie, connue sous le nom de loi de Brandolini s'énonce aisément : « La quantité d'énergie nécessaire pour réfuter du baratin est beaucoup plus importante que celle qui a permis de le créer ». Cela induit un coûteux déséquilibre dans la manière d'exposer les choses ; à une courte vidéo disant avec aplomb le faux, répond le plus souvent une démonstration écrite assez longue. Là encore, seuls ceux qui doutent au départ feront sans doute l'effort de lire la réfutation.

Il est précieux néanmoins que ce genre de réfutations existent, puissent être consultées, ne serait-ce que par celles et ceux qui veulent nourrir leur argumentaire face à des sceptiques ou des crédules, au travail, entre amis, en famille… Mais le *fact-checking* ne peut être considéré comme la panacée face au désordre mondialisé de l'information.

Affiche de L'atelier populaire de l'ex-école des Beaux-Arts de Paris, 1968, encadrée et traitée en document / œuvre d'art dans un bureau de l'AFP à Paris, 2016.

Contre-flux informationnels d'Al Jazeera à Russia Today

Tristan Mattelart

Loin est le temps où, à la fin de la Guerre froide, les États-Unis pouvaient s'enorgueillir d'avoir vu leurs radiodiffuseurs internationaux sortir victorieux de la bataille qui les opposait à leurs confrères de l'Est. Tout aussi loin est le temps où, au tout début des années 1990, Cable News Network (CNN) dominait sans partage dans le ciel des chaînes transnationales d'information. Depuis la seconde moitié des années 1990, Washington, mais aussi d'autres chancelleries occidentales sont de fait confrontés à l'essor d'un ensemble hétérogène de médias qui, financés par des États non-occidentaux, critiquent, chacun à sa façon, la domination qu'exercent les entreprises de presse étasuniennes ou ouest-européennes dans le champ de l'information internationale et s'emploient, pour contrer cet état des choses, à offrir, par leurs diffusions satellitaires ou leur présence sur internet, des représentations différentes du monde, en phase avec les objectifs géopolitiques qu'ils poursuivent. Tout en retraçant l'émergence de ces médias, ce texte interrogera l'alternative qu'ils prétendent constituer face aux principaux acteurs occidentaux dans le champ de l'information internationale, et, ce faisant, cernera quelques-uns des plus importants enjeux que leur apparition recèle.

L'essor de contre-flux : l'exemple d'Al Jazeera

Parmi ces acteurs qui viennent défier les « flux [médiatiques] dominants » produits par des entités étatsuniennes ou ouest-européennes, figure en bonne place la chaîne qatarie Al Jazeera en arabe, que Daya K. Thussu intronise comme un média « pionnier » des « contre-flux » informationnels dont il diagnostique le développement dans les années 2000 (Thussu, 2007 : 10 et 22). Il n'est pourtant pas certain que la chaîne ait dès le départ revêtu ces habits de contre-flux. Cette télévision est en effet créée en 1996 par le nouvel émir du Qatar avec pour objectif, surtout, de contrebalancer l'influence des médias panarabes de son puissant voisin saoudien et de servir les ambitions géopolitiques de son commanditaire dans l'espace arabo-musulman. Sans qu'elle puisse cependant être cantonnée dans cette fonction, sa rédaction transnationale – dont le noyau s'est constitué autour d'un projet avorté de télévision arabe de la BBC – bénéficiant d'une situation d'« autonomie relative » par rapport au pouvoir qui la finance (Zayani, 2005 : 17). Al Jazeera sert les visées géopolitiques dont elle est investie de manière originale : elle évoque de fait moins les affaires relatives au Qatar, qu'elle couvre avec parcimonie et prudence, que celles relatives à l'espace arabo-musulman, qu'elle traite avec une liberté de ton inhabituelle dans cette région, s'y imposant comme un des premiers acteurs satellitaires du contournement des censures nationales. Tant que Shawn Powers considère le « modèle de diffusion » d'Al Jazeera comme « très proche » de celui de Radio Free Europe (RFE) et Radio Liberty (RL), par la plateforme que la télévision offre aux opposants des régimes arabes pour s'adresser, depuis ses studios, à leurs concitoyens (2009 : 225). À la différence qu'Al Jazeera, dans ses diffusions en arabe, ne vise pas seulement comme le faisaient RFE et RL des audiences nationales (ou celles des différentes républiques dans le cas de l'URSS) pour nourrir, de l'extérieur, un changement politique. La chaîne s'adresse également à un public transnational à l'attention duquel elle promeut un panarabisme « qui s'appuie sur une foi durable en l'islam pour unir les musulmans du monde arabe » – un panarabisme dont le Qatar devient, *via* Al Jazeera, un hérault (Cherribi, 2017 : 60).

Au-delà, si Al Jazeera a été érigée en contre-flux informationnel (Sakr, 2007), c'est par sa capacité à proposer des perspectives alternatives sur les réalités de l'espace arabo-musulman et sur les conflits qui le traversent. Depuis l'opération Renard du désert en 1998, en passant par l'intervention militaire des États-Unis en Irak en 2003, cette télévision a en effet offert une couverture des interventions militaires des États-Unis qui a tranché non seulement avec celle qu'a essayé d'imposer le Pentagone, mais aussi avec celle qu'en ont donnée les médias occidentaux. Ce qui, en retour, a suscité de sévères attaques, au sens propre comme au figuré, à son encontre et à l'encontre de ses équipes. Dans ce contexte, les journalistes d'Al Jazeera ont nourri un discours de plus en plus critique à l'égard des médias occidentaux et ont abondamment interpellé à l'antenne la couverture par ceux-ci des réalités du monde arabo-musulman.

Autre initiative par laquelle le groupe Al Jazeera s'impose comme contre-flux, la création, fin 2006, d'une chaîne en anglais, Al Jazeera English (AJE), qui, elle, entend explicitement pallier les carences de la couverture du monde par ses consœurs anglo-américaines et vouloir, en accordant plus d'attention aux pays des Suds, contribuer à rééquilibrer les flux d'information internationaux. Cette volonté de rééquilibrer ces flux se heurtera néanmoins, en particulier sur le marché étasunien, à d'importants obstacles. Après l'échec de la télévision d'information créée spécifiquement en 2013 pour ce marché (Al Jazeera America), à l'existence plus qu'éphémère, le groupe réussira cependant à y prendre pied, grâce à une chaîne de vidéos en ligne, AJ+ – exclusivement destinée aux réseaux sociaux numériques ou aux applications mobiles –, qui,

La chaîne AJ+ recherche l'adhésion des féministes en les divisant.

après avoir été inaugurée en 2014 en anglais, sera déclinée en arabe, en espagnol et en français. Plus encore qu'AJE, AJ+ affiche un agenda résolument engagé, se présentant comme une tribune pour les « voix [à ses yeux] non entendues » au sein des pays vers lesquels elle diffuse, mettant en valeur les droits des minorités ethniques, religieuses ou de genre (Zayani, 2020 : 34). Non sans que cet agenda ne soit, pour certains de ses volets, en franche contradiction avec la nature de l'État finançant ce média.

La réaffirmation des puissances chinoise et russe

Si le Qatar était, quand Al Jazeera a été fondée, un relatif nouveau venu dans le champ de la diffusion transnationale de l'information, il en va tout autrement avec la Chine et la Russie, qui, anciennes grandes puissances de la radiodiffusion internationale durant la Guerre froide, ont, elles aussi, créé d'ambitieuses télévisions diffusant aux quatre coins du monde. Les dispositifs mis en place par ces deux pays sont néanmoins fort différents.

C'est en 2000 que le gouvernement chinois se dote d'une chaîne internationale en anglais, lancée par la Télévision centrale chinoise : CCTV 9, bientôt renommée CCTV International. À l'origine de cette création, il y a la volonté, de la part de l'État chinois, de lutter contre ce qu'il considère comme étant la représentation diabolisée qu'offrent les médias occidentaux du pays, tout en s'inspirant, pour ce faire, des modes de faire de CNN, de la BBC, mais aussi d'Al Jazeera. Il s'agit, de cette façon, d'essayer de réduire le décalage existant entre la croissante puissance de la Chine et la mauvaise image dont elle jouit dans un espace informationnel international dominé par des acteurs occidentaux.

Après y avoir ajouté des chaînes en français, en espagnol, en arabe et en russe, le dispositif télévisuel international chinois se renforce encore au début des années 2010 avec, notamment, la transformation de CCTV International en CCTV News et l'inauguration de deux bureaux, à Washington et à Nairobi. Ceux-ci ont vocation à mieux couvrir, à travers respectivement CCTV America et CCTV Africa, en faisant appel à des journalistes du cru, non seulement les États-Unis, mais aussi le continent africain, et à donner, sur ce dernier, une vision plus positive que celle donnée par les médias occidentaux.

Il y a néanmoins un écart entre l'imposant dispositif télévisuel mis en place par Pékin et les résultats obtenus. Les journalistes des télévisions chinoises sont en effet loin de bénéficier d'une situation de relative autonomie éditoriale, comme évoqué pour Al Jazeera, contraints qu'ils sont de diffuser une vision en symbiose avec la politique officielle chinoise. D'autant plus que, depuis 2016 – date à laquelle l'ensemble des chaînes de la CCTV à destination d'un public international ont été regroupées au sein d'une même entité, China Global Television Network (CGTN) –, ces médias se sont vus, par Xi Jinping en personne, rappeler la nécessité d'être loyaux vis-à-vis de la ligne du Parti communiste chinois. Une injonction qui, paradoxalement, handicape la capacité de ces médias à exercer l'« influence » voulue (Marsh *et al.*, 2023 : 6).

Vladimir Poutine sur le plateau de Russia Today, juin 2013, @kremlin.ru.

Il faudra également attendre le début des années 2000 pour que la Russie, après l'élection de Vladimir Poutine à la présidence, se dote d'une télévision internationale. Considérant la Russie comme étant victime d'une véritable « guerre de l'information » de la part des médias occidentaux dépeignant le pays de la manière la plus défavorable, Moscou crée, en 2005, une télévision diffusant en anglais, Russia Today, avec, comme son nom l'indique, mission d'offrir une autre vision de ce pays au monde, tout en respectant les codes visuels de présentation des nouvelles en vigueur sur les chaînes anglo-américaines.

Devant le peu d'échos rencontrés à ses débuts par cette télévision, Russia Today fera évoluer son concept : plutôt que de se présenter comme une voix de la Russie – ce qu'elle ne cesse cependant pas d'être –, la chaîne s'érige, à partir de 2009, en « alternative » – pour reprendre le terme qu'elle emploie – aux principaux médias occidentaux, accusés de ne propager qu'une vision tronquée de l'actualité tant nationale qu'internationale. Rebaptisée RT, la télévision ouvre ainsi grand ses écrans à des voix critiques des élites politiques et économiques d'Amérique du Nord et d'Europe occidentale – quitte à ce qu'elles proviennent de la frange la plus à Gauche comme de celle la plus à Droite du spectre politique –, pour mieux attiser les dissensions au sein de ces pays et ainsi valoriser le rôle de la Russie.

Reflet des fonctions géopolitiques qui lui sont confiées, RT diversifie d'abord ses zones de diffusion vers les publics arabophones et hispanophones, avant de déployer, en 2014, dans les mois ayant suivi l'annexion de la Crimée par la Russie, des versions localisées de la chaîne au Royaume-Uni, en Allemagne ou en France. De manière tout aussi révélatrice, au même moment, Moscou met sur pied un autre média, Sputnik, majoritairement présent en ligne, qui adopte lui aussi le format « alternatif » de son aîné.

Non sans ironie, ces médias internationaux russes ont abondamment exploité les possibilités offertes par les grands réseaux sociaux numériques étasuniens pour démultiplier la circulation de leurs informations aux quatre coins du monde, y compris aux États-Unis ou en Europe occidentale. La rédactrice en chef de RT ne cachait pas, au milieu des années 2010, l'importance qu'avaient eue ces réseaux pour l'essor de ce média (Simonyan, 2016 : 60) – jusqu'à ce que celui-ci (comme Sputnik) soit interdit par l'Union européenne au lendemain du déclenchement en février 2022 de la guerre menée par la Russie contre l'Ukraine.

L'intense usage qui est fait par ces médias de ces supports technologiques les plus nouveaux ne doit néanmoins pas masquer les continuités qui sont à l'œuvre : au dispositif de diffusion médiatique international mis en place par l'URSS pendant la Guerre froide, composé de médias officiels (à l'image de Radio Moscou) et d'initiatives plus clandestines (regroupées sous le nom de « mesures actives »), s'est substitué un autre dispositif intégrant RT et Sputnik, d'un côté, et une variété d'opérations de désinformation en ligne, de l'autre.

La notion de contre-flux a ainsi pour elle de rendre compte d'un mouvement par lequel un ensemble hétéroclite d'acteurs, aux intérêts pas forcément convergents, essaient de bâtir des médias ayant l'ambition de rivaliser avec ceux des pays occidentaux. Cette notion n'en est pas moins, à plusieurs titres, ambiguë. En la mobilisant, on court d'abord le risque de donner une réalité à l'activité supposément « contre-hégémonique » opérée par les médias considérés, alors même qu'on ne dispose que de très peu d'études sur les publics de ceux-ci. Un autre risque tient au caractère « alternatif » que s'attribuent ces médias (que connote aussi l'expression de contre-flux) qui, si l'on n'y prend pas garde, tendraient à faire oublier que ces médias ont les plus grandes difficultés à user du même esprit critique à l'égard de l'État qui les finance que celui dont ils peuvent user à l'égard d'autres acteurs de la vie internationale. Il est enfin nécessaire de souligner combien l'argument du contre-flux que constitueraient ces chaînes doit être manié avec prudence. Il est en effet difficile de ne pas voir dans les critiques que lancent Pékin et Moscou à l'égard des médias occidentaux un argument commode visant à mieux légitimer l'expansion globale de leurs médias aux fonctions géopolitiques plus qu'explicites.

La montée de l'infodivertissement

Aurélien Le Foulgoc

Le terme infodivertissement résulte de la rencontre entre l'information et le divertissement, domaines dont les pratiques professionnelles comme les contenus proposés diffèrent. L'infodivertissement peut ainsi être vu comme une monstruosité qui n'a pas de territoire propre. C'est l'une des raisons pour lesquelles l'utilisation même du terme fait débat. À la fin des années 1990, aux Pays-Bas, Kees Brants et Peter Neijens ont par exemple tenté d'établir une échelle d'infodivertissement pour qualifier un phénomène sans unité et sans repères (Brants & Neijens, 1998).

Aux États-Unis, Matthew Baum (2003) défend l'utilisation du terme *soft news*, partant du constat que la forme de l'information et la vulgarisation des contenus traversent aussi bien le journalisme que l'animation. Il définit ce genre comme étant concernant et incarné. Baum ancre la pratique professionnelle des animateurs dans le monde de l'information. Dès lors, les contenus de ce très large monde de l'information se placent entre deux pôles : les *hard news* d'un côté, les *soft news* de l'autre. L'information est travaillée tant par le journaliste que par l'animateur. De fait, les journaux de 13 ou 20 heures proposent aussi des *soft news*, soit de l'information de magazine (feature) dont l'objectif est de rendre le journal télévisé plus léger et digeste[1]. Lorsqu'un animateur de talk-show interviewe un candidat à l'élection présidentielle à propos de son programme politique, il peut produire un cadrage *hard news* et participer au débat public.

Ces nuances permettent de penser la complexité d'un phénomène qui s'inscrit dans la continuité de la montée en compétences et en intérêt des citoyens, porté par la télévision (Rosen, 1992), puis par les réseaux sociaux.

Pour différencier ce qui relève de l'infodivertissement de l'information plus classique, il convient de s'intéresser aux statuts et aux structures qui portent les émissions. La profession journalistique

1 Karel W. (1999) *Le Journal commence à 20h*, 56 mn, La Sept/Arte, Point du jour.

est par exemple organisée en rédaction et encadrée par la commission de la carte d'identité des journalistes professionnels (dite « carte de presse »). Nombre d'animateurs d'émissions de divertissement ne bénéficient pas de ce statut. Par conséquent, ils ne disposent pas de rédaction ni d'équipes de reportage, se contentant de reprendre des informations produites par d'autres. À défaut de produire les évènements, ils les fabriquent sur leur plateau.

Le risque est de produire des cadrages très personnels qui peuvent aboutir à des projets éditoriaux générateurs de déséquilibres et de débordements, comme l'a relevé Claire Sécail (2024) en analysant l'émission *Touche pas à mon poste* animée Cyril Hanouna sur C8. De façon intermédiaire, *Quotidien* de Yann Barthès et Laurent Bon sur TMC se situe à la frontière : l'émission est portée par une rédaction de journalistes, mais aussi par des humoristes (Le Foulgoc, 2017). On retrouve les premiers signes de ce type d'organisations hybrides il y a plus de vingt ans dans l'émission *Le Vrai journal* de Karl Zéro sur Canal+. L'agence Capa cohabite alors avec des équipes d'humoristes (Lhérault, 2002).

Le procès de la télévision

L'infodivertissement concerne principalement les productions audiovisuelles (et non la radio ou la presse), la télévision étant de longue date la cible d'un procès en divertissement. Des chercheurs américains font un lien direct entre la télévision et le commerce de la célébrité, dont les talk-shows sont les principaux vecteurs de promotion, celle des industries du cinéma, de la musique et du spectacle (Postman, 2006). L'infodivertissement serait le symptôme de ce média du grand public avec pour objectif de s'adresser à la plus large part de la population, en nivelant par le bas.

Pris dans des logiques de starification, au même titre que les acteurs de la culture et du spectacle, les animateurs de talk-shows deviennent des marques et pensent des concepts, à l'instar de Thierry Ardisson en France, Bill Maher, Stephen Colbert ou Jon Stewart aux États-Unis. Au-delà d'un effet de marque, le design d'information est également un moyen efficace de lutter contre la montée en puissance du paradigme de la communication et de la promotion, qui enferme les artistes dans des discours automatisés et répétés sur tous les canaux (Blumler & Gurevitch, 1995; Brachet, 2010). Deux mouvements ont contribué à l'installation généralisée de la promotion dans les médias : le premier est lié à la professionnalisation de la sphère communicationnelle, par exemple par l'intermédiaire du métier d'attaché(e) de presse, mais aussi de celui de publicitaire ou de communicant. Le deuxième est lié à la constitution de grands groupes médiatiques intégrés dont le projet de Jean-Marie Messier à la fin des années 90 est très certainement le plus emblématique. Partant de la *Compagnie Générale des Eaux* (*CGE*), le PDG entame la constitution d'un grand groupe médiatique totalement intégré qui possède à la fois les catalogues (*Universal*), les outils publicitaires et de communication (*Havas*), les médias (*Canal+*), les infrastructures de télécommunication (*Cegetel*) et les salles de spectacle (*Olympia*). L'ensemble du système médiatique est en effet travaillé par une logique d'intégration des canaux de diffusion dans un système plus large de fabrication, de promotion, de diffusion et de consommation des produits et des individus, avant tout dans une logique de valorisation économique. Les groupes Lagardère, Bolloré, Bouygues ou LVMH poursuivent aujourd'hui cette même logique d'intégration. Face à ce phénomène de généralisation et d'uniformisation des discours de promotion, l'inclusion des acteurs politiques dans la structure des talk-shows a permis de déstabiliser un peu la machine communicationnelle en créant de l'inconnu, de l'inattendu, du nouveau, du singulier. De leur côté, les responsables politiques ont dû composer avec l'univers professionnel des artistes et leur régime de parole d'indignation et d'émotion (Le Foulgoc, 2010). Les responsables politiques en quête de notoriété se sont plus ou moins volontairement pliés à un exercice susceptible de leur donner des galons face à leurs opposants politiques, au risque de se ridiculiser. Dans cet univers du spectacle, les journalistes ont eux-mêmes cédé à la surenchère en produisant des dispositifs spectaculaires dans un souci d'audience et de performance.

Célébrité et information politique

La célébrité (Boorstin, 1987, Turner, 2004) est au cœur du phénomène d'*infotainment* (Dahklia, 2008). L'information politique est généralement diffusée dans un ensemble plus large d'informations jusqu'à la vie privée de l'invité. Les responsables politiques sont traités sur le même plan que les autres acteurs, comme un support de promotion, produit, vendu et marketé par les industries des médias et de la publicité. Si la personnalité d'une célébrité constitue un accélérateur commercial (Wernick, 1991), elle constitue en politique un accélérateur commercial des idées, du programme, de la candidature. Les politiques étant conseillés par des professionnels de la publicité, cela n'est guère surprenant.

Ces nouvelles modalités de médiatisation de la politique ne sont pas sans effets sur l'ensemble de la classe politique avec des exigences spécifiques : manier l'éthos (Lochard, Soulages, 2003; Leroux, Riutort, 2013), apprendre à naviguer dans des espaces télévisés imprévisibles, avec des acteurs qui leur sont peu familiers. Ensuite, les artistes qui s'expriment sur les questions politiques le font généralement sur le mode de l'émotion, de l'indignation, des régimes de discours dévalués dans le monde politique.

L'infodivertissement réintroduit massivement les affects et contraint les invités politiques à osciller entre le fond, le grave, le sérieux et l'humour, l'indignation, parfois la colère. Ainsi, tout le processus d'exposition et de valorisation des compétences politiques se trouve reconfiguré par la montée en puissance de l'infodivertissement, qui valorise certains profils et en laisse d'autres de côté.

Le contexte industriel français

Jusqu'au milieu des années 1980, les formes de l'information sont restées relativement stables. Sans grande surprise, les écrivains participaient à des émissions littéraires, les responsables politiques à des émissions politiques, les chanteurs à des émissions de variétés. Les animateurs et les journalistes se sont longtemps partagé des territoires clairs et distincts, sans se soucier au quotidien de leurs audiences et de leurs publics. Puis, avec l'apparition de Canal+, la privatisation de TF1 et de la Cinq, l'offre médiatique est montée en puissance, tout comme le marché publicitaire et la mesure des audiences. Cette attention croissante aux audiences et au marché publicitaire a conduit les journalistes et les animateurs dans une spirale de compétition.

Parallèlement, le monde politique a été confronté à l'affaiblissement massif des partis et plus globalement à une crise de la communication publique. L'affaissement des appartenances communautaires, la montée des néolibéralismes, l'éclatement des cellules familiales ont conduit à ce que Jay Blumler désigne comme une crise de la représentation politique (Blumler & Gurevitch, 1995). S'y rajoutent dans les années 1990 de très multiples affaires politico-judiciaires qui minent la crédibilité du politique (sang contaminé, Elf, emplois fictifs à la mairie de Paris, les affaires Carignon ou Botton, etc.).

Essor de la production audiovisuelle indépendante

Toujours dans les années 1990, afin de pousser en avant le mouvement de privatisation de l'audiovisuel public et d'inscrire les acteurs français dans un marché européen et mondialisé, les chaînes de télévision ont acheté une part croissante de leurs programmes à des sociétés de production audiovisuelles. Dès janvier 1989, Christophe Dechavanne devient le premier animateur-producteur, bien avant Jean-Luc Delarue, Arthur, Nagui, Michel Drucker puis Thierry Ardisson et Marc-Olivier Fogiel. Mais c'est en 1994, sur France Télévisions, que Jean-Pierre Elkabbach amorce un mouvement analogue dans l'ensemble de l'audiovisuel public et permet à de nombreux animateurs de constituer des sociétés de production très rapidement profitables.

Désormais chefs d'entreprise, libérés des pressions internes et des revendications des syndicats de journalistes des chaînes, les animateurs-producteurs bénéficient de nouveaux espaces de liberté. Yves Bigot, directeur des programmes de France 2, expliquait en 2007 que la reconfiguration de la médiatisation des responsables politiques, notamment dans les talk-shows, n'aurait jamais connu un tel essor si les animateurs étaient restés salariés des chaînes de télévision.

Désormais indépendants et partiellement libérés des contraintes internes aux chaînes, les animateurs revendiquent une légitimité à aborder les questions politiques. Les journalistes s'engagent alors dans une lutte pour maintenir leur exclusivité qui ne leur sera accordée que lors des campagnes électorales au prétexte d'une difficulté du comptage du temps de parole. Au début des années 2000, seul le service public investit massivement dans ces émissions. Le secteur privé s'engouffre quant à lui dans la téléréalité et abandonne les émissions de plateau à France Télévisions et à Canal+.

Il faut attendre 2007 pour assister à un développement du traitement de la politique en campagne dans les talk-shows. Le phénomène s'est non seulement installé, mais a aussi changé de secteur puisque M6, une chaîne privée, héberge *T'empêches tout le monde de dormir* présenté par Marc-Olivier Fogiel; selon lui, il aurait été alors impensable d'organiser sur France 3 les soirées électorales qu'il a animées sur M6 (Entretien avec l'animateur, 2007). C'est donc le secteur privé qui libère définitivement un phénomène qui peine à s'imposer en temps électoral sur les chaînes publiques.

Reconfigurations du journalisme

Au moment où les animateurs créent leurs empires de production audiovisuelle, la connivence entre les journalistes politiques et la classe politique est pointée du doigt. En 1996, Pierre Bourdieu effectue une analyse du champ journalistique dans deux cours au collège de France, deux documentaires puis un livre, *Sur la télévision*. Pierre Carles réalise son documentaire *Pas vu, pas pris* qui confronte de nombreux journalistes français à un échange informel entre Étienne Mougeotte (directeur des programmes de TF1) et François Léotard (Ministre de la Défense).

Pas vu, Pas pris de Pierre Carles, réalisé en 1990. Commandé mais refusé par Canal+, le film est diffusé en salles en novembre 1998 et par la radio-télévision belge (RTBF) en décembre 2000.

Les journalistes politiques sont ensuite affaiblis par la concurrence exacerbée entre les chaînes de télévision. Après le départ d'Anne Sinclair, 7 *sur* 7 ne retrouvera pas de second souffle. *L'Heure de vérité* sur France 2 cède aussi la place à de nouveaux formats qui cherchent un public plus large pour justifier une occupation de la grille des programmes qui ne se satisfait plus seulement du prestige de l'information politique. Ces nouvelles nécessités professionnelles conduisent les journalistes de télévision dans ce qu'Erik Neveu (1995) désigne comme « les impasses du spectacle politique ». Avec *Les Absents ont toujours tort* de Guillaume Durand, la Cinq de Silvio Berlusconi incarne alors une percée du spectaculaire dans le traitement de la politique à la télévision et met en scène une conflictualité exacerbée des opinions et des individus (sur le modèle de la Chambre des communes au Royaume-Uni).

TF1 décide ensuite de ne plus investir dans une émission politique régulière et amorce une stratégie « minimax » décrite par Erik Neveu : un minimum d'investissement dans la grille de programmation pour un maximum d'audience. La politique n'est désormais plus une spécialité journalistique travaillée au quotidien, mais un espace évènementiel propice aux coups d'audience. Anne-Sophie Lapix abonde dans ce sens lorsqu'elle explique son départ de *Dimanche +*, l'émission politique de Canal+, après l'élection présidentielle de 2012. Elle rejoint *C à vous* sur France 5, un talk-show généraliste qui aborde toujours la politique, mais dans un cadre informel et qui se veut détendu.

Les journalistes politiques sont quant à eux de plus en plus cantonnés à des rôles de spécialistes, simples chroniqueurs ou co-animateurs de séquences. Ils cèdent la place à des journalistes généralistes

Émissions *La télévision* avec Pierre Bourdieu. Réalisation Gilles L'Hôte, 1996. Production Collège de France / CNRS.

réputés pour leur capacité à faire de l'audience. Michel Field, Yves Calvi, David Pujadas, Gilles Bornstein remplacent Arlette Chabot, Anne Sinclair, Alain Duhamel.

La table cède progressivement la place au pupitre, la table ronde du débat au choc, au match, au face-à-face (pensons à Nicolas Sarkozy face à Jean-Marie Le Pen dans *100 minutes pour convaincre* sur France 2 en 2003). Quant à l'expert, il s'efface au profit du professionnel, du particulier, de l'artiste (*À vous de juger* sur France 2).

Une nouvelle génération médiatico-politique

Conjointement à la consolidation de la profession d'animateur-producteur et à l'installation durable de journalistes généralistes, une nouvelle génération de responsables politiques s'impose. La fin du mandat de Jacques Chirac et le retrait de Lionel Jospin de la vie politique laissent la place à de nouvelles générations rodées à la mise en scène et au spectacle médiatique. Ségolène Royal annonce sa candidature à la Présidentielle de 2007 auprès de Jamel Debbouze sur le plateau du *Grand Journal* de Canal+. Nicolas Sarkozy se distingue chez Marc-Olivier Fogiel lors d'un fou rire avec Christine Bravo (*On ne peut pas plaire à tout le monde*, 2001, France 3).

Les responsables politiques font leurs armes dans les talk-shows, démontrent leur capacité à tenir leur ligne, à faire de la pédagogie, à gérer une adversité parfois débridée. Seuls certains réussissent à obtenir une exposition médiatique significative. Un même mouvement se produit ensuite, avec plus ou moins de succès, sur les réseaux sociaux, nouvel Eldorado de l'exposition médiatique.

Quant aux animateurs, leurs cadrages de la politique sont directement liés à leur personnalité (Marc-Olivier Fogiel en profane, Laurent Ruquier en citoyen intéressé, Thierry Ardisson en posture didactique…). Cyril Hanouna en incarne la vision la plus extrême, avec un parti pris idéologique clairement identifié. Sans corporation, sans code de déontologie, sans rédaction pour réguler ou ébruiter les cadrages problématiques de l'information, les animateurs ont toute latitude pour suivre leurs propres projets éditoriaux.

La justice à la télévision

Marie-France Chambat-Houillon

Les liens entre télévision et justice sont à la fois frappés d'évidence et d'une grande complexité. Les enquêtes judiciaires, les chroniques de procès ou les décisions de justice, ainsi que les faits divers constituent, au nom de l'intérêt général, une matière privilégiée pour l'actualité journalistique. En outre, l'engouement du public pour les affaires judiciaires trouve aussi satisfaction du côté des fictions et des émissions de divertissement.

Menées principalement en SIC, en histoire, en sociologie mais aussi en droit, les recherches sur le couple télévision/justice sont nombreuses. On distingue deux approches principales. Une première a trait à l'étude des journalistes, de leurs relations avec la justice sous l'angle des pratiques professionnelles et de l'évolution des formes médiatiques (Charon, 2000; Sécail, 2010). La seconde, en étudiant spécifiquement la mise en récit des faits divers et les métamorphoses de la parole judiciaire par les dispositifs télévisuels (Tsikounas, 2010, 2012; Seignobos, 2011; Villez, 2005), s'intéresse plutôt à la circulation des représentations de la justice. Saisir la justice à la télévision ne peut se faire qu'en croisant son histoire avec celle du média.

Images interdites : des contraintes à la créativité

En 1954, l'interdiction de photographier, de radiodiffuser et de filmer les débats au sein des tribunaux est votée par le législateur. La décision de bannir l'enregistrement fait suite aux retentissements médiatiques des procès en assises de Marie Besnard (1952) et de Gaston Dominici (1954) dont les audiences se sont déroulées « sous l'œil des caméramans des actualités cinématographiques et de la télévision » (Cohen, 2012) perturbant la bonne marche des interrogatoires et la sérénité judiciaire (Sécail, 2010). La loi de 1954 – partiellement atténuée par la suite – a pour finalité de préserver la tranquillité des débats et la dignité des justiciables. Elle entend limiter les dérives de la spectacularisation et de la désacralisation de l'institution (Chauvaud, 1999, 2010) en distinguant le principe fondamental de la publicisation des audiences de leur médiatisation.

La fermeture des prétoires aux caméras est cependant vue d'un bon œil par les dirigeants de la télévision française. Avec un taux d'équipement qui augmente, la télévision publique ne souhaite pas exposer son public familial aux déviances criminelles. En outre, les autorités redoutent que « la RTF [radiodiffusion-télévision française] ne transforme les récits criminels, dont le spectateur est friand, en critiques des institutions » (Tsikounas, 2019).

Un procès à très forte répercussion médiatique, celui de Gaston Dominici accusé du meurtre de trois touristes anglais, condamné à mort en 1954, gracié et libéré en 1960 tant l'enquête révélait de failles. L'affaire donne lieu à plusieurs documentaires pour la télévision, dont un inachevé par Orson Welles (en 1955, *The Tragedy of Lurs*).

L'interdiction des caméras dans les prétoires a de nombreux effets. Premièrement, afin de pallier l'absence d'image enregistrée, les journaux télévisés multiplient à l'antenne des dessins d'audience, dont la tradition est ancienne. Deuxièmement, elle contribue à faire émerger une figure journalistique inédite, du moins pour la télévision, celle du chroniqueur judiciaire. Témoin privilégié de la justice en train de se faire puisqu'il a accès aux prétoires, le chroniqueur judiciaire relate la dramaturgie des procès, leur atmosphère et rend compte des décisions. Arrivé en 1958 à la télévision, Frédéric Pottecher le fait avec un talent inégalable de conteur et une subjectivité assumée. En studio, le plus souvent seul face à la caméra, sa chronique télévisée s'apparente à « une prestation théâtrale » (Sécail, 2010).

En 1981, la loi de 1954 est assouplie en autorisant l'entrée des caméras dans l'enceinte judiciaire, mais seulement avant le début des débats et après le verdict. L'exclusivité du chroniqueur judiciaire s'en trouve amoindrie, de sorte que le compte rendu judiciaire se transforme peu à peu en « éditorial judiciaire », puis en « reportage judiciaire » (*ibid.*) marqué par la prolifération de plans génériques témoignant de l'ambiance des marches des palais ou des couloirs des tribunaux.

Moments de vérité et d'humanité, les procès font l'objet de documentaires. Mais les dérogations pour filmer les audiences étant exceptionnelles (*Justice en France*, 1991), les documentaristes doivent faire preuve d'inventivité. Ainsi le « docufiction », *L'affaire Courjault, parcours meurtrier d'une mère ordinaire* de Jean-Xavier de Lestrade[1] mêle-t-il la dimension documentaire en rapportant fidèlement la réalité des échanges tenus lors du procès à la fiction à l'aide de comédiens pour incarner avocats, magistrats, témoins, sans oublier l'accusée (Chambat-Houillon, 2012). À défaut de pouvoir montrer la réalité du procès, ce réalisateur choisit de la faire entendre. Ce docu-fiction se démarque de la tradition des reconstitutions fictionnelles de procès que la télévision diffuse depuis les années 1950.

Des images au service de la justice

En 1985, la loi permet de filmer les procès ayant « un intérêt historique » à des fins d'archivage, hors de toute finalité médiatique. Le premier procès à être enregistré est celui de Klaus Barbie (officier de police SS sous le régime nazi) en 1987. Sa captation a valeur de document. Elle ne sera accessible au grand public qu'après un délai de cinquante ans. Afin que le dispositif de tournage ne vienne perturber l'audience, il est soumis à de strictes consignes.

Devant le Palais de justice de Lyon pendant le procès de Klaus Barbie.

La loi du 22 décembre 2021 permet de filmer des procès pour « un motif d'intérêt public, d'ordre pédagogique, informatif, culturel et scientifique ». Auparavant, depuis 1954, l'usage d'un appareil photographique ou d'un enregistrement sonore ou audiovisuel était interdit dans les tribunaux à l'exception des captations pour des procès exceptionnels et historiques (comme le procès de Klaus Barbie), pour la constitution d'archives.

À partir de 2021, la loi pour la confiance dans l'institution judiciaire lève en partie l'interdiction des caméras dans les prétoires : les enregistrements audiovisuels des audiences de justice civile, pénale, économique ou administrative sont autorisés pour des motifs pédagogique, informatif, culturel ou scientifique. En 2022, un partenariat voit le jour entre le ministère de la Justice et France Télévisions avec la série *Justice en France* qui, tout en garantissant l'anonymat des justiciables, montre les rouages d'une justice en acte sous l'éclairage d'experts en plateau et d'un ancien chroniqueur judiciaire, Dominique Verdeilhan. Avec ces diffusions de procès à la télévision, la justice souhaite montrer un autre visage, celui d'un service public de proximité, loin des grandes « affaires » et des drames jugés aux assises.

Justice à la télévision, justice par la télévision

Les faits divers et les grandes affaires criminelles nourrissent tout un pan de la programmation télévisuelle avec, notamment une émission emblématique par sa longévité, *Faites entrer l'accusé*. Initialement diffusée lors de sa création en 2000 sur le service public, l'émission a rejoint les antennes du groupe privé RMC Story en 2020. *Faites entrer l'accusé* insiste moins sur le procès comme acmé de vérité que sur l'enquête judiciaire préalable, relatée avec l'aide parfois d'enquêteurs ou de magistrats. Le succès de l'émission repose davantage sur un art du récit et une maîtrise du suspens que sur la puissance révélatrice des images, de sorte que l'émission se décline désormais en podcast. Sa finalité demeure plus divertissante que strictement informative et n'engage aucune intention critique à l'égard de l'institution judiciaire.

Plus tendancieux est le reality show *Témoin n° 1*, diffusé sur le chaîne privée TF1 dans les années 1990. Afin d'élucider des affaires criminelles non résolues, l'émission lance des appels à témoins pour recueillir des informations. Malgré le respect d'un certain nombre de principes comme l'interdiction de diffuser des portraits-robots, le visionnage préalable des reconstitutions par les magistrats et les familles, ou le transfert immédiat des informations aux juges

1 Diffusé en 2009 sur France 3.

enquêteurs pour vérification, l'émission fait polémique auprès des professionnels de la justice. Et bien que son présentateur ne s'en défende, ce reality-show véhicule une image dégradée de l'institution judiciaire.

Les faits divers et les enquêtes criminelles ont toujours été prisés par les auteurs de fiction, comme en témoignent les nombreux téléfilms consacrés aux grandes affaires historiques. Mais ce sont assurément les séries qui exploitent le plus efficacement la veine dramatique et narrative de l'univers de la justice. Qu'elles soient centrées sur les enquêtes de la police judiciaire (*PJ*, *Engrenages*) ou sur les avocats et les intrigues de cabinet (*Avocats & Associés*, *66-3*), qu'elles mettent en scène des magistrats, dont notamment la figure du juge d'instruction (*Alice Never : le juge est une femme*, *Boulevard du palais*), les séries contribuent à façonner l'imaginaire collectif d'une justice marquée par les crimes les plus graves et dont les assises sont la juridiction privilégiée. Toutefois, ces séries ne sont pas exemptes de finalité pédagogique, en faisant découvrir aux téléspectateurs les personnels et mécanismes de la justice, ainsi que ses principes comme la présomption d'innocence (Villez, 2005).

Quand les téléspectateurs sont invités à juger

Dès les années 1950, la télévision est friande de reconstitutions de procès déjà jugés, à l'image d'*En votre âme et conscience*. La collection propose aux spectateurs non seulement de prendre connaissance d'une affaire résolue mais de participer au procès en tant que « treizième juré ». L'objectif est pédagogique : faire de chaque téléspectateur un « juré idéal qui ne se laisse pas intimider par un monde judiciaire où chacun joue un rôle » (Tsikounas, 2010). *En vôtre âme et conscience* met le téléspectateur en position de juger, mais ne l'invite pas à s'exprimer. Cette étape est franchie par la suite par des émissions qui convient le public à délibérer, soit indirectement représenté par des experts (*Verdict*), soit en étant invité en studio (*Messieurs les jurés*, *Star à la barre*) (Papin, 2010). Émission à visée récréative, *Star à la barre* emprunte à l'univers de la justice son dispositif, sa dramaturgie et ses rituels pour conduire, avec l'aide de personnalités issues des mondes du spectacle, de la culture et des médias, des débats dits de société.

La télévision a parfois expérimenté des dispositifs participatifs conjuguant réalité et fiction. Diffusé par Arte en 2014, le téléfilm *Intime conviction*, une fiction raconte la vie d'un médecin accusé de la mort de sa femme. La fiction s'inspire d'une affaire réelle jugée quelques mois plus tôt, où l'accusé fut acquitté. Sa diffusion s'accompagne d'une simulation de procès sur le site de la chaîne invitant les internautes à statuer sur la culpabilité du personnage de l'accusé. En raison de la proximité entre l'histoire fictive et les faits réels, un recours en référé aboutit à l'interdiction du téléfilm et de son dispositif interactif afin d'éviter toute confusion entre le vrai procès révolu et le procès fictif à venir. Bien que cette initiative se voulût une expérience pédagogique, cette tentative numérique de la tenue d'un procès fictif questionne les fondements démocratiques de nos institutions (Garapon, 1994).

Environnement et médias

Nataly Botero

Après la Renaissance, la nature a commencé à être perçue comme une donnée intemporelle et universelle en Occident (Larrère, 2015). L'environnement est depuis considéré comme un préalable et un allant de soi, un décor dans lequel se déroulent les activités humaines. La scission entre environnement et humanité a permis l'émergence de l'usage commun et actuel du terme, conçu comme milieu physique entourant les organismes. Pourtant, les travaux de l'écologie en tant que discipline scientifique se sont centrés sur les corrélations entre biocénoses (organismes) et biotopes (milieux). Cette prise en compte des processus de rétroaction et d'interdépendance entre le vivant et le non vivant a commencé à éroder les représentations jusque-là dominantes de la nature et l'environnement. En effet, ce dernier n'est pas synonyme de milieu naturel externe et indépendant des êtres vivants qui l'habitent : en y vivant, en le modifiant et en s'adaptant sans cesse, organismes et milieux se co-construisent réciproquement. Il suffit de rappeler que c'est grâce aux plantes que l'air s'est enrichi en oxygène, permettant à certains animaux, dont les mammifères, de prospérer.

Tel est aussi le cas pour l'espèce humaine qui a, quant à elle, développé des croyances, des cultures et des systèmes d'organisation sociale intimement dépendants des milieux. Ces derniers sont devenus des propriétés privées traduites en ressources exploitables et monnayables dans certaines sociétés humaines, notamment occidentales. Une telle appropriation étant en partie à la source des hiérarchies sociales, entre possédants et dépossédés, voilà que l'environnement endosse également une dimension politique.

Les effets d'évidence de l'environnement ont commencé à céder leur place avec l'avènement de la Révolution industrielle au XIXe siècle, laissant apparaître les premiers signes des dégradations écologiques : épisodes de *smog*, extinction des espèces due à la chasse intensive, création de parcs naturels permettant le dépaysement des populations urbaines. Montrant dès lors sa finitude et sa vulnérabilité, l'environnement et ses détériorations génèrent à leur tour des dommages aux sociétés qui en sont à l'origine.

Émergence dans l'espace public

Nous retrouvons dans ces dégradations écologiques un autre facteur favorisant la prise en compte de l'environnement, à travers le déploiement des politiques publiques et des actions menées par la société civile. Les médias ont également suivi le mouvement et se sont progressivement emparés des effets négatifs que les activités économiques avaient sur les milieux. Comme les sujets relatifs à l'écologie étaient l'apanage des sciences de la vie et de la terre, ils ont dans un premier temps été traités dans les rubriques dédiées à la science, les journalistes scientifiques étant considérés comme les seuls légitimes à les produire. C'est dans les années 2000 que des rubriques spécifiquement dédiées à l'environnement ont vues le jour. Depuis qu'ils abordent les questions environnementales, le rôle des médias consiste à publier des sujets supposés pouvoir susciter l'intérêt, en les donnant à lire comme importants et dignes d'intérêt. Les évènements sélectionnés pour en faire des informations sont présentés comme méritant une attention particulière, du fait des répercussions plus ou moins directes sur le lectorat. Mais les opérations de sélection ne sont pas forcément corrélées à l'urgence ou la gravité des enjeux : elles répondent à une multiplicité de facteurs, dont la présence de journalistes spécialisés, les intérêts économiques des entreprises médiatiques et leurs lignes éditoriales. Parfois, alors que les problèmes menacent les écosystèmes et les organismes, ils ne sont que faiblement traités et rendus visibles : c'est le cas par exemple de la contamination des pommes de terre par de métaux lourds comme le cadmium, et ce à travers les engrais agricoles utilisés pour cette culture.

La présence médiatique des problèmes écologiques est également le résultat d'un processus de déconfinement, d'abord présent dans des univers cloisonnés. Tel est le cas de la contamination par l'amiante (se déployant de prime abord dans les professions du bâtiment) et de l'usage des pesticides (circonscrit dans un premier temps à la production agricole). L'action conjointe de plusieurs acteurs, dont les médias, participe à désenclaver ces sujets et à les faire migrer vers des arènes publiques élargies.

Le cadrage médiatique

Loin de n'être qu'un reflet de l'état écologique du monde, les médias participent à la construction des problèmes, aux cadrages permettant de les penser et aux solutions envisagées. Cette construction s'effectue au travers des acteurs choisis pour l'élaboration des récits : en donnant la parole aux personnages politiques ou économiques, expert·es scientifiques ou juridiques, membres des associations, bénévoles ou riverain·es, les médias font émerger des modes d'intelligibilité différents et parfois contradictoires. Une autre manifestation de cette construction se trouve dans le système de rubricage, puisqu'il est possible de suivre la carrière d'un problème à travers sa migration dans différentes rubriques. Les sujets peuvent d'abord être publiés dans une rubrique scientifique, passer ensuite dans celle dédiée à l'économie et finir dans celle consacrée à la politique.

La mise en discours fait également partie des signes distinctifs des cadrages adoptés : en privilégiant certains mots plutôt que d'autres, les médias proposent une voie d'accès cognitif et politique des sujets. Oscillant entre alarmisme et optimisme, ils peuvent tour à tour donner à lire les problèmes d'écologie en tant que « crises », « urgences », « affaires » ou « scandales ». L'activité de dénomination constitue en ce sens un enjeu majeur d'interprétation et de réception des problèmes : s'agit-il seulement de nommer ou de favoriser des mots appelant à l'action ? Vaut-il mieux parler de « réchauffement » ou de « changement(s) climatique(s) » ? De « destruction » de la biodiversité ou de son « effondrement » ? Des « pollutions aériennes », « atmosphériques » ou « de l'air » ? Il en va de même pour les groupes sociaux prônant une approche plus radicale de l'écologie, qui font l'objet d'appellations disqualifiantes comme « Khmers verts », « Amish écolo » ou « zadistes ». Ce type de locutions suivent le destin discursif du terme « bobo », catégorie devenue une figure-repoussoir servant à délégitimer et à ringardiser nombre de luttes sociales (Collet & Rivière, 2018).

Panh Rithy
@RPanh · Suivre

Yves Calvi déclare la guerre aux Khmers verts de la Convention pour le climat...

C'est quoi un Khmer vert?
Je suis un Khmer.
Et j'en ai assez de ça, M Calvi, 2 millions de morts sous le régime des Khmers rouges ne vous suffit pas?

@Telerama

telerama.fr
Yves Calvi déclare la guerre aux Khmers verts de l...
"Khmers verts", "collectivistes", "anticapitalistes" et même "décroissantistes"... Lundi dernier, sur Canal...

6:13 AM · 26 juin 2020

101 Répondre Copier le lien

Tweet de l'artiste Rithy Panh, dont certaines œuvres dénoncent le génocide dont ont été victimes les Cambodgiens sous le régime des Khmers rouges entre 1975 et 1979, aboutissant à la disparition d'un quart de leur population.

La société civile comme acteur politique

Si plusieurs études sur le traitement médiatique des problèmes écologiques concluent à la prééminence d'un registre consensuel, déconflictualisé et fataliste (Comby, 2009; Crespin & Ferron, 2016), les médias sont également susceptibles de prendre à leur compte des formulations venues du monde associatif et de la société civile. Deux exemples semblent représentatifs de ce phénomène : d'abord celui de la formule « obsolescence programmée » qui a remplacé la locution « durée de vie », rendant alors perceptible le caractère volontaire des processus de surconsommation (Botero, 2014). Ensuite, celui de la formule « pesticides tueurs d'abeilles », utilisée en lieu et place du terme savant « néonicotinoïdes » (une classe de pesticides systémiques interdits en 2023 du fait de leur toxicité aigüe sur les pollinisateurs). Son contenu descriptif l'éloigne du vocabulaire scientifique, la faisant alors endosser une double fonction de médiation et de polémicité (Botero, 2024). La dénaturalisation et la conflictualisation des problèmes environnementaux constituent autant de leviers à la politisation de leur cadrage. Concernant la mise en images, il est

Publiée sur le site de Reporterre, juin 2025, la carte des « grands projets inutiles ».

important de ne les considérer ni comme des annexes du discours ni comme de simples illustrations. Leur matérialité sémiotique (ce qui est montré, les choix chromatiques, les renvois intericoniques) est à prendre comme une information à part entière, complémentaire du contenu textuel. L'analyse détaillée des régimes visuels à partir desquels sont donnés à voir les questions environnementales fournit des éléments sur le traitement médiatique des sujets : types d'images privilégiés à certaines périodes, focalisation sur des acteurs particuliers (humains ou non-humains), mise en évidence des liens de causalité, émergence d'isotopies icono-textuelles, recherche d'effets en termes de *pathos* (charge émotionnelle et/ou esthétique). Il convient toutefois d'indiquer que le caractère plus ou moins invisible ou la non-photogénie de certains phénomènes empêchent une mobilisation accrue du régime visuel, comme c'est le cas des pollutions diffuses de l'air (Botero, 2021).

Pour conclure, remarquons les initiatives récentes développées par certains médias pour un meilleur traitement des questions relatives à l'environnement, comme les chartes « Pour un journalisme à la hauteur des urgences écologiques » signée par plusieurs journaux, « Pour un journalisme au niveau de l'enjeu écologique » de *Ouest-France* ou « Le tournant » de Radio France. Enfin, il est important de signaler l'émergence de nombreux pure players spécialisés dans l'écologie (comme *Reporterre*, *Vert le média*, *Natura Sciences*) ou participant à la politisation accrue de celle-ci (comme *Médiapart*, *Socialter*, *Vakita*, *Blast* ou *Basta média*).

Faire de la médiatisation de l'écologie une cause politique ?

Jean-Baptiste Comby et Anne-Sophie Novel

Des marcheurs de la paix, manifestants contre le nucléaire, souhaitent rallier Paris et Londres pour demander l'arrêt des essais nucléaires, mais ils sont arrêtés sur le territoire français à Wattrelos près de la frontière belge. Roger Mullet, Nord actualités télé, édition locale France 3, 29 mai 1973, @INA.

Depuis les années 1970, les protagonistes de l'écologie n'ont cessé de se mobiliser pour amplifier le traitement journalistique des enjeux environnementaux. Cette mobilisation a généralement pris deux formes : la sollicitation et l'entretien de relations avec les journalistes chargés de ces questions au sein des rédactions généralistes et la mise en place de médias spécialisés. Ces dernières années, ce répertoire d'action a connu une nouvelle déclinaison sous la forme de « lobbying médiatique ». Face à la dépolitisation de l'information environnementale, il s'agit d'ériger en enjeu politique la médiatisation de l'écologie.

José Bové, député Europe Écologie Les Verts, intervient lors d'une manifestation contre le barrage de Sivens dans un reportage réalisé par Muriel Lassaga diffusé au 20 heures de France 2, 25 octobre 2014, @Ina.

Institutionnalisation et dépolitisation du journalisme

Au mitan des années 1990, une poignée de journalistes chargés des enjeux environnementaux au sein de médias nationaux généralistes se mobilise pour que la question écologique devienne une spécialité journalistique à part entière. Ils obtiennent peu à peu gain de cause (Comby, 2009). À l'image de la Gauche plurielle (1997-2002) qui, après le Sommet de Rio, soigne l'écologie, celle-ci a le vent en poupe et des services dédiés à l'environnement sont progressivement mis en place au sein des grandes rédactions (pages « Terre » à *Libération*, « Planète » au *Monde*, etc.). Aux spécialistes historiques qui couvraient ces sujets dans des revues spécialisées s'ajoutent désormais des journalistes dont le traitement de ces questions est plus institutionnel. Leur rapport à cette thématique est plus distancié que celui de celles et ceux qui la couvrent par conviction. Plus distants des sources associatives, plus ouvert.es aux communicant.es de l'État et aux expert.es officiel.les, ils et elles ouvrent la voie à un traitement qui dépolitise les questions environnementales.

Celui-ci se caractérise par un accent mis sur les conséquences des problèmes au détriment des causes. Les dérèglements environnementaux sont illustrés par la fonte de la banquise et des glaciers, par les tempêtes, les sécheresses et les inondations qui se multiplient et s'intensifient, ou par les incendies qui vont de pair avec la hausse de la température moyenne... Peu coûteux pour les rédactions (grâce notamment à un marché international des images restructuré autour de quelques grandes agences audiovisuelles privées), ce traitement s'inscrit dans le fonctionnement du rythme quotidien de l'actualité, qui, trop souvent, passe sous silence les causes structurelles des problèmes. Encouragé par les logiques de fonctionnement du champ médiatique, ce traitement est également redevable du succès, au sein des sphères écologistes, d'une doxa sensibilisatrice. Celle-ci désigne une croyance dans les effets et les bienfaits de la « sensibilisation » du plus grand nombre, croyance à laquelle adhère, et qui donc fédère, toutes les personnes s'engageant pour faire de l'écologie un enjeu central du débat public. Journalistes, scientifiques, experts, fonctionnaires, militant.es instaurent ainsi une nouvelle norme morale : l'écocitoyennisme. Il convient désormais d'être « citoyen du monde » et de penser aux « générations futures » en « votant avec ses achats ». De la fable du colibri, on ne retient que les petits gestes qui font échos aux communications gouvernementales (notamment lors du Grenelle de l'environnement, en 2007). Les médias traitent alors des solutions que peuvent porter les citoyens sans rappeler que les émissions de gaz à effet de serre imputés aux modes de vie s'accroissent à mesure que l'on monte l'échelle sociale. Ce déplacement de l'enjeu écologique de la sphère publique des problèmes politiques relevant de l'action collective à la sphère privée des affaires morales relevant de l'action individuelle est le fruit d'un processus de dépolitisation (Comby, 2015).

Inflexions et continuités au cours des années 2010

Hégémonique jusqu'au début des années 2010, ce cadrage dépolitisant est ensuite davantage concurrencé. Des médias écologistes comme *Reporterre* ou plus généralistes comme *Médiapart* offrent d'autres visions, plus critiques, de l'écologie. Le mouvement écologiste se recompose. Une écologie non capitaliste et plus conflictuelle se structure. Elle est symbolisée par Alternatiba (mouvement citoyen de mobilisation sur le dérèglement climatique), le bourgeonnement des alternatives radicales, les mouvements d'occupation ou les contestations croissantes des « Grands Projets Inutiles et Imposés ». La COP21 à Paris en 2015 constitue un évènement diplomatique qui marque l'histoire de l'écologie politique. Celle-ci rebondit également avec l'abandon du projet d'aéroport à Notre-Dame-des-Landes en janvier 2018. Cette année 2018 est aussi une année charnière : Greta Thunberg et le mouvement climat font entrer une certaine jeunesse dans la danse; une pétition est lancée dans le cadre de la campagne « L'affaire du siècle » qui dénonce l'inaction climatique de l'État français et le poursuit en

Visuel de campagne proposé sur son site par l'association l'Affaire du siècle pour soutenir ses mobilisations.

justice; Nicolas Hulot démissionne de son poste de ministre de la Transition écologique et solidaire en septembre, après un été marqué par des mégafeux; et la France s'embrase avec le mouvement des Gilets jaunes qui rappellera par la pratique que l'écologie ne peut faire abstraction de la question sociale.

Malgré cela, les données produites par Elsa Régnier (2021) indiquent que les rédactions de TF1 et France 2 restent sourdes à cette accélération de l'histoire politique de l'écologie. Elle repère trois cadrages dépolitisant et récurrents : évasion, catastrophe et solution. Ceux-ci concourent à une « *feel good ecology* » où l'angle des conséquences et des gestes individuels demeure, mais sur un ton exotique non exempte de relents colonialistes. L'État continue de son côté à recycler des politiques incitatives véhiculant une conception de l'individu qui, tel un *homo écologicus*, agirait rationnellement pour la planète en situation d'information pure et parfaite. Et la doxa sensibilisatrice n'a pas perdu de sa force comme en atteste le succès des fresques pour le climat ou des calculateurs carbones. Celle-ci s'est métamorphosée en une doxa « reconnexionniste » qui invite à se reconnecter au vivant. Prolongeant l'écocitoyennisme, elle postule que la résolution du problème environnemental passe par la réévaluation individuelle de nos rapports sensibles au monde.

Lobbying médiatique

Au tournant des années 2020, les protagonistes de l'écologie développent une forme originale de médiactivisme (Cardon & Granjon, 2013). Dans un contexte où des comptes de journalistes, de youtubeurs et d'influenceurs s'emparent de ces sujets dans des médias dédiés à ces questions, il s'agit de peser moins sur l'information que sur les conditions dans laquelle elle est produite.

Début 2022 est créée l'association Quotaclimat qui se donne comme objectif d'« interpeller sur la faible place de la crise écologique dans l'agenda médiatique ». Tribunes dans le *Journal du dimanche*, pétition, baromètre, plaidoyer, interpellation constituent les principaux modes d'action de l'organisation. Celle-ci parviendra à mobiliser des députés pour qu'ils déposent en 2023 (puis de nouveau en 2024) une proposition de loi relative à la responsabilité des médias dans le traitement des enjeux environnementaux et de durabilité. Elle se mobilise aussi au niveau européen.

Décembre 2024, premier rapport international de Quotaclimat. Ce rapport montre une augmentation alarmante des discours de désinformation climatique dans les médias d'information.

C'est également en 2022 que naît ClimatMédias, une association soucieuse de produire une veille sur le traitement médiatique des enjeux climatiques. Avec QuotaClimat, l'ADEME (agence de la transition écologique), Data for Good et Mediatree, ils lancent en novembre 2024 l'Observatoire des Médias sur l'Écologie, un « commun » numérique qui fournit quotidiennement des données publiques, méthodiques et transparentes sur l'état de la couverture médiatique des crises environnementales. Les données sont fournies par média, et par type de crise (Climat, vivant ou ressources) et par type de traitement (cause, conséquence ou solutions).

Ce genre d'outils vient appuyer le travail mené par les journalistes convaincus de la nécessité d'améliorer le traitement médiatique de l'urgence écologique, tels les signataires de la « Charte pour un journalisme à la hauteur de l'urgence écologique », lancée en septembre 2022. En treize points, elle détaille les fondamentaux qui devraient prévaloir dans le métier afin de couvrir correctement ces enjeux. Signée par plus de 2000 professionnels, par les quatorze écoles reconnues par la profession et par de nombreuses rédactions, elle marque un tournant. De nombreuses rédactions non-signataires s'engagent ensuite à former leurs équipes et créent leur propre charte en interne (Radio France, *Ouest France*, *Sud-Ouest*, *Le Monde*, TF1, *La Montagne*, etc.). Les écoles imposent des cours sur la question dès la première année. Et différents organismes de formation accompagnent les rédactions dans la formation de leur personnel (Samsa, ESJ Pro, le CFPJ, Imagine 2050 – et une bonne dizaine de formateurs.rices sur ces questions).

Charte pour un journalisme à la hauteur de l'urgence écologique

1 Traiter le climat, le vivant et la justice sociale de manière transversale

2 Faire œuvre de pédagogie

3 S'interroger sur le lexique et les images utilisées

4 Élargir le traitement des enjeux

5 Enquêter sur les origines des bouleversements en cours

6 Assurer la transparence

7 Révéler les stratégies produites pour semer le doute dans l'esprit du public

8 Informer sur les réponses à la crise

9 Se former en continu

10 S'opposer aux financements issus des activités les plus polluantes

11 Consolider l'indépendance des rédactions

12 Pratiquer un journalisme bas carbone

13 Cultiver la coopération

chartejournalismeecologie.fr

En 2022, la charte pour une écologie médiatique, dont l'idée a été lancée par le média Vert.

Ces initiatives sont portées par des personnes bien dotées culturellement et situées en majorité dans la frange réformatrice du mouvement écologiste. Elles donnent lieu à une forme originale de « lobbying » médiatique qui témoigne du rôle toujours central que les protagonistes de l'écologie accordent aux médias dans leurs mobilisations. Il s'agit de faire du traitement médiatique de l'écologie un enjeu politique. Motivées par l'essor de médias réactionnaires où se répand une parole « écolosceptique », ou dénialiste, ces actions réformatrices entendent aussi pallier la faible présence des enjeux environnementaux dans la formation des professionnels de l'information. Essentielles pour faire exister publiquement la question écologique, elles se concentrent sur la variabilité de sa surface médiatique et décortiquent les modes de traitement auxquels elle donne lieu. Un examen sociologique approfondi de leurs positionnements et logiques d'action permettrait de mieux saisir la manière dont les actions évoquées ici peuvent influencer la place de l'écologie dans le débat public.

Étudier la médiatisation des questions environnementales

Suzanne de Cheveigné

Quelle est la place de l'environnement dans les médias ? Comment des questions de changement climatique, de biodiversité, d'économie circulaire sont-elles exposées par les médias dits traditionnels, prises en main et débattues, construites et reconfigurées par les médias sociaux, reçues par les publics ? Ce sont des questions majeures au regard des enjeux sociétaux autour de l'environnement.

Méthode d'analyse des JT

Pour cerner le discours des journaux télévisés français sur l'environnement, j'avais constitué un corpus composé des éditions de début de soirée de TF1, France 2, France 3 et Arte durant un mois à la fin de 1994 (Cheveigné, 2000). Ma définition de la notion d'environnement était très large – le cadre physique des humains – afin de saisir sa construction par ces médias sans la préconcevoir. Sont apparues ainsi des catastrophes naturelles, des pollutions, mais aussi de la politique environnementale. Une analyse quantitative (des types de sujets, des interviews, des origines des nouvelles, etc.) a permis de cerner le contenu du corpus (de quoi parle-t-on ?). Elle a été suivie d'un travail qualitatif comparatif sur les stratégies discursives ou modes d'énonciation des différentes chaînes (comment parle-t-on de ces informations ?).

L'analyse quantitative montrait déjà des différences entre les chaînes : TF1 – et France 3, au prorata d'un journal plus court – accordent alors deux fois plus de place à l'environnement que France 2. L'environnement est un thème de proximité qui trouve sa place sur une chaîne populaire. Sur TF1 et France 2 les phénomènes naturels prédominent nettement alors que, sur France 3 et Arte, davantage de place est accordée à la politique environnementale. Dans les reportages, les interviews constituent environ le quart du commentaire, et ce pour les quatre journaux. On distingue quatre catégories d'intervenants : personnalités politiques, experts techniques, représentants d'associations et des citoyens ordinaires. Les proportions relatives de ces catégories, expertes ou profanes, différencient à nouveau les chaînes, France 2 et TF1 rapportant plus d'expériences personnelles.

Reportage RTF consacré à la situation à Fréjus, 36 heures après la rupture du barrage de Malpasset qui provoque plusieurs centaines de morts et des dégâts considérables. Témoignage d'une habitante rescapée, 5 décembre 1959, Archives INA.

Si ces éléments quantitatifs apportaient des indices intéressants, il était important d'aller plus loin dans l'analyse des stratégies discursives des différentes chaînes et d'aller plus loin que la notion de *framing*, ou de cadrage (Cefaï, 2016). Pour cela j'ai travaillé de manière comparative, à l'intérieur d'un univers discursif donné – ici celui des journaux télévisés français de début de soirée, diffusés à la fin de l'année 1994 – en retenant cinq nouvelles (les trois traitées par toutes les chaînes plus deux autres) afin d'effectuer les comparaisons à contenu sensiblement constant.

Stratégies éditoriales des chaînes

Un premier choix stratégique de chaque chaîne concerne la mise en scène de son activité de médiation, ou en termes linguistiques la construction de l'énonciateur. Cet être discursif esquissé par ses traces dans le texte (oral et visuel) peut prendre deux formes canoniques : celui d'un médiateur fort, très présent, ou celui d'un médiateur effacé. Le médiateur fort se place en quelque sorte comme un écran entre le téléspectateur et le monde et l'information passe par son intermédiaire. C'est la figure qu'adopte TF1 mettant en scène son activité de médiation, en soulignant la difficulté, et parfois même sa propre intervention dans le cours de l'évènement. Le médiateur fort informe, explique et interprète les évènements en son nom propre (et non seulement par citation d'un protagoniste de l'évènement). Il peut juger et accuser, parfois violemment.

Le médiateur effacé se construit comme offrant au destinataire une vue directe sur le monde, comme pour le laisser se faire sa propre opinion. Il met moins en scène son travail de médiation, s'efface davantage devant l'évènement. Il cite davantage des sources, au lieu de parler en son nom propre. Ses dénonciations sont bien moins violentes, plus souvent attribuées aux acteurs de l'histoire. Enfin, et c'est très caractéristique du médiateur effacé, il marque souvent une certaine distance à ce qu'il rapporte, par une touche d'humour ou de poésie.

Une seconde différence fondamentale dans les stratégies d'énonciation de TF1 et de France 2 porte sur la « vision du monde » qui y est déployée. Une inondation dans un village au-dessus de Nice a été construite par TF1 comme un évènement violent qui isole les individus et devant lequel ils sont désarmés. France 2, tout en décrivant également les graves conséquences matérielles dans le même village, a fait ressortir la réaction sociale, l'intervention des secours, l'entraide entre voisins. Les images des deux reportages ressemblent aux discours : le reportage de TF1 démarre par des vues aériennes de voies de communication coupées, celui de France 2 par les hélicoptères évacuant les personnes âgées. Il est important de noter que les mêmes informations factuelles sont données : TF1 mentionne le pont aérien et France 2 dit que les routes sont coupées. Les différences ne sont pas simplement de l'ordre du contenu.

France 2 est une chaîne de service public, qui s'adresse à un collectif de citoyens et ce sont eux qu'il dépeint mettant en œuvre des ressources d'entraide et de secours. Le destinataire de France 2 est construit comme autonome – d'où justement l'effacement du médiateur dont la fonction d'interprète du monde n'est pas nécessaire. TF1 est une chaîne commerciale s'adressant à un collectif de consommateurs de télévision le plus large possible. La vision d'un monde menaçant et peu cohérent est justement caractéristique des médias populaires (Dahlgren & Sparks, 1992). On pouvait alors rapprocher ces résultats d'autres travaux qui décrivent une constellation du populaire qui se caractérise par une préférence pour des horizons proches, la description d'un univers sur lequel l'emprise de la fatalité est grande et où l'individu est isolé et impuissant, enfin une dénonciation par le médiateur des pouvoirs publics dont l'action est décrite comme insuffisante – justement parce que l'on attend tout de ces pouvoirs publics, et rien d'une action collective.

On voit ainsi que TF1, qui donne pourtant deux fois plus de place en volume à l'environnement, a une façon plutôt négative d'en parler, comme d'un problème sur lequel la société a peu de prise. Compter ne suffit donc pas pour caractériser une couverture médiatique. L'enquête ici rapidement résumée, réalisée en 1994, a été reprise en 2004, ce qui a permis de mesurer à la fois l'évolution du thème de l'environnement – le développement durable et le changement climatique ont pris de la place, par exemple – mais aussi celle des journaux télévisés (Cheveigné, 2008).

La démarche et ses prolongements possibles

Quelques réflexions épistémologiques maintenant. Travailler sur une thématique spécifique, aussi technique soit-elle, ne dispense pas d'une ouverture à la recherche sur les médias en général. Il s'agit d'aborder les médias dans leur environnement social[1], de tenir compte de leur ancrage dans un tissu social segmenté (Dejean *et al.*, 2021). Les médias tiennent compte de cette multiplicité et la reflètent, par exemple *via* la distinction entre médias populaires et médias d'élite qui ont été mobilisés. Une recherche portant sur les discours médiatiques sur des questions environnementales devra donc prendre en compte un spectre de médias (Masclet, 2021; Boyadjian, 2024) en tenant compte du fait que les pratiques médiatiques des classes populaires sont relativement peu étudiées (Pasquier, 2018 et 2021). Une autre distinction – particulièrement importante à prendre en compte pour les questions environnementales – est celle entre des médias et publics de différentes orientations politiques (Brun *et al.*, 2024). Les pratiques médiatiques varient selon l'orientation politique des personnes avec une plus forte propension à regarder des chaînes publiques lorsqu'on se déclare de Gauche ou d'extrême gauche. Cela est particulièrement important en ce qui concerne le changement climatique qui fait l'objet d'une polarisation politique forte. On pense souvent pour les États-Unis au clivage entre Républicains (souvent climatosceptiques) et Démocrates, mais cela a aussi été observé chez les parlementaires français[2]. Il en va de même dans le grand public : l'opinion selon laquelle les médias parlent trop du changement climatique est particulièrement marquée chez les personnes se catégorisant comme « très à Droite », où elle atteint 80 %[3]. Il est à noter que ce pourcentage augmente ces dernières années.

L'espace public médiatique a évolué très rapidement ces dernières décennies, le support papier laissant largement la place au numérique et la multiplication des émetteurs l'ayant largement fragmenté. Lorsqu'on examine des médias numériques, il reste important de mobiliser les méthodes et les savoirs sur les médias traditionnels pour travailler sur les nouveaux (Ceux, 2018; Livingstone, 2004b). Mais il faut aussi observer et comprendre les pratiques sociales sous-jacentes : si les divers supports médiatiques numériques ont pris beaucoup d'importance, la télévision hors-ligne et à la radio restent dominants en tant que sources d'information (Denjean *et al.*, 2021). Ce qui encourage à renouveler cette enquête, trente ans après, à l'automne 2024 !

1 Poupeau F., Siméant J., Ronsin G., Misset S., Renahy N. & Comby J.-B. (2024) *Proceedings des journées d'étude « Écologie et classes sociales »*, HAL [en ligne].

2 ADEME & Boy D. (2021) Rapport Représentations sociales du changement climatique : 21e vague Rapport [en ligne].

3 ADEME & Boy D. (2023) Rapport Représentations sociales du changement climatique 24e vague [en ligne].

L'éducation aux médias, démarche militante et politique

Isabelle Féroc Dumez

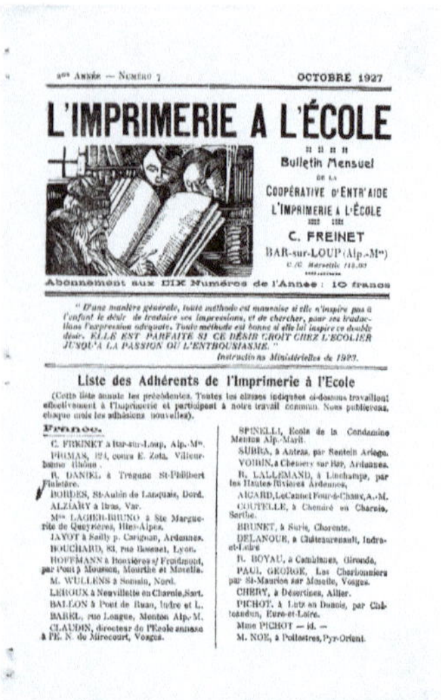

OCTOBRE 1927

L'IMPRIMERIE A L'ÉCOLE

Bulletin Mensuel de la Coopérative d'Entr'aide L'Imprimerie à l'École

C. FREINET

BAR-sur-LOUP (Alp.-M^es)

Abonnement aux DIX Numéros de l'Année : 10 francs

" D'une manière générale, toute méthode est mauvaise si elle n'inspire pas à l'enfant le désir de traduire ses impressions, et de chercher, pour ses traductions l'expression adéquate. Toute méthode est bonne si elle lui inspire ce double désir. ELLE EST PARFAITE SI CE DÉSIR CROIT CHEZ L'ECOLIER JUSQU'A LA PASSION OU L'ENTHOUSIASME. "

Instructions Ministérielles de 1923.

Liste des Adhérents de l'Imprimerie à l'Ecole

(Cette liste annule les précédentes. Toutes les classes indiquées ci-dessous travaillent effectivement à l'Imprimerie et participent à notre travail commun. Nous publierons chaque mois les adhésions nouvelles).

France.

C. FREINET à Bar-sur-Loup, Alp.-M^es.

R. DANIEL à Tregunc St-Philibert Finistère.

BORDES, St-Aubin de Lanquais, Dord.

ALZIARY à Ibras, Var.

JAYOT à Sailly p. Carignan, Ardennes.

BOUCHARD, 83, rue Bossuet, Lyon.

M. WULLENS à Somain, Nord.

BAREL, rue Longue, Menton Alp.-M.

CLAUDIN, directeur de l'Ecole annexe à l'E. N. de Mirecourt, Vosges.

SPINELLI, Ecole de la Condamine Menton Alp.-Marit.

SUBRA, à Antras, par Sentein Ariège.

R. LALLEMAND, à Linchamps, par les Hautes-Rivières Ardennes.

COUTELLE, à Chemiré en Charnie, Sarthe.

BRUNET, à Surin, Charente.

DELANOUE, à Châteaurenault, Indre-et-Loire.

R. BOYAU, à Cambianes, Gironde.

PAUL GEORGE, Les Charbonniers par St-Maurice sur Moselle, Vosges.

CHERY, à Désertines, Allier.

PICHOT, à Lutz en Dunois, par Châteaudun, Eure-et-Loire.

Mme PICHOT — id. —

M. NOE, à Pollestres, Pyr-Orient.

En 1926, le pédagogue Célestin Freinet développe une méthode éducative par confection et impression de journaux en classe. Bulletin *L'imprimerie à l'école*, 1927.

Les travaux consultatifs des États Généraux de l'information (EGI), dont le rapport a été publié en septembre 2024[1], montrent l'intérêt croissant des professionnels de l'information et des Français pour l'information et ses problématiques : s'informer de façon sûre, responsable et maîtrisée, dans une époque qui voit s'accroître les flux d'information et le développement de médias inédits dans un système informationnel complexe et mondialisé, avec une certaine dégradation de la qualité de l'information. Dans leur rapport d'étude, les EGI plébiscitent les actions éducatives de sensibilisation et d'éducation aux médias, aux réseaux et à l'information auprès de tout type de public, des enfants jusqu'aux seniors. Par ailleurs, la première proposition des EGI porte sur le développement de l'éducation aux médias et à l'information à l'école. On reviendra ici sur l'émergence du concept d'éducation aux médias et à l'information (EMI), sur la montée en puissance d'une politique éducative publique et sur l'évolution du périmètre des actions d'éducation, de formation et de pilotage de l'EMI au sein du système éducatif français.

Une histoire militante

À la fin du XIXe siècle, des pédagogues de différents pays développent des approches pédagogiques nouvelles, tels que les époux Célestin et Élise Freinet, instituteurs français, qui durant les années 1920 initient leurs classes, aux pratiques d'expression libre en utilisant notamment l'imprimerie et le journal. Les médias font alors leur entrée à l'école, sous la forme de médias scolaires, outils au service de l'expression des élèves. Par la suite dès les années 1950, plusieurs pédagogues militent pour l'introduction en classe de médias, non plus comme instruments d'une méthode ou technique pédagogique mais comme objets d'étude. Ainsi Roger Moralès[2] voit

École Freinet de Vence (1936-1940). Composition d'un texte à partir d'une casse dite « parisienne » en usage dans les imprimeries professionnelles. Édition de l'école Freinet - ICEM

dans le journal un « instrument de culture civique » qui donne à voir la presse et propose de l'utiliser avec « le plus grand profit pour le perfectionnement et l'enrichissement intellectuel et moral de nos élèves ». Le journal devient un objet d'enseignement en lui-même, et non plus un seul outil au service de la littératie, pour apprendre à lire et à écrire.

Plus tard durant les années 1960, au sein d'un courant associatif presse-école, un rapprochement s'opère entre pédagogues et journalistes qui militent pour l'introduction des moyens d'information à l'école. Mais il faudra attendre 1976 pour que le ministre de l'Éducation René Haby entende l'argument et offre, par l'intermédiaire d'une Lettre aux inspecteurs, une première légitimité à l'usage des médias comme ressources pédagogiques. Il préconise d'« adjoindre à l'utilisation des instruments pédagogiques traditionnels celle de la presse, qu'elle se présente sous forme écrite ou qu'elle utilise les moyens audiovisuels », au regard de « l'intérêt que présente l'usage pédagogique de la presse dans les différentes disciplines ». Au sein du système éducatif français, Haby contribue à institutionnaliser un enseignement et une éducation par les médias du quotidien. Cependant, l'essor des médias audiovisuels dans les années 1960 et 1970 incite l'école à tenter d'autres expérimentations avec la radio puis la télévision éducative; expérimentations assez limitées qui ne révolutionnent pas les méthodes éducatives traditionnelles. Cependant, germe bientôt l'idée que s'il faut éduquer avec les médias il faut aussi s'intéresser à ces technologies comme objets d'étude d'un point de vue technique, social et culturel. Durant les décennies 1970 et 1980, l'Unesco propose d'intégrer les médias dans les systèmes éducatifs pour accompagner leurs usages, en développant une posture critique : ainsi naît véritablement le concept d'éducation aux médias (EAM).

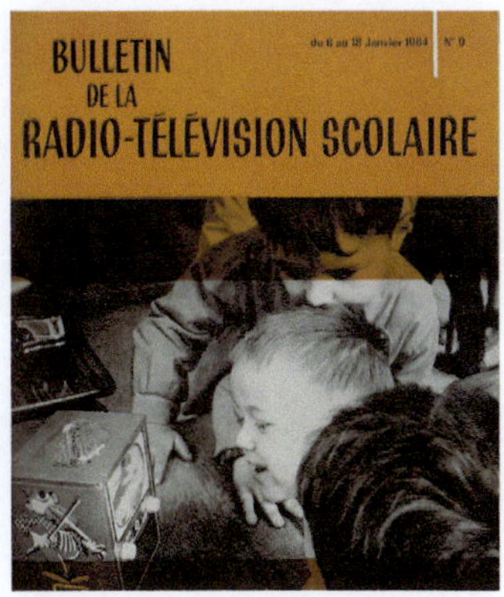

Premier *Bulletin de la radio-télévision scolaire*, qui présente et commente les émissions pédagogiques, publié par l'Institut pédagogique national, janvier 1964. Gallica.bnf.fr / BnF

1 Rapport des États Généraux de l'information (2024), Protéger et développer le droit à l'information : une urgence démocratique, EGI.

2 Moralès R. (janvier 1952) L'exploitation pédagogique du journal, Introduction, 68, Brochures d'Éducation Nouvelle Populaire.

De l'Unesco au Clemi

Dès la fin des années 1920, des programmes à destination des enfants et à but éducatif sont proposés par la radio. Ici par l'Australian Broadcasting Corporation CC BY-ND.

L'Unesco plante différents jalons pour faire émerger le concept d'éducation aux médias, à travers plusieurs rencontres internationales déterminantes (dont la Déclaration de Grünwald en janvier 1982). Au tournant des années 1980, l'État français prend une décision forte et relativement inédite, en créant un centre dédié à la formation des enseignants à l'EAM : le Clemi (Centre de liaison de l'enseignement et des moyens d'information), fondé en 1983 par le ministre Alain Savary, par arrêté ministériel (confirmé par deux décrets en 1993 et 2007), sous l'impulsion de l'universitaire Jacques Gonnet[3]. Depuis quarante ans, ce centre[4] forme des enseignants, produit des ressources pédagogiques à destination des élèves, dans toutes les disciplines scolaires de la maternelle au lycée et accompagne la création et le développement de médias scolaires. L'équipe du centre situé à Paris est soutenue dans ses actions par un réseau de coordonnateurs dans les académies. L'action éducative la plus durable et renommée est la Semaine de la presse et des médias dans l'école, initiée en 1989. Cette opération vise à renforcer les liens entre école et monde médiatique par l'intervention de journalistes dans les classes, de visites de médias, de titres de presse distribués gratuitement auprès des enseignants et des élèves. L'édition 2024 a impliqué 4,7 millions d'élèves, 280 000 enseignants dans 21 990 établissements.

Si l'Unesco poursuit ses actions en promouvant une éducation aux médias et une éducation à l'information désormais réunie au sein d'une éducation aux médias et à l'information (*media and information literacy*) du côté des programmes scolaires français, le premier socle de connaissances et de compétences (2006) suggère d'éduquer tous les élèves aux médias, mais c'est dans la refonte d'un nouveau socle commun de connaissances, de compétences et de culture (SCCC, 2016), liée à la Loi d'orientation et de programmation pour la refondation de l'école de la République (8 juillet 2013), qu'est demandé aux enseignants de mettre en œuvre cette EMI dans les classes, notamment suite aux attentats de 2015 qui ont vu s'accroître auprès des jeunes le pouvoir des fausses informations et théories du complot (Berriche, 2023)[5].

2015-2025 : Généralisation de l'EMI

Comment éduquer aux médias et à l'information, sans créer dans le système éducatif français une nouvelle discipline scolaire ? Le choix français s'oriente tout d'abord en 1989 vers la création d'une certification en information-communication afin de faire monter en compétences les documentalistes du second degré, susceptibles de mener des séances d'EMI dans les centres de documentation et d'information des collèges et des lycées, ou dans les salles de classe au sein des enseignements disciplinaires, car l'EMI est pensée en France comme une compétence transversale et n'est pas enseignée comme une discipline. La circulaire de mission des professeurs-documentalistes de 2017 positionne ces personnels comme maîtres d'œuvre de l'EMI dans les établissements scolaires du second degré, sans que ne soient posées dans l'emploi du temps des élèves des heures spécifiquement dédiées dans tous les cycles du secondaire. L'EMI est plutôt développée au sein de dispositifs de projets tels que les anciens itinéraires de découverte puis les enseignements pratiques interdisciplinaires au collège ou encore les travaux pratiques personnalisés au lycée.

Le rêve d'une télévision capable de faire l'éducation des enfants émerge avant même le début régulier des programmes en 1949. La direction de la RTF crée un service spécialisé de télévision scolaire dès 1954 sous la direction de Henri Dieuzeide qui progressivement fabrique ses propres émissions de radio et de télévision.
Ce service sera en grève, comme tout l'audiovisuel public, en mai 1968.

À travers les textes de cadrage, s'exprime l'esprit de l'EMI à la française. Développer une connaissance et une pratique responsable et éthique des médias et de l'information, en particulier des médias numériques, relève d'une part d'une compétence transférable du monde de l'école vers la sphère domestique, voire professionnelle (employabilité), et d'autre part d'une compétence citoyenne. La maîtrise des usages médiatiques permet de renforcer la protection des jeunes en termes de bien-être – la question de la surexposition aux écrans étant devenue un enjeu de santé publique (Jehel & Proulx, 2020). Elle doit également renforcer leur engagement comme citoyens dotés d'un esprit critique face aux fausses nouvelles, aux discours de haine et aux manipulations et radicalisations en ligne. Les *Onze mesures pour une grande mobilisation de l'École pour les valeurs de la République*, prises à la suite des attentats de 2015, posent le cadre : « apprendre à lire, à décrypter l'information et l'image, à aiguiser leur esprit critique, à se forger une opinion, compétences essentielles pour exercer une citoyenneté éclairée et responsable en démocratie ».

Le renforcement des compétences numériques des élèves est également une préoccupation éducative qui se concrétise dans une

3 Gonnet J. & Vandevoorde P. (1982) « Introduction des moyens d'information dans l'enseignement », Rapport au ministre de l'Éducation Nationale, CNDP.

4 D'abord rattaché au Centre national de la documentation pédagogique (CNDP) devenu par la suite le Réseau Canopé, opérateur du ministère de l'Éducation et de la Jeunesse (MENJ).

5 Voir à ce sujet la notice d'Arnaud Mercier « Fake news et fact-checking : lutter contre la désinformation » dans ce même ouvrage.

nouvelle certification PIX en 2017, remplaçant le brevet informatique et internet (B2i) dans laquelle sont inscrites des compétences EMI, et dans une nouvelle matière Sciences numériques et technologie (SNT) créée au lycée lors de la réforme du baccalauréat général et technologique (2018, mise en œuvre en 2020). Une circulaire en janvier 2022, promouvant la généralisation de l'EMI, est également publiée à destination des recteurs pour renforcer les actions en EMI sur tout le territoire, ainsi que leur pilotage au niveau local par la création d'une cellule académique dédiée. Enfin un vadémécum EMI paraît aussi en janvier 2022 à destination des enseignants. Ces éléments semblent indiquer une plus forte volonté politique de mener une politique éducative en EMI.

Les contours de l'EMI à la française

Si l'Unesco définit la littératie médiatique et informationnelle dans un périmètre plutôt large et hétérogène, mêlant les objets d'une éducation à l'information et d'une éducation aux médias, l'extension du domaine de l'EMI en France est plus limitée, et ne reprend pas les mêmes objets d'étude. Par ailleurs, l'Éducation nationale promeut un ensemble plus restreint d'activités à mettre en œuvre en classe à l'école, au collège et au lycée.

L'ÉCRAN

L'Unesco lance des études nombreuses sur les possibilités et limites de la télévision scolaire. Ici, sous le titre « Le professeur est sur l'écran », une leçon de musique dans une école de Washington en 1951. *Le Courrier de l'Unesco*, vol. VI, n° 3, mars 1953.

Quand la littératie médiatique et informationnelle invite à étudier les jeux et jeux vidéo, ou encore le cinéma, l'EMI prescrite dans le système français privilégie l'éducation aux médias d'information de masse (presse, TV, radio et internet), l'éducation à l'actualité, la sensibilisation aux droits et aux devoirs autour de l'information (liberté d'expression, droits de publication) et l'éducation à la publicité. Depuis quelques années, de nouveaux objets médiatiques numériques tels que les réseaux sociaux numériques sont devenus des objets d'étude légitimes au sein d'une EMI qui s'est enrichie de supports d'information diversifiés, faisant l'objet d'une translittératie[6]. L'intégration des usages des algorithmes (algolittératie) et des intelligences artificielles génératives dans la recherche et le traitement de l'information apparaît désormais comme un nouveau défi pour l'EMI à l'école. Il nous semble utile de rappeler que l'EMI demeure une « éducation à », et non un enseignement. Elle ne peut se développer efficacement que dans une logique de coéducation, nécessitant la collaboration de différents acteurs de la communauté éducative : les familles et les associations d'éducation populaire, par exemple. Les médias eux-mêmes,

6 Venant de l'anglais *transliteracy*, ce concept est utilisé par les chercheurs universitaires S. Thomas en Grande-Bretagne et A. Liu aux États-Unis.

publics et privés, ont intégré au sein de leurs politiques RSE les actions d'EMI auprès de différents publics. Ils sont ainsi devenus des partenaires de cette éducation. Les interventions de professionnels de l'information tels que les journalistes, en collaboration avec les enseignants, sont des moments précieux qui permettent de développer une culture informationnelle et médiatique enrichie au sein de la communauté éducative. Une culture de l'information indispensable dans la formation des enseignants, dans l'éducation des élèves et dans la sensibilisation des familles pour contrer une défiance accrue et persistante envers les médias, face à certains désordres informationnels et aux nouvelles guerres informationnelles géopolitiques menées à l'échelle nationale et internationale.

L'Institut national pédagogique propose un recueil des chants diffusés dans les émissions scolaires pour que les enseignants puissent préparer les cours télévisés. Ici, *Chants et récitations*, n° 2, 1969-1970.

Pour conclure, les deux dernières décennies ont vu en France, au sein des politiques publiques d'éducation, une montée en puissance des enjeux autour de l'information et une prise de conscience renouvelée de la nécessité d'éduquer les plus jeunes, au regard des risques qu'un système informationnel dérégulé fait encourir à nos régimes démocratiques. Il importe que chaque citoyen, quel que soit son âge, puisse s'informer et informer de façon maîtrisée, éthique et responsable, en exerçant son esprit critique face aux contenus informationnels diffusés par des sources d'information en tout genre, qui continuent d'échapper aux dispositifs de régulation.

Quand la régulation de l'information est faillible dans nos systèmes médiatiques, le seul recours reste l'éducation afin d'armer les jeunes publics contre les tentatives de manipulation et de prise de contrôle de leur vie et de leur pensée critique par des puissances malveillantes ou particulièrement vénales, dénuées de principe moraux, prêtes à diffuser des informations falsifiées, des propos haineux et discriminants. L'école française, école de la République, s'attache à faire respecter ses valeurs, en prônant la liberté de chacun et de tous à s'exprimer dans le respect des autres, l'égalité dans l'accès à l'information et la fraternité dans les liens sociaux que tissent les médias entre les individus et les peuples.

BIBLIOGRAPHIE

Abélès M. & Jeudy H.-P. (1997) *Anthropologie du politique*, Paris, Armand Colin.

Adenot P. (2016) « Les pro-am de la vulgarisation scientifique : de la co-construction de l'ethos de l'expert en régime numérique », *Itinéraires*, 3.

Airoldi M., Beraldo D. & Gandini A. (2016) "Follow the Algorithm: An Exploratory Investigation of Music on YouTube", *Poetics*, 57, 1-13.

Aji H., Mansanti C. & Tadié B. (2011) *Revues modernistes, revues engagées*, Presses Universitaires de Rennes.

Alexis L. (2022) « Les nouveaux formats des "vieux" médias : repenser le rapport à l'actualité » in (Alexis *et al.*, 2022).

Alexis L., Devillard V., Granchet A. & Lesaunier G. (2022) *Le Manuel de journalisme*, Paris, Ellipses.

Allard L. (2021) « Culture mobile "algo-rythmée" : TikTok comme scène globalisée des causes mobilisatrices #BlackLivesMatter, #digitalintifada », *L'Observatoire*, 58, 2, 69-71.

Allard L. & Vandenberghe F. (2007) « Express yourself! Les pages perso », *Réseaux*, 117, 1, 191-219.

Allen G. (2011a) *Artists Magazines, an Alternative Space for Art*, Cambridge, MIT Press.

Allen G. (2011b) *The Magazine*, Cambridge, MIT Press, Documents for Contemporary Art.

Alloing C. & Pierre J. (2017) *Le Web affectif : une économie numérique des émotions*, Bry-sur-Marne, INA Éditions.

Allport G. W. & Postman L. (1947) *A Psychology of Rumor*, New York, Henry Holt.

Alquier É. (2022) « "La double vie des supports". Stock, archives, diffusion à l'Institut national de l'audiovisuel », *Le Temps des médias*, 39, 225-242.

Alvarez J. & Djaouti D. (2012) *Introduction au* serious game, Paris, Questions théoriques, coll. L>P.

Amar P.-J. (2000) *Le Photojournalisme*, Paris, Nathan, coll. 128.

Ambroise-Rendu A.-C. (2004) *Petits récits des désordres ordinaires : les faits divers dans la presse française des débuts de la Troisième République à la Grande guerre*, Paris, Seli Arslan.

Amy de La Bretèque F. (dir.) (1997) « Les Actualités filmées françaises », *Les Cahiers de la cinémathèque*, Perpignan, Institut Jean Vigo.

Andel J. (2002) *Avant-Garde Page Design, 1900-1950*, New York, Delano Greenidge Editions.

Anderson B. (1983) *L'Imaginaire national. Réflexions sur l'origine et l'essor du nationalisme* [2002], Paris, La Découverte.

Anderson M., Olmstead K., Toor S., Rainie L. & Smith A. (2018) *Activism in the Social Media Age*, Pew Research Center.

Ang I. (1985) *Watching Dallas: Soap Opera and the Melodramatic Imagination*, New York, Methuen.

Ang I. (1991) "Wanted: Audiences. On the Politics of Empirical Audience Studies" in (Seiter *et al.* 1991), 96-115.

Ang I. (1993) « Culture et communication. Pour une critique ethnographique de la consommation des médias dans le système médiatique transnational », *Hermès*, 11-12, 75-93.

Angenot M. (1988) « Pour une théorie du discours social : problématique d'une recherche en cours », *Littérature*, 70, 82-98.

Antunes da Cunha M. (2009) *Les Portugais de France face à leur télévision. Médias, migrations et enjeux identitaires*, Presses universitaires de Rennes, coll. Essais.

Appadurai A. (2001) *Après le colonialisme. Les conséquences culturelles de la globalisation* [1996], Paris, Payot & Rivages.

Arendt H. (2002) *La Condition de l'homme moderne* [1958], Paris, Pocket.

Arnold K., Preston P. & Kinnebrock S. (eds.) (2019) *The Handbook of European Communication History*, John Wiley & Sons.

Arquembourg J. (2003) *Le Temps des évènements médiatiques*, Bry-sur-Marne, INA-De Boeck.

Arquembourg J., Lochard, G. & Mercier A. (2006) « Événements mondiaux, regards nationaux », *Hermès*, 46.

Arsinée A. *et al.* (2019). « Enquêter *in situ* par questionnaire sur une mobilisation. Une étude sur les Gilets jaunes », *Revue française de science politique*, 69, 5-6, 869-892.

Assilaméhou-Kunz Y. & Rebillard F. (2022) *La Machine YouTube*, Caen, C&F Éditions.

Atton C. & Hamilton J.-F. (2008) *Alternative Journalism*, Sage.

Aubert A. (2023) *Une information brute ? Journalisme, vidéos et réseaux sociaux*, Bry-sur-Marne, INA.

Auboussier J., Doytcheva M., Seurrat A. & Tatchim N. (2023) « La diversité en discours : contextes, formes et dispositifs », *Mots*, 131, 9-26.

Audinet M. (2021) *Russia Today (RT). Un média d'influence au service de l'État russe*, Bry-sur-Marne, INA.

Augé M. (1994) *Pour une anthropologie des mondes contemporains*, Paris, Aubier.

Austin J. L. (1955) *How to Do Things with Words*, Cambridge, Harvard University Press. Traduction française : *Quand dire, c'est faire*, Paris, Seuil, 1970.

Awad G. & Pélissier N. (2021) « Le détour de l'évènement au prisme du journalisme », *Communication*, 38, 1.

Aykut S. C., Comby J.-B. & Guillemot H. (2012) "Climate Change Controversies in French Mass Media 1990-2010", *Journalism Studies*, 13, 2, 157-174.

Aynsley J. & Forde K. (2007) *Design and the Modern Magazine*, Manchester University Press.

Bachmann S. (1997) *L'Éclatement de l'ORTF*, Paris, L'Harmattan.

Badiou, A. & Hazan E. (2011) *L'antisémitisme partout*, Paris, La Découverte.

Badouard R. (2016) « "Je ne suis pas Charlie" : Pluralité des prises de parole sur le web et les réseaux sociaux » in (Lefébure & Sécail, 2016), 187-219.

Badouard R. (2017) *Le Désenchantement de l'Internet : Désinformation, Rumeur et Propagande*, Paris, FYP Éditions.

Badouard R. (2020) *Les Nouvelles lois du web : Modération et censure*, Paris, Seuil.

Badouard, R. (2025) « Étudier les pratiques de débat en ligne : enjeux théoriques et méthodologiques » in Latzko-Toth G. & Millerand F. (dir.), *Le Numérique au prisme des pratiques*, Presses Universitaires de Montréal.

Baehr P. (2008) "The 'Masses' in Hannah Arendt's Theory of Totalitarianism", *The Good Society*, 16, 2, 12-18.

Baisnée O., Balland L. & Zambrano S. V. (2017) "France: Media accountability as an abstract idea?" in *The European Handbook of Media Accountability*, Routledge, 80-89.

Baisnée, O., Cavé, A., Gousset, C., & Nollet, J. (2021) « La "violence" des Gilets jaunes : Quand la fait-diversification fait diversion » *Sur le journalisme*, 10, 1, 28-43.

Baisnée O., Gidon M., Gousset C., Nollet J. & Parent F. (2023) « La production de l'évènement politique "Gilets jaunes". Le renouvellement de l'économie des manifestations médiatisées », *Politiques de communication*, 71-107.

Balandier G. (1992) *Le Pouvoir sur scènes*, Paris, Balland.

Balbi G. & Fickers A. (dir.) (2020) *History of the International Telecommunication Union (ITU). Transnational Techno-Diplomacy from the Telegraph to the Internet*, Berlin, De Gruyter.

Balbi G., Hagedoorn B., Haydari N., Schafer V. & Schwarzenegger C. (2023) "Media Persistence: Theories, Approaches, Categorization", *Studies in Communication Sciences*, 23, 3, 299-310.

Balle F. (1973) *Institutions et publics des moyens d'information : presse, radiodiffusion, télévision*, Paris, Montchrestien.

Balle F. (2006) *Lexique d'information communication*, Paris, Dalloz.

Balle F. & Joux A. (2024) *Médias et sociétés*, Paris, LGDJ, 19e édition.

Balle F. & Padioleau J. (1972) *Sociologie de l'information. Textes fondamentaux*, Paris, Larousse.

Balleys C. (2017) « L'incontrôlable besoin de contrôle », *Genre, sexualité & société*, 17.

Bande A., Biscarat P.-J. & Reichstadt R. (dir.) (2024) *Histoire politique de l'antisémitisme en France*, Paris, Robert Laffont.

Barats C., Biscarrat L. & Chanial C. (2024) « Dire l'inceste sur Twitter : caractéristiques discursives et dynamiques de circulation de #MeTooInceste », *Questions de communication*, 45, 307-336.

Barau D. (2001) « La mobilisation des philhellènes en faveur de la Grèce, 1821-1829 » in Cambrézy L. & Lassailly-Jacob V. (dir.) *Populations réfugiées*, Montpellier, IRD Éditions, 37-75.

Barbier F. & Bertho-Lavenir C. (2003) *Histoire des médias, de Diderot à Internet*, Paris, Armand Colin.

Barboni T. & Treille E. (2010) « L'engagement 2.0. Les nouveaux liens militants au sein de l'e-parti socialiste », *Revue française de science politique*, 60, 6, 1137-1157.

Barthes R. (1961) « Le message photographique », *Communications*, 1, 127-138.

Barthes R. (1964) « La rhétorique de l'image », *Communications*, 4, 40-51.

Barthes R. (1967) « Le discours de l'histoire », *Social Science Information*, 6, 4, 63-75.

Barthes R. (1968) « L'écriture de l'évènement », *Communications*, 12, 108-112.

Bastard I. (2019) « Coder / décoder / recoder », *Terminal*, 125-126.

Bastian M., Heymann, S. & Jacomy, M. (2009) "Gephi: An Open-Source Software for Exploring and Manipulating Networks", *Proceedings of the International AAAI Conference on Web and Social Media*, 3, 1, 361-362.

Bastin, G. (2012) « Le "cas Mathieu" ou l'entretien renversé », *Sur le journalisme*, 1, 1, 40-51.

Bastin, G. (2016) « L'approche morphologique des mondes de l'information : modèles et données pour l'analyse séquentielle de la personnalité des journalistes », *Recherches en communication*, 43, 5-26.

Bastin G. (2018) *Petit lexique du journalisme*, Presses universitaires de Grenoble.

Bastin, G. & Machut, A. (2016) « Gravitation et dispersion dans les carrières des journalistes passés par la presse quotidienne nationale », *Temporalités*, 23.

Baum M. (2003) *Soft News Goes to War - Public Opinion and American Foreign Policy in the New Media Age*, Princeton University Press.

Baym N. K. (1995) "The Emergence of Community in Computer-Mediated Communication" in Jones S. *CyberSociety: Computer-Mediated Communication and Community*, Sage, 138-63.

Bazin M. (2018) « Peuples en larmes, peuples en marches : La médiatisation des affects lors des attentats de janvier 2015 », *Mots*, 118, 3, 75-94.

Beaud S. & Weber F. (1997) *Guide de l'enquête de terrain. Produire et analyser des données ethnographiques*, Paris, La Découverte, coll. Repères.

Beaudouin V. (2016) « Forums en ligne : des espaces de co-production de la connaissance et du lien social » in Martin O. & Dagiral É. *L'Ordinaire d'internet. Le web dans nos pratiques et relations sociales* (dir.) Paris, Armand Colin, coll. Individus et société, 203-225.

Beaudouin V. & Velkovska J. (2023) « Enquêter sur l'" éthique de l'IA" », *Réseaux*, 240, 9-27.

Beaulieu L. (2022a) « Avant et après #MeToo : traiter des violences sexistes et sexuelles en tant que journaliste » in (Cavalin *et al.*, 2022), 61-70.

Beaulieu L. (2022b) « Tensions entre deux conceptions du journalisme lors de la publication d'une tribune antiféministe en 2018 », *Les Enjeux de l'information et de la communication*, 23, 41-52.

Becker H. (1988) *Les Mondes de l'art* [1982], Paris, Flammarion, coll. Champs.

Becker H. (1998) *Tricks of the Trade: How to Think about Your Research While You're Doing It*, University of Chicago Press.

Béliard A.-S. & Lécossais S. (2021) « Trouver sa liberté dans un cadre imposé : la création contrainte des séries télévisées », *Effeuillage*, 10, 1, 58-62.

Benassi S. (2002) *Séries et feuilletons : pour une typologie des fictions télévisuelles*, Liège, Éditions du Céfal, coll. Grand écran petit écran.

Benkler Y. (2006) *The Wealth of Networks: How Social Production Transforms Markets and Freedom*, Yale University Press.

Bennett C. (2014) "Voter Surveillance, Micro-Targeting and Democratic Politics: Knowing How People Vote Before They Do" *SSRN*.

Berelson B., Lazarsfeld P. F. & McPhee W. (1954) *Voting: A Study of Opinion Formation in a Presidential Campaign*. University of Chicago Press.

Bereni L. (2009) « "Faire de la diversité une richesse pour l'entreprise" : la transformation d'une contrainte juridique en catégorie managériale », *Raisons politiques*, 35, 87-105.

Bermès E. (2020) *Le Numérique en bibliothèque : naissance d'un patrimoine : l'exemple de la Bibliothèque nationale de France (1997-2019)*, Thèse de doctorat, Paris, École nationale des chartes.

Berriche M. (2023) « La réception et le partage de (fausses) informations par les adolescents : des pratiques situées », *Les Enjeux de l'information et de la communication*, 23, 1A, 87-102.

Berry R. (2016) "Podcasting. Considering the Evolution of the Medium and its Association with the Word 'Radio' ", *The Radio Journal: International Studies in Broadcast and Audio Media*, 14, 7-22.

Berthaut J. & Noûs C. (2021) « Les petites entreprises du grand reportage. Les magazines d'information à la télévision et leurs sous-traitants », *Réseaux*, 230, 111-140.

Bertho C. (1981) *Télégraphes et téléphones, de Valmy au microprocesseur*, Paris, Hachette, coll. Livre de poche.

Bertin E. & Granier J.-M. (2020) « Les mèmes : sémiotique d'un objet de culture numérique » in Ablali D. & Bertin E. *Sociabilités numériques*, Louvain-la-Neuve, Éditions Academia, coll. Extensions sémiotiques, 223-242.

Bertrand C.-J. (1999) *L'Arsenal de la démocratie : médias, déontologie et M*A*R*S*, Paris, Economica.

Beuscart J.-S., Coavoux S. & Maillard S. (2019) « Les algorithmes de recommandation musicale et l'autonomie de l'auditeur. Analyse des écoutes d'un panel d'utilisateurs de streaming », *Réseaux*, 213, 17-47.

Bhandari A. & Bimo S. (2022) "Why's Everyone on TikTok Now? The Algorithmized Self and the Future of Self-Making on Social Media", *Social Media + Society*, 8, 1.

Bianchi J. (1985) « *Dallas*, les feuilletons et la télévision populaire », *Réseaux*, 12, 19-28.

Bigay R. (2022) « Stock et flux : convergence entre radios musicales et plateformes de streaming. Les cas de Fip et Deezer », *Le Temps des médias*, 39, 100-117.

Bigey M. (2007) *Rencontres en séries. Matériel romanesque, lecteurs et lexique : une analyse du roman sentimental de type sériel (1942-2004)*, Thèse de doctorat, Université de Franche-Comté.

Bigot C. (2023) *Pratique du droit de la presse 2023-2024*, Paris, Dalloz.

Bigot L. (2019) *Fact-checking vs fake news*, Paris, INA.

Biscarrat L., Doukhan D., Coulomb-Gully M. & Méadel C. (2024) « Quantifier le genre dans les médias. Défis méthodologiques d'une enquête politique », *Communication*, 41,1.

Bishop S. (2019) "Managing Visibility on YouTube through Algorithmic Gossip", *New Media & Society*, 21, 11-12, 2589-2606.

Blanchard P., Bancel N., Boëtsch G., Deroo É. & Lemaire S. (2011) *Zoos humains et exhibitions coloniales : 150 ans d'inventions de l'Autre*, Paris, La Découverte.

Blanchot F. & Padioleau J.-G. (2014) « Une économie politique du travail journalistique », *Hermès*, 35, 63-71.

Blandin C. (dir.) (2018) *Manuel d'analyse de la presse magazine*, Paris, Armand Colin, coll. I-com.

Blandin C. (2023) *Hélène Gordon-Lazareff, le destin de la fondatrice de ELLE*, Paris, Fayard.

Blaufarb R. (2009) « Le Champ d'Asile : une colonie bonapartiste en Amérique après 1815 » in Belaubre C., Dym J. & Savage J. (dir.) *Napoléon et les Amériques*, Toulouse, Presses universitaires du Midi.

Blondet-Bisch T., Frank R., Gervereau L. & Gunthert A. (dir.) (2001) *Voir/Ne pas voir la guerre. Histoire des représentations photographiques de la guerre*, Paris, BDIC/Somogy.

Blumler J. G. & Gurevitch M. (1995) *The Crisis of Public Communication*, Routledge.

Bode L., Lassen D., Young Mie K. & Shah D. V. (2016). "Coherent campaigns? Campaign broadcast and social messaging", *Online Information Review*, 40, 5, 580-594.

Boellstorff T. (2008) *Coming of Age in Second Life: An Anthropologist Explores the Virtually Human*, Princeton University Press.

Boellstorff T., Nardi B., Pearce C. & Taylor T. L. (2012) *Ethnography and Virtual Worlds: a Handbook of Method*, Princeton University Press.

Bogost I. (2007) *Persuasive Games: The Expressive Power of Videogames*. Cambridge, MIT Press.

Bogost I., Ferrari S. & Schweizer B. (2010) *Newsgames: Journalism at Play*, Cambridge, MIT Press.

Boivent M. (2015) *La Revue d'artiste, enjeu et spécificité d'une pratique artistique*, Rennes, Incertain sens.

Boltanski L. & Chiapello E. (1999) *Le Nouvel esprit du capitalisme*, Paris, Gallimard.

Bolz L. (2019) « La dépêche télégraphique comme format d'écriture transculturel au XIXe siècle », *Monde(s)*, 16, 31-46.

Boni M. (dir.) (2020) *Formes et plateformes de la télévision à l'ère du numérique*, Presses universitaires de Rennes, coll. PUR-Cinéma.

Bonini T. (2022) "Podcasting as a Hybrid Cultural Form between Old and New Media" in (Lindren & Loviglio, 2022), 19-29.

Bonnett A. (2015) *The Geography of Nostalgia: Global and Local Perspectives on Modernity and Loss*, Routledge.

Boorstin J. B. (1989) *The Image. A Guide to Pseudo-Events in America* [1961], Random house, New York.

Borgé J. & Viasnoff N. (1982) *Histoire de la photo de reportage*, Paris, Nathan.

Borriello A. (2021) "Beyond the Wave, the Sea: Reassessing the Southern Europe's Populist Upsurge", *Krisis*, 41, 24-44.

Borriello A. (2022) « Endiguer la vague. Les ressorts du discours anti-populiste dans le journal *Le Monde* (2016-2017) », *Mots*, 129, 2, 101-123.

Botero N. (2014) « Analyse discursive de la formule "obsolescence programmée" : entre passivation et agentivité », *Le Discours et la langue*, 5, 93-104.

Botero N. (2021) « Pollution atmosphérique à la une : visibilité médiatique d'un problème environnemental », *Revue française des sciences de l'information et de la communication*, 21.

Botero N. (2024) « "Aux abeilles, la patrie reconnaissante". Discours et dispositifs de communication des associations engagées dans la lutte contre les pesticides », *Semen*, 55, 95-110.

Bottomley A. J. (2015) "Podcasting. A Decade in the Life of a 'New' Audio Medium: Introduction", *Journal of Radio and Audio Media*, 22, 2, 164-169.

Bouchet T., Leggett M., Vigreux J. & Verdo G. (dir.) (2005) *L'Insulte (en) politique : Europe et Amérique latine du XIXe siècle à nos jours*, Éditions universitaires de Dijon, coll. Sociétés.

Boukala M. & Cerclet D. (2020) « L'enquête ethnographique face aux enjeux théoriques et méthodologiques du numérique », *Parcours anthropologiques*, 15.

Boullier D. (2003) *La Télévision telle qu'on la parle. Trois études ethnométhodologiques*, Paris, L'Harmattan, coll. Champs visuels.

Boullier D. (2015) « Les sciences sociales face aux traces du big data : société, opinion ou vibrations? », *Revue française de science politique*, 65, 5, 805-828.

Boullier D. (2020) *Comment sortir de l'emprise des réseaux sociaux?* Paris, Le Passeur éditeur.

Boullier D. (2023) *Propagations : un nouveau paradigme pour les sciences sociales*, Paris, Armand Colin.

Bouquillion P. (2008) *Les Industries de la culture et de la communication*, Presses universitaires de Grenoble.

Bourdaa M. (2020) « Les réponses des fans aux représentations lesbiennes fictionnelles : Le cas de *The 100* et *Wynonna Earp* », *Études de communication*, 54, 71-85.

Bourdieu P. (1996) *Sur la télévision*, Paris, Liber-Raisons d'agir.

Bourdon J. (1997) « Le direct : une politique de la voix ou la télévision comme promesse inaccomplie », *Réseaux*, 15, 81, 61-78.

Bourdon J. (2010) *Du service public à la télé-réalité. Une histoire des télévisions européennes 1950-2010*, Bry-sur-Marne, INA.

Bourdon J. (2014) *Histoire de la télévision sous de Gaulle*, Paris, Presses des Mines, coll. Sciences sociales.

Bourdon J. (2021) "Telepresence: Or, We Have Always Been Ghosts, from Cicero to Computers" in Balbi G., Ribeiro N., Schafer V. & Schwarzenegger C. (dir.) *Digital Roots: Historicizing Media and Communication Concepts of the Digital Age*, Berlin, Boston, De Gruyter, 211-228.

Bourdon J. (2022) « L'émergence du moi médiatisé dans la correspondance, de Cicéron à Flaubert », *Le Temps des Médias*, 38, 17-38.

Bourdon J. (2025) « De Jose Saramago à Rony Brauman : analogies historiques dans le conflit israélo-palestinien » in *Mémoires en jeu*.

Bourdon J., Buchmann M. & Kaufmann P. (eds.) (2019) "Public Service Broadcasting in the Digital Age", *VIEW, The Journal of European Television History and Culture* 20, 8.

Bourdon J. & Méadel C. (eds.) (2014) *Television Audiences across the World: Deconstructing the Ratings Machine*, Basingstoke, Palgrave.

Bouté E. (2021) « La mise en visibilité des forces de l'ordre sur Twitter pendant le mouvement des Gilets jaunes », *Questions de communication*, 39, 185-208.

Bouté É. (2024) « Les réseaux de la tempête qui s'annonce. Quel rôle a joué Facebook dans la structuration du mouvement des Gilets jaunes? » in Ravelli Q., Bonin L., Siméant-Germanos J. & Liochon P. (dir.) *Les Gilets jaunes. Une révolte inclassable*, Paris, Rue d'Ulm, coll. Sciences sociales.

Bouté É. & Mabi C. (2020) « Des images en débat : de la blessure de Geneviève Legay à la répression des Gilets Jaunes », *Études de communication*, 54, 29-52.

Boutet M. (2011) « Histoire des séries télévisées » in Sepulchre S. (dir.) *Décoder les séries télévisées*, Bruxelles, De Boeck, 11-46.

Bowker G., Baker K., Millerand F. & Ribes D. (2010) "Toward information infrastructure studies: Ways of knowing in a networked environment", in Hunsinger J. *et al* (eds.), *International Handbook of Internet research*, Springer, 97-117.

Boyadjian J. (2024) « Les logiques sociales de structuration de l'audience de l'internet français », *Réseaux*, 243, 67-101.

boyd d. (2015) "Making Sense of Teen Life: Strategies for Capturing Ethnographic Data in a Networked Era" *in* Hargittai E. & Sandvig C. *Digital Research Confidential: The Secrets of Studying Behavior Online*, Cambridge, MIT Press, 79-102.

Boym S. (2008) *The Future of Nostalgia*, New York, Basic books.

Brachet C. (2010) *Peut-on penser à la télévision ? La culture sur un plateau*, Lormont, Le Bord de l'eau.

Brahim R. (2020) *La race tue deux fois : Une histoire des crimes racistes en france (1970-2000)*, Paris, Syllepse.

Brants K. & Neijens P. (1998) "The Infotainment of Politics", *Political Communication*, 15, 2, 149-164.

Brasseur P. & Finez J. (2019) *Performing Amateurism: A Study of Camgirls' Work*, New York, Palgrave Macmillan.

Brause S. R., Zeng J., Schäfer M. S. & Katzenbach C. (2023) "Media Representations of Artificial Intelligence: Surveying the Field", *Handbook of Critical Studies of Artificial Intelligence*, 277-288.

Breda H. (2022) *Les Féminismes à l'ère d'internet*, Bry-sur-Marne, INA.

Bronner G. (2013) *La Démocratie des crédules*, Paris, PUF.

Brooker P. & Thacker A. (dir.) (2009, 2012, 2013) *The Oxford Critical and Cultural History of Modernist Magazines*, Oxford University Press.

Browne D. R. (1982) *International Radio Broadcasting. The Limits of the Limitless Medium*, New York, Praeger.

Brun C., Penavayre M. & Gonon F. (2024) "The Political Leaning of the Neuroscience Discourse about School Education in the French Press from 2000 to 2020", *Public Understanding of Science*, 33, 1, 121-138.

Brusadelli N. & Martell Y. (2022) « Réformer le militantisme, relancer le mouvement climat : Sur la genèse d'Alternatiba », *Actes de la recherche en sciences sociales*, 242, 4-21.

Bryon-Portet C. (2011) « Les productions télévisées, genre oublié dans la construction d'un territoire? L'exemple de co-construction de l'image socio-culturelle de la ville de Marseille par la série *Plus belle la vie* », *Études de communication*, 37, 2, 79-96.

Bryon-Portet C. (2012) « La dimension politique de la série *Plus belle la vie*. Mixophilie, problématiques citoyennes et débats socio-culturels dans une production télévisuelle de service public », *Mots*, 99, 97-112.

Bucher T. (2018) *If...Then: Algorithmic Power and Politics*, Oxford University Press.

Buéno A. (2020) *Futur, notre avenir de A à Z*, Paris, Flammarion.

Bullich V. (2021) « La "plateformisation" comme déploiement d'une logique organisatrice : propositions théoriques et éléments de méthode », *Effeuillage*, 10, 1, 30-34.

Buozis M., Rooney S., & Creech B. (2021) "Journalism's Institutional Discourses in the Pre-Internet era: Industry Threats and Persistent Nostalgia at the American Society of Newspaper Editors", *Journalism*, 22, 1, 69-85.

Butler J. *et al.*, (2024) *Contre l'antisémitisme et ses instrumentalisations*, Paris, La fabrique.

Cagé J., Hervé N. & Viaud M.-L. (2017) *L'information à tout prix*, Paris, INA.

Cagé J. & Piketty T. (2023) *Une histoire du conflit politique. Élections et inégalités sociales en France (1789-2022)*, Paris, Seuil.

Calabrese L. & Guaresi M. (2020) « Islamophobie : du mot au phénomène social. Approche co-occurrentielle d'une notion controversée », 15e Journées internationales d'analyse statistique des données textuelles, Toulouse.

Camus, J.-Y. (2022) « L'extrême droite française, Israël et les Juifs depuis 1945 » in Allouche-Benayoun J. *et al.* (dir.) *L'antisémitisme contemporain en France. Rémanences ou émergences ?*, Paris, Hermann, 77-93.

Canovan M. (1981) *Populism*, Orlando, Harcourt Brace Jovanovich.

Cardon D. (1995) « "Chère Ménie"... Émotions et engagements de l'auditeur de Ménie Grégoire », *Réseaux*, 70, 41-78.

Cardon D. (2008) « Le design de la visibilité. Un essai de cartographie du Web.2 », *Réseaux* 6, 152, 93-137.

Cardon D. (2010) *La Démocratie Internet : Promesses et limites*, Paris, Seuil.

Cardon D. (2015) *À quoi rêvent les algorithmes? Nos vies à l'heure du big data*, Paris, Seuil, coll. La République des Idées.

Cardon D. & Delaunay-Téterel H. (2006) « La production de soi comme technique relationnelle. Un essai de typologie des blogs par leurs publics », *Réseaux*, 138, 4, 15-71.

Cardon D. & Granjon F. (2013) *Médiactivistes*, Paris, Presses de SciencesPo.

Cardon D., Jeanne-Perrier V., Le Cam F. & Pélissier N. (2006) « Présentation », *Réseaux* 138, 9-12.

Carlyle M. & Callender B. (2019) "The Fetus *in utero*: From Mystery to Social Media", *Know*, 3, 1, 15-67.

Carr D. (2010) « Y a-t-il une expérience directe de l'histoire? La chute du mur de Berlin et le 11 septembre 2001 », *A contrario*, 1, 83-94.

Carré P. (1996) *Télégraphes : innovations techniques et société au XIXe siècle*, Paris, Éditions du téléphone.

Carroll M. P. (1984) "Dragons in the Well and Freud in the Toilet. Some Contributions to the Psychoanalytic Study of Urban Legends", *Sociological Review*, 32, 1, 57-74.

Carvajal M., Marín-Sanchiz C.-R. & Navas C. J. (2015) "The Daily News Podcast Ecosystem from the Strategy and Business Model Perspective", *Profesional de la información*, 31, 5.

Casilli A. (2014) « Anthropologie et numérique : renouvellement méthodologique ou reconfiguration disciplinaire? », *Anthrovision*, 2, 1.

Cavalin C., Da Silva J., Delage P., Despontin Lefèvre I., Lacombe D. & Pavard B. (dir.) (2022) *Les Violences sexistes après #MeToo*, Paris, Presses des Mines, coll. Sciences sociales.

Cazenave F. (1984) *Jean d'Arcy parle*, Paris, La Documentation française.

Cefaï D. (2016) « Publics, problèmes publics, arènes publiques.... Que nous apprend le pragmatisme? », *Questions de communication*, 30, 25-64.

Cefaï D. & Pasquier D. (dir.) (2003) *Les Sens du public. Publics politiques, publics médiatiques*, Paris, PUF.

Certeau M. de (1990) *L'Invention du quotidien* [1980], Paris, Gallimard.

Cervulle M. (2021) « Le Centre for Contemporary Cultural Studies de Birmingham : une pratique de la pensée critique et ses contradictions » in Bouyahia M., Freitas-Ekué F. & Ramdani K. (dir.) *Penser avec Stuart Hall*, Paris, La Dispute, 63-84.

Cervulle M. & Pailler F. (2014) « #mariagepourtous : Twitter et la politique affective des hashtags », *Revue française des sciences de l'information et de la communication*, 4.

Chadwick A. (2013) *The Hybrid Media System. Politics and Power*, Oxford University Press.

Chalaby J. K. (2015) *The Format Age. Television's Entertainment Revolution*, London, Polity Press.

Chalvon-Demersay S. (1999) « La confusion des conditions. Une enquête sur la série télévisée *Urgences* », *Réseaux*, 95, 235-283.

Chalvon-Demersay S. & Pasquier D. (1993) « La naissance d'un feuilleton français », *Réseaux*, 11, 99-116.

Chambat-Houillon M.-F. (2009) « Quand y a-t-il format? » in André E., Jost F., Lioult J.-L. & Soulez G. (dir.) *Penser la création audiovisuelle*, 243-252.

Chambers C., Jönsson M. & Vande Winkel R. (eds.) (2018) *Researching Newsreels. Local, National and Transnational Case Studies*, Palgrave Macmillan.

Champagne P. (1984) « La manifestation. La production de l'évènement politique » *Actes de la recherche en sciences sociales*, 52, 19-41.

Champagne P. (1995) « La double dépendance », *Hermès*, 17-18, 215-229.

Chandler A. D. (1988) *La Main visible des managers, une analyse historique*, Paris Economica.

Chaniac R. (dir.) (2009) *L'Audience*, Paris, éditions du CNRS.

Charaudeau P. (2006) « Des catégories pour l'humour? », *Questions de communication*, 10, 19-41.

Charaudeau P. (2009) *Le Discours d'information médiatique. La construction du miroir social*, Paris, Vuibert.

Charon J.-M. (2000) « Journalisme, le défi de l'autorégulation », *Réseaux*, 18, 100, 385-401.

Charon J.-M. (2008) *La Presse magazine*, Paris, La Découverte.

Charon J.-M. (2013) « Vers des rédactions en réseau. Les innovations éditoriales en ligne comme pistes pour le pluralisme » in Rebillard F. (dir.) *Pluralisme de l'information et media diversity. Un état des lieux international*, Louvain-la-Neuve, De Boeck, 231-247.

Charon J.-M. & Mercier A. (2022) *Les Gilets jaunes. Un défi journalistique*, Paris, Éditions Panthéon-Assas.

Charpenel M. (2016) « Les groupes de parole ou la triple concrétisation de l'utopie féministe », *Éducation et sociétés*, 7, 1, 15-31.

Chartier A.-M. & Hébrard J. (2000) *Discours sur la lecture (1880-2000)*, Paris, BPI-Centre Georges Pompidou, Fayard.

Chartier R. (dir.) (1993) *Pratiques de la lecture*, Paris, Payot, coll. Petite Bibliothèque.

Chaumont J.-M. (1997) *La concurrence des victimes. Génocide, identité, reconnaissance*, Paris, La Découverte.

Chauvaud F. (2010) *La Chair des prétoires : histoire sensible de la cour d'assises*, Presses universitaires de Rennes.

Chéroux C. (2009) *Diplopie. L'image photographique à l'ère des médias globalisés : essai sur le 11 septembre 2001*, Paris, Le Point du jour.

Cherribi S. (2017) *Fridays of Rage. Al Jazeera, the Arab Spring, and Political Islam*, Oxford University Press.

Chessel M.-E. (2002) *La Publicité : naissance d'une profession 1900-1940*, Paris, CNRS Éditions.

Cheveigné S. de (2000) *L'Environnement dans les journaux télévisés*, Paris, CNRS Éditions.

Cheveigné S. de (2008) « L'environnement dans le journal télévisé et sa réception » in Smouts M.-C. (dir.) *Le Développement durable. Les termes du débat*, Paris, Dalloz/Armand Colin, 123-135.

Chèvrefils-Desbiolles Y. & Froissart Pezone R. (dir.) (2011) *Les Revues d'art*, Presses universitaires de Rennes.

Chiche J. & Jaffré J. (1997) « Mobilité, volatilité, perplexité » in Boy D. & Mayer N. (dir.) *L'Électeur a ses raisons*, Paris, Presses de Sciences Po, 285-325.

Christin A. (2018) « Les sites d'information en ligne entre indépendance et course au clic : une comparaison franco-américaine », *Sociétés contemporaines*, 111, 71-96.

Chupin I., Soubiron A. & Tasset C. (2016) « Entre social et ethnique : les dispositifs d'ouverture à la "diversité" dans les écoles de journalisme en France », *Terrains & travaux*, 29, 217-236.

Citton Y. (2022) « Smartness de surveillance et intelligences d'improvisation : deux écologies du smartphone » in Allard L., Monnin A. & Nova N. (dir.) *Écologies du smartphone*, Lormont, Le Bord de l'eau, 173-192.

Clemens L. (2022) « Le public/privé chez H. Arendt : nommer le brouillage et penser l'entre-deux » in Bailleux A., Bernard D. & Van Meerbeeck J. *Distinction (droit) public / (droit) privé*, Bruxelles, Presses universitaires Saint-Louis.

Coavoux S. & Roques N. (2020) « Une profession de l'authenticité. Le régime de proximité des intermédiaires du jeu vidéo sur Twitch et YouTube », *Réseaux*, 224, 6, 169-196.

Cochoy F. (1999) *Une histoire du marketing. Discipliner l'économie de marché*, Paris, La Découverte.

Cohen E. & Lévy M.-F. (2016) *La Télévision des Trente Glorieuses. Culture et politique*, Paris, CNRS éditions.

Cohen E. & Roger O. (2021) *Les Politiques audiovisuelles en France de 1945 à nos jours*, Paris, La Documentation française.

Collectif (2012) *Antisémitisme, insupportable chantage*. Paris, La Découverte.

Collet A. & Rivière J. (2018) « Les bobos dans la presse française : retour sur la politisation d'une catégorie » in Authier J.-Y., Collet A., Giraud C., Rivière J. & Tissot S. (dir.) *Les Bobos n'existent pas*, Presses universitaires de Lyon, 33-62.

Colleyn J.-P. (2012) « Champ et hors champ de l'anthropologie visuelle », *L'Homme*, 203-204, 457-480.

Collins P.H. & Bilge S. (2020) *Intersectionality*, Cambridge, Polity Press.

Collovald A. (2019) « Le populisme comme stigmatisation », in Fondation Copernic (dir.) *Manuel indocile de sciences sociales*, Paris, La Découverte, 429-433.

Colombani M.-F., Fitoussi M. & Toranian V. (2005) ELLE *(1945-2005). Une histoire des femmes*, Paris, Filipacchi.

Colon D. (2023) *La Guerre de l'information*, Paris, Tallandier.

Coman M. (2003) *Pour une anthropologie des médias*, Presses universitaires de Grenoble.

Combes C. (2011) « La consommation de séries à l'épreuve d'internet. Entre pratiques individuelles et activité collective », *Réseaux*, 165, 137-163.

Combes C. & Glevarec H. (2021) *Séries. Enquête sur les pratiques et les goûts des Français pour les séries télévisées*, Paris, Presses des Mines, coll. Sciences sociales.

Comby J. B. (2009) « Quand l'environnement devient "médiatique". Conditions et effets de l'institutionnalisation d'une spécialité journalistique », *Réseaux*, 5, 157-190.

Comby J.-B. (2014) « L'individualisation des problèmes collectifs : une dépolitisation politiquement située », *Savoir/Agir*, 2, 28, 45-50.

Comby J.-B. (2015) *La Question climatique. Genèse et dépolitisation d'un problème public*, Paris, Raisons d'Agir.

Compagno D. & Mercier A. (2021) « Flux de tweets et articles d'archives : comprendre les logiques sociales d'un apparent paradoxe temporel » in Schafer V. (dir.) *Temps et temporalités du Web*, Presses universitaires de Paris Nanterre, 279-296.

Contamin J.-G. (2010) « Cadrages et luttes de sens », in Agrikoliansky É., Sommier I. & Fillieule O. (dir.) *Penser les mouvements sociaux. Conflits sociaux et contestations dans les sociétés contemporaines*, Paris, La Découverte, 55 -75.

Coquebert V. (2023) *Uniques au monde. De l'invention de soi à la fin de l'autre*, Paris, Arkhé.

Corbin A. (1994) *Les Cloches de la terre, paysage sonore et culture sensible dans les campagnes au XIXe siècle*, Paris, Albin Michel.

Corcuff P. (2022) « Repenser l'universel face aux identitarismes concurrents. Le cas de la compétition entre combats contre l'antisémitisme et contre l'islamophobie dans la France d'aujourd'hui », *Confluences Méditerranée*, 121, 35-52.

Cormier A. & De Angelis R. (2024) « Les formats d'écriture, interfaces entre supports d'écriture et genres de discours », *Communication & langages*, 220, 23-41.

Cornillet T. & Datchary C. (2020) « Pour un usage raisonné de la numérisation de l'enquête ethnographique », *Parcours anthropologiques*, 15, 40-57.

Corroy L. (2010) « *Plus belle la vie*, une éducation sentimentale "à la française" des jeunes - et des seniors? », *Le Télémaque*, 37, 99-110.

Cosnier C. (2009) *Les Dames de Femina, un féminisme mystifié*, Presses universitaires de Rennes.

Coste-Cerdan N. & Le Diberder A. (1991) *La Télévision*, Paris, La Découverte, coll. Repères.

Coulomb-Gully M. (2012) *Présidente, le grand défi. Femmes, politique et médias*, Paris, Payot.

Coulomb-Gully M. (2016) *Femmes en politique : en finir avec les seconds rôles*, Paris, Belin.

Coulomb-Gully M. (2022) *Sexisme sur la voix publique*, La Tour d'Aigues, Éditions de l'Aube.

Crenshaw K. (1989) "Demarginalizing the Intersection of Race and Sex: A Black Feminist Critique of Antidiscrimination Doctrine, Feminist Theory and Antiracist Politics", *University of Chicago Legal Forum*, 1, 8, 139-67.

Crenshaw K. (1991) "Mapping the Margins: Intersectionality, Identity Politics, and Violence against Women of Color", *Stanford Law Review*, 43, 6, 1241-99.

Crépel M. & Cardon D. (2022) « Robots vs algorithmes. Prophétie et critique dans la représentation médiatique des controverses de l'IA », *Réseaux*, 232-233, 129-167.

Crespin B. & Ferron B. (2016) « Un scandale à la recherche de son public. La construction médiatique du problème de la "pollution de l'air intérieur" en France (1995-2015) », *Politiques de communication*, 21, 151-179.

Creton L. (2014) *Économie du cinéma : perspectives stratégiques*, Paris, Armand Colin.

Crowley D. (2003) *Magazine Cover*, London, Mitchell Beazley.

Cucchetti H., Dézé A. & Reungoat E. (2021) *Au nom du peuple ? Idées reçues sur le populisme*, Paris, Le Cavalier Bleu.

Cull N. J. (2016) " 'A Qualitatively New Stage of their Struggle...' The Soweto Uprising, 16 June 1976 in International Broadcasting" in Bardgett S. (ed.) *Listening to the World*, London, Imperial War Museum.

Curran J. (1992) « La décennie des révisions. La recherche en communication de masse des années 80 », *Hermès*, 11-12, 47-74.

d'Almeida F. (1997) *Images et propagande*, Paris, Casterman/Giunti.

d'Almeida F. (2012) *Ressources inhumaines. Les gardiens de camps de concentration*, Paris, Pluriel.

d'Almeida F. (2013) *Une histoire mondiale de la propagande de 1900 à nos jours*, Paris, La Martinière.

d'Almeida F. & Delporte C. (2010) *Histoire des médias de la Grande Guerre à nos jours*, Paris, Flammarion.

Da Lage O. (2001) « La presse saisie par l'Internet », *Communication & langages*, 129, 37-48.

Da Silva, J. (2022) *Un concept sur la toile. Circulation et traduction à bas bruit de l'intersectionnalité*, Thèse de doctorat, Université Paris-Panthéon-Assas.

Da Silva J. (2023). « Quand les individus deviennent médias. Quelle approche pour comprendre une audience à bas bruit ? », Actes du XXIIIe Congrès de la SFSIC, Bordeaux, 55-65.

Da Silva J. (2024) « Un carnet de recherche connecté, un chercheur démultiplié », *RESET*, 13.

Dagiral É. & Parasie S. (2010) « Vidéo à la une ! L'innovation dans les formats de la presse en ligne », *Réseaux*, 160-161, 101-132.

Dahlgren P. & Sparks C. (dir.) (1992) *Journalism and Popular Culture*, Sage.

Dakhlia J. (2008) *Politique people*, Rosny, Bréal.

Dakhlia, J. (2008) « La représentation politique à l'épreuve du *people* : élus, médias et peopolisation en France dans les années 2000 », *Le Temps des médias*, 10, 66-81.

Dakhlia J. (2010) *Mythologie de la peopolisation*, Paris, Le Cavalier bleu.

Damian-Gaillard B., Montanola S. & Saitta E. (2021) *Genre et journalisme*, Louvain-la-Neuve, De Boeck.

Dardigna A.-M. (1974) *Femmes-femmes sur papier glacé. La presse "féminine", fonction idéologique*, Paris, Maspero.

Dardigna A.-M. (1978) *La Presse féminine. Fonction idéologique*, Paris, Maspero.

Darras E. (2004) « Les genres de la presse féminine. Éléments pour une sociologie politique de la presse féminine » in Legavre J.-B. (dir.) *La Presse écrite : objets délaissés*, Paris, L'Harmattan, 271-288.

David P. A. (1986) "Understanding the Economics of QWERTY: The Necessity of History" in Parker W. N. (dir.) *Economic History and the Modern Economist*, Blackwell, 332-337.

Davies N. (2008) *Flat Earth News: An Award-winning Reporter Exposes Falsehood, Distortion and Propaganda in the Global Media*, London, Random House.

Dawkins R. (2003) *Le Gène égoïste* [1976], Paris, Odile Jacob.

Dayan D. (1992) « Les mystères de la réception », *Le Débat*, 71, 141-157.

Dayan D. (2000a) « Les grands évènements médiatiques au miroir du rituel » in Bréchon P. & Willaime J.-P. (dir.) *Médias et religions en miroir*, Paris, PUF.

Dayan D. (2000b) « Télévision : le presque-public », *Réseaux*, 100, 427-456.

Dayan D. (2003) « Sociologie des médias : le détour par l'ethnographie » in Moscovici S. & Buschini F. (dir.) *Les Méthodes des sciences humaines*, Paris, PUF, 445-465.

Dayan D. (2009a) "Sharing and Showing. Television as monstration", *The Annals of the American Academy of Political and Social Science*, 625, 1, 19-31.

Dayan D. (2009b) "Beyond Media Events: Disenchantment, Derailment, Disruption" in Couldry N., Hepp A. & Krotz F. *Media Events in a Global Age*, Routledge, 1-20.

Dayan D. (2024) "Acting as if: The Political Power of Mimicry", *European Journal of Cultural and Political Sociology*, 11, 3, 404-413.

Dayan D. & Katz E. (1992) *Media Events, The Live Broadcasting of History*, Cambridge, Harvard University Press. Traduction française (1996) : *La Télévision cérémonielle*, Paris, PUF.

de Baecque A. (2008) *L'Histoire-Caméra*, Paris, Gallimard.

de Closets S. (2004) *Quand la télévision aimait les écrivains : Lecture pour tous, 1953-1968*, Louvain-la-Neuve, De Boeck.

De Lauretis T. (2007) *Théorie queer et culture populaire. De Foucault à Cronenberg*, Paris, La Dispute.

Debras S. (2003) *Lectrices au quotidien. Des femmes, des hommes et des journaux*, Paris, L'Harmattan, coll. Communication.

Deakin S., Lourenco A. & Pratten S. (2008) "No "third way" for economic organization? Networks and quasi-markets in broadcasting", *Industrial and Corporate Change*, 18, 51-75.

Defino D. J. (2014) *The HBO Effect*, New York, Bloomsbury.

Dejean S., Lumeau M., Peltier S. & Petters L. (2021) « La consommation d'informations en France. Quelle place pour la télévision ? » *Réseaux*, 229, 43-74.

Delarue F. (2022) *À la croisée des médiations : les émissions littéraires de la télévision française de 1968 à 1990*, Thèse de doctorat, Université de Versailles-Saint-Quentin-en-Yvelines.

Deleu C. (2025) « *The Daily* ou la mise en voix du travail journalistique » in (Di Sciullo *et al.* 2025).

Delporte C. (1993) *Les Crayons de la propagande*, Paris, CNRS Éditions.

Delporte C. (1994) « "La trahison du clerc ordinaire". L'épuration professionnelle des journalistes (1944-1948) », *La Revue historique*, 292, 347-375.

Delporte C. (1999) *Les Journalistes en France (1880-1950). Naissance et construction d'une profession*, Paris, Seuil.

Delporte C., Blandin C. & Robinet F. (2016) *Histoire de la presse en France XXe-XXIe siècles*, Paris, Armand Colin.

Delvallez S., Matamoros I. & Riot-Sarcey M. (2021) « La naissance d'une cause collective », *Sciences Humaines*, 63.

Demars B. (2020) « Minitel à images, images du minitel (1980-2000) », *Le Temps des médias*, 35, 170-182.

Demata M., Conoscenti M. & Stavrakakis Y. (2020) "Riding the Populist Wave. Metaphors of Populism and Anti-Populism in the *Daily Mail* and *The Guardian*", *Iperstoria*, 15, 8-35.

Denis J. (2018) *Le Travail invisible des données : éléments pour une sociologie des infrastructures scripturales*, Paris, Presses des Mines, coll. Sciences sociales.

Denis J. & Pontille D. (2013) « Ficelles pour une ethnographie de l'écrit » in Datchary C. (dir.) *Petit précis de méthodologie. Le sens du détail dans les sciences sociales*, Lormont, Le Bord de l'eau, 17-30.

Deslandes G. (2008) *Le management des médias*, Paris, La Découverte, coll. Repères.

Despontin Lefèvre I. (2018) « Hashtag MeToo, de la trace (presque) ordinaire à la communication d'une marque militante plurielle » in Zlitini S. & Liénard F. (dir.) *Réseaux sociaux. Traces numériques, communication* électronique, Mont-Saint-Aignan, Presses universitaires de Rouen et du Havre, 69-86.

Despontin Lefèvre I. (2022) *Stratégies de communication et pratiques militantes du mouvement féministe en France au début du XXIe siècle. Étude de cas du collectif #NousToutes (2018-2021)*, Thèse de doctorat, Université Paris-Panthéon-Assas.

Desrosières A. (1993) *La Politique des grands nombres. Histoire de la raison statistique*, Paris, La Découverte.

Desrosières A. (2008) *Pour une sociologie historique de la quantification. I. L'argument statistique*, Paris, Presses des Mines, coll. Sciences sociales.

Dessinges C. & Perticoz L. (2021) « Netflix et les mutations des pratiques de visionnage : entre rupture et continuité », *Communiquer*, 31, 37-55.

Devillard V. (2002) « Les trajectoires des journalistes détenteurs de carte de presse entre 1990 et 1998. La montée de la précarité », *Communication et langages*, 133, 21-32.

Devillard V. (2006) « L'évolution des salaires des journalistes professionnels (1975-2000) », *Le Temps des médias*, 6, 87-100.

Devillard V. et Le Saunier G. (2020) « Sortir du journalisme. Les diplômés en journalisme entre emplois instables et carrières déviantes », *Recherches en communication*, 43, 79-104.

Devillard V., Leteinturier C. & Rieffel R. (2001) *Les Journalistes français à l'aube de l'an 2000*, Paris, Éditions Panthéon-Assas.

Dewey J. (2010) *Le Public et ses problèmes* [1927], Paris, Gallimard.

Di Sciullo F. (2024) « La vignette, vitrine des podcasts natifs. Enjeux d'identification, de valorisation et de différenciation dans un secteur en structuration », *Communication & langages*, 220, 3-22.

Di Sciullo F. (2024) « Le podcast natif d'actualité en France : reconfigurations journalistiques et effets de mimétisme », *Les Cahiers du journalisme*, 11, 151-16.

Di Sciullo F. (2025) *L'Aventure art press. Défendre les avant-gardes, construire le contemporain*, Paris, MKF Éditions, coll. Essais médiatiques.

Di Sciullo F., Lesaunier M.-E. & Mercier A. (dir.) (2025) *Manuel d'analyse du podcast natif. Essor et incertitudes d'un nouveau média*, Paris, Éditions Panthéon-Assas.

Didier E. (2009) *En quoi consiste l'Amérique ? Les statistiques, le New Deal et la démocratie*, Paris, La Découverte.

Dines G. & Humez J. M. (eds) (1995) *Gender, Race and Class in Media. A Text-Reader*, Sage.

Domat J. (1989) *Les Quatre livres du Droit public* [1697], Caen, Centre de philosophie politique et juridique.

Douglas S. J. (1987) *Inventing American Broadcasting, 1899-1922*, Baltimore, John Hopkins University Press.

Douglas S. (1993) « Radioamateurs et radiodiffusion aux États-Unis : vers la radio de l'avenir », *Culture technique*, 28, 44-65.

Douglas S. (2004) *Listening in: Radio and American Imagination*, Minneapolis, Minnesota University Press.

Doukhan D., Poels G., Rezgui Z. & Carrive J. (2018) "Describing Gender Equality in French Audiovisual Streams with a Deep Learning Approach", *VIEW Journal of European Television History and Culture*, 7, 14, 103-122.

Douyère D. & Ricaud P. (2019) « Présentation du dossier. Youtube, un espace d'expression politique ? », *Politiques de communication*, 13, 2, 15-30.

Dowling D. O. (2021) *The Gamification of Digital Journalism: Innovation in Journalistic Storytelling*, Routledge.

Dubuc A. (1958) « Charles-Louis Havas (1783-1858) et son agence internationale de presse », *Actes du 83e congrès des sociétés savantes*, 119-37.

Ducas S. (2003) « À défaut de génie... La panthéonisation de Bernard Pivot », *Communications & langages*, 135, 73-86.

Ducas S. (2016) « La reconnaissance littéraire à l'épreuve du petit écran. Discours et représentations médiatiques des écrivains lauréats de prix littéraires en France (1945-2012) », in Rialland I. (dir.) *Critique et médium*, Paris, CNRS Éditions.

Dumasy-Queffelec L. (2000) « Du roman-feuilleton au feuilleton télévisé : mythe et fiction », in Migozzi J. (dir.) *De l'écrit et l'écran*, Limoges, PULIM.

Dundes, A. (1971) "On the psychology of legend" in Hand, W. D. (dir.) (1971) *American Folk Legend. A Symposium*, Berkeley, University California Press.

Duprat A. (2001) « Iconologie de la caricature politique en France (du XVIe au XXe siècle) », *Hermès*, 1, 29, 25-32.

Duval J. (2004) *Critique de la raison journalistique. Les transformations de la presse économique en France*, Paris, Seuil.

Duvelle-Charles E. (2022) *Féminisme et réseaux sociaux. Une histoire d'amour et de haine*, Marseille, Hors d'atteinte.

Duverné T., Le Yondre F. & Héas S. (2022) « Les influenceuses beauté et leur cour : les mécanismes du prestige sur Instagram », *Questions de communication*, 42, 333-358.

Eberwein T., Fengler S., Lauk E. & Leppik-Bork T. (2011) *Mapping Media Accountability-in Europe and Beyond*, Köln, Herbert von Halem Verlag.

Eck H. & Blandin C. (dir.) (2010) *La Vie des femmes. La presse féminine aux XIXe et XXe siècles*, Paris, Éditions Panthéon-Assas.

Ekman M. & Widholm A. (2017) "Political communication in an age of visual connectivity: Exploring Instagram practices among swedish politicians" *Northern Lights*, 15, 32.

Elias N. (1973) *La Civilisation des mœurs*, Paris, Calmann-Lévy.

Elias N. (1975) *La Dynamique de l'Occident*, Paris, Calmann-Lévy.

Eloy F., Sébastien F. & Mille M. (2021) « Les réceptions du feuilleton *Plus belle la vie*. De l'attention à l'attachement ? », *Réseaux*, 229, 143-173.

Englund S. (2014) « De l'antijudaïsme à l'antisémitisme, et à rebours », *Annales* HSS, 4, 901-924.

Escande-Gauquié P. & Jeanne-Perrier V. (2017) « Le partage photographique : le régime performatif de la photo », *Communication & langages*, 194, 4, 21-27.

Esquenazi J.-P. (2003) *Sociologie des publics*, Paris, La Découverte, coll. Repères.

Esquenazi J.-P. (2009) *Mythologie des séries télévisées*, Paris, Le Cavalier Bleu.

Esquenazi J.-P. (2011) « Quand un produit culturel industriel est-il une "œuvre politique"? », *Réseaux*, 167, 189-208.

Establet R. & Felouzis G. (1992) *Livre et télévision : concurrence ou interaction ?*, Paris, PUF.

Eyriès A. (2018) « Le journalisme narratif à l'épreuve du réel. Vers une sociologie en actes », *Hermès*, 82, 245-244.

Fairclough N. (1992) *Discourse and Social Change*, Cambridge, Polity Press.

Fantin E., Fevry S. & Niemeyer K. (2021) *Nostalgies contemporaines. Médias, cultures et technologies*, Lille, Presses Universitaires du Septentrion.

Fantin E., Niemeyer K. & Dufresne-Deslières C. (2023) « Nostalgies et remédiations du passé en politique, ou le danger des abus de la mémoire », *Questions de communication*, 44, 263-282.

Faraco B. (2006) « Les organisations non gouvernementales et le réchauffement climatique », *Écologie & politique*, 33, 71-85.

Farchy J. & Méadel C. (2013) « Moteurs de recherche et référencement : chassez le naturel... », *Hermès*, 66, 2, 147-154.

Farcy J.-C. (2001) *L'Histoire de la justice française de la Révolution à nos jours*, Paris, PUF.

Fassin E. (2024) *Misère de l'anti-intellectualisme. Du procès en wokisme à celui en antisémitisme*, Paris, Textuel.

Fawcett T. & Philippot C. (dir.) (1976) *The Art Press, Two Centuries of Art Magazines*, London, The Art Book Company, coll. Art Documents Number One.

Fedler F., Buhr T. & Taylor D. (1988) "Journalists Who Leave the News Media Seem Happier, Find Better Jobs", *Newspaper Research Journal*, 9, 15-23.

Feldstein M. (2006) "A Muckraking Model: Investigative Reporting Cycles in American History", *Harvard International Journal of Press/Politics*, 11, 105-120.

Fengler S., Eberwein, T. & Karmasin M. (eds.) (2022) *The Global Handbook of Media Accountability*, Routledge.

Fengler S. & Speck D. (2019) "Journalism and Transparency: A mass Communications Perspective" in Berger S. & Owetschkin D. (eds) *Contested Transparencies, Social Movements and the Public Sphere*, Springer Verlag, 119-149.

Féroc-Dumez I. (2023) « L'école face aux nouveaux défis de l'éducation aux médias et à l'information (EMI) » in Marsollier C. (dir.) *S'ouvrir à la complexité de l'École. De l'intelligibilité à l'agir*, Paris, Berger Levrault, 321-335.

Ferragu G. (2020) *Histoire du terrorisme*, Paris, Tempus.

Ferrand O. (2006) « La société du divertissement médiatique », *Le Débat*, 138, 46-64.

Ferret N. (2023) *Le Capitalisme autonarratif : production, réception et valorisation du récit de soi sur Twitch*, Thèse de doctorat, EHESS.

Ferro M. (1977) *Cinéma et histoire*, Paris, Denoël.

Ferron B. (2016) « Professionnaliser les "médias alternatifs"? Enjeux sociaux et politiques d'une mobilisation (1999-2016) ». *Savoir/Agir*, 38, 4, 21-28.

Feyel G. (1977) « Correspondances de presse parisiennes des journaux de province de 1828 à 1856 », *Documents pour l'histoire de la presse nationale au XIXe et XXe siècles*, Paris, CNRS.

Feyel G. (2023) *La Presse en France, des origines à nos jours*, Paris, Ellipses.

Fines Schlumberger J.-A. (2023) « Thomson Reuters et Canon testent l'authentification de photographies via les blockchains », *La revue européenne des médias et du numérique*, 67.

Finlayson J. & Dafydd H. (2023) "Jürgen Habermas" in Zalta E. N. & Nodelman U. (eds.) *The Stanford Encyclopedia of Philosophy*.

Fiske J. (1987) *Television Culture*, Routledge.

Flichy P. (1991) *Une histoire de la communication moderne. Espace public et vie privée*, Paris, La Découverte.

Flichy P. (2010) *Le Sacre de l'amateur. Sociologie des passions ordinaires à l'ère numérique*, Paris, Seuil.

Fogel M. (1989) *Les Cérémonies de l'information dans la France du XVI*[e] *au XVIII*[e] *siècle*, Paris, Fayard.

Forcade O. (2016) *La Censure en France pendant la Grande guerre*, Paris, Fayard, coll. Histoire.

Foucault M. (1975) *Surveiller et punir*, Paris, Minuit.

Foucault M. (1994) *Dits et Écrits 1954-1988. Tome 4,1981-1988*, Paris, Gallimard.

Fougeyrollas-Schwebel D., Lépinard É. & Varikas E. (2005) « Féminisme(s) : penser la pluralité », *Les Cahiers du Genre*, 39.

Fournier L. (2020) "Sick Women, Sad Girls, and Selfie Theory: Autotheory as Contemporary Feminist Practice" in Karpinski E. & Chansky R. (dir.) *Life Writing Outside the Lines. Gender and Genre in the Americas*, London, Routledge, 149-168.

François S. & Schmitt O. (2015) « Le conspirationnisme dans la Russie contemporaine », *Diogène*, 249-250, 1, 120-129.

Frasca G. (2004) "Simulation versus Narrative: Introduction to Ludology" in Wolf M. J. P. & Perron B. (eds) *The Video Game Theory Reader*, Routledge.

Frasca G. (2007) *Play the Message: Play, Game and Videogame Rhetoric*. Ph.D. dissertation, IT University of Copenhagen.

Fraser N. (1990) "Rethinking the Public Sphere: A Contribution to the Critique of Actually Existing Democracy", *Social Text*, 25/26, 56-80. Version française (1992), « Repenser la sphère publique. Une contribution à la critique de la démocratie telle qu'elle existe réellement », *Hermès*, 31, 3, 125-156.

Frau-Meigs D. (2019) *Faut-il avoir peur des fake news ?*, Paris, La Documentation française.

Freelon D., Mcilwain C. D. & Clark M. D. (2016) *Beyond the Hashtags: #Ferguson, #Blacklivesmatter, and the Online Struggle for Offline Justice Center for Media & Social Impact*, Washington, SSRN.

Freud S. (1974) *Le Mot d'esprit et ses rapports avec l'inconscient* [1905], Paris, Gallimard, coll. Idées.

Freund G. (1974) *Photographie et société*, Paris, Seuil.

Froissart P. (2010) *La Rumeur. Histoire et fantasmes*, Paris, Belin.

Froissart P. (2024) *L'Invention du fact-checking. Enquête sur la « Clinique des rumeurs », Boston, 1942-1943*, Paris, PUF.

Garcin-Marrou I. (2001) *Terrorisme, médias et démocratie*, Presses Universitaires de Lyon.

Garcin-Marrou I. & Hare I. (2018) « Discours médiatiques post-attentats. Une perspective historique (1995-2016) », *Mots*, 118, 51-64.

Garnham N. (2015) « Économie politique et *cultural studies* : réconciliation ou divorce ? », *Réseaux*, 192, 45-65.

Garvey C. & Maskal C. (2020) "Sentiment Analysis of the News Media on Artificial Intelligence Does Not Support Claims of Negative Bias Against Artificial Intelligence", *OMICS*, 24, 5.

Gay D. (2020) « La représentation de l'autre : Enquête sur les conditions de production de personnages racisés dans une websérie LGBT », *Réseaux*, 223, 107-128.

Gay D. (2023) « Radio Libre (Skyrock) ou la libre antenne comme dispositif d'encadrement d'une sexualité hétéronormative », *Réseaux*, 237, 37-65.

Geers A. (2016) *Le Sourire et le tablier. La construction médiatique du féminin dans* Marie-Claire *de 1937 à nos jours*, Thèse de doctorat, EHESS.

Geers A. (2022) « Faire des images de soi sur Instagram pour négocier les normes de genre », *Éducation et société*, 47, 99-114.

Gellner E. & Ionescu G. (eds). (1969) *Populism. Its Meanings and National Characteristics*, New York, Macmillan.

George E., Dorval J. & Germain E. (2023) "Thinking about Platforming with more Traditional Mediatization: Lessons from Audiovisual Analysis", *Studies in Communication Sciences*, 23, 3, 369-380.

Germani G. (1978) *Authoritarianism, Fascism and National Populism*, Routledge.

Gervais T. (2015) *La Fabrique de l'information visuelle, photographies et magazines d'actualité*, Paris, Éditions Textuel, coll. L'écriture photographique.

Gervereau L. (1996) *Histoire mondiale de l'affiche politique*, Paris, Somogy.

Gherghescu M. & Gueye-Parmentier L. (dir.) (2020) *La Fabrique de l'histoire de l'art. 200 revues, 1903-1969*, Paris, Textuel/Centre Pompidou/Bibliothèque Kandinsky.

Ghosn C. (2013) « Minorités ethniques et télévision : quel constat en France et à l'étranger ? Comparaison sélective », *Les Enjeux de l'information et de la communication*, 14, 1, 51-61.

Giet S. (1998) *Nous Deux 1947-1997 : apprendre la langue du cœur*, Louvain, Peeters-Vrin.

Gimenez E. & Voirol O. (2017) « Les agitateurs de la toile. L'Internet des droites extrêmes », *Réseaux*, 202-203, 9-37.

Gitlin T. (1978) "Media Sociology: the Dominant Paradigm in Media Studies", *Theory and Society*, 6, 2, 205-253.

Glevarec H. (2005) *Libre antenne. La réception de la radio par les adolescents*, Paris, Armand Colin & INA, coll. Médiacultures.

Glevarec H. (2012) *La Sériephilie. Sociologie d'un attachement culturel et place de la fiction dans la vie des jeunes adultes*, Paris, Ellipses, coll. Culture pop.

Glevarec H. (2023) « Public et pratique du podcast natif. Une écoute féminine, jeune et distribuée. Enquête CSA/Havas Paris 2023 », *Radiomorphoses*, 10.

Glevarec H. & de Saint Maurice T. (2017) « Élargir la vie. Les séries contemporaines », *Le Débat*, 194, 181-191.

Glevarec H., Macé E. & Maigret E. (2008) *Cultural Studies. Anthologie*, Paris, Armand Colin.

Goasdoué G. (2015) « Pratiques et normes journalistiques à l'ère numérique. Ce que les logiques d'écriture enseignent », *Politiques de communication*, 5, 153-176.

Godefroy J. (2021) « Des influenceurs sous influence? La mobilisation économique des usagers d'Instagram », *Travail et emploi*, 164-165, 59-83.

Goffman E. (1973) *La Présentation de soi. La mise en scène de la vie quotidienne*, Paris, Minuit.

Gomez-Mejia G., Nicey J. & Stalder A. (2019) « Youtubeurs, invention d'une énonciation subjective? » *Études digitales*, 17-32.

Gonnet J. (2001), *Éducation aux médias. Les controverses fécondes*, Paris, Hachette Éducation.

Goodman M. (2008) *The Sun and the Moon. The Remarkable True Account of Hoaxers, Showmen, Dueling Journalists, and Lunar Man-Bats in Nineteenth-Century*, New York, Basic Books.

Goulet V. (2010) *Médias et classes populaires. Les usages ordinaires des informations*, Bry-sur-Marne, INA Éditions, coll. Médias essais.

Graham T., Broersman M., Hazelhoff K. & van't Harr G. (2013) "Between Broadcasting Political Messages and Interacting with Voters. The Use of Twitter during the 2010 UK General Election Campaign", *Information, Communication & Society*, 16, 5, 692-716.

Grainge P. (2000) "Nostalgia and Style in Retro America. Moods, Modes, and Media Recycling", *The Journal of American Culture*, 23, 1.

Gramsci A. (1996) *Écrits de prison*, Paris, Gallimard.

Granchet A. (2022) « Des pratiques journalistiques éclatées mais une éthique commune? » in (Alexis *et al*, *Le manuel de journalisme)*.

Granjon F. (2021) « Gilets Jaunes et colères noires », *Questions de communication*, 40, 303-318.

Greffet F. & Wojcik S. (2008) « Parler politique en ligne. Une revue des travaux français et anglo-saxons », *Réseaux*, 150, 4, 19-50.

Greffet F., Wojcik S. & Blanchard G. (2014) « S'engager dans la campagne présidentielle. Les formes multiples de la participation politique en ligne », *Politiques de communication*, 3, 25-58.

Grégoire M. (2013) *Les Intermittents du spectacle. Enjeux d'un siècle de luttes*, Paris, La Dispute.

Grice H. P. (1979) « Logique et conversation », *Communications*, 30, 1, 57-72.

Griset P. (1991) *Les Révolutions de la communication, XIXe-XXe siècle*, Paris, Armand Colin.

Griset P. (1996) *Entreprise, technologie et souveraineté. Les télécommunications transatlantiques de la France (XIXe et XXe siècles)*, Paris, Éditions Rive Droite.

Gross L. (1991) "Out of the Mainstream. Sexual Minorities and the Mass Media" in (Seiter *et al.* 1991), 130-149.

Guardiola E. *et al.* (2012) « Du jeu utile au jeu sérieux (*serious game*). Le projet Jeu Serai », *Hermès*, 62, 85-91.

Guerrier O. (2020) « Qu'est-ce qu'un "régime de vérité"? », *Les Cahiers de Framespa*, 35.

Gunthert A. (2013) « Les icônes du photojournalisme, ou la narration visuelle inavouable ».

Gunthert A. (2015a) *L'Image partagée*, Paris, Textuel.

Gunthert A. (2015b) « La consécration du selfie. Une histoire culturelle », *Études Photographiques*, 32.

Habermas J. (1993) *L'Espace public. Archéologie de la publicité comme dimension constitutive de la société bourgeoise* [1962], Paris, Payot.

Hajjat A. & Mohammed M. (2022) *Islamophobie. Comment les élites françaises fabriquent le problème musulman*, Paris, La Découverte.

Hall S. (1980), « Encoding/Decoding », in Hall S., Hobson D., Lowe A., and Willis P. (eds), *Culture, Media, Language*, London, Hutchinson, 128-138. Traduction française (1994) « Codage/décodage », *Réseaux*, 68, 27-39.

Hall S., Critcher C., Jefferson T., Clarke J. & Roberts B. (1978) *Policing the Crisis: Mugging, the State, and Law and Order*, Palgrave.

Haraway, D. (2003) "Teddy Bear Patriarchy: Taxidermy in the Garden of Eden, New York City, 1908-1936" in *The Haraway Reader*, Routledge, 223-250.

Harnay S. & Sachs T. (2018) « La régulation de la gouvernance d'entreprise : de l'autorégulation à la corégulation? », *Revue d'économie financière*, 2, 130, 41-53.

Harvey D. (2005) *A Short History of Neo-Liberalism*, Oxford University Press.

Heller S. (2005) *De Merz à Emigre et au-delà : Graphisme et magazines d'avant-garde au XXe siècle*, Paris, Phaidon.

Hengel M. (2023) *L'Économie politique de la production et de la consommation des médias en France*, Thèse de doctorat, Institut d'études politiques de Paris.

Hennion A. (1989) « À médiateur, médiateur et demi, la valorisation croisée du livre et de la télévision », *Quaderni*, 8, 41-53.

Henrotte H. (2005) *Le Monde dans les yeux. Gamma-Sygma, l'âge d'or du photojournalisme*, Paris, Hachette, coll. littératures.

Herzog H. (1944) "What do we really Know about Daytime Serial Listeners?" in Lazarsfeld P. F. & Stanton F. N. (eds) *Radio Research. 1942-1943*, Columbia University, Duell, Sloan & Pearce, 3-33.

Hill Collins P. (2016) *La Pensée féministe noire. Savoir, conscience et politique de l'empowerment*, Montréal, Les Éditions du remue-ménage.

Hill Collins P. (2019) *Intersectionality as Critical Social Theory*, Durham, Duke University Press.

Hilmes M. (2022) "But is it radio? New forms and voices in the audio private sphere" in Lindren M. & Loviglio J. (eds.) *The Routledge Companion to Radio and Podcast Studies*, Routledge.

Hine C. (2000) *Virtual Ethnography*, Sage.

Hine C. (2015) *Ethnography for the Internet. Embedded, Embodied and Everyday*, Routledge.

Hoang A. N., Mahéo C., Mellot S., Pasquer-Jeanne J. & Theviot A. (2021) « Explorer les méthodes en ligne pour des terrains hors ligne », *Terminal*, 129.

Hobsbsawm E. & Ranger T. (1983) *The Invention of Tradition*, Cambridge University Press.

Hobson D. (1980) "Housewives and the Mass Media" in Hall S., Hobson D., Lowe A. & Willis P. (eds) *Culture, Media, Language. Working Papers in Cultural* Studies, *1972-1979*, London, Hutchinson, 105-114.

Hobson D. (1982) "*Crossroads*": *The Drama of a Soap Opera*, London, Methuen.

Hobson D. (1991) "Soap operas at work" in (Seiter *et al.* 1991), 150-167.

Hoggart R. (1970) *La Culture du pauvre. Étude sur le style de vie des classes populaires en Angleterre* [1957], Paris, Minuit, coll. Le sens commun.

Holm M. (2019) *The Rise of Online Counterpublics? The Limits of Inclusion in a Digital Age*, Thèse de doctorat, Uppsala University.

Hoseini M., Melo, P., Benevenuto F., Feldmann, A. & Zannettou, S. (2021) « On the Globalization of the QAnon Conspiracy Theory Through Telegram », arXiv, 1-11.

Huret M. (1984) *Ciné actualités. Histoire de la presse filmée, 1895-1980*, Paris, Henri Veyrier.

Hutcheon L. (1981) « Ironie, satire, parodie : une approche pragmatique de l'ironie », *Poétique : Revue de Théorie et d'Analyse Littéraires*, 12, 46, 140-155.

Ichou M. & Palheta U. (2023) « Un salaire de la blanchité? : Les revenus salariaux, une dimension sous-estimée des inégalités ethno-raciales en France », *Revue française de sociologie*, 64, 557-595.

Iheka C. (2021) *African Ecomedia: Network Forms, Planetary Politics*, Durham, Duke University Press.

Illouz E. (2019) *Les Marchandises émotionnelles*, Paris, Premier Parallèle.

Ince J., Rojas F. & Davis C. A. (2017) "The Social Media Response to Black Lives Matter: How Twitter Users Interact with Black Lives Matter through Hashtag Use", *Ethnic and Racial Studies*, 40, 11, 1814-1830.

Ioscote F, Gonçalves A. & Quadros C. (2024) "Artificial Intelligence in Journalism. A Ten-Year Retrospective of Scientific Articles (2014-2023)", *Journalism and Media*, 5, 3, 873-891.

Jaffeux T. (2024) « Saisir les algorithmes dans l'action. Le cas de l'infrastructure de qualification de contenus de la plateforme Dailymotion », *Réseaux*, 246-247, 4, 227-266.

Jameson F. (1991) *Postmodernism, or The Cultural Logic of Late Capitalism*, Durham, Duke University Press.

Jauss H. R. (1978) *Pour une esthétique de la réception*, Paris, Gallimard, coll. Bibliothèque des Idées.

Jeangenne-Wilmer J.-B. (2024) *Les Opérations d'influence chinoise*, Paris, Équateurs.

Jeanneney J.-N. (1996) *Une histoire des médias, des origines à nos jours*, Paris, Seuil.

Jeanneney J.-N. (dir.) (1999) *L'Écho du siècle, Dictionnaire historique de la radio et de la télévision*, Paris, Hachette.

Jeanneney J.-N. (2004) *Le Duel, une passion française (1789-1914)*, Paris, Seuil.

Jeanneret Y. (2007) « La page à l'écran, entre filiations et filières », *Visible*, 3.

Jeanneret Y. & Patrin-Leclère V. (2016) « Ce que format veut dire. Interroger le concept de format médiatique », *Effeuillage*, 5, 62-67.

Jeanneret Y. & Souchier E. (2005). « L'énonciation éditoriale dans les écrits d'écran », *Communication et langages*, 145, 3-15.

Jehel S. & Proulx S. (2020) « Le travail émotionnel des adolescents face au web affectif. L'exemple de la réception d'images violentes, sexuelles et haineuses », *Communiquer*, 28, 121-139.

Jenkins H. (1988) "*Star Trek* Rerun, Reread, Rewritten. Fan Writing as Textual Poaching", *Critical Studies in Mass Communication*, 5, 2, 85-107.

Jenner M. (2018) *Netflix and the Re-invention of Television*, Palgrave Macmillan.

Jobin A., Ienca M. & Vayena E. (2019) "The Global Landscape of AI Ethics Guidelines", *Nature Machine Intelligence*, 1, 389-399.

Johnson S. & Augustus de Lozano C. (2002) "The Art and Science of Magazine Cover Research", *Journal of Magazine & New Media Research*, 5, 1.

Jost F. (1997) « La promesse des genres », *Réseaux*, 81, 11-31.

Jost F. (2010) « Culture et dépendances. Les avatars d'une mission de service public », *Le Temps des médias*, 14, 219-231.

Jost F. (2011) « Peut-on parler de télévision culturelle? », *Télévision*, 2, 11-24.

Jouët J. (1989) « Une communauté télématique. Les axiens », *Réseaux*, 7, 38, 49-66.

Jouët J. (1993) « L'amour sur Minitel » in Bougnoux D. (dir.) *Sciences de l'Information et de la Communication. Textes Essentiels*, Paris, Larousse, 784 -789.

Jouët J. (2000) « Retour critique sur la sociologie des usages », *Réseaux*, 100, 487-521.

Jouët J. (2011) « Des usages de la télématique aux Internet Studies » in Denouël J. & Granjon F. *Communiquer à l'ère numérique. Regards croisés sur la sociologie des usages*, Paris, Presses des Mines, coll. Sciences sociales, 45-90.

Jouët J. (2022) *Numérique, féminisme et société*, Paris, Presses des Mines, coll. Sciences sociales.

Jouët J. (2024) « Le féminisme dans l'information générale et politique : pourquoi tant de violence? », *La Revue européenne des médias et du numérique*, 68.

Jouët J. & Le Caroff C. (2013) « L'observation ethnographique en ligne » in Barats C. (dir.) *Manuel d'analyse du web en Sciences Humaines et Sociales*, Paris, Armand Colin, 147-165.

Jouët J., Niemeyer K., & Pavard B. (2017) « Faire des vagues. Les mobilisations féministes en ligne », *Réseaux*, 201, 21-57.

Juanals B. (2023) « Infodémie ». *Publictionnaire. Dictionnaire encyclopédique et critique des publics.*

Julliard V. (2017) « "Théorie du genre", #theoriedugenre. Stratégies discursives pour soustraire la "différence des sexes" : des objets de débat », *Études de communication*, 48, 111-136.

Julliard V. & Quemener N. (2014) « Le genre dans la communication et les médias : enjeux et perspectives », *Revue française des sciences de l'information et de la communication*, 4.

Jung C. G. (1935) *Conflits de l'âme enfantine. La rumeur. L'influence du père* [1910], Paris, Aubier, 43-58.

Kalifa D. (1995) *L'Encre et le sang, récits de crimes et société à la Belle Époque*, Paris Fayard.

Kalifa D., Régnier P., Thérenty M.-E. & Vaillant A. (dir.) (2011) *La Civilisation du journal. Histoire culturelle et littéraire de la presse française au XIXe siècle*, Paris, Nouveau Monde Éditions, coll. Opus Magnum.

Kandel L. (1980) « L'explosion de la presse féministe », *Le Débat*, 1, 105-128.

Kant E. (2011) *Idée d'une histoire universelle au point de vue cosmopolitique* [1784] Paris, Ellipses.

Kant E. (2020) *Qu'est-ce que les Lumières?* [1784], Paris, Flammarion.

Kapferer J.-N. (1987) *Rumeurs. Le plus vieux média du monde*, Paris, Seuil.

Katz E. (1957) "The Two-Step Flow of Communications. An Up-to-Date Report on an Hypothesis", *The Public Opinion Quarterly*, 21, 1, 61-78.

Katz E. (1959) "Mass Communications Research and the Study of Popular Culture. An Editorial Note on a Possible Future for This Journal", *Studies in Public Communication*, 2, 1-6.

Katz E. (1987) "Communication Research since Lazarsfeld", *The Public Opinion Quaterly*, 51, 525-545.

Katz E., Blumler J. G. & Gurevich M. (1973-1974) "Uses and gratifications Research", *The public Opinion Quarterly*, 37, 4, 509-523.

Katz E. & Dayan D. (1985) "Media Events. On the Experience of Not Being There", *Religion*, 15, 3, 305-314.

Katz E. & Lazarsfeld P. (1955) *Personal Influence, The Part Played by People in the Flow of Mass Communications*, Glencoe, Free Press.

Katz E. & Liebes T. (1990) *The Export of Meaning, Cross-Cultural Readings of Dallas*, Oxford University Press.

Katz E. & Liebes T. (2007) " 'No more peace'. How Disaster, Terror and War Have Upstaged Media Events", *International Journal of Communication*, 1.

Kaufmann L. & Clément F. (2007) "How Culture Comes to Mind. From Social Affordances to Cultural Analogies", *Intellectica*, 46-47, 221-250.

Kelly L. & Tillous M. (2019) « Le continuum de la violence sexuelle », *Cahiers du Genre*, 66, 1, 17-36.

Khamis S., Ang L. & Welling R. (2017) "Self-branding, 'micro-celebrity' and the Rise of Social Media Influencers", *Celebrity Studies*, 8, 2, 191-208.

Khoja-Moolji S. (2015) "Becoming an 'Intimate Publics' Exploring the Affective Intensities of Hashtag Feminism", *Feminist media studies*, 2, 347-350.

Kilani M. (1992) *Introduction à l'anthropologie*, Lausanne, Payot.

Kisukidi N. Y. (2014) "Nostalgia and Postcolonial Utopia in Senghor's Négritude" in Niemeyer K. *Media and Nostalgia. Yearning for the Past, Present and Future*, Palgrave Macmillan, 191-202.

Kiyindou A. (2013) « De la diversité à la fracture créative : une autre approche de la fracture numérique », *Revue française des sciences de l'information et de la communication*, 2.

Knapp R. H. (1944) "A Psychology of Rumor", *The Public Opinion Quarterly*, 8, 1, 22-37.

Knopf, T. A. (1975) "Beating Rumors: Evaluation of Rumor Control Centers", *Policy Analysis*, 1, 4, 599-612.

Koch O. (2023) « Consentir à la perte de son autonomie : les conditions d'adhésion des journalistes aux métriques d'audience », *Les Cahiers du Journalisme*, 10, 85-96.

Koch O. & Mattelart T. (dir.) (2016), *Géopolitique des télévisions transnationales d'information*, Paris, Mare et Martin.

Koch O. & Mattelart T. (dir.) (2023) « La diplomatie publique à l'heure des réseaux », *Questions de communication*, 44, 7-181.

Koechlin A. (2019) *La Révolution féministe*, Paris, Éditions Amsterdam.

Kotras B. (2018) *La Voix du web. Nouveaux régimes de l'opinion sur Internet*, Paris, Seuil.

Kozinets R. (2019) *Netnography. The Essential Guide to Qualitative Social Media Research*, Sage.

Krieg-Planque A. (2009) *La Notion de « formule » en analyse du discours : cadre théorique et méthodologique*, Besançon, Presses universitaires de Franche-Comté.

Kunert S. (2017) « Stratégies de légitimation et configurations discursives de la "cause des hommes" », *Études de communication*, 48, 91-110.

Kurkdjian S. (2014) *Lucien Vogel et Michel de Brunhoff, parcours croisés de deux éditeurs de presse illustrée au XXe siècle*, Bayonne, Institut universitaire Varenne.

Kurlinkus W. C. (2018) *Nostalgic Design. Rhetoric, Memory, and Democratizing Technology*, University of Pittsburgh Press.

Labbe C., Padovese V., Richter M. & Harling A.-S. (2020) « Rapport: QAnon en Europe », *NewsGuard*.

Laclau E. (1977) *Politics and Ideology in Marxist Theory. Capitalism-Fascism-Populism*, London, NLB.

Lafon B. (2012) « Des fictions “toutes proches” : une certaine identité de la France. Enjeux politiques des séries télévisées de France 3 en prime time (*Louis la Brocante*, *Famille d’accueil*, *Un Village français*) », *Mots*, 99.

Lafon B. (2019) *Médias et médiatisation*, Presses universitaires de Grenoble, 157-189.

Lagneau É. (2022) « La dépêche d’agence, immuable et changeante » in (Alexis *et al.*, 2022), 225-234.

Lambert F. (1986) *Mythographies, la photo de presse et ses légendes*, Paris, Ellig, coll. Médiatèque.

Lambert F. (2006) « La caricature comme objet de croyance », *Communication & langages*, 187, 1, 23-30.

Lambert F. & Niemeyer K. (2016) « Introduction. L’actualité en performances : art & médias », *Communication & langages*, 190, 4, 25-40.

Larrère C. (2015) « La nature a-t-elle un genre? Variétés d’écoféminisme », *Cahiers du Genre*, 59, 103-125.

Lasch C. (1979) *The Culture of Narcissism. American Life in an Age of Diminishing Expectations*, New York, Norton (traduction *Le Complexe de Narcisse*, Paris, Robert Laffont, 1980).

Latour B. (1993) *Petites leçons de sociologie des sciences*, Paris, La Découverte.

Lattès V. & Lardellier P. (1999) « Les émissions littéraires à la TV. Ambiguïtés du “médiatexte” », *Communication & langages*, 119, 24-37.

Laugée F. (2010) « Journalisme, quels métiers ! », *La Revue européenne des médias et du numérique*, 17.

Lavoie V. (2010) « La rectitude photojournalistique », *Études photographiques*, 26.

Le Bart C. (2013) *L’Ego-politique. Essai sur l’individualisation du champ politique*, Paris, Armand Colin.

Le Douarin L. (2002) « Le micro-ordinateur dans l’espace conjugal », *Cahiers internationaux de Sociologie*, CXII, 169-201.

Le Foulgoc A. (2010) *Politique et télévision. Extension du domaine politique*, Bry-sur-Marne, INA éditons.

Le Foulgoc A. (2017) « Aux marges de l’information, de *Quotidien* au *Daily Show with Trevor Noah*, étude comparative pendant les campagnes électorales françaises et américaines », *Télévision*, 8, 115-133.

Le Goaziou V. (1999) « Le corps des téléspectateurs », *Réseaux*, 92-93, 293-314.

Le Grignou B. (1996) « Les périls du texte », *Réseaux*, 80,107-126.

Le Grignou B. (2003) *Du côté du public. Usages et réceptions de la télévision*, Paris, Economica, coll. Études politiques.

Le Naour J.-Y. (2013) *Plus belle la vie. La boîte à histoires*, Paris, PUF.

Le Saulnier G. (2011) « Les policiers réels devant leurs homologues fictifs. Fiction impossible? Pour une sociologie de la réception dans la sphère professionnelle », *Réseaux*, 165, 109-135.

Leblanc A. (2011) « Fixer l’évènement, le Mai 1968 du photojournalisme », *Sociétés et représentations*, 32, 57-76.

Lecha M. (2023) « Médias hybride en contexte de mobilisation. Le cas des gazettes imprimées de Gilets jaunes », *Cahiers Costech*, 6.

Lefébure P. & Sécail C. (dir.) (2016) *Le Défi Charlie. Les médias à l’épreuve des attentats*, Paris, Lemieux éditeur.

Lefebvre R. & Taïeb E. (dir.) (2020) *Séries politiques - Le pouvoir entre fiction et vérité*, Louvain-la-Neuve, De Boeck.

Lefebvre T. (2008) *La Bataille des radios libres, 1977-1981*, Paris, Nouveau Monde, Ina.

Lefebvre T. & Poulain S. (dir.) (2021) *Les Radios locales : histoires, territoires et réseaux*, Paris, L’Harmattan, coll. Les médias en actes.

Legall G. (2014) « Une persistance photographique, préambule », *Les Carnets du Bal*, 5, 4-23.

Legavre J.-B. (2024) « Les héros ne sortent pas de nulle part. L’exemple des journalistes fictionnalisés à la Belle époque » in Houte A.-D. (dir.) *Les Belles époques de Dominique Kalifa. Retour sur une œuvre d’historien*, Paris, Presses de la Sorbonne.

Legavre J.-B. & Rieffel R. (dir.) (2017) *Le Web dans les rédactions de presse écrite*, Paris, L’Harmattan.

Lemieux C. (2000) *Mauvaise presse*, Paris, Métailié.

Leroux P. & Riutort P. (2013) *La Politique sur un plateau : ce que la télévision fait à la politique*, Paris, PUF.

Lesaunier M.-E. (2021) *Les Conditions de production du documentaire de création en France. Enjeux d’une mobilisation professionnelle*, Thèse de doctorat, Université Paris-Panthéon-Assas.

Leteinturier C. & Mathien M. (2010) « Une profession fragilisée : les journalistes français face au marché de l’emploi », *Quaderni*, 73, 97-114.

Lévêque F. (2004) *Économie de la réglementation*, Paris, La Découverte, coll. Repères.

Lévêque S. (2009) « Femmes, féministes et journalistes : les rédactrices de *La Fronde* à l’épreuve de la professionnalisation journalistique », *Le Temps des médias*, 12, 41-53.

Lévêque S. (2016) *Presses féminines, presses féministes*, HDR, Université Paris-Panthéon-Sorbonne.

Leverett M., Ott B. L. & Buckley C. L. (2008) *It’s not TV. Watching HBO in the Post-Television Era*, Routledge.

Lévy M.-F. (dir.) (1999) *La Télévision dans la République : les années 50*, Bruxelles, Complexe/CNRS.

Lewis J.M.W., Williams A. & Franklin, R.A. (2008) “Four rumours and an explanation: A political economic account of journalists’ changing newsgathering and reporting practices”, *Journalism Practice*, 2, 27-45.

Lhérault M. (2002) *Le Vrai journal décrypté : chez Karl Zéro, l’information comme nulle part ailleurs ?*, Paris, Nouveau Monde éditions.

Liebes T. & Katz E. (1992) « Six interprétations de la série *Dallas* », *Hermès*, 11-12, 125-144.

Lilti A. (2014) *L'Invention de la célébrité (1750-1850)*, Paris, Fayard.

Lindeperg S. (2000) *Clio de 5 à 7. Les Actualités filmées de la Libération : archives du futur*, Paris, CNRS Éditions.

Lindgren M. & Loviglio J. (eds.) (2022) *The Routledge Companion to Radio and Podcast Studies*, Routledge.

Lits M. (2008) *Du récit au récit médiatique*, Louvain-la-Neuve, De Boeck.

Lits M. (2010) « L'impossible clôture des récits multimédiatiques », *A contrario*, 1, 113-124.

Liu L., Zhang W. & Han C. A. (2021) "A Survey for the Application of Blockchain Technology in the Media", *Peer-to-Peer Networking and Applications*, 5, 3143-3165.

Livingstone S. (2004a) « Du rapport entre audiences et publics », *Réseaux*, 126, 17-55.

Livingstone S. (2004b) "The Challenge of Changing Audiences: or what is the Audience Researcher to do in the Age of the Internet?", *European Journal of Communication*, 19, 1, 75-86.

Livingstone S., Lunt P. & Maigret É. (1994) « Se faire entendre dans l'espace public. Les femmes, la télévision et le citoyen-téléspectateur », *Réseaux*, 63, 59-74.

Lizardi R. (2015) *Mediated Nostalgia: Individual Memory and Contemporary Mass Media*, London, Lexington Books.

Lochard G. (1996) « Genres rédactionnels et appréhension de l'évènement médiatique. Le déclin des "modes de configuration"? », *Réseaux*, 76, 83-102.

Lochard G. & Soulages J.-C. (2003) « La parole politique à la télévision. Du logos à l'ethos », *Réseaux*, 118, 65-94.

Lombardo P. & Wolff L. (2020) « Cinquante ans de pratiques culturelles en France », *Culture études*, 2, 1-92.

Lomborg S. & Bechmann A. (2014) "Using APIs for Data Collection on Social Media", *The Information Society*, 30, 4, 256-265.

Lopera-Mármol M. & Malet M. (2022) « Trouble du spectre de l'autisme et *empowerment*. Les réceptions de la série *Atypical* par les fans (Netflix, 2017-2021) », *Études de communication*, 59, 147-170.

Lotz A. D. (2017) *Portals. A Treatise on Internet-Distributed Television*. University of Michigan Library.

Lowe G. F., Van den Bulck H. & Donders K. (dir.) (2018) *Public Service Media in the Networked Society*, Stockholm, Nordicom.

Luciani I. (2012) « De l'espace domestique au récit de soi? Écrits féminins du for privé », *Clio. Femmes, Genre, Histoire*, 35, 21-44.

Lull J. (1990) *Inside Family Viewing. Ethnographic Research on Television's Audiences*, Routledge.

Lupovici R. (2023) *La Critique des médias par les Gilets jaunes. Étude des appuis sociaux et numériques de la contestation politique*, Thèse de doctorat, Université Sorbonne Nouvelle.

MacDonald J.B., Saliba A.J., Hodgins G., & Ovington L.A. (2016) "Burnout in journalists: A systematic literature review", *Burnout Research*, 3, 34-44.

Macé É. (2009) « Mesurer les effets de l'ethno-racialisation dans les programmes de télévision : limites et apports de l'approche quantitative de la "diversité" », *Réseaux*, 157-158, 233-265.

Macé É. (2013) « La fiction française au miroir de *The Wire*. Monstration des minorités, évitement des ethnicités », *Réseaux*, 181, 179-204.

Machelon J.-P. (1976) *La République contre les libertés*, Paris, Presses de la Fondation nationale des sciences politiques.

Machiavel N. (1972) *Le Prince* [1532], Paris, livre de poche.

Machut A. & Bastin G. (2023) « Emploi flexible, tournois à l'entrée et probabilité de durer dans le monde du journalisme », *Sociologie du travail*, 65.

Mahrane Y., Fenzi M., Pessis C. & Bonneuil C. (2012) « De la nature à la biosphère. L'invention politique de l'environnement global, 1945-1972 », *Vingtième Siècle*, 113, 127-141.

Maignien M. & Bonvoisin S. M. (1986) *La Presse féminine*, Paris, PUF, coll. Que sais-je?

Maigret É. (2002) *Sociologie de la communication et des médias*, Paris, Armand Colin, coll. U.

Mailland J. & Driscoll K. (2017) *Minitel, Welcome to the Internet*, Cambridge, MIT Press.

Malonga M.-F. (2008) « La télévision comme lieu de reconnaissance : le cas des minorités noires en France », *Hermès*, 51, 161-166.

Manovich L. (2001) *The Language of New Media*, Cambridge, MIT Press.

Manucci L. (2017) "Populism and the Media", in Rovira Kaltwasser C., Ochoa Espejo P., Taggart P. A. & Ostiguy P. (eds.) *The Oxford Handbook of Populism*, Oxford University Press, 592-617.

Marchand M. (1987) *La Grande aventure du Minitel*, Paris, Larousse.

Marion P. (1997) « Narratologie médiatique et médiagénie des récits », *Recherches en Communication*, 7, 61-87.

Marres N. (2017) *Digital Sociology: the Reinvention of Social Research*, Cambridge, Polity Press.

Marsay J. (2022) *La Revanche des autrices. Enquête sur l'invisibilisation des femmes en littérature*, Paris, Payot.

Marsh V., Madrid-Morales D. & Paterson C. (2023) "Global Chinese Media and a Decade of Change", *International Communication Gazette*, 85, 1, 3-14.

Martin L. (2005) *La Presse écrite en France au XXe siècle*, Paris, Le livre de poche.

Martin M. (1997) *Médias et Journalistes de la République*, Paris, Odile Jacob.

Marx K. (1968) *Œuvres. Tome II, Économie*, Paris, Bibliothèque de la Pléiade.

Masclet O. (2021) « Permanences et ruptures dans la relation à la télévision des ménages populaires », *Réseaux*, 229, 75-106.

Matonti F. (2012) « Les mots pour (ne pas) le dire », *Raisons politiques*, 2, 13-45.

Mattelart A. & Mattelart M. (1986) *Penser les médias*, Paris, La Découverte.

Mattelart A. & Neveu E. (1996) « Cultural studies' stories. La domestication d'une pensée sauvage? », *Réseaux*, 80, 11-58.

Mattelart A. & Neveu E. (2003) *Introduction aux Cultural Studies*, Paris, La Découverte.

Mattelart A. & Palmer M. (1990) « La formation de l'espace publicitaire européen : la liberté d'expression commerciale, en quête de légitimité », *Réseaux*, 8, 42, 43-62.

Mattelart T. (1995) *Le Cheval de Troie audiovisuel. Le rideau de fer à l'épreuve des radios et télévisions transfrontières*, Presses universitaires de Grenoble.

Mattelart T. (2021) « L'élaboration par YouTube d'un modèle mondial de production de vidéos », *Questions de communication*, 40, 119-140.

Mauger G., Poliak C. & Pudal B. (2010) *Histoires de lecteurs*, Broissieux, Éditions du Croquant, coll. Champ social.

Mayenga E. (2022) « Qui représente la "diversité"? Les conditions sociales et professionnelles de l'accès à une aide publique dans le secteur audiovisuel français », *Biens Symboliques*, 10.

Mazel Q. (2022) « Voir, revoir et avoir. La consommation de supports physiques dans le contexte de la reconfiguration du marché de la vidéo », *Le Temps des médias*, 39, 160-172.

Mazuet F. (2024) *Le Cinéma de l'évènement. Histoire des Actualités Française 1945-1969*, Paris, INA Éditions.

Mazurel H. (2012) « "Nous sommes tous des Grecs". Le moment philhellène de l'Occident romantique, 1821-1830 », *Monde(s)*, 1.

McCabe J. & Akass K. (2008) "It's not TV, it's HBO's original programming. Producing quality TV" in Leverette M., Ott B. L. & Buckley C. L. (eds.) *It's not TV. Watching HBO in the Post-Television Era*, Routledge, 83-93.

McClung S. & Johnson K.M.S. (2010) "Examining the Motives of Podcast Users", *Journal of Radio & Audio Media*, 17, 82-95.

McDaniel B. (2021) "Popular Music Reaction Videos. Reactivity, Creator Labor, and the Performance of Listening Online", *New Media & Society*, 23, 6, 1624-1641.

McHugh S. (2022) *The Power of Podcasting. Telling stories Through Sound*, Sidney, University of New South Wales Press.

Méadel C. (1994) *Histoire de la radio des années trente : du sans-filiste à l'auditeur*, Paris, Economica.

Méadel C. (2010) *Quantifier le public. Histoire des mesures d'audience de la radio et de la télévision*, Paris, Éditions Economica.

Méadel C. (2015) « Le dur travail de la réception », *Hermès*, 71, 262-265.

Méadel C. (2016) « La télégraphie sans fil, un loisir citoyen », *Pour mémoire, Travaux publics de guerre et d'après-guerre*.

Méadel C. & Coulomb-Gully M. (2011) « Plombières et jardinières, Résultats d'enquêtes et considérations méthodologiques sur la représentation du Genre dans les médias », *Sciences de la société*, 83, 14-35.

Méadel, C. & Mustar A. (2022) « Balance ton porc ou la fabrique ordinaire du continuum » in (Cavalin *et al.*, 2022), 37-54.

Meizoz J. (2016) *La Littérature « en personne ». Scène médiatique et formes d'incarnation*, Genève, Slatkine.

Mellet X. (2016) *La Composition médiatique des populismes. Une comparaison France-Japon*, Thèse de doctorat, IEP de Paris.

Mendes K. (2022) « #MeToo, selfies et mèmes : une exploration des récits numérisés des violences sexuelles » in (Cavalin *et al.*, 2022), 23-36.

Mendes K., Ringrose J. & Keller J. (2019) *Digital Feminist Activism: Girls and Women Fight back against Rape Culture*, Oxford University Press.

Méon J.-M. (2003) *L'Euphémisation de la censure. Le contrôle des médias et la protection de la jeunesse : de la proscription au conseil*, Thèse de doctorat, Université Robert Schuman Strasbourg III.

Mercier A. (2015) « Twitter, espace politique, espace polémique », *Les Cahiers du numérique*, 11, 4, 145-168.

Mercier A. (dir.) (2017) *La Communication politique*, Paris, CNRS éditions.

Mercier A. (2021) « Pandémie de covid-19 et infodémie de *fake news* », *Revue Internationale d'Intelligence Économique*, 13, 1, 15-36.

Mercier A. & Amigo L. (2021) « Tweets injurieux et haineux contre les journalistes et les "merdias" », *Mots*, 125, 73-91.

Mercier A., Lesaunier M.-E. & Di Sciullo F. (2023) « Le podcast natif d'information : opportunités et nouveaux défis pour les journalistes » in Saleh I. *et al.* (dir.) *La Fabrique du sens à l'ère de l'information numérique : enjeux et défis*, actes du colloque H2PTM'23, 273-292.

Mercier A. & Pignard-Cheynel N. (2014) « Mutations du journalisme à l'ère du numérique : un état des travaux », *Revue française des sciences de l'information et de la communication*, 5.

Michel M. (2022) « Vendre sans être une vendue. Écoresponsabilité et mise à distance de la prescription marchande sur les réseaux sociaux numériques », *Réseaux*, 234, 4, 95-125.

Mille M. (2016) « Le processus collectif de création d'un feuilleton télévisé. Une division du travail d'auteur », *Sociétés contemporaines*, 101, 91-114.

Mille M. (2024) *Le Travail de la fiction*, Saint-Denis, PUV.

Millette M., Millerand F., Myles D. & Latzko-Toth G. (dir.) (2020) *Méthodes de recherche en contexte numérique. Une orientation qualitative*, Presses de l'Université de Montréal.

Moffitt B. (2016) *The Global Rise of Populism: Performance, Political Style, and Representation*, Stanford University Press.

Moirand S. (2007) *Les Discours de la presse quotidienne. Observer, analyser, comprendre*, Paris, PUF.

Monarque C. (2024) « L'agence de presse Reuters : l'information comme levier d'influence britannique en Asie du Sud-Est, XIXe-XXe siècles », *Revue française de civilisation britannique*, XXIX-1.

Mondzain M.-J. (2002) *L'Image peut-elle tuer ?*, Paris, Bayard.

Monforte Rubia C. (2023) "When Matter 'Speaks': Matter and Process of Signification around the Ephemeral Post-Attack Memorials of La Rambla in Barcelona", *E|C*, 39, 129-139.

Monnet-Cantagrel H. (2018) *Le Format bible des séries télévisées. Pratique et enjeux esthétiques*, Paris, L'Harmattan, coll. DeVisu.

Monnier A. (2018) "Narratives of the Fake News Debate in France" *IAFOR Journal of Arts & Humanities*, 5, 2, 3-22.

Moores S. (1993) *Interpreting Audiences. The Ethnography of Media Consumption*, Sage, coll. The Media, Culture & Society Series.

Ramaciotti-Morales P. *et al.* (2021) « Atlas multi-plateforme d'un mouvement social : le cas des Gilets jaunes », *Statistiques & Sociétés*, 9, 39-77.

Morel G. & Gervais T. (2016) « Les formes de l'information. 1843-2002 : de la presse illustrée aux médias modernes », in Gunthert A. & Poivert M. (dir.) *L'Art de la photographie*, Paris, Citadelles & Mazenod, 303-356.

Morin E. (1972) « Le retour de l'évènement », *Communications*, 18, 6-20.

Morin E., Paillard B., Burguière É., Vérone J. & de Lusignan S. (1969) *La Rumeur d'Orléans*, Paris, Seuil, coll. L'histoire immédiate.

Morley D. (1974) *Reconceptualising the Media Audience. Towards an Ethnography of Audiences*, Centre for Contemporary Cultural Studies, University of Birmingham, 9.

Morley D. (1980) *The Nationwide Audience. Structure and Decoding*, London, British Film Institute.

Morley D. (1986) *Family Television. Cultural Power and Domestic Leisure*, Routledge.

Morley D. (1991) "Changing paradigms in audience studies" in (Seiter *et al.* 1991), 16-43.

Morley D. (1992) *Television, Audiences and Cultural Studies*, Routledge.

Morley D. & Brunsdon C. (1978) *Everyday Television. Nationwide*, London, British Film Institute.

Morozov E. (2014) *To Save Everything, Click Here*, New York, PublicAffairs.

Morris J.W. (2021) "Infrastructures of Discovery. Examining Podcast Rating and Ranking", *Cultural Studies*, 35, 4-5, 728-749.

Mottin J. (1949) *Histoire politique de la presse de 1944 à 1949*, Paris, Éditions Bilans hebdomadaires.

Mouillaud M. (1986) « Le livre invisible. Trois émissions de la télévision française sur le livre », *Communication*, 8, 108-126.

Mudde C. & Rovira Kaltwasser C. (2017) *Populism. A Very Short Introduction*, Oxford University Press.

Mudde C. & Rovira Kaltwasser C. (2021) « Étudier le populisme dans une perspective comparative. Réflexions sur l'agenda de recherche actuel et futur », *Civitas Europa*, 47, 2, 43-70.

Muhlmann G. (2023) *Pour les faits*, Paris, Les Belles Lettres.

Mwasi (2018) *Afrofem*, Paris, Éditions Syllepse.

Myles D. (2019) " 'Anne goes rogue for abortion rights!': Hashtag feminism and the polyphonic nature of activist discourse", *New Media & Society*, 2, 507-527.

Negt O. (2007) *L'Espace public oppositionnel* [1972], Paris, Payot.

Neihouser M. (2016) *Un nouvel espace médiatique ? Sociologie de la blogosphère politique française*, Thèse de doctorat, Université de Montpellier.

Nel N. (1997) « Généricité, séquentialité, esthétique télévisuelle », *Réseaux*, 81, 33-46.

Nelson P. (1970) "Information and consumer behavior", *Journal of Political Economy*, 78, 2, 311-329.

Nelson R. (1997) *TV Drama in Transition. Forms, Values and Cultural Change*, Basingstoke, MacMillan Press.

Neveu E. (1995) « Les émissions politiques à la télévision Les années quatre-vingt ou les impasses du spectacle politique », *Hermès*, 17-18, 145-162.

Newcomb H. (2004) "Narrative and Genre", in Downing J. D. H (ed.) *The Sage Handbook of Media Studies*, Sage, 413-428.

Newman N. & Gallo N. (2019) "News Podcasts and the Opportunities for Publishers", *Digital News Project*, Reuters Institute / Oxford University.

Newman N. & Gallo N., (2020) "Daily News Podcasts. Building New Habits in the Shadow of Coronavirus", *Digital News Project*, Reuters.

Niemeyer K. (2011) *De la chute du mur de Berlin au 11 septembre 2001. Le journal télévisé, les mémoires collectives et l'écriture de l'histoire*, Lausanne, Antipodes.

Niemeyer K. (ed.) (2014) *Media and Nostalgia. Yearning for the Past, Present and Future*, Dordrecht, Springer.

Niemeyer K. (2016) « Les Unes internationales du 8 janvier 2015. Entre uniformité et singularité » in (Lefébure & Sécail, 2016), 19-48.

Niemeyer K. (2024) "Digital Nostalgias" in *The Routledge Handbook of Nostalgia*, Routledge, 493-500.

Noël S. (2021) *L'Édition indépendante critique. Engagements politiques et intellectuels*, Villeurbanne, Presses de l'ENSSIB.

Noëlle-Neumann E. (1989) « La spirale du silence. Une théorie de l'opinion publique », *Hermès*, 4, 181-189.

Nora P. (1972) « L'évènement », *Communications*, 18, 1, 162-172.

Nora P. (2015) « Retour sur un évènement monstre », *Le Débat*, 185, 4-10.

Norris P. (2020) "Measuring populism worldwide", *Party Politics*, 26, 6, 697-852.

Nye J. S. (2004) *Soft Power: The Means to Success in World Politics*, New York, Public Affairs.

O'Donnell P., Zion L. & Sherwood M. (2016) "Where do journalists go after newsroom job cuts?", *Journalism Practice*, 10, 35-51.

Olivesi A. (2017) « Médias féminins, médias féministes : quelles différences énonciatives? », *Le Temps des médias*, 29, 177-192.

Ollitrault S. (2018) « Les ONG, des outsiders centraux des négociations climatiques? », *Revue internationale et stratégique*, 109, 135-143.

Ollitrault S. & Villalba B. (2014) « Sous les pavés, la Terre. Mobilisations environnementales en France (1960-2011), entre contestations et expertises », in Pigenet M. & Tartakowski D. (dir.) *Histoire des mouvements sociaux en France de 1814 à nos jours*, Paris, La Découverte, 716-723.

Orwell G. (1946) *Politics and the English Language*, London, Horizon.

Ouakrat A. (2016) « Les métriques d'audience comme agents de transformation du journalisme en ligne? », *Études digitales*, 2, 2, 107-120.

Owen W. (1991) *Modern Magazine Design*, New York, Rizzoli.

Ozouf M. (2005) *Varennes. La mort de la royauté*, Paris, Gallimard, coll. Les trente journées qui ont fait la France.

Pachet P. (2015) *Les Baromètres de l'âme. Naissance du journal intime*, Paris, le Bruit du Temps.

Pallister K. (2019) *Netflix Nostalgia. Streaming the Past on Demand*, London, Lexington Books.

Palmer M. (2004) « Information et publicité : les "liaisons dangereuses" », *Le Temps des médias*, 2, 1, 41-48.

Palmer M. (2014) *Des petits journaux aux grandes agences. Naissance du journalisme moderne* [1983], Paris, Aubier.

Palmer M. (2016) « L'âge d'or de la presse », *Le Temps des médias*, 27, 97-110.

Palmer M. (2019) *International News Agency. A History*, Cham/ Palgrave Macmillan.

Parasie S. (2010) *Et maintenant une page de pub. Une histoire morale de la publicité à la télévision française*, Paris, INA Éditions.

Parasie S. (2022) *Computing the News Data: Journalism and the Search for Objectivity*, New York, Columbia University Press.

Parikka J., Schneider R. & Jucan I. B. (2019) *Remain*, Minneapolis, University of Minnesota Press.

Pasquier D. (1994) « Vingt ans de recherches sur la télévision : Une sociologie post lazarsfeldienne? » *Sociologie du travail*, 1, 63-84.

Pasquier D. (1999) *La Culture des sentiments. L'expérience télévisuelle des adolescentes*, Paris, Maison des sciences de l'homme.

Pasquier D. (2002) « Les "savoirs minuscules". Le rôle des médias dans l'exploration des identités de sexe », *Éducation et Sociétés*, 10, 35-44.

Pasquier D. (2018) *L'Internet des familles modestes. Enquête dans la France rurale*, Paris, Presses des mines, coll. Sciences sociales.

Pasquier D. (2021) « Les publics, entre usages de la télévision et réception des programmes », *Réseaux*, 229, 25-40.

Passevant C. (1998) « La sociologie de l'image. Entretien avec Jean-Michel Carré », *L'Homme et la société*, 127-128, 77-90.

Pavard B. (2009) « Contraception et avortement dans *Marie-Claire* (1955-1975). De la méthode des températures à la méthode Karman », *Le Temps des médias*, 12, 100-113.

Pavlik J. V. (2023) "Collaborating with ChatGPT: Considering the Implications of Generative Artificial Intelligence for Journalism and Media Education", *Journalism & Mass Communication Educator*, 78, 1, 84-93.

Peneff J. (1998) « La face cachée d'*Urgences*, le feuilleton télévisé », *Genèses*, 30, 1, 122-145.

Penfold-Mounce R., Beer D. & Burrows R. (2011) "*The Wire* as Social Science-Fiction?", *Sociology*, 45, 1, 152-167.

Peroni M. (1991) *De l'écrit à l'écran. Livre et télévision*, Paris, Centre Georges Pompidou/BPI.

Perrotta M. (2022) "From niche to Mainstream: The Emergence of a Podcasting Culture and Market in the Italian Radio Context" in (Lindgren & Loviglio, 2022), 418-428.

Petchevsky R. (1987) "Fœtal Images: The Power of Visual Culture in the Politics of Reproduction" in Stanworth M. (ed.) *Reproductive Technologies. Gender, Motherhood and Medicine*, Oxford, Polity Press.

Petit L. (2020) *L'Éducation aux médias et à l'information. Repenser l'approche critique*, Presses universitaires de Grenoble.

Piar C. (2012) *Comment se jouent les élections : télévision et persuasion en campagne électorale*, Paris, INA.

Pigeat H. (2014) *Les Agences de presse. Face à la révolution numérique des médias*, Paris, La Documentation française.

Pineda A., Bellido-Pérez E. & Barragán-Romero A. I. (2020) "Backstage Moments During the Campaign: The Interactive use of Instagram by Spanish Political Leaders", *New media & Society*, 24, 5, 1133-1160.

Pinker R. (2020) *Fake news & viralité avant Internet. Les lapins du Père-Lachaise et autres légendes médiatiques*, Paris, CNRS Éditions.

Platon S. & Deuze M. (2003) "Indymedia Journalism. A Radical Way of Making, Selecting and Sharing News?", *Journalism*, 4, 3, 336-55.

Point S. (2006) « La charte de la diversité : regards sur le discours des entreprises signataires », *Management & Avenir*, 8, 61-85.

Pollak M. (1993) *Une identité blessée. Études de sociologie et d'histoire*, Paris, Éditions Métailié.

Popkin J. (2011) *La Presse de la Révolution*, Paris, Odile Jacob.

Postman N. (2006) *Amusing Ourselves to Death. Public Discourse in the Age of Show Business*, New York, Penguin books.

Powers S. (2009) *The Geopolitics of the News. The Case of the Al Jazeera Network*, Los Angeles, University of Southern California.

Price M. E. & Dayan D. (2008) *Owning the Olympics. Narratives of the New China*, Ann Arbor, Michigan University Press.

Proulx S. (2020) *La Participation numérique. Une injonction paradoxale*, Paris, Presses des Mines, coll. Sciences sociales.

Puddington A. (2000) *Broadcasting Freedom. The Cold War Triumph of Radio Free Europe and Radio Liberty*, Lexington, The University Press of Kentucky.

Quessard M. (2023) « Les démocraties occidentales face à la globalisation des luttes informationnelles numériques », *Diplomatie*, 124, 75-79.

Radway J. (1984) *Reading the Romance. Women, Patriarchy, and Popular Literature*, Chapel Hill, University of North Carolina Press.

Rae M. (2021) "Hyperpartisan News. Rethinking the Media for Populist Politics", *New Media & Society*, 23, 5,1117-32.

Rahmani Z. (dir.) (2021) *Sismographie des luttes. Épicentres : vers une histoire globale des revues critiques et culturelles XIXe-XXe siècles*, Paris, INHA/Nouvelle Place.

Rannou J. (1992) « Un système de réglementation professionnelle en crise : la carte d'identité professionnelle de la cinématographie », *Formation Emploi*, 39, 19-34.

Raymond A. B. de, Bonin L., Bordiec S., Chiron P., Clément K., Elalaoui C., Grémion T., Liochon P., Ravelli Q. & Reungoat E. (2023) « Les Gilets jaunes : une révolte sans fin? Une ethnographie comparée des ronds-points pour comprendre la durée du mouvement », *Genèses*, 130, 80-111.

Rebillard F. & Smyrnaios N. (2019) « Quelle "plateformisation" de l'information? Collusion socioéconomique et dilution éditoriale entre les entreprises médiatiques et les infomédiaires de l'Internet », *tic&société*, 13, 1-2, 247-293.

Régnier E. (2021) *L'Environnement au « 20 heures » : Enquête sociologique sur la dépolitisation des questions environnementales dans les journaux télévisés de France 2 (2018-2019)*, Mémoire de Master à l'EHESS.

Reichel P. (1993) *La Fascination du nazisme*, Paris, Odile Jacob.

Reinardy S. (2011) "Newspaper journalism in crisis: Burnout on the rise, eroding young journalists' career commitment", *Journalism*, 12, 33-50.

Reis L. (2018) *Big Social Data Analytics e Climas de Opinião Estudo de caso sobre o processo de impeachment da presidente Dilma Rousseff*, Tese de doutorado.

Renard J.-B. (1999) *Rumeurs et légendes urbaines*, Paris, PUF, coll. Que sais-je?

Riboni L. U. (2023) *Vidéoactivismes : contestation audiovisuelle et politisation des images*, Paris, Éditions Amsterdam.

Ricœur P. (1985) *Temps et récit III*, Paris, Seuil.

Ricœur P. (1991) « Événement et sens » in Petit J.-L. (dir.) *L'Événement en perspective*, Paris, Éditions de l'EHESS.

Rieder B., Coromina Ò. & Matamoros-Fernández A. (2020) "Mapping YouTube: A Quantitative Exploration of a Platformed Media System", *First Monday*.

Rieffel R. (1993) *La Tribu des clercs. Les intellectuels sous la Ve République*, Paris, Calmann-Lévy.

Rieffel R. (2022) *L'Emprise médiatique sur le débat d'idées. Trente années de vie intellectuelle (1989-2019)*, Paris, PUF.

Rigoni I. (2007) *Qui a peur de la télévision en couleurs? La diversité culturelle dans les médias*, Montreuil, Aux lieux d'être éditions.

Ringoot R. (2014) *Analyser le discours de presse*, Paris, Armand Colin.

Ringoot R. & Utard J.-M. (2005) *Le Journalisme en invention. Nouvelles pratiques, nouveaux acteurs*, Presses universitaires de Rennes.

Robinson L. & Schulz J. (2009) "New Avenues for Sociological Inquiry", *Sociology*, 43, 685-98.

Rooduijn M. (2014) "The Mesmerising Message: The Diffusion of Populism in Public Debates in Western European Media", *Political Studies*, 62, 4, 726-744.

Rosanvallon P. (2022) *Notre histoire intellectuelle et politique (1968-2018)*, Paris, Seuil.

Rosen J. (1992) "Politics, Vision and the Press: Toward a Public Agenda for Journalism" in Rosen J. & Taylor P. (eds.) *The New News vs. The Old news: The Press and Politics in the 1990s*, New York, Twentieth Century Fund.

Röser J. & Dominiak J. M. (2023) "Media consumption Between Dynamics and Persistence: The Meaning of Persistent Media Practices in a Mediatized Everyday Life", *Studies in Communication Sciences*, 23, 3, 355-368.

Rospocher M. & Balbi G. (2021) "Networks: Infrastructures, Materiality, and Communities from Ancient Rome to Social Media" in Balbi G., Ribeiro N., Schafer V. & Schwarzenegger C. (eds) *Digital Roots. Historicizing Media and Communication Concepts of the Digital Age*, Berlin & Boston, 19-40.

Rousseau J.-J. (1966) *Du contrat social* [1762], Paris, Flammarion.

Ruault L. (2023) *Le Spéculum, la canule et le miroir*, Lyon, ENS Éditions.

Rueff J. (2008) « Où en sont les "*game studies*"? », *Réseaux*, 151, 139-166.

Ruellan D. (2005) « Expansion ou dilution du journalisme? », *Les Enjeux de l'information et de la communication*, 1, 77-86.

Russell A. L. & Vinsel L. (2018) "After Innovation, Turn to Maintenance", *Technology and Culture*, 59, 1, 1-25.

Sakr N. (2007) "Challenger or Lackey? The Politics of News on Al Jazeera" in Thussu D.K. (ed.) *Media on the Move. Global Flow and Contra-Flow*, Routledge, 104-118.

Salles C. (2016) « Les blogs du *Monde*, des outils de management non-conventionnel », *Les Enjeux de l'information et de la communication*, 17, 1, 63-73.

Santino J. (1992) "Not an Important Failure: Spontaneous Shrines and Rites of Death and Politics in Northern Ireland" in McCaughan M. (ed.) *Displayed in Moral Light*, Antrim, Arts Council.

Santos N. (2019) *The Reconfiguration of the Communication environment: Twitter in the 2013 Brazilian protests*, Thèse de doctorat, Université Paris-Panthéon-Assas.

Sapiro G. (2018) *Les Écrivains et la politique en France*, Paris, Seuil.

Sauget S. (2021) « Canard. "Çà et là", La République française, 13 décembre 1893 » in Thérenty M.-È. & Venayre S. (dir.) *Le Monde à la une. Une histoire de la presse par ses rubriques*, Paris, Anamosa, 138-145.

Schafer V. (2018) *En construction. La fabrique française d'Internet et du Web dans les années 1990*, Bry-sur-Marne, INA Éditions.

Schafer V. & Thierry B. (2012) *Le Minitel. L'enfance numérique de la France*, Paris, Nuvis.

Schafer V., Truc G., Badouard R., Castex L. & Musiani F. (2019) "Paris and Nice Terrorist Attacks: Exploring Twitter and Web Archives", *Media, War & Conflict*, 12, 2, 153-170.

Schmitt L. (2012) *Quand les médias utilisent les photographies des amateurs*, Bry-sur-Marne, INA, le Bord de l'eau.

Schradie J. (2019) *The Revolution That Wasn't. How Digital Activism Favors Conservatives*, Cambridge, Harvard University Press.

Schramm W. (1949) "The Nature of News", *Journalism Quarterly*, 26, 259-269.

Schramm W. & White D. M. (1949) "Age, Education, Economic Status: Factors in Newspaper Reading", *Journalism Quarterly*, 26, 149-159.

Schudson M. (1996) *The Power of News*, Harvard University Press.

Schudson M. (2005) "Autonomy from what?", *in* Benson R. & Neveu E. (eds.), *Bourdieu and the Journalistic Field*, Polity, Cambridge, 214-223.

Scolari C. A. (2013) "Media Evolution. Emergence, Dominance, Survival, and Extinction in the Media Ecology", *International Journal of Communication*, 7, 1418-1441.

Sealy, M. (2019) *Decolonising the Camera. Photography in Racial Times*, Dagenham, Lawrence & Wishart.

Seaver N. (2022) *Computing Taste. Algorithms and the Makers of Music Recommendation*, University of Chicago Press.

Sebbah B. & Mercier A. (2022) « Les défis journalistiques d'un mouvement social organisé sur les réseaux socionumériques » in Charon J.-M. & Mercier A. *Les Gilets jaunes : Un défi journalistique*, Paris, Éditions Panthéon-Assas.

Sécail C. (2024) *Touche pas à mon peuple*, Paris, Seuil.

Sedel J. (2011) « *Bondy Blog*. Le travail de représentation des "habitants de la banlieue" par un média d'information participative », *Réseaux*, 170, 6, 103-33.

Sedel J. (2019) « Les dirigeant·e·s de médias. Sociologie d'un "espace carrefour" », *Sociétés contemporaines*, 113, 13-44.

Segré I. (2020) *Misère de l'antisionisme*, Montpellier, Éditions de l'Éclat.

Seiter E., Borchers H., Kreutzner G. & Warth E.-M. (eds) (1991) *Remote Control: Television, Audiences & Cultural Power*, Routledge.

Semelin J. (1997) *La Liberté au bout des ondes : du coup de Prague à la chute de Berlin*, Paris, Éditions Belfond.

Sénac R. (2012) *L'Invention de la diversité*, Paris, PUF.

Seniger H. (2024) « La République cède-t-elle à des formes autoritaires de pouvoir contre l'islam, au nom de la lutte contre le 'séparatisme islamiste' (2017-2023) » in Feix M. et Bour J.-F.(dir.) *États, religions et sociétés : le défi géopolitique*, Paris, Cerf, 61-93.

Sepulchre S. (2004) « Les novellisations de séries télévisées. Comment le héros multiple est-il adapté ? » in Baetens J. (dir.) *La Novellisation : du fil au roman*, Bruxelles, Les Impressions nouvelles, coll. Réflexions faites.

Sepulchre S. (2017) *Décoder les séries télévisées*, Louvain-la-Neuve, De Boeck.

Serghini Z. B. & Matuszak C. (2009) « Lire ou relire Habermas : lectures croisées du modèle de l'espace public habermassien », *Études de communication*, 32, 33-49.

Servais O. (2016-7) « Cérémonies funéraires dans *World of Warcraft*. Révélateur des sociabilités en ligne ? », *Frontières*, 28, 2.

Seux C. (2018) « Les disparités sociales des usages d'internet en santé : Effets combinés des socialisations familiales et des sources informationnelles », *Réseaux*, 208-209, 63-93.

Sherwood M & O'Donnell P. (2018) "Once a Journalist, always a Journalist?", *Journalism Studies*, 19, 1021-1038.

Siles I. (2017) *Networked Selves. Trajectories of Blogging in the United States and France*, New York, Peter Lang.

Silverstone R. (1994) *Television and Everyday Life*, Routledge.

Simonyan M. (2016) "The View from Russia. 'Your News Channel' Is Here to Stay", in Cushion S. &. Sambrook R. (eds) *The Future of 24-Hour News. New Directions, New Challenges*, New York, Peter Lang, 49-62.

Sinatra M. & Vitali-Rosati M. (2014) *Pratiques de l'édition numérique*, Presses de l'Université de Montréal.

Sire G. (2013) *La Production journalistique et Google : chercher à ce que l'information soit trouvée*, Thèse de doctorat, Université Paris-Panthéon-Assas.

Sire G. (2014) « Référenceur et référencement : cachez ces pratiques que je ne saurais voir », *Sur le journalisme*, 3, 1, 70-83.

Sire G. (2016) « Le pouvoir normatif de Google. Analyse de l'influence du moteur sur les pratiques des éditeurs », *Communication & langages*, 188, 2, 85-99.

Sonet V. (2015) « La télévision sur smartphone : ressorts et implications du renouvellement des modalités d'agrégation », *Études de communication*, 44, 47-62.

Sonet V. (2016) « La sujétion des médias traditionnels aux dispositifs mobiles de publication », *Interfaces Numériques*, 5, 1, 49-66.

Sonet V. (2017) « Enjeux méthodologiques de l'hybridation des pratiques : le cas de l'audiovisuel sur smartphone », *Les Enjeux de l'information et de la communication*, 3A, 213-224.

Sonet V. (2021) « Retour critique sur une décennie d'information sur smartphone comme produit de contraste des ambitions des plateformes », *Les Cahiers du journalisme*, 2, 6, R11-R32.

Sonnac N. (2023) *Le Nouveau monde des médias. Une urgence démocratique*, Paris, Odile Jacob.

Sonnac N. (2025) « Face aux plateformes, préserver les médias de masse » in Leleu-Kerviel S. (dir.) *L'Information dans tous ses états.*

Sonnac N. & Le Floch P. (2013) *Économie de la presse à l'ère numérique*, Paris, La Découverte, coll. Repères.

Sonnac N. & Gabszewicz J. (2013) *L'Industrie des médias à l'ère numérique*, Paris, La Découverte, coll. Repères.

Sorlin P. (2015) *Introduction à une sociologie du cinéma*, Paris, Klincksieck.

Souanef K. (2013) « Journalisme sportif ou journalisme de sport? Pour une compréhension historique de l'identité collective », *Les Cahiers du Journalisme*, 25.

Souchier E. (1996) « L'image du texte, pour une théorie de l'énonciation éditoriale », *Cahiers de médiologie*, 6, 137-145.

Souchier E., Candel É., Gomez-Mejia G. & Jeanne-Perrier V. (2019) *Le Numérique comme écriture. Théories et méthodes d'analyse*, Paris, Armand Colin.

Souillard N., Sebbah B., Loubère L., Thiong-Kay L. & Smyrnaios N. (2020) « Les Gilets jaunes, étude d'un mouvement social au prisme de ses arènes médiatiques », *Terminal*, 127.

Soulez G. (2009) « Format et dispositif : nouvelles règles du jeu esthétique en régime industriel des images et des sons » in André E., Jost F., Lioult J.-L. & Soulez G. (dir.) *Penser la création audiovisuelle*, Aix-en-Provence, Publications de l'université de Provence, 253-262.

Spinelli M. & Dann L. (2019) *Podcasting: The Audio Media Revolution*, Bloomsbury Academic & Professional.

Spitulnik D. (1993) "Anthropology and Mass Media", *Annual Review of Anthropology*, 22, 293-315.

Stavrakakis Y. *et al.* (2017) "Extreme Right-Wing Populism in Europe. Revisiting a Reified Association", *Critical Discourse Studies*, 14, 4, 420-439.

Stead E. & Védrine H. (dir.) (2008) *L'Europe des revues (1880-1920). Estampes, photographies, illustrations*, Presses Universitaires Paris Sorbonne.

Stenger T (dir.) (2019) *Le Marketing politique*, Paris, CNRS éditions.

Stephan G. (2022) *La Réinformation : un monde aux frontières du journalisme*, Thèse de doctorat, Université Paris-Panthéon-Assas.

Strauss A. (1992) *La Trame de la négociation*, Paris, L'Harmattan.

Studeny C. (1995) *L'Invention de la vitesse, France XVIIIe-XXe siècle*, Paris, Gallimard.

Sullerot E. (1963) *La Presse féminine*, Paris, Armand Colin.

Sullerot E. (1966) *Histoire de la presse féminine des origines à 1848*, Paris, Armand Colin.

Sullivan J. L. (2019) "The Platforms of podcasting: Past and Present" *Social Media + Society*, 5, 4.

Taguieff P.-A. (1984) « La rhétorique du national-populisme », *Mots*, 9, 1, 113-139.

Tarde G. (1890) *Les Lois de l'imitation : étude sociologique*, Paris, Félix Alcan.

Tarde G. (1989) *L'Opinion et la foule* [1901], Paris, PUF, coll. Recherches politiques.

Tarragoni F. (2019) *L'Esprit démocratique du populisme*, Paris, La Découverte.

Taveaux-Grandpierre K. (2013) « Lorsque la presse féminine s'internationalise : le cas *ELLE* », *Média 19*.

Thérenty M.-E. & Vaillant A. (2001) *1836, l'An I de l'ère médiatique. Analyse littéraire et historique de* La Presse *de Girardin*, Paris, Nouveau Monde éditions.

Theviot, A. (2019a) *Big Data électoral. Dis-moi qui tu es, je te dirai pour qui voter*, Lormont, Le Bord de l'eau.

Theviot A. (2019b) « Faire campagne sur Youtube : une nouvelle "grammaire" pour contrôler sa communication et influer sur le cadrage médiatique? » *Politiques de communication*, 13, 2, 67-96.

Thiong-Kay L. (2020) « L'automédia, objet de luttes symboliques et figure controversée. Le cas de la médiatisation de la lutte contre le barrage de Sivens (2012-2015) », *Le Temps des médias*, 35, 2, 105-20.

Thoër C., Boisvert S. & Niemeyer K. (2022) « La télévision à l'ère des plateformes », *Questions de communication*, 41, 315-338.

Thompson R. J. (1996) *Television's Second Golden Age. From Hill Street Blues to ER*, New York, Syracuse University Press.

Thorbjørnsrud K. & Ustad Figenschou T. (2022) "The Alarmed Citizen. Fear, Mistrust, and Alternative Media", *Journalism Practice*,16, 5, 1018-35.

Thuillas O. & Wiart L. (2019) « Les plateformes de VOD cinéphiliques : des stratégies de niche en question », *Les Enjeux de l'information et de la communication*, 20, 1, 39-55.

Thuillas O. & Wiart L., (2023) « Un modèle économique qui se cherche », *Nectart*, 17, 2, 108-120.

Thuillas O. & Wiart L. (2025) « Podcast natif : quelle place pour les studios indépendants ? » in (Di Sciullo *et al.* 2025).

Thussu D. K. (ed.) (2007) *Media on the Move. Global Flow and Contra-Flow*, Routledge.

Toledano J. (2020) *GAFA, reprenons le pouvoir !*, Paris, Odile Jacob.

Tracey M. (1998) *The Rise and Fall of Public Service Broadcasting*, London, Oxford University Press.

Traïni C. (dir.) (2009) *Émotions...Mobilisations*, Paris, Presses de Sciences Po.

Truc G. (2016) *Sidérations : une sociologie des attentats*, Paris, PUF.

Truc G. (2021) « Les victimes du terrorisme comme public de citoyens affectés : Sur la mobilisation des victimes des attentats du 11 mars 2004 à Madrid », *Pragmata*, 4, 156-190.

Truc G., Le Bart C. & Née É. (2018) « L'attentat comme objet de discours : Problématique et enjeux », *Mots*, 118, 9-18.

Tsikounas M. (2020) « Pierre Desgraupes et l'audiovisuel avant 1969 », *Sociétés & Représentations*, 50, 2, 219-235.

Tuana N. (2006) "The Speculum of Ignorance. The Women's Health Movement and Epistemologies of Ignorance", *Hypathia*, 21, 1-19.

Tudesq A.-J. (1965) *L'Élection présidentielle de Louis-Napoléon Bonaparte. 10 décembre 1848*, Paris, Armand Colin.

Tudoret P. (2009) « L'écrivain sacrifié. Vie et mort de l'émission littéraire », *Revue du MAUSS*, 34, 428-137.

Tufekci Z. (2017) *Twitter et les gaz lacrymogènes. Forces et fragilités de la contestation connectée*, Caen, C&F éditions.

Turner G. (2004) *Understanding Celebrity*, Sage.

Turner V. (1969) *The Ritual Process. Structure and Antistructure*, Ithaca, Cornell University Press.

Tunstall J. (1996) *Newspaper Power: The New National Press in Britain*, Oxford University Press.

Turner S. & Lourenço A (2012) "Competition and public service broadcasting: stimulating creativity or servicing capital ?", *Socio-Economic Review*, 10, 497-523.

Uhl M. & Niemeyer K. (2024) "Instantaneous Nostalgia for the Future: 10,000 Postcards for 2042", *Time & Society*, 33, 3, 331-350.

Upadhyay U. D. *et al.* (2017) "Evaluating the Impact of a Mandatory Pre-Abortion Ultrasound Viewing Law. A Mixed Methods Study", *PLoS One*, 7, 12.

Usher N. (2010) "Goodbye to the news: how out-of-work journalists assess enduring news values and the new media landscape", *New Media & Society*, 12, 911-928.

Vauchez A. (dir.) (2024) *Le Moment régulateur. Naissance et contre-culture de gouvernement*, Paris, Presses de Sciences Po.

Velkovska J. & Relieu M. (2020) « Pourquoi ethnographier les interactions avec les agents conversationnels ? », *Réseaux*, 220-221, 2, 9-20.

Venturini T., Cardon D. & Cointet J.-P. (2014) « Méthodes Digitales. Approches quali/quanti des données numériques », *Réseaux*, 188, 6, 9-21.

Vitali-Rosati M. (2020) « Pour une théorie de l'éditorialisation », *Humanités numériques*, 1.

Vizcaíno-Verdú A. & Abidin C. (2023) "TeachTok. Teachers of TikTok, Micro-Celebrification, and Fun Learning Communities", *Teaching and Teacher Education*, 123.

Vorländer H., Herold M. & Schäller S. (2018) *PEGIDA and New Right-Wing Populism in Germany*, New York, Palgrave Macmillan.

Vosoughi S., Roy D. & Aral S. (2018) "The Spread of True and False News Online", *Science*, 359, 6380, 1146-1151.

Vrignon A. (2017) *La Naissance de l'écologie politique en France. Une nébuleuse au cœur des années 68*, Presses universitaires de Rennes.

Wagener A. (2020) *Mémologie*, Grenoble, UGA éditions.

Warner L. & Henry W. (1948) "The Radio Day Time Serial: a Symbolic Analysis", *Genetic Psychology Monographs*, 38, 3-71.

Webman E. (2010) "The Challenge of Assessing Arab Islamic Antisemitism", *Middle Eastern Studies*, 46, 5, 677–697.

Welch D. (1994) *The Third Reich Politics and Propaganda*, Routledge.

Wiart L. (2017) *La Prescription littéraire en réseaux : enquête dans l'univers numérique*, Villeurbanne, Presses de l'Enssib.

Williams R. (2009) *Culture & matérialisme*, Paris, Les Prairies ordinaires.

Wölker A. & Powell T. E. (2021) "Algorithms in the newsroom ? News readers' perceived credibility and selection of automated journalism", *Journalism*, 22, 1, 86-103.

Wrona A. (2007) « Moi-même comme une autre : sur le portrait dans les magazines féminins », *Communication & langages*, 69-77.

Wrona A. (2021) « Éditorialisation », *Publictionnaire. Dictionnaire encyclopédique et critique des publics.*

Wunenburger J.-J. (2001) *Imaginaires du politique*, Paris, Ellipses.

Wylie C. (2019) *MindFuck. Le complot de Cambridge Analytica pour s'emparer de nos cerveaux*, Paris, Grasset.

Yablokov I. (2015) "Conspiracy Theories as a Russian Public Diplomacy Tool: The Case of Russia Today (RT)", *Politics*, 35, 3-4, 301-315.

Yanoshevsky G. (2010) « Les réseaux sociaux et l'échange entre l'homme politique et les internautes : le cas de Facebook après les élections présidentielles en France », *Argumentation et Analyse du Discours*.

Yesilada M. & Lewandowsky S. (2022) "Systematic Review. YouTube Recommandations and Problematic Content", *Internet Policy Review*, 11, 1.

Ytreberg E. (2017) "Towards a Historical Understanding of the media event", *Media, Culture & Society*, 39, 3, 309-324.

Zakharova G. (2023a) « Quand l'émotion l'emporte sur la raison : les publics de RT France face au terme de *fake news* », *Les Enjeux de l'information et de la communication*, 23, 1A, 123-134.

Zakharova G. (2023b) « Le rôle des affordances dans la mise en avant des discours d'extrême droite dans l'espace des commentaires YouTube de RT France », *Questions de communication*, 44, 73-94.

Zarka S. (2019) « 1981 : une recomposition syndicale dans l'audiovisuel et le cinéma », *Le Mouvement social*, 268, 81-99.

Zarka S. (2021) « La production cinématographique en négociation : la convention collective de branche comme cadre d'une logique de projets », *Négociations*, 35, 71-87.

Zarka S. (2022) « Derrière l'écran, les négociations collectives dans le cinéma (1975-2020) », *Nouvelle Revue du Travail*, 21.

Zarka S. (2025) « La qualité cinéma, mais pour la télévision ». La fabrique audiovisuelle à l'épreuve des streamers en France, *Biens symboliques / Symbolic Goods*.

Zayani M. (ed.) (2005) *The Al Jazeera Phenomenon. Critical Perspectives on New Arab Media*, London, Pluto Press.

Zayani M. (2021) "Digital Journalism, Social Media Platforms, and Audience Engagement. The case of AJ+", *Digital Journalism*, 9, 24-41.

Zia-Ebrahimi R. (2021) *Antisémitisme et islamophobie. Une histoire croisée*, Paris, Amsterdam.

Zoonen L. van (1994) *Feminist Media Studies*, Sage, coll. The Media, Culture & Society.

INDEX

E

F

G

H

I

J

K

L

M

N

O

P

R

AUTEURS

LUCIE ALEXIS

Maîtresse de conférences en sciences de l'information et de la communication à l'université Grenoble Alpes au sein du Gresec et chercheuse associée au Carism. Ses recherches portent principalement sur les mutations des formats audiovisuels (formes brèves, podcasts, extension de la télé-réalité sur les médias sociaux, etc.), la mobilisation des archives audiovisuelles dans les productions numériques et les reconfigurations de l'audiovisuel public.

ANNE-CLAUDE AMBROISE-RENDU

Historienne, professeure à l'université de Versailles-Saint-Quentin-en-Yvelines. Elle est spécialiste de l'histoire de la justice et du crime et de celle des médias. Ses travaux portent également sur l'histoire des luttes et de la médiatisation environnementale, des normes et des sensibilités.

ROMAIN BADOUARD

Maître de conférences IFP-Carism. Ses recherches portent sur la participation politique en ligne, la régulation des contenus sur internet et la gouvernance des plateformes.

FRANCIS BALLE

Professeur émérite à l'université Paris-Panthéon-Assas, ancien directeur de l'IFP, ancien membre du CSA. Il est l'auteur d'un manuel réputé *Médias et Société* (désormais aux éditions LGDJ). Il dirige l'Institut de Recherches et d'Études sur la Communication (IREC) qui publie *La revue européenne des médias et du numérique.*

BAPTISTE BATAILLE

Doctorant au Carism. Sa thèse porte sur la création et l'institutionnalisation du Conseil de déontologie journalistique et de médiation en France. Il travaille sur les thèmes de l'autorégulation des médias, la déontologie, les conseils de presse, et sur la responsabilité sociale des médias.

ÉLODIE BERTHET

Docteure en sciences de l'Information et de la communication (Carism). Elle travaille sur les thèmes de la communication politique, les campagnes électorales, la violence verbale et les réseaux socionumériques.

INNA BIEI

Docteure en sciences de l'information et de la communication (Carism). Ses recherches portent sur les réseaux russes dissidents en France et les mécanismes de propagande et de répression mis en place par le Kremlin.

CLAIRE BLANDIN

Historienne des médias et professeure à l'université Sorbonne Paris-Nord. Elle s'intéresse en particulier à l'histoire de la presse magazine et à la diffusion des représentations dans l'espace public. Ses recherches portent principalement sur le second vingtième siècle et les publications destinées au public féminin.

NATALY BOTERO

Maîtresse de conférences IFP-Carism. Analyste du discours et sémiologue, ses recherches portent sur la médiatisation des problèmes écologiques en France, à la fois sur la teneur des discours et sur des problèmes publics comme la pollution de l'air, les pesticides, la disparition des insectes.

HÉLOÏSE BOUDON

Maîtresse de conférences à l'université Paul Valéry de Montpellier. Ses travaux portent sur les séries télévisées dans la sphère publique et leur rôle dans la construction des problèmes publics. Ses recherches s'intéressent également aux usages des plateformes audiovisuelles ainsi qu'à la circulation des contenus nativement transnationaux.

JÉRÔME BOURDON

Professeur à l'université de Tel Aviv. Chercheur associé au Carism. Ses recherches portent sur la théorie et l'histoire de la présence à distance (ou téléprésence) depuis les lettres de l'Antiquité jusqu'aux vidéo-conversations. Il travaille également sur les images globales du conflit israélo-palestinien.

DUSAN BOZALKA

Doctorant au Carism. Ses recherches portent sur la diffusion de récits stratégiques complotistes par les influenceurs QAnon dans les espaces numériques. Ses thèmes de recherches sont le complotisme, les influenceurs alternatifs, les circulations transplateformes et les méthodes computationnelles.

PATRICE CARRÉ

Historien de formation, Patrice Carré a été directeur des relations institutionnelles dans une grande entreprise. Ses publications portent sur une approche culturelle des phénomènes techniques, en s'appuyant sur les méthodes de l'histoire des sensibilités et des représentations.

MANON CERDAN

Doctorante au Carism. Sa thèse porte sur le rôle d'une fiction sérielle dans la construction de l'identité professionnelle. Ses thèmes de recherche sont les séries télévisées, la production audiovisuelle, les représentations, la sociologie de la réception, les problèmes publics et la vieillesse.

MARIE-FRANCE CHAMBAT-HOUILLON

Professeure IFP-Carism. Ses travaux actuels portent sur les circulations reconfigurantes des formes, des dispositifs et des discours culturels et médiatiques, ainsi que sur les enjeux d'authenticité et de sincérité des productions médiatiques visuelles et audiovisuelles.

EVELYNE COHEN

Professeure émérite en histoire culturelle des XXᵉ et XXIᵉ siècles à l'Enssib (université de Lyon), membre du laboratoire LARHRA. Ses publications portent sur l'histoire de la télévision, l'histoire culturelle, les archives et le patrimoine.

JEAN-BAPTISTE COMBY

Maître de conférences à l'université de Nantes et chercheur au Centre nantais de sociologie, il étudie la construction publique des problèmes environnementaux et les rapports de classe en jeu sur le terrain écologique. Il a récemment publié aux éditions Raisons d'Agir *Ecolos, mais pas trop... Les classes sociales face à l'enjeu environnemental.*

MARLÈNE COULOMB-GULLY

Professeure émérite à l'Université Toulouse-Jean Jaurès, membre du LERASS et ancien membre du Haut Conseil à l'Égalité entre les femmes et les hommes. Ses travaux portent sur la communication politique, le genre et les médias. Dernier ouvrage paru : *Sexisme sur la voix publique – Femmes, éloquence et politique* (Éditions de l'Aube, 2022).

FABRICE D'ALMEIDA

Historien, professeur IFP-Carism. Ses recherches s'orientent sur la propagande et l'histoire des images, dont il a été un pionnier.

JAÉRCIO DA SILVA

Maître de conférences, IFP-Carism, il s'intéresse aux mutations du paysage médiatique induites par les technologies immersives, décentralisées et génératives. Ses travaux portent également sur les formes de participation « à bas bruit » dans un espace public élargi.

DANIEL DAYAN

Sociologue, directeur de recherche émérite au CNRS. Spécialiste des médias, et plus particulièrement de leurs audiences. Son livre, *Media Events*, avec Elihu Katz, a eu un fort impact en sociologie de la communication.

SUZANNE DE CHEVEIGNÉ

Directrice de recherche émérite, CNRS, Centre Norbert Elias. Elle conduit des recherches à l'interface du social et du technique, sur la manière dont les sociétés abordent les questions scientifiques, environnementales et technologiques, examinant les discours médiatiques, les pratiques sociales et les exigences citoyennes dans ces domaines.

CHRISTIAN DELPORTE

Historien, professeur émérite à l'université de Versailles-Saint-Quentin-en-Yvelines, spécialiste d'histoire politique et culturelle de la France du XXe siècle, notamment de l'histoire des médias, de l'image et de la communication politique.

IRÈNE DESPONTIN-LEFÈVRE

Maîtresse de conférences à l'Université Paris 8-Vincennes Saint-Denis, chercheuse au Centre d'études sur les médias, les technologies et l'internationalisation (CEMTI). Ses recherches portent sur le renouvellement de l'engagement militant, les dispositifs de participation en ligne, les pratiques informationnelles des organisations.

VALÉRIE DEVILLARD

Professeure IFP-Carism. Directrice de l'IFP, présidente du département des sciences de l'information et de la communication. Ses recherches portent sur la médiatisation des problèmes publics, la critique d'art et d'architecture et la sociologie du journalisme. Elle a dirigé récemment un manuel sur le journalisme et ses nouvelles pratiques.

FLORE DI SCIULLO

Docteure en sciences de l'information et de la communication, chercheuse associée au Carism. Ses recherches portent sur l'histoire des médias, le journalisme culturel et la sémiotique. Elle a récemment publié *L'aventure art press. Défendre les avant-gardes, contruire le contemporain* (Éditions MKF, 2025).

SWAN DUFOUR

Doctorant au Carism. Ses thèmes de recherches sont la dénonciation publique, les populismes, les communications numériques, la communication politique, l'analyse du discours.

ISABELLE FÉROC DUMEZ

Maîtresse de conférences, université de Poitiers, laboratoire Techné. Directrice scientifique et pédagogique du Centre pour l'éducation aux médias et à l'information (Clemi). Ses recherches portent sur les usages des médias et des technologies numériques par les jeunes publics et sur l'éducation aux médias.

GILLES FEYEL

Agrégé d'histoire, docteur d'État ès-lettres, professeur émérite IFP-Carism. Spécialiste de l'histoire de la presse.

JACQUES-ANDRÉ FINES-SCHLUMBERGER

Docteur en sciences de l'information et de la communication, enseignant à l'université Paris-Panthéon-Assas et à Sciences Po. Auteur pour *La Revue européenne des médias et du numérique* et responsable des opérations de l'association Blockchain for Good.

PASCAL FROISSART

Professeur, Sorbonne Université-Gripic, directeur du Celsa. Ses travaux portent sur la rumeur et les médias.

KEYVAN GHORBANZADEH

Docteur en science politique associé au Centre européen de sociologie et de science politique (CESSP), enseignant à l'université Paris I Panthéon-Sorbonne. Sa thèse et ses travaux portent sur la publicité et les transformations des politiques publiques et privées de régulation en France.

QUENTIN GILLIOTTE

Professeur junior IFP-Carism. Chercheur associé au Cerlis. Ses travaux actuels portent sur la production et la consommation de contenus sur les plateformes socionumériques autour de diverses thématiques, notamment le traitement de l'actualité politique, la circulation des savoirs en ligne (notamment par le travail de vulgarisation scientifique) ou encore les activités ésotériques en ligne.

SALOMÉ HÉDIN

Doctorante au Carism. Sa thèse porte sur la communication des mouvements pro-vie contemporains en France. Ses thèmes de recherche sont l'activisme contre l'IVG, les jeunes militant-es et leur utilisation des réseaux sociaux (Instagram), la médiatisation des mobilisations, la bioéthique.

THOMAS JAFFEUX

Doctorant au Carism, sa thèse analyse, à partir d'une enquête ethnographique, la trajectoire des vidéos d'information en ligne, de leur production par les médias traditionnels jusqu'à leur valorisation sur les plateformes numériques.

JOSIANE JOUËT

Professeure émérite IFP-Carism. Elle a participé à la fondation du courant de la sociologie des usages et a également étudié l'appropriation par les femmes des technologies de communication. Ses recherches portent sur la sociologie de la communication, les usages des technologies de communication, les pratiques numériques et politiques, le féminisme en ligne.

FRANÇOISE LAUGÉE

Ingénieure d'études à l'IREC, à l'université Paris-Panthéon-Assas, rédactrice en chef de *La revue européenne des médias et du numérique*.

RÉMY LE CHAMPION

Maître de conférences IFP-Carism. Ses travaux portent sur les modèles économiques de la télévision, les nouvelles formes de télévision, les contenus audiovisuels, le journalisme de marché et la communication des organisations avec la presse et les journalistes.

LOUIS LE CORNO

Ancien élève en philosophie à l'ENS de Lyon et doctorant au Carism. Il effectue une thèse sur l'avènement médiatique des mèmes politiques.

AURÉLIEN LE FOULGOC

Maître de conférences en Sciences de l'information et de la communication, membre du laboratoire AGORA de l'université de Cergy-Pontoise. Il travaille sur les formes marginales de l'information, la circulation des formes médiatiques et la médiatisation de la gastronomie.

GUILLAUME LE SAULNIER

Maître de conférences en sciences de l'information et de la communication au sein du CELSA et du Groupe de recherches interdisciplinaires sur les processus d'information et de communication (GRIPIC), Sorbonne Université. Ses recherches concernent les relations police-médias, les discours institutionnels et la professionnalisation de la communication, ainsi que le travail de représentation des groupes professionnels dans la sphère publique.

THIERRY LEFEBVRE

Ancien maître de conférences en sciences de l'information et de la communication à l'université Paris Cité, secrétaire de la section « Sciences, Histoire et patrimoine des sciences et des techniques et Archéologie industrielle » du Comité des travaux historiques et scientifiques. Ses travaux portent sur le cinéma scientifique, les médias, la médecine et la pharmacie, la littérature.

JEAN-BAPTISTE LEGAVRE

Professeur IFP-Carism. Ses recherches portent sur le travail journalistique, les métiers de la communication et la sociologie de la littérature.

MARIE-ÉVA LESAUNIER

Maîtresse de conférences à l'université Sorbonne Paris Nord, LabSIC. Chercheuse associée au Carism. Ses recherches portent sur les conditions de production et de circulation des contenus audiovisuels, en attachant un intérêt particulier aux logiques professionnelles des producteurs de contenus. Ses recherches actuelles portent sur les nouvelles modalités d'intermédiations induites par le numérique.

ANTOINE MACHUT

Maître de conférences IFP-Carism, chercheur associé au Médialab (Sciences Po). Ses travaux actuels portent sur les effets de la flexibilité dans les carrières des journalistes et sur la place des journalistes dans le système des professions de l'information en ligne, notamment à travers l'étude du rôle des médias dans divers phénomènes sur les réseaux sociaux, dont la politisation des faits divers et la mise à l'agenda des enjeux politiques.

TRISTAN MATTELART

Professeur IFP-Carism. Ses recherches portent sur les enjeux politiques, sociaux, économiques et culturels de la transnationalisation des médias et des technologies de l'information et de la communication.

FRANCK MAZUET

Réalisateur de documentaires historiques à base d'archives et chercheur associé au Centre d'histoire sociale de l'université Paris 1 Panthéon-Sorbonne. Sa thèse consacrée à l'histoire de la société de presse filmée a reçu le prix INAthèque de la recherche.

CÉCILE MÉADEL

Professeure IFP-Carism. Directrice du Carism. Ses travaux portent sur les technologies de l'information, du point de vue de la construction des usages, de la genèse des dispositifs, de la mise en forme des usagers, des clients, des amateurs et de la configuration industrielle des publics.

ARNAUD MERCIER

Professeur IFP-Carism. Coordonnateur scientifique projet européen *De Facto* de lutte contre la désinformation, responsable de l'Observatoire du podcast. Ses thèmes de recherche sont la désinformation, la communication politique, le journalisme, les réseaux socionumériques, la médiatisation, les informations et les élections, la guerre et les médias, la dérision et la politique.

LOUISE MICHEL

Doctorante au Carism. Sa thèse porte sur les inventions et mutations du mouvement des Gilets jaunes sur les réseaux sociaux numériques. Elle travaille en particulier sur la participation politique et les publics en ligne, les mouvements sociaux et la sociologie pragmatique.

CRISTIAN MONFORTE RUBIA

Doctorant au Carism. Ses travaux portent sur les attentats du 17 août 2017 à Barcelone et Cambrils, les violences politiques, les cultures de la démocratie et les dynamiques de concurrence identitaire et nationale.

KATHARINA NIEMEYER

Professeure à l'UQAM, École des médias et directrice du Centre de recherche Cultures-Arts-Sociétés. Ses travaux s'intéressent à la place des médias et des technologies dans la construction des mémoires culturelles, en particulier à la nostalgie médiatique, politique et culturelle

SOPHIE NOËL

Professeure, IFP-Carism. Ses thèmes de recherche sont les enjeux de l'indépendance dans la filière du livre, de l'édition et du journalisme, les politiques culturelles, la médiation physique face aux acteurs du numérique, ainsi que l'engagement intellectuel et politique des acteurs culturels.

ANNE-SOPHIE NOVEL

Journaliste spécialisée dans la popularisation des enjeux liés au dérèglement climatique et à l'extinction du vivant, autrice et réalisatrice du documentaire Les médias, le monde et moi (2019) et des livres *Les médias le monde et nous* (Actes Sud 2019) et *Mieux s'informer* (Actes Sud, 2022).

ALAN OUAKRAT

Maître de conférences à l'université Sorbonne Nouvelle. Il travaille sur l'économie politique de la communication et des médias, dans une perspective critique. Ses thèmes de recherche portent sur la régulation des médias et de la publicité.

MICHAEL PALMER

Professeur émérite en sciences de l'information et de la communication à l'université Paris III - Sorbonne, il travaille sur l'histoire de l'information internationale, de ses supports et ses réseaux.

BIBIA PAVARD

Maîtresse de conférences en histoire IFP-Carism, membre junior de l'Institut Universitaire de France. Elle travaille sur l'histoire politique et culturelle du contemporain, sur l'histoire des femmes, du genre et des féminismes ainsi que sur la santé reproductive.

STEFANOS PNEVMATIKOS

Docteur en sciences de l'information et de la communication. Ses recherches portent sur la communication politique, les relations internationales, les études culturelles, l'internationalisation des médias, le cadrage médiatique.

LUCAS REIS

Docteur en communication. Chercheur à l'Institut national de science et technologie en démocratie numérique à l'université fédérale de Bahia et fondateur de la Zygon Adtech.

RÉMY RIEFFEL

Professeur émérite IFP-Carism. Ses recherches portent sur les pratiques professionnelles des journalistes, les relations entre intellectuels, médias et débat d'idées ainsi que sur les mutations culturelles à l'ère numérique.

NINA SANTOS

Docteure en sciences de la communication et de l'information (Carism). Chercheuse à l'Institut National de Science et Technologie en Démocratie Numérique, à l'université fédérale de Bahia.

VALÉRIE SCHAFER

Professeure et directrice adjointe du C2DH (Center for Contemporary and Digital History), Université du Luxembourg. Chercheuse associée au Centre Internet et Société (CNRS). Spécialiste d'histoire de l'informatique, des réseaux et cultures numériques, et du patrimoine nativement numérique.

VIRGINIE SONET

Maîtresse de conférences à l'université Aix-Marseille. Elle mène des recherches sur l'économie des industries culturelles, des médias et du numérique et sur les usages des dispositifs communicationnels.

NATHALIE SONNAC

Professeure IFP-Carism. Économiste des médias, ses recherches portent sur leurs enjeux politiques, démocratiques et de régulation. Membre de l'Arcom (2015-2021), elle préside le COP du Clémi. Son dernier essai : *Le nouveau monde des médias. Une urgence démocratique* (Odile Jacob, 2023).

GAËL STEPHAN

Maître de conférences à l'université de Lorraine, Crem. Membre associé du Carism. Ses recherches portent sur le numérique, l'extrême droite extra-partisane, les médias alternatifs, les normes et pratiques du journalisme.

IRIS VILOUX

Doctorante au Carism. Entre sociologie et analyse de discours, sa thèse porte sur l'expression « urgence climatique » et la manière dont elle circule entre les discours militants, médiatiques et politiques pour mesurer les effets de l'imposition de cette expression sur les champs politique et social.

GULNARA ZAKHAROVA

Doctorante au Carism et ATER à l'IFP. Sa thèse s'intitule : *RT France, identifier ses publics et comprendre leurs motivations*. Ses thèmes de recherche portent sur la réception des médias transnationaux, l'internationalisation des médias et réseaux sociaux et les contre-publics en ligne.

SAMUEL ZARKA

Maître de conférences en sciences de l'information et de la communication (LabSIC, université Sorbonne Paris Nord). Ses travaux portent sur l'industrie du cinéma dans une perspective socio-historique. Il a publié *Ces invisibles qui font le cinéma. Équipes, métiers, monde professionnel* (PUF, 2025).

TABLE DES MATIÈRES

Partie II

Techniques et outils

Partie III

Réception, publics, mobilisations 143

Partie IV

Les écosystèmes des médias 217

Partie V

Les formats médiatiques

Partie VI

Les médias et le politique 309

Partie VII

Traitement de l'information 373

Imprimé en France par
CPI Bussière
en janvier 2026
N° d'impression : 2089238